国家出版基金项目
NATIONAL PUBLICATION FOUNDATION

中国近代
思想家文库

◎

张登德 编

陈炽卷

中国人民大学出版社
·北京·

总　序

对于近代的理解，虽不见得所有人都是一致的，但总的说来，对于近代这个词所涵的基本意义，人们还是有共识的。一个国家、一个民族走入近代，就意味着以工业化为主导的经济取代了以地主经济、领主经济或自然经济为主导的中世纪的经济形态，也还意味着，它不再是孤立的或是封闭与半封闭的，而是以某种形式加入到世界总的发展进程。尤其重要的是，它以某种形式的民主制度取代君主专制或其他不同形式的专制制度。中国是个幅员广大、人口众多、历史悠久的多民族国家，由于长期历史发展是自成一体的，与外界的交往比较有限，其生产方式的代谢迟缓了一些。如果说，世界的近代是从 17 世纪开始的，那么中国的近代则是从 19 世纪中期才开始的。现在国内学界比较一致的认识，是把 1840 年到 1949 年视为中国的近代。

中国的近代起始的标志是 1840 年的鸦片战争。原来相对封闭的国门被拥有近代种种优势的英帝国以军舰、大炮再加上种种卑鄙的欺诈打开了。从此，中国不情愿地加入到世界秩序中，沦为半殖民地。原来独立的大一统的中央集权的君主专制国家，如今独立已经极大地被限制，大一统也逐渐残缺不全，中央集权因列强的侵夺也不完全名实相符了。后来因太平天国运动，地方军政势力崛起，形成内轻外重的形势，也使中央集权被弱化。经历第二次鸦片战争、中法战争、甲午战争、八国联军入侵的战争以及辛亥革命后的多次内外战争，直至日本全面侵略中国的战争，致使中国的经济、政治、教育、文化，都无法顺利走上近代发展的轨道。古今之间，新旧之间，中外之间，混杂、矛盾、冲突。总之，鸦片战争后的中国，既未能成为近代国家，更不能维持原有的统治秩序。而外患内忧咄咄逼人，人们都有某种程度"国将不国"的忧虑。

"天下兴亡，匹夫有责"，读书明理的士大夫，或今所谓知识分子，尤为敏感，在空前的危机与挑战面前，皆思有所献替。于是发生种种救亡图存的思想与主张。有的从所能见及的西方国家发展的经验中借鉴某些东西，形成自己的改革方案；有的从历史回忆中拾取某些智慧，形成某种民族复兴的设想；有的则力图把西方的和中国所固有的一些东西加以调和或结合，形成某种救亡图强的主张。这些方案、设想、主张，从世界上"最先进的"，到"最落后的"，几乎样样都有。就提出这些方案、设想、主张者的初衷而言，绝大多数都含着几分救国的意愿。其先进与落后，是否可行，能否成功，尽可充分讨论，但可不必过为诛心之论。显而易见，既然救国的问题最为紧迫，人们所心营目注者自然是种种与救国的方案直接相关的思想学说，而作为产生这些学说的更基础性的理论，及其他各种知识、思想，则关注者少。

围绕着救国、强国的大议题，知识精英们参考世界上种种思想学说，加以研究、选择，认为其中比较适用的思想学说，拿来向国人宣传，并赢得一部分人的认可。于是互相推引，互相激励，更加发挥，演而成潮。在近代中国，曾经得到比较广泛的传播的思想学说，或者够得上思潮的，主要有以下几种：

（一）进化论。近代西方思想较早被引介到中国，而又发生绝大影响的，要属进化论。中国人逐渐相信，进化是宇宙之铁则，不进化就必遭淘汰。以此思想警醒国人，颇曾有助于振作民族精神。但随后不久，社会达尔文主义伴随而来，不免发生一些负面的影响。人们对进化的了解，也存在某些片面性，有时把进化理解为一条简单的直线。辩证法思想帮助人们形成内容更丰富和更加符合实际的发展观念，减少或避免片面性的进化观念的某些负面影响。

（二）民族主义。中国古代的民族主义思想，其核心是"非我族类，其心必异"，所以最重"华夷之辨"。鸦片战争前后一段时期，中国人的民族思想，大体仍是如此。后来渐渐认识到"今之夷狄，非古之夷狄"，"西人治国有法度，不得以古旧之夷狄视之"。但当时中国正遭受西方列强的侵略和掠夺，追求民族独立是民族主义之第一义。20世纪初，中国知识精英开始有了"中华民族"的概念。于是，渐渐形成以建立近代民族国家为核心的近代民族主义。结束清朝君主专制，创立中华民国，是这一思想的初步实现。第一次世界大战爆发，中国加入"协约国"，第一次以主动的姿态参与世界事务，接着俄国十月革命爆发，这两件事对近代中国的发展历程造成绝大影响。同时也将中国人的民族主义提升到一个新的层次，即与国际主义（或世界主义）发生紧密联系。也可以说，中国人更加自觉地用世界的眼光来观察中国的问题。新生的中国共产党和改组后的国民党都是如此。民族主义成为中国的知识精英用来应对近代中国所面临的种种危机和种种挑战的一个重要的思想武器。

（三）社会主义。社会主义作为一种模糊的理想是早在古代就有的，而且不论东方和西方都曾有过。但作为近代思潮，它是于19世纪在批判近代资本主义的基础上产生的。起初仍带有空想的性质，直到马克思和恩格斯才创立起科学社会主义。20世纪初期，社会主义开始传入中国。当时的传播者不太了解科学社会主义与以往的社会主义学说的本质区别。有一部分人，明显地受到无政府主义的强烈影响，更远离科学社会主义。直到五四新文化运动兴起之后，中国人始较严格地引介、宣传科学社会主义。但有一段时间，无政府主义仍是一股很大的思想潮流。中国共产党的成立，从思想上说，是战胜无政府主义的结果。中国共产党把在中国实现社会主义乃至共产主义作为自己的奋斗目标。此后，社会主义者，多次同各种非科学社会主义思想的信仰者进行论争并不断克服种种非科学社会主义思想的影响。

（四）自由主义。自由主义也是从清末就被介绍到中国来，只是信从者一直寥寥。直到五四新文化运动兴起，具有欧美教育背景的知识精英的数量渐渐多起来，自由主义始渐渐形成一股思想潮流。自由主义强调个性解放、意志自由和自己承担责任，在政治上反对一切专制主义。在中国的社会条件下，自由主义缺乏社会基础。在政治激烈动荡的时候，自由主义者很难凝聚成一股有组织的力量；在稍稍平和的时候，他们往往更多沉浸在自己的专业中。所以，在中国近代史上，自由主义不曾有，也不可能有大的作为。

（五）激进主义与保守主义。处于转型期的社会，旧的东西尚未完全退出舞台，新的东西也还未能巩固地树立起来，新旧冲突往往要持续很长的时间，有时甚至达到很激烈的程度。凡助推新东西成长的，人们便视为进步的；凡帮助旧东西排斥新东西的，人们便视为保守的。其实，与保守主义对应的，应是进步主义；与顽固主义相对的则应是激进主义。不过在通常话语环境中人们不太严格加以区分。中国历史悠久，特别是君主专制制度持续两千余年，旧东西积累异常丰富，社会转型极其不易。而世界的发展却进步甚速。中国的一部分精英分子往往特别急切地想改造中国社会，总想找出最厉害的手段，选一条最捷近的路，以最快的速度实现全盘改造。这类思想、主张及其采取的行动，皆属激进主义。在中共党史上，它表现为"左"倾或极左的机会主义。从极端的激进主义到极端的顽固主义，中间有着各种程度的进步与保守的流派。社会的稳定，或社会和平改革的成功，都依赖有一个实力雄厚的中间力量。但因种种原因，中国社会的中间力量一直未能成长到足够的程度。进步主义与保守主义，以及激进主义与顽固主义，不断进行斗争，而实际所获进步不大。

（六）革命与和平改革。中国近代史上，革命运动与和平改革运动交替进行，有时又是平行发展。两者的宗旨都是为改变原有的君主专制制度而代之以某种形式的近代民主制度。有很长一个时期，有两种错误的观念，一是把革命理解为仅仅是指以暴力取得政权的行动，二是与此相关联，把暴力革命与和平改革对立起来，认为革命是推动历史进步的，而改革是维护旧有统治秩序的。这两种论调既无理论根据，也不合历史实际。凡是有助于改变君主专制制度的探索，无论暴力的或和平的改革都是应予肯定的。

中国近代揭幕之时，西方列强正在疯狂地侵略与掠夺殖民地和半殖民地，中国是它们互相争夺的最后一块、也是最大的资源地。而这时的中国，沿袭了两千年的君主专制制度已到了奄奄一息的末日，统治当局腐朽无能，对外不足以御侮，对内不足以言治，其统治的合法性和统治的能力均招致怀疑。革命运动与改革的呼声，以及自发的民变接连不断。国家、民族的命运真的到了千钧一发之际，危机极端紧迫。先觉分子救国之心切，每遇稍具新意义的思想学说便急不可待地学习引介。于是西方思想学说纷纷涌进中国，各阶层、各领域，凡能读书读报者，受其影响，各依其家庭、职业、教育之不同背景而选择自以为不错的一种，接受之，信仰之，传播之。于是西方几百年里相继风行的思想学说，在短时期内纷纷涌进中国。在清末最后的十几年里是这样，五四时期在较高的水准上重复出现这种情况。

这种情况直接造成两个重要的历史现象：一个是中国社会的实际代谢过程（亦即社会转型过程）相对迟缓，而思想的代谢过程却来得格外神速。另一个是在西方原是差不多三百年的历史中渐次出现的各种思想学说，集中在几年或十几年的时间里狂泻而来，人们不及深入研究、审慎抉择，便匆忙引介、传播，引介者、传播者、听闻者，都难免有些消化不良。其实，这种情况在清末，在五四时期，都已有人觉察。我们现在指出这些问题并非苛求前人，而是要引为教训。

同时我们也看到，中国近代思想无比的多样性与复杂性呈现出绚丽多彩的姿态，各种思想持续不断地展开论争，这又构成中国近代思想史的一个突出特点。有些论争为我们留下了非常丰富的思想资料。如兴洋务与反洋务之争，变法与反变法之争，革命与改良之争，共和与立宪之争，东西文化之争，文言与白话之争，新旧伦理之争，科学与人生观之争，中国社会性质的论争，社会史的论争，人权与约法之争，全盘西化与本位文化之争，民主与独裁之争，等等。这些争论都不同程度地关联着一直影响甚至困扰着中国人的几个核心问题，即所谓中西问题、古今问题与心物关系问题。

中国近代思想的光谱虽比较齐全，但各种思想的存在状态及其影响力是很不平衡的。有些思想信从者多，言论著作亦多，且略成系统；有些可能只有很少的人做过介绍或略加研究；有的还可能因种种原因，只存在私人载记中，当时未及面世。然这些思想，其中有很多并不因时间久远而失去其价值。因为就总的情况说，我们还没有完成社会的近代转型，所以先贤们对某些问题的思考，在今天对我们仍有参考借鉴的价值。我们编辑这套《中国近代思想家文库》，希望尽可能全面地、系统地整理出近代中国思想家的思想成果，一则借以保存这份珍贵遗产，再则为研究思想史提供方便，三则为有心于中国思想文化建设者提供参考借鉴的便利。

考虑到中国近代思想的上述诸特点，我们编辑本《文库》时，对于思想家不取太严格的界定，凡在某一学科、某一领域，有其独立思考、提出特别见解和主张者，都尽量收入。虽然其中有些主张与表述有时代和个人的局限，但为反映近代思想发展的轨迹，以供今人参考，我们亦保留其原貌。所以本《文库》实为"中国近代思想集成"。

本《文库》入选的思想家，主要是活跃在 1840 年至 1949 年之间的思想人物。但中共领袖人物，因有较为丰富的研究著述，本《文库》则未收入。

编辑如此规模的《文库》，对象范围的确定，材料的搜集，版本的比勘，体例的斟酌，在在皆非易事。限于我们的水平，容有瑕隙，敬请方家指正。

《中国近代思想家文库》编纂委员会

目　录

导　言

　　陈炽是中国近代史上有才华、有见识，起过重要影响的人物。光绪举人，官至户部郎中、军机处章京等职。所著《庸书》百篇倡议中国发展资本主义工商业、废除厘金、实行议院等主张，颇具时代性，后此书经翁同龢推荐，为光绪皇帝御览。甲午战争以后陈炽积极参加维新运动，曾与康有为等人组织强学会，并担任会长。他认为国家之强皆原于富，撰成《续富国策》六十篇，同时协助《时务报》的筹建组稿工作，并在该报及《知新报》撰文纵论世界形势。戊戌政变后深受打击，光绪二十六年（1900年）病逝于京都。陈炽一生写有大量论著，本卷尽可能完整地收录陈炽的条陈奏片、函电书信、序跋、诗词联赋、专著译著等，为研究陈炽思想和中国近代历史提供一些参考资料。

一

　　陈炽，原名家瑶、喜炽，后改名炽，字克昌，号次亮，又号用絜，称褒中居士、瑶林馆主、通正斋生。咸丰五年（1855年）四月初七日生于江西瑞金县瑞林乡禾塘村。陈炽的祖父、父亲皆获科举功名。陈炽幼年接受严格而系统的封建教育，6岁时开始到私塾受业，他才思敏捷，聪颖超群，经常与弟弟不管寒暑，勤奋苦读，以聪敏享誉乡里。"少小富文史，六艺资藻缋。弱冠读阴符，议论绝时辈。"① 同治六年（1867年），13岁时赴宁都州参加院试，得中秀才，引起轰动。同治十二年（1873年），陈炽以生员身份，由江西学政许庚身择优保送入京参

---

　　① 陈炽：《绍古辞》，见《褒春林屋诗》，光绪辛巳年刻本。

加全省科考拔贡，以优异成绩，取为拔贡生。第二年，他赶往京城参加朝考，录为一等第四名，授七品京官，签分户部山东清吏司见习。同年，陈炽在京师结交江西新建人陶福祖，时陶福祖正在礼部参加考试，两人多次进行文酒之会。

光绪元年（1875 年）陈炽告假回乡。江西萍乡人文韫山欣羡陈炽的才识，即让其题写条屏。陈炽不好推辞，即为其题写了吴匏庵的《赤壁诗》。不久，江西丰城诗人欧阳元斋得知瑞金出了个年轻的京官，便前来拜访，两人遂"叙情谈诗"，结为知音。陈炽的家乡人也很自豪，遂让其为家族族谱、乡贤写序作跋。光绪四年（1878 年）春，陈炽为同邑里坑陈氏族人重修其族谱作序；光绪七年（1881 年）又为瑞金先贤罗有高的遗著《尊闻居士集》写跋。

在家休假期间，陈炽对于家乡的教育事业也很关心。光绪七年（1881 年）夏，他与邑人钟小溪、杨云樵等人筹款倡设宾兴会，以济助本地应考之生员。同年，陈炽因事赴省城南昌，巧遇江西人陶福祝、勒深之。陶、勒二人均负诗名，遂与陈炽相约举行诗会，相互切磋技艺。他们互相唱和之诗，加之欧阳熙的《荣雅堂诗》，汇集为《四子诗录》出版。陈炽所作《褒春林屋诗》，或为酬答朋友之作、或为借物咏人感叹时光流逝之作、或为表达怀才不遇之作、或为时事而作等。其中，《出虎门洋有感》《感事》等诗，展露出爱国忧民的思想，从中人们已能体察到作者的忧国忧民之心。当然，《冰溪行为徐烈妇作》系为烈妇所作序和诗，也反映他受封建思想的影响，具有保守的一面。

光绪八年（1882 年）为乡试之年。在封建社会中，虽然举人与贡生都为科举正途，但是举人的社会地位高于贡生。陈炽自同治十二年（1873 年）即成为拔贡生，至此已经九年，自然不想错过中举机会，恰好他在家休假，就参加了壬午科江西省乡试，中第 46 名举人。第二年即光绪九年（1883 年）陈炽销假回到京师任职。[①] 自此到甲午战前这十年时间内，是陈炽目光投诸现实问题以及维新思想的形成时期。光绪十二年（1886 年），陈炽参加军机章京考试，夺得八人中首名。军机章京处理军机处日常事务，如处理文书、记注档册、撰拟文稿等，陈炽因长期担任军机章京，故对朝廷的典章奏疏较为熟悉。后又外出游历沿海及

---

① 参见秦国经主编：《清代官员档案履历全编》，第 6 册，206 页，上海，华东师范大学出版社，1997。

港澳地区，翻阅过大量西书译本，咨询过游历归国人员。所有这些经历使陈炽对封建政权内部的吏治、财政危机等问题具有深入的认识，因此他慷慨论谈时务。光绪十年（1884 年），他曾上奏清廷，建议清廷赐刘永福以稍重之衔，使其在边外练勇屯田，以为国家御侮；由户部代奏将大凌河牧厂移往蒙古草地片，建议将大凌河西岸牧厂移往蒙古草地，开展"屯田，以为东三省及朝鲜援应"；由户部代奏整顿西藏事务折，建议清政府在西藏通商、惠工、开矿、劝学等。光绪十一年（1885 年），由户部代奏敬陈东三省情形管见事，主要谈论东三省练兵之事。他还多次上书李鸿章、翁同龢、陈宝箴、刘坤一等清廷高官大员，就朝鲜问题、黄河改道、筹饷、教案、修建铁路等问题发表意见。例如，光绪十一年（1885 年）陈炽致函李鸿章，分析朝鲜内乱发生原因，并提出处理朝鲜问题的看法。光绪十三年（1887 年）黄河从郑州决口后，陈炽向翁同龢呈送议河说帖；次年上翁同龢务农恤商劝工八条；光绪十七年（1891 年）上书翁同龢谈论筹饷的问题。光绪十七年（1891 年），陈炽在给陈宝箴的书信中表示，俄国西伯利亚铁路建成后，必然会对中国边防构成威胁，而中国东三省"千里平原，隘口岐出，实非铁路不能守"，认为应早建铁路，"俾得早竟全功，或可豫弭隐患耳"[①]。同年秋，陈炽致函刘坤一，询问芜湖等地教案后事。

　　光绪十六年（1890 年），陈炽担任户部浙江司主事。次年任职户部四川司员外郎，兼值军机章京汉头班。光绪十七年（1891 年）冬，陈炽因父亲去世，请假回籍。在为其父亲营葬守孝期间，陈炽曾致书陈三立请为其父撰墓志铭，致函李盛铎让其推荐会看风水之人。同时，他为宁州城内白溪陈氏俊卿祠堂撰记、瑞金合邑宾兴谱写序，为父亲生前好友陈为理撰写墓志铭，筹建瑞林禾塘陈氏宗祠等。光绪十八年（1892年）春，他为好友郑观应参订《盛世危言》，次年又为其写序，初步表达了自己的维新变法思想。虽然仅仅是一篇序言，但这却是陈炽由封建知识分子向早期维新派转化的里程碑，在陈炽思想发展过程中是至关重要的。受郑观应《盛世危言》影响，光绪十九年至二十年（1893—1894年）陈炽著成《庸书》百篇，从政治、经济、军事、文化、外交等方面对中国社会进行了剖析，尤其是倡议实行君民共主政体，采用议院制，

---

　　① 陈炽：《上陈宝箴书》，见上海图书馆历史文献研究所编：《历史文献》第六辑，184～185 页，上海，上海古籍出版社，2004。

发展资本主义工商业等思想，标志着其维新思想体系初步形成。

甲午战争爆发后，陈炽对时事非常关注，积极上书献策。他曾上书刘坤一，陈言军国大计；致函翁同龢评论战局，旁征博引，翁氏阅后赞其为"通才"。光绪二十一年（1895 年）三月，翁同龢将陈炽《庸书》进呈光绪皇帝御览。是年四月，陈炽守孝期满返京复官，仍以员外郎任职户部，同时兼值军机章京上额外行走。

甲午战败后，为救亡图存，全国各地掀起变法的热潮。梁启超在《变法通议》中大声呼喊"变亦变，不变亦变"。康有为等会试举人联合上书，要求废约、迁都、变法。陈炽痛感时艰，遂在光绪二十一年（1895 年）五月上清帝万言书，反思战败原因，请求清政府"一意振作，变法自强，以巩皇图而湔国耻"，并且提出下诏求言、阜财裕国、分途育才、改制防边、教民习战、筑路通商、变法宜民等善后措施。当清廷筹措对日赔款时，陈炽与李盛铎积极参与协商，并多次与翁同龢通信提出自己的建议。

在这一时期内，陈炽的维新思想由激进到退缩，行动上有一个从积极参与到游离的过程。《马关条约》签订后不久，陈炽曾送给翁同龢善后封事八条，得到翁氏称赞，认为皆善后当办者。在翁同龢的推荐下，陈炽曾参与纂修《钦定平定云南回匪方略》《钦定平定苗匪纪略》《钦定平定陕甘回匪方略》，因纂修有功，升户部郎中，外任以道员用。当时，维新运动如火如荼，翁同龢受形势影响倾向于变法，而康有为也想通过他推动变法事业。陈炽作为翁同龢的亲信僚属，在康有为与翁同龢之间，穿针引线，积极为变法奔走。光绪二十一年（1895 年）五月，翁同龢与康有为商谈改革大计，陈炽为之草拟十二条新政意旨，准备次第实行。后因恭亲王奕䜣反对没有实现。同时，他为英国传教士李提摩太修订建议改革的《新政策》。当康有为屡函促责翁同龢抓紧推动变法时，陈炽曾代翁氏到康有为处谢答，并建议康有为"办事当以办报为先"，捐助其办报事业。然后陈炽与康有为等人筹建强学会，往返于京沪之间，为学会购置图书仪器奔忙。京师强学会成立后，陈炽被推选为会长。强学会得到了许多督抚大吏的支持和帮助，李鸿章也欲捐三千金入会，为陈炽等人拒绝。是年底，因御史杨崇伊弹劾强学会"植党营私"，清廷下旨意令封禁强学会。后在翁同龢、御史胡孚辰的建议下，清廷允准将强学会改为官书局，由孙家鼐管理，陈炽仍留任事。

此后，陈炽用很大精力研究经济问题。他认为改变中国贫弱之原的途径之一是发展经济，先后由户部代为专奏《茶务条陈》《铸银条陈》等，就有关国家利权问题陈述己见。前者专论在对外贸易中占很大比重的"茶务"，分析昔盛今衰的严重形势，提出振兴茶务的参用机器、准设小轮、创立公栈、暂减捐厘等四条办法；后者根据世界货币发展趋势，分析中国不铸金钱之弊，建议中国应该自铸金币，同时通用外国金币，并提出引进西方机器、自铸钱币、革新圜法的具体办法，强调这是整顿财政、发展经济、富强国家的根本举措。光绪二十二年（1896年），陈炽撰成《续富国策》60篇，分农书、矿书、工书、商书四卷，系统地提出了当时中国发展经济的方案。另外，他曾从李提摩太的《泰西新史揽要》中了解到亚当·斯密的《国富论》（时称《富国策》）对资本主义经济发展的作用，于是与友人重译《富国策》，在《时务报》连载。不过，陈炽所译的《富国策》，不是亚当·斯密的《国富论》，而是英国剑桥大学经济学教授法思德（Henry Fawcett）的《政治经济学手册》（*Manual of Political Economy*）。同时，陈炽继续关注世界大势，在《时务报》《知新报》上发表《中日之战六国皆失算论》《美德宜力保大局说》《俄人国势酷类强秦论》等系列探讨甲午战争后国际关系的论文。

为推动维新运动的发展，光绪二十二年（1896年）七月黄遵宪、汪康年、梁启超等人在上海创立《时务报》。陈炽积极参与此事，除为之撰稿外，亦行在北京代收捐款、发行等事。他曾四次与《时务报》总经理汪康年通信，谈论《时务报》篇首论说、《重译富国策》刊载及京师吏治等事。后因《时务报》内部矛盾重重，陈炽与李盛铎在上海劝说梁启超在《时务报》之外，再开日报《公论报》。光绪二十二年（1896年），刑部左侍郎李端棻上《推广学校折》，主张京师以及各府州县皆设立学堂，陈炽也积极呼吁清廷尽快开办，并为孙家鼐草拟大学堂章程。光绪二十四年（1898年）四月，京师大学堂筹备工作已臻完毕，孙家鼐欲聘请康有为任总教习，陈炽为总办。康有为辞之，陈炽等曾劝其就任。

陈炽在维新运动中异常活跃，深受各派人士重视。不过，陈炽的行动一开始就带着小心翼翼的烙印。《万国公报》（强学会初期刊物）创刊之初，因宣传新的思想观点引起顽固派徐桐、褚成博的反对，他们要弹劾康有为。陈炽得知风声后，不是与康有为商量积极应付的对策，而是规劝其出京暂避风头。光绪二十一年（1895年）底，强学会遭查封后，陈炽与文廷式、李盛铎一并被御史杨崇伊弹劾，文廷式因此被革职。陈炽虽没有受到处理，但也受惊非小，开始变得谨小慎微，唯恐触犯清律。他曾忧心忡忡地告诉汪康年："中国君权太重，都中一事不办，外间遂欲办一事而不能，自上下无一不揣摩迎合也。"同时，对于《时务报》刊发的关于民权学说的文章，陈炽也感到有些惴惴不安，于是两次写信给汪康年，表明他此时的态度："从强学会封禁，《立言》恐招忌恨，非本报所译。弟引此以证议院民权之不可再说耳。""公度事可疑可诧，渠至都即讲民权，弟已规之，大约不能从耳。"① 鉴于政治形势严峻，陈炽自己是不敢奢谈议院了，并且规劝别人也少谈为佳。

此时，他与翁同龢之间的关系开始出现裂痕。翁氏在日记中载："陈次亮以折示我，全是风话，内有涉余名者一句，以墨笔捺出，还之，不如此不能断此妖也。"② 从共同呼吁变法至两人关系开始出现矛盾，说明了维新变法进程的复杂性。不久翁同龢被黜，陈炽更是失去了靠山和希望，变法的热情再度受挫。光绪二十四年（1898 年）百日维新期间，他常与江标、赵炳麟等一批具有维新思想的中小官僚相聚，议论时政，注视着变法进程。他曾将所著《庸书》上之当道，又告康有为皇上实英明通达，过于群臣。戊戌变法最终还是失败了，六君子喋血菜市口，陈炽虽然没有受到追究，不过也遭到很大打击，往往酒前灯下，高歌痛苦，若痴若狂，光绪二十六年（1900 年）五月病逝于北京城。

二

作为中国近代早期维新思想家，陈炽在中国近代思想史上的贡献主要表现在以下方面：

（一）力陈中国引进西法以变革的重要性

陈炽认为当时中国面临"千古非常之变"，世界已形成了"地球一统，万国会同"的格局，变成了"一维新之宇宙"，世界各国之间已不再是彼此隔绝的状态，中国如果仍据守旧道，不思变法，就会落到像越南、琉球等国因不变法而"亡不旋踵"的结局；如果像日本那样变法，既能存在于当世，又能使国家"强且富"；如果像暹罗、朝鲜那样当断

---

① 上海图书馆编：《汪康年师友书札》（二），2075～2076 页，上海，上海古籍出版社，1986。

② 陈义杰整理：《翁同龢日记》，第六册，3015 页，北京，中华书局，1998。

不断，"欲变而未变者也，其势岌岌然，如不终日"①。他既反对顽固守旧者"深闭固拒，尊己而抑人，事变既来，茫昧昏蒙，束手无措"，又反对激进维新者"不深察中国之人情与国家创制显庸之本意，又张皇震讶，欲一切舍己而从之"，主张"法之宜守者，慎守之，实课以守法之效，毋庸见异而迁也；法之当变者，力变之，实责以变法之功，毋俟后时而悔也"②。所以陈炽认为"西法之本出乎中，则无俟概行拒绝。然而受之则富，否则贫，得之则强，否则弱"，"此言虽小，可以喻大，空谈无补，实丧易危"③。他强烈要求学习西法以变法自强。为了减少阻力，他多次采用西学中源的办法，主张中国从多方面学习西方国家，而不是仅仅学习船坚炮利和声光化电的自然科学知识。同时，陈炽批评洋务派的孜孜于"利炮坚台、鱼雷铁舰之属"是"遗其大体而袭其皮毛"，"弃其菁英而取其糟粕"④。显然，陈炽希望中国学习"大体""菁英"，要进行一场比洋务运动更加深刻的变革，即应该是包括政治制度在内的改革。

(二) 政治改革思想

作为封建统治阶级中的一员，陈炽对当时的吏治情况及政治制度的运行较为了解，因此对封建吏治的揭露和君主专制制度的批评即更加深刻。他指出当时清政府的官僚体制已经存在各种弊端。"法日改而日精，网日张而日密，文日积而日繁，内外官吏营私舣弊之方，亦日趋而日巧"。"文法拘牵，是非淆杂"⑤，"部饭则彼此分肥，工程则相将染指"⑥。"偶有尽心民事者，则上官掎之，同僚笑之，众庶疑之，不入考成，不登荐牍，群掣其肘，必溃于成而后已。不肖者，专揣缺分之肥瘠，以图饱私囊；其贤者，亦第求案牍之清厘，以规避处分。于设官为民之本意，上下泰然，久已忘之，而且习之矣"⑦。"天下万国，最贪者，中国之官"⑧。另外，他还指出捐例的存在败坏吏治，大蠹民生；

① 陈炽：《庸书·自强》，光绪二十二年刻本。
② 《庸书·名实》。
③ 《庸书·自强》。
④ 《庸书·自叙》。
⑤ 《庸书·名实》。
⑥ 《庸书·养廉》。
⑦ 《庸书·教养》。
⑧ 陈炽：《上清帝万言书》，见孙祥吉：《晚清史探微》，142 页，成都，巴蜀书社，2001。

胥吏盘踞要津，索贿营私，殃民害政；京官与外官之间勾结、积案问题严重、考核官吏时徇私枉法等皆是吏治中存在的问题。因此，他提出必须整顿吏治，严格考绩。

陈炽继承中国古代"立君为民"的思想，"天生民而立之君，君者群也，所以为民也"，但他认为三代以前"君"是为民之君，秦以后君是害民之君，特别是君主专断于上，百官横行于下，"民之视官如帝天，官之视民如土芥"，"吏役之爪牙四布，以养民则不足，以虐民则有余"，这在很大程度上是由于封建君主专制的"贵私"、"贵虚"、愚民而致。如何改变这种状况呢？陈炽认为要破除这种言路堵塞、上下隔绝的痼弊，一个很好的办法是仿照西方，广开报馆，开通言路。当然，更重要的是政治制度改革。他比较了当时世界上存在的君主、民主与君民共主这三种政体形式，认为前两种均存在着弊端，唯有君民共主能够"合君民为一体，通上下为一心"，能够通上下之情，而且可以敌外患，"即敌国外患纷至沓来，力竭势孤，莫能支拄，而人心不死，国步难移。积土成山，积流成海，能胜而不能败，能败而不能亡"①。同时，他又设计了君民共主体制下的上下议院的组织原则和议员选举的具体办法。甲午战争后，陈炽在《上清帝万言书》中明确指出国家欲自强，必须变法，以练民兵、开议院为成功。陈炽批判选官制度弊端重重，提议去除捐例，严肃吏治，尤其是建议中国设议院、采取君民共主的政体，是其政治上最有特色和时代先进性的思想，也是其思想体系中"最闪光的部分"②，是陈炽思想发生重大变化的标志。

虽然陈炽在政治领域提出一些设想和建议，但也出现过保守和动摇。除了政治策略考虑的原因外，更重要的是陈炽在思想观念上仍然是封建三纲五常的维护者。他认为"西人忠信明决，实为立国之原，而三纲不明，五伦攸敦，则他日乱机之所伏，即衰象之所由成也。夫君为臣纲，古有明训。西人倡自主之说，置君如奕棋，其贤者尚守前规，不肖者人思自取，若巴西诸国，彼此相攻，大乱方滋，隐忧未艾。此无君臣之伦者，不足以致太平也"③。同时，他还指出：无父子兄弟之论，不足以存种族；无夫妇之论者，不足以广似续。因此，陈炽认为学习西方

---

① 《庸书·议院》。

② 孔祥吉：《晚清政治改革家的困境——陈炽〈上清帝万言书〉的发现及其意义》，载《广东社会科学》，2000（2）。

③ 《庸书·审机》。

不能以损害三纲为度，这影响了他的思想继续深化。

（三）经济思想

这是陈炽思想最为丰富的部分。陈炽不仅在《庸书》中有多篇文章探讨经济发展，而且在甲午战争后上过专门论述茶务和铸银方面的条陈，特别是所著《续富国策》，更以60篇文章对农、矿、工、商各业的变革与发展做了深入探讨。

1. 农业思想。中国是一农业大国，经济近代化离不开农业的近代化。陈炽对中国农业近代化提出不少见解，例如强调农工商协调发展、政府的督导作用、科技兴农、保护农业生态环境等，为中国农业的近代转型起到了前驱先路的作用。

其一，提出农业对国计民生的重要性。"经制国用，举出于农"，"五谷之利，在各业中为至微，而耕作之功在各事中为至苦。然一日不耕，天下有饥者，农政之所关，又在各务中为至重"①。农业是国民经济其他部门发展的基础，"商之本在农，农事兴则百物蕃，而利源可浚也"②。农业能为轻工业的发展提供原料和为商业提供产品。因此，陈炽提出农业经济作物生产应与农产品加工业密切配合，如"葡萄制酒""种棉轧花""种竹造纸""种橡制胶""种茶制茗""种蔗制糖"等，即发展能够生产出口商品和工业原料的农业。

其二，兴修水利。水利是农业的命脉，而农业是国民经济的命脉。中国自古水患严重，对农业生产造成极大破坏。陈炽对水利与农业生产的关系有着深刻认识。通过比较南北方对水利的重视程度对农业生产的不同影响，陈炽强调兴修水利，提高抵御水旱灾害的能力，同时指出解决办法是开渠种树，以及治理那些贪污兴修水利之费的官吏绅商等。

其三，强调政府及农官在农业发展中的作用。中国虽是传统的农业大国，但缺乏管理农业的专门机构。陈炽认为"水利沟渠，备旱备潦，非一人一家之力所能为者，无以董之则废而不修矣"③。陈炽与孙中山、郑观应、康有为等人皆提出仿效西方设农官的建议，以加强对农业改革的管理和指导，调动农民生产积极性。

其四，提倡科教兴农，发展农业机械化。近代中国农业生产技术落后，所产产品很难在国际市场上竞争。陈炽认为农学不发达是主要原

① 陈炽：《续富国策·讲求农学说》，光绪二十三年豫宁余氏校刻本。
② 《续富国策·创立商部说》。
③ 《庸书·教养》。

因。他指出："天下农民大都愚拙，安常习故，不愿变通，又恐舍旧图新，利未形而害已见，此中外古今之通弊也。"① 所以他认为对农民进行教育是当务之急。为此，他介绍了泰西各国运用科技兴农的做法，并提出改良土壤，化瘠为腴；因地制宜，多种经营等主张。同时，他建议开展农业科技知识的普及工作。另外，陈炽认为不仅工业上使用机器能获利，就是农业上使用机器也能提高产量。他说，英国采用机器已经收到"一人之力，足抵五十人之工，一亩之收，足抵五十亩之获"的效果，建议中国有多田之富人，可以购买机器，"俾用力少而见功多，如伊尹之区田，亩收数十倍"②；主张中国要改良农业生产工具，走农业机械化的道路。

其五，对与农业有关的生态环境保护问题深切关注。《续富国策》中的《水利富国说》《种树富民说》《种果宜人说》《种木成材说》等文均与环境问题有着密切关系。《种桑育蚕说》《葡萄制酒说》《种竹造纸说》《种樟熬脑说》《种茶制茗说》等文虽主要是从发展商品性农业与外国争夺利源的角度出发，但是这些树木的栽植，也在一定程度上回答了保护环境和发展经济的关系问题。陈炽明确指出中国北方灾害频仍的原因之一是因森林的大量被破坏而致的生态环境不断恶化。因此，陈炽指出治国要务"以种树为第一事"，并设计了种树的计划，建议设立各级专任官吏，"郡守牧令，总揽其成"，"同知、通判、县丞、主簿等闲官，专任其事"③，并把植树多少作为官吏升迁考核的一个标准。陈炽对森林与人类的关系的认识之深刻，在中国近代思想史上无出其右者。

2. 工矿业思想。陈炽认为"工者，商之本也，生人利用之源也"④，因此"劝工"关系国家兴亡，"一富一贫，一强一弱，一兴一废，一存一亡，而皆以劝工一言为旋乾转坤之枢纽"⑤。

发展以铁路、轮船为主的水陆交通运输业和通信业。工业化的发展不仅需要强大的物质基础，还要有便利的运输条件。晚清中国交通运输落后，制约着经济领域各部门的发展，所以不少人极力提倡发展轮船和火车为主的近代交通业。陈炽谈论兴修铁路不仅是应用于国防用兵方面，而且是从国富民生的角度来考察，认为"天下万国之贫富，以铁路

---

① ② 《续富国策·讲求农学说》。

③ 《续富国策·种树富民说》。

④ 《庸书·考工》。

⑤ 《续富国策·劝工强国说》。

之多寡定之"①。与郑观应主张商办不同，陈炽认为铁路干路官办为宜。公路建设思想主要体现在《上清帝万言书》、《庸书》中的《虞衡》、《续富国策》中的《治道之工说》三文中。陈炽指出道路一端为万国富强之根本，道路不仅关系到国家体制尊严，也与工商各业发展、国势盛衰息息相关，所以中国应该参酌中西，专派一工部侍郎主持其事，街道以京师为主，而后渐及于城镇乡村。至于水路交通计划，陈炽主要是从降低生产成本的角度指出发展内河航运的重要性，并做了具体规划。同时，陈炽从商业发展的角度呼吁在"繁盛之乡"和"荒僻之处"广泛设置邮电局。但是邮政大权不能交给外国人，电报部门不应收费过高，否则会影响商业的发展。

发展机器制造业。机器生产比手工生产效率高的优越性得到了许多人士的认可，如钟天纬、薛福成、郑观应等人都指出发展机器生产的重要性。陈炽也是使用机器生产的积极倡导者。他曾论证机器生产的三大作用。第一，机器可以从事人工无法完成的事业，形成巨大的生产力。"人之目所不能见者，以机器见之；人之耳所不能闻者，以机器闻之；人之手所不能举者，以机器举之；人之足所不能及者，以机器及之；人之心思智慧千力万气所不能成者，以机器成之"②。第二，机器生产可以夺回利权。"外洋入口之货，皆工作所成，中国出口之货，皆土地所产，工拙相越，贵贱相悬"③。"以贱敌贵，以粗敌精，以拙敌巧"，"中国虽强，安得不弱？中国虽富，安得不贫？"④ 中国可以采用机器生产，用国货战胜洋货，在国际市场上与洋货争高低。第三，机器养民论。陈炽驳斥了守旧派阻挠发展机器工业的言行，认为"自机器大兴，而一人之工足给十人之食，富人出资立厂，而贫民之工作者辄数千人，富民之获利一二分而止，而贫民之工资增至倍蓰什佰而未已焉。故机器之兴，专以为贫民计也"⑤。"使中国各行省工厂大开，则千万穷民立可饱食暖衣，安室家而养妻子，向日之手工糊口者，亦各免艰难困苦、忧冻啼

---

① 《续富国策·急修铁路说》。孙中山在1912年也说："国家之贫富，可以铁道之多少定之；地方之苦乐，可以铁道之远近计之。"（《孙中山全集》，第2卷，382～383页，北京，中华书局，1982。）

② 《续富国策·工艺养民说》。

③ 《庸书·考工》。

④ 《续富国策·器用之工说》。

⑤ 《庸书·养民》。

饥，咸得享豫大丰亨之福也"①。当然，陈炽认为中国不仅在军械制造方面可以使用机器，就是很多器用食用之物，如酿洋酒、炼洋糖、备牛乳、造烟卷、贮鲜果、蓄干酢、制饼饵、种咖啡等，也可采用机器自造自用，以收利权。

发展矿藏开采业。中国历朝对采矿业采取严格的控制政策。清朝鉴于明朝矿税之弊端，封禁犹严。鸦片战争后开始出现开矿助饷之说。洋务运动时期，矿利富国之说成为多数人的共识。陈炽认为中国矿藏非常丰富，由于"守旧者胶执成见，谋新者任用非人，遂使古今以来良法美意，悬为厉禁，视若畏途，而山川无尽之藏，终无由一见于世，日皇皇然忧贫患寡，怀金玉而啼饥"②。所以他主张"各山各矿一律驰禁"③，提出采用习矿师、集商本、弥事端、征税课的办法来处理矿政。他着重提出开采煤矿、铁矿、石油、金矿等。陈炽的发展采矿业的思想是与甲午战争后中国面临的危局紧密相关的。当时，为图富强，维护利权，应付赔款，清政府发布上谕讲求练兵、筹饷。不少官员请求开矿。清廷接受了朝臣的建议，改变了甲午战争之前的禁止或限制私人开矿的政策，鼓励私人投资办厂，成立路矿总局，民间采矿业获得了发展。但是由于民族资本较少，外国侵略势力在中国的矿产开采占据主导地位，使中国的利源不能完全为己所用。

发展工矿业要有推动力，要有鼓励措施。陈炽建议对能出新意、制成有益民生之物的人，准上之工商二部，赏给护照宝星，许其专利。同时，他建议开技艺学堂，培养科技人才；选派人员游历各国，博访良法，以推动中国经济发展。

3. 振兴商务思想。两次鸦片战争之后，先进的中国人看到了对外通商是大势所趋。陈炽指出："今日者，五洲万国，贸迁有无，风气大通，舟车四达，可知道里广远，货币往还。此端既开，断难再塞，前有千古，后有万年，从兹四海通商遂将一成不变也"④。他以英、日两国富强之例强调开展商务的重要性：英国"挟其利炮坚船，遂以纵横四海"是全恃"商之力"；日本仿效西方，农工商业蓬勃发展，"骎骎乎国

---

① 《续富国策·工艺养民说》。
② 《庸书·壮人》。
③ 《庸书·奉吉》。
④ 《庸书·商部》。

未可量"①。陈炽认为西方各国驾船东来，对中国并不见得都是坏事，至少可以增强中国人的忧患意识和危机感。陈炽在《庸书》中即有多篇文章分析商务问题，在《续富国策》商书卷中又写了 18 篇文章，详细阐述了自己的主张。其中较有特色的有三点：

其一，创立和发展公司制度。王韬、薛福成、马建忠、郑观应、钟天纬等曾分别撰文论述过公司的重要作用。洋务运动期间，洋务派也仿照西方公司之例兴办了一批企业。对于公司的作用，陈炽也比较重视。他对西班牙、葡萄牙、英吉利等国靠公司之力"开辟新地"深有感触，指出"公司一事，乃富国强兵之实际，亦长驾远驭之宏规"②。在《续富国策》中，他又作了《纠集公司说》，对公司制度进一步加以论述。他列举了公司的益处：设立公司于官于商皆能获利；行销外国公司之利，可以避免由小商经营而易受洋商操纵市价造成的损失。虽然当时中国已经仿照西方设立了一些股份制公司，但是由于多采取官督商办经营形式，企业内部产权关系不明，经常出现公司官员侵吞商贾利益的现象。陈炽将西方股份制难以在中国推广归因于缺乏相应的法律保护，指出为公司立法是解决问题的途径，应该"将英美各国公司章程择要删繁，通行刊布，使商人传诵揣摩，以明其理"③。此前的郑观应、薛福成等人，此后的汪康年、康有为、张之洞、盛宣怀等人也有呼吁制定商律之议。在社会各界的呼吁下，清政府陆续出台了一系列经济政策与法规，并在光绪二十九年（1903 年）正式颁布了中国第一部《公司律》，为晚清公司制度的建设提供了法律保障。

建立一个公司，公司信誉问题也至关重要。陈炽指出："公司者，秉至公而司其事之谓也"。"公司一也，而有行有不行、有胜有不胜者，无他焉，公与不公而已矣。宁失信于天下，而决不能失信于同人；宁受亏于一身，而决不能亏及于同事。此英国商会之所以恢宏光大、冠绝万国之根原也。"反观中国所开公司，"各牟其利，各怀其私"④，不能维护投资者的利益，企业内部没有统一的价值观和道德观，人人为己，缺乏一股向心力，取得更高的效益和利润则是难上加难。陈炽提出的企业文化建设问题，不仅对当时塞漏卮、挽利权有重要意义，就是对目前中国进行的社会主义市场经济建设也有借鉴作用。

---

① 《续富国策·创立商部说》。

② 《庸书·公司》。

③④ 《续富国策·纠集公司说》。

其二，市场信息对商业发展的重要性。企业要发展，产品要销售，注重信息的搜集至关重要。洋务运动期间虽建立了一些股份公司，但官督商办的经营形式使官与商之间矛盾重重，从而使二者并无暇顾及经营销售策略中的商业信息问题。对于如何准确掌握国际市场信息发展商务，陈炽提出派人出国考察游历、举行博览会、发挥报纸的作用、发展邮电通信业等四点。

其三，建立商业学堂。洋务运动兴起后，国内设立了一些新式学校，但由于偏重于艺学，所以所设学校以军事学堂居多，而能够传授商业教育的学校寥若晨星。陈炽认为商学十分重要。他指出西人能够开拓疆土，大半由于商会，而"商会之所以能举大事者，一曰财，二曰人。……其人才之众多则皆出于商学"。鉴于商学的重要，西人在通商辟埠之地皆安家业，长子孙，设商学，分为总学和分学，"略视其天资之高下以为断"①。陈炽建议中国拥有商业资本数十万、数百万或数千万金者，应该各提公积倡立各种商业学堂。虽然陈炽之前，郑观应对商学有所认识，其后张之洞也指出"不讲农工商之学，则中国地虽广，民虽众，终无解于土满人满之饥矣"②，而能够对商业教育如此重视，提出"天下事未有不学而能者，亦即未有学而不能者"，撰专文予以论述者，综观晚清一代，唯有陈炽一人而已。

陈炽振兴商务的具体措施还有：裁撤厘金、保护关税；建立商会；设立保险公司；修举火政；在南洋等地增设领事、订立保护华商华工章程；多制兵船以护商、阜民财、丰国用、振商务、收利权；在通商各埠广设银行等。这些振兴商务的措施，既包含有反对外国资本主义经济侵略的思想，也反映了甲午战争前后中国人对经济事务的认识与对策，同时为晚清设立的保护工商业法令的颁布做了铺垫。

追求国家富强是近代中国人的共同愿望。"咸丰庚申变后，忧国者感于时势阽危，经世思想，殆无不集中于富强问题。"③ 不过他们对富强的追寻途径并不完全相同。洋务派侧重于发展工业与军事的实践活动以图富强，很少有对经济活动学理的探研；清流派弹劾官吏，指陈弊端，所提的富国养民策脱离不了屯垦、兴水利、轻徭薄赋、禁奢崇俭等传统的为富之道；顽固派则以"忠信为甲胄，礼义为干橹"，把礼义人

① 《续富国策·分建学堂说》。
② 张之洞：《劝学篇》，143 页，郑州，中州古籍出版社，1998。
③ 赵丰田：《晚清五十年经济思想史·序》，北平，哈佛燕京学社，1939。

心作为自强的理论武器，反对修铁路、办商业的求富活动；王韬、薛福
成、马建忠等参与过洋务运动的思想家，提出了工商立国的思想，但过
多地强调发展对外贸易以抵制外国商品入侵；梁启超、康有为、严复等
人在戊戌变法时期思想着重点在于救亡和启蒙。而陈炽认为"各国之
强，皆原于富"①。从这一认识出发，他在《庸书》和《续富国策》中
广泛地谈论了农、矿、工、商各业，提出了四者协调发展的理论，并明
确表示撰写《续富国策》的目的就是为了证明"古今虽远，天壤虽宽，
他日富甲环瀛，蹴英而起者，非中国四百兆之人民莫与属也"。所以，
与同时代的其他人相比，陈炽更能全面、系统地研究经济问题。特别是
《续富国策》一书更是近代中国人自著的第一部经济专著。同时，由于
在户部任职，他对国家的经济生活更为关注，提出的思想也更为独特，
比马建忠、严复的经济思想更贴近中国的实际。可以说，在众多的维新
思想家中，还没有哪一位像陈炽这样关心国家经济问题的。

（四）教育思想

作为近代早期维新思想家，陈炽的主要贡献并不在教育方面，但是
其教育思想却有着深刻的内涵。尤其是他的重视妇女教育，倡导边疆设
学，发展留学教育，重视官吏培养教育，开展职业教育、华侨教育、慈
善教育等思想，不仅为当时维新运动提供了丰富的养料，而且对今天的
社会主义教育建设仍有借鉴意义。

陈炽认识到人才兴衰与国家强弱之间的关系。他指出："人材之消
长关焉，世运之兴衰系焉"②；"国于天地，必有与立，虽有良法，不能
自行，得人则治，失人则乱，伊古以来，未有能易之者"③。因此他主
张变通科举，增加技艺学科；派人留学，学习西方先进文化等。

值得一提的是陈炽提出在奉天、吉林、蒙古等少数民族地区设立学
校的设想。例如，在奉吉两省，"宜筹款募捐，广建书院。边民椎朴，
向少藏书，并立书楼，博收典籍，院中膏火，务极丰饶，山长必须得
人，规制宜加整肃，无论军民人等，咸务向学，以渐化其犷悍而大启其
灵明。庶有勇知方，既富且教，奇才辈出而隐患潜销也"④。在蒙古，

---

① 赵炳麟：《陈农部传》，见沈云龙主编：《赵柏岩集·柏岩文存》，近代中国史料丛刊
正编第 31 辑，1530 页，台北，台湾文海出版社，1968。

② 《庸书·太学》。

③ 《庸书·自叙》。

④ 《庸书·奉吉》。

"建立学校，教习汉文，已出痘者，入京就学，化以礼义，泽以诗书，大漠穷边，无殊内地矣"①。他还认为在南洋各地，国家应拨款建中西大学堂，"教以中西之学"，不仅"使数百万之华民智慧渐开，才能渐出"②，而且"他日必有奇材硕彦应运而生，为海上之夫余以藩屏中国者"③。陈炽提出在边疆和南洋华侨居住之地设立学校教化民众才是根本的主张，可谓远见卓识。

把妇女应平等接受教育与国家强弱联系在一起，也是陈炽这一时期的新认识。陈炽认为夏、商、周三代以前中国仍较重视女子教育，后来妇学失传，又让妇女缠足，阻碍她们受教的机会；泰西各国也设有"女塾"，使女子既嫁之后，皆能相夫佐子，以治国而齐家，这是富国强兵之本计。相比中国四万万人，妇女约居其半，安居饱食，无所用心，况且如果女子"弱龄失教，习与性成，始以淫贱妖蛊为长，终以暴戾奸贪为事，夫承其弊，子效其尤，人心日漓，风俗日坏，其害之中于深微隐暗之间者，永无底止也"④。因此他建议严禁妇女缠足，应广设女学，让妇女接受教育。陈炽的妇女教育思想，与同时代的康有为、严复、郑观应、陈虬等人的思想一道形成了一股要求妇女解放的潮流，既是社会生产力发展的需要，也是资产阶级自由、平等理论在妇女问题上的具体体现。

（五）国防军事思想

19世纪七八十年代后，中国面临严重的边疆危机。英国从印度侵入西藏，法国从越南侵犯广西，俄国从中亚入侵新疆，日本吞并琉球、侵犯中国台湾。陈炽清醒地认识到"强敌在门，诸夷环伺"的危险处境，在《庸书》中用《四维》《边防》《龙江》《奉吉》《东海》《金山》《新疆》《青海》《西藏》《三省》《蒙古》《台湾》等篇幅予以说明，并提出了移民实边、招垦兴屯、增筑炮台、办理渔团、修建铁路等保卫边疆的具体办法。不过陈炽也是有所侧重的，特别是在1874年日本侵略台湾后，清政府内部曾有过海防与塞防的争论，陈炽倾向于塞防。他利用自己在军机处、方略馆任职的条件，结合当时的形势，对中国的蒙古、西南等省以及暹罗、南洋的状况做了分析。"中国之大患仍不在水而在

---

① 《庸书·蒙古》。
② 《续富国策·酌增领事说》。
③ 《庸书·南洋》。
④ 《庸书·妇学》。

陆，不在东南而在西北也"①。"今之言洋务者，……汲汲于东南，而不知其要害乃在西北也"②。他指出俄国是中国的最大祸患，并且在多处提醒要注意俄国在北方的隐患。俄国在东北修筑西伯利亚铁路，中国的"东北、西北之边防将无宁日"③。甲午战争后，俄国通过干涉日本归还辽东半岛，引起清政府大部分人士的好感。严复在 1897—1899 年连续发表《中俄交谊论》等文呼吁联俄。陈炽则看清了俄国的意图，于1897 年以瑶林馆主为名作《俄人国势酷类强秦论》，从十个方面把俄国与秦进行对比，呼吁"夫前事之不忘，后世之师也，前车之已覆，后车之鉴也"。陈炽对俄国为中国之大患颇为深刻的剖析，引起了不少同时代人的共鸣，孙宝瑄在日记中即表示陈炽的比证颇为确切。

　　当然，陈炽对海防也很重视。他指出台湾是中国"四维"中"东南之维"，为"通商万国之所垂涎而窥伺者"，因此台湾对中国海防的重要性是不言而喻的。"台湾一地，东南七省之藩篱门户也，台湾安，则东南半壁举安。"并把台湾与海疆的关系比作唇与齿："台湾犹之唇也，海疆犹之齿也。台湾果失，则沿海各省其能有一日之安乎?"④ 为此，他提出南洋海军提督驻台、建立台湾造船工厂、广封其域相为犄角等三项措施。当时海外华人、华侨的聚居地南洋，也是陈炽密切关注之地。但清廷对南洋的重要性认识不足，国防重点"偏于西北，而东南沿海，自台湾一岛外，均度外置之"。陈炽认为"南洋者，西人之外府也"，西人"精神命脉，均在南洋"⑤。如果中国的商力、兵锋"略及于南洋各岛，彼海外诸国将惴惴然顾畏不遑"⑥。如果能够挽回西人在南洋的特殊权益，"则因宜制变，此虏已在掌之中矣"。为此他提醒清廷统治者："今之筹海者，毋遽及西洋也，筹控制南洋而足矣。"⑦ 从而建议以设官司、护商旅、建学校、举贤才的方式经营南洋作为海上屏障。另外，他还提出考察海图、重视港岛、组建渔团、建立军校、多制兵船、制造枪炮等有关海防问题的见解，不仅对当时社会带来深刻的影响，而且在我国近代海防史上占有一定的地位。

---

① 《庸书·炮台》。
② 《庸书·自叙》。
③ 《庸书·四维》。
④ 《庸书·台湾》。
⑤ 《庸书·南洋》。
⑥ 《庸书·公司》。
⑦ 《庸书·南洋》。

同时，他对于日本的看法有所改变。甲午战争前，陈炽既看到日本对中国东三省以及朝鲜的觊觎，也赞赏日本明治维新的成功，把日本看成中国实行改革的模仿对象。甲午战争后，陈炽认真反思战败原因，积极探寻国家出路，并多次以日本为例希望中国振兴商务，但在钦羡的同时增添了一分忧虑。他指出：日本"近在肘腋之间，急起而窥我心腹，其心计之精刻与西人同，其性格之阴柔与西人异，西人之所能为者，彼优为之，西人之所不肯为者，彼亦决为之。始也财力未雄，不及西人之长袖善舞耳。今一朝战胜，举国宽然，数万万之金钱取之如寄。又得台湾一岛，各国之所垂涎而目为宝山金穴者，助其商力，蠹我中邦，更有行轮造货之约章，夺我之矛，陷我之盾，纵横内地，盘踞利权"①。随后，陈炽发表《中日之战六国皆失算论》《美德宜力保大局说》《英日宜竭力保中说》等文，指出了中国与日本的利害关系及所牵涉的国际形势，主张应采取以夷制夷、合纵连横的方法。

从以上五个方面来看，陈炽思想中包含着强烈的经世意识、忧患爱国意识、"开新"与"卫道"的交织等特征。

强烈的经世意识。从《庸书》百篇文章的内容中可以看出，陈炽的视野非常开阔，论证极为严密。洋务运动开始后，学习西学者摆脱了"士林败类""名教罪人"之类的贬称，渐渐出现"家家言时务，人人说西学""竞言洋务"的局面。陈炽年轻时即喜欢留心天下利病，"热心科学"②，广泛涉猎西方译著。我们可以从其著作的言论中，看到他对天文学、化学、光学、电学、算学、地学、植物学、物理学等自然科学以及国际法、经济学等社会科学的了解，透视出其科技知识的广博。难怪梁启超发出陈炽"由西学人，与之谈，无不解，洵异才"的感慨。陈炽一方面继承了前人的经世思想，一方面针对当时中国社会现实，慷慨陈言，痛斥弊端，"重伤时局"，"婉辞尚形激烈"，多"偏持"之语，能够"济国步之艰难，振愚庸之聋聩"③，宋育仁就很佩服陈炽经世之学的"湛深"。陈炽提出相应的对策措施，其基本目的也是希望自己的维新主张能被切实加以利用，而本人亲自投入到维新运动的实践中去，亦明显反映出他的经世致用思想。当然，陈炽所处时代毕竟与龚自珍、魏源不

---

① 《续富国策·创立商部说》。

② 萧公权：《近代中国与新世界：康有为变法与大同思想研究》，289 页，南京，江苏人民出版社，2007。

③ 余鐉：《〈庸书〉内外篇重刊序》，光绪丁酉（1897 年）豫宁余氏重校付刊本。

同了，此时西学大量输入中国，中国人开始走向世界，这种变动的环境使得陈炽有机会去体验西方社会文明，虽然未能走出国门，但在沿海、港澳等地的游历也使他大开眼界，认识到西学对中国的重要性。在此基础上，陈炽采用中西结合之法探索近代中国发展道路，推动了经世致用思想在近代社会条件下的不断更新和内容的更加充实。

强烈的忧患爱国意识。陈炽的著述大都是感时、愤事之作，充满了忧患意识。这既是继承了我国古代知识分子的优秀传统，也是甲午战争前后社会现实的反映。陈炽说"闻长老述庚申之变，亦常流涕太息，深恶而痛绝之"①，从而萌发救亡、振兴之志。针对中国的现状，陈炽仿效南宋抗金志士陈亮，将号改为次亮，决心以民族兴亡为职志。19 世纪八九十年代更是社会动荡激变的年代，西方国家侵略加深，中国内政腐败，引起了有识之士的忧虑。陈炽的《庸书》和《续富国策》即是"感念时变"而"发愤"所作。如他在《续富国策》中指出，中国如果仍"守此而不变，再阅十载，彼之货皆贵，我之货皆贱；彼举国皆富人，我举国皆穷人。试思穷人听命于富人乎？抑富人听命于穷人乎？将使权势举无所施，愚智皆为彼用，不蹈印度、缅甸、越南之覆辙，其事不止。他日，中国四万万众神明之胄，颠连困苦，奴虏终身，济济群公，何以自解于天下万世哉！"②句句充满着民族忧患感。他在论著中表现出对水患、民生、边患、吏治腐败等问题的忧心忡忡，并痛心疾首于列强的侵略，积极探讨御侮自强之路。可以说忧患意识、爱国精神是贯穿陈炽思想的一个基本特征。

"开新"与"卫道"的交织。陈炽主张学习西方，发展科技，振兴商务，设立学堂，甚至仿效西方设立议院制度，但是同时又对西方文化持贬低态度，极力维护中国传统伦理秩序的圣学道统。为了学习西方，他曾对守旧和维新势力进行批评，认为正确的做法是"法之宜守者，慎守之"，"法之当变者，力变之"③。中国应根据实际情况学习西方，而不能墨守成规，搞闭关政策。陈炽虽认识到"中西学术，本末相殊"④，不过在他心目中中学是永远高于西学的，"夫今不若古，犹可言也：中

---

① 《庸书·自叙》。
② 《续富国策·维持矿政说》。
③ 《庸书·名实》。
④ 《庸书·艺科》。

不若西，不可言也"①。为了论证中学的优越性，他积极倡导明末清初即已出现的西学中源说。陈炽认为不仅西学源出中国，就是西器、西艺、西政、西教以及西方人种文字也都源于中国，并且还设想了中学西传的道路。陈炽对此说的论述比近代其他思想家更全面、态度更坚定。② 这是传统的民族文化优越感在陈炽身上的反映。

与这种尊古的价值趋向相联系，陈炽虽有维新变法的思想，但深荷纲常名教的重负，以卫道者自居，思想中充满着传统和维新的交织。他说孔圣人之教，"得之则治，失之则乱"，批评西人不明三纲之说，"他日乱机之所伏，即衰象之所由成也"；"三纲不明，五伦攸斁"③，即使"强盛于一时，终不可以持久也"④。陈炽的《庸书》百篇是始以《名实》，而终于《圣道》，足以看出他的心态所向。王韬、郑观应等人虽也是西学中源说的倡导者，但是没有如陈炽这样批评西方文化、对圣道如此推崇。同时陈炽还认为孔教将会支配全世界，"我黄帝之子孙、孔门之弟子，将方行于四海，充塞于两间，成古今大一统之闳规，创亿万斯年同文同轨同伦之盛业也"⑤。"他日我孔子之教将大行于西，而西人之所以终底灭亡者"⑥。陈炽殚精竭虑保卫圣道，用夏变夷，希望圣道同化那些西方国家，成了圣道的忠实维护者。一方面倡导学习西方，另一方面又摆脱不了儒家传统规范的束缚，反映了当时知识分子在中西文化碰撞下的迷惘心境。

陈炽死后，赵柏岩为其写传，陈三立、康有为纷纷写诗以示纪念。人们在研究中国近代早期维新思潮或中国近代经济思想史时，皆把陈炽作为重要人物之一加以考察。尤其是陈炽的代表作《庸书》与《续富国策》中提出的改革思想和方案在中国近代思想史上是占有重要地位的。作为向西方寻求真理的进步思想家之一，陈炽的思想促进了中国现代化的进程。

三

陈炽一生勤奋探究天下利病，留下了不少论著。其中，《庸书》和

---

① 《庸书·学校》。
② 参见张锡勤：《陈炽思想简论》，载《北方论丛》，1999（4）。
③ 《庸书·审机》。
④ 《续富国策·自叙》。
⑤ 《庸书·圣道》。
⑥ 《〈盛世危言〉序》。

《续富国策》两书在当时影响较大，生前即多次刻印。民国初年《新编中华国文教科书》第二册第二十三课《葡萄酿酒》①，即由陈炽《续富国策》中《葡萄制酒说》一文改编而成。20 世纪 30 年代著名经济学家唐庆增专门写了陈炽关于劳工学说的文章，发表在《经济学季刊》。新中国成立后，特别是改革开放以来，更多的研究者开始关注陈炽，不仅出版了研究专著，而且还有多篇学位论文（包括大陆和台湾）以及几十篇学术论文问世。1990 年，江西省社会科学院曾专门召开"陈炽与戊戌维新"学术研讨会。对于陈炽的论著，江西省的赵树贵、曾丽雅两位学者做过长时间的收集，编成《陈炽集》（中华书局，1997），为后人研究陈炽提供了很大方便。但是由于种种原因，该集收录不全面，也有错讹之处，并且在其出版后的近二十年中也有不少新的资料相继面世。本书主要在中华书局版《陈炽集》基础上，就目前能够找到的陈炽资料悉数收入，分为文选、专著、译著、诗词联赋、附录等部分，同时尽可能考订源流，修正错讹，以供学界参考。

第一部分为"文选"。包括陈炽所写的族谱序跋、函电书信、条陈折片等。陈炽留下的族谱资料主要是在回家乡时完成的。一次是 1875 年任户部京官后请假回原籍，一次是 1891 年因其父过世回籍为父营葬守孝。这些族谱资料，如《〈里坑陈氏四修族谱〉序》《宁都州城内白溪陈氏俊卿翁祠堂记》《〈瑞金合邑宾兴谱〉序》《陈长者墓志铭》等，已收入赵树贵、曾丽雅合编的《陈炽集》。此次编校，以此为依据并对个别地方做了标点和段落调整。书信部分，陈炽与李鸿章、陈宝箴、汪康年的书信重新按照原始资料进行编校收录。同时编者又搜集到不少《陈炽集》所无的书信，如陈炽给李盛铎的六封信，陈炽给康有为、文廷式、沈曾植、盛宣怀等人的书信。不过，遗憾的是，陈炽与翁同龢、刘坤一、郑观应、宋育仁等人的书信往来，只见一些间接的只言片语，而信件具体内容至今尚未见到。另编者从北京德宝国际拍卖有限公司网站上看到陈炽在光绪十年的书札一封的说明，可惜无缘亲见具体内容，遗憾殊多。

条陈折片。奏折是高级官员向皇帝奏事进言的文书。陈炽在担任户部京官时虽无权利直接上奏皇帝，但由户部代递了关于整顿西藏事务、

---

① 《新编中华国文教科书》（1913 年 12 月出版），见闫苹、张雯主编：《民国时期小学语文课文选粹》，123 页，北京，语文出版社，2009。

大凌河牧厂移往蒙古草地、东三省练兵、赏赐刘永福重衔等奏片。除关于清廷重用刘永福的奏片外，其他三份奏片未见具体内容。编者将《清实录光绪朝实录》《光绪朝朱批奏折》等记载陈炽奏片的相关内容录入，以帮助读者从侧面了解陈炽所言。陈炽所上《茶务条陈》《铸银条陈》，流传较广，现将完整内容收录。另外编者搜寻到陈炽的《呈递出洋游历人员应行采访事宜节略》《上清帝万言书》《务农恤商劝工说帖八条》《为胪陈直省及沿边险要地形宜绘制分总舆图等各条款事禀文》等，为《陈炽集》所无，也是很少有人使用的资料。

各种经世文编刊载陈炽的文章。《皇朝经济文新编》除收录陈炽《庸书》《续富国策》的部分内容外，还有其他署名陈炽的文章，如《矿务琐言》《论病论药说》《血去无咎说》《请开艺学科说》《精技艺以致富说》《资格说》等，均收入本书。其中有一篇《电气利于园圃》文章，署名"陈炽"，但经编者考证不是陈炽作品而没有收入。同时从《皇朝经济文编》中收录陈炽《古今工程异同说》文。

第二部分为"专著"。《庸书》《续富国策》是陈炽的代表性著作。两书自1896年刻印后，先后有不少版本问世。《庸书》有1896年刻本、潍县实雅书局铅印本、文茂山房刻本，1897年上海慎记书庄石印本、文瑞楼铅印本、豫宁余氏重校付刊本，1898年成都志古堂刻本、上海书局石印本、时务学堂刻本、知今斋石印本、大雅书局刻本，1904年潍县实雅书局排印本等。编者在编校时采用1896年刻本为底本，参校1897年上海慎记书庄石印本。《续富国策》有1896年刻本，1897年豫宁余氏校刻本、上海慎记书庄石印本、桂垣书局刻本，1898年中江鸂鹈室刻本、上海飞鸿书庄石印本、古果州六也楼仁记校刊刻本，1902年鸿宝书局石印本，1905年新学书局刻本等。编者以1897年豫宁余氏校刻本《续富国策》为底本，参照上海慎记书庄石印本编校而成。

另有《中外政治艺学策论》六卷，光绪壬寅（1902年）孟春沪上书局石印本，藏于厦门大学图书馆，表明陈次亮（即陈炽）撰。该书前有宋育仁序言，称"政治内外叙"，叙后表明宋育仁作于"光绪二十七年夏四月"，实际为宋育仁在光绪二十二年为陈炽《庸书》所作之序言。卷首序言为陈炽《续富国策》一书的序言，只是开头首句变为"艺学新策胡为而作也？曰：为救中国之贫弱而作也"。其后分为《政治内篇》《政治外篇》《艺学新策》三部分。编者经过查证，发现该书绝大部分是陈炽《庸书》和《续富国策》的内容，但有11篇文章并非陈炽所作，如《权谋》篇为刘向《说苑》中的内容，《持权》为徐铉《持权论》中的内容，《养才》为苏洵所写，《豪侠》为李德裕所写，《创守》为《全唐文》中的内容，《隐逸》为《宋书》中的内容，《阅武》为《道藏》中的内容，《游侠》为《史记》中的内容，《逸民》为《汉书·王贡两龚鲍传》中所载，《损益》为《后汉书·王充王符仲长统列传》中的内容，《守兵》为《全宋文》中的内容等。该书还有一种版本，封面有"江右陈次亮农部奉谕旨撰述"等字样，京师新政学会印行（光绪壬寅季夏上海书局石印），书内收载光绪二十七年七月十六日慈禧太后发布的改革科举的上谕。书中表明"书经西商存案，翻印定必究治"，"近有无识书贾，纷纷将别种书改头换面，假冒此名，则知射利，不问名实符否？以伪乱真，购者慎之"，但从内容上看仍然是选自《庸书》和《续富国策》，故没有将该书收入本卷。

第三部分为"译著"。收录陈炽与朋友合译的《重译富国策》部分内容。《富国策》原为京师同文馆副教习汪凤藻在1880年所译的经济学教材，陈炽曾阅读过，但发现原译存在很大问题，遂与友人合作在1896年重新翻译，以《重译富国策》之名在《时务报》上连载（但未译完），影响较大。因晚清时期士人翻译多采用"西译中述"的形式，在很大程度上也反映了笔述者的思想，且《重译富国策》中有不少按语为英文底本所无，这些内容对全面了解陈炽的思想是很有帮助的。

第四部分为"诗词联赋"。主要收录《裦春林屋诗》《云簶词录》《簪笔集》。《裦春林屋诗》有光绪辛巳年（1881年）刻本和光绪壬午年（1882年）京师刻本，编者对两版本内容做了核实对照后予以收入。《云簶词录》《簪笔集》藏于国家图书馆古籍部，此前很少有人注意利用，这次予以完整收录。编者还搜集到散见他处的陈炽部分诗词联赋。这些资料与陈炽的《庸书》《续富国策》等论著相辅相成，更显示出陈炽人格思想的魅力，并且对于全面研究陈炽的思想有所帮助，故收入。

第五部分为"附录"。维新运动时期，陈炽曾为英国传教士李提摩太笔述、修订过《新政策》。尽管其内容与陈炽思想内容有差异，但因与陈炽仍有关联，故经考核录入，并供鉴裁。另外，还有刘坤一、梁启超、盛宣怀、郑观应等人致陈炽的信函，赵柏岩、陈焘所写陈炽传记，陈三立为陈炽父亲所写的墓志铭，康有为纪念陈炽诗歌等，皆有助于陈炽生平思想的研究，也一并收入，以供读者参考。

编者在编校过程中，对每部分资料重新考订，按时间顺序编次。凡陈炽生前定稿时间的，一般保持原状。散见在报刊上的文章，以撰成或发表时间为序。书信等没有明确时间的予以考订说明，均加题注，以＊号表示。所收录资料均在题注中注明来源。一般沿用原有标题，如遇有原无标题者，则由编者根据内容酌加，并为注明。凡有可以对照互相校勘者，尽可能使用不同的版本相较，歧异之处出校记予以说明，缺字或难以辨认处，用□标出；转录资料保留原校的标记。

最后需要说明的是，尽管编者在收集中做了很大努力，但个别篇目仍未找到，此外遗漏者也难免，有待日后补充，敬希读者见谅。

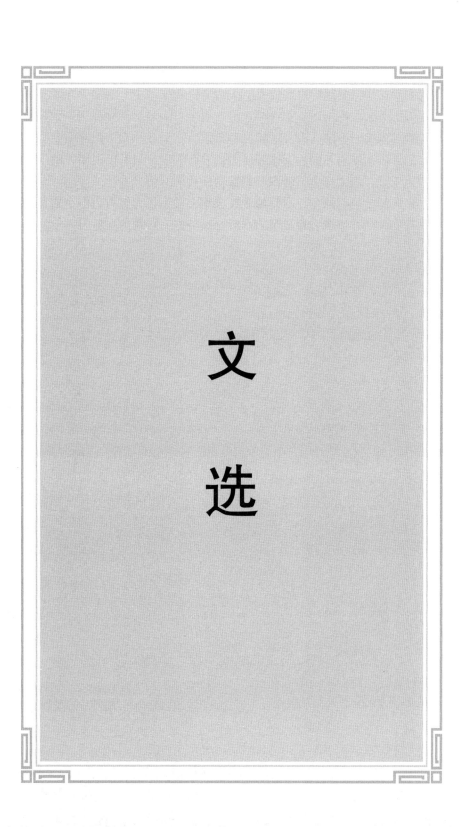

文

选

《里坑陈氏四修族谱》序[*]
（1878 年 4 月）

　　谱牒之兴，兆于西汉，而氏族始严，所以别宗支、序昭穆，意至渥也。及源远而流既长，或迁徙靡定，则又各为支谱，就其所迁之地之人而纪之。盖以省跋涉之艰难、舟车之费而已。而传之已久，其世次遂不可及而考，至有同宗如路人者，亦立法之弊也。邑里坑陈氏兴，予族址相错，里闬相望也。瑞俗，凡同姓者相见之简牍之往来，其称谓皆以宗冠之，余亦习焉。

　　今岁春，里坑族人重定其谱，而乞序于余。以《源流考》者一卷来，始知其出于西昌。唐末，评事公避杨行密之乱，徙柳溪，孟坚公由柳溪徙兴国，绍崖公偕弟侄等始徙瑞金，支派全族小异，而其源则鲜不同者，盖天下生以矣。其间治乱兴废之故，水旱兵燹、流移转徙之勒，虽国史亦仅存者，或来之稗官野〈史〉，以补一代之文，况区区谱系之细，又重以迁地既多，支谱之各建而一一求其吻合也难矣。

　　里坑族人，世务本业，笃宗宜，无游荡之民。其先，智水公者，实擅陶朱计然之术，而里人盛传其祖有多力如乌获孟贲者，其事不雅驯，为荐绅先生所不道。顾吾谓评事公之流泽长矣。他日有崛起田间，云奋焱举，一代伟人者，岂惟此闾同姓之光乎！将于此行卜之矣。三修之叙为从叔高祖所撰，寥寥不甚析，余因序其与予族之同异，并慨支谱之不能无弊也，如此书于简首而归之。

时皇清光绪四年岁在著雍摄提格律中姑洗①之月

族末家瑶次亮甫　顿首拜撰

---

　　* 原录自《里坑陈氏四修族谱》，1878 年修。现转录自《陈炽集》（赵树贵、曾丽雅编，296～297 页，北京，中华书局，1997），编者对个别之处标点做了调整。文末表明"清光绪四年著雍摄提格律中姑浣之月"。查"清光绪四年"即 1878 年；"著雍摄提格"，根据《尔雅·释天》中说：太岁"在戊为著雍"，"在寅曰摄提格"，即戊寅年；"律中姑浣"，根据《史记·律书》中说："三月也，律中姑洗"，即三月。从上可推知陈炽该文写于光绪四年戊寅三月（1878 年 4 月）。

　　① "洗"，原作"浣"，误，校改。

《尊闻居士集》跋[*]
(1881 年 6 月)

乡先生罗有高《尊闻居士集》若干卷，刻于苏州彭氏，刺史韩公聪甫重镌。按，先生字台山，江西瑞金人。乾隆中，以古文名世，行事杂见汪大绅墓铭，恽子居传中不具论。先生遭家不造，不获已而逃于禅，僧服儒冠，类伴狂玩世者。晚岁登楼，纵火自燔不死。越十日死。死后卅年，孙某改葬其枢，舍利累累满焉，果所谓生有自来者欤？

其为文得力庄史，渟滀演漾，不可涯涘，近代所希有也。先生所居曰密溪，山水奇秀甲一邑，去余居七十里而近。每至邑，必道密溪，望凤皇山顶，云气郁然，褰裳久之不能去。太史公所谓"高山仰止，景行行止，虽不能至，心向往之"者，非耶？

刻将竣，复搜遗文得若干首，邮附之。余惟先生生贡水上游，闽粤之边界，地僻矣，而是集实刻于其友长洲彭季子。今刺史韩公亦仁和人，何先生文字之缘皆在吴越也？而公政事余闲，汲汲焉表章先哲，其用心为尤不可及云。

辛巳仲夏邑后学陈家瑶谨跋

三江既入义[**]
(1882 年 9 月)

《禹贡》三江之说，诸儒聚讼，大半惑于三江口之说。三江口之名，始见《吴越春秋》，后庾仲初《扬都赋》注，始实指其地以为江入海处，陆氏《释文》既引《史记》韦昭注，又据《吴地记》，附载三江口之说，张守节《史记正义》亦然。诸家因《禹贡》三江，与震泽连文，皆就吴越近地，以求三江。不知吴越之水，去海甚近，其水道半由三代之后，疏凿而成，且与大江经流相去，若风马牛之不及。况扬州之水，毕汇于

---

　　* 录自（清）罗有高：《尊闻居士集》，光绪辛巳年宁都韩氏刻本。该跋表明写于光绪辛巳年仲夏，即光绪七年（1881 年）五月。陈家瑶即为陈炽早年之名。
　　** 录自顾厚焜鉴定：《新政应试必读》第六种卷六，光绪壬寅（1902 年）秋求己斋石印本。赵树贵先生在《陈炽集》（中华书局，1997）中认为："此篇考辨性的文章，未带政治色彩，疑为陈炽早期作。选入《应试必读》，又疑为 1882 年乡试中举之试卷，俟考。"现从此说，即为 1882 年乡试中举之试卷。另清代乡试在阴历八月份举行。故陈炽此文作于 1882 年 9 月。

江，江不入海，是无扬州矣。岂止震泽不能底定哉！

若言三江，而大江不在内，未可信也。郭璞知言江不可舍大江，因以浙松合岷江目为三江，其义较广大矣。归熙甫《三江论》主之。但《禹贡》水名，本不相借，江一而已。北江中江，均由大江分合，而被以江名，与浙松何与乎！以此当三江之二，亦非《禹贡》命名之义也。即云会稽之会诸侯，当在奠定即位之后，不得以此附会三江。自蔡氏集传，力主庾仲初三江口之说，且据毛氏《禹贡指南》，力攻苏氏。窃以为苏氏之说，虽冥心独创，实以暗合古人，但不善持论，而以味别为言，殊不足为典要。毛氏攻之，亦不能远溯原始。盖谓三江近在吴越者，误实始于班固。《汉志》于会稽吴县下云，南江在南东入海；毗陵下云，北江在北东入海；丹阳芜湖下云，中江出西南，东至阳羡入海。独不思中江、北江，名已详于《禹贡》乎？《禹贡》系中江于导江条下，系北江于导漾条下，如班志所言，则丹阳、芜湖之中江，不足见为江水之分，毗陵之北江，何以定为汉水之所独乎？此德清胡氏之言，真可以穷支说矣。然则苏氏以南江、北江、中江为三江，实为近古。毛氏又言《禹贡》无南江之名，不免牵合。

夫三江之名，缺一尚不可训，并三者之名无之，反得为确解乎？若指三江口之名为三江，独不为附会乎？蜀亦有三江口，豫章亦有三江口，果可影射乎？按《初学记》江类，引郑注云，左合汉为北江，会彭蠡为南江，岷江居中，则为中江，故书称东为中江者。明岷江至彭蠡与南合，始得称中江，此正相传古义，苏氏偶未之见，遂自为创获耳。且细核班志与苏说，均属以疑致误，自生藤葛。班氏明知古称三江，有南北中之分，但疑既合之后，不可复名为三，反求诸下流而强合之，故名存实舛。苏氏妙悟，暗与古合，亦疑既合之后，不可名三，遂创为味别之说，故理得而词迂。综之合观诸说而论，则必以苏说为近古，而书义亦于是乎在。

请开艺学科说[*]
（1882 年）

同治初年，总理各国事务衙门初设同文馆，因制造机器火器，必须

---

* 录自《皇朝经济文新编·工艺》，宜今室主人编，光绪二十七年（1901）上海宜今室石印本。文中曾提到京师同文馆"设馆二十年"，因京师同文馆设立于1862年，故推知该文应写于1882年。

讲求天文算学，议添设一科，招取翰林院编修、检讨、庶吉士并五品以下由进士出身京外各官，考试录取，延聘西人在馆教习，并定章程六条，奏准施行。

嗣以御史张盛藻谓：朝廷命官，必用科甲正途者，为其读孔孟之书，学尧舜之道，明体达用，规模宏远也，何必令其习为机巧，专明制造轮船、洋枪之理乎！臣以为，设立专馆，只宜责成钦天监衙门考取年少颖悟之天文生、算学生送馆学习，俾西法与中法互相考验。至轮船洋枪，则宜令工部遴选精巧工匠或军营武弁之有心计者，令其专心演习，传受其法，不必用科甲正途者员肄业其事，以养士气而专责成云云。于是前议不行，但招满举人、恩、拔、副、岁、优贡生考试录取，虽不乏聪明颖悟之士赴考充选，然一经选取之后，未必刻意研求，仍不过视为兼管之业，所以然者，廪气未能优给保举，但属虚衔，应取之生，身在馆中而心不专一，或仍注重时文，以冀正途出身，或得一途半解，即希出外谋事，以故专心致志艺也，而通于道者，实罕其人。设馆二十年，外有广东、上海方言馆调选之生，前后百余人，其中不乏卓卓之士，而实能精深天算、研究机器火器之学、神明变化者，屈指可数，不足以敷各省制造局调遣。故至今仍须雇用洋匠，糜费巨资，而向外洋购船械，犹不免受欺，此则国自强者所宜急思变计者也。

夫学，非专习不经心，非专用不锐事，非专科不重我。本朝沿前明旧制，文以制艺取士，武以弓石量才，此外别无专科。然康熙乾隆朝，特两开博学科，而硕士鸿儒联裾而起，可知典重而人不肯轻视，而人才于是辈出，是于中外一家，实启数百年未有之局也。

世运由静变动，人事由略致详[①]，将来日出其奇，所当酌改旧制，以范驰趋者必不少，而如天算制器之法，则尤为今日至急之务。盖其端已开三四十年，往者循其端而尚未竟其绪，是以步人后尘者不能出人头地，及兹不振，势将岌岌其危，此潘少司成所以有特开艺学科之请也。

夫以天下之人，不乏精思奇巧之士，习其性之所近，以专名而名家，诚使宏开特科，号召招致，度必有挟尺持寸载规怀矩奔走求显于世者，然后仿古时百工居肆之意，荟萃智巧之士，参究西法，穷源竟委，翻陈出新，事事必想突过其前，毋若学步之孩，常欲借提挈，如是行之十年，必有宏效大验，以破中国数千百年未泄之奇，而他邦之人，咸欲

---

① "详"，原作"祥"，误，校改。

慕而不敢侮慢矣。

夫日本，海中岛国，土地之大，人民之多，财物之富，万不能如中国，乃维新以来，一洗积弱，西人不敢侮慢，恒从而叹服之，而我中国则事事为其愚弄，时时受其要挟。所以然者，无人焉以破其独得之秘，而欲仰仗于彼耳。诚如少司成之奏，实力奉行，国运之隆，有不蒸蒸日上哉！

请锡刘永福以重衔片*
（1884 年 7 月 8 日）

再越南北边隔绝，则暹罗亦岌岌可危。刘义一军素扎保胜，法夷之垂涎越南，匪伊朝夕。其所以迟迟始发者，实以刘义之故。前者孤军转战，屡挫法人，欧洲各邦传为异事。其后之相随溃败，亦非无故而然。大约招募既多，兵杂而饷源转匮。且桑台与北宁继失，则士气先摧，故一蹶之余，遂难再振耳。然既能为法夷所惮，则其智其勇，必当远过于人。其心虽不可知，而父母之邦，岂无愿恋？此时内无宿粮，外逼强敌，苟仰仗天威得全身首，虽犬马亦必知恩，况法夷立约之初，并不题及刘军一字。盖明知滇督会师，业已备天朝之驱使，一有牵涉，则和议不得速成，法夷之心，曷尝一日忘刘义哉？

刻下边疆尚未立界，似宜妥为安顿，锡以稍重之衔，俾于边外练勇屯田，为我御侮，西可助暹罗之声势，东可固滇粤之藩篱。法夷前约既未声明，此后当亦无词可借。将来商立细款，刘义情形较熟，庶不至为法人所欺。惟其间操纵之道，轻重之宜，如何使彼知覆载之恩，而不敢启骄蹇之渐，则在我皇上明见，万里洞烛几先，非臣下所敢置议耳。否则穷无所归，恐将为困兽之斗。沿边千里，骚然不靖，法夷转得伺隙于其间，且刘义初心未尝不善，即令王师迅速歼灭无遗，转足寒薄海义士之心，而助法夷方张之焰，非计之得者矣。此事所关颇巨，宸谟广运，度已早筹安间置之，方惟外秘密久无所闻。微臣惓惓之私，不敢自默，

---

* 录自《清光绪朝中法交涉史料》，沈云龙主编，近代中国史料丛刊第 15 辑，1377～1378 页，台湾文海出版社，1969 年印行。查中法战争期间，因前线军事大败，清廷出现甲申政变，改组军机处。1884 年 5 月，李鸿章与法国代表福禄诺在天津议定《中法简明条约五款》。由于在款议中涉及努力抗法的刘永福及其黑旗军的问题，故清廷主战派不少成员替刘永福说情，提出不少谏议。从四月十四日到闰五月二十六日中，不少官员谈及保全和安置刘永福及黑旗军。陈炽此片即是在闰五月十六日（1884 年 7 月 8 日）上的。

谨附片具陈，伏乞圣鉴，谨奏。

致盛宣怀等电*
（1884 年 8 月 11 日）

上海各局、督抚宪、提调宪、总管各局诸公鉴：

本月十四申刻，惠界及海丰一带天大雷雨，飓风狂发两夜，一晨始定。上游水势陡发数丈，惠州水入东门内及肩，提署百年大木均拔飞。派工丁防护查探，东路淹四十余里，西路淹六十余里，海丰近城黄花塘大液乡亦沫数十里，或浅与水连，或水沫杆顶。两路电阻。土人云此风此水十余年未见。各杆风摧水刷，势极危险。幸十九、廿日水势减落，炽亲乘巡船连夜督饬查修。西路先通，东至海丰亦通。惠辖无阻用。谨电。

陈炽　敬叩

请整顿西藏事务片**
（1884 年 10 月 23 日）

向来驻藏大臣，不皆洁清自守，往往横征暴敛，深恐番众离心，且地居边徼，外患堪虞。宜联络喇嘛土番，抚绥训练，俾成重镇。

西藏地属岩疆，番民素称恭顺。该大臣等身膺重寄，宜如何实心任事，宣布朝廷德意，妥为抚循。色楞额、崇纲，务当洁己率属，力除积习，毋得稍有扰累，自干咎戾，并将应办事宜，认真整顿，以副委任。该处番众勇敢可用，联络抚循，当能得力。至习俗相沿已久，必以不扰为安，未可轻易更张。陈炽所奏通商、惠工、开屯、劝学各节，是否可行，著丁宝桢、色楞额、崇纲，悉心会商，妥议具奏。原折著摘钞给与阅看。将此由四百里各谕令知之。

---

* 录自上海图书馆藏盛宣怀档案。电报前表明发自光绪十年七月二十二日，即 1884 年 8 月 11 日。

** 该片由户部在光绪十年九月初五代奏。因完整片文未见，故从《清实录光绪朝实录》或《清季外交史料》涉及陈炽所陈内容，及丁宝桢等人的覆奏一并录入，以从侧面反映陈炽的想法。

寻丁宝桢等覆奏：西藏地处极边，素崇佛教，言语不通，文字不同，一旦改弦更张，恐求其治而反速其乱。陈炽所奏各节，碍难议行。报闻。

附　会奏整顿西藏不可遽议更张折（七月二十六日）①

四川总督丁宝桢、驻藏大臣色楞额、崇纲奏：

为统筹西藏全局，势难遽议更张事。

窃臣等于光绪十年九月初五日奉上谕：前据户部代递七品小京官陈炽奏敬陈管见折内，请饬整顿西藏事宜一条，等因，钦此。当经臣宝桢咨会臣色楞额、臣崇纲按照陈炽所奏各节，统筹全局，悉心会商，实有难于遽难更张者，谨为我皇太后皇上陈之。查西藏地处极边，素崇佛教，列屋而居者，几于十室九僧。朝廷振兴黄教，顺其情以治之，拣大臣以镇之，设兵以卫之，其政事习俗，则因其旧而损益之，以遂其向化之诚，不复绳以腹地之法者，良以该处虽隶版图，而言语不通，文字不同，一旦改弦易辙，恐求其治而反速其乱。诚如圣训所谓，习俗相沿已久，必以不扰为安，未可轻易更张也。今若令喇嘛土番等弃其所习而从事于兵戎，改其嗜欲，而究心于文教，何啻风马牛不相及。且西藏喇嘛不皆土著，礼佛度修者固不乏人，而无赖之徒混迹其中，亦复众多。借佛法以羁縻，尚不易于约束，若令知军旅之事，更难就我范围，为患不可胜言。此训练喇嘛与劝学之不可行者也。

西藏幅员辽阔，铜山铁岭半属不毛，终年风雪无间，气候不时，地土极其凝寒，佳禾不生，惟稞麦生焉，厥田惟下。且藏属地亩，均系各前辈达赖喇嘛分给番目耕种，子孙世守其业，一切赋税悉由商上征收。今若招募流民，使之屯垦，是争其地而夺其业也。争其业而夺其地，岂能必其相安？此开垦之不可行者也。

藏地居万山之间，矿苗所在多有，然番民以为地脉所在，不可宣露，宝之愈重，藏之愈密。今若招集工商，试开矿砾，不特启番众之疑，必致肇无端之衅，此通商惠工之不可行者也。

藏地仰沐朝廷深仁厚泽数百余年，番民共乐升平，咸知感戴，边外各部落亦皆震慑天威，不敢遽萌窥伺之心。即英人在孟加拉等处加意经营，闻有探路之事，实未闻有十余次之多。藏番虽于洋人来藏游历誓死相拒，亦未闻有屡杀英人之事。当此边疆静谧，藏境又安。如陈炽所奏

---

① 录自吴丰培编：《清代藏事奏牍》，524～525 页，北京，中国藏学出版社，1994。

各节果于藏事有补，臣等自当实力举行，何敢畏难苟安，致负圣明委任。第目击时势，实属窒碍难行，亦未敢遽议更张，贻误全藏之局。此臣等所不得不据实沥陈者也。臣色楞额、臣崇纲猥以庸愚，谬膺疆寄，自知弩钝，无补时艰，惟有懔遵圣训，勉竭愚忱，廉隅砥砺，随时加意附循，于一切应办事宜实力实心，认真整饬，以期仰答高厚鸿慈于万一。谨奏。

请将大凌河牧厂移往蒙古草地片 *
（1884 年 10 月）

大凌河壤土肥腴，请将该处牧厂移往蒙古草地，简员募勇，永驻该地屯田，以为东三省及朝鲜援应。

此项建议由户部代奏后，清廷命盛京将军庆裕等人就此发表看法。该处牧厂能否移往草地，兴利屯田有无窒碍。著盛京将军庆裕察看情形，详晰具奏。原折均著摘钞给与阅看。将此由四百里各谕令知之。寻据庆裕复奏，大凌河牧厂势难迁移，不能改设屯田。报闻。

附　盛京将军庆裕等人复奏①

查原奏该员以东三省倭伺于南，俄伺于北，须设重兵驻扎适中之地，以资战守。又虑饷源竭蹙，欲仿古屯田之法，寓兵于农，立意不为无见。惟详考旧章，熟察时势，不特牧场未便迁移，即募兵屯田，需费浩繁，难收速效。且与立法本意转多窒碍之处。请为皇太后、皇上陈之。

我朝牧为之政于张家口外及大凌河等处各设牧，云锦成群，腾骧沛艾，官厂有取给之资，里闾无烦苛之忧，意美法良，超越千古。溯查嘉庆十七年协办大学士吏部尚书松筠奏请试垦大凌河东岸地亩移驻旗人耕种一折，曾经奉旨严饬，以为俱不可行。道光九年又奉上谕，嗣后如有

---

　　*　因未能搜寻到该片完整内容，今从《清实录光绪朝实录》和《光绪朝朱批奏折》第 92 辑《农业·屯垦耕作》中录入相关部分，同时将盛京将军庆裕等人对陈炽此片的答复录入，以便读者了解陈炽所言内容。该片由户部在光绪十年八月二十六日（1884 年 10 月 14 日）代奏。

　　①　录自中国第一历史档案馆编：《光绪朝朱批奏折》第 92 辑《农业·屯垦耕作》，598～599 页，北京，中华书局，1996。

以裁拨官为请者，即系莠言乱政，定为执法严惩。钦此钦遵各在案，仰见列圣诒谋，具有深意，岂容轻易更张。矧兹多事之秋，更不宜擅改前规，致妨戎政。自来选置牧场，必择水草丰茂之处，方可牧畜蕃息。姑勿论昌图府属与蒙古接壤一带地方，建置三县均已开荒，无从移置。即使尚有空旷地段，沙碛苦寒，水土殊性，必致迁地弗良，孳生日减，马政因之弊壤。况翼领牧长等官，分棚设厂，移建公所制办器用，厥费甚巨，未得牧畜之宜，先耗无穷之款。此牧场之未可轻易更移也。第考三代而下，兵农一分不可复合，其势使然。自汉文帝募兵耕塞，是为屯田。所自昉厥后赵充国留田金城，始收屯田之效。历代仿而行之，大率皆已练之兵输运惟艰，因地就食为持久之计。非谓兵农合一，徒效古人成法，即可收御侮折冲之效也。

咸丰同治年间，勘定粤匪捻逆，胥赖楚勇淮勇之力，良由练勇无家室田园之累，月饷优厚，习劳耐苦于版筑战阵之事，逐日练习，故披坚执锐，功倍常兵。不似经制之兵，饷糈微薄，必借耕种贸易以资生计，而操练不克专精也。今欲募勇二万，使之开垦荒地，兼习战阵，窃恐勇士健卒未必肯安心耕种。其应募来者，无非农工力作之人，仍与懦卒无异。欲收精锐之效，其可得乎？且垦荒之费，十倍于种熟；牛具籽种，用度浩繁。是欲节省饷源，先滋靡①费，徒事纷更，难收速效。此屯田之碍难举办也。

至原奏言该处四方相距道里之数，所差甚巨。奴才等查大凌河东距奉天省城四百余里，西距天津一千二百余里，东北距黑龙江城二千四百余里，其南为海，并不与朝鲜接壤。惟由陆路东南，行六百余里至鸭绿江东岸，达朝鲜境。该处地非适中，四方相距辽远，策应声援俱不灵便。该员于关外地理，未经亲历，尚未考核明晰，惟知泥法古人，未审目前时势。言之甚易，行之实难，徒改旧章，无裨实用。况牧场之不可移易，圣训煌煌，自宜永远祗遵所请，应无庸议。惟原奏东三省俄倭交伺，边防紧要，自系实在情形，亟宜未雨绸缪。奴才庆裕前次奏请添练满兵，正为此意。自当督饬将领，勤加训练，择要调扎，以备不虞，用副圣主谨念边陲至意。所有遵查大凌河牧场难以改设屯田缘由是否有当，理合恭折覆奏。伏乞皇太后、皇上圣鉴训示。

① "靡"，原作"縻"，误，校改。

上李鸿章书*
（1885 年）

户部山东司七品京官陈炽顿首之书：

大人阁下：

窃炽闻近日朝鲜内乱，王妃被戕，国王不知所在，北洋电报催马道建忠迅速回津，谓朝鲜之事非彼不可。以炽观之，此次朝鲜之乱久在意中，欲仍以马建忠当之，恐不惟无益，而反有其损也。炽之友有王某及徐某者，向随吴筱轩军门驻其地，客岁领饷来京与炽言曰：高丽之乱不旋踵矣，王妃淫秽，国王暴戾，其国之臣与民皆不服也。大院君之事，中国兵行诡道，其力虽屈，而其志不挠，国人称大院君曰太公，有谈及太公，虽肩挑负贩之细民无不痛哭流涕者。兼通商事属创始，朝鲜土产无多，财尽民穷，祸将立见。又曰：马建忠驻朝鲜两月余耳，日索歌妓数人侍酒，朝鲜人以诱禽大院君之故恨之，以狎妓之故鄙之，幸马道即行，吴公留驻，否则，乱未可平也。王、徐二君皆非妄语者，而其言如此，故此之乱有六征焉：思大院君之德，一也；恶王妃之淫乱，二也；不愿通商，三也；中国有法夷之事，四也；吴筱帅既率，断其后者，威望不足以镇之，五也；朝鲜今岁大荒，饥民乘乱而起，六也。

炽闻前月间大院君卒于保定，此信若确，朝鲜民思之愈切，痛之愈深，则其恨马建忠亦愈甚。蜂虿有毒，况大国乎？万一反戈相向，奋臂当车，即无意外之虞，已失字小之义，况俄人垂涎于北，倭人伺隙于南，虎视眈眈，蓄心已久，皆思因利乘便，抗我颜行，彼知力不能敌我，或乃引寇入室，反颜事仇，忘我国家二百年卵翼之恩，而肆志以图一逞，内忧外患迭起循生。此时法夷之难未平，转饷之劳已极，将无可选，兵不能分，南顾方殷，东隅又失，其事尚堪问乎？炽传闻耳食，不得其详。合肥相国成竹在胸，当已别操胜算。惟炽区区之意，窃谓怀柔

＊ 原载中国第一历史档案馆军机处档，现录自《陈炽集》（赵树贵、曾丽雅编，351～352页，北京，中华书局，1997）。文中主要谈光绪八年（1882 年）朝鲜发生的"壬午兵变"。清廷派军平息这次叛乱，并将朝鲜大院君诱禁到中国，关在保定，直到三年后方放还。文中还提到"此时法夷之难未平"，即指中法战争尚未结束。又陈炽在光绪十二年（1886 年）之前担任"户部山东司七品小京官"职务。故该文写于光绪十一年（1885 年）。

小国之道，终以收人心为本，如大院君尚在，应即请旨立以为君，申之以约束，责以招抚，威福自我，彼亦无所恨焉。如果已亡，宜请旨加恩而盛礼送归其国，迅速调兵定乱，择贤者而立之，庶可以安集众心，一劳永逸，若仍倚马道，以权谲再图侥幸，恐惊弓之鸟，防备已周，能藩之羝，猜嫌转甚，构乱稍久，敌国从而生心，虽有智者，将无以善其后也。一隅之见，是否有当，伏祈钧鉴。

陈炽谨肃

务农恤商劝工说帖八条[*]
（1888 年 3 月）

法海军、加药税、行电线、办铁路、开矿金，讲求不倦矣。然治兵必先理财，琼山一战，泰西震我兵威，东南海上可十年无事。俄窥东北，略见端倪。而中外通商每岁出入之货，不能相抵者二三万。每商日贫，税日绌，须兴商务非减税则不可。西人唯利是图，非乘机窥琼滇，以图之不可。

一宜种树开沟兴中原之水利。请饬畿辅、秦、晋、齐、豫各督抚督所属，劝民种树，名山大泽河堤作卤，无主之地兵役种之，田实隙地民与种之。人以十株为率，以土之宜每五株用东洋法。浚一井不中程有罚，伐树堙井有罚，州县吏著之令甲，入之考成。十年后始开沟洫，每一亩十百亩四周开小沟，千万亩十万亩各开大沟，大沟以官理之，小沟民任之。以各省州县道府分任河督，周历董其成，大计三年，以此殿最。三十年后河患去而水利成矣。若畏难苟安，因噎废食，岂智者所为哉！

一宜劳农劝相垦各省之荒田也。各省荒田以东北、西北为最，东南沿海次之。以后赋额久不复，粮价久不平。请饬各省督抚令州县履亩细勘，分别有主无主。无主者记之，有主而荒在十年以上亦记之，招无田之民代为开垦。其沿边沿海旷远之区，则招流民仿屯田法。□调防勇弹压，就其勇而董其成。北省农民饥则望赈，饱则惰游，宜令督抚先行通俗言劝民储粟，州县考课以能兴民利者为第一。

　　* 录自《翁同龢文献丛编》新政变法卷，台湾艺文印书馆 1998 年版。该说帖原在翁同龢手书《政事杂钞》之第四项，表明光绪十四年戊子二月（1888 年 3 月）。该书目录指出陈炽说帖为"六条"，今按照说帖内容应为"八条"。

一宜设立织布公司收固有之利权。洋布入中国，由数千万径至三千余万，其受害较洋药为尤甚。为今之计，另提数十万官款设织布公司，就长江道中易于购花之地，如芜湖、汉口，立一大厂，电知出使大臣购买械器。先延西人习理各事，而拣大员之精于综核者，优饩以董其成。购中国棉花，织洋布式样，分销各省，暂免税厘，行之数年，获利必饶。然后集股招商，再立分厂。京师岁销洋布八九百万，无物相抵，为莫大之漏卮。公司所销，当以京师为主，颜色花样随时出新，务求突过西人。并晓谕各省多种棉花，总办之员久于其任，如厉民舞弊，查抄重治其罪。仿西法列报出入之数，按季一报，至要在毋忘官派，毋用私人，毋增浮费。

一宜推广磁绣各货开将来之商务。茶务已成弩末，西人颇重磁器绣货。然中国所造，只合中用，不合西用，故销路已微。宜筹巨款，将磁绣各设一公司，尚取西人合用之物仿造，务求精美，售与西人。亦暂免厘税，三年之后再议薄收。并寄出使大臣与各国君主以下巨贾达官，各赠一二物，不使相同，以广销路。或有商人招股仿办，亦旧收其费，官卡无许重征。其余土产各物有为西人所需者，皆由国家设公司以开大利，行之三十年，而犹虑商务不兴者，未之有也。

一宜禁革丝茶之杂税以恤商情。近年丝茶各商亏倒累累，中国每岁出口之银岁万万两，仅持丝茶，仅抵一半，一线生机，漠不加量。廿年之后，并此得来之数而无之矣。欲救此弊，必改税则，曰进口之税增之，出口之税减之而已。然已定年何能递改，不敢议增亦何能议减，不知丝茶之杂税，其数几倍税厘。有地方公用者，有官吏侵渔者，有牙侩把持者，于国毫无益，于商大有损。税重价昂，销路日满。能造一物则赐为世业，所以商务蒸蒸日上，正可仿行以期兢勤。宜由总署参顾西法，请旨通行天下，能制一器以夺西人之利者有赏，能造一物有益国计民生者有赏，赐以独造之年利，宠以流品之虚衔。如资本不敷，准其设公司招商集股，如能制造枪炮、船械、水雷之类，不减西人，身以实官。俾总办局务使工匠皆识字读书之人，可与士大夫比肩事主；使士大夫多能游艺，亦可与工匠絜短争长。至东西各国技能精进，不过至今百年，立法必丢，遂至于斯。中国及今整顿，未为过晚。

一宜禁金铜之用以广圜法。中国金银三品之货，流入外洋，大人知之矣。中国旧金纯净，非东西所及。西人在都收买赤金，每岁出洋者值银数百万，而金箔镀金耗销亦多。又此时行用文银平色参差不一。东南七省又用洋钱，西人年利极厚，即如铜钱亦日行日少，皆由私销。即水烟管一物，销锡近万万串，铜盆铜器无论已。宜设一禁令，金减税一分，即价廉一分，而外洋多销一分之货，华商多获一分之利。宜由总署请旨饬各省督抚关道，自今以后凡税厘以外，所有杂税一切革除，并及出洋之货具许重征，不率者以违制阻挠商务论。有不信者，任观十年后海关出入比较之册可知。

一宜资遣化学之生童以兴矿务。近来整顿矿务，云南可特派大员督办报管。此创设公司，情同驱骗者，大不倖矣。然不通地学、化学，不能有把握；非购买精器，辅以人力，不能获利。前此所延矿师，皆无赖西人，以至局闭商逃，西人已饱囊橐。今云南转延东洋矿师，窃恐东施效颦之诮。况如此重大之事，岂可无一人了然心目。宜饬各省学臣选取才俊之生，咨送出洋，学习天文、水师、战阵，而化学、地学、光学等，亦分门习之。至西厂精加验试，回华后分拨矿局，与矿师讲求果能有效，即升矿局总办。

一宜广匠役之出身以劝工作。中国工作之惰度，由于匠役之鄙贱，而永无出身。西人制一器则奖以金牌。自一钱以上银，自五钱以上铜，自一两以上皆不许制为恶饰，所有金银铜钱金箔镀金各铺，勒令闭歇。官民违禁者，其物入官；藏而不用，不必搜查，如轺官按时价收买，改铸三品之钱，买机器取利。一置京师，一置宜昌。南省金银及滇矿，送宜昌改铸；北省金银送京师改铸。银钱之重，以值钱千文为率；金钱之重，以值银十圆或二十圆为率。三年后赋税出入，统用三品之钱，暗塞漏卮，明祛积弊。

第一条　今日中原万里，地本膏腴，风沙茫茫，几同塞外。正之似太迫。

第二条　督抚之庸惰者，短话安静，听其荒度，漠不用心。地广人稀，小民亩□出，无力以设。赋额久不能收，粮价久不能平云云。

第三条　谓洋布之销，较洋药为害更大。洋药之害，官民惰民争洋布，则夺我倍万贫人愿民之生业，别至土布不销，棉花不种，洋布一日不至，则我之万兆赤子无衣矣云云。此奉米行于盐务外，添一大宗进项。

第四条　今之好为高论者，动以名者，不言有无，不知利源日竭，民心日离。衣食不周，父兄不能保其女弟。而口讲仁义道德，于饥疲能尽之寿，能使其效，人怨弗去哉？越南、缅甸可鉴矣云云。

第五条　通商衙门兹仅以收税为职掌，则有税务司矣、海关道矣、户部矣。不知商情之疲字，实总署之隐忧云云。

第六条　为谓智不如愚，巧不如拙，则必衣皮舌肉，复太古之遗风而后可。此无列之群言谬说，而圣贤之徒乐道之，未免为识者所笑云云。

为胪陈直省及沿边险要地形宜绘制
分总舆图等各条款事禀文 *
（1889 年）

章京陈炽谨再顿首上书中堂、王爷、大人钧座：

窃章京自侍直枢府于今三年，猥以谫陋之资，讵识张弛之本，直宿偶暇，敬览前规，微密周详，莫名私佩。重以我长官赞襄密勿，随时损益，远绍旁稽，斟酌权衡，胥归至当。而宸谟广运，更有非微员属吏所能窥者，美矣、善矣，迈历朝而媲隆三古矣。惟是山川险要，防守之势，随时会为变迁。军兴以来，圣主贤臣内外一心，出民水火而登诸衽席，善后兴革诸事，有规复旧制者，有另立新章者，因地因时，至繁且赜。通商而后，洋务肇兴，交际设防，随宜控驭。风气既辟，恐永无闭关绝市之时。皇上圣学日新，躬亲大政，对扬殿陛，顾问方多，他时长驾远驭之规，固由圣德之崇高，亦赖群工之辅弼，必深识近日已然之迹。然后措施之缓急轻重，始能曲得其宜。

自维土壤细流，岂能为河海泰山之助。而本处追随晨夕分，虽堂属情等师生，即或体要未谙，尚可时求训迪，敬自附于游夏赞辞之列。就管蠡之见，胪举四条，是否能行，伏希鉴择。

一、直省及沿边地形险要，宜令绘呈分总各图也。古人行军，舆图为要，而舆地之学，逾近逾精。昔以地望为衡，今以天文为准。参之西法，证以见闻。雍乾用兵，首重此事。档籍具在，遗意可师。第未经用兵之处，虑尚有偏而不全之弊。且防守之要，今昔异势，移步换形，欲筹控驭之方，必以舆图为本。似宜行令各直省督抚、将军、大臣，密派干员周历所属，测量绘画。各省府州县地形、山川、险隘，分总各图，

---

* 录自中国第一历史档案馆编：《光绪朝朱批奏折》，第 120 辑，727~731 页，北京，中华书局，1996。文中提到"自侍直枢府于今三年"，而查陈炽在 1886 年作为章京入值军机处，故推知该文写于 1889 年。原文没有标题，现根据《军机上谕档》中所标题录入。

计里开方，毋令桀错。而于沿边沿海防御扼塞之处，尤贵精详。属国属部，如朝鲜则责之北洋通商委员；西藏则责之驻藏大臣；内外蒙古则责之西北路将军。大臣皆于无事之时，妥慎办理，务令测绘确实，情形不得照摹旧图，敷衍塞责。图后系以论说，必使简明精密，一无可疑。统限三年，一律竣事，并由本处颁具格式，令制箱匣收储，随时进呈。御览所费款项，准其作正开销。如该处荒陋不文，无人能知测绘之事，准其声明咨调他省员弁，或取之津沪学生。惟不许雇用洋人，示他人以利器。各省咨送既毕，则出库存旧图，互相检校，毋使参差。总署选一熟谙测绘之学生，照绘全图，合散为总，严密封贮，以备检查。他日偶有兵端，则虽万里穷边，画沙聚米，为攻为守，指掌了如，虏在目中，无难刻期扫荡矣。考之《枢垣纪略》规制一门，曰若有军旅之事，则考山川之险夷、道里之远近，以备顾问。或古书茫昧，则追寻新旧册档，加以咨访，使皆可征验。绘图缮单，即时呈递。可知考寻图籍，实本处职守。所顾非储备于平时，断不能优游于临事也。

一、宜咨造各省兵勇确数及防营炮台情形也。国朝养兵驻防，旗队最为得力，绿营次之。此次军兴驻防，渐少将才，而绿营更望风奔溃。湘淮各军崛起，卒以削平大难。告厥成功，而各省酌留勇营，裁减兵额，一切制度与前顿殊。有事之时，亦或资以为用。海防事亟，添筑炮台，购买轮船。沿海情形，更非昔比。虽节经各处疆臣随时奏报，而勇则旋撤旋募，兵则或减或增，交错纠纷，难于稽核。宜令各省就现在情形，造具简明册籍，兵数若干，勇数若干，统将何名，能否得力，食何处之饷，用何等之炮械，驻扎何处，相距远近；水师几何，炮船分驻何地，炮台何式，是否可守；兵轮多寡，大小若何，旧有若干，新添若干，仍详细注明于地图之中，随册籍咨呈。本处图籍二者相辅而行，偶有风鹤之惊，按籍以来了然可睹，不至借端募勇，撤遣为难，亦不至省费疏防，空虚可虑。其统带之将，驻扎之地，如有调动变易之事，随时咨明。每届年终，另造一册，即将前册废弃。盖此时养勇一事，几竭天下之财，而羽檄偶传，辄云战守，一无可恃。又添招募之费，又须遣散之资，竭蹶纷纭，终非长策。如此则轻重缓急，隐有权衡，不凭疆臣一面之词，亦不蹈万里遥制之患，所以安内攘外，握枢要而尊朝廷者，道不外是矣。

一、军兴善后现办章程与旧制不同者，宜令汇报本处也。章京直宿之时，每见兵部送来各省年终汇报文件，动辄数十百封，如保甲积谷诸事，久已有名无实，徒以前奉谕旨循例咨呈，陈陈相因，奉行故事。本处收到之后，亦例不回，堂汇交供，事付之丙丁，徒费若干笔墨纸张，毫无实用。窃谓军兴以后，各省善后诸务多已另立新章，虽开办之初，或经奏报，或曾咨部，然零星错杂，奏报则检查非易，部议亦睹记为难。皇上庶政躬亲，留神制度，数对之际，恐未必能原原本本缕析条分，似宜行令各省，每届年终凡承平旧制典籍具存，一概毋庸咨报。而于军兴后与旧制不合者，除兵勇一项为本处要政，宜另行详报外，自余现办章程奏咨有案，皆略具原本，分款造册，咨报本处备查。嗣后如有更张，每届年终汇报，直宿章京回堂阅过，分省择要，录存部院。各衙门如经奏定新章，钞稿咨呈，亦即摘由登记。盖寻常事故，虽例交部议，然沿革之所在，宜议其大凡本处召对独多献替之时，不无裨益。且咸丰同治之际，一切兴利除弊，仰荷圣主之虚衷，采纳下资群工之任事，勇为用能适张弛之宜，而速致治平之绩。苟得九重省览执两用中，亦足使新政扩充，愈臻光大，一转移间而数善备焉。

一、洋务海防电报，宜另立专书，随时记载存堂，以备检核也。道咸以后，洋务肇兴，其时未稔敌情，姑为敷衍目前之计。同治间设立总署，庙堂默观天意，知非可以人力断其往来，于是乎各口通商，列邦遣使，办理交涉，务持彼此之平。法越开衅以还，复知彼族非口舌可争，沿海之藩篱未固，海军创设利器日增，虽通商则总署揽其成，用兵则海署专其任，然中书政本不可不周知本末，而兼权谓宜另立一编以通商用兵，为之纲领；自始迄今，以逮后日。分年纂辑，毋阙毋烦，如虑头绪太纷，则仿修方略之例，酌派章京数员，专司其事，随时缮存本处，毋使刊刻以致播传。至电报创行，他日恐成故事；数年而后，纷繁错杂，记忆为难，似亦宜随事随时摘由另纪，庶他时检阅，开卷了然。夫万里之外，王者不臣，洋务一端在本朝原无所讳，而外间论说，私家著述或未尽议。列圣深观远览，及诸臣维持筹措之苦心，以讹传讹，易滋疑议，必有专书纪述，与国史并重，始足以传后而信。今且前事不忘后事之师，他日长驾远驭，操纵控制之，宜即基于此。再西国近事，由上海译录咨呈总署，实可裨军事而识夷情，似宜檄令多备一分送呈本处誊阅，偶有嫌隙，何强何弱，心目了然。宜战宜和，应机立断，亦未雨绸缪之道也。

以上四事，如千虑之愚偶有一得，或可由本处咨行各省办理，或须请密旨饬行，应否如何，恭候堂定。再，本处章京向有前后辈之目，晚生末秩，妄加论拟，跻近多言，狂瞽之词，苟无可采，尚乞优容曲恕，深秘不宣。如蒙采纳刍荛，将以见之行事，亦求俯加垂鉴，一切出自钧裁，则感戴隆施，更无纪极。

章京陈炽顿首谨上

上陈宝箴书 *
（1891 年 1 月）

右铭年伯大人阁下：

叩送行旌，倏已匝月。闻津门小住，刚趁最后一轮，同人闻之，甚相快慰。近向吾复接南电，得悉署藩之讯，尤为忭跃。即谂台祺笃祜，勋祉延绥，翘首南云，亮符私颂。

前存各件，于台从启行之次日，城内外均即分致完竣。同直诸君属代为叩谢。计方伯一座，指日当可真除。预贺、预贺。惟子寿先生清节宏猷，未获大竟其用，为可惜耳。然吴人于其去也。讴思不辍，咸谓客岁水灾，非公不活。三代之直，犹在人心，公亦可以无憾矣！

读香帅铁厂奏稿，精思伟论，真经世大文。然闻俄人西伯利铁路已归美国包办，期以四年必成。近得东边爽召南观察良书，谓东省千里平原，隘口歧出，实非铁路不能守，而今始知之，惟望速成以消边衅。召南因素持非毁铁路之议者也。近日醇贤亲王虽经薨逝，然海军、铁路二者，尚无违言。惟望铁轨早成，俾得早竟全功，或可豫弭隐患耳。

然侄近日私意于朝鲜一事，转愿俄人速发，其祸犹轻。一者，宿将劲兵仍然不少，全力博象，胜负固未可知；再者，中国通商税则受亏太多。俄人有事东方，英必以水师挠之，然水师必资陆兵之助。日本无能为役，必将求助于中朝。我则慨然许之，而以改税则一事要之，英人当

＊ 录自上海图书馆历史文献研究所编：《历史文献》第六辑，184～186 页，上海，上海古籍出版社，2004。信中提到"近日醇贤亲王，虽经薨逝"，即奕譞，于光绪十六年十一月二十一日（1891 年 1 月 1 日）病逝。故推知此文应写于光绪十六年十一月之后，又文末署"腊月望日"，可推知即光绪十六年十二月十五或十六日。

无不从者，英从而各国亦无不从。中国商务，英实居十分之七也。如当国诸公果有胆略，只须以万人东渡，夷朝鲜而郡县之。俄人布置未定，苟无责言，则亦已耳。如有违辞，即与之背域一决，是即决疣溃痈之妙策，而惜乎曾惠敏公屡发之而不能用也。然其中固亦有天与焉，而非可以人力为之者矣。俄储夙未来华，此次东来，用心实不可测。其灭土之属国，此策亦屡行之矣。虑患防微，未审当事者何以处此。若以皮毛论，只见俄使日哓哓然争迎款之礼节耳。鳞羽有便，尚希时赐教言，以开耳目。实君、竹香、镐仲诸君子至良乡办赈，开米厂二，就食者近二万人，而集款近止四千，实难为继。不知鄂中有无闲款可提，或求老伯鼎力，广为劝募，玉成此举，不然行且折足绝膑矣。奈何奈何！芸阁日昨来电，属先为销假，将于正月上浣北来，常熟、高阳再三劝驾，机会固不可失也。知关垂注，并以奉闻。

侄于十一月中补授浙江司主事，即少云之缺。腊月初六枢垣例保以员外郎，无论题选，咨留即补。比因醇贤亲王之事，驾驻西苑尚未还宫，冰泮严寒，同人多有病者，侄入直亦几无日不病。今年光景年终稍可敷衍，惟宿责毫未能还耳，知念并及。

岘庄师谢折，此时尚未到京，同人多为盼望。刻莘垞丁忧，子密年伯升官，均已出班。侄素受岘师之知，一切当为料理。知师素与许堂有旧，许亦师门，诸事均可随时到达。俟其谢折到时，当以电相闻。刻湘电已通，并求转电，再望于过鄂时，费心一为道达是幸。由百川通接香帅四十金，函信未来，不知何故。若云年终例赐，何以电汇来京？只好暂存，以须后命耳。

伯严同年曾否到鄂？有徐君绩臣者，新与订交，实一时佳士。素日随宦鄂中，原籍京口，年少多才，困穷可念。未审幕府中能以廿金位置之否？芟垣痕迹，闻已消除。久羁五马，亦非良策。许堂深相器赏，拟缓缓为一题及，或有机会，亦未可知。仍求格外关垂嘘植，不胜感祷。抗尘走俗，愆谬日滋，惟乞勿吝教诲裁成，俾得稍免陨越是幸！

手肃，敬请勋安，惟求赐鉴。不备。

年小侄陈炽顿首　腊月望日

致李盛铎书一*
(1891 年 7 月 27 日)

木斋仁棣大人阁下：

大喜尚未趋贺，同直金忠翁云，拟于午后奉拜，托先为道达。满同班惠梦卜驾部（兆）现管马馆，云车马一切渠可代为料理。诸事便当，伊寓东城嘎嘎胡同，或便道一拜亦可。家人传升，人颇老实，荐之尊处，可否留备驱策？希酌办为幸。江南大省，得弟去珊网无遗珠矣。弟得江南，为尤可喜。手泐，敬请喜安。

兄炽顿首　廿二日

致李盛铎书二**
(1891 年)

木斋仁棣大人执事：

前承赐唁，铭感无涯，容日百拜叩谢。炽今岁南旋，营办葬事。向有山地一段，在舍东一里之遥，系一友周某所择。以形势论，似非虚假，惟周君已作古人。炽于峦头略曾究心，于理气懵无所识。山地关系利害与平阳大不相同。又祖遗山庄破旧，现须略加修改。一切皆须请高明指授，始可动工。兴国地师虽多，能者亦少。闻府上前此所延某君，

---

* 录自虞和平主编：《近代史所藏清代名人稿本抄本》第 1 辑第 136 册第 10 卷《李盛铎档一》，592 页，郑州，大象出版社，2011。查李盛铎在光绪十五年殿试第二名榜眼，光绪十七年任江南乡试副主考官，光绪二十四年为江南道监察御史，皆为可值得庆贺之事。但信中提到“弟得江南”“珊网无遗珠”，即不要漏掉失去人才、准备车马等，可推知陈炽谈及应为光绪十七年李盛铎担任乡试考官之事。查光绪十七辛卯年是乡试之年，担任江南乡试主考官的是金保泰（忠甫），副考官即李盛铎，前者应为陈炽信中提到的“金忠翁”。根据清代文献记载，从乾隆三十五年始，欲担任考差之官员必须参加当年四月份开始举行的考试，并按各省省会离北京的远近及其所需日期，于考前不同时间派出考官，其中江南为六月中旬派出。各主考官在圣旨下达后，在五日之内必须离京到各省城去主持乡试。而乡试一般在当年八月九日至十八日举行。故推知该信写于光绪十七年六月二十二日（1891 年 7 月 27 日）。

** 录自虞和平主编：《近代史所藏清代名人稿本抄本》第 1 辑第 140 册第 44 卷，《李盛铎档五》，469～470 页，郑州，大象出版社，2011。陈炽在信中谈及“今岁南旋，营办葬事”，查陈炽之父在光绪十七年冬病逝，陈炽于此年底请假回籍为父营葬。故推知该信写于光绪十七年（1891 年）底。

学问文章均超流辈，即以堪舆论，亦杨曾之亚也。但不识此公现在何方，能否千里延请，以开茅塞而决群疑。

承吾弟挚爱逾恒，可否乞费心代作一书商订，如果惠然肯来，一切当以师礼事之，不敢作寻常款待也。再燕生言，有某君者所业尤高，未知确否？三希堂法帖影本，拟乞见赐一部，归里临摹。一切统容图报。手泐奉恳，敬请开安。

如棠制　炽叩首上

古今工程异同说[*]
（1891 年）

今夫制造之功，以算学为体，以化学为用。非点线面体以相求，无以深明底蕴；非形色气质之分合，无以判[①]析毫芒。此皆制造家所宜讲者也。

我中国古时制造，莫详于《考工记》一书。其《攻木之工》曰："轮人、舆人、弓人、庐人、匠人、车人、梓人，而木之利乃普。"《攻金之工》曰："筑氏、冶氏、凫氏、栗氏、段氏、桃氏，而金之用以兴。"攻皮则函[②]人、鲍人、韗人、韦氏、裘氏，所以饬犀革之材；设色则画、缋、染人、筐人、慌人，所以昭彰施之美；而且刮摩则玉人、椰人、雕人、磬氏、矢人，乃见切磋琢磨之效；至于砖埴则陶人、旊人，并戒揱垦薜暴之为。是《考工记》固[③]开制造之先声矣。

顾古今风气不同，古之工作不求其速，但求其精，故多以人力；今之工作既欲其精，又欲其速，于是[④]求以算学之法[⑤]，核以化学之功，所由机器风行，制造日盛也。且机器制造，尤莫要于[⑥]钢船、钢炮[⑦]。

---

　　* 录自《皇朝经济文编·工政》卷九十二，求自强斋主人辑，光绪二十七（1901 年）秋慎记书庄石印本。文中提到"去岁上海制造局又设炼钢厂"一句，查上海江南制造总局于 1890 年设立炼钢厂，故推知该文写于 1891 年。另在《皇朝经济文新编·制造》有《制造钢船钢炮论》（未署名），文字稍有出入，也是该文内容。编者对两文进行校勘，有异之处用注释表明。

　　① 《皇朝经济文新编》中《制造钢船钢炮论》文章，此处为"剖"。
　　② 原文为"亟"，误，据《制造钢船钢炮论》及《考工记》改之。
　　③ 《皇朝经济文新编》中《制造钢船钢炮论》文章，此处为"实"。
　　④ 《制造钢船钢炮论》文，此处为"故始"。
　　⑤ 《制造钢船钢炮论》文，此处有一"继"字。
　　⑥ 《制造钢船钢炮论》文没有"尤莫要于"四字，而是"更有足以制敌者如"。
　　⑦ 《制造钢船钢炮论》文，此处还有"是也"两字。

斯二者，固非参算学、化学不能精也。

　　请先言船。船有宜于古而不宜于今，宜于海而不宜于江，宜于外洋而不宜于内港者，核以算法①，则制②造钢船行于海洋者，大宜七千二百八十墩，阔宜五十九英尺，长宜三百零八英尺，吃水深宜三十③英尺，钢甲厚宜二十英寸，始能出奇制胜，远涉风波④。行于江及内港⑤者，则大宜二千二百墩，阔宜二十八英尺，长宜二百四十英尺，吃水深宜十⑥英尺，钢甲厚宜十八英寸⑦，始能进退裕如，不虞胶滞。然衡中国形势，造船宁小而无大。盖为思启封疆计，则钢船欲其大，大则陷阵摧锋，声威自觉百倍。而为保守海口计，则钢船欲其小，小则左冲右突，操纵可以自如。今中国幅员甚大，原无兼并之心，但使保护城池，令敌人不越雷池一步则已足矣，又何赖乎船大？且造小钢船，其利有六：钢甲大船，动需巨款，小者可省数倍，是以一大船之费能分制小船数艘。船只既多，布置自密，其利一；船小则入水浅，凡大船不能到处，小船皆攸往咸宜，其利二；胜可乘势进攻，败可退守内港，敌船吃水深者，不能追踪而入，是我可进可退而敌不能也，其利三；小船既多，分防设伏，一与敌遇则夹击夹攻，更番进战，敌计猝无所施，足为声东击西之计，其利四；大船之炮能击远不能击多，以数小船围攻则可百发百中，敌船必受大创，其利五；中国海港纷歧，节节设防，需费甚巨，若稍疏忽，又恐意外之虞，此防海所以难也。如造小钢船耗费无几，造成后分遣各处，攻击已捷，驾驶复灵，足以保山河巩固，其利六。有此六利，则钢船宜小不宜大，可知⑧其船⑨须置活钢炮台，台以少为贵，盖多⑩则所置之炮小力⑪不足以及远，势⑫不足以攻⑬坚；少则可置大

---

　　① 《制造钢船钢炮论》文，此处为“以算学理测之”。
　　② 《制造钢船钢炮论》文，此处没有“制”，而是有“中国”二字。
　　③ 《制造钢船钢炮论》文，此处为“二十”。
　　④ 《制造钢船钢炮论》文，此处为“涛”。
　　⑤ 《制造钢船钢炮论》文，此处无“及内港”三字。
　　⑥ 《制造钢船钢炮论》文，此处为“十二”。
　　⑦ 《制造钢船钢炮论》文，上所涉尺寸，皆无“英”字。
　　⑧ 《制造钢船钢炮论》文，自“然衡中国形势”至“可知”等文字皆无。
　　⑨ 《制造钢船钢炮论》文，此处有一“皆”字。
　　⑩ 《制造钢船钢炮论》文，此处为“台宜少与宜多”。
　　⑪ 《制造钢船钢炮论》文，此处为“必小势”。
　　⑫ 《制造钢船钢炮论》文，此处“势”为“力”。
　　⑬ 《制造钢船钢炮论》文，此处“攻”为“破”。

炮，猛烈异常，足以一当十，以十当百①。故首尾各置一②台可矣。略③大之钢船，尤宜配以雷艇。昔意大里条里④由兵舰内有船坞，专藏雷艇。俄土之战，俄人议造雷艇置于康士但丁舰中，旁用曲架，加以挺簧，不论波浪如何，可以收起放落，决不损伤，又有树胶管运，大锅之汽，入于悬⑤雷艇之锅中，立可行驶神速，于土战大得其益。可见配用雷艇，尤为制胜之方也。至于材料何以精纯，钢铁何以坚固，行驶何以神速而无弊，形式何以粗细而合宜，则又赖化学之功。是宜在制造时悉心讲究矣。钢船之宜参酌尽善也如此。

次言炮。制炮之术全在炼钢，须以算学之理核药弹大小而定，钢质厚薄，其药膛炮管之大小、长短，分寸之间悉赖勾股核算，方能配合得宜，要皆以膛口空径为则，假令一炮约定膛口空径为一寸，则口边应厚五分，炮墙近耳处⑥七分五厘，近尾处应厚一寸，耳之长及耳之圆径俱应一寸，比例相生，作为定率推步，是以无炸裂等弊。至于钢料⑦，又非化炼极纯不能得其要也。且造炮之要有二：一曰命中之远，一曰击力之大，而尤要在击力。倘击力不大，则不能致远，不能透坚，虽命中亦属无济。故各国近造钢炮，务求其大，务极其坚。其炮之最佳者有二：如英阿姆斯脱郎所造巨炮，重八十吨，长二十七尺，口径六尺，炮膛十六尺，炮弹一千六百磅，每次施放火药须三百磅，其质皆用纯钢，虽钢甲厚者亦可击穿。前岁德国克虏伯又造新式钢炮，重三百三十五吨，长四十尺，炮腰径最大处长六尺半，圆围十九尺四寸，炮弹长四尺，容火药七百磅，远可及十一英里，约中国三十三里，诚可谓愈出愈精矣。惟此炮难用于船，以其过重也。为防守海口计，则多置此炮于炮台，实足寒敌人之胆。故中国欲造钢炮于船中用者，宜多造阿姆斯脱郎之八十吨⑧；于口岸用者，宜多造克虏伯之三百三十五吨炮。钢炮之宜含短取长也又如此。

方今各省船局、制造局所造船炮日精，去岁上海制造局又设炼钢

---

① 《制造钢船钢炮论》文，此处为"一当十百"。
② 《制造钢船钢炮论》文，此处有一"炮"字。
③ 《制造钢船钢炮论》文，此处无"略"字。
④ 《制造钢船钢炮论》文，此处为"意大利条理"。
⑤ 《制造钢船钢炮论》文，此处有"挂"字。
⑥ 《制造钢船钢炮论》文，此处有"应厚"二字。
⑦ 《制造钢船钢炮论》文，此处为"钢质"。
⑧ 《制造钢船钢炮论》文，此处有一"炮"字。

厂，用希门慈之法提炼纯钢，较洋产有胜而无不及。诚使择船炮之精[①]者，推广仿制[②]，杜强邻之窥伺，即保海宇于澄清，岂非自强切要图哉！[③]

呈递出洋游历人员应行采访事宜节略[*]
（1891 年）

天时第一

一、其国去赤道远近，南北极出地各若干度。

二、天气寒暖若何，西人寒热温三带之说确否。

三、晴雨若何。

四、风信若何。有无飓风坏船毁屋伤人之事。

五、见月迟早。

六、日月食交会之时，与中国约差几何度数。

七、有否火山镕溢、风雹、地震之灾。

八、每年冰雪之时冷度若何，地上能否尚有植物。

九、据西人之书，天地渐迤渐转，地球每十二时绕日一度，以极准之时表测之，中国之子午时在彼国系何时刻。

十、潮汛若何，与月之弦望有无相关之处。

十一、地动绕日之说确否。

十二、南洋有晴多雨少卒岁旱暵之地，何国为然，其下之人如何自谋生活。

十三、火山究系何物，有昔有而今无者，是否有痕迹，可寻其上，

---

① 《制造钢船钢炮论》文，此处为"佳"。

② 《制造钢船钢炮论》文，此处为"制造"。

③ 《制造钢船钢炮论》文，此处为"岂非自强之绝大关键哉"。

* 原题为《户部主事陈炽呈递出洋游历人员应行采访事宜节略》，刻本，年代及出版时间未详，藏北京大学图书馆。另《八千卷楼书目》卷八"史部"（民国刊本），表明"游历外洋采访事宜一卷，国朝陈炽撰刊本"。编者从南京图书馆藏目录中发现有该书条目，但馆内工作人员说该书已找不到。文中提到"近有请开艺学科者"，应为 1884 年国子监司业潘衍桐呈递《奏请开艺学科折》。1887 年 5 月总理衙门奏上《出洋游历人员章程》，标志着出洋游历制度的最终确立。根据文中内容可知陈炽主要谈论即是出洋游历人员在国外应该采访之事。另此折名中提到陈炽当时任"户部主事"，查陈炽在 1887 年任户部额外主事，1890 年底任户部浙江司主事，1891 年秋任户部员外郎。故推知该文写于 1891 年秋之前。

能否尚有生物。

十四、恒热恒寒之度，人物多寡。

十五、其国寒热之度，约与中国何省相似。

十六、地体椭圆，东西半球昼夜相反，其北黄道黑道与南黄道黑道，每岁春夏是否不同，试测验其所以然之故。

地利第二

一、其国之广袤，方圆各若干方里，每方里人数若干。

二、郡县何名，为数若干，治民之官多寡，地段几何广狭则设一官。

三、其国或依山或傍海，何地多山，何地多平壤，何地多水。

四、其国之高山若干，江河若干，江河能通舟楫者若干。

五、山之最高者何名，去海面若干；尺水之最大者何名，其深去水底若干尺。

六、都城广狭若何。有无城郭，城郭之高厚若何，沙土石铁四者系何体质，有无炮台。无城郭者如何设守，街衢是否宽广，修整人数若干，商贾往来多寡。

七、宫室几处，高广各若干，制度若何，守卫之法有与中国相同者否。

八、其都城于何年何月曾受别国之攻。攻时曾否破坏，已破坏后如何修复。都城之内是否有水道以通粮道，有无池隍，一切情形与中国同异。

九、外郡城郭曾否被受兵火，有事时能否固守。

十、其国之险要以何处为最，守险之法若何。

十一、有无新开河道，开河费帑几何，有益无益。

十二、其国有无水患，堤防疏浚之法若何，与中国同否。其浚河机器有新出者否，有中国可用者否。

十三、其国园林桥梁之数若干，道路是否宽整，每年修葺之费若干，归何官经理，修葺有无一定之期。

十四、田亩肥硗广狭若何，曾否兴修水利，其沟渠疆理之法是否中国井田遗意。

十五、近水之民以何为活，海道港汊情形若何，灯塔浮标各事如何布置。

十六、通国设险守险之处，远近疏密若何，较之中国何若，较之西洋他国何若。

人情第三

一、其国之人心风俗大致若何，通国人类共若干种。

二、其朝廷有无党援，民间有无不循礼法之事。

三、农、工、商、贾，何等之人最多。

四、贫富若何，奢俭若何，勤惰若何，勇怯若何，良莠愚智若何。

五、其君相之谋画，主于攻人，主于自守。

六、今昔情形若何，能否自立，抑借他国保护。

七、所用系本国之人，抑多他国之人，借材异地用之，稍久能否有实在经济、实在效验。

八、其国之好尚何若，有无自昔相沿、积重难返之事。

九、国中人心是否愿通商贾，亲爱远人。

十、有无中国人在彼通商工作，如有之，能否自全、自立，应否另筹保护爱养振兴之法。

十一、其国是朝议立法，大致如何。

十二、其国中民心是否安靖。

十三、国中君相以何教民，民以何事上慈仁、忠孝、礼义廉耻之道能知否，亦有同于中国者否，偶闻中国圣人之教是否信从。

十四、通商以后，商贾之多寡、工作之勤惰，实关国势之盛衰，其国今昔若何，所不同者何事。

十五、有稔恶大弊，当惩戒者否，有良法美意，可效法者否。

十六、其国家保民之政，宽严若何；民间扶持守助，以联情谊御外侮之道安在。

物产第四

一、其国之土产何物，与他国通商者几何种，为本国自给者几何种。

二、金、煤、硫各色矿产几何，已开者若干，未开者若干，每岁每矿需费若干，所出约值中国银两若干，开采之法若何，与中国同异，作工人若干，或由官办商办集资之法，何以无弊，山形地势若何，所以防其滋事、督其工作之法若何，宜绘图立说以资采择。

三、五谷所出多寡，价值若何，能否自给，抑尚可运售他国。

四、五材之用，有为中国所无者否，其若何种植可以察天之时、物土之宜。有为中国所宜效法者否。

五、其国之土产，运至他国及制造出售者何物，他国之土产，运至其国及制造出售者何物。

六、百工之所出，每岁值价若干，或昔无今有，昔有今无，昔盛今衰，昔衰今盛，能否枚举。其自无之有，自盛之衰，国家有无劝导整顿之法。

七、山中禽兽之类，水中鱼鳖之类，何者最多。其为日用所需，及可通商他国者何物。国中猎捕之法若何，深林大泽为王所私禁，抑听民自取，取之时有税课否。中国所无之种，有可取来豢养者否。

八、盐务为中国大政，而他国未闻。各国之盐是否听民煎熬贩卖，有无税厘及私枭掠夺之事。近海之处诚便近山之地，如何立法。

九、西人有种树可以致雨之说，其种树之政令若何，其树何种最易生长，最为宜人。

十、其国所产为中国所嗜者何物，中国所产为彼国所嗜者何物，能否另出新意以开利源。

十一、葡萄酿酒，法国之大宗；棉花织布，美国之大宗。中国能否种植，购买机器制造以夺其利。

十二、中国羊毛、骆驼之类，皆为西人购织呢羽之类转售于我，中国应如何自行织造，有利无利详加考较。

十三、通商以后，丝茶二种实中国出口货之大宗，各国种植每岁为数几何，茶味丝质较中国若何，日后能否尽夺中国之利，除丝茶外，中国尚有何物为西人宝贵者，应如何整顿制造精工，以投其好。

十四、洋药产于印度，他处尚有产之者否。印度除洋药之外，更产何物？能否与英国商定改种他物，免致毒患民人。

十五、其国所产之物与他国相抵，价值每年赢绌若干，其国与中国通商，以货抵货，每年赢绌若干。

十六、其国之土性水性，一切与中国何省相似。飞潜动植之物，如何养育生植以兴利，中国亦有可以仿行者否。

炮台第五

一、其国之炮台共若干座，保护都城者若干座，扼据要地者若干座，陆路几座，水路几座，孰为旧法，孰为新法，何者为胜。

二、各项炮台形势如何，通国以某台为最坚固，每造一台需费几何，平时养兵需费几何。

三、炮台所据之地势，或依山或傍水；台底之资，是石、是土、是砂。台墙若干高厚，墙质是土、是砂、是石、是铁。台顶有无遮蔽之物。台外坦坡如何，所置之炮大小各若干尊，应如何布置，如何测量，不密不疏，足以制敌之死命。

四、所配之炮每台各多少，以何台为最巨，炮力所及远近若何，紧要之地近年曾否添换。

五、各台守台者何官，配兵多寡，粮饷屯备若干。

六、后路有无援应，四面有无犄角，以备敌人之围攻。

七、火药仓及兵房一切如何位置，各台同否，无事时许人观览否。

八、法国都城内外三十余台，巩固无比。德人数十万之兵，环攻七阅月而不破，近又添筑数台，金城不拔，各国推之。其各台所据地势若何，如何筑造布置，互相援应。允宜详绘细测，以资观法。

九、炮台内有事时应备何物，如何源源接济，永无匮乏之虞。

十、所称最坚之台，系以何物砌筑，何时创造，何年何月曾受敌环攻，受攻时情形若何，现时中国有此等之台否，将来亦可以仿造否，仿造需费合中国银数几何。

十一、刻下兵船炮弹愈巨，水路之台应否比前时益加坚厚，以固海防，陆师转运稍艰，陆路之台能否较水路稍省工力，以节经费。

十二、俄国陆路延袤万里，毗连之地陆路炮台应如何建造。闻德意志与俄连界地方，增筑炮台无数，势若长城，若奥若土皆有之，其如何联络。形势阨据险要及台墙几何高厚，系何质地，炮械兵数多寡若何，其他各国壤地相错，皆有防守之具，今昔情形若何。

十三、兵无可常胜者，而有可以常不败者，则深沟高垒、进攻退守之说也。近日平定粤匪，实采此策。西人用兵，坚整炮台外，有所谓长炮台者，与中国长墙相似，声势联络极不易攻，其作法若何，系无事所筑，抑属有事时所添。

十四、炮台太高，则炮弹飞越不能轰毁；敌船太低，则又恐斜行而入土。应如何量地置台、量台置炮，一切测量筹备之法，允宜逐细访求。近有置炮台于地下之说，有无利弊，西人炮台亦有似此者否。

十五、观《海防新论》南花旗守台者，有台墙全毁，炮亦轰坏无余。守台之人穴地而居，敌人欲前据之，则遭枪毙，竟坐视无如之何。其守台之人，自是非常胆勇。然炮台于将轰坏之时，已轰坏之后，应如何预备材料防患于未然，救败于已然者，各国炮台有无成法可循。

十六、各国兵官曾见中国炮台者，议论若何，何地可恃，何地不可恃。所谓不可恃者，系台质不佳，台墙太薄，抑系配炮太小，置炮不得法，或兵数多寡不称，地势高下失宜。

兵船水雷第六

一、其国兵船数目多寡，配水师几何，坚大以何船为最，何船为次，何船为又次，孰为旧法，孰为新法；快船若干，碰船若干，水炮台船若干，转运轮船若干，军容在西国次居何等。

二、其水师是否派有专管之大员节制，调遣之法若何，何船出洋，何船守口，是否轮班递换，无事时每岁如何训练，有无奖励督责、鼓舞人材之法。

三、水师将领是否悉由学堂出身，抑亦有立功后升用者。兵丁及水手人等，曾否就学，抑从海疆招募。除将官兵丁水手外，应备何种工匠，以备有事时之用。其一切章程法度若何，在各国水师中有无同异，宜考核详明。

四、每船所配之炮，系旧式新式，若何大小，所及远近，头艄腰炮共若干尊，轻重若何，差等船身所载若干吨数，则应配炮几何。

五、各船造法若何，铁甲船几何厚薄，火药房、机器房若何，位置各船同否，新法战船皆有隔舱，故受伤而不致沉没，制法何若，外若电灯桅顶之格林炮，捞薮鱼雷之铁网，及一切要紧之物应如何预备。

六、兵船行动时，炮弹测量取准有无简易新法，使人人易晓攻敌、追敌、钞敌，一切驾驭之法能得其详否。

七、外国兵船虽值无事之日，整齐如临大敌，虽造次弗可撼摇，其纪律节目若何，其风云、沙线、岛屿、潮汛、测量、趋避之法，应如何虑患防危，讲求有素，庶有事不至身入险地。

八、铁木轮帆各船利弊何若，优劣何若，有无新法可则效者。中国自设船厂制造，与在各国定购平心揣之，孰损孰益。

九、各国船坞大小若何，水面宽深各若干尺，潮汛高下能避几面之风，水底系何泥质，有事时如何设守，海口形势若何，以中国情形拟之，立坞何地为宜。

十、西人派驻各国及游历之船，随时随地留心，各有极精之海图、极详之纪载，宜委曲与商细加摹订，其关涉中国东南洋之处，尤不可忽，以备他时海军扩充，援据考证之资。

十一、行动水雷以何等为最，定而不动之水雷以何等为最。

十二、水雷之壳，宜用何物配，何火药为宜，引火之法以何为捷，各种力量之大小皆宜细细较量。

十三、鱼雷以何等船放发为最快，不动之水雷以何等安放为最宜，一切利弊若何。

十四、西人近日防水雷之法最为详备，各国有无制雷新法出所防之外者。

十五、各国遇有战事，有横江塞口之法，进攻之师又有轰除之策，当以何者为善。

十六、各国水师战事胜败之数，以何者关系最重。今昔情形同否，西人议论水师究以何国为优，中国现有之船炮堪与何国抗衡。宜专心效法何国，俾将士耳目不迷，抑宜兼取众长，以资博采。中国古无海战，幸赖天子圣明，重臣远识，开办海军，此事不惟今所未有，亦亘古所无，宜如何析理分条，求其实际。

枪炮第七

一、铜炮、钢炮、生铁炮及一切铁心钢壳、钢心铜壳，究以何质为优，后膛利于速发，前膛利于及远，是否并行不悖。

二、其国之炮以何处为最大，共重若干吨数，制系前膛后膛，炮弹之重几何，受药几何，弧线、直线各能及几何。远近在一千尺以内，能洞铁墙若干尺、土墙若干尺、若何安置，是否全体浑成，抑节节各有螺丝，可以拆卸转运，其内系光膛，抑有来福线，二者及远之力若何。

三、何等之炮宜于炮台，何等之炮宜于兵船，何等之炮便于陆路。

四、统计各国之厂，制法以何厂为优，价以何厂为最廉，价廉之炮亦有适用者否。

五、其国各项之炮，约计共有几种，轻重大小各若何，何者本国自造，何者购自他国，优劣若何，价值若何。

六、其国陆师、水师所用之枪，共有几种，系自造抑购自他人。

七、各厂所制之枪式样各不同，枪弹火药一切皆异，或谓不能细心讲求，稍或误配，则几同废物。宜择用一种灵便之枪，一律行用，庶无此弊，此言确否。他国兵丁亦有专用一种枪者否。

八、枪制如毛瑟、马体呢之类，炮制如克虏伯、阿母斯脱郎之类，久称利器，中国亦购买不少，究以何制为优，亦有新法更胜于此者否。

九、各种之枪炮，应用何等之药弹。用药之数若干，所及之远近各若何，宜分门别类，各立一表以便通行各军耳目不致淆乱。

十、其国亦尚有旧式枪炮否，旧式枪炮是否有法另行改铸，或弃置不用，抑参错并用，宜加访问以备参酌。

十一、铸枪炮之钢铁各种，其质与中国同否。中国现须购自外洋，是否中国所产提炼不精，抑由质性本异，其利弊果安在。

十二、开花炮利于攻城劫营以惊敌，其最大者约重几何，其炮别系一种，抑实心弹、开花弹可以随意改装，其陆路配带与水师配带者，有无轻重大小之分。

十三、格林炮子多如雨点，连环不断，水路之师用于何地为宜，手枪之精者，以何厂为最。

十四、西人枪炮制法最精，中国购买废阁数月，铁锈涩机即成废物，其每日如何整理，该管之官是否每月点验考校，宜访求观法，庶巨款不至虚糜。

十五、配火药非讲求化学不能精，西国各种之药如何制造，枪炮、火雷如何各有所宜之药，亦宜立一表以免混淆。

十六、西人平日演练枪炮、水雷之类如何，详悉测量。其测量取准，有无简明直截之法。

制造各厂第八

一、其国制造厂凡几处，以何厂为最大，所出之物以何厂为最精，第供本国之用，抑尚有别国之人定购，孰为官办，孰为商办，孰系旧法，孰系新法。

二、官厂创始之时，系提何款；以后逐年购置物料，指何款项得以源源接济，系常年动工，抑亦有停歇之日。所成之器，均归官用，抑尚有民间及他国购买者，督率工匠一切是否设有专官，章程若何，日久何以不致废弛，有无重赏以劝其勤，严罚以惩其惰。

三、商办之厂系集股兴办，抑独力创成规模。一切与官厂情形同异，每年获利若干，其国家定购与民间及他国购买是否一律，所成器物及房地一切有无税饷，其人多而不滋事，故岁久而日以振兴，必有良法美意以维持之，可得闻其详否。

四、最大最精之厂，占地若干亩，是否必通水道以利转运。系临海或临河，河深宽各若干，是否本有者，抑人力挑挖而成，挑挖之费若何，如不通水路如何转运。厂屋几间，高广几许，购地建屋之费若干，机器若干副，马力几何匹。始事时需费若干，常年应否修理。每岁可制成器物若干，有定课否。每一器较购之他国省费若干，有兵事时日夜并工赶造，较平日多出几何。

五、各色厂中人数多少，每月需费若干，督工做工之人约分几等，系何名目，官厂商厂有无分别，每届年终出入数目如何销算，工匠人等是否由学堂出身，能否精通化学一切。

六、煤铁各物料，出自本国，抑购自他国，价值较中国若何。中国煤铁质地相较若何，亦合于用否。刻不合用，改用西法制炼，亦可用否？如克虏伯炮厂，闻自有煤山、铁山无数，故获利过于他人，他厂之情形同异，中国可否仿照办理。

七、造船之厂是否必有船坞。地势一切大小若何，最大之机器吨数若干，马力若干，每日烧煤若干，其外必需之机器几何，尚宜详悉开列。造铁甲与造木兵船，其厂是一是二，机器同否，西人每船式样各别，敌人无从窥测以蹈其瑕。绘图之人必精通其理，亦可访求否？可以造铁甲船之机器，每副需价若干，创始计共需费若干，造水雷、铁炮、台船、快船、轮帆各船是否并于一厂。

八、制炮之厂机器与船厂不同者何在，制弹制枪一切是否一机，每成一厂需费几何，若欲再加扩充，需费几何。

九、中国有制器之机器，而无制机器之机器。故物料之大者，需购西人已成之料。又从前煤铁各色，大半取给于外洋，加以工不能勤、费不时给，核计一物之工本，反较购买之价值为多。然战事已兴，各国守局外之例，购无从购，则势且立穷。所谓制机器之机器，需费几何，若何大小，占地亩若干，地势情形若何，已买之后可否并船炮为一大厂，宜悉心访求考校，以立他日自强之基。

十、各项官厂，其督理之官何项出身，薪费多寡，是否必能精通诸务，深悉其所以然。用费一切有无侵冒，由何人考核，归何人节制，凡几年考课一次，其升迁、降调、赏罚之法若何。工匠以外，各色人之能者，是否即给以官爵。俾人知自奋，相与有成，商厂总司者何人，其人必精于工作，尤精于会计，如何信任而激励之，此人死后当用何等之人为代，是否即本厂工匠，抑由他处访求。

十一、中国所需之物，枪炮之外，以织布为最。其机器需银若干，厂屋一切需费若干，用人若干，共机若干，每日出布几何，棉花价值较中国若何，中国仿之是否得利，其厂多系官办，抑皆商办，有无稍小之机器可以分置各处者，小者需费若干。

十二、铸钱造钞之机器厂，需价及费几何，情形若何。金银铜三品之钱，铸法若何，每铸一钱需费若干，有无利息，其三品之质，合之中国价值若何，是否皆系官设，禁遏私铸，私销之法若何，造钞之法与铸钱同异，机器若何，造成后是否精良耐久，是否事经多人不能伪造。

十三、淘河机器，中国购置皆不甚得力，或言西国无极大之河道，即有之亦本无水患，无须淘汰，故所有机器仅能疏浚小河，此言确否。有新法大机，可以浚治黄河者否，或即用现在旧法，定造大号机器运至中国，亦能得其用否。

十四、引水机器，中国如西北各处需用最多，有无力大价廉而不易坏，适中国之用者，宜细心访求，日后购买，以大兴水利，惠我烝民。

十五、其国中官厂、商厂制造诸物，除上所指以外，一切机器有无有益中国，而需费不多，易于为力者，以备他日官商合办之用，其手工诸事，较中国精粗若何。

十六、日省月试，饩禀称事。我国三代以前之工作，本极精良，秦汉以来，渐趋于因循苟且，虽民情怠玩，可与乐成，难与图始，所以劝之者究亦不得其方。购机立厂，得其皮毛，遗其精髓，徒靡巨款，何补事机，宜留意讲求比较，期于开一厂有一厂之利，购一器有一器之益。庶不致此兴彼废，有初鲜终。

兵制战事第九

一、其国水师几何，陆师几何，是否水陆并重，抑重水而轻陆、重陆而轻水。

二、将领几何，孰为统帅，孰为大将、稗将。队长、哨长每辖兵几何，其人系何等出身，是否积功累劳，以驯致大位，每官廉俸多寡。

三、屯驻何地，某地驻兵若干，如何扼险据要，以少胜多。

四、孰为守兵，孰为战兵，孰为备调之兵，其一切番休迭进之法若何？是否人尽为兵，何以日久无弊。德国兵制，暗合寓兵于农之意，其详细节目若何。何以日本效之，民心怨畔，他国亦有似此者否？其制不同者安在，亦有同于中国者否，其本国今昔同否。

五、通国养兵之费若干，食饷每人若干，守兵战兵是否亦分等差，以节靡费，其兵亦有别谋生计者否。

六、其训练之法若何，步伐若何，纪律若何，枪炮之外是否兼习刀矛诸事，每岁如何考较，临阵之时如何督率。

七、每队若干人之中，是否携有工匠杂色等人，出征之时扰民否。

八、修营筑垒诸法，与中国同异优劣若何。

九、军械粮粮诸物，有事时如何转运，亦有捷法为中国所无者否。

十、其通国兵数兵政一切，有专书可以译回考验者否，其今昔有无名将兵法，诸书理义精粗若何，亦宜采译。

十一、各国商贾自谋保卫，有团练民兵之说，兵及兵目约系何等人为之，每一人需饷几何，如何集饷，购械如何，定期调操，其君相及地方官亦有董劝之法否，与中国团练大致同否，有无大利大弊。

十二、其国战事以何役为最，与何国相持，胜败若何，如何归结，统将何名，能知兵否，调兵几何，用饷几何，有无偶断接济之事，自始至终为日几何。

十三、所战之地或山，或海，或平坡，或险要，或田亩，或树林，胜败之数以何而判，宜亲身往观，以决其是非。

十四、中国虽有水师，然自昔无战于海中者。外国水师战地情形若何，如刻下尚有战事，宜不远千里自往观战，庶可得其窾要，洞其机宜。

十五、今日海禁大开，水师较陆师为重。西人水师亦较陆师尤精，其兵如何挑拣，如何训练，一切法制尤宜加意讲求。

十六、就一国而论，其陆师之优劣较中国近日若何，若水师以船械较之，可以相拒否。

学堂第十

一、西人各学如何分门立教，学堂规条程式若何，每学学生多寡，每岁需要经费若何。

二、就学之后，几年一加考课，学有成者如何分拨试用，既用之后，是否积功超擢，如何另立专途，俾终身于此，不至改弦易辙，用违其才。

三、各学中教师薪俸若何，所教成材独多，是否别有奖励之法，抑授以官爵以尽其用，而酬其劳。

四、西学以算学为根，然徒精算学而不能推之于用，亦废人耳。其天算之学，有无简捷之径。俾童孺皆能，弱冠以还，留心致用，因端竟委，更益精深，庶不至空言无补。

五、兵学、化学、光学、重学、绘画一切之学，是否分堂学习，抑何以触类贯通。

六、其国用人之法若何，以理测之，则精地学、化学者宜任开矿诸事；化学、重学者，宜任制造诸事。其国是否如此立法，或果有成效，抑徒饰观听，以惑外人。

七、兵学堂如何章程，教习何人，是否曾任武弁，其学成后是否为兵，抑即授以爵位。

八、水师学堂，西人最为郑重之事，法式若何。水师诸事，如测量、驾驶、开炮、管机诸事，亦分门类否？应否兼通化重等学，天下全材本少，何以能一律精通。

九、学生未入学堂之时，如何挑选。西学诸事，非聪颖者不能知，未学之时，以何事试验。

十、西人王世子及公侯子弟，多有就学者果否。下同齐民试及升迁时，果否量才授职，抑视常人较优。

十一、未入学之先，应否先读他书；已入学之后，能否兼习他业。

十二、各种工作之人，是否就学，聪颖者多文弱，如兵学、水手及工作之事，何以能任劳苦。

十三、新旧教事与学堂有无相关之处，塾师是否教中之人。

十四、致用之事，非目测身试不可。其各种之学，应行测验者，堂中是否预备一切之物以待之。

十五、其国中著名绝学之教师，能否就聘。近有无赖之西人自诩精通欺人，徒糜重币，卒少成材，应如何访求、如何考验，有良法否。

十六、中国立学一傅众咻，出外求师事半功倍。曾文正幼童出洋之论韪矣，然性情未定，智愚亦无从知，乃至学问未得其皮毛，习染已深于骨髓，非法之不善，人非其人耳。若今之学士大夫再谋就学，则年岁过大，艰苦难任，或有意鄙夷，了无心得，学成之后，精力已衰，亦终归于无用也。近有请开艺学科者，意亦甚善。然西人之学，非涉猎所能窥，道听途说之伦，用之立败。尝谓欲免以上之弊，宜令各省学政精选十五以上、廿岁以下聪颖之文生，择其文字清通、览古今而能知大体、身躯壮实，告父母而自愿远游，不得以无人辞，不得以虚文应，丰其廪给，送之总署，由署考验，咨送出洋。就学以六年为期，学既有成，优其登进之路，俾不由科第，自有出身。年力壮则立志坚，资质佳则成材易。理义先入，则异俗不能污。一转移间，数善备而数弊皆去矣。此说是否可行之处，出洋阅历对镜而益明，曷详陈其利弊。

财赋第十一

一、其国每岁入款若干，出款若干，逐岁比较赢绌若何，其赢绌之故安在。

二、所入财赋，孰为大宗。以外尚有何项出者，孰为大宗。以外尚有何项，今昔情形同否。

三、其各项赋税，条理节目若何，民间不致怨谤否，系相沿如此，抑属近年所增。

四、近年出款，有意外添出者否。

五、或谓泰西君主、民主、君民共主，其赋税亦复不同。君主则岁有定额，一切出入权操于君者也。民主则约计次年所费量出以为入，适足而止，偶有他故，须由议院商筹，出入之权操于民者也。君民共主则有用款、有存款，用款以供岁需，存款以防不测。君民共主之国询谋佥同，立可兴发，用之有度，既殊君主之暴以取民蓄之平时，复异民主之缓不及事，其立法最善，可得闻其详否。

六、泰西之国君，有所谓私费私产，为数每岁各若干。

七、其国综管财赋之官，刻下讲求生财之源、节财之流者，其道安在，防弊之法若何。

八、外国有国债之说，贷之他国者，每岁之息视中国多寡若何；贷之本国商民者如何办理。何以上下不致相疑，巨款可以速集。

九、银行之事，便国便民，开办章程若何。多由官办，或多商办，抑官商合办。

十、金银铜钱三品之行用，何以子母相权，斟酌尽善。

十一、钞票之法行用如何，何以征信于民，能否通行他国，是否由银行颁行，抑由官中给发，上下出入是否一律。有无银几成钞几成之定章，行之稍久，有无弊端。防弊之法若何，是否定期，历几何年限改造一次。钞质何物最佳，如何制造始能久久无弊，其数目以三品之钱计，最多者几何，最少者几何。此事中国旋举旋废，苦无善法，彼国何以能久。是否工于防弊，抑人情本不相同，斯时诸国通商，各省金银短绌，且地方宽广，取携不便，如有良法，亦可以救钱币之穷，尚其留意。

十二、其国有无五金之矿，每岁所出几何，除费用之外，所余几何，官办商办能否济公中之急，抑止便于民。

十三、其国有急之时，如何设法，有无暴敛横征。

十四、其官吏有无中饱之弊，所以防之于始而持之于终者，其道若何，与中国同异。

十五、其理财之中有无恤民之善政，俾百姓足而君足者。

十六、理财之优劣，实关国势之兴衰。中国重农，西人重商，国用亦以商税为重，与他国及中国相较若何，农民税则轻重若何。西人银多而物贵，中国银少而物贱。善于权算，彼此亦适得其平。然各口通商势成长局，彼人言利细析秋毫，其一切理财之法，应如何参酌并用，其平情准理，详加采访，救时局而挽颓波。

商务第十二

一、通商之事，尚宜实力讲求，西人何以重商，何以恤商，何以振兴商务，保全商局，体恤商情，其必有道矣，加意求之。

二、西人之恤商民，首在税则。进口之货税重，出口之货税轻。轻则获利多，重则流出之银钱少。中国一切与之相反，一纸约章，骤难改革，宜察其各国畸轻畸重之则，相距几何，徐以争之，虽暂无其事，不可不存其说。

三、其国出入之税，正口子口之外，有他税否。出口入口之货，每岁值价若干，合中国银数若干，如何比较赢绌。

四、其出口之货，出于土产者，值价若干；出于工作者，值价若干。今昔情形若何，其民之奋于工作风气，何自而开，在上之人如何劝课。

五、其各处所辟之埠头商务，以何埠为最旺。

六、其始辟埠头，如何整顿招徕，系出官费，抑由商集股。既辟之后，如何保护爱养，始能兴旺，每年增长几何。

七、一切恤商惠工之政，有无新法。凡君相所得为之事，皆宜加意讲求。

八、西人商埠，容有税不敷用之处，而卒不忍弃之者，以致力在此，而获利在彼。善于取远，势得远神，中国如欲效之，究宜从何下手。

九、西国商务，有由盛而衰者，有由衰而盛者，有始终皆盛者，其故安在，宜细推之。

十、近年洋药加税，然洋布夺中国女红之利，逐岁增多，能否与彼商量，加增税则，抑自购机器制造为宜。

十一、中国丝茶之利，年减一年，其故安在，或谓彼地商人故意抑勒，致多亏折，能否自立公司于彼国，设行栈自行贩运出洋，以免此弊，一切情形有无窒碍。

十二、埠头一切工局捕房，条理节目，细微曲折，及各埠是否相同之处，宜访其人、观其纪载，以察其宜博览之会，于商务有益无益。

十三、西人开辟商务，实权衡于探地。探地之书，允宜借译。其当时任此役者何人，所携何器，同去几人，各人精于某学，如何随地逐物测验，细心核算，趋利避害。允宜讲求探得后，国家如何奖励以劝后来。

十四、中国地大物博，大有可兴之利，能用西法以兴之否。必如何而后，不致有名无实。附近中国之地，为中国力所能及者，尚有可兴之利，可辟之地否。

十五、中国人聪颖，不亚西人，见利则趋，人之常情。风气渐开，机械渐转，应如何酌拟良法，潜杜流弊，以收利权。宜参酌中西，权衡今古，按时势以立言，亦非一二端所能罄也。尚其博览精思，以收实效。

铁路电线第十三

一、其国之铁路共长若干里，自某埠至某埠如何安设，途中经过埠头若干。

二、安设之时，开路购物，一切费帑若干，官办之外，亦有商办者否，其款是预先筹出，抑源源接济，逐渐接长，近年仍添造否。

三、已成之后，开设局栈，布置兵房及沿途保护照料之费若干，常年诸色人等，一切薪费，共需若干，约长中国一千里之铁路需费几何。

四、每车能拉货车几辆，车内照料机器、货物、搭客、饭食，共需若干，每岁需费若干。

五、每岁入款总数几何，分计之约合中国一千里入款几何，除去费用之外，赢余若干。

六、行驶数年之后，火车铁路常有缺损否。以十年通计，每车每路共需修理之费若干。

七、其国家之意，修造铁路通商之意为重，抑用兵之意为多。

八、以通商论，未开铁路之前，与已成铁路相较，今昔盛衰若何。

九、以用兵论，成铁路后有无兵事。有兵事时，转运如何便捷，比从前省费若干，其时敌人亦有铁路否，胜负之数若何。

十、西人言铁路成可以节省养兵之费，此言确否。有铁路时与从前相较，兵数各若干，用兵时其铁路曾否被敌人毁坏，毁坏时修理迅速否。

十一、铁路始创之时，人情安谧否。已成之后，民皆悦服，不至滋事否。此事于民间究竟有无妨碍。

十二、中国如造铁路有益无益，四邻皆有，而我独无，迟速相悬，四面设防，养兵之费，焉出仿造，当以何路为先。其费能否较西人为省，其平情采访妥议以闻。

十三、其电线共长若干，设立以来有无大利大弊，官家商家若何，分别是否另有秘密之法，以防泄漏。近日中国电线与各国情形同否。

十四、气球之用若何，用兵窥探敌营果否，可以制胜受围时，传递信息能否随意往来。除此之外，尚有他用否。

十五、目下中外一家，自是天意。舟车之用穷，则轮舟铁路以通之；驿递之程远，则电线以济之。人臣谋国，固不可专求富国以朘民，又何可借口恤民而误国，国之不安而民能安乎。天意所成而人能抗之乎。穷变通久，理已了然，各国有无最善之法，及一切未尽之事，皆详考熟筹，以俟后之君子。

教事第十四

一、西人新旧二教，情形有何分别，人数各几何。旧教已逾千载，有何微言奥义，足以维系人心，其所以自立者安在。

二、论现在情势，自以新教为优。近日亦有弊端为人指摘诟病者否。通计各国，亦有不入教者否。

三、以各国国家而论，其待教人之法，宽则纵恣，严则怨谤，若何而适得其平，待新旧二教之人有无轩轾。

四、德相毕士麦约束教人，西国称之。比诸猎人之制虎，其一切章程若何，宜译钞以资取法。

五、普法之战，教王失援。意大利之君乘隙而光复旧物，近日教王一宫栖止迹等拘囚，威令不行，官属离散。闻意大利王令人监守，文书简札皆须先白意王，其一切情形何若，教王能安之否。意大利人有何钳制束缚之法，使之不敢为非。

六、法人借口护教，以凌轹诸国。教王资其保护，听其指挥，各国皆恨之刺骨。然普法一战，衅成于教士，国人痛深创巨，民政之后，力排教人。其近日内外官属教人比前稀少否。有无尚据要津之人，其人是否尚思护教，蹈从前之辙。

七、法国之外，日斯巴尼亚亦宗旧教，左袒教人。然政乱民离，无能为役。其教人中有在要津者否，权力若何。

八、闻教会有银行二，故纵横四海，取携便而凶焰张。普法战后，皆已闭歇，无财不可以为悦矣。此言确否。近日彼国有无死灰复燃之兆，他国教人有集资另开者否。

九、教中是否有不公不法之举，起人疑议，骇人听闻。

十、中国教事，各省地方官动形棘手，薮逋逃而玩王法，习为固然。各国之君遇教人有此等之事，如何办理，有无防微杜渐之法，预定于未事之先。

十一、教人凶横恃法，国之助借教会之财，今已无财失助矣。遇有滋事者，可否按法据理以伸国典而快人心。

十二、各国除教人之外，亦有他教否。人数若干，其国是否一视同仁，抑显分轩轾。

十三、回教人类多少，是否亦滋事端。风俗劲悍似中国内地回人否，其经典同否。

十四、希腊教行于俄罗斯，人数若干，较天主、耶稣二教，其所以分别者安在，亦有经典否。

十五、犹太教人数若干，风俗若何，如何由盛而衰，其所以不能自立者，何故。其外有无佛教及袄教之属，闻印度有一种教，近于儒教，亦尚有人否。

十六、各国各埠学堂教馆，除中国人外，有读圣人之书者否。偶闻圣教若何议论。凡有血气莫不尊亲，三百年间将睹斯效。形而上者谓之道，百世不能出其范围。揆诸彼国之人心，亦可以逃墨归儒否。

四夷沿革第十五

一、其国在古为何国，与中国通否，是否向来朝贡之邦。

二、如向通中国，中间因何事绝而不通。

三、其国开辟后，先在中国伏羲以后几何年岁。

四、开辟至今几何，年中历几番变革。

五、国势今昔盛衰若何，有纪载之书可以译证者否。

六、前通中国时，系以兵力威之，抑慕义来归，或遣使招致。

七、以彼中议论考之，是否朝贡，抑系通商，曾入觐，礼节若何。

八、南洋各国，西人之府藏也。制之者，经营南洋足矣。致力应自何国何埠始，有无据要扼吭简径直捷之法。

九、南洋各国今尚存者几何，为西人吞噬者几何，以后能自行恢复者几何，亦有尚能自立者否。

十、南洋各处，中国人几何，能否自立，当如何保护，可否招致教练，以为他日控制之基。

十一、西人各国，自昔曾通中国否。其典章文物，皆在秦汉以后，是否三代时声教远讫、东渐西被之遗。

十二、西洋与中国陆路可通者，共有几道。

十三、元人兵力至今之德奥诸国，俄罗斯则王子所封也，其兵所出何道，尚有遗迹可寻否。西人书中每称北狄之乱，以时考之，系指元兵否。其他有何证据。

十四、美国隔绝一洲，西人自明始通，诧为探奇天外。然美利坚北方各处，间有古迹，似蒙古之人所为者。东北海峡，一苇可航①，本无足异，游历时可详求之，其国中亦有古书可证者否。

十五、澳大利亚洲今始开辟，有无古籍可求，内地究竟有无国土，流寓之华人若干，生计何若。

十六、其各国得失兴亡之数，与中国有关者几何。虽与中国无关，而可以资将来之考镜者几何。不得抄录《瀛环志略》、《海国图志》及诸已经翻译之书，以虚文应。

大势第十六

一、通商诸国，何国最强，何国次之，何国最弱，何国主于兼并，何国主于自守。或有今昔强弱之不同者安在。

二、各国孰为民主，孰为君主，孰为君民共主。其法则制度及朝议国是之不同者安在，三者并衡，以何者为善。始之由君主而改为民主与君民共主者，其故伊何。

三、除数大国外，自余各国有无振作之机，其议论于中国云何，能否顾全大局。

四、统计天下各国财赋若何，以中国拟之，孰为赢绌。如将来讲求商务、矿务、开拓利源，能否与最富之国相等。

五、天下万国人数、兵数若干，中国较之，孰为优劣。应如何参酌中外，整饬戎行，始能与最强之国相敌。

六、远瞩高瞻长虑，却顾事在数十年之后，而规画于先；地在数万里之遥，而指挥于掌。今日见闻较广，而肯綮终未尽明，试采访前闻，寻求近事，中西之交涉，从前之所失者安在，近来之补救者安在，后日之变幻者安在。有无良法美意，毋避忌讳，毋托空言，各罄此心以觇远识。

---

① "航"，原作"杭"，误，校改。

宁都州城内白溪陈氏俊卿翁祠堂记*
（1892 年 8 月）

　　州署之南，有地曰黉门第。我白溪陈氏，于康熙中以重金购得，建屋三十余椽，为族中赴试士人寓舍，授餐适馆，咸有如归之乐焉。维时天下全盛，物力丰富，州中各先达，文章勋业，彬彬蔚蔚，彪炳寰区，吾族诸公，虽复采藻掇芹，科名未显，然制行均有本末，为学具有渊源，与其时阀阅缙绅，授赠往来，推襟送抱，识与不识，称为望族长者。车辙不绝于门，斯地其总贯会归也。

　　咸丰季年，发逆倡乱，由闽粤窜扰江西，州城屡陷于贼，楚人一炬，寓亦替焉。众贼退，议修复，而兵火之后，百室荡然，欲合众志以成城，议论纷纭，道谋终溃。赴试者散居市村，贩夫贩妇，秽杂难堪，族伯廷书慭然忧之，乃纠集同宗，倡建祠之议，每牌一座，出钱三十缗，凡书牌百五十余座。按昭穆次序，位置寝室九级中间。集资四千余缗，创始于同治丁卯七月，竣工于己巳十月。规模略备，修饰之费，小有不足，则议书合牌，以六名同列一牌，位置两边，每名五缗，复集资六百余缗，始得迄事。为堂为室，井然秩然，以妥先灵，以处试士，并以余资购祠前巷外隙地一方，南至蔡姓墙垣，左至店房后墙，右至三皇宫墙，北即本祠。数年之内，祠宇告成，而廷书之心力亦几瘁矣！

　　祠成后，族叔鼎元、武闱，膺乡荐。炽父子先后举于乡，舍弟亦得乙酉拔贡。族中继起者，跄跄济济，尚不乏人。咸谓山川之灵，待时而发，廷书之创建此祠，为万世子孙计者至深且远也。

　　光绪壬辰之夏，合族修谱，炽适以奉讳南归，宗人属为祠记，载之谱牒，以垂久远。炽维盛衰之理至深且微矣，我族自宋元以来，户口蕃滋，萃居此土，迄本朝康雍之际，名贤辈出，富厚殷实，而科第无闻，大抵乐善好修，代有隐德。至今日，乃始垂绅搢笏，经文纬武，通籍于朝。前人耘之，后人获之，福善之报，固昭昭不爽哉！

---

　　* 录自《瑞林白溪陈氏十一族修族谱》第一册，1922 年编修。现录自《陈炽集》（赵树贵、曾丽雅编，299～300 页，北京，中华书局，1997）。文末表明写于"皇清光绪壬辰七月谷旦"。"谷旦"源自《诗经·陈风·东之门》的"谷旦于差，东方之源"之说。《毛传》解说，"谷，善也。"《辞海》中的"谷旦"，表示晴朗美好的日子。故此处指良辰之意。即该文写于光绪十八年七月一良辰吉日。

惟愿我后嗣子孙，为善读书，勿忝先绪，其服官于外者，亦时时以忠君爱国、利人济物为心，接踵朝绅，本支百世，岂惟宁都一州而已！虽与盈天下诸名门甲族比隆焉，可也。此则炽今日作记之时所企予望之者，亦即与诸先辈当日购寓建祠之意适相吻合也。

时皇清光绪壬辰七月谷旦族孙陈炽记

《瑞金合邑宾兴谱》序 *
(1892 年 10 月)

古圣王之治天下也，道二：曰教、曰养而已矣。《易》曰："大烹养贤"；《诗》曰："周王寿考，遐不作人"；《礼》曰："忠信重禄，所以劝士也"。故有学校、党庠之设以教之，即有匪颁、饩廪、俸禄之给以养之。一时髦士吉人，济济锵锵，为国桢干，所以食养士之报者，延长矣。

《周礼》教民三物，而宾兴之，而六行统之以孝、友、睦、姻、任、恤①，明乎！天下之大，人材之众，虽以帝王之力，尚有所穷，以通有无，以均贫寡，则其乐有者益广而成就者益多也。我朝造士之方，媲隆三代。各郡县设学馆以训多士，建书院以教成材，平居有廪饩之资，北上予舟车之费，恩至明，谊至美，法至良矣。

瑞金僻远，距省千里，京且五千里。〈兵〉燹以后，户口凋敝，十室九空，应院试者数百人，试秋闱者仅二三十人，试南宫者一二人而已。虽有聪颖之弟，多苦于束脩之不继，负籍之无资，万里君门，瞻望弗及，文教之衰，争讼之所由日夥也。

辛巳之夏，邑先达钟小溪、杨云樵、谢磻溪诸先生，约集同人，倡立宾兴之会，惟时筹项难措，乃拨桥局田产四百石以为之基，旋广劝捐输，共成美举，合词呈请州县各学道各宪立案准行，学师之修脯出于师〔斯〕，乡、会试公车之费出于斯。贫士欢然，无忧行李。数年之内，集款两万有奇。爰建祠以祀义士，修谱以征信史。

　　* 原录自江西省瑞金市瑞林镇《启堂文社谱》，民国四年（1915 年）乙卯岁刻本。现转录自《陈炽集》（赵树贵、曾丽雅编，301～302 页，北京，中华书局，1997）。因文中曾言及光绪壬辰九月南返至家之事，故推知该文写于 1892 年 10 月前后。个别地方编者予以重新标点。
　　① "以孝、友、睦、姻、任、恤"，原作"以孝友睦，期任恤"，断句错误。《周礼·地官·大司徒》载："六行：孝、友、睦、姻、任、恤。"

　　壬辰九月之望，予奉讳南返，复商之邑绅钟浦生、杨少庚诸君子，集议续筹款项，以附益之，购地设典权之，因以为悠久之计。此后犁然秩然，得人而理，虽百世，勿忘勿坠，可知也。

　　夫瑞金界闽粤，丛山刺天，土最瘠，民最贫，距都省水陆程途最远，则宾兴之设，为瑞金为最急而筹款亦最难。斯事自始创以迄于今，炽皆左右其间，参与末议，不自意其成且成，而如是之速且丰也，则瑞民好义乐善之风有足多者。《传》有之曰："十步之内，必有芳草；十室之邑，必有忠信。"① 瑞金为贡水发源之区，齐云、连峰、铜钵诸山，峥嵘霄汉，地气之磅礴，终郁积而未发也。自宋元以来，盖八百余岁矣。咸同而后，楚南中兴，诸将相皆秉南岳之正气，挺生辈出，遂以挽回气数而旋转乾坤。瑞金，僻小邑耳，他日飙举云兴，笃生贡〔贤〕豪，以应运会所为，脊天人之属望，系中外之安危者，以视湘南诸巨公。

　　舜何人，予何人，有志者事竟成，有为者亦若是耳。同里诸君共勉之哉！梨枣既竣，爰备述始事之艰，成事之不易，与邑人之所忻然慰、惧然望者。书之以为叙。

陈长者墓志铭*
（1892 年）

　　先君卯角交数人，长者陈公为理，其一也。长者家与予家里闬相接。深山大谷中辟平畴，花竹翳如清溪，爽住两人者，欢如昆弟，几无一日不相往来，有无相通，缓急相济，盖数十年如一日云。辛卯，长者卒，先君亦于是冬弃养。呜呼，痛哉！死生亦大矣，抑何巧合若此！哲嗣明诱与余兄弟笃，世好无闲言，以状来乞墓志，虽在襄经，曷敢辞。

　　谨按，长者译为理，字贵明，世为智乡之理〔里〕坑人，穷居贫刺，祖遗薄田，自食其力，中年后浸以饶裕，而长者神貌古朴，终其身结束为农夫。晚始入资，诰为九品，岁时伏腊，公终不肯冠带，布衣草屦，泊如也。性和厚朴，诚与人，无诳言，亦生平无愠色，亲知朋旧，

---

　　①　应为汉朝刘向《说苑·谈丛》中说："十步之泽，必有香草；十室之邑，必有忠士。"
　　*　原录自《里坑陈氏五修族谱》（1915 年修）。现转录自《陈炽集》（赵树贵、曾丽雅编，302～303 页，北京，中华书局，1997）。文中提到陈长者卒于光绪十七年正月，陈炽之父卒于同年冬天。又据文末陈炽"户部四川司员外郎"的职衔，查陈炽于 1891 年始担任。故推测该文写于 1892 年陈炽南返至家后。

惟与先君子为神交，尔汝忘形，相视莫逆。平居足迹，未履城阃。服田力穑，寡过未身。不岐不求，毋固毋我。不为非礼，人亦未尝以非礼干之。嗟呼，世衰道微〔微〕，嗜欲日淡，而天机日浅如公者，其可谓盛德君子矣。

长者耻不知书，属其少子于先君督课，特为严切，应童试，不利，乃拔例入贡，成至立英，英方兴未艾之报施，固不爽哉！

公卒时，年七十九，嘉庆癸酉年六月初十日戌时生，光绪十七年正月十一日午时殁。娶罗氏，生子一女一；继娶吴氏，生子女一；续娶蔡氏，未生子女；再娶宋氏，子三。明谥幼亡孙五人。葬于本处李山排亥山，巳向，迁葬于横背枫树窝岖上壬山，丙向兼子午。

铭曰：黄农已远，世变日新。翳惟长者，今之古人。情真貌朴，元气浑沦。无多知己，独好先君。严如宾友，亲如弟昆。子与子晰，举世畴伦。知来岁往，恍若有神。溪深抱玉，山高厚云。千秋万岁，永固幽阃。愿如孔李，奕世情亲。含光蕴曜，宜尔子孙。

诰授中宪大夫前军机处行走户部四川司
员外郎宗世愚侄陈炽顿首拜撰

《盛世危言》序 *
(1893 年 8 月)

香山郑陶斋观察著《危言》八卷①，吴瀚涛大令以视余。读既竟，爰缀言于简端曰：西人之通中国也，天为之也，天与中国以复古之机，维新之治，大一统之端倪也。识微见远之君子，观于火器、轮舟、电报、铁路四事而知之矣。

自黄帝以来至于秦，封建之天下一变为郡县之天下，相距约二千余年。王迹熄而孔子生，祖龙死而罗马出。故三代以上之为治也，家塾、党庠、学校遍天下，惟恐其民之不智，而始皇愚之；通商惠工，沟洫遍天下，惟恐其民之不富，而始皇贫之；建翘设铎，惟恐下情之不通，而

---

* 录自郑观应：《增订盛世危言新编》八卷本，见顾廷龙主编：《续修四库全书子部·儒家类》，230～231 页，上海，上海古籍出版社，2002。文末表明写于"癸巳七月"，即光绪十九年七月（1893 年 8 月）。

① 《盛世危言》五卷本，光绪乙未夏月上海古香阁重印本，表明此处为"五卷"。

始皇室之；遗艰投大，惟恐君威之过侈，而始皇怙之。民气本强也，而弱之；民情本安也，而危之。盖自焚书坑儒而后，古圣王之遗制荡然无存，不有孔氏之书则万世之人心几乎息矣。《书》曰："天佑下民，作之君，作之师。"黄帝作之君者也，孔子作之师者也。顾形而上者谓之道，形而下者谓之器，空文垂训，道可传而器不可传，古先王制作之精深，器存而道亦寓焉。洎古籍放失，黔首颛蒙，作者何师！圣人弗起，我中国之君民因陋就简，溯秦并天下以迄于今，盖亦二千有余岁矣。虽然，圣人之心，天之心也；圣人之道，天之道也；圣人之器，亦天之器也。天下①之生久矣，一治一乱，乱极于七国之季，而承之以秦，天亦若无如何者。既生孔子以正人心，达天道矣。维道之中有器焉，不可使之散佚而无所守也。秦政酷烈薰烁，中国无所可容，彼罗马列国之君民，乃起而承其乏焉，其声明文物之所启，亦自东而之西，有器以范之，故无一艺之不精；无道以维之，故无百年而不乱，分余闰位，迄今亦二千余年，将以还之中国也。

　　然道远则不能自通，力弱则无以自振，天因其人之深思好学，益假手于彼，以大显宜民利用之神功。轮舟以行水也，铁路以行陆也，电报以速邮传，火器以抗威棱，而后风发雾萃，七万里如户庭。中国乃闭关绝市而不能，习故安常而不可。是故矿产、化学，壮人之职也；机轮、制造，考工之书也；几何、天算，太史之官也；方药、刀圭，灵台之掌也。倚商立国，《洪范》八政之遗也；籍民为兵，《管子》连乡之制也。议员得庶人在官之意，而民隐悉闻；书院有书升论秀之风，而人才辈出。罪人罚锾，实始《吕刑》；公法睦邻，犹秉《周礼》。气球炮垒，即输攻墨守之成规；和约使臣，乃历聘会盟之已事。用人则乡举而里选，理财则为疾而用舒，巡捕皆警夜之鸡人，水师亦横江之练甲。宫室宏侈，如瞻夏屋之遗；涂径平夷，克举虞人之职。所微异者，银行以兴商务，赋税不取农民，斯由列国属土之多，道里相距之远，因时而制变者也，无足异也。

　　至于传教之师，用夏变夷之嚆矢；民主之制，犯上作乱之滥觞。他日我孔子之教将大行于西，而西人之所以终底灭亡者，端兆于此。此外，良法美意，无一非古制之转徙迁流而仅存于西域者。故尊中国而薄外夷可也，尊中国之今人而薄中国之古人不可也；以西法为西法，辞而

　　① 《盛世危言》五卷本，此处为"地"。

辟之可也，知西法固中国之古法，鄙而弃之不可也。执人而语之曰：尔秦人也，所行秦法也，无不怫然怒。语人曰：尔古人也，所行者古之道也，无不色然喜。今日日思复古，而于古意之尚存于西者，转深闭固拒，畏而恶之，譬家有明月之珠，遗之道路，拾而得之者不私不秘，举而归诸我，我乃按剑疾视，拒之而不受也，智乎？不智乎？

方今万国通商五十余载，见闻日广，风①气大开，顺天者存，逆天者亡，天与不取，反受其咎。此其意，贤者知之矣，不肖者不知也；少壮者知之矣，衰老者不知也；瞻言百里者知之矣，局守一隅者不知也。我恶西人，我思古道，礼失求野，择善而从，以渐复我虞夏商周之盛轨。揆情审势，旦暮之间耳。故曰：西人之通中国也，天为之也，天与我以复古之机，维新之治，大一统之端倪也。

曩拟作《庸书》内外篇，博考旁征，发明此义，簿书鲜暇，卒卒未果。陶斋观察资兼人之禀，负经世之才，综贯中西，权量今古，所著《危言》八卷②，淹雅翔实，先得我心。世有此书，而余亦可以无作矣。

乃今圣明在上，宏揽群才。异日假以斧柯，扬历中外，坐而言者起而行，闭户造车，出门合辙，方之古人，抑何多让？第其间有本末先后之序焉，如良医之治疾，大匠之程材，所为条理井然，铢两悉称，积习丕变，而民听不疑者，当别有在，愿与观察大令沈几审变，及天下有心人共证之尔。

癸巳七月瑞金陈炽叙

致盛宣怀函一*
（1895 年 5 月 21 日）

杏孙仁兄大人阁下：

过津时畅聆麈教，饱饫嘉肴，复以捧月，飙轮相送，感铭挚意，与春水俱深矣。刻见夔帅来疏，知台后业已回任，遥谂新猷，敷布弥益，

---

① 《盛世危言》五卷本，此处为"光"。

② 《盛世危言》五卷本，此处为"《盛世危言》"。

* 录自上海图书馆藏盛宣怀档案。档案中此函前表明写于光绪二十一年四月二十七日，主题是王文韶、卫生医疗、海关，包括信函、手稿、封1、名刺1。光绪十七年（1891年），陈炽因其父亲病逝曾请假回籍。光绪二十一年（1895年）回京销假。从信中内容可以看出，该信写于光绪二十一年四月二十七日（1895 年 5 月 21 日）。

恢闳翘企乔辉，谅符私颂。

弟至京十余日，因途中感受风湿，右臂大痛，殊不可堪，服药亦苦无速效。觅一善针灸者针之，始渐愈。于廿四、五日两处销假。今始抵京，略迟引见，稍候一月知关锦注，特以附陈，兹敬恳者。敝同乡同年伍展峰比部兆鳌家眷回籍，共衣箱行李等物八十六件，由天津趁轮至沪，由沪换轮赴浔，转恳尊处，给与护照一张，以免洋关翻捡琐渎。请神统容阁报，手肃敬请勋安。

外一纸附上

弟名另书　四月廿七日

上清帝万言书[*]
（1895 年 6 月）

军机章京户部员外郎陈炽谨呈：

为中倭苟且行成，后忧方大，请一意振作，变法自强，以巩皇图而湔国耻，敬陈管见，仰恳据情代奏事。

窃自中倭构衅以来，内外臣工，仓皇电檄，始也欺敌而败，继乃听客所为，忽战忽和，举棋不定。募兵则驱羊饲虎；筹饷则剜肉补创。倚淮军，而淮军溃；倚湘军，而湘军又溃。遂至丧师失地，台破船沉，威旅之天险既夷，渤海之堂奥尽失。财殚力屈，三次求和，终至赔费万万金，割地数千里，驻兵勒索，开埠通商。以倭奴蕞尔小邦，遂能力制中朝。受此亘古未有之奇辱，使我中国之人，自上达下，稍有人心者，无不摧心失志，怀愤含羞，痛哭呼天，不能自已。今之论者，或集矢于北洋，或归咎于政府，或责备于主兵任事诸臣，固也，而不尽然也。盖此次之错误，在未战之先；而此中之关系，在既和之后也。

道光、咸丰以前，无论已；自庚申以还，知泰西各邦之国富兵强，未易为敌矣，于是开译署、设洋关、筹海防、遣公使。言战守者，以枪

---

　　* 原名为《中倭苟且行成，后忧方大，敬陈管见呈》，原件藏台北"故宫博物院"，现录自孔祥吉：《晚清史探微》137～153 页，成都，巴蜀书社，2001。另据文曾以《上善后事宜疏摘录》，署名"军机陈炽"，载《普天忠愤集》卷二，光绪二十一年乙未孟冬校印本，主要节选阜财裕国、分途育才、改制防边、筑路通商部分内容。《皇朝经世文三编》卷二十四（陈忠倚辑，光绪戊戌三月宝文书局石印本）载有《上善后事宜疏》，为其节选。现根据相关内容进行比照。

炮台船为事；讲应付者，以语言文字为长。而于西人政教之本原，富强之实效，慨乎其未之有及也。当事者，狃于西人之意在通商，而不思得地也，又时存一用夏变夷之见，而惟恐或变于夷也。以为我苟如是，是亦足矣。其弊遂至于有器而无人，有名而无实。虽有利炮坚台，鱼雷铁甲，委而去之，反为敌用。糜亿兆金之巨款，掷数十载之光阴，而铸此中外绝无仅有之大错，掩饰诋欺之咎，不能为李鸿章宽也。法越之役，法酋耻〔孤〕拔毙于闽海，继之者，情形不熟，未及进攻，北洋遽以为北洋海防大有可恃。十年之内，迁延迟重，因循苟且，不复留意人才，有纵言时事者，中外怫然，以为大戒。积薪厝火，忽焉若忘，成此疲敝尪羸之世界。寝〔浸〕至良臣徂谢，宿将凋零，强敌生心，伏戎在莽，而环顾内外，竟无一深明大略，缓急可恃之人。一旦外患乘之，谋非素定，士非素习，骄兵贪将，相率逃亡；从而招募市人，罗掘商款，赏罪错乱，操纵失宜，处处让人，着着落后。以此言战，能乎？不能。既不能战，则惟有偿金割地，以求和耳。盖数十年国家之倚北洋也太重，北洋之忘战负国也太深，一局残棋，势成孤注，此注既掷，虽欲背城借一，而有所不能。所谓错误在未战之先者，此也。

近今五十载，西人讲求武备，争奇竞巧，几于日新月异，而岁不同。轮舟、铁路、电报、火器四事，孰为之？天为之也。环地球九万里，人力必有所穷，非此不足以混一万邦，纵横四海也。而通商五十年，翦我藩屏，尚不敢窥我堂奥者，荡平粤、捻之声威，有以隐戢其骄气，以为中国水师虽怯，而陆兵尚强，涉远劳师，恐所得不偿所失耳，而不意轻举妄动，远交近攻，窥我之隐微，而导彼之先路者，有一倭奴在也。今我所恃者淮军，而淮军如此；所恃者湘军，而湘军又如此。此后中国虽大，人民虽众，水陆万里，备多力分，何所恃而能有以自立？彼东、西两洋，五六强国，眈眈虎视，又何疑何畏，而不相率瓜分？言念及兹，寒心酸鼻。

闻此次倭奴亦有主战、主和两俦。主战者，外部陆奥宗光为之首；主和者，内阁伊籐〔藤〕博文为之冠。李鸿章既抵马关，陆奥仍持战议，谓倭兵必须径抵北京，乃可使中国君民心服口服，永无翻悔。伊籐〔藤〕且不然，此次倭兵所以处处得手者，由中国总军旅诸大员，皆年老庸懦无能之辈耳。兵抵北京，则此辈非死即逃，否则撤换，另易一班力强年富、熟悉时务者为政，转恐狡狯难制，不能为所欲为，不如姑留此辈，将就成和，则中国数十年间，断无报复之望。

哀哉！堂堂中国，受制小夷，轻侮欺凌，至于此极。此后如尚不发愤为雄，求贤自辅，将永在倭奴掌握中耳。谁非人子，谁非人臣，稍有天良，能无切齿？所谓关系在既和之后者，此也。

虽然，天下事，祸兮福所倚，福兮祸所伏。盛之极者，衰之机也；剥之复者，终之始也。谨惟我圣祖列宗，二百余年深仁厚泽，人心未泯，天眷方隆。当日之能平内乱者以此，今日之不畏外患者亦以此。经此一番折辱，则数十载固执迂拘之论，既一扫而空，即三十年敷衍粉饰之非，亦不攻自破。此后我皇上奋于上，众庶怒于下，群僚百执事，洗心涤虑，坚忍愤发于中。欲振作，必须自强；欲自强，必须变法。以筹国用、罗人才为始事，以练民兵、开议院为成功。运以精心，持以定力，期以二十年，而不报倭奴今日之仇，出泰西各国之上，臣不信也。

盖中国之所难者，在民气太弱，积弊太深，改弦更张太晚。而中国之所易者，在地大物博，事权归一，则举而措之裕如耳。微臣侍直枢垣，十年以来，伤心蒿目，常慨盈廷聚讼。主守旧者，鄙夷西法；主维新者，厌薄中朝。欲折衷二说之间，求一救时之要策。当法越事定，曾上东三省练兵之议，虽仰蒙采纳，而额数过少，不足以建威销萌。然去岁亦赖有此军，故辽沈虽沦，而陪京无恙。使果有三万精兵，领以宿将，则建瓴之势，足以救援高丽而有余。善奕者有闲〔间〕闲布子，人一着而全局皆灵者，此之谓也。刻下和议已成，无容返〔反〕悔。我皇上天锡勇智，值此时艰，中国废兴存亡之机，决于今日，惟望乾纲独揽，力排众议，一意自强，任贤勿贰，去邪勿疑，以巩皇图，而湔国耻。诎于此者申于彼，否于始者泰于终，知几其神，殷忧启圣，我列祖列宗在天下之灵，实式凭之矣。不揣冒昧，谨条上今日之所急者，次其先后，厘为七条。中有未尽者，复分细目。涓流土壤，得补高深，惟不敢以巧言虚辞，荧惑视听。管蠡之见，是否有当，伏乞圣明采择施行，天下幸甚。

（一）下诏求言

夷狄之患，自古恒有。然木必先腐而后虫生，罕有堂堂中国，匕鬯无惊，而受制于蕞尔小邦如今日者。中国之屈辱，可谓深矣。夫亲上死长之心，亦斯民之天性也。唐之德宗，猜忌之主也。及朱泚之乱，播迁奉天，用陆贽之言，贬己自责。山东各军，闻者陨涕，不旋踵而乱贼遂平。况我皇上仁圣聪明，天下臣民，咸思效死，苟略仿其意，以鼓舞斯民，决计变法自强，与天下更始，则民心愈固，民气愈强。视听既专，趋向自一，虽有强敌，其奈我何？此宜先固民心者一也。

天地生才，本足敷国家之用。所患者，堂廉隔之，科目拘之。才思效用，而上故抑之；上思用才，而下又去之。及至有事之时，需才孔亟，而非相知有素，则浮薄干进者，得售其欺。即其人果系真才，而来自田间，素无威望，事故骤属，其不至偾事者几希。故人才者，必留意于平时，而后可济用于临事者也。至于求才之法，仍不外虞廷之敷奏以言，明试以功，二者而已。粤、捻之乱，楚才辈出，用之不穷，岂当日之人才多，而今日之人才少哉？因骆震〔秉〕章、胡林翼，在湖北、湖南，分立储才馆，献策之人，来者不拒，其切实可采者，款留馆中，何处缺人，即行派往。既已著立功效，即量其才之大小，授以任之轻重。故一时人才，风发飙举，督抚提镇，功业烂然，皆当日馆中之食客也。彼仅守一隅，而犹能如是，而况天下之大，万民之众？世亦患无伯乐耳，岂患无千里之马乎？惟都中各署，拘守成规，可以安常，不能应变。去年中倭事起，设立督办军务处，以一事权，应请旨扩充规模，选立参佐，仿储才馆之例，于京师择地建屋，以处贤才。明谕中外官民，如有所见，均准取具同乡官印结，至署呈递。言无可采，批示遣归；如果切实，可见施行，传见考验，即留署中，优给薪水。何路需才，奏准发往，著立功绩，再予保升。此宜先求人才者二也。

西人之言曰：天下万国，最贪者，中国之官；最坏者，日本之民；而各官廉俸，亦无如中国之少者，阳靳之而阴纵之，岂国家设官为民之本意哉？宜请旨饬下各部会议，将冗员裁汰，而实缺廉俸，按品增加。虽九品微员，每岁事畜之资，非五百金不能自给。层累而上，一品，必须万金；外任需用较多，须加一倍。自此以后，将一切陋规杂费，概行裁革，还之民间。有违制收受者，杀无赦。国家所费，每岁只多数百万金，而上励僚属之廉隅，下培闾阎之元气，外免邻国之讥弹，一举而三善皆备。此宜先清吏治者三也。

惟资格所拘，良难骤破，请于三年之内，大开言路，慎选真才，均储之督办军务处。一面请饬下部院督抚各大臣，先将候补人员，认真考察，庸恶陋劣者去之，其无所短长者，均资令回籍候选。然后考察实任各员，必须凤著廉能，留心教养，上补国是，下益民生，方准保升留任。老迈贪劣者去之，其庸庸窃位者，亦令以原品致仕。内外须去三分之一，而后维新之政治乃成。至司道以上各官，表率群僚，关系尤重。

惟望我皇上认真考察，操此意以进退之，期以三年，气象当幡然一变矣。此宜先破资格者四也。

至一切变法自强之道，中国因循日久，耳目未经，骤而变之，恐聚讼纷纭，易生疑沮。虽临之以谕旨，而事无专责，迁延推妄，仍属空言。应请饬下出使大臣，督率翻译随员，将泰西政治之不同于中国者，别类分门，详加翻译，然后审择其可行者，交廷臣会议，参酌旧制，事在必行，准古宜今，增立官职，建立衙署，以为经久之规，则措正施行，更无扞格矣。此宜先专成者五也。

（二）阜财裕国

天下事法积生弊，弊积法立，故庄周有刍狗已陈之喻。而强弩之末，不能复穿鲁缟者，势使然也。今之言筹饷者，日①期期于捐纳、厘金两事。曩在户部，核计内外捐款，岁止百余万金，而国与民，阴受其害。厘金收数，岁岁短绌，每岁不足千二百万金，而商民怨嗟，道路侧目，此亦刍狗已陈而强弩之末矣。有若曰：百姓足，君孰与不足；百姓不足，君孰与足？非迂论也，实至言也。今赔款至二万万金之多，自应先清此款，民情方得定，国计方得纾。此次倭奴勒索，中朝滇缅，仿普法之事：普勒法款五千兆佛郎，合中国银数十五万万两。本定三年归楚，法民发愤，按丁抽派，每人出二十佛郎，未及一年，即已清款。近今二十载，法国俨然富强，皆幸此款早清，不致受其盘剥。应请仿法国之法，合中国四万万人，每人各派一元；贫者由富者承管，承管至十万人者，赏给头品顶戴；万人以上，均奏明请旨，锡以特恩；其不足万人者，则照捐款虚衔，定其差等；至十万人以外，赏以异数殊荣，予虚衔不捐实职。明谕天下，咸使闻知，嗣后停捐减厘，与天下休息。此款既清，而后为开源节流、立自强之根本也。

中国旧法，以节流为主：裁额兵也，撤河防也，改漕折也，汰冗员也，节浮费也，定服章②也，禁糜费金、银、铜三品也，皆可毅然行之，而决无流弊者也。新法以开源为主：设商部也，行钞法也，开矿政也，铸银钱也，垦荒田也，种树木也，修铁路也，广轮舟也，征烟酒税也，立书信馆也，收牌费房屋捐也。二者兼营，③行之不倦，五年之后，百姓当岁增二十万万金之生计，国家当岁益二万万金之度支，既富

---

① "日"，原作"曰"，误，校改。
② 《普天忠愤集》《皇朝经世文三编》书中，此处皆为"章服"。
③ 《皇朝经世文三编》书中，此处有"使"字。

且强，可以操券。日本，东瀛小国耳，其疆域不及中国江南一省。十年前出口之货，三千万元，仅及中国三分之一。自用西法，广开利赖，去岁出口之货，二万余万元，已加中国之半。[1] 明效大验，有如此者。而非我皇上神明独断，仿效西法，得人而理不为功，此泰西政教之根原，富强之本计，而独惜中国之人，掩聪塞明，惛然不悟也。

（三）分途育才

今欲自强，必须变法，而欲变法，首在得人。天下事，盖有知之而不能行者矣，未有不知而能行者也。中国王大臣中，自曾纪泽外，真知西法者，寥寥无人。张之洞知之，而凌杂棼乱之弊不免；其余虽有知之者，然职居下位，学少专门。天下虽宽，遂有乏才之患，则在上者，无以养之而教之故也。[2] 日本资遣出洋学生，与中国年分相等，惟中国废于半途，彼则镇〔锲〕而不舍，前后出洋者，至二千余人之多。故行政用人，左宜右有，遂致堂堂中国，受制小夷，则一学一不学故也。

今宜请旨饬下各省学政，拣选聪颖诸生，年在二十[3]岁以内，通古今，识大体，身体壮实，自愿出洋者，丰其资给，遣送来京，先在总署同文馆中学习各国语言文字，随出使大臣，分赴各国大学堂，分门学习，每岁以百人为额，期以十载[4]，学成而归，赏给举人，一体会试。即不中者，必[5]因材器使，任以事权，此一途也。中国通商各埠，一律提款建立书院，延聘中西宿儒，分门教习，每堂至少以三百人为额，先须考验华文，通达者，乃准入学。经费半给于官，半给[6]于民，必优必丰，无遗无溢[7]，学成之后，赏给秀才，一体乡试。考验之后，即试而不中，亦予文凭，俾得作为正途，各谋生计，然后逐渐推广，遍设于内地各城，此又一途也。至亲王大臣子弟中，如有天性高明，自愿出洋学习者，准其随时呈报，派员考验，华文通达，性行淑均，官给资斧，随使出洋，分门学习；或不任劳苦，只能出洋游历者，亦给以资。他时海外归来，予以事权，一切均有把握矣。中外大小各员，考核才能，亦准援照办理，此又一途也。惟是育才甚难，而中国此时需才甚急，迟之又

----

① 《普天忠愤集》《皇朝经世文三编》书中，此处有"其"字。
② 同上书，此处有"昔"字。
③ 同上书，此处为"廿"。
④ 同上书，此处为"年"。
⑤ 同上书，此处为"亦"。
⑥ 同上书，此处为"取"。
⑦ 同上书，此处为"滥"。

久，又安能悬缺待人？宜于通商各埠，设立翻书局，专译①西国士、农、工、商、兵、刑、政治一切有用诸书，译照②华文，颁行天下学宫书院，使天下读书明理之士，皆得通知海外之情形。而出使各馆翻译随员，除日行③公事外，亦专以翻译西书，定其劳绩之殿最。不及三载，而西方④书籍，皆译华文，天下之通习华文者，皆得熟悉⑤西事矣，此又一途也。

如此分途教育，五年之后，应请旨明谕天下，专以时文帖括，考取秀才，自乡、会试以上，均分政事、文学、天算、地舆、兵法、刑律、工艺、格致、水师、商务、农业、整理十二科，分门考核，科目名色，仍依旧制，勿庸更张，则民听不疑，而人才辈出矣。

（四）改制防边⑥

自中国开战以来，风鹤之警，达于畿辅。论者鉴于庚申之变，纷纷然，请迁都，议避寇，以至束手无策，苟且求和，咸归咎于中国京城距海太近之故。今辽西已失，旅顺不还，恐言事诸臣又将重议迁都之举。而不知泰西诸国，除俄距海较远外，英、法、德、美之都城，其距海均不过二三百里，各国犬牙相错，朝发夕至，在在可虞，而不闻衅端一开纷纷迁避者。国之能自立与否，在乎人之能自强不自强耳。我能往，寇亦能往。历代迁都，苟且偷安，罕能自振者，则迁都之议断不可行也。无已，则无事之日，于太原、西安、洛阳三处，速立行宫，暇豫游巡，问民疾苦，如黄帝之周游天下，以师兵为营卫，则亦庶乎其可矣。

今辽左虽还，而朝鲜已失，神京腹背，徒〔陡〕觉单寒。应专设一大臣，常驻旅顺，而金复海盖，摩天岭等处，均宿重兵，威海一隅，仍隶海军提督，与旅顺互相援应⑦，以固渤海之防。此应改者一也。

热河为京师左辅，东三省后援，应选知兵重臣，以劲兵驻扎其地，务农讲武，教练边民。山海关、唐山、大沽、小沽⑧，均驻兵兴屯，增

---

① 《普天忠愤集》书中，此处为“翻”。
② 同上书，此处为“以”。
③ 同上书，此处有“之”字。
④ 同上书，此处为“文”。
⑤ 同上书，此处为“知”。
⑥ 同上书，此处为“边防”。
⑦ 同上书，此处为“引”。
⑧ 同上书，此处为“站”。

筑堡垒，仍展筑火轮车路，以捷往来。此应改者二也。

东三省孤悬在外，倭南俄北，窥伺堪虞，应拣大臣操①练三万劲兵，驻扎适中之地，屯田开矿，增辟利源，仍筑铁路，与旅顺联络一气，有事时，呼应始灵。此应改者三也。

山东登、莱各府，万山重叠，然北之莱州，距京甚近，南之胶州，直抵运河，应添一提督，驻扎烟台，而胶、莱分设两镇，以顾海军之后，而固山左之防。此应改者四也。

台湾属倭以来，而海防亦为一变②，似宜以福建兼隶粤督，东③洋兼辖④浙江，而海州、崇明、舟山、香山等处，均增⑤设总镇。此应设者五也。

然欲水陆合力，永保无虞，则北洋、中洋、南洋三枝海军终⑥须添设。北洋之威海、旅顺，中洋之吴淞、舟山，南洋之马江、箱馆，均可建船坞，筑炮台，驻兵舶。俄人西伯利亚铁路既⑦成，日本终须与我并力，英人顾念⑧大局，亦须⑨联合中国以拒之。苟一意自强，期以十年，不患不作东方之盟主，虽赔费割地⑩，无伤也。

（五）教民习战

自同治壬申、癸西之间，普法一战，而泰西之兵制大变，战国之局势遂成矣。初，普败于法，法王拿破伦限制额兵不得逾万，普王维廉及其相俾思麦，乃作内政，籍民为兵，自老弱、残、疾、疯子优免外，无论何人，均入兵籍，置立队长，就地教练，不领饷银，事毕，缴械于官。十六岁至二十六岁，为战兵；二十六岁至三十六岁，为守兵；过此以往，乃得自便。普法之战，法兵九十余万，不为不多，而普人倾国兴师，调至二百余万，法人一蹶不振，国破王擒，赔费割地，有甚于今日中倭之役。寡固不可以敌众也，法人知其如此，乃亦教练民兵，有事时，可调至三百八十万；普人畏其报复，乃联合南北德意志，大加教

---

① 《普天忠愤集》书中，此处为"添"。
② 同上书，此处为"台湾属倭，则东南海防亦为一变"。
③ 同上书，此处为"南"。
④ 同上书，此处为"豁"，应为错误。
⑤ 同上书，此处无"增"字。
⑥ 同上书，此处为"总"。
⑦ 同上书，此处无"既"字。
⑧ 同上书，此处为"全"。
⑨ 同上书，此处为"必"。
⑩ 同上书，此处为"割地赔费"。

练，数至四百二三十万人；自余奥斯马加、意大利、日斯巴尼亚，相率效尤，各有民兵二三百万不等。此即古人寓兵于农之本意，平日无养兵之费，临时无教战之劳，意美法良，莫过于此。然犹曰相距太远，于中国风马无关耳。惟俄罗斯国势，首尾二万余里，亦效德国教练民兵，通国有民兵七百余万，他日铁路成后，雄兵数百万，囊括席卷，高屋建瓴，我中国东北、西北一带，疆陲何以自立？十年前，日本亦师其意，民兵额数，不过二十万人，及战事既开，我则转饷募兵，天下骚动，彼则左宜右有，措之裕如，终止上国天威，屈于寻常之小丑者，一则未雨绸缪，一则临渴掘井故也。日本且如此，而况俄人？日本二十万民兵，且无以应之，而况俄人七百万之众？水流湿，火就燥，欧州〔洲〕各国，势均力敌，不得不改道而之东。中国地大物博，而兵形寡弱如此，尚不汲汲然效西法，练民兵，购置军装，教以战阵，不及十年，俄人铁路既成，惟有坐以待发〔毙〕而已。

然中国数万万之众，四百人之内得一人为兵，其数已及千万，只须于沿海、沿边各省，合中国保甲团练之意，以仿行西法，教练民兵，兵已不可胜用。宜请旨饬下出使大臣，密商德国政府，将其民兵规制，细加翻译，必详必明，即延聘德弁来华，会同沿边督抚，编查教练，先行于东三省、直隶、山东、山西、陕西、甘肃、新疆、青海、西藏、四川、云南各处，而后渐及于东南。万里边陲，同时并奉〔举〕，优免之例，不免稍宽，小民可与乐成，难与图始，应请明旨，先期晓谕，事在必行，仍宜兴地利，筑炮台，广电音，开铁路，庶刑〔形〕格势禁，消息灵通，邻敌虽强，不敢妄相窥伺矣。

（六）筑路通商

人情习近而忘远，非独中国为然也。西人铁路初兴，亦复众谤群疑，交相沮①格，及路成而后，百业俱兴，硗确之区，变为饶富，土货日出，商路日通，上下四旁，交受其益，于是向之疑且谤者，涣然释，默②然惭，哑然自笑其无谓焉。今之中国，何以异是？

而言铁路于今日，尤有不可不开，且不能不亟开者：环中国四面，皆我强敌，皆有轮船、铁路③，声东击西，朝发夕至，独中国株守旧

---

① 《普天忠愤集》书中，此处为"阻"。
② 同上书，此处为"嘿"。
③ 同上书，此处为"铁路轮船"。

法，顽钝不灵。譬如①一城，攻城者，以健马往来，忽南忽北，而守城者，② 徒步应之，势常不及，必四面皆有名将劲兵而后可，一或疏虞，③全城瓦解矣。今西北、东北，则俄之铁路来矣；西南之西藏、云南、广西，则英、法之铁路至矣。西人之言曰：俄人之铁路，专主用兵；美国之铁路，专主通商；惟英、法、德三国之铁路，则通商与用兵俱便。俄人眈眈虎视，其意可知，西伯利亚铁路一成，西北安有宁日？又，西人借款以修铁路，各国皆踊跃应之，利息既廉，即可以铁路作抵；而最不愿借款用兵，使有用之金银，变为无用之弹丸、火药。一有利而无害，一有害而无利故也。

中国此时，帑藏空竭，商务不通，应请乾断，毅然决然④，创修铁路。如虑巨款难筹，可将微息贷诸英、德，以造成之路为抵，每年入息，逐渐归债。以汉口至京为干路，而分一枝，以达汴梁，至清江浦；分一枝通陕、甘，以入四川；京城则东接东三省，而西抵山西，大致不过二千万镑。而各路皆成以后，骨节灵通，毫无阙⑤滞，无事则通商，有事则用兵，使万里中原，期⑥成殷富，四方外患，不敢凭陵，我国家亿万载无疆之休，实⑦基于此。去岁中倭构衅，彼［运］⑧兵转饷，困顿艰难，使当日铁路早成，何至着着让人，坐受其弊？彼妄相挠阻者，亦可以憬然悟矣。

（七）变法宜民

精枪快炮、铁船、鱼雷，一切机器制造之外，西人之长技，而实西法之皮毛也，无其人以用之，则有器与无器等，今日中倭之事可见矣。西人之本原何在？曰在政教、农桑、树蓺、水利有经，所以养民者，如彼其备也；学塾、书楼、博物有院，所以教民者，如彼其详也。野无遗贤，朝无幸位；上无过举，下无冤民。迹其制度文化，往往暗合于三代圣王之古法。东海西海，心理皆同，其所以化行侪美，浚〔凌〕驾一时，国富兵强，纵横四海者，皆确有其本焉，安可以海外小夷而弃之

---

① 《普天忠愤集》书中，此处为"之"。
② 同上书，此处有"以"字。
③ 同上书，此处有"而"字。
④ 同上书，此处为"计"。
⑤ 同上书，此处为"通灵，毫无阂"。
⑥ 同上书，此处为"顿"。
⑦ 同上书，此处为"即"。
⑧ 同上书，此处为"征"。

也？约而举之，有数事焉，皆中国所必应变通取法者：

一曰学部。西人别类分门，举国皆学，有不学者，罪其父母。广建书楼，荟萃中外古今典籍，派员经理，许人入内纵观，钞写无禁。并设博物院，集海外飞、潜、动、植诸物，以资多识，而广异闻。一切统于学部，中国可酌改国子监制度以兼之。

二曰矿政部。改革之政，必资财用，而财用不出于人，即出于地。中国五金、煤、铁之矿，蓄庶甲于五洲，徒以封禁者多，无人经理，永弃地下，以资盗粮。宜请明旨，一律弛禁，听其开采，办有成效，再行征税设官，专派户部侍郎一员经理。

三曰农桑部。各国土狭人稠，地无遗利，不得不借力于工商。中国之地广远膏腴，开渠种树，察土宜、兴地利之法，亦浸久而自失其传。即如蚕桑一端，九州仅存什一，凡木棉、加非、茶叶、烟叶、葡萄及一切材木百果之类，如教民广种，皆可大收利权。愚民无知，而官不过问，一听其自生自灭、徒使阿芙蓉流毒几遍寰区，此何说也！宜专派户部侍郎专管农桑，主之于内，而派同知、通判、主簿各闲官，劝之于外，扰民者重其罚，有成效者速其茫。

四曰商部。太古粟帛交易，老死不相往来，土狭人稀，而需用寡也。自汉以后，境土渐拓，民间百货，非商不通，咸、同之间，借厘金之款以平贼；通商伊始，资海关之税以设防。财用半出于商，则商务之盛衰，即国计之盈虚所系也。而官吏惟知抑商、制商，无一保商之政，商人无可控诉，乃转倚洋人为护符，丛雀渊鱼，何堪设想。亟宜仿泰西设立商部，于省会、各大埠均立商政局，由各县公举公正董事以充之，而总其成于关道。所欲与聚，所恶弗施，有冤抑者，逐由商部上达天听。译行泰西商律，保护维持。

五曰衢路。泰西有街衢道路之官，即古者虞人之职也。《洪范》言：会极归极，必推本于王道之正直荡平者，何哉？譬之一身，土地犹肌肤也，财货犹膏血也，而街市、沟渠、桥梁、道路之属，犹脉络之流行也。人身脉络阻塞凝滞，则膏血不通，而痿痹不仁之疾起矣，安得以为细故也而忽之？宜专派一工部侍郎主持其事，先以京城为主，就地筹款，清理经营；各省、府、州、县、乡、村，均专派一闲员经理，按年课其功罪，毋等故事奉行。仍用巡捕，常川梭巡，追捕盗贼，一切均仿泰西办理。

六曰工艺。西人常谓中国出洋，只有生货，无熟货，故隐受巨亏。

生货者，土产如丝、茶之类是也；熟货者，制造工作之类是也。现在缫丝织布，渐有转机；然〈招〉商局行轮二十年，仍用西人驾驶。宜派一工部侍郎专管，令各局提款，创设学堂，仍仿泰西新章，有能制一新奇器物，有益民生，可以行销外国者，准于所在呈报商政局，送京考验，奖以金牌，许其专利。

七曰刑律。中国刑法太重，徒绝人为善之阶，笞杖一端，尤为酷吏杀人之具。西人商于中国者，有罪审判，不服华官，实于国威有损。宜翻译西律，派人学习，饬刑部大臣，参酌定制，务持轻重之平，庶中外商民永无冤滥。

八曰善堂。泰西新法，于寒贫、鳏寡、老弱、废疾，不惟集款以养之，并设法之教之，意美法良，实与三古遗规相仿。宜译仿规条，派大臣专管。中国贫民过多，并宜于种树、作工、垦荒诸务，设法疏通，开辟利源，以资补救。

九曰火政。保险、煤、电灯、自来水各事，皆可保令物业便利闾阎，劫除疾疫。虽古时所未有，而实古圣王虑鲜怀余之心，亦即通商以后，万国大同，所必不可无之事。并宜分类译出，颁之天下，次第举行。

十曰议院。泰西议院之制，以英为最优：有上议院，国家爵命之官也；有下议院，民间公举之绅也。每举一事，下院议之，上院酌之，而君主行之。国用偶亏，只须询谋金同，亿万金钱，一呼可集；政归公论，人有定评；上下相准，永永不敝，所谓合亿万人为一心也。惟兹事体大，须俟十年之后，学校大成，然后开院仿行，以立万世无疆之业。

以上十者，略举大凡，其细目宏纲，未易一时枚举。此皆泰西政教之胜于中国者，无惑乎彼强而我弱，彼安而我危，彼攸往咸宜，我所如辄沮。泰西凌我，而无以报之；东洋仿泰西而侮我，又当之辄沮也。或者不悟，昧昧然归咎于天意之适然，是犹父母有病，明明有药可治，有医可延，而束手坐视其不之救，忠臣孝子之居心，固如是乎？以上十则，皆救急之良方，自强之要策。我皇上苟能先几烛照，得人而任，决意举行，则不出三年，已有成效之可见，十年一小成，二十年一大成，然而国不富，兵不强，吏治不日清，民生不日厚，君威不日振，国势不日张者，未之有也。以中国土地之膏腴，人民之灵智，物产之蕃昌，如日进无疆，锲而不已，固不必务勤远略，而他日万方玉帛，咸拱中区，四海君民，来朝上国，同轨同文同伦之盛治，刻期操券，均在意中。其理速于置邮，其事易于反掌，而其本则在我皇上化裁通变，自强不息之一心。

说者必谓，费既偿矣，地既割矣，此后财尽民穷，计日可待，安能再得亿万金之巨款，购此无数利炮精枪，鱼雷铁舰，固此渤海之防务，成此北洋之海军？而不知中国谈洋务三十年，误于得粗而遗精，舍本而逐末，故财殚力痹也，拱手而让之他人。使当同治初年，早知培养人才，改革政事，以立富强之根本，时至今日，成效昭著，已当凌〔凌〕驾英、俄，何至俯首降心，受辱于区区之日本哉！虽然，中国为数千年旧国，相沿太久，积习太深，改弦更张，原非易易。不经此一番挫折，正恐盈廷聚讼，众口难调，虽有良谟，终成画饼。故必尽夺其所恃，虽欲夸张自大而不能；必势处于万难，即欲苟且偷安而不可得。而复举新革故，乃免违言，错节盘根，乃别利器，故曰天也，非人之所能为也。此皆我前皇恩泽，深入人心，上符天眷，故于俄人铁路未成之际，务使一东瀛小国，警觉中朝，不欲使俄人师百万，卷甲长驱，出我不意，而攻我不备。此中盈虚消且〔长〕之机，诚非昏庸固执之陋儒，所得窥其万一者也。惟是变与不变之间，即为中国兴废存亡之所系，若自此以往，依然苟安旦夕，敷衍因循，则不及十年，必有四裂五分之祸。

微臣备员枢直，奔走内廷，既已确有所知，诚不忍缄默不言，坐视倾覆危亡之惨。明知越职盲事，触犯忌讳，国有常刑，然朝廷养士二百余年，当此大利大害，间不容发之际，若竟无一人能知之，能言之，亦古今之深耻也。既已披肝沥胆，将积年所病，痛陈于君父之前，虽退就斧锧，更无所恨。伏乞据情代奏，无任悚惶迫切之至。

　　　　　　　章京陈炽谨呈　光绪二十一年五月初六日

复康有为[*]
（1895 年 9 月）

手示敬悉。议稿暂留。弟意专呈上书者，盖窃取曾文正之意。文正咸丰间为侍郎时，曾上疏请文宗饬群臣条陈时事，言有□□再试以事，以为有合于虞廷敷奏以言、齐人一一吹竽之义。厥后湘鄂储才馆用意略

* 录自张荣华编校：《康有为往来书信集》，291 页，北京，中国人民大学出版社，2012。根据文中所提要找房屋，购买译书印字器、筹措捐款等内容，应为陈炽与康有为筹划组织强学会期间，故推知该信写于光绪二十一年七、八月间（1895 年 9 月）。

同，得人最盛。都中因循日久，各堂官所取，大率寻行数墨、趋跄应对之才，安能度外用人，赏识于风尘之表，亦不必言贿赂营谋嘱托，先以不肖之心待之也。弟意无论咨送保荐，均须建白，均须奏留，与上书者同，庶免瞻徇情面、贤否杂糅之弊。如章京、御史，虽保送亦须考试也。惟首领数人阅看后，再呈当道，责任至重，本稔卓见及巽之同年以为然否？

刻安门内左右大臣，系庙社前门，两庑朝房各廿六间，今无所用，改督办公所，未为不可。诸待面谈。译书印字机已再催购买径寄，并函恳香帅、莲珊先拨五千矣。此上

长素先生侍史　弟炽顿首

致王秉恩、丁立钧、沈曾植、文廷式札 *
（1895 年 12 月）

雪丞、叔衡、子培、芸阁及列列仁兄大人阁下：

仪器一事，日前电询价值，香帅能否代购？因局中已叨厚惠，不欲以此竭忠尽欢也，旋由叔峤交到。星海、长素复电云，香帅力任购器，只须联名公恳即可，代购当询雪丞同年。知此器乃杨仁山物，大小百余件。雪兄言物既不急，时届封河，俟回宁时察看，代购运京，弟甚以为然，故未再发电。

昨得长素初五来函云，器已定购，速将存款寄申付价，然始终未知价值若干也。今日接陶斋电，询书局存款可否尽交长素。电覆，弟踌躇至再，径申明前说，电属勿提，局中款绌。印机尚且缓购，况此不急之务耶？来电复电附呈，未审诸兄以为然否？馀容晤罄。

手此，敬颂台安。

弟炽顿首　廿日灯下

---

　　* 录自嘉兴博物馆编：《函绵尺素：嘉兴博物馆藏沈曾植往来信札》，76～77 页，北京，中华书局，2012。康有为在北京强学会初具规模后留梁启超在京主持一切，自己在光绪二十一年九月初离京南下到达上海，筹建上海强学会。光绪二十一年十月，在张之洞允诺提供经费后，康有为四处访求器物。时杨仁山曾随曾纪泽、刘瑞芬出使英国，购买不少仪器。康有为等与之商定将这批仪器全部购买下来。该信中多次谈到订购仪器一事，推知该文写于光绪二十一年十月二十日（1895 年 12 月 6 日）。

茶务条陈[*]
（1896 年 1 月）

　　中国之茶务，昔盛而今衰。以出口之数多寡较之，而了然可睹矣。嘉庆、道光以前，每岁出口之茶，约值银五千余万两。其时通商仅广东一口，各省茶务均须贩运粤东，由总商与西人定价。总商气焰薰灼，不惟华商趋承恐后，即西商亦惟命是从，所谓"十三行"者是已。然而商务日兴，税收日旺，茶叶出口之数日益增多，此极盛之时也。既而诸行倒闭，五口通商，各省之茶，分由各口贩卖。中国种茶之地，运茶之商，其数日增；而中国出口之茶，所值之数乃日少。至光绪二十年，出口总数仅值二千二百余万金，较之嘉、道以前，顿减大半；税厘之项，亦随之而并减。

　　昔则茶少而值多，今则茶多而所值反少者，其故有三：

　　一则印度、日本之仿种太多也。英国当日销中国之茶，岁约三千余万，恐利源外溢，锐意收回，遂于印度亚山地方，以重价雇募中国茶师，教土人以栽种制焙之法。绵亘二千里，茶树成林。近复推广于锡兰一岛，参用新机制焙，无论制茶多少，色香味一律无殊。出口之时，不征税钞，专以贱值与中国争衡，上年出口之数较中国多至一半。泰西自俄罗斯外，英、法、德、奥、意、比诸国，皆销印度之茶，无复饮中国茶者，以其价廉而物美也。当日美国销茶尤广，自日本广行仿种，亦减收出口税，以机器制成，美国之利尽为所夺。金谓守此不变，再逾十年，中国茶叶必至无一箱出口而后已。此其攘夺利权者，一也。

　　一则中国皆散商，洋商之抑勒太甚也。今中国之茶止销俄国，购茶者皆俄商，即英、德各国商人，皆与俄商办运者耳。自各国通商而后，中国富商大贾，尚能顾全大局，力与维持。惟千金、数百金之小商，资本无多，只求速卖，于是搀杂伪质、跌价争售之事起。洋商欺其愚懦，因而始则放价，继则故意挑剔，低盘割磅之弊生，每以一人掣动全局。

---

　　* 录自朱寿朋编：《光绪朝东华录》第四册，3704～3708 页，北京，中华书局，1958。另中国第一历史档案馆军机档（光绪二十一年十一月二十九日）呈奏件，前有"户部员外郎陈炽呈为条陈茶政恳请代奏事：窃维"等语。《光绪朝东华录》第四册、《翁同龢集》、《皇朝经世文编续集》卷十等皆提到光绪二十一年十一月二十九日户部代奏陈炽条陈茶政一折，推知该文写于光绪二十一年十一月二十九日（1896 年 1 月 13 日）之前。

今年茶叶,万不能留至明年;洋商不买,即无销路。资本半由揭借,至期不得不还。遂相率以至贱之价哀求洋商购买,而折阅难堪矣。然应交之捐厘税课如故也。因而倾家败产,卷逃亏闭,无所不有,彼此视为畏途。通十年计之,几无一年获利者;通十人计之,几无一人获利者。茶市败坏至于此极,尚忍言哉。此其把持商务者,二也。

一则山户与商人互相嫉忌,动辄抬价居奇。茶自谷雨抽芽,采摘制焙而成,为时不过半月,粤商当日入山采买,知其急欲求售,勒价联帮,在所不免。山户日久知商人以贱价买之而高价卖之也,遂故抬其价,任意居奇。山户固不能不售,商人携银入山,亦复不能不买,比年遂多以高价买之山户,以贱价卖之洋商者。山户偶然获利,而茶商无一不亏。他日必致有货不能售,或皆洋人自行入山采买而后已。此局一定,除一子口半税外,捐厘尽付东流矣。此其败坏市面者,三也。

噫!茶务之江河日下,至于今日,譬之敝衣破屋,自上至下,自表至里,皆黣朽败坏,补救无从。似此绝大利源,惟有如秋空浮云,听其自生自灭而已矣。

虽然,当无可设法之中,有四法焉,可以嘘枯吹生,使万象顿回春意者,则在国家洞悉本源,以维持保护之而已。请质言之:

一曰参用机器。印茶浓厚,略如云南之普洱茶;然色味虽浓而馨香远逊。西医之考求饮食各品者,咸谓华茶性味和平,于人身有益无损;印茶燥烈,利少害多。虽积习难变,然此一语即华茶由衰复盛之机。惟印度、日本之茶虽居次等,而机器制焙,精洁无伦。中国制茶之时,最畏阴雨。若连雨十日,茶芽将老,不能不摘。叶含水气,则以火烘之,甚则烟气薰人,色香俱变。且人工炒焙,不能无优劣粗细之殊。洋商于百箱中检出一箱劣茶,余均以劣茶定价。欲整顿一律,则时日迫促。天时既不能定,人力实不能齐,此必穷之道也。惟参用机器,烘焙制炒,火候均匀,物皆精美。虽欲借口挑剔,其道无由。而一人可作十人之工,所出之茶亦愈广矣。且西商载茶回国,船行赤道之下,天气蒸郁,时阅二旬,茶之稍次者往往霉变。西人喜用印茶者,由印度至泰西,计时减十日,则霉变亦稍稀也。近日俄商在汉口、九江以机压茶末制作茶砖,如古者"龙团"、"凤团"之类,运至英、法各国,群喜购用,视若珍奇。因砖茶坚实,可储数年,虽由赤道经行,色香味丝毫不变也。茶末为中国下乘,视同弃物,而西国珍之,俄商利之。设以佳茶制造,西人之贵重何如?此由华茶性质本佳,亦中国收回利权之枢纽也。宜饬各关道酌提款项，选募中外茶师各一人，密赴印度考验制茶之法，购买机器，入山制造。压砖机器，浔、汉已有十家，亦购一分入山，以佳茶试办，仿"小龙团"旧式，精益求精。试办有成，然后酌提官款，以为之倡。今富商大贾广集公司，多购机器，遍置出茶之地。驯至华茶皆机器所制，则性质之美过于彼，制焙之精同于彼。而茶商、山户一气呵成，当日勒价抬价诸弊端，亦不禁而自绝矣。

二曰准设小轮。华茶之美者，以安徽之婺源、江西之宁州、福建之武彝、湖南北之羊楼峒等处为大宗。而婺源、宁州茶船均须度鄱阳，湖南北之茶大半须度洞庭。往往茶市届期，阻风一二十日，后到之货多受西人抑勒，亏折不支，亦有日久茶味已变者。四省茶商屡请自置小轮，在湖拖带，以免逗留。而地方辄以无据之言，横相阻挠。其实捐厘一切已在山内征收，出茶卖茶均有定地，何从偷越？徒苦商民而已。宜准令各商在鄱阳、洞庭两湖置轮拖带；或由官设立，酌收其资。惟四省茶船将及万号，每湖必有小轮船十号，梭织往来，然后茶市不致后期，行旅咸占利涉。保我商贾，即所以保此捐厘耳。由武彝至厦门，水陆程途亦多艰险，如能修一铁路，则运费日省。商务日兴，其所关均非浅鲜也。

三曰创立公栈。西商雇轮挟资，买茶中国，决无空回之理。华商之茶固不能不卖，彼西商亦不能不买也。而西商之敢于抑勒者，皆由中国散商太多、跌价抢售之故。欲合散为总，自非官为联络增立引票不为功。然目下诸商皆无远虑，况官商隔膜已久，骤兴此议，不以为体恤之而以为鱼肉之也。日后假手吏胥，则鱼肉亦意中事耳。上年，湘抚吴大澂备悉商艰，拟集商股为总行。西商抑勒，即由总行购买，自运外洋，而不知其诸多窒碍也。众商禀覆，请抽小费，立公栈，散商各图自便，议亦无成。由官不悉商情，不能主持定议。夫此公栈之说，即潜移默转、合散为总之根也。今日茶商运茶至埠，中国茶栈皆逼窄不能容。惟洋行高大宽深，可以堆放，各就其素曾交易者运而入之。货已入行，价仍未定。嗣后欲移售他处，百倍艰难。如有小商同在一行，以贱价先卖，则不得不吞声忍气，苟且成交，暗受西商之抑勒矣。其故由于中国茶栈无地可容，故先入行再行议价，种种不便，从此而生。宜令江汉关道晓谕诸商，设立公栈，务极宽广，可容数十万箱。每埠酌借官款十万金，即能成事。卖茶之后，按箱扣还。令茶船至埠之时，皆运存公栈，不准一箱先入洋行。议价时可东可西，由吾操纵。散商抢售不顾大局者，公栈得而罚之。则割盘割磅、放价勒价诸弊端，皆不去而自去。然后九江、上海、厦门等处仿照办理，华商气象为之一新，大局有转移之望矣。

四曰暂减捐厘。西人喜用印茶者，岂不知印茶之不若华茶哉？贪其价廉耳。印茶之廉，由于参用机器者半，由于不征税钞者亦半。华茶则税钞不能议减，捐厘方且议增，是驱之用印茶也。刻华茶销路已减其半，及今不急思补救，日后将无茶商。既已无商，税从何出？前赫德条陈其事，请减税厘，无如督抚关道仅顾目前，动以款项支绌为言，置诸膜外。夫税厘之短绌，由于商务之积疲。商务日兴，税务日旺。天下事固有多取之而不足、寡取之而转见有余者，莫切于今日之茶务矣。今出口税及子口半税关系洋息，未敢轻议减收。至于内地厘金及各项山捐、箱捐、善堂捐，外销款项，均请一律暂减三成。俟他日茶务复元，再行规复，由部定议，请旨饬行。要之捐厘减一分，华商多一分之生气，即增一分之利源。洋商买一分之便宜，即广一分之销路。果使日渐振兴，每岁仍销至五千余万两，即不必规复旧额，而已多收一半之捐银矣。明为恤商，暗实裕国。亦何苦刻舟求剑，病商病国，为丛驱爵，为渊驱鱼，致中国茶利尽为印茶所夺哉。

此四者如能本末并举，则华茶销路必年广一年。期以十年，不复道光以前之旧额者，无是理也。即有一二端见诸施行，当此积疲积困、水深火热之时，亦必有成效之可见。惜中国官商情形隔膜，动以崇本抑末之说，视商人之盈亏成败，漠然不加喜戚于其心。持此以与泰西各国通商，如下驽骀追踪骐骥，必使中国盈天下无一富商，所有利权皆归彼族，上下交困，仰人鼻息以为生，如今日之缅甸、暹罗、越南诸国。兴言及此，其可忧可惧可危者，又岂仅茶务一端而已哉！奏入，下户部议奏。①

致云阁仁弟[*]
（1896 年 3 月）

云阁仁弟同年左右：

---

① 中国第一历史档案馆军机档关于陈炽的《茶务条陈》，文后还有"管蠡之见，是否有当，谨缮具条陈，伏乞据情代奏，无任悚惶待命之至，谨呈"等语。

* 录自虞和平主编：《近代史所藏清代名人稿本抄本》第一辑第 140 册第 44 卷《李盛铎档五（档存函札三）》，462～465 页，郑州，大象出版社，2011。该信笺印有"甲午孟夏月瑶华仙馆制笺"，信中提到"去岁入都"，故可断定此信写于光绪二十二年。信中所书"蚕桑三事，总署议准，恭邸未画稿，以致延迟"，系指光绪二十二年正月江西绅民要求在本省兴办蚕桑等新政，并拟有章程事，故可断定陈氏此信写于二月二十七日（1896 年 3 月 26 日）。

味如之局，未及奉陪。次日归来倦极，亦未走送，至歉。我辈交知，亦不在形迹也。是日黄沙茫茫，日在云中，黯淡昏黑，无光无色。

弟去岁入都之日，狂风猛雨，天黑如磐。安徽馆之局，与长素等三人促膝深谈，几以长歌当哭。我曹进退，断关家国安危。夫天未欲平治天下也，如欲平治天下，当今之世，舍我其谁？海内人豪，于今有几？惟吾弟与木斋等数人，可以莫逆于心，相视而笑耳。

兄生平颇解测量，而酷信占验，于同治十三年金星过日，毅皇帝宾天，而益信立竿见景，悉数难终。西人谓无关休咎者，虑自不能应天象哉耳。太和门、祈年殿、户部三灾，而中国之民穷财尽也决矣。蚕桑三事，总署议准，恭邸未画稿，以致迟延。三月初间，当可出奏，奉旨后即飞电各处，告木斋弟转达同人。向所谈棉花、樟脑两层，各拟一说，乞弟与木斋弟鉴之。造糖、造纸两条，俟陆续拟就，再寄呈教。

中国之事，一涉官场，即不阻挠，亦多迟误，决意与民为仇，与天为仇。衮衮诸公，吾不知葬身何地矣。所云四事，皆可不必经官，并可无须出奏。苦心孤诣，救我丞民。兄发其端，弟等竟其绪，拳拳此志，上合天心，弟与木斋当能默证此意也。未尽之语，统俟续陈。手泐，顺颂旅安。

木斋弟均此。

兄炽顿首　廿七灯下

大学堂章程* （代孙家鼐拟）
（1896 年 8 月）

谨将现在筹办情形胪为六事，为皇上屡析陈之：

一曰宗旨宜先定也。中国五千年来圣神相继，政教修明，决不能如

---

　* 录自北京大学、中国第一历史档案馆编：《京师大学堂档案选编》，10～12 页，北京，北京大学出版社，2001。汪大燮在光绪二十二年八、九月间致函汪康年时，称陈炽曾为孙家鼐草拟大学堂章程。茅海建据此判断管理官书局大臣孙家鼐在光绪二十二年八月二十一日所上奏《议复陈遵筹京师建立学堂情形折》，提出办大学堂计划，该折主要起草人是陈炽（见茅海建：《京师大学堂的筹建——论康有为派与孙家鼐派之争》，载《北大史学 13》，北京大学出版社 2008 年版）。赵树贵在《陈炽集》附录中也提出陈炽在 1896 年 8 月为孙家鼐草拟大学堂章程的观点。另孙家鼐在此折中说"与在局诸臣悉心筹议"而成。现根据此奏折中与章程相关者节录之。

日本之舍己芸人，尽弃其学，而学西法。今京师创立大学堂，自应以中学为主，西学为辅；中学为体，西学为用；中学为经，西学为纬；中学有未备者，以西学辅之；中学有失传者，以西学还之。以中学包西学，不能以西学凌驾中学。此立学宗旨也，以后分科设教及推广各省，均须抱定此意。千变万化，语不离宗，至办法有必应变通尽利者，亦不得拘泥成规，致失因时制宜之妙。

二曰学堂宜建造也。书局初立，为节省经费起见，暂赁民房，规模狭隘。今学堂将建，则讲堂斋舍必须爽澄宜人，仪器图书亦必庋藏合度。泰西各国使馆密迩，闻中国创兴此举，皆将相率来游。设湫隘不堪，恐不免为所轻视。拟于京师适中之处，择觅旷地，或购买民房，或赏给官地，兴立学堂以崇体制。先建大学堂一区，约容生徒百人。四周分建小学堂，四区约各容生徒二三十人。仍多留隙地，以备日后扩充，设立藏书楼、博物院之用。

三曰学问宜分科也。京外同文方言各馆，西师所教，亦有算学格致诸端，徒以志趣卑庸，浅尝辄止，历年虽久，成效甚稀。不立专门，终无心得。今拟分十科，以专肄习。曰道德科，曰天文科，曰地理科，曰政事科，曰文学科，曰武备科，曰农事科，曰工艺科，曰商务科，曰医术科。此十科者，尤以道德为先，实贯澈于九科之中，而不可一日离九科中。专精一事而又道德深纯者，是为才德兼全，可资大用。否则才胜于德，只可小知。又中学惟道德一途最为纯备，文学尚称博雅。此外各科皆当以西学之专精，补中学之疏漏。凡算学、化学及一切格致、律例、兵法、语言文字诸学，均分附于十科之中，而各以类从焉。以此教学，不分畛域，主善为师，总古今，包中外，赅体用，贯源流，理索于虚，事征诸实，立格以待豪杰，开匦以致怀奇。风会既开，英才自出，所谓含宏光大，振天纲以收之也。虽草创规模，尚烦开拓，而目张纲举已足致广大而尽精微。他日并包六合之机，缄权舆于是矣。

四曰教习宜访求也。大学堂应聘中西总教习数人。中国教习应求品行纯正，学识渊通，洞悉中外大势者，不通西文可也。西教习须深通西学，兼习华文，方无扞格。丰其脩脯，致其礼敬，中西一律从同。此燕昭筑黄金台以待贤士之意也。小学堂四所，每所延中西教习各一人，亦须学粹品端，足胜师表者。西师所教，主以英法方言，如能兼习德俄，尤利翻译，届时察酌办理。

五曰生徒宜慎选也。大学堂生徒以二十五岁为度，以中学西学兼通者为上等，中学精而粗通西学者次之，西学精而粗通中学者又次之。由同文方言各馆调取，内外各衙门咨送，举贡生监，曾习西文者，自行取结投考，第其优劣，分别去留。仍须性行温纯，身家清白，方能入选。入学后薪资奖赏，届时再行酌议。小学生徒以年十五岁为度，便于学习语言，额数无多，暂由京师满汉各官子弟中报名投考。其籍隶京师及寄籍京师，确系清白身家，有切实保结者，亦准与考。考取入学，自备薪水，不出束脩，数年后能精通各学者，升入大学堂，再给薪水以示鼓励。

六曰出身宜推广也。学而不用，养士何为？用违其才，不如不用。中国素重科甲，不宽予以出身之路，终难鼓舞人才。今拟参酌中西，特辟三途以资奖劝。一曰科举。光绪甲申礼部议覆潘衍桐折，请立算学一科，以二十名取中一名为式，历届人数均不满额。拟援此例，请立时务一科，包算学在内，乡会试由学堂咨送与考。中式名数，定额宜宽，俟规模大定之时，再行奏明请旨办理。二曰派差。学生应试不中者，由学堂考验，仿西例奖给金牌文凭，出学咨送总署，发交中国使署，派充翻译随员，分布南北洋洋务海军船政制造各局差遣，以资阅历，较之出身猥贱，黑白不分者，倜乎远矣。三曰分教。泰西各国有所谓师范学堂者，专学为师，京师大学堂学生不愿应举为官者，考验后奖给牌凭。各省设立学堂，皆令向京师咨取教习，庶师资有赖，俯仰无忧。京外各学堂亦隐可联为一气，其有益于学业，非浅鲜也。

呈为请假五个月回籍省亲事[*]
（1896 年 10 月）

章京陈炽谨呈为请假省亲事：

窃章京接到家信，亲母现患水肿之症，得信之下，心神不安，伏乞中堂、王爷、大人恩准，赏假五个月，回籍省视，一俟假满，即行回京销假当差，实为德便，谨呈。

---

* 中国第一历史档案馆全宗 3，目录 99，卷 5346，号 76，表明所呈时间为光绪二十二年九月十八日（1896 年 10 月 24 日）。

中日之战六国皆失算论[*]
（1896 年 11 月 5 日）

自中日开衅以来，日本着着争先，中国处处落后，败坏决裂，不可收拾，浸至船沉师燔，割地偿金，中国之失算，不待言矣。天下万国皆知之矣。虽有巧言者，不能为中国讳也。

虽然，中国失矣，而日本亦未为得也。当其蓄锐十年，赴机一瞥，潜师入境，先发制人，使当平壤还师，据有高丽全境，勒兵索费，中国亦不敢不偿，然而大局无伤也。三国之师未出也，徐而挟持高丽，除旧布新，开矿通商，务农殖货，设险以守国，经武以整边。比及五年，蔚然一北藩重镇矣。乃进而不止，涉险劳师，必欲使中国一败涂地而已。夫蜂虿有毒，而况大国堂堂，重以地大人众，宁能使之一无可恃乎？即果不能战不能守，有代为战代为守者矣。日人虽得朝鲜，民心不服，翦发肇乱，拱手让人。俄罗斯不费一粟，不折一兵，指顾而收一国，是日本欲纾其祸，而今反促之也。譬犹鲜果在树，向也风雨漂摇，未能损也。今摘而堕焉，则人争取之，而强者得之矣。昔与病夫为邻，呻吟可厌，今与强梁为伍，叱咤生风，日本之为得为失，愚者知之矣。

英国汲汲以通商为务，据亚洲之利权，执东洋之牛耳。盖六七十年于兹矣。其窥我中国者无不至，其要我中国者无不从。虽不能共苦同甘，固亦当见危而救也。且救中国者，即所以救英商也。而乃明欺中国，阴祖东洋，外若联交，内实携贰，皇皇然号于众曰：我英一国之兵力，不足以制日人也。试问平壤已失，鸭绿已渡，大东沟已战之时，英以一纸书分致两国，迫令停战议和，有不从者，与天下共击之，谁敢不帖然听命者！而乃徘徊隐忍，坐视危亡。三国之师，起而议其后，而英吉利六十年之颜面全失，太平洋三万里之隐患方长。英国之失算，更有在中日两国之上者。英人屡年以来，经武整军，如不欲战，恐自此以后，虽欲不战而不能已。

德意志国势骤盛，商务骤兴，然环顾全球，皆他人已成之局也。英人既失法欢，思联德援，乃与德连镳并辔，以猎利于东南洋，度英人之

---

　　* 录自《时务报》第 10 册，光绪二十二年十月初一日（1896 年 11 月 5 日）刊。署名"瑶林馆主来稿"。另收入《皇朝经世文三编》卷五十三（陈仲倚编，光绪戊戌年宝文书局石印本）。

委心相从，绝甘分少者，非一事矣。岂惟英国，中国、日本亦从而媚之。故德国之骤富骤强者，德人之能欤？亦未始非中英日三邦之力也。英人挟德，出而劝和，此人心天理之公，抑亦报施当然之道矣。乃英倡之而德拒之，若顿忘昔日之交者，及俄法蹶起，德转追随其后，敬执鞭弭，既有怨于英倭，复无恩于中国，抟沙作饼，弃好从仇，义利两忘，首尾衡决，德意志尚可谓有人乎？其拒英也，失算也；其附俄也，亦失算也；其又将去俄而就英也，盖无一而非失算也。堂堂大国，举动如此，吁可危矣。

法欲报德，乃结俄援，遂不得不助俄以收揽利权，开辟新地，其深谋秘计，非局外所窥。然要而言之，则法之所得者，虚也；俄之所得者，实也。法之所得者，小也；俄之所得者，大也。法之所为者，目前之私怨也；俄之所为者，百世之良图也。中国有死于虎者，其鬼为伥，转为虎役，引虎趋利避害，磨牙以食人，虎则饱矣，伥何为者！又有养水鸟者，倚以取鱼，缚其项而纵于水，得鱼则挤而出之，终日劳劳，饲以小鱼数尾而已，人则智矣，鸟何为者！今移欧祸以及亚，其可食可取者，百倍于欧洲，吾不知此后之法人，将为虎之伥乎？抑为人之鸟乎？此法之失算，已在十载以前，今殆将不可救药者也。

若夫美利坚国，别处一洲，其国例不侵人地，亦不欲人侵其地。自南北花旗战后，修文偃武，通工惠商，欧洲各国，方汲汲然筹饷增兵，制船造炮，而美独不筹一饷，不增一兵，不制一船，不造一炮，乃至护商守口，无一铁舰快船，上下醅熙，举国大富，财力无所用，智勇无所施，几如世外桃源，翛然自得矣。中日之战，美既不能劝和，自应守局外之例，两不偏助，乃日人缺饷，美慨然以四百万镑假之，遂使旌旆飞扬，再接再厉。中国不能自立，俄法出而不平，索辽南，收东省，据朝鲜如拾地芥，是此四百万镑金钱，不啻日本之鸩汤狂药也，即以美国言之，亦岂计之得者哉！美之西邻，惟中与日，美在中国，害则独避，而利则均沾。日本虽强，亦安能越水陆五万里，而攻其国。今以助日之故，北俄南法，联臂而入东洋，譬如万里沧溟，风平浪息，忽纵长鲸万丈，奋鬣扬鬐，日月无光，风云变色，舟师估客，惴惴失魂，而美亦不得不重整军容，添筹国债，朝不保夕，与各国之强邻迩者同。然而武备久弛，工徒星散，不勤远略，素少将材，即发奋十年，未必能敌欧洲强国也，而况乎议院之人心至难齐一也。易安而危，易夷而险，易易而难，美国之算，为得乎？为失乎？美人当自知之矣。

夫中国之议论，固西人所鄙夷，而以为不屑道者。然中日之事，让无可让，不得已而出于战，则中国之失算，乃应敌之师虽失而未为全失也。独怪彼五国者，既强既富，岂少通人智士、深明大略之重臣？乃纵鲸鲵入渊、虎兕出柙，任听俄人高视阔步、拊天下之背而扼其吭。俄之势全，而万国皆缺，俄之力合，而万国皆分，俄之谋坚，而万国皆脆，可战可守，可东可西，可进可退，自有此战，而并吞六合之形势遂成。呜呼，岂非天哉！

自今以后，各国之君臣，苟各私其国，各私其民，各私其财与力，则亦惟有束手待毙，听俄人择肥而噬已耳。苟欲自存其宗社，自全其土地，自保其人民，则为中国计，当自富自强，急谋自立，得人则治，惟断乃成，而无如痿躄之病夫，非有人扶，不能自起也。为彼五国计，则宜蠲除宿忿，重订新交。中国贫，则助之以财；中国弱，则济之以力。华人之性怯，不宜过猛以遏其机；华人之性缓，不宜过急以摧其气。华人好学，则牖之以新报新书；华人多疑，则示之以大公大信。必使泝合无间，形迹两忘，不数年而矿产出，农事兴，工艺精，商务振。轮舟铁路，遍达于中区；陆师海军，争雄于外国。则六合清朗，天宇无尘，万国通商，周流四海，潜鳞不动，飞鸟无惊，春台熙熙，重睹尧天之日月，岂非全地球六洲万国生民之福哉！然而难矣。

致盛宣怀函二 *
(1896 年 11 月 8 日)

杏翁仁兄大人阁下：

彼此拜往均相左，未能畅谈为歉。日昨会议铁路有成说否？学堂耳目也，铁路手足也，银行气血也。如学堂、铁路再不成，则中国四万万人直更无生路也。此中自有天意，日昨情形，尚乞示知为荷。拙著二种附呈鉴正。手泐敬颂勋安。

弟陈炽顿首　初四

---

　　* 录自上海图书馆藏盛宣怀档案。函中陈炽所言将送给盛宣怀的两部著作，应是 1896 年付印的《庸书》和《续富国策》。1896 年 11 月，陈炽因母病南下省亲时曾路过上海，有机会与盛宣怀"彼此拜往"。盛宣怀在 1896 年 10 月担任铁路总公司督办，11 月间曾与王文韶、张之洞会商，提议将总公司设在上海，另在天津、汉口设立两个分局，并上《铁路总公司请领官款开办折》。陈炽在信中所问"日昨会议铁路有成说否"应指此事。故推知该信写于光绪二十二年十月初四日（1896 年 11 月 8 日）。制笺使用"瑶华仙馆"信纸。

致盛宣怀函三 *
(1896 年 11 月 11 日)

杏翁仁兄大人阁下：

　　昨谈未快，稍俟拟在木斋处奉约一谈，惟陶斋、殿书等数人而已。顷有管见数条，先献之于执事者，银行、铁路，造端宏大，想阁才卓识，自有权衡。海内群才盼斯事之早成，必皆以怀土涓流，裨益山海。然鄙见则谓宜权量中外，统筹全局，先定宗旨，乃能寻下手之端倪，则银行宜先成，铁路宜后成；银行宜专利，铁路不宜专利也。何以定之？西人铁路之成在商务大兴以后。各国银行遍地，故招股一事，闻风响应，呫嗫可集千万金，中国不开银行，不立根脚，不惟周转不便，即招股亦措手无从。所谓银行宜先成者，此也。

　　见小欲速者，人之恒情也。干路费巨功艰，收效太远，及其成也，则利较枝路尤丰。而甫造之时，招股集资颇难措手，英美多富商，较易为力。自余德、法、俄、奥诸国多系官办，或借国债为之，或由他国商人承办，十数年后交还。商力不足，不能强也。中国向无银行，尤逊诸国，非认定官办干路，广借洋款分之，徒费周折，决无成理。惟卢汉一路，中外属心，明岁即应勘路动工，与鄂粤四头举办，方能餍人心、塞天地望。五年内当可告成。所谓铁路宜后成者，此也。

　　银行本专利之事，中国银行设立最后，如不专利，不惟万难自立，且断不能成。中国沿海利权既为汇丰等银行包揽矣，内地利权又为各票号银庄把持矣。争之难，让之亦难；局面大亦难，小亦难。非借官权不能收利，非入官款不能借官权。谓不必领官款者，不知利害之说也。弟久居户部，颇稔商情，此中自有一通邮置驿之法，虽专利而怨谤。不从流通转便者，容另日分条呈览。惟外国银行势力太巨，虽有他法可以逐

　　* 录自上海图书馆盛宣怀档案。从该函使用"甲午孟夏月瑶华仙馆制笺"知，应写于光绪二十年四月（1895 年 5 月）之后。信中主要谈及银行、铁路，与盛宣怀此时的主要活动有关。盛宣怀在 1896 年 10 月任铁路总公司督办，信中提到"准许各省官商招股呈报总公司"，可知该信写于 10 月之后。又光绪二十二年九月二十六日（1896 年 11 月 1 日），盛宣怀向光绪皇帝呈上自强大计折并附上开银行片，11 月又向总理衙门递上关于开办银行的《节略》《说帖》。故推知该函写于光绪二十二年十月初七日（1896 年 11 月 11 日）。

渐挽回，而欲全局转移，竟非开矿、铸铁，使中国通用金银钱不可。前说帖已言之矣。所谓银行宜专利者，此也。

各国铁路，从无一国一人办干路，兼办枝路者。盖工艰费巨，兼顾为难，顾此或致失彼，且时日所限，用人最难。要得有如许结实可靠、工程熟悉之人，四面八方一齐兴办。即如采办煤铁，开一枝路，亦备据矿师所报耳。如矿产不余，必遭亏累，是以枝路而累及干路也。少犹不可，况其多乎？宜以官借之款专办干路。奏盼请旨各省拟开铁路，长在一千里以内均作为枝路，准各省官商招集股分呈报总公司，转奏自行开办，赢亏各计。惟以余利十分之一津贴干路，如此则权利虽分而仍合，综其余利已属非常巨款，且取之不为无名，赢则均沾，亏不受累。譬犹树木，枝叶盛则根本益坚；亦如江河，支派多则灌输益广。所谓铁路不宜专利者，此也。

自中日事起，建议者纷纷，然海内人才欲求如吾兄之综括中外、洞见本原者，目中殆无第二人。明镜当前，何敢自匿其丑。弟于常熟感恩知己，略与兄同，亦欲竭诚报之，助成此旋乾转坤之事业，虽人事乖阻，而如此二大事已付吾兄，天下事尚可为耳。管蠡之愚，伏希采择，如蒙不弃，尚当续贡其诚也。

手肃，敬请勋安，惟希赐鉴。

弟陈炽顿首　初七

致李盛铎书三[*]
（1896 年 11 月 15 日）

木斋仁棣左右：

新裕船舱早定，□□□□风，家母感寒又病，只好□□行矣。荫之已另觅事。前函所言，请作罢论。诸容面悉，此请早安。

兄炽顿首　十一日

---

[*] 录自虞和平主编：《近代史所藏清代名人稿本抄本》第 1 辑第 137 册《李盛铎档二》，631 页，郑州，大象出版社，2011。光绪二十二年九月，陈炽因母亲患肿病请假回籍。次年十月，其母亲病已痊愈，陈炽在给汪康年信中曾提及不等假满即日北上。但其母亲又感风寒，故陈炽此信应写于光绪二十二年十月十一日。

关于设立官银行的条陈 *
（1896 年 11 月 15 日）

酌拟官银行办法十二条呈览：

一、分设各局以专责成。泰西银行于商贾荟萃之区各设分局并总设官局于总汇扼重之地。盖既有分局，必有总局，以统辖之也。各省凡通商处所皆可设银行分局，而银行总局或设于上海或于京师。各局应用办事人等若干，应需经费若干，统由派出大臣酌定。惟不得瞻徇情面，引用非人，以致糜费。

一、联合号商以广经营。银行既归官办，以官经商，恐于银行利弊未能深悉，应招集山陕票号各商联为一气。一切应办事宜，商董其事，官总其成，由派出大臣参酌泰西各国办法并山陕票号定章，以期有利无弊。

一、凑集股份以厚资本。银行必广集股份。凡国家公帑及官款民财皆可存入银行，按本分别计息。惟初设之先，必需资本充裕，应由户部及各省司库关税酌提成本若干，山陕各票号愿入股合办者，亦各提股份若干，统由该大臣酌核定拟。

一、遴选总理以资筹画。五都之市，厘肆林立。凡出入银钱、进退伙友，皆有一人总理其事。今各省设立银行，宜仿照泰西立保单之法，充此选者，须由票号各商联名立保。各省分局及总局，各派总理一人，专司一局之事；如其非人，为立保单人是向。

一、公举董事以资纠察。泰西各业均设董事，以控制一局之人。今各省既设银行，宜于众股份中择老成才识优裕数人，使之论列是非，参订得失。凡总理所不逮，章程所未尽者，董事得而匡救之，增损之，且得随时查阅帐目，以免疏虞。

一、通行钞票以便汇划。银行之设，原期便民，自以通汇划为最要。而通汇划一事，又以行钞票为最要。至如何精制票式，以杜私造，如何行使各省，以广流通，均由各局总理、董事诸人详细定章，由派出大臣核定奏明办理。

一、估验抵押以通有无。泰西银行，有以抵押为借贷者。中国开立银

---

* 录自陈旭麓、顾廷龙、汪熙主编：《中国通商银行》（盛宣怀档案资料选辑之五），10～13 页，上海，上海人民出版社，2000。文前表明写于光绪二十二年十月十一日（1896 年 11 月 15 日）。

行，自可并兼典当之利。惟抵押之物不一，必须各局总董诸人精明，估验其货物价值几何，能否销售，大约不外以多抵少，易于赎偿，始免亏折成本。

一、公平兑换以广交易。泰西银行兑换金银，平色价玛〔码〕，均有定率，非若中国汇号、钱庄任意盘剥。今既设立银行，凡平兑成色，务令较准。如有汇划，不得故昂。行用使费，统由派出大臣与总董诸人酌定榜示，以昭公允。

一、兼理商务以一事权。银行既官商合办，自以兼理商务为宜。泰西各国凡有兴利之事，均银行主之，盖非此不足以一事权。今既设立中国银行，操奇计赢，货物之优劣盈虚，价值之高下涨落，均应归银行核计。此外，开矿政、铸银元、修铁路，及购机置械等事，皆得由银行通有无而权缓急，是在总董诸人慎重行之，始免受亏折之累。

一、出借成本以免亏搁。中国既设银行，官帑民财均存行生息，成本既厚，如有大宗货物，商人资本不敷，即可向银行转移挪用，如汉皋茶商，浙西丝贾，皆可借一纸售买，定期收回本息。惟必须总董诸人知其股实诚笃，始免拖延倒骗之弊。

一、严定期限以归本息。各省股实绅富坐拥厚赀，经营乏术，每虞倒骗。中国既设银行，以昭大信，又有公正总董主持，存行生息易获厚利，即小贩营生，苟有余积，亦可汇存。惟按月如何付息，到期如何归本，须由各局总董严定规条，由派出大臣核定刊刻颁行，俾昭信守。

一、分年结算，以昭核实。西国银行，除分局按季结算外，每年必汇总大结一次，刊登报单，使赢绌盈虚昭然共晓。中国既设银行，每季应由总董人等结帐报明京局，由该大臣遴派精明之员公同考核，将各局经理商务及汇划借款各项，年终由该大臣汇奏印成排单通行；凡股东及军民商人均得向银行取阅，俾众咸知。

致汪康年书一 *
（1896 年 11 月 24 日）

穰卿仁兄大人阁下：

---

* 录自上海图书馆编：《汪康年师友书札》（二），2075 页，上海，上海古籍出版社，1986。文中提到重译《富国策》之文，是《时务报》第 15 册光绪二十二年十一月二十一日开始连载。此年十月陈炽在请假南归时停留上海。故推知该书信发于光绪二十二年十月二十日（1896 年 11 月 24 日）。

连日畅谈，甚快。重译《富国策》，尚未卒业，皆系草稿，今倩友人录出叙文一篇，总论一篇，祈附刻报中。大约不过廿余篇，如日刻两篇，十余次可毕。此书在西国最有名，译文只求雅驯，不欲艰涩，以救时也。然中西文字，详略繁简之间，费心费手，较撰述尤难，惟教之是幸。手泐，顺颂箸安。

弟炽顿首　廿日

铸银条陈*
（1896 年 11 月 25 日）

呈为敬陈管见仰恳据情代奏事：

窃维《夏书·禹贡》，惟金三品。三品者何？金银铜也。周兴以珠玉为上币，黄金为中币，刀布为下币。恐上币太贵，下币太贱，乃高下其中币，以制上下之用。故曰黄金者，用之量也。盖天下之财币，惟贵能制贱，惟重能制轻，非三品兼权，不足济生人之日用。

三代以前，圣神相继，自黄帝以①下，莫盛于成周，而文武当日理财，实以黄金为准，遂以②车书一轨，九译来庭。固由德化之③覃敷，亦制驭之得其道耳。明初纹银之贵，与黄金等，故俸饷地丁，概以纹银出入，岁仅三百余万。而民间仍用铜钱，即以贵制贱，以重制轻之义也。万历以后，美国银矿大开，运入中国。本朝沿明旧制，仍用纹银。年复一年，度支渐以不敷，俸饷皆难自给，上既病国，下复病官病民，何则？纹银之价日贱日轻，不足以制物价之贵重也。英吉利既得新旧④金山，自铸金钱，名之曰镑。每镑重二钱二分五厘，持以与各国通商，无能敌者。盖暗合周法，得贵贱重轻相制之道，故能纵横四海，独擅利

＊　录自《时务报》第 12 册，光绪二十二年十月二十一日（1896 年 11 月 25 日）刊，署名"京师来稿"。麦仲华、宜今室主人编辑的经世文编中，该文皆署名陈炽。另《集成报》第 29 册（光绪二十四年三月初五日）"谕旨恭录"中载有同样文字，标题为《陈枢曹炽请代奏金银钱币疏》，与《时务报》所载不同之处是文前增加"军机章京户部郎中陈炽谨"，文末增加"谨疏"二字，并有稍异之处。

①　《集成报》本，此处为"而"。
②　同上书，此处为"成"。
③　同上书，此处无"之"。
④　同上书，此处无"旧"。

权。各国隐受其亏，不能不谋自立。美洲分国，亦铸金钱，式与英等。嗣而法效之矣，德效之矣，俄效之矣，奥日意比①效之矣。今日本亦效之矣。其②与英镑同者十之七八，不同者十之二三。盖人贵我贱，人重我轻，必为人制。我贵人贱，我重人轻，必能制人。人贵我亦贵，人重我亦重，则虽不能制人，而亦可以自立。此必然之理也。各国制度不必仿英，而不能不仿英之铸钱者。非有金钱，一通商即为人所制也。

今各国皆有金钱，而中国独不用不铸，受害之巨，悉数难终，约略言之，厥有四弊：

一曰国债。中国前时所借洋债尚少，然拨还期近，镑价必抬，以十成计之，辄亏至二三成以上。今岁拨三千万，岁亏二成，即多出银数百万两。至于购炮购船，一切海防之费，无一物不买镑，即无一事不受亏。若自铸金银钱，入之金银之会，以镑还镑，彼自无辞，一也。

二曰商务。通商各口，买卖货物，均须以镑合银，彼有千镑之金钱，即可作万金之贸易。我轻而彼重，即彼富而我贫。中国之汇号、银号、典肆、钱庄，无不仰洋商之鼻息。以金镑易纹银易，以纹银易金镑难。是彼以一金镑奔走华洋，华人已暗听指挥，相率入牢笼之内，而平日出入亏累，所不必言。六十年来，中国商务所以永无起色，驯至今日，海疆各埠，无一富商，即偶有之，亦必倚洋商通缓急者，职此故也。自铸金钱，通用金镑，彼此之势，始可持平，二也。

中国初开银行以后，将与洋行通往来乎？抑不通往来乎？如通往来，必须金可通，银可通，票亦可通，方无窒碍。否则买镑卖镑，必致受亏，亦与国债相等。如不通往来，其局面仅一汇票庄、官钱局耳。况国家万一忽有急需，岂能自坚其说，则千日积之，一朝散之，反聚敛中国之现银，以输之外国矣。惟铸用金银钱，银行钞票亦以金银钱为数，则四通八达，若网在纲，三也。

中国既开金矿，又不禁金出洋，是为授人利器。既不铸金钱，又不用金镑，是为自窒来源。今日银贱于金三十余倍，铜钱贱于金钱一万余倍。他日将金收尽，低昂其价值，以盘算中国之银，则中国银根立时短绌，市面立见动摇，生人养命之源，悬于人手。盖贵能御贱，重能御

---

① 《集成报》本，此处为"比意"。
② 同上书，此处有"余"字。

轻，而轻断不能御重，贱断不能御贵，此一定之理。虽圣王复起，无可如何也。惟铸用金银钱，则大局挽回，在此一举，四也。

或曰：中国官民上下所通用者银耳，只须银多，何患金少。此在通商以前可也，通商以后则不可；此后不通商可也，此后仍通商则不可。何以言之？今综计天下厘金、关税、盐课税，出于内地之商者，约二千余万两，岁有所短；各海关洋税、药厘税，出于海疆各商者，亦二千余万两，岁有所增。是海疆之贸易，已与内地相等。内地可以银计，海口必以镑计；内地之现银少，海口之现银多，频年海溢川流，彼已将利权操之掌握，此后金银价值，高下由人，尚能保此银之长在中国乎？惟金银并用，乃可轻重相权，且金钱轻便，所值较多，人可收藏一二文，以防不测。是铸用金钱，即藏富于民之上策也。

或又曰，中国金矿甫开，奈黄金不敷鼓铸何？而无虑也。各国之铸钱者，非皆自有金矿也，按时价购金铸钱，已能敷用，况中国从古至今，称黄金最多之国，只须广开金矿，并由银行金店按市价买金，断无不足。现在情形可考而知者，海关出口黄金之数，岁值银三千七百万两，计重一百余万两。按照英镑之重，可铸金钱七百万元。漠河一处，出金岁亦在十万两内外。此外，吉林、奉天、四川、云南等处，岁岁增多。外国铸钱之机，皆金银并铸，惟钢模不同。金重于银一倍，金钱虽小，而分两转多也。故金多则铸金钱，金少则铸银钱，从无停机待铸之患。总之，铸金钱所以御外，铸银钱所以安内。多铸一金钱，即外国免一分盘剥；多铸一银钱，即内地免一分拮据。而以贵贱轻重之理，及现在情势言之，则铸银钱犹缓，而铸金钱乃弥急也。

请言自铸金钱之利。天下各国所用之金，惟中国①赤金，系十成足色，标金则九八也。各国所用器饰钱币之金，自六成至九六而止，无能及标金者。因炼金无须化学，愈锻愈纯，故中国独居上上耳。各国铸钱之金，大略以八四为率，因成色低则行用不便，成色高则资本太多。当日英镑通行，即系八四②。他国仿英而铸，亦以八四③为衡，本不必十成足色也。汇丰、马加利等银行，专做中国金银交易，运金出口，并无税厘。以彼八四之金钱，抵我十成之金价，是每金百万两，显亏十六万两矣。今我取以铸钱，则每金百万两，即可净赢十六万两，合纹银五百

---

① 《集成报》本，此处有"所用"二字。
②③　同上书，此处为"八"。

万两，其利之大如此。故铸铜钱仅敷①成本而已，铸银钱为国大利，铸金钱则大利之尤。此项利源，理宜归国，并应奏定程式颁行，以重其事，则源源运铸，美利开矣。

请言通用外国金镑金钱之利。英镑盛行，而后各国相率铸钱，此国之金钱，不得通行于彼国，出入亏折，仍属不便于民。惟中国自道光以来，外国之银钱，销流于海疆内地，中国行所无事，亦竟无弊端。盖天下之钱，本供天下人之用，天无私覆，地无私载，日月无私照，则钱币之流行天壤者亦然，此天下之公义也。银钱如此，金钱可知。今自铸金银钱，而外国之金银钱与中国分两成色相同者，均准通用，则彼钱皆我钱也。在我振兴商务，以货易之而已。夫天下万事万物，各有一至当不易之道，无中外古今，一也。自开辟以来五千余年，天下铸钱之多，莫多于今日者。各国钱法之乱，亦莫乱于今日者。而有不多不乱者存，于何验之？验于天下人之便不便而已矣。便不便于何验之？验于通行之广不广而已矣。

今英国之金镑，通行已遍地球，美国、墨西哥鹰洋，所行亦占地球之大半。粤、鄂仿铸，分两相同，得其要矣。中国铜钱，虽仅行本国，而以御小物，畸零分算，大益民生。此三者皆天下之至便，贵贱轻重，适得其权衡度量之所宜然，固圜法中至当不易之大道也。然天道后起者胜，利弊之故，历久而始明。中国当此之时，会逢其适②，实富贫强弱之一大转机。天佑国家，时不可失，应请宸断，毅然厘定圜法。饬下英美出使大臣，购买鼓铸金银钱机器一副来京，即于京师设立钱局，机器之大小，以每月能铸金钱百万元，银钱三百万元为度。明降谕旨，定圜法为三品，金钱为上品，成色轻重同英镑，而龙文款式如银钱，每金钱一枚，权纹银七两、银钱十枚、铜钱十千。外国金镑金钱，与中国分两成色相同者，亦准通用。银钱为中品，成色分两款式，均照粤、鄂奏定之章，每银钱一枚，权纹银七两、铜钱一千、五角小银钱二枚、二角小银钱五枚、一角小银钱十枚、五分小银钱二十枚。外国银钱与中国分两成色相同者，均准通用。铜钱为下品，各省照旧鼓铸，轻重以七分为率。适敷其成本而止，出入一律，概以钱钞各半为衡，明定火耗公费，章程由内外官吏自行酌定，请旨遵行，以资津贴。布告中外，咸使闻

---

① 《集成报》本，此处无"敷"字。
② 同上书，此处为"适逢其会"。

知，嗣后有阻挠圜法，挑剔留难者，以违旨论。

京师钱局及粤鄂各省铸银钱局，并请皇上准今酌古，赏锡嘉名，以著一朝济变之经，开万世同文之轨，提纲挈领，操矩持衡，万化之原，权舆于此。伊古以来，安有堂堂大国、亿万人民，而日鳏鳏然患寡患贫者？徒以钞币未定，民用不敷，物重钱轻，致成贫弱。以自铸金钱立其本，以参用钞票畅其流，以广铸银钱铜钱宏其用，以开矿务农通商惠工诸事收其利而保其权，若网在纲，如金受范，远师夏后，继美周京，然而不强不富者，未之有也。管蠡之见，是否有当，伏乞据情代奏，请旨施行，无任悚惶激切待命之至。

关于银行招商宜入官股折[*]
（1896 年 11 月 28 日）

奏为银行招商宜入官股，以崇国政，而维利权，恭折，仰祈圣鉴事：

窃西国银行之设，为理财大政之首要。近来中外臣工深知其利，交章陈请，业蒙简派大〔太〕常寺少卿盛宣怀①招商举办，一切章程虽未颁布，自必斟酌尽善，以利国便商为指归。

顾臣惟欧美各国创设银行，虽集商本，类皆冠以国家；诚以天下大利所在，非借君权，与同休戚，而相维系，商民势均力敌，必有窒而难通之处，争而易涣之虞，苟有颠踬，口实是贻，后举为难。上下交病，故始谋不可不善也。中国开办银行，重以朝命，委任大臣，乃其事则倡之于国，其实则全属众商，而官不与。天子以四海为家，纵不屑屑焉与商合谋以分利，但求之西法，用意之本，既已不同，且闻俄商在中国所设道胜银行，近因国家入有股本，改为中俄银行，今招集华商自行设立，而听商自为，转无官股，揆之春秋内外之义，轻重失均，尤关政体。似宜由户部拨款二三百万两，作为官股，庶几举纲而目可张，挈领而裘自振，上以收利国之实，下以建不拔之基。或谓中国商情常畏官府之束缚掣肘，大信难孚，则有西国银行之法在，又何必因噎而废食哉！

＊　录自陈旭麓、顾廷龙、汪熙主编：《中国通商银行》（盛宣怀档案资料选辑之五），25～26页，上海，上海人民出版社，2000。原文标题下表明时间为光绪二十二年十月二十四日（1896 年 11 月 28 日）。

①　"怀"，原作无，增补。

合无仰恳饬下户部与盛宣〔怀〕①妥筹议复，毋执成见，以求至当自强之计，裨益良多。谨恭折具陈，伏乞皇上圣鉴。谨奏。

致汪康年书二 *
（1896 年 11 月 30 日）

穰卿仁兄大人阁下：

　　日昨失迓，甚歉。另纸呈览。中国君权太重，都中一事不办，外间遂欲办一事而不能，自上下无一不揣摩迎合也。家母肿病已愈，拟不俟假满即日北行，明岁无论如何，乞一郡以给甘旨。吾兄鸿才雅度，倾服之至，日内尚拟走谈。馆中能添用写字人否？示复。再把晤多次，窃见兄应酬过于烦苦，心神受困，宜加节养，并服天王补心丹。手此，敬颂箸安。

弟炽顿首　廿六

致汪康年书三 **
（1896 年 11 月）

穰卿仁兄大人阁下：

　　示悉。味余信收到。所言美国新金山设立兴华会一节，见之他报内。从强学会封禁，《立言》恐招忌恨，非本报所译。弟引此以证议院民权之不可再说耳。然亦指篇首论说，译西报亦不忘也。宜催卓如速来，弟明作一函促之，惟又须赴宁耳。此请台安。

弟名心顿首　初九

---

　　①　"怀"，原作无，增补。

　　*　录自上海图书馆编：《汪康年师友书札》（二），2075～2076 页，上海，上海古籍出版社，1986。陈炽因母病曾在光绪二十二年九月请假南归，十月份在上海停留数日。信中提到准备与汪康年会面。该信应写于光绪二十二年十月二十六日（1896 年 11 月 30 日）。

　　**　录自上海图书馆编：《汪康年师友书札》（二），2076 页，上海，上海古籍出版社，1986。赵树贵根据信中"强学会封禁"和"议院民权之说不可再说耳"，断定此信写于光绪二十二年十月（1896 年 11 月）以后。现暂从其说。

致盛宣怀函四 *
（1897 年 1 月 16 日）

杏翁仁兄大人阁下：

昨承宠台极应趋陪，因同时先有他约，未及应命，歉甚，谢谢。苏沪铁路一事，议兴于上月初。闻时台后甫抵沪滨，冗繁万状。闻先借洋款修干路，开银行，缓急先后之序自应如此。区区枝路，恐尚未暇及之，商人又虑江苏督抚意见纷歧，此路本有后办之议。今欲同时举办，未知若何？又适有他人及同乡相托之事，故便道一游一览钟阜蒋山风景，前此未经到过也。见岘帅后他事皆诺，惟此事今先商尊处定夺，并云展帅始终不愿，亦须向商云云。初恳一函一电转达吾兄。

岘帅允之，旋又中止，嘱自回沪面商。恐措词之间或生意见也。此岘帅敬爱慎重之意甚。欲其早成，以裨时局，毫无芥蒂。且铁路延至今日未办，弟亦断不愿当事者更生芥蒂，又致担延时日，想兄当能谅之耳。回沪后闻此路已有人递呈，又闻兄欲自为之，概行拒绝。时林君已托钱晋甫进言，探兄意旨。弟前函大概发论不便明言者，不欲以他人之事或启疑嫌。可则行，不可则止耳。昨林君转述晋甫之言，止欲提万股入干路似尚可从。惟须干路业已开工，始能遵命。且亏赢各计，名附总公司，仍是大营包小营，轮辐共一毂之意，惟出奏之日，似应兼列本省督抚衔名，日后办理一切，益能顺手。弟意不独枝路，即干路亦然。如经过河南，即应挈刘景韩中丞之名，事虽若无关紧要，而日后弹压，地方调取物料有无数便宜。曾文正用兵必带本省地方官衔名，亦即此意。况铁路通至内地，小民骛疑，难保不造谣生事，需用正多乎？此事如蒙概允，明日未刻当约林君同来上谒。止于股分，诸请放心。宁波绅富、扬属盐商及沪商不欲出名者，均有成约，不自今日始矣。手肃敬颂台安。

弟炽顿首　十四日

---

* 录自上海图书馆藏盛宣怀档案。陈炽在光绪二十二年十一月（1896 年 12 月）上书刘坤一谈及苏沪铁路一事，而刘坤一曾在同年十一月二十二日回电陈炽，信中已提到此事。同年十二月初四日（1897 年 1 月 6 日）铁路总公司正式成立后，决定从卢汉铁路办起，再办苏沪、粤汉铁路，与信中所谈内容相符。故推知该信写于光绪二十二年十二月十四日（1897 年 1 月 16 日）。

致盛宣怀函五[*]
（1897 年 1 月 17 日）

杏翁仁兄大人阁下：

手示读悉，仰见维持大局之盛心。惟鄙意干路借款宜卢汉、鄂粤同时借定，分借英美两国。既借其款，即买其料，用其人，若恐伊高抬价值，则两国互相比较，必自当顾声名。合同内并可声叙也。若零星支借，日后顿生枝节。银行股本五百万，总嫌太少，此事可以招股，可以专利，不妨稍多铸金银钱，仿行商律二事亦宜早日奏定。

率覆敬颂勋安。

弟炽顿首 十五日

致李盛铎书四^{**}
（1897 年 1 月 19 日）

木斋仁棣大人侍史：

苏沪一事，去岁前途曾托钱晋甫言之，顷晋甫覆书云，南京传说，此路归杏翁□□□，欲让人请作罢论云云。弟于此事既不为名，也不为利，不过在此无事深盼中国铁路速成，以纾外患。观此君办法，似有可成之机，故尔饶舌。其实杏孙自办，人谁敢争，可则行，不可则止。兄本无毫成见，杏翁亦未免多此周折矣。至疑此中无股本□□□此则大不然。此事在香帅署督时即有宁波上海富人，不出名不做买卖者，集有成

---

* 录自上海图书馆藏盛宣怀档案。信中主要谈及卢汉、鄂粤干路筹款之事。因官款不济，商股难筹，盛宣怀在光绪二十一年十月（1896 年 11 月）与美国华美合兴公司签订了卢汉铁路的借款草约，并于十二月十二日（1897 年 1 月 10 日）电告总署。陈炽应该了解盛宣怀为干路筹款所做的努力，并提出了采用借款和招股等建议。故推知该信写于光绪二十二年十二月十五日（1897 年 1 月 17 日）。

** 录自虞和平主编：《近代史所藏清代名人稿本抄本》第 1 辑第 140 册第 42 卷《李盛铎档存函札（一）》，216～218 页，郑州，大象出版社，2011。光绪二十二年（1896 年）冬，陈炽曾以函刘坤一谈及修筑苏沪铁路之事。光绪二十二年十二月四日，铁路总公司成立于上海，由盛宣怀督办卢汉干路、苏沪、粤汉路。陈炽在信中所谈即苏沪铁路并提到祝贺新禧，故推知该信写于光绪二十二年十二月十七日（1897 年 1 月 19 日）。

数，在南京递呈（南京有案）香帅，以非著名股商未准。此须重申前
议，股本实有（先约定）二百万金，虽无洋款，亦有通融之法。故余程
自任一年内告成，却非借钱，乃系赊料，以此现有之股银作抵，购料不
足者赊取于续集之股。及路成后运脚内拨还，仍用招募比较之法，不受
抑勒抬价之弊。然如此办法，亦必洋商素日相信，姑可通融。犹之批货
者，以少许资本做大买卖也。尤思此法甚妥，路可速成。不惟向日有股
者获利，可以刻期。即嗣后入股者亦必倍加踊跃，且合同所订，用人用
料虽有西人在内，毫不干预事权，似可毫无流弊，故敢轻以相渎也。至
于此等办法，不惟外间秘密，即杏翁处亦未便明言。今既闻杏翁自办，
乞将此情节转告之。如以为可行与否，至竟杏翁自办与否，并希示悉为
盼。手渤顺颂新禧。

兄炽顿首　十七日

俄人国势酷类强秦论[*]
（1897 年 2 月 22 日）

　　天道善变者也，地道不变者也，人道应变者也，乃有地隔数万里，
时阅数千年，人分数十种，而运会所值，形势所成，一东一西，若合符
节者，何哉？岂天道亦穷于变乎？盖始而终，终而复始者，天运也；盛
而衰，衰而复盛者，地运也；合而分，分而复合者，国运也。然则天
也、地也、人也，亦运而已矣。

　　中国之与欧洲各国交涉也，自俄罗斯始。而先有南怀仁、利玛窦等
挟仪器东来，以天算见重中国。道光之季，五口通商，各国出利炮坚
船，以兵威相胁。当日之智士，即知泰西各国不足为患，为害中国者，
独俄罗斯。至以俄比战国之秦，中外明哲无异辞者。通商六十年来，与
中国为难者，英、法、日本而已，德、美、俄、奥无闻焉，几疑昔日之
言不验矣。然英法为难者，因越缅壤土毗连也；日本则同洲邻敌之国
也；德、美、奥，义无相连之属地，自商务教案外，他无所争。惟俄人
接壤比邻，自黑龙江以迄西藏，长至三万余里，而敦槃玉帛，从未以细

---

　　[*] 录自《时务报》第 18 册，光绪二十三年正月二十一日（1897 年 2 月 22 日）刊。署名
"瑶林馆主"。另见陈忠倚《皇朝经世文三编》，麦孟华辑《皇朝经世文新编》卷十六，该文皆
署名陈炽。

故失和，岂俄人之情敦信义、笃邦交，果异于欧洲诸国哉？黑海之战，英法诸国助土攻俄后，乃限禁俄船，不许出君士但丁海峡，锐气既挫，蓄养需时，西顾方劳，东封遂缓，犹之五国摈秦之举，秦兵不敢出函谷关者十五年也。此其类秦者一也。

西向不得志，始决计改道而东，然中亚细亚诸部落皆土耳其之属国，劲悍好斗，骑队尤所擅长，后顾增忧，岂遑远略！土倚英援，不能灭土。惟有渐翦其羽翼，以自固其藩篱，得寸则俄之寸也，得尺则俄之尺也，得其地不足以富，得其人则足以强，此俄所以西扼波斯，南侵阿富汗，东抵中国新疆，尽收敖罕基发诸回部，以扫除东道，犹之秦人闭关谢客，灭国五十，遂霸西戎，且取蜀以为外府也。此其类秦者二也。

秦并六国之时，大势既成，灭国夺地，惟利是视，无理可言，故各国斥以虎狼，詈以无道。而当其始，固卑礼厚帑甘言以事人者也。以东帝奉齐，以兄弟约楚，交欢赵魏，结好韩燕。俄人欧亚联交，措词各极其微妙，使欧亚各国之君相阴入玄中。此其类秦者三也。

秦地北邻胡貉，西界戎羌，南连庸蜀，皆有沙漠山谷之阻，东面以争中原，如虎负嵎，莫敢撄其锋者。俄地背负北海，雄据两洲，南向以临天下，攻人则易，人之攻之也则难。此其类秦者四也。

秦自孝公以来，继体之君，皆阴狠沈鸷，祖孙父子，一德一心，休兵息民，坐致强大，不与山东诸国争王争霸，以自竭其力，自弊其财。俄自大彼得至今，家法相传，坚忍如一，兼弱攻昧，取乱侮亡，见利则趋，见害则避，外如迟缓，内实坚完。此其类秦者五也。

秦民好武，小戎驷铁，女子知兵，怯于私斗而勇于公战。俄人地处极北，本古时用武之区，举国皆兵，尽人乐战。此其类秦者六也。

战国时，天下诸侯奢靡，相尚子女玉帛，士气久衰，惟秦僻处西陲，举国惟知耕战。俄人无多商务，国饶米麦，贩运欧洲，有事之时，不必仰求于外。此其类秦者七也。

秦自商君著令表章信义，法制严明。俄王彼得，游历欧洲，仿行新法，齐整画一，无复拘挛，虽国人意气飞扬，亦有私党，而奉公守法，上下无二心。此其类秦者八也。

韩最近秦，为各国之屏蔽。韩不灭，不能窥中原；韩即灭，即各国俱非秦敌矣。今亚洲之高丽，欧洲之土耳其，即东西两韩也。此其类秦者九也。

秦所畏者，各国之合从耳。使各国不相猜忌，合力保韩，秦人虽强，安能越境而攻他国？乃各国弃韩不保，转以献媚于秦，自因小嫌，互相攻击，致韩地尽为秦割，六国先后灭亡。夫英法助土，保大局也。今日本贪目前之利，不知联中以保高，已纵令俄人虎兕出柙矣。法人结俄以仇英德，犹秦欲灭魏，先与赵和，秦将破燕，先止齐援，而齐赵信之，唇亡齿寒，行将自及矣。此其类秦者十也。

夫俄之与秦，遥遥旷世，而君臣上下定谋设策，其相类至于如此，岂《战国》一书，亦如鸡林贾人流传海外哉？非也。地势使然，而人事不得不然，即天运亦若有不期然而然者。而幸也，机兆虽萌，祸端尚伏。泰西各国君相，不乏雄才大略之人，使均如当日助土拒俄，同心御侮，则东海西海，自当永保太平耳。无如法蹶普兴，全局一变，奥义联合，尚可支持，然大势已将岌岌矣。自中败于日，高丽附俄，英人袖手旁观，甘让俄人已先著，大东洋情势危险异常，遂与当日六国弃韩如出一辙。

夫前事之不忘，后事之师也，前车之已覆，后车之鉴也。欧洲各国，前无所师，其不知鉴焉，宜矣。独怪中国通人智士，知哀六国，而不知情事之相同；知畏强秦，而转引虎狼以自卫，甚矣哉！其愚不可及也。彼日本者，亦当日同文之国也，《国策》一书，岂其未见？而甘为戎首，招彼强邻，衽席未安，屏藩已失，正恐他日祸机所发，患气所乘，与中国只有后先，并无彼此，沈迷不反，覆辙相寻，今与古如一邱之貉耳。呜呼，岂非天哉！

贵私贵虚论[*]
（1897 年 2 月 22 日）

《吕氏春秋》曰："老子贵柔，孔子贵公，墨子贵兼，庄子贵齐，列子贵虚，商子贵私。"① 嗟乎，私与虚也，何可贵之有？而居然指此为

＊ 录自《时务报》第 18 册，光绪二十三年正月二十一日（1897 年 2 月 22 日）刊。署名"瑶林馆主"。

① 该引文与《吕氏春秋》有出入。查《吕氏春秋·申分览·不二》中言："老聃贵柔，孔子贵仁，墨翟贵廉，关尹贵清，子列子贵虚，陈骈贵齐，阳生贵己，孙膑贵势，王廖贵先，儿良贵后。"

教人之圭臬乎？然中国自秦汉以还，二千年来，心法相传，实坐二者之病，以至今日陵夷破裂、受侮外人也。请言贵私之病。

天生民而立之君，使司牧之。君者，群也，所以公天下也。后世人君，有天下则私天下，有一国则私一国。为之官吏者，有一省则私一省，有一郡则私一郡，有一邑则私一邑。一若上天私授福命，应为人君，小民之性命身家，皆其私产，使聚敛之、鱼肉之、驱策之，而民不敢有私怨者。此犯上作乱之事，所以阅数十年、百年而辄一见也。其贤者自矜安静，催科折狱，以无事为能，至于教养之、存安之、富庶之，古人所为视民之事如己之事者，彼以为小民之私事也，我而强干预之，此何为者？且我之私计，在积财帛以遗子孙，日日经营，刻无暇晷，而兼顾他人之私，以误己之私，非天下之至愚，孰肯出此？其或水旱疾疫，死丧累累，直等之草木荣枯、自生自灭已耳。自余治一职则私一职，任一事则私一事，管一局则私一局，各怀意见，各分畛域，各恃才能，美其名曰因公、为公、急公，而实各有一牢不可破之私意，结私党，用私人，积私财，置私产，皆假公以济其私，天下皆私也。忽有一不私者出焉，则群相骇愕，疑之、畏之、忌之、恶之、诬之、谤之、排之、击之，其黠者亟翻然舍己而从之，其愚者则困苦颠连而死耳。哀哉，天下皆私，岂容一人而独公哉！

彼民之从上也，如形附景，如音应声，亦遂各私其心，各私其财，各私其力，父子不相见，兄弟不相亲，妻子不相合，朋友不相信，强者并弱，智者并愚，富者并贫，恶者并善。上之视下也如犬马，下之视上也如路人；上之视下也如土芥，下之视上也如寇仇。浸至盈天下四万万人，各怀其私，各行其私，各是其私，而中国四万万私人，遂成四万万私国，任听他人欺凌狎侮，鞭笞捶扑，而俯首帖耳，无可如何矣。皆在上者贵私之一念误之也，皆商君贵私之一言成之也。岂及身车裂，遂足以蔽其辜乎？

请言贵虚之弊。黄老之学，空谈元理，以虚无为旨，以清净为宗，其言曰，人之大患，为我有身，我如无身，更有何患？身且不有，何有于身外之物？浸至蔑圣弃智，剖斗折衡。晋人清谈，风流放诞，天下皆高人，刘越石以劲骑蹂之，而中原文献尽矣。比老氏贵虚之弊，祸及于六朝也。梁武舍身同泰，佛氏承之，刹宇楼台，遍于南北。隋唐以后，其焰益张，使天下之财，罄于布施建寺；天下之力，尽于膜拜唪经。厥后藩镇相寻，踵以夷狄，杀戮死亡之惨，百人中仅活一人，此佛氏贵虚之弊，衅钟于五季也。

之二氏者，皆引天下人心于幽昧虚渺、昏蒙之域，而敲牙截角、剪翼绊蹄，以待虎狼之吞噬。君相之贵私者，喜其易制，不能为我患也，因而用之。于是乎万事皆虚，舍身则实矣。既不能自保其生，即无由自脱于死矣。哀哉，天道好生，而二氏之教，乃务闭锢拘縶而死之，是诚何心哉！

自宋以后，理学昌明。然说性谈心，仍落二氏之窠臼，于古圣王之大经大法，所为保民而养民者，毫不能考其究竟，定厥指归，而日断断于王霸之分，斥智勇功名而不用，其托体愈尊，其惑世愈甚，其大弊仍失于虚。夫虚者，弱之根也。辽金之后，蹴以元兵，一统中原，宋社遂屋，贵虚之有益无益，足以保民与否，守国与否，其效可睹矣。迁流至于今日，人心陷溺，难可挽回。天下皆虚也，即天下不知有实也。其在上则封爵虚、官职虚、俸禄虚、科目虚，文试之时文试帖虚也，武试之弓箭刀石虚也，当官之文移奏报虚也，示民之条教号令虚也。其在下则风俗虚也，章服虚也，婚丧礼制虚也，星命卜相虚也，各种纷华奢侈无名之费用虚也，乃至各种学问，各种教化，几几乎无一不虚。于古人保民养民之大经大法，实足以赞天地之化育者，盖渐减净尽，百无一存焉者矣。

嗟乎！中国地大物博人稠，而君民上下，以虚相蒙，以私相遁，至于此极，而忽有他人焉，以甚公之政治法律，出而临之；以甚实之精兵利械，入而摧之，危乎！危乎！拉朽摧枯，安有全理！虽然，天下事盈虚消息，剥复相寻，无平不陂，无往不复，阳极则阴生，阴极而阳生，此天地始终之公理也。私之极矣，将成大公，虚之极矣，将归至实，欲有大为者，曷亦返其本矣！

致李盛铎书五[*]
（1897 年 4 月 20 日）

木斋仁弟大人阁下：

前数日因右脚大趾踢伤，不能□□。卓如亦病，今日报谒殿书，谈

---

* 录自虞和平主编：《近代史所藏清代名人稿本抄本》第 1 辑第 136 册第 7 卷《李盛铎档一》，445 页，郑州，大象出版社，2011。光绪二十三年三月，陈炽与李盛铎在上海劝说梁启超在《时务报》之外另开日报《公论报》。信中谈及梁启超报事，推知此信写于光绪二十三年三月十九日。

及报事。拟本日在"一家春"奉约一叙，六钟时乞早临为幸。手泐，顺颂□安。

兄炽顿首　十九日

致张之洞论借款电[*]
（1897 年 4 月）

俄人将取中旨，创银行，揽华路，禁各国借款。俄谋秘而争，根本可借，他何惜焉。并闻专走内间，与杏翁作对，蹶此兴彼，惟及该王爵未来，将各路分认，勿露洋款，则我有辞，彼无辞，安危大局，亟望主持。

致盛宣怀函六^{**}
（1897 年 5 月 7 日）

杏翁仁兄大人执事：

顷间承赐盛馔，饱德无涯，春雨连天，不获再叩。铃辕畅聆麈教，殊怅怅也。诘旦天晴，业舟将发，所坐不遗，在远时惠德音，以当韦弦之佩，不胜盼企。生义船买办刘淞山容止温雅，殆非阛阓中人，寓申时即与交好渠素患咯血疾，以柏药汤合黄土汤治之立愈。惟海舟倾簸，偶有眩晕，不免再发，发则仍服此汤。涂此深谈，颇以为戚，谓如能调一江船或分局总办，此患乃可永除。惟前年甫由海定调来，已蒙格外恩植，冒昧启齿，恐有得陇望蜀之讥。此君可云知足。惟检知执事因材器使，曲体人情，可否于江永、江孚量为调动，或于九江、汕头等处筹一位置之区，则感荷隆情，不独身受者耳。

手肃奉恳，敬请勋安

弟炽顿首

---

　　* 录自盛宣怀：《愚斋存稿》卷二十六电报三，民国刻本。

　　** 录自上海图书馆藏盛宣怀档案。原标题后表明"年四月六日"。陈炽曾在光绪二十二年底（1896 年）请假离京。次年，陈炽在上海与李盛铎劝说梁启超开办《公论报》。函中所提，一是感谢盛宣怀在沪的款待，二是希望盛宣怀能够为其患病之朋友提供较好之船只。故推知此信写于光绪二十三年四月六日（1897 年 5 月 7 日）。

美德宜力保大局说 *
(1897 年 5 月 31 日)

美利坚别处一洲,自成风气。农工商业,富甲寰区。有利则趋,有害则避。自南北花旗一战,不见兵革者,垂数十年。国中富人,有铁国、水国、土国、油国之号。铁国者,铁路公司也;水国者,轮船公司也;土国者,纽约地主人也;油国者,煤油公司也。其富皆可以敌国。故天下商务之利,总于英伦,而天下第一等富人,乃莫多于美国。其所以丰亨豫大,寝昌寝炽,以至于斯极者,亦以欧亚通商,坐收东西两洋之大利耳。

若英、俄两大,争并亚洲,则亚洲之商局坏。所争者亚洲,所战者即在欧洲,则欧洲之商局亦坏。即美人自居局外,风鹤无惊,而欧亚二洲无穷商务,已同归于尽,尚得谓一无损伤乎?况美国养兵素少,不及万人,虽曰训练民兵,有事时可征调至数百万。然承平日久,民不知兵,大抵有名无实。至于海中兵舶,绝少坚船,海口炮台,皆为旧式,欲重行制造,岂一朝一夕所能成?近日报章,谓美国新制电气炮,能击敌船于七里之内。有此利器,可保无虞。无论滨临两洋,海疆万里,无此若干电炮,密布如林,即使有之,而兵凶战危,利器必须亲试,其果能攻坚击远,却退敌人与否,尚未可知也。况美本英人美洲,北境之坎拿大,又为英属地,必谓龙争虎斗。只在太平、印度两洋,美国独能事外萧然,不与于一十九周之难,恐未必然矣。美,富人也,富人不能战,不敢战,亦不欲战,彼之能战、敢战、欲战者,皆富不如美者耳。譬比邻两家,均属大富,有盗劫西邻者,预嘱东邻之富人曰:"吾将劫西邻,尔其高卧,勿动亦勿言,吾不劫汝也。"东邻信之,不告西邻,亦不设备。及盗至,先劫西邻,见东邻无备,并劫之而去。使东邻早告西邻,同心预备,盗至无所得,或彼此均可保全。而无如贪利之心,与避害之心,有以蛊其神,而惑其志也。

欧洲之德国,骤兴于二十年间,联合南北诸邦,一战胜法,索兵费至八万万镑,割其地,掳其王,由是而共主之势成,欧洲之局

---

* 录自《知新报》第 20 册,光绪二十三年五月初一日(1897 年 5 月 31 日)刊,署名"瑞金陈炽"。另见《皇朝经世文新编续集》卷十六。

定，暗用管子之制，设立武备院，籍民为兵，多至四百余万。天下称陆师之精强者，首推德人。而且后膛快枪、陆路快炮、克虏伯厂之名号，震耀人寰，既富既强，商务大兴，流通四海，英美而外，罕与比伦。

惟法人报复之心，深入骨髓，乃以同族之故，阴联奥意，共保太平。若合三国民兵，其数可及千万。或者左提右挈，同心御侮，横亘欧洲，可保数十年无事乎？而不然也。俄与法联，其兵数多逾千万，而且意属新造非洲之助衄，大损声名。奥虽旧邦，两族之人民未能融洽，他日有事，如击常山之蛇，首尾悬绝，不能相应。一国有失，全军胆寒。且德人比岁以来，汲汲以兴制造、振工商为事，正恐军容虽整，锐意渐衰，宿将凋零，名臣放弃，未必如前十余年之踔厉风发、一往无前矣。德国海口无多，水师素少，自胜法还师而后，锐意通商，始增筹海军铁舰快船，辅以巨炮。论者谓新法具备，亦堪海上争雄。然以德、奥、意三国之海军，较之俄法，尚觉瞠乎其后。故论三国之情势，自守则有余，攻人则不足。若美则自守亦恐不足，无论攻人也，而其足以动人觊觎，有事时必将牵率者，则美人之巨富，海外无双，德国之富加于昔时者，亦将百倍。夫金银钱币之为物，天下无事，则患其少，天下有乱，则患其多。此中外古今之常理也。

为美、德计，若自谓泰然无患，旁观袖手，坐视诸强国日肆并吞，一经变更，便有轻重，兵锋所及，震荡乾坤，虽美人亦自入风轮，听其飘转，而何论于四面受敌之德国也。宜及此时，牖户绸缪，自立于不败之地，以待事变之来，所谓猛虎在山，藜藿不采者。二国之君臣，当能自谋之。而吾所谓力保大局者，则犹有说。譬如楼观连延，高大坚固，固天下至精至丽之巨工也。其中忽有一梁一柱，因他故龂朽，势若倾颓，不亟思保护而维持之，则无数金碧楼台，将牵掣而同时俱倒。然而此梁此柱易之不得也，去之不能也，听之不可也，则必有道焉。扶之翼之，左之右之，胶之固之，襄之助之，使下增其力，而上减其重，此梁此柱，可以长存，即此室亦长留天壤耳。若谓梁摧柱折，于我无干，他日已摧已折之时，而始悔辨之不早焉。非天下之至愚，其孰能与于是。此乃重学之至浅者，虽拙工筑室，亦知之矣。然天下有大重焉。恒有天下国家，亿万万苍生，忽然不察，淡然若忘，风雨忽来，横遭忽压者，抑独何哉！

致盛宣怀函七 [*]
(1897 年 5 月)

杏翁尊兄方伯大人阁下：

久暌教语，畴鲜渴饥，敬维勋祉，延稣躬苄祜，翘瞻棨戟，允洽颂私。去冬因家母抱病甚重，乞假五月省亲，于本月奉母北上，知关垂注，谨以附陈。目前奉托敝亲萧主薄继昌一事，仰承慨诺。现在家贫亲病，饔飧不给，无可为生。如补署可望到班，仍求格外培植，否则无论何等差使，亦求量派一事，以济涸鱼。感荷高情，有如身受矣。手肃敬请台安。

兄陈炽顿首

英日宜竭力保中说 [**]
(1897 年 6 月 30 日)

观于朝鲜之事，英其衰矣，日本之锐亦挫矣。说者谓方今俄与法合，英与日联，大东洋黄海之间，水陆将有非常大战。华人之愚者，以为鹬蚌相持，渔人得利也。其智者则曰：此战以争中国，则战后之结局，所取偿者，皆在中国矣。群虎扑羊，万鸟争粟，中国之瓜分豆剖无疑也。

或又曰，英日不敢战也。俄人，虎也，傅之以法，翼虎而飞，两强交欢，左提右挈，区区英日，东西三岛，何足以当之？有俯首息喙、知难而退已耳。或又曰，不然，俄人陆师之多且强，天下无敌，然今时战事，赴机迅速，不能不专重水师。俄人之水师，倚法人为助也固也。欧洲各国，皆立海军，守口护商，能战者少。俄法之海军，在当日固屡挫于英者也。大东沟之战，日本又新胜中国，夫海上风涛，全船托命，屡败则胆怯，屡胜则气张，此自然之理。英人制船造炮，处心积虑者八十年，日本制船造炮，处心积虑者三十年，意亦欲海上争雄，保全商局

---

　* 录自上海图书馆藏盛宣怀档案。信末没标写信日期。陈炽曾在 1896 年 10 月请假五个月回原籍看望病重的母亲。信中有"去冬因家母抱病甚重"之语，可推知该信写于 1897 年。当年四月，陈炽接其母亲到京师。故从信中"于本月奉母北上"，推知系信写于 1897 年 5 月。

　** 录自《知新报》第 23 册，光绪二十三年六月初一日（1897 年 6 月 30 日）。

耳。苟因循不断，则新船将朽、快炮将窳。西伯利亚之铁路成，太平洋之全局失，非惟日本亡在旦夕，即英人亦岂能永执商权哉？此又深窥英日之心，决不能不出于一战者也。

或又曰，俄英两大，如不得已而出于战，则法必助俄，而日必助英，俄法之陆师当胜，而英日之陆师当败，英日之水师当胜，而俄法之水师当败，欧亚非三洲，无处不战，即互有胜败，兵连祸结，宁有已时！中国晏然坐受其弊，胜者固割地而去，败者亦攘臂而争，遂鹿中原，未知死于谁手，然英俄法日四国存亡胜负之机亦至难言矣。以神速论，则英日当先胜；以持久论，则俄法当后胜；以机器论，则英日当始胜；以地形论，则俄法当终胜。千端万绪，移步换形，微乎危乎，虽有圣智不能及已。而吾有一言可以决之者，则俄法可胜可败，英日则可胜而不可败也。

英人商务，纵横六洲，散碎零星，不相联属。日本继起，而所辟商埠，亦骎骎遍海东西。俄人地跨三洲，蝉连一片，其商务所至，皆其土地也。法自马达加斯加、越南两地外，商务无多，即此两地，亦赖法京筹款接济，他日战争蹂躏，俄法无所顾恋，英日则所损实多，此金注瓦注之说。英日之可胜不可败者，一也。

法王拿波仑第一，雄豪盖世，欧人莫敢撄锋。俄人自弃王京，举国东徙，遂能转败为胜，使拿波仑欲归无路，走死穷荒。法京巴黎受困于德人者七阅月，及议和赔款，不及三载，兴盛如初，是俄法之可胜可败，已有明效。英日均以三岛，峙立海中，垂二千年，未被兵革。然四面距海，战易守难，食用所需，转输非便，设彼以轻师诱敌，而重兵径袭其腹心，则全局所争，登时瓦解，此上驷下驷之说。英日之可胜不可败者，又一也。

夫兵，凶事也；战，危事也。未思进先思退，未思得先思丧，未思存先思亡，必先自立于不败之地，而后可以胜敌。日人天性轻锐，甫效西法，骤胜而骄，狃于华人之易与也，曰吾取中国之土地，犹反手耳。不有高丽之前车乎？华人虽柔弱，究不若高人之易制也。不又有台湾之已事乎？若英人则深算老谋，百战百胜，不中则不发，于此有二弊焉。以其百战百胜也，庞然自大，生鄙夷一切之心，以其不中不发也。泰然自安，有千金坐不垂堂之意。然今日之时何时也，今日之事何事也。无论日人势成骑虎，将束手以待危亡，即英人全局所关，亦岂能安坐而听其瓦裂？且数十年来，孜孜汲汲，合通国之全力，以营此海军者，何为也哉！是英日可胜不可败。而时势所迫，又万万不能不出于一战，吾知英日之君臣其早作夜思、忘餐废寝而无可如何者，用心亦几碎矣。

虽视中国如无物乎？而正惟无物也，实天下之大物，必争之佳物，万难安顿之奇物，非美洲比也，亦非非洲比也。吾为英日计，或扑而破之，剖而分之，挈而趋之，负而逃之，虽有小喜，终贻大患，而况乎其决不能均也。惟英人化其矜心，日本戢其骄气，保全此物，勿使损伤，护以珍笼，装以锦匣，有欲盗者则驱之，有欲窃者则防之，即间有自腐者，亦分别而去之，因其所已及，而因以推诸所未及，因其所已能，而因以达诸所未能。惟一以天心为心，至公至诚，至信至实，使之感发渐染，自得其保生护命之权，此际机缄，有非语言所能罄者，在英日两国之通人自领之耳。

夫保中与战俄孰易，不必智者而后知。或谓保中必战俄，固也。吾谓保中之道有不必尽出于战俄者，势耶理耶？义耶利耶？今耶昔耶？得耶失耶？愿与两国君臣通维全局，借箸而一筹之。

论农会书 *
（1897 年 9 月）

昨谈甚快，此事鄙见有数事贡诸左右者。

中国古时，自有农学，当以中学为主，西学辅之，不必浮慕虚名，徒多糜费，一也。此事当以寻觅荒地，种植畜牧，兴利为主，办有成效，风气自开，二也。果木之利，大于蔬菜，倍于谷麦，如能专辟果园，广种有利之物，如加非、棉花、红罗卜、甘蔗等，则一业已足致富矣，三也。沿湖、沿江、沿海，涨滩沙地甚多，如能觅得无主之地，相度土宜，商酌办法，筹画经费，绘图贴说，出报著书，俾中外官民皆知自有可兴之利，合力为之，收效尤远，四也。水利一事，为农学之根，大举修浚，自须官力，若引泉开井，蓄雨水之类，均可以民力为之，五也。畜牧大利，宜于北方，然如养牛畜豕、牧羊养鱼之法，则南方亦宜之，其利与种植相等，六也。英国地狭人稠，仰给于外，故欲以化学变土性，以机器代人工，中国旷土猥多，自应取膏腴而弃硗确，如造糖、造酒、取牛乳、收贮果品之类，自应参用西法机器，始能精洁，此外犁

　＊ 原文题名为《陈次亮论农会书》，录自《农学报》第 9 册，光绪二十三年八月（1897 年 9 月）刊。

锄之属，中国人工甚贱，何必以此夺之，七也。弟意初办之时，总以择地试办，兴一大利为主，不必以出报为主，既得此地，应种何物，应兴何利，应费资本若干，出报招股兴办，一有成效，信从必多，若止办报馆，恐集资非易，八也。

以上各节，弟因乐观成效，故直言之，惟祈采纳。天下事经一次讲求，终有一番效验耳。

致李盛铎书六[*]
（1897 年）

木斋仁棣左右：

夫已氏合办断不可，渠又断不肯分画。□□绵缠推字诀，延阁时日，拱手让人，所以为叹，国之尤也。弟意分办一层，非在鄂不能定议。可不可两言两决，此处切勿设籍耳。顺颂台安，惟希密鉴。尊处密电，祈赐一本，□处无人书写。

□顿首　廿日

致王之春函[**]
（1897 年）

再密启者，联俄一事本由台从发端，当日东事阽危，英既旁观，非此不可，功在社稷，天下知之。至于索辽借款已误矣。俄本无钱，皆借于法。借法款可矣，何必俄？当时即谓俄人平日恃强无理，既保法款，恐将借口以揽中国土地之利，财赋之权矣。然牵连定议，无如何也。至于立约联俄，借地修路，则彼专用离间之术，分满汉、保君权，其事不能知不敢知，不可言不欲言者，总之皆非。

今上与常熟意也，而铸成此错，无可挽回。故论者或谓此约既成，中国或可幸保一二十年太平之福。弟私忧过计，独不谓然，何则？阴谋

---

　　[*] 录自虞和平主编：《近代史所藏清代名人稿本抄本》第 1 辑第 138 册第 23 卷《李盛铎档三》，190 页，郑州，大象出版社，2011。信中所谈为 1897 年初卢汉铁路的修建问题。

　　[**] 录自上海图书馆藏盛宣怀档案，原函表明《陈次亮致王爵棠方伯函》写于光绪二十三年（1897 年）。王爵棠，即王之春。

人国者，此等机会千载难逢，俄王何等枭雄，宁肯旦暮错过。君权之重，在于积威。持积威之柄而摇之，天下安有此神力？所忌者，英耳。英在今日亦奚能为役哉？再阅数载，事皆不可知，则俄之夤夜图谋者，方寸阴是竞，何从更得太平？此俄之心也。中国此时当惜分阴急纵，华商创银行、开铁路，百废具举，广借各国财力与彼相持，或几有济。而以一总公司闭塞之，借款不成，招股不得，迁延数月，适为俄人借口之端。闻俄王爵此来，阳为报聘，阴实在京师创立银行，包揽中国全国铁路，以金镑日贵，洋税不够偿款为辞。禁止各国再借款项，即将总公司局面一转移间耳。禁借款一层，固不能做到，然银行已准开设，则铁路亦在意中。其根早伏于去年，疑所不当疑，信所不当信，事未可知矣。宁波商人林琨等有请分办苏沪之议，又有请分办南干者。闻总公司均不肯从，积成大宗一齐送掉，可叹也。事关大局，未知香帅意旨如何？触绪而长诸希鉴察，并乞秘之是幸。

致汪康年书四[*]
(1898 年 1 月 1 日)

示悉。曩有裒中居士（两说用此）及通正斋生（《富国策》用之）二号请择用，即改曰《重订富国策》可矣。卓如不来，何意？昨得长素函，亦绝不提回沪之说。公度事可疑可诧，渠至都即讲民权，弟已规之，大约不能从耳。江裕无房舱，十三日行。余晤馨。此颂午安。

弟名心顿首　初九

矿务琐言[**]
(1898 年)

今天下竞言矿务矣，西人凡称金石皆为矿，某为元质，某为杂质，

＊　录自上海图书馆编：《汪康年师友书札》（二），2076～2077 页，上海，上海古籍出版社，1986。赵树贵先生在《陈炽集》（中华书局，1997）考证此书信写于光绪二十三年十二月九日（1898 年 1 月 1 日）。现暂从此说。

＊＊　录自《皇朝经济文新编·矿务新论》，宜今室主人辑，光绪二十七年五月（1901 年 6 月）上海宜今室石印本。文中多次提到湖北汉阳铁政局。该局 1890 年开始筹建，1893 年建成。故该文应写于 1893 年后。另《中外时务经济新论》卷四《矿学》（富顺果尔敏编定，1898 年上海自强垒石印本）中也载有此文。赵树贵在《陈炽年谱简编》中将该文放在 1898 年内。故推知此文写于 1898 年前后。

名目数百种，只供化学之考证，无关日用之必需。中国则向称金银铜铁铅锡各种为矿。查礦字，右从广，左从金，又从石，言其出产甚广，石内有金，而石多金少，采择宜精，非谓矿为难得也。煤为炭质，系洪荒时草木腐烂，积压所成，其中杂有他物。西人亦谓之矿，实与最多、极贱、利用便民之铁相辅而行。

迨今之设立公司、集股开矿者，多不究心于煤铁，动称某处金银铜铅锡矿，开之可获利若干倍，惟先需本银若千万，以买机器，聘矿师，其请示集股时，辄许报效国家若干成，并许揽家红股若干成。似有得诀后点石成金，便发猛财情状，及宕延太久，不得已一试炉火，成本亏折，经手人已先得利，而洋矿师亦饱载归矣。公司善骗，矿师尤善骗，而出卖股分票者，又复转相诱骗。遂至开矿成一大骗局。诸如此类，几若方士之炼黄白以求神仙。国家以报效为急，公揽家籍红股以图利，恰入骗局，先开漏卮。不知方士果能成仙，亦不奔走于秦皇汉武之庭矣；矿师若能骤富，亦不远违其天主耶稣之国矣。今试以洋矿师所称佳矿，可得利若干倍者，请该矿师稍待数年，勿收薪水，亦勿经手买机器，俟炼化得利重酬之，有能承认者乎？恐洋矿师爽然失，废然返矣。若遂从此因噎废食，则又不可。

今将兴其利，必先破其迷，勿仅袭其名，必先求其实。凡货物贱者用处较多，贵者用处较少，亦贱者取法较易，贵者取法较难。而开矿必先其贱而多者、易者，后其贵而少者、难者。就日用而论，金银犹锦绣珍羞也，铜锡犹油盐酱醋也，煤铁犹布帛菽粟也。黄金为生成净质而无矿，多在花岗石中结成颗粒，石烂则散布于沙，遍地球皆有之产，均不多。金山最旺，中国有淘沙得金获利者，贪开金矿，无不亏本。银少净质而有矿，多杂于铜铅锡各矿之中。墨西哥出银最多，中国虽有杂质银矿，而提净常不敷本，矿色似银者得银愈少，惟产煤铁为最富。铁以瑞典、俄罗斯磁石铁矿木炭所炼为最良，每百分矿，或能得生铁七十分，而矿难挖煤，不便，成本较重，铁少，行于中土。英吉利各矿均出，要以煤铁为大宗，所产泥铁矿每百分铁至多不过得生铁五十分，得精铁三十五分而止，不及瑞、俄之磁石铁矿远甚。只因泥铁矿与煤层相间而生，煤质甚佳，开挖甚易，价值甚贱，参用石灰各项，可代木炭入冶炉，炼矿成铁，虽不及木炭出铁之良，而一经贝色麻、西门士马丁各项机炉炼化铸造，自然去杂质而得精华，成本较轻，运销自畅，利似在铁其实煤。英国富强，原本于此。然则天下之大利在煤铁可知已。曾文正谓中国惟开煤铁最有把握，实为确论。今宜指破贪开金银之弊，而就资本专精于煤铁，旁及于铜铅锡各种，而勿以为常。又必先将何项用机器，何项可不用机器，界限分明，勿再拉杂混言，始可以通矿学，并可以杜骗局。

查中国各省南北直向之山，凡水层石中，均有矿煤与铁相间而生，大山为斜磋，小山为立磋，平地以下为平磋，仍稍①带斜，有内联外联、上联下联、正联陪联之分。盖山为地中石骨，斜趋而上，矿即随山势绵延千里，则矿苗亦千里而同一脉，惟山有断续闪跌整碎，而矿之磋口高低，层次厚薄，过峡多少，成分轻重，质性老嫩，亦因之而递变。矿有开口有闭口，平进者为硐，直下者为井。两山之间，必有川，小者为沟，山则斜上尖而斜下宽，沟则斜上宽而斜下尖。沟宽处则两山石岩遥遥对峙，矿苗不见于山背，而常见于山沟之岩脚，是为开口。循矿磋，平水而进，渐入佳境，此无待于机器开山吸水者也。沟尖极则两山石岩层层合缝，矿苗已入于山腹，而须凿低处为水眼，是为闭口。循山麓，穿硐而进，左右平行，此可用机器开山，而仍无待于机器吸水者也。

惟寻视矿苗甚佳，插入平地以下甚深，或须开井直下数十百丈而始见矿，见矿后，四通八达，取资无尽，然水不出、风不通，人力难施，工程太大，非山沟闭口可比。此有待于机器开井吸水开风者也。似此形势，五大部洲皆然。上帝板板，别无活相，造物虽巧，竟不若世情之善变也。至挖矿则无论开口闭口、中法西法，均用人力锤凿，无用机器。挖矿者缘矿磋在各石层夹缝中，低仅容人，高则惧压机器无处安置也。或谓矿在山之浅处，薄而劣；矿在地之深处，厚而佳。不知山腹地心之矿，即由山沟岩脚之矿，自上斜下，同此一脉。有上薄而下厚者，亦有上厚而下薄者，层次有定，厚薄无定。而矿质之美恶，又不专系于厚薄，或浅处而取之获利，或深处求之而亏者。总之，开矿先其易者，后其难者。由上开下，自然之理。如必舍山内开口之矿，专开地中闭口之矿，而曰吾西法也，不过图经手买机器耳，其得利者几人哉！

至于炼矿成铁之冶炉，所需烧料，木炭为上，焦煤次之，生煤又次之。其法先于冶炉附近砌有石窑，用一轮生煤，夹一轮铁矿，堆积封顶，如烧石灰煅，一昼夜闭熄，谓之曰煅矿。其似矿非矿者，性不耐烧，经煤火即变色，毁碎择而出之，但以煅过精矿掷冶炉中，每加一轮木炭，即夹一轮铁矿，炭厚而矿薄。矿经炭炼，一昼夜化为铁水，由炉

---

① "稍"，原作"销"，误，校改。

底泻出，结为生铁板，陆续泻铁水，即陆续加矿炭。炭有碱性，既不结滞，又无渣滓，铁水不至停流，即炭质混入铁中，而重经煅炼，即本性不存。故冶炉以用木炭为上，中西自古皆然，嗣因木炭价贵，西法改用焦煤化铁，不清参以石灰，如用石膏点豆腐。化为铁水，放出结钣，与木炭同功，或煤质杂，即焦煤参灰，而亦分铁不清，若煤质净，即生煤参灰，而亦出铁可用，均以天然造化，无需机器，即用机器以代人力，拉风箱，加矿煤各项，在西国则为省费，在中国则反加增，以各项皆人力之所优为，中法可以仿行西法者矣。惟冶炉化出生铁以后，所有炼生成熟，炼铁成钢，及制造重大器具，则有许多非中法人力所能成者，必用西法、机器以济之。凡冶炉内，煤与铁合而为一，用煤多而必取其精；冶炉外，煤与铁分而为二，用煤少而不嫌其杂。至于各项机器，只于锅炉下烧足生煤，蒸水为汽以运动之，若非冶炉之需上等焦煤也。故机器可置于水陆通衢，而冶炉则必就煤就灰，并就铁矿出产之所，以省运费。姑就英吉利炼泥铁矿法最便宜者计之，每中等冶炉，一日夜需加煅过铁矿三十吨，烧过石灰七八吨，不过出生铁十五六吨而止。炉加大则各项亦加多，均以此递推而得。

今湖北汉阳铁政局，仿西法置头等冶炉二座，大冶铁矿佳而煤质杂，兴国、江夏之煤，亦不合用。运费均重，购外煤则成本更高。姑将矿价、煤价、灰价运到冶炉从轻计算，每煅过净矿一吨，至少值银八两；每炼过焦煤一吨，至少值银九两；每烧过石灰一吨，至少值银三两。计六吨生煤，始能炼三吨焦煤。合三吨焦煤，两吨净矿，半吨石灰，以成一吨生铁钣，加以薪工各项，约费本银五十两。而中国每上等生铁一吨，不过值银三十二三两，如每日冶炉，化出生铁一百吨，将亏本银二十两，是冶炉多煽一日，即多亏本一日。彼徒计出铁之多寡，而不计成本之轻重者，皆洋匠以西法炫人误之也。如此，则汉阳决无可开之冶炉，无冶炉即无生铁，将何以炼生成熟，又何以炼铁成钢？则原费数百万金，购置熟铁厂、钢轨厂、制造厂、贝色麻钢厂、西门士马丁精钢厂，并各项机器，不将概归无用乎？势必兴修铁路，仍取资于洋铁而后可。不与创开铁政局本意相剌谬乎？无已，计惟有广兴矿务，听民间遍开冶炉以济之。

查湖北荆襄上游之郧施等处，界连川陕；入湖南之衡宝、辰沅等处，路通云贵；其四川之夔绥忠西等处，尤多山深林密，矿净煤佳，士人视开矿作农工商贾据铁冶为恒产。掌炉者曰，老客近来，仍用古法，以木炭入冶炉，不搀石灰，炼矿成铁甚精，有以焦煤试入①冶炉者，搀灰则化，不搀灰则滞，老客泥古而不敢用，厂商重本而不轻试，致木炭用多而贵，每运百斤到厂，值钱三四百文。焦煤无用而贱，每炼百斤在山，值钱不到一百文，而冶炉煽出生铁，又复苦无销路。该冶炉有上中下三等，与西法形式同而大小不同。每上等冶炉，一日夜约出生铁七八千斤；每中等冶炉，一日夜约出生铁四五千斤；每下等冶炉，一日夜约出生铁二三千斤。每生铁钣一百斤，值银不到二两。每毛铁一百斤，值银仅一两零。每熟铁铜条一百斤，则值银四五两不等。缘生铁钣，系由冶炉自然流出，毛铁则搀有冶炉所出之铁钞，故比洋来生铁较贱。此外，则由人力千锤百炼而成，故比机器所成之熟铁钢条较贵。即此可悟汉阳铁政局，亏本只在冶炉生铁厂，获利当在炼生成熟、炼铁成钢之各机器厂。若奏明派员设分局于上游各处，官督商办，听民开矿，因山就灰，近水开炉，刊示章程，渐仿西法，改用焦煤代木炭入冶炉，搀石灰以点化之，本习其事，徐会其通，既得其传，终神其用，因势利导，风气大开，一转移间，冶炉更多，成本更低，铁价更贱。官为采买，或先期而予钱，或后期而取值，多方相济，委曲相通，化官为商，脱尽宦场陋习。仍恐报销尚多糜费，则选有家资声望者为局员，先发官本若干，议定铁价若干，如式交盘，包运到局，陆续交铁，再陆续领银，始终只欠官本若干，以资周转。随后结算，盈亏不与铁政局相涉。在商贾各有可图之利，而分局亦有自主之权。利所在则人自趋，权既专则事易办。应奏明凡熟铁钢条出境，仍完厘税，其生铁出境概免之。如此，则上游各处，冶炉贪运生铁出水，循江汉沅湘顺流而下。上游如此，下游如江西、安徽等省，亦可照办酌加，运费交到汉阳，即再贵亦不过每墩生铁，值银三十二三两而止。决不至如官局生铁，底本至贱，亦每墩值银五十两之多。盖官局向运烧煤三墩，铁矿两墩，石灰半墩，约共五六墩，送到汉冶炉炼化，始得一吨生铁钣者。此则就各出产处，开炉炼化，运作一吨生铁钣到局，铁原无耗，即运道稍远，而运一吨之与运五六吨，所省孰多，余可类推。彼时铁政局购买各路生铁，以供各机器厂，炼生成熟，炼铁成钢，及铸造各项之用。每年收得生铁数十万吨，即以之徐开铁路而有余。若铁路开到河北，另开支路，运晋铁下太行，而铁更不可胜用矣。

---

① "入"，原作"人"，误，校改。

大冶、兴国、江夏各处之煤，虽不可入冶炉，仍可以供轮船火车机器厂之用，其有余者，售作民间炊爨煤利，比铁利更大，何必浪掷之于冶炉，徒费无益。盖以冶炉因山就炭，炼矿成铁归之民，仍用中法；而以机器炼生成熟、炼铁成钢归之官，参用西法。可因其利而不受其害，去其粗而但得其精。是以民厂济官局之穷，又以机器济人力之穷。庶不至徒托空言，而办理稍有把握。凡成大事者，固不惜小费，而理大财、筹巨款者，必先通盘澈算，铢积寸累，而后可以有成。试办或误于阔疏，积久终归于细密，因病求药，得水穷源，自有药到病除、源远水长之日，矿务何独不然。

湖北汉阳铁政局先开风气，规模宏远，原非为逐锱铢起见，只因焦煤价贵，冶炉无利，遂贻议者口实，甚欲改弦而更张之，不思设法而补救之，吁可惜已。昔曾文正创立湘军规制，奉行久而多改，李忠武始终守之。尝言立法者，但求大段完好，行法者当于小处弥缝，文正亟称之，故湘军终平天下。今铁政局各项均完好，只须于冶炉弥缝其阙，广兴矿务，杜塞漏卮，修造铁路，根基其在是矣。

纵谈至此，忽有识时务者，皆洋矿师，睨予而笑曰："华铁性脆质杂，中法炼本不佳，即用西法炼过，亦不合用，吾惯经手外洋，买机器已承办钢轨铁桥久矣。子休矣，勿琐琐多言！"予闻之，悚然而退！

附 "以上矿务琐言均从中法西法汇参历练而来，自道已经其不知者阙如也。至欧亚语言文字迥异，化学名目种类甚繁，中西人士所译各书，亦各比类附、合假、借形，似往往有此一物，称谓不符，人但宜知此物根源，不必定举西名，以相炫耀。譬如西人称父为花打，称母为孜打，我认识何者为父母，即不学称花打孜打可也。知非子附识别。"（《中外时务经济新论》卷四矿学，富顺果尔敏编定，1898 年上海自强垒石印本）

论病论药说 *
（1901 年）

喻氏云，治病先论病是也。病既能论矣，自然能论药。当问病时，

---

* 录自《皇朝经济文新编·西医》，宜今室主人辑，光绪二十七年（1901 年）五月上海宜今室石印本。

必将望、问、闻、切四端，悉心领会。先论其病起于何因，见为何症，其本病在何经，其标病在何处，表里虚实，详审不差，然后立方用药。又论其药之寒热温凉，君臣佐使，或用成方，或宗成方，而加减之，变通之。治病如此，即不十全，断无治坏之理。古之名医不过如是，今之为医者当亦不外如是。若不论病，何由立方？复不能论药，何由愈病？然论病难而论药易，何也？论病之法，非熟识《灵素》诸书，精明医理，而于望、问、闻、切四端毫无把握，不能论也。即洞悉《内经》，非细心临症，亦不能论。纵言浮谈，似是而非，论与不论等耳。至于药入何经，治何病，载明《本草》，一阅即知。闻有《本草》误注者，亦可参合方书而悟之故。论病则深而难精，论药则浅而易准也。但欲责难精者之未精，局外原无从置喙，试与言易准者之未准，局中究无从强争，有如郁金入心与包络，兼入肺经。治血气诸痛，实开里郁，乃有寒热，初起而因胸腹闷塞胀痛，始则煎用，继则磨汁，或胸腹稍效而表邪内陷，每至昏迷莫救，青蒿入少阳、厥阴，血分治骨蒸、劳热，并不表散，乃有身热不解，用以清化，即引邪入里，贻祸不浅。

麻黄、细辛，共知为表散峻味，尚不轻用。凡遇时邪身热，不问何经何症，动用柴葛解饥法，或以为寒重，兼用桂附，或以为暑重，兼用薷豉，更或杂以利下诸味，轻则六一散，重则槟榔丸，岂知柴胡为少阳经表药，葛根为阳明经提药。若时邪不在本经，误服柴胡，则风动厥逆；误服葛根，则气喘痰涌，甚至兼用夹杂，尤属变端百出，危险一时。若此等药性，看过《本草》无不知者，患在临用而不论耳。惟石膏，甘辛而淡，其性甚寒，为足阳明经，主药兼入肺与三焦，专治上炎实火，只能止汗，不能发汗，而《本草》谓其辛能解饥发汗，其说疑似不可从也。如果能发汗，何以伤寒治身热无汗症？如麻杏甘石汤，桂枝石膏汤，必合大表散药而用石膏。可见用石膏者，不过借以清热，非借以发汗，况桂枝石膏汤专治身热、大汗之风疟，更可悟石膏非汗药矣。倘温邪瘅疟，但热无汗，误服桂枝石膏汤，鲜不为害。

白茅根微甘辛凉，入心肺胃三经，表散气血郁热，治小儿痘疹身热及大人时邪鼻衄等症，而《本草》与《沈尊生》诸书，谓其甘寒与芦根同，误也。香附通行十二经，为女科要药，时诊以女人多郁，气通则郁解，故服香附尤效，非宜于女人，不宜于男子。特男子以气为主，不若女人以血为主，其气不可过散，且李士材以女人气实而血未大虚者，方宜于香附，否则损气而燥血，愈致其疾。然则治女子之气，不可多用香附，况治男子之气，何可多用香附乎？若此等药性，不得尽信《本草》，须多阅方书及试用经验而领会之。尤有奇者，治藜藿则一味攻消，治膏粱则全投补益，抑知用而当，砒霜可以救人，用而不当，参茸无不害人。俗谓头痛救头、足痛救足，诮医之未通者。愚谓苟如是对症用药，即良医也，较之时医之乱投郁金柴葛等味，不知表里上下者，实高出几倍。特患头痛而以足药救之，足痛而以头药救之，不能论病论药耳。

夫论病论药，在临症时，而其所以能论者，不在临症而在未临之先。是必多看方书，温习参考，务审其一定之理，又在已临症之后，俟覆诊其病情，进退愈否，务思其所用之药，行之久而临症渐有所准，行之又久而临症一无或误，庶几可以获利，可以成名，是所祷祀以求者，勿訾斯言为臆说。幸甚！幸甚！

血去无咎说[*]
（1901 年）

《易》言："血去惕出无咎。"向以谓特罕，譬而喻于实事，或未当焉。去年刘佛卿部郎为言血症无死法，心窃异之，未及详询，匆匆话别，常以为憾。今观海上种榆山人胡君悦彭之论，吐血而得其说矣。

山人之论，曰万物生成之道，惟阴与阳。非阳无以生，非阴无以成，阳生阴长，而人理备焉。夫阴阳者，血气也。人有此身即有此血气，故血旺则形充，血衰则形壤，目得血而能视，耳得血而能听，手得血而能活，足得血而能步。血之为物，不其宝乎！夫血虽主于心，藏于肝，布于肺，根于肾，灌溉一身，以入血脉而营四末，然亦后天水谷所化，则血何由而生，气何由而立？是故治血独重脾胃，往往有诸血症经年不愈者，皆以胃药收功，因脾胃为生化之源，能统摄其血也。血性属阴，常与阳气并行而不悖。气一妄动，则血逆于上；气不妄动，则血融于中。非气之妄动，实因外邪失治，逼其六经之火，火动则气升，而血亦随之以出矣。

《内经》曰：喜伤心，怒伤肝，思伤脾，悲伤肺，恐伤肾，凡此皆能

---

* 录自《皇朝经济文新编·西医》，宜今室主人辑，光绪二十七年（1901 年）五月上海宜今室石印本。

动火而致血。又曰：起居不节，用力过度，则络脉伤；阳络伤则血外溢，阴络伤①则血内溢。又曰：大怒则形气绝，而血菀②于上，使人薄厥。又曰：怒则气逆，甚则呕血，此皆内伤七情动血之病也。由此观之，不独外来之邪皆能及胃而吐血，即五志之火亦何莫不然。盖阳明为十二经之海，多气多血，故也。惟血既有形，其色可察，故古人有验血之法，如吐在水碗内，浮者，肺血也；沉者，汗血也；半浮半沉者，心血也。愚谓新血色鲜，宿血色黑，实热则红，虚火则淡，挟风则带青，挟寒则带黯，火极似水则带紫而黑，水极似火则带滑而绛。蓄之于上，其人喜忘；蓄之于下，其人喜狂。气虚血脱，急当补气；火邪血涌，急以咸降。血因气逆上，壅横不循道者，宜用行之降之之法；血因阳虚寒，滞火不归源者，宜用温之养之之法。血热宜凉之、泻之，血涩宜通之、利之。审证切当，而以对症之药投之，自无不愈之理。

至论吐血之脉，不下百余家，兹择其精核者而言之。《内经》曰："脉至而搏，血衄身热者，死。"《难经》曰："病若吐衄，脉当沉细，反浮大而牢者，死。"《金匮》曰："吐血咳逆上气，其③脉数而④有⑤热，不得卧者，死。"《脉经》曰："脉得诸涩濡弱，为亡血。"《脉诀》曰："诸症失血，皆见芤脉，脉贵沉细，浮大难治。"《正传》曰："芤为失血，涩为少血。"《丹溪》曰："吐衄⑥血，脉滑数者难治"，又"吐唾血，脉细弱者生，实大者死"。《东垣》曰："身热脉大难治，身凉脉静易治。"此皆因血之虚实、病之新久而见某脉为顺、某脉为逆之言也。然而既有其脉，岂无其症？今粗举血症共知之名，约略而言之：有伤酒伤食而吐血者，有咳伤肺络而吐血者，有劳瘵而吐血者，有劳心而吐血者，有肺痿而吐血者，有气郁而吐血者，有心热而吐血者，有坠跌瘀滞而吐血者，有六营之邪伤其营分而吐血者。若夫咯血之症，痰中咯出血疙瘩，肺热肺损，皆有之咳血者。血由咳嗽而出，有先红而后痰者，属阴虚火动，有先痰而后红者，属火热刑金痰。涎血者，痰中带有红丝红点，皆由悒郁不畅，脾家积热所致；呕血者，血从口涌而出，多至成盆盈碗，此由大怒伤肝，气逆血涌所致；唾血者，鲜血随唾而出，虽属肾

---

① "伤"，原作无，据《黄帝内经·灵枢·百病始生》补。
② "菀"，原作"越"，误，据《黄帝内经·素问·生气通天论》改。
③④ "其""而"，原作无，据《金匮要略》增补。
⑤ "有"，原作"身"，误，据《金匮要略》改。
⑥ "衄"，原作无，据《丹溪》增补。

亏，或有心肺郁热，亦能致此。观夫血症之名，既繁且剧，难以悉数。是在临症者神而明之，若一一引典，毫无发挥，徒受抄袭之诮，亦曷贵乎血之有论者。

近代治血，惟缪仲淳为最，以其善用降气之法。盖气为血之帅，气降则火降，火降则气不上升，血随气行，无溢出七窍之患矣。今之治吐血者，大患有三：一则喜用寒凉。盖寒则血凝，不能循经入络，久必瘀，如蛊胀、痛瘕、噎嗝、麻痹等症，皆败血之为患。二则喜用辛热。盖辛热最易伤阴，阴伤则血愈损，如骨蒸、潮热、痨瘵、咳嗽、形神憔悴、五心烦燥等症，皆阴阳之见症也。三则喜用草药单方。要知草药每多苦寒恶劣之性，最易魁伐元气，若实症而幸中之，以为神丹稀世之宝，若虚症而误服之，能不伤人乎？

今沪北为万国会萃之区，池酒肉林之所，吐血之症，日见其多，治不如法，每多不起者，何也？半由于医者不明之由，半由于病者误服单方之故。三十年目见甚多，为治亦不少用，敢笔之于书，以备留心斯事者之采择焉。

精技艺以致富说[*]
（1901 年）

泰西之学，技艺与文学并重于国，无轩轾之分、贵贱之别。故朝廷取士，凡技艺之中有能自出心思、标新领异、自成一家、为他人之所不能为者，国家予以文凭，准其专利若干年，自五年至二十年、三十年不等。有年满之后，加恩展限数年者，此时国家为保护，不准他人仿效，至年数已届其期，始准他人如法制造，其例如此，用是智巧聪明之士，无不孤诣冥心，孑孑独造，而人才辈出，日进靡穷。且有一器一物也，务求其成，守愚公移山之志，历世相继，父以诏子，子以诏孙，至再至三，改造仿制，虽虚縻巨费以贫其家弗顾也。更有乞之同辈，请之朝廷，助其资财，以竟全功，务底于精纯无憾而后已。故其国运昌明，所造之物精而且良。周武则猛锐难当，行商则无往不利，兵强国富，职是之由。

---

* 录自《皇朝经济文新编·工艺》，宜今室主人辑，光绪二十七年（1901 年）五月上海宜今室石印本。

中国向崇文德，鄙艺术为小道，贱新学为小道，偶有矫异自立欲有举动者，旁观拘执之人纵不为之阻挠，亦必加以讪笑，以为妄人多事，自作聪明，尚未睹其成，先科其败，功不能见，祸即随之。故怀才之流不敢轻于一试，国之所以不振，业之所以不精也。通海以来，兵防吃紧，南北洋各创机器，雇工制造，凡枪炮、药弹、汽机、船只，靡不从新创制，精益求精，较道咸之朝有蒸蒸日上之势。然惟广虽宏，局中往往延请西匠，彼为我用，我实为彼用也。

愚以为，技艺一项，自以制造兵火之类。为类其多，枪炮之外，莫要于雷，有曰行雷者，有曰伏雷者。伏雷利守，所设之处，宜多设标浮，以为疑兵之计；行雷宜攻，直趋敌舟，一发敌命。更有鱼雷一种，箭雷、索雷等名。鱼雷形长，以铜为质，以棉花药为腹，尾有螺轮，中腹蓄气，机轮自行。箭雷，天津水师学堂曾经制造，索雷则拖于船尾，两种皆不及鱼雷之良。枪以毛瑟哈乞思益为最，炮以克虏伯，远攻以马塔霍思，近击火药以白药、棉花药为最烈。以上各器，中国已大半自能制造，但不甚精耳。至于辨矿材作器用，煅钢铁，印花布以及一切日用之微，中国风气方开，皆不能及试。观日本一国自开化后，事事效法泰西，其国人倘有志自强。宜多设各种技艺学堂，实事求是，一洗官场习气，始得日臻上理，与各大国争衡。倘复泄沓成风，不求真际，事事仰给于人，非特民间日用之物尽用西制，每年金币虚掷重洋，不复能返，即使军器可以自备，然人新我旧，人良我楛，一旦事起，疆场不徒受其绌，且受其害矣。是宜选曾经出洋之干员，切实不浮，督率心思灵敏、智虑精巧者，尽心学习，或仿其制而为之，或新其法而广之，富强之基，端在于是。

总之，制器尚象利用，本出于前民，《几何》作于冉子，而中国失其书，西人习之，遂精算术。自鸣钟创于僧人，而中国失其法，西人习之遂精。制造火车，本唐一行水激铜轮自转之法，今则火蒸汽运，名曰汽车。炮本虞允文遗制，当时败敌有霹雳之名。凡西人所精者，中国皆先有其说，今愚俗之见少多怪，往往震惊西人之巧，岂真西人之智远出于华人上哉？特中国不重技艺之学，人巧而吾自安于拙，人智而我自安于愚耳。今宜一反其道而行之，上以制器为能，下以技巧为重，人一己百，人十己千，务求驾平，西人良法美意，仿效不穷，新机巧制，搜求靡已，务在我能师其所长，而夺其所恃。如是，技艺安得不日精，而富强之术安见不能与泰西并驾齐驱也哉？

资格说 *
（1901 年）

　　自资格立而轶群之才，恒致坐困。昔人慨之。然帝王用人，卒不能舍此而别神其术者，岂无见而然哉！盖非常之人，百人不得一。其他虽抱负美质，并有稽古之功，而不广见闻，则无应事之识；不经历练，则无任事之才。是以由策名而拜除，由拜除而升擢，层累曲折，动需时日。不开倖进之阶，固王者官人之大权，亦造就人才之妙用也。汉之贾谊，明之解缙，不可谓非才士矣。得君如汉文明祖，不可谓非贤主矣。然而长沙之行，遗归之诏，犹有闻焉者。虽为二人感际遇之难，而当日两君郑重之心，可默喻也。是以资格之远贤者，可俯而就愚者，可企而及而邀倖觊望，可两绝其萌矣。

　　今则不然，大吏之斟酌者曰资格，属僚之谈论者曰资格，而静观默揣却有未能符合者。则资格之外，厥有三端，曰人情，曰揣摩，曰逢迎。乡戚世谊，曲为栽培；竿牍甫行，印绶立至。此人情也。有此者，能揣摩逢迎，更易超擢。不能亦无伤，上台好者好之，上台恶者恶之。上台刻核则以苛察矜其明，上台锋厉则以圭角逞其能。抗论于大廷，隐合于心曲，此揣摩也。能此者，人情所不有而自有，逢迎所不工而自工，而不次之迁直可期诸旦夕。至于朝无奥援，身无作用，而能卑躬屈节，四面阿谀者，是犹善逢迎也。大员虽识其卑靡而置诸左右，供我役使，殊觉其便。故调剂之惠，逾格之恩，且及其身矣。

　　夫有人情者，是有福命，非人力所能为。能揣摩者，才干必优，堪称能吏，登剡章、膺上考，固有所宜。至于无福无才，专仰颜色者，胡为得志，曰夏畦之劳，不可无所酬报也。若夫无福无才，并无承颜之技，于是念及国家立法而黾勉于资格之途，息心耐守，需次若何，年自度资格，固及时矣。然而委札不下好音，杳然问诸上台，上台不知问诸同僚，同僚亦不知及默静索解，则知有所谓轮中酌马，有所谓酌中轮马。资格浅者，可以躐等而进升；资格深者，可以屈抑而舍置。如作爰书，辗转援案，上下其手，易于反掌。

---

　　* 录自《皇朝经济文新编·吏治》，宜今室主人辑，光绪二十七年（1901 年）五月上海宜今室石印本。

嘻！至资格无凭，彼三途以外之人，更安望哉？偶遇奇才异能，自当破格录用。然所谓破格者，岂皆奇才异能乎！何才能如此之多也。亦有枯朽之才，虽轮到亦难任，使果有其人，即当早遣回籍，俾得另就他途，免其浮沉宦海。乃有明知其可用，而轮到亦复置之不理，是何谓耶？仕途之拥挤，无过今日。依序轮挨，有毕生不能得委者，有数十年而始得委者。夫停止捐输，只能截其来路，而现在候补人员，何以梳栉？曰：惟有悉照次序，绝其觊觎之心，使知委期有定，不能挽越。于是归田与就他事者，当必纷纷，而仕途之疏通，可以立待而至。惟资格有定，而转移无定，于是人人希冀皆恋恋于会垣而不忍去，随班听鼓，百讨钻求营谋耳。其在富厚之人，虽终身不能得一差，尚不足虑。若夫为贫而仕，自到省以后，竭力支持，恒有衣服尽行质钱者，乃盼至应委之期，而依然为他人所猎取，情何以堪？且富厚之人，其得差偏易，竟非资格之所能限。以候补兼贸易，并行不悖，或开质库以便民，或设钱肆以通市，而优差迭至，美缺频仍。

盖亦长袖善舞，多财善贾之一征也。夫大员黜陟人才，宁不知设立资格之本意。然或碍于情面，动于私欲，其或挟制于其所长而不得不尔，故知其意而仍违其例。尝见下车伊始，封章入告，即列举某某宜黜，某某宜升，至言人地相宜，则大部亦难以辩驳。夫知人则哲，惟帝其难，何以接见属僚不数次，而即能了如指掌耶？我久之而恍然曰难知人，知人情，揣摩逢迎则非难，又何资格之能限也哉！爰泚笔而为此说，终南捷径，意在斯乎，意在斯乎！

专

著

庸　书[*]
（1896 年）

《庸书》序^{**}
宋育仁

举一事之得失利病，龥导而理解，可与言政矣，而未足以言全局之得失利病也；举全局之得失利病，龥导而理解，可谓知政矣，而未足以言中外之得失利病也；举中外之得失利病，龥导而理解，可谓明政矣，而未足以言古今之得失利病也。知全局之得失利病，然后可以知中外；知中外之得失利病，然后可以知古今；知古今之得失利病，然后可以言全局之得失利病也。综全局，衡中外，阅古今，然而言政者可以施于政。

天下之说曰，今日之病在尚文文敝，诚是也；今日之病在轻艺工楛，诚是也；今日之病在薄商货滞，诚是也；今日之病在乏财国匮，诚是也；今日之病在废武兵弛，诚是也。今日即去文、贵艺、厚商、务财、重武，富强立效。天下之角富强者，日以心斗而未始有涯，则见以为能综全局者，犹拾契而数齿也，未能权夫中外者也。天下之说进而曰，今日之病在网密而法遁，则议更其苛细；在官冗而禄薄，则议均其食事；在学肤而举滥，则议变其选仕；在上蔽而下壅，则议通其复逆。今日即更律法、厘官制、兴学校、行议院，整齐立效，富强易使，知治本矣。顾更律法、厘官制、兴学校、行议院，不于先王取法，则必以外

---

  *　以光绪二十二年刻本为底本，参校光绪二十三年上海慎记书庄石印本（属于《西政丛书》第 29 册）。

  **　录自光绪二十二年刻本。

域为师。外域之治，果胜于先王之法，即师外域无伤也。先王之法而包举乎外域，数典而忘其祖，则何为哉！师外域而不害先王之政，无伤也。害先王之政，妨圣人之教，以忘中国之本，则又何为哉！知中外而不通古今者，其犹今日适越而昔来也。

今中国之泯棼，事堕于冥冥，而相遁以貌饰，诚不可自诬为中国之故矣。镜于四海而利弊皎然，则知所以自治。顾育仁常从使泰西，观其政，利导整齐，而俗乃鄙倍。夫鄙倍者，戎索之旧，未进于文明，而其治整齐者，得先王立政之意焉，不如诸夏之亡矣。称先王为世诟，以为迂阔远于事，则镜于四海，镜于四海而有得有失，则莫若考诸先王。中国数千年之基，开务于尧舜，集成于孔子，先王之政，备于孔子之书，为万世制作。秦废先王之道，愚黔首以便法史。汉虽稍复经术，而政规已定，博士依违，莫敢正驳六经，治世之大律迁流为文词帖括，无所用。习其书而亡其意，学术益卤莽灭裂。及其从政，舍经术而学于吏胥，在上者察其果无所能，则弃士流而专用市侩，益驰骛乎外，不敬于内，徒以收海关为富国，治船械为强兵，一若舍是，则国无所事，庸讵知不修其内，则国无与立乎？而卑论侪俗之流，方且专己守残，力护积弊，天下哼哼相哗以无人才，曾不知外患之来由于内政，人才之乏由于学衰。夫立学、取士、用人、行政，其事同途而不可离，离则芒然无所向，贤否相乱而世无是非，是非乱而国无刑赏，刑赏不施，官政废弛，而野无教养，然则不必言洋务也，言治内而已。夫治内者，舍孔子之言、先王之政，又安归乎？今立学取士，以孔子之先王之道为名，而用人行政，乃不以此考其实，则何为哉！

陈次亮农部，湛深经世之学，既稽于古，知其本源，久直枢垣。明当世之事，周咨博采，遍历沿海大埠，至香港、澳门，又旁考西书，至于辐轩译语，镜机甄微，感念时变，乃探综古今中外全局，发愤著《庸书》内外百篇。言综名实，故以《名实》篇托首，其于审官、牧民、兴学、理财、平律、治兵、筹边，反覆于古今盛衰之故，中外名实之科，治乱之条贯备矣。而于风化治本，尤钦钦致意焉，始以《自强》，终以《圣道》。《自强》之言曰："形而上者谓之道，形而下者谓之器。器为道之粗迹，先王遗意之所存，经秦政之酷烈澌灭而迁流于外域。天将以器还中国，而以道行泰西，表里精粗，交易而退。"《圣道》之言曰："宜及此时，上下同心，修明学校，博采泰西制器尚象之理，强兵富国之原，使天下万世，不得议其迂疏而寡效。"夫孔子之言，言政者过半矣。

《周官》治内，《春秋》治外，先富而后教，由兵而反礼，则何者不备？岂果迂疏而寡效哉！后世欲任私智，背先王，历朝之效亦可睹，又鉴于今矣。然则舍孔子何法？舍六经何向？善乎《自叙》引苏轼之言曰："谋国者定所向。"定所向而得失之辨明。夫安有筑室而道谋，一哄之市，而不胜异议者哉！外患之与内忧，恒相因而相积，不必言外交也，言内治而已。明政刑，兴教养，理财治兵，今固有其名也，而未始有其实也。言内治者，亦审名实而已；审名实之实，亦用人而已。敷奏以言，明试以功，此圣人之所以审名实而熙庶绩也。故百篇言治者备，而以《名实》为枢，若网在纲，有条而不紊。

唯达者知通为一，为是不用而寓诸庸，旨在斯乎？未有不通为一而足以言治者也。倘能早见施行，举而措之，与天下更始，群策群力，相与轸国步之艰而消唫呻之疬，庶有瘳乎？

光绪二十二年夏四月宋育仁谨叙

《庸书》内外篇重刊序[*]
余鏻

《庸书》百篇，吾乡陈次亮先生所撰。原刊次年，盛君筱吾自京华归，举以赠余，初得披玩，心思、耳目为之增新者不少，固知先生经世功深，旷达源远，与时下耳食之流不识今古变迁、妄谈中外利病者，大相轩轾。然世局至今日，已不易为参议矣。何则？天高地厚，底蕴毕宣，物曲人官，利能各尽，犹复精奇日出，灵异非常，殆将有后之视今更甚于今之视昔者矣！

间尝偕知己二三，举国家一切救时之政，自强之策，私相计议，虽有所得，疏漫犹多，或井蛙陋见，不足与言，天下大事，不以为怪。而躬亲游历诸君子，异国归来，皇皇立说，亦或言过其实，铺张于目，不出轩序者之前，求补弱贫之积习，反蔽富强之本原，问如斯而立国，不亦难乎？

先生盖知之深而虑之久矣。故是书之编，首《名实》，终《圣道》，

＊ 录自《庸书》，光绪丁酉（1897 年）豫宁余氏重校付刊本。另光绪戊戌（1898）年大雅书局刻本也载有此序。

知本齐末，举事扬言，大义昭昭，不讳当道，此则先生之识量之气节也。至若皋牟六合，研究一时，罗五大洲于掌握，鉴廿四史为纪纲，则又先生之经济之文章也。往者朱纯卿兄丈与先生同季，为余道先生事甚详，因纵言是书，谓大有裨于斯世，指诮伐善，实获我心，而同辈诸君，共相欣赏，借钞披阅，架不留签，缘此重付梨枣，以公同好，特先生是书成于猝，有重伤世局之思焉！而婉辞尚形激烈，有大为盛世之望焉！而危言或过偏持，是在慧眼谅其用心。第揽其通册，主客华夷，上下道器，见闻殚洽，咸趋乎自强之一途，允足为有志之士扩所推崇、化厥胶固者也。

唯期海内施行，悉归举措，济国步之艰难，振愚庸之聋聩，其殆庶几，此不仅作者之大幸，而鄙人之愿尤有胜焉耳！

光绪二十有三年，岁次丁酉六月戊辰朔，豫宁余镳识于湘水校经堂东序

自叙 *

孔子曰："君子之德风，小人之德草。草上之风必偃，上有好者，下必甚焉。"宋臣苏轼曰："谋国者定所向，然则天下之治乱安危，定于人主之意向而已矣。"六十年来，万国通商，当代才贤竞言洋务，而持正守旧之士，又复深闭固拒，以绝口不言西事为高。夫君子求诸己，小人求诸人，内治既清，则外忧自息不言，诚是也。而今之矫矫然自命正人者，大抵掇拾补苴，敷衍粉饰，毛举细故，网漏吞舟，及事变既来，辱国辱身，茫然无所措手足，有能兴利除弊、后乐先忧、默契天心、修明祖制、以实不以文、不师其迹师其意者乎？无有也。其号为通洋务者，又以巽愞为能，以周容为度，以张皇退葸为功。言交涉则讲求于言语文字、交际晋接之间，屈己伸人，以苟求无事；言海防则鳃鳃然敝精竭财于利炮坚台、鱼雷铁舰之属，岁掷帑金千万，以苟且侥幸于一时，弃其菁英而取其糟粕，遗其大体而袭其皮毛，朝野上下间填然、狄然、訾然、谨然，欲求一缓急可恃之才而竟不可得。盈廷聚讼，筑室道谋，内治外交，两无实际，天下人亦相与诟而病之，非而刺之，抵而排之，断断然而争，憧憧然而乱，而举世民穷财尽，风敝俗偷，深患隐忧，窅

---

* 原在文末，现纳入文前。

然未知其所终极，则上之意向不定，而下之奉行而挟持之者，殆亦不得辞其过矣。

夫外患之与内忧，其事常相因，其势常相积。当夫循生迭起，庸人痛心疾首，束手而无可如何，而豪杰之士、不世出之英，正借以对镜参观，一试其错节盘根之利器何则？木必先腐也，而后虫生之，则外患之来，必由于内政之尚有所阙也。外宁必有内忧，曷释吴以为外惧，则内忧之伏，正可倚外力以阴持其终也。君子观于前，此议约之非人，与今日伏莽之不能为患，而其故晓然矣。

今之外患，其惠我中国者，犹不止此。有物焉，古有而今无者，彼举而归之；有事焉，彼明而我昧者，彼掬而示之。我有民不能自养，将酿为刀兵疾疫，彼招之而使去，是海外之尾闾也。我有利不及自兴，终弃于土石榛芜，彼话之而使开，是迷途之向导也。其损我者，其益我者也。其新奇之理，皆古圣之遗也。然则我之所以应之者，不必言外交也，言内治而已矣。

内治何在？核名实、明政刑、兴教养，诸大端而已矣。然其间亦自有辨。东南多水，通商诸国英为大，彼方擅重洋之全利，倚中国为奥援，数十年间保无兵事，我第振兴商务，开拓利源，出土地之所藏，以与之征逐互市，而已无余事矣。今之整饬海防，纷纷然其不惮烦者，皆虚器耳。西北多陆，紧与我邻者，惟俄罗斯，其父子祖孙，君臣上下，方并心一意，得寸得尺，窥我堂奥而溃我藩篱，其未敢显然开衅者，相距窎远，转运艰难，故四顾踌躇，尚有所待耳。比年俄在泰西黑海之口屡为英德所扼，不得不改辙而之东，故竭通国之金资经营西伯利亚之铁路。此路成后，不惟朝鲜东省不能安枕，即内外蒙古以邪络新疆、西藏，皆日在风声鹤唳之中。而蒙古各盟溺于黄教，强弩之末，鲁缟难穿。北省荒凉，重赖东南之接济，兵非仓卒所能练，饷非旦夕所可筹，他日祸变所生，有出于寻常意计之外者，然则何以应之？曰置镇兴屯，开设铁路而已矣。今者彼之边境自开铁路，我不能禁之也，我则筑路增屯，彼亦无能禁我也。若铁路既成，兵力既足，则一举一动西邻皆有责言，欲慎固防维则虑开边衅，欲听其侵轶则以肉饲虎，肉尽而其欲未盈。昔百战艰难而得之，今一旦因循而弃之，祸首罪魁，何以自解于天下后世哉！故彼之铁路将成未成之际，自强之先着、救败之微权总此矣。

夫难能而可贵者，时也；稍纵而即逝者，机也；可直而亦可以曲者，理也；可得而不可以失者，势也。今之言洋务者，兢兢于海防，而不知其本原乃在商务也；汲汲于东南，而不知其要害乃在西北也。不知不可谓智，知而不言不可谓忠，矫之者掩聪塞明，激为孤愤，卓然自命吾道之干城也。然所学者，时文、试律、楷书而已，入官而后所穷年矻矻者，簿书、钱谷、文移、期会而已。不知古不知今，不知己不知彼，自矜意气而不知国事之不可以侥幸尝也，自博名高而不知天意之不可以空言挽也。即事殊势迫，以一死继之，于国家复何裨补？而况乎富贵利达之心，身家子孙之念，有以蠹其心而夺之气乎？激与随交病，通与蔽皆非，守旧与图新兼失，而天下之大，万民之众，自中达外，通时务者若旷无一人焉，则胶固而不通，优游而不断，虚浮而不实，偏倚而不周，昧于本末始终、缓急先后之序者，决不足以转移运会、宏济艰难也。

炽束发授书，留心当世之务，自髫龀至于弱冠，闻长老述庚申之变，亦常流涕太息，深恶而痛绝之。壮年奔走四方，周历于金复登莱、江浙闽粤沿海诸要区大埠，登澳门、香港之巅，览其形势，诇其情伪，详其战守进退分合之所由，然复博采之已译之西书，广征诸华人之游历出使者，参稽互证，悉其统宗，然后知内也外也，无外之非内也，一而二二而一者也。不揣固陋，作为《庸书》内外百篇，略明其指，区区之意，所望于当世公忠直谅读书明理之君子，去其矜情及其骄气，各竭其耳目心思之用，识大识小，博通今古，总持全局，以宏其志业而定厥指归，则无内无外，无古无今，无人无我，一以贯之耳。《南华》之内篇曰：“唯达者知通为一，为是不用而寓诸庸。庸之者，用也；用也者，通也；通也者，得也。适得而几矣。因是已已而不知其然，谓之道。”此长治久安之本计，招携怀远之先声，即居中驭外、西被东渐之权舆嚆矢也。

我朝厚泽深仁，沦浃于斯世斯民者至闳且久。方今圣明在上，爱养黎元，各省水旱偏灾，发帑截漕，有加无已，湛恩汪秽，洋溢寰区，民气强矣，邦本固矣，天眷隆矣。及此时综而理之，会而通之，敷而宣之，举而措之，如丝就绪，万变而不纷，若网在纲，有条而不紊。国于天地，必有与立，虽有良法，不能自行，得人则治，失人则乱，伊古以来，未有能易之者也。《易》：“穷则变，变则通，通则久。”先天而天弗违，后天而奉天时，知进退存亡而不失其正者，其惟圣人乎！《书》曰：“知之匪艰，行之维艰。”《诗》曰：“予其惩而毖后患。”又曰：“瞢瞢我王，纲纪四方。"夫子曰："欲载之空言，不如见之于行事之深切著明也。"斯则款款愚诚，所为穆然以思，复不禁殷然以望者也。谨叙。

内篇卷上

名实

国家之兴，二百八十有余载矣。法日改而日精，网日张而日密，文日积而日繁，内外官吏营私舞弊之方，亦日趋而日巧。祖宗之典制，非不善也，所承奉而操持之者，非不详且明也。然而大奸巨蠹，规避迁就，貌为奉公守法者，无以禁之矣。庸懦鄙夫，旅进旅退，窃禄保位，虽无功而亦若无过，无以督之矣。今日海禁大开，时移势易，一切因循苟且之行，先朝所未有拘牵窒阂而不能行者，无以调之矣。

当此之时，主于守旧者，深闭固拒，尊己而抑人，事变既来，茫昧昏蒙，束手无措。主于维新者，不深察中国之人情与国家创制显庸之本意，又张皇震讶，欲一切舍己而从之，其意似皆是也，而皆非也。守旧不能，图新不可，乃习为粉饰太平之说，迟重迁延，偷安旦夕，任外人之凌侮朘削而付之不见不闻，上下相蒙，内外相避，养痈贻患，移祸后人。寇敌在门，归之气数。此诸臣容容窃位，自私自便者之所为，而国家何赖焉？而天时人事何裨焉？然则何以待之？亦惟综核名实而已矣。

法之宜守者，慎守之，实课以守法之效，毋庸见异而迁也；法之当变者，力变之，实责以变法之功，毋俟后时而悔也。迂疏之议论，试以临事而必穷；夸诞之文辞，验之当机而立遁。不饰词以欺世，不违众以徇人，不朝令而夕更，不避难而就易。天有非常之变，必生非常之才。变不虚生，才不世出。苟能先儿烛照，罗而致之，策而用之，假以岁时，专其责任，毋恤细过①，毋动浮言，敷奏以言，明试以功，车服以庸，运以精心，持以定力，以宏大业，以奠丕基，内政既修，外忧自息矣。

惟是人情纵不贪功，未有不思远害者；纵不竞于荣利，未有甘蹈危亡者。所患者文法拘牵，是非淆杂，致贤者实心任事，日在荆天棘地之中。举事一不当，而全躯保妻子之臣，安坐徐行，而媒孽其短，则劳臣气沮，志士心灰，欲求国势之不卑，人材之不敝，民情之不离且叛也，

---

① 慎记书庄本此处为"故"。

其可得乎？醯酸而蚋聚焉；木必先腐也，而后虫生之。凭城之狐，处堂之雀，其不足与谋大事也，久矣。故得人则治，得人而不能尽其才，则仍不能治。任贤勿贰，去邪勿疑。重赏以劝功，明罚以讥①罪。俾天下晓然于意向之所在，悬一格以为招，而后风化可开，治平可致，内忧外患不足平也。

自强

自黄帝以来，重贤累圣，文章功业震古铄今，至于秦而天下之祸亟矣。先王之典章制度，经春秋战国之乱而大半凌夷，及秦政并兼，鞅、斯变法，焚书坑儒，以愚黔首，乃一切渐灭净尽，而百无一存。天恻然悯之，于其间生一孔子，宪章祖述，删诗书、定礼乐，表纲常名教之大，以维天道、正人心。然名物象数之繁，器也，而道亦寓焉。

中国大乱，抱器者无所容，转徙而之②西域。彼罗马列国，《汉书》之所谓大秦者，乃于秦汉之际，崛兴于葱岭之西，得先王之绪余而已足纵横四海矣。阅二千载，久假焉，而不能不归也。第水陆程途逾数万里，旷绝而无由自通，天乃益资彼以火器、电报、火轮、舟车，长驱以入中国，中国弗能禁也。天祸中国欤？实福中国也。天厌中国欤？实爱中国也。譬我有奇宝焉，遗之道路，拾遗者秘而不出，亦人之常情耳。今彼日恬我以言，日挟我以势，若惟恐我之不受，然者我之却之也愈坚，彼之欲归我也愈甚。物各有主，天实为之，彼虽欲自私自秘焉而有所不得也，我而终拒之，是逆天也，逆天者不祥莫大焉。

君子观于此，而中国之当变不当变者，从可识矣。形而上者谓之道，修道之谓教，自黄帝、孔子而来，至于今未尝废也。是天人之极致，性命之大原，亘千万世而无容或变者也。耶稣何人？天主何教？乃欲以彼易此乎？形而下者谓之器，是道之粗迹，先王遗意之所存，经秦政之酷烈熏烁而迁流于西域者。天将以器还中国，而以道行泰西，表里精粗，交易而退，人情之所便，天意之所开，虽圣人复生，其能拂人情、违天意，而冥行独往、傲然其不顾哉！

故知彼物之本属乎我，则无庸显立异同；知西法之本出乎中，则无俟概行拒绝。然而受之则富，否则贫，得之则强，否则弱者，何也？曰：天也。为迂远空疏之论者，不知彼不知己，不知今不知古，不知人

---

① 慎记书庄本此处为"议"。
② 慎记书庄本此处为"至"。

不知天，嚣嚣然曰：我大国也，彼小国也；我中国也，彼外国也。不观于东南诸国之已事乎？缅甸、越南、琉球，不变者也，其亡不旋踵焉？日本，变法者也，而至今存焉，强且富焉；暹罗、朝鲜，欲变而未变者也，其势岌岌然，如不终日。此言虽小，可以喻大，空谈无补，实衰易危。霸术之终，王道之始，君子不观之今而观之古，不求之人而求之天，知几其神，殷忧启圣，而一切牖下书生之议论，皆可息矣。

四维

《管子》四维之说，以治法言之，礼义廉耻是已。兹之所谓四维者，则以形势言之：东三省、朝鲜，东北之维也；台湾，东南之维[①]；琼州、广西、云南、西藏，西南之维也；甘肃、新疆、青海、阿尔泰山，西北之维也。此四者，为天之四枢，地之四隅，鳌之四足，得之则安，失之则危，取之则利，弃之则害，保之则存，忽之则亡。自有可耕之田，自有可兴之利，自有可凭之险，自有可用之兵，天生之，地成之，以奠我中国于苞桑磐石者也。盖今日之大患在俄，蚕食鲸吞，鹰瞵虎视，其新旧所得之属地，既络西藏，包伊犁、内外蒙古，以达朝鲜矣。西伯利亚铁路功成，而我东北、西北之边防将无宁日。英吞缅甸，法并越南，印度既久属他人，暹罗亦断难自立。西南一面，与我接壤者，亦万里而遥。至东南台湾之一隅，则通商万国之所垂涎而窥伺者也。今之谋国者，亦知之矣。东三省练兵，仿内地设立郡县矣。朝鲜，派员为之经理商务矣。台湾及新疆，则改设省会，戍以重兵矣。琼州，则戡黎通道矣。广西、云南、西藏，则设关、置吏、通商。而滇南与黑龙江，且设专员，兴矿务矣。筹饷、练兵、设险、守国，非不孜孜然汲汲然冀以固我疆圉，防人侵轶也。

然而计有所不定，力有所不专，似密而实疏，似张而实弛，似勤而实懈，或乃厚彼而薄此，是昔而非今。为迂阔之论者，讥其虚中而实边也；持调停之说者，侈言重内而轻外也。诸夷环伺，力敌势均，即守之有方，待之有法，犹虑其协以谋我，奔命不遑，必将审彼之利害以携其交，化我之畛域以联其气。而况重关叠险，非旦夕所能奏功；转饷征兵，非贤智无由善后乎！苟侈然自以为无患，他日情见势屈，四维者或失其一焉，则其祸有不可胜言者。

故力有所必争，而后强邻不能屈；心有所专注，而后异议不能挠。

---

① 慎记书庄本此处有"也"字。

四维者，均重也，均要也，而察彼之情伪，审我之后先，则东北之维，尤重之重、要之要也。俄人国势，等于暴秦，然黑海一隅屡为英挠，其忍辱负重过之。或者拘眉睫之妄论，执饫我之甘言而曰："万里之疆圉无忧，百岁之邦交可恃也。"人以我为妇孺而愚之，我亦自居于妇孺而信之，可谓智乎？明知其不可恃，而粉饰因循，冀幸于己身之不及见，而不计后患之有无、金瓯之缺否也，可谓忠乎？不忠不智，徒腾口说，以荧惑上下之听闻，斯圣王之所不宥也。（慎守四维之说篇幅过长，散见以下各则。）

考绩

京察大计之典，仿虞廷之三载考绩，周官之六计上廉，主于厉贤能，警贪墨，黜昏庸。其法非不良也，用意非不美也。每届所举者，大率奔走勤劳，循资按格，虽无大过，实鲜寸功，甚则属托瞻徇，不以为怪。京员盼得外放之路，外任倚为升擢之阶。其考语，则以七八字模糊景响之辞，以免驳诘，曰："必如是，而后简且括也。"夫六曹案牍，积累如山，一事之出入至微，辩难往还，至数十而未止。而独于国家巨典，人材进退之所关，乃独恶其繁，务为至简之文，以蒙上下之观听，此何为者也？其所劾者，京员则一二老病之辈，外官则三五微末之员，亦括以数言，了不著其不谨不职之实迹。犹幸军兴而后，有明保、密保以励贤才，有年终密考，到任随时甄别之文，以警不肖，而京察如故，外官之大计，几若赘旒焉。此何为者也？

夫莨莠不去，则嘉禾不蕃；赏罚不明，则人才不奋；不明著其贤否、功罪之实迹，则视听不肃而趋向不专。京员之趋公勤慎者，只可谓之无过也。必有明敏练达之才，足以纪纲庶务、识大体、定新章、清积弊者，而后可入剡章也。劣迹昭著者，劾之，虽未有劣迹，从不入署办公，及庸懦、笃老、无能者，均令回籍候选，而京曹之滥竽者少矣。外吏之折狱催科，无枉无误，仅得谓之无过也。必有教民、养民之实政，兴大利、除大害、吏畏民怀者，而后可登荐牍也。贪虐无理者，劾之，历时已久，无所短长，或老迈昏庸者亦令开缺回籍候选，而仕途之窃位者稀矣。考语之下，必胪举其功罪之实，毋厌繁重，毋惮详明。爵入①于朝，与众共之，然后爱憎无所容。天下晓然于是非去就之间，而薄海之人心一振。

---

① 慎记书庄本此处为"人"。

至于京察之一等，大计之卓异，毋拘额数，惟在得人。既已得之，则简放升迁，勿稽岁月。京察之四等，大计之六法，苟其应劾，毋许徇私宽厚，以要名实，比周以事上也，其罪均也。罚罪劝功，循名责实，以京察大计为之主，佐以密考、保举、甄别、嘉奖四端，而后仕路可清，人才可出也。

夫用人为行政之本，而吏部为用人之枢。既已限以年资，拘以格式，笼天下智愚贤不肖于掣签按轮之中。独此京察大计，考绩兴贤，犹有古人遗意，而亦循章按例，故事奉行。用之，既不考其真；课之，又不求其实。何怪贪庸塞路、豪杰灰心？敌伺于门，民轻其上，成一疲弊尪羸之世宙，而不可救药也。亶聪明作元后，元后作民父母，在一转移间而已矣。

例案

则例者，治之具也，所以纲纪万事，整齐而约束之，以措一世于治平者也。有案焉，则理有所未安，情有所未协，事与势有所不同，诸臣审量其间，随时斟酌奏定遵行者也。

本朝圣神相继，因有明旧制，损益折衷，阙者补之，冗者删之，窒碍者去之，既精既详，既明既备。然法一成而不变，事百出而不穷，国家承平将三百载，六曹积牍，充栋汗牛，则例一也。而案之歧出者，少或二三，多且什百焉。曹司迫隘，无地可容，黠吏乃择其出入之大者，携而归之，籍而记之，箧而藏之。虽才俊之士，白首为郎，不能举某例之外，尚有若干成案也。

司员如传舍，书吏无去来，一事也例应驳，书吏受贿，无难觅一可准之案以实之；一事也例应准，书吏索赇未遂，无难觅一可驳之案以倾之。即官长精敏过人，不能悉如其意，则不准不驳，改为行查，展转迁延，永无了日。况案外有案，歧而又歧，若辈动以谕旨为辞，以阴肆其要挟贪婪之计，持之有故，言之成理，堂司不得不屈己而从之。欲壑既盈，驳诘乃已，师徒授受，本固根深。谚曰"书吏之权，重于宰相"，非虚言也。即或事后觉察，而彼已远扬，即使密与拘囚，而事止徒杖。且有与受同科之律，以钳制诸人，觅左证而无从，欲严办而不得。外吏深窥其隐，故每岁有馈赠以保平安，每事有陋规以省案牍，甚或预请其意指，先授以章疏，狼狈为奸，营私枉法，而国计民生不堪问矣。虽有忠鲠之疆吏，亦只痛心疾首而无可如何。纵有精强明察之部臣，毅然从例而不从案，然各部不能一律，各司亦未必同心，往复稽延，动辄得饧。分肥者益助其焰，附和者张大其词，未久而仍复如故矣。此所以弄法舞文，积重难返，吏胥数万，什九富人，大兴宛平，聪颖之子弟，尽学为吏，而应考者稀若晨星也。

谓宜通饬六部堂官，博选贤能，增修则例。则例而外，荟萃各案为例案，折衷一书，以例为纲，以案为目，与例同者去之，虽不同无大出入者亦去之。其必存者，别类分门，附载于后，毋须详备，惟取简明。书成后，请旨颁行，限期截止，所有积案，一火焚之。自内府各曹司，以迄京外大小衙门，各存一部，或准或驳，并依则例及此书。书所未有者，随时奏定，续有援案，或始藏之而后出之者，杀无赦。此后朝野上下，整齐画一，一本于大公，虽有神奸，无所措手。彼书吏仅供书算奔走之役耳，又何患焉？

方今治平日久，世变日纷，旧案万不能全，新章复经屡改，交错则徒荧耳目，拘牵而转误事机，适足为奸人借口之端，沮贤者竭忠之路。积弊既去，美利乃兴，示以至公，操以至简，握机蹈矩，决疣溃痈，而后天下之大，万几之繁，可得而理也。

停捐

鬻爵之令，滥觞于秦，而导源于汉。历代以来，或行而止，或停而开，议论纷纭，莫衷一是。大抵承平之世，必慎重名器，不轻假人。叔季苟且补苴，不得已而出于此。然民生日蹙，吏治日衰，风俗日偷，国计亦日匮，伊古至今无以易之也。

本朝乾嘉之际，军兴河务，度支偶绌，事例偶开，事过即停，不逾岁月。且仅属虚衔，不捐实职。上下皇皇然引为深耻，视若隐忧。民间知其不易得，不可长也，亦复踊跃输将，未久即溢其量，国帑充裕，而民气安和。盛世开捐，其效如此。

咸丰初元，粤匪构乱，征兵转饷，海内骚然，广劝捐输以资军实，与厘金二事，并为筹饷之大宗。至滇、黔各捐，竭泽而渔，已成弩末。继之以晋豫海防、郑工及江浙、山东、顺直各赈捐，名目繁多，屡变不一。变捐例日广而捐数日微，内外需次各员，增至数倍或数十倍，艰难困顿，无地可容。及得一缺一差，则酷虐贪婪，务肥私囊，求其贤者，十不获一矣。即求其循分供职者，亦十不二三矣。

夫日日教以廉，犹虞其贪也。今聚无数虎狼，饥之纵之，而使噬下民弱肉，其何以堪！此其大伤吏治者，一也。闾阎无赖，忝列搢绅，欲重务耕耘，而心有所不愿，欲下伍工匠，而情有所不堪，欲为商贾则无财，欲侪士大夫则无学，于是恃符武断，横行乡曲，欺凌愚懦，以给饔飧。其狡黠而稍有援系者，则称贷假息，奔走四方，以求衣食。地方官吏，亦复展转援引，多立局卡，司事名目，为位置若辈之方，使天下平添数百万游民，蠹国病民。孳孳为利游民一，而良民之受害者，千百焉。一游民得利，而继踵为游民者，又不止千百焉。涓涓不绝，已成江河，后患之来，何堪设想！此其大蠹民生者，二矣。或曰："停捐，如国用不足何？"斯未取比年户部收捐实数而稽之也。海防实官一项，每年合户部及各省藩司所收总计不过百万，而天下每岁出入不下一万万金。譬之一家，岁有万金之息，则此区区百金之款，节省之甚易，即另筹焉，事亦非难也。而大臣不言，小臣不言，坐使闾阎日敝，刑政日偷，朝廷永受恶名，库藏永无余积，谁司会计？谁秉钧衡？得毋自惜身家，而不暇再忧国是乎？

谓宜刻期停止捐纳实官，阻挠者有诛，迁延者有罚。赈捐四项，事过即停，毋许稽留，致滋弊窦。嗣后即有灾歉事变，只准别行筹措，不得率请开捐。毅然决然，毋动浮言，毋挠众议。十年之后，民志稍定，仕路稍清，天下其有瘳乎？苟流而不返，怙而不终，因循而不断，诚未知祸之所底也。

养廉

先王大烹养贤，重禄劝士，其遗制不可详已。秦汉以还，古意亡失，然制禄之法，自中二千石以迄百石，犹十倍于今。兹唐之京员，官俸而外，尚有职田。沿及宋元，匪颁犹厚，故居台省者，皆以外任为左迁。伊古以来，制禄之薄，实自明始矣。然日用百物，半给于官，银贵于今什百倍蓰，阅二百八十余载，贫寡之患，未尝闻焉。国朝沿明旧制，减之又减，以迄于今，大学士之俸仅三百金，米仅数十石，不敌古一微员，不足今时一月之费。康雍乾嘉之世，物力丰富，资给借贷，犹可勉支。凌夷至今，益难自活。其贤者，倚门人之馈赠，不贤者，通外吏之苞苴，部饭则彼此分肥，工程则相将染指，公私上下，牵萝补屋，皆若不可告人，而身后萧条，或无以为敛焉。郎曹以下，益复贫难，通籍之初，则依托亲朋，走四方以告籴；入官而后，则营求暮夜，盼外任若登天。户部陕西司专管汉俸，每季所发，止十万金，自一品以至九品，兼及步营，京府综计无虑，数千员分此区区，何能宿饱？今各省购一克虏伯炮，需费十五万金，以国家分田制禄之宏规，养士尊贤之巨典，移购一炮而犹不足焉，腾笑外夷，见轻四海，庸人疾首，豪杰灰心。譬豢马者，吝其刍豆，急其衔勒，而加鞭揽辔，责以驰驱，驽骀或俯首而就之，至如千里之马逐电追风，则腾跳而远去耳。操豚蹄斗酒，以祝篝车，其可得哉！

雍正间，因外吏贪墨，既已增给养廉矣。都中米珠薪桂，百倍他方。表正万邦，关系弥重。谓宜援照雍正成案，所有京职一律增给养廉，大学士、都统、尚书比总督，侍郎、副都统、内阁学士比巡抚，三四品卿、监院寺比藩臬，翰詹、科道比道员，部属、翰林比知府，中书、各小京官比知县。通满汉，总文武，按品定额，以是为差，必周必丰，无遗无滥。度支之数，不过岁增数十万金，而士气为之一伸，积习为之一变。然后责以操守，核以职事，考以才能，奋庸者进，滥竽者退，溺职者斥，受赇者诛，操赏功罚罪之权，免外重内轻之患。《易》："穷则变，变则通，通则久。"昭示百世，纲纪四方，万变之原，权舆于此。

或曰："阎敬铭长户部时，不尝有津贴之议乎？"当日酌提闲款八十万金，而出纳之吝，不公不溥。法越事起，移济军资，俸饷既复，乃作罢论。夫称名不正，谤议随之，私意褊衷，强分轩轾。缺可裁而俸不可裁也，官可省而禄不可省也。持平核实，援案定章，是在识微见远之君子。

行取

今之京曹，其职事清简者无论已。国家政事，分寄六官，翰林储公辅之才，察院任纠弹之责，制度不可谓不善，综理不可谓不精。然大半任子书生，甫弃诗书，即亲吏事，所学非所用，所见非所闻，不习民情，不谙政体。其上者，留神案牍，务持外吏之长短，烦苛刻核，以博名高；其次者，逐队随行，无所可否，视书吏之意指为从违；其下者，则贿赂苟且，与群吏分肥而上下其手。故格式如印板，条例如乱丝，徒足以困贤豪，便昏庸，利宵小。

秦以文法治天下，阅汉、唐、宋、明以迄于今。至本朝而准古酌今，尽美尽善，而长虑却顾，实无一事可为，趋利避害，亦无一事不可为者。所谓徒法不能以自行也。外吏之愚者，谆谆然为国为民，而群然以为迂怪，既触禁纲，旋挂弹章。其黠者，兵刑钱谷，一切不知，惟孜孜于差使缺分之肥瘠，瞻徇请托，避重就轻，不转瞬而大利收矣，美官得矣，而于民生国计奚裨也！其于京员也，阳敬之而阴鄙之，阳亲之而阴远之，谓彼如饿虎也，饲之以肉而其事已矣。如痿躄人也，掩其耳目而惟所欲为矣。京员亦务于案牍之间，寻行数墨，锱铢计较，以相钳制。彼此各挟一相欺相轧之见，汲汲然各为其私，此所以日务富强而日趋贫弱，日求振作而日事因循也。夫历代职官，内外迁转，无截然分为两途者。今京职日盼外任，而无一外吏愿为京员，外重内轻，已成锢习矣。

有明钦取行取之法，均中外之势，达上下之情，用意至深而所见至远。虽中叶以后，流弊偶滋，然惩羹而吹齑可也，因噎而废食不可也。斯时廉俸，内外维均。欲免牵制隔阂之虞，必复钦取行取之法。三品以上缺出，由军机处查取京外各大员职名，一律开单候简，量才器使，不设成心，外吏亦不得如来京另简之员中途乞退。四品以下京察一等者，循例简放。而外官自知县以上保卓异者，由吏部带领引见，京外各缺，一律升迁。选补班资，亦无轩轾，均以劳绩、名次先后为差。俾外吏不薄京曹，而京员习知外事。

例案谙悉，不复以苛细沮任事之心；见解明通，不复以迂执掣当涂之肘。如良医之治疾，标本兼施；如大匠之程材，铢两悉称。居者行者，各矢公忠，宫中府中，皆为一体，上维国本而下达民情，斯致治保邦之要术也。

乡官

顾炎武之言曰："三代以下，朝野内外，大官过多，小官过少，丞倅簿尉，人微禄薄，多一官则多一蠹也。于是有增设乡官之议。"韪哉言乎！圣人复起，不可易矣。

以京职论之。治宗室者，宗人府矣，宗丞、主事可裁也。政本有军机处矣，内阁自大学士以迄中书，十分之八可裁也。銮仪卫三院可并于内务府，各堂郎中、主事，十分之七可裁也。都察院巡按既撤，给谏、侍御，十分之六可裁也。有奏事处，通政使可裁也。例不建储，詹事府可裁也。太常、光禄、鸿胪可并于礼部，大理可并于刑部，太仆可并于兵部，会同四译馆可并于理藩院。自余职事稀简者，均可酌裁也。外吏则督抚同城，可裁其一。藩司、钱谷、臬主、刑名、善后、牙厘、发审各局，均可裁省。府有知府，州有知州，厅有同知，县有知县，而同知、通判、州同、州判、经历、县丞、主簿、吏目，均可裁也。河防、漕运，可全裁也。盐务可裁其半也。其贤者，自安清苦，有官与无官同。不肖者，则谲诈奸贪，生事扰民，务肥私橐。吏胥差役，翼虓虎而奋飞，甚无谓也。谓宜酌古准今，一切裁并。

各府州县，则仿外洋议院之制，由百姓公举乡官。每乡二人，一正一副，其年必足三十岁，其产必及一千金，然后出示晓谕，置甄通衢，期以三月，择保人多者用之。优给俸薪，宽置公所，置贤者一人为之首，开会散会，具有定期，每任二年，期满再举。邑中有大政疑狱，则聚而咨之；兴养立教，兴利除弊，有益国计民生之事，则分而任之。毋厉民，毋抗官，毋乱政；贪婪专愎者，官得随时撤之，檄令再举。其或县官贪虐，大失民心，合邑乡官亦可会同赴省，白之大府，查有实迹，照例撤参。每次所保乡官，由县官具册，申详大府，转详吏部，爵之于朝。每届年终，县官核其功过，籍而记之，达之大府。其两任无过，实惠及民者，督抚调取验看，保送引见，授以亲民之官；乡民吁留者，准其再任，任满事毕，然后请咨。

夫乡举里选不行久矣。今考之乡评，以觇其素行，试之政事，以练其才能，闾阎疾苦周知，无不尽心民事者，为国家养人材，一善也。官之与民，向多隔膜，寄耳目于胥役，徒增骚扰之虞。今以本地之绅，襄办本地之事，民举于始，则必能下顺舆情，官考其成，则不能上挠国法，为民间谋乐利，二善也。今之县令，古之百里侯也，监司之耳目难周，吏役之爪牙四布，以养民则不足，以虐民则有余。既设乡官，隐相钳制，不必善旌谤木而可警贪邪，三善也。设官本以为民，自分隔情睽，民之视官如帝天，官之视民如土芥。乡官由民举，则泽可下究，情可上闻，不必问俗陈诗而尽通壅蔽，四善也。所虑者，不肖官绅，扶同瞻徇，然得人则理，伊古已然。此法果行，利多弊少，人则同里，事则公举，期则二年，大吏可警以刑诛，小民可加以责备，人有出身之望，自当顾惜声名，事须众议而行，何敢显怀私曲？所谓有大利而无小害者也。

裁冗费，斥闲员，化无用为有用，一转移间，而政无不举，事无不成。国本以培，民心以固，风同道一，俗美化行。进叔季苟且之规，成皇古雍乾之治，其必自设立乡官始矣。

翰林

翰林科目，肇始于唐，阅宋、金、元、明以迄于今，其途广矣，所得之人才众矣。而截然与部属分为两途，则自有明之中叶始。国家因仍不改二百余年，其界画益严，其流弊益甚。原所以分途之意，非谓部属之人才必逊于翰林也，亦非必崇重翰林不可使再为部属也。部属日亲吏事，案牍劳形，虑其囿于繁苛，不复能规远大也。翰林则清苦力学，日读中秘之书，以养其天倪而储其远到，而持衡校士之大典，即以任之，询事考言，用意至为深远，乃因循日久，忘厥本来。曲士甫入木天，庞然自大，不谙典制，罔识古今，日孜孜然弊精神于楷书试帖之间，以是为终南捷径。部曹各职目以粗官，他日出身加民，或秉钧当国，于闾阎情伪，政事废兴，一切惘然罔知攸措。

前此三年大比，庶常仅十余人，编检诸官多至百人而止，得差者众，不得者希。内外翕然，重以清华之选，与选者亦类能博通今古，实称其名。今每届庶常数十人，在馆多至三四百人，得差者仅四之一，流品既杂，升转难期，攀附营求，自贻轻薮。至于考御史得京察，向之鄙夷不屑者，今则趋之若鹜焉，转不若部属之升阶较速，犹资结费以佐饔飧也。即部属之中，岂少明通稽古之士？徒以簿书鞅掌，日昃不遑，一行作吏，此事遂废。翰林以过逸而罔识典章，部属以过劳而遂荒学殖，于古人"敷奏以言，明试以功，仕优则学，学优则仕"之意，盖两妨之而两失之矣。

谓宜变通旧制，俾翰林、部属一例升迁。庶常散①馆之时，主事奏留之，日均加以考试，重以引见，翰林可为部属，部属可入翰林。郎员、讲读各官，亦得对品升转，编检升为六品，与主事同阶，所给俸廉，毋分轩轾。不得以词林故事挠沮新章，下部议行，永著为例。

夫生知之哲，伊古罕闻，天下人材，大都由学问而成，由阅历而出。而况强邻逼处，世变日多，守旧者迂阔而远于事情，图新者偏激而昧于体要。非常之事，必待非常之人为之。京师者，四方之表也。翰林六部，人才之渊薮，朝章国故之总贯会归也。俾之相与观摩，互为出入，知今者鉴古，博古者宜今，本末兼该，精粗一贯，以察众理而应万事，经八表而驭四方，而寻章摘句之余风，入主出奴之陋习，亦不禁而自革，不言而自化矣。《诗》曰："周王寿考，遐不作人。"又曰："济济多士，文王以宁。"此之谓也。

教养

天生民而立之君，国家之设官，以为民也。三代以上之为治也，君臣上下汲汲然以教养为先务，治天下如国，治其国如家。井里桑麻，教之树畜，养民之政，若此其详也；庠序学校，申以孝悌，教民之事，如此其备也。至秦而后，咈百姓以从己之欲，以天下奉一人。患其富而得

---

① "散"，原作"散"，误，校改。

众也，而务贫之；患其智而生事也，而务愚之；患其强而为乱也，而务弱之。先王教民养民之方，去之惟恐不尽。谓今而后，莫予毒也，已恣睢暴戾，曾不旋踵而亡。炎汉既兴，宽法省禁，师黄老之清静，以与民更始，而古人之良法美意，无一存焉者矣。

自是以后，循良之治，旷世一逢，条告之颁，虚文徒具。当世所称能吏，竟以催科折狱为长，偶有尽心民事者，则上官掎之，同僚笑之，众庶疑之，不入考成，不登荐牍，群掣其肘，必溃于成而后已。不肖者，专揣缺分之肥瘠，以图饱私囊；其贤者，亦第求案牍之清厘，以规避处分。于设官为民之本意，上下泰然，久已忘之，而且习之矣。

或曰："治民之道，廉静不扰而已，教养奚为者？"而不知民情可与乐成，难与图始，近而不能远，私而不能公，非不知勤四体而分五谷也。水利沟渠，备旱备潦，非一人一家之力所能为者，无以董之则废而不修矣。非不知贵礼义而尊圣贤也，僻壤穷乡，见闻孤陋，或中人之产无力延师者，不有以倡之，则废而不学矣。此所以饥馑洊臻，流亡载道，颛蒙愚昧，刑罚滋多者，无他故焉，教养之道失焉耳。又况补助无方，卤莽灭裂之患滋而土田瘠；山泽无禁，斧斤网罟之时失而物力殚；民习游惰，读法悬书之不讲而盗贼多；士有秀良，亲师取友之无资而贤才少。工师贫匮而器用苦窳，商贾蠢愚而货财日绌。不教不养，以贫中国、愚中国、弱中国，暴秦之祸深矣！远矣！烈矣！酷矣！蔑以加矣！

谓宜详稽古制，参以自古迄今养民教民之法，分门别类，明著为令，饬各省牧令实力奉行。借以厉民肥己者，加等治罪，三年大计，列入考成，仅仅折狱催科，止能免过也，必有教养之实政，始得登卓异之章；虚应故事者，以违制论。《传》[1] 曰："上有好者，下必甚焉。君子之德风，小人之德草。"并心壹志，持以十年，而人才不日多、民生不日富、国势不日强者，未之有也。

水利

渔阳之地，古所称沃野千里，宜稻之区也。秦汉阡陌既开，沟渠浸废，中更丧乱，民鲜孑遗，简陋因循，尽亡古意。旱则赤地，潦则滔天，地日瘠，民日穷，财日匮。元郭守敬倡近畿水利之议，明徐贞著论益阐而明之。本朝怡贤亲王，以贵胄天潢，尽心民事，所垦水田二万余亩，成效昭然。徒以豪强并兼，风气游惰，卤莽灭裂，惮于胼胝。地方

---

① 出自《孟子·滕文公上》，而非《传》。

官仅顾目前，不规久远，谓北方之土纹理直，南方之土纹理横，诡说虚辞，荧惑视听，致贤王苦心经营之业，卒废于半途。

林则徐《论漕务疏》，有所谓"本原中之本原"，则京东水利是已。军兴而后，淮勇分驻津沽，始于五河下游开渠种稻，地方郁勃，亩收十钟，不及十年，岁得米五十万石。每至春夏之交，秧青柳绿，江南风景如在目前，地之腴美，宜稻可知矣。惟是各河上游尚未开浚，三十六淀故迹全湮，积潦大洼，岁有水患，议蠲议赈，无日无之，而十六、十九两年为尤甚。朝廷敷旷荡之恩，薄海竭输将之力，丰岁仅敷饘粥，凶年不免死亡。地力之不尽，水利之不兴，民生之所由日蹙也。

谓宜略仿天津办法，循五河而上，开渠建闸，官给田价，岁收其租，而仍以业主为佃户。距河十里，遍开水田，树艺有方，旱潦有备。十里而外，民愿自开者，亦准引渠水以灌之，节节推行，自下而上。并开复各淀，俾容水有地，蓄水亦有资，畎浍距川，有条不紊。所需经费，则渐改漕折为之，如每岁南漕百余万石。开办之始，先由户部咨行各省，将十万石改为折色，另款封储，解交直督，专备水利营田之用。次年则改折二十万石，岁岁递增，期以十年，百万南漕悉行改折，而水利成矣。

嗣后沟渠四达，水旱无忧，每岁所收较南漕当逾一倍，此项漕折即可移作他用，专款解京。其间有五利焉，积潦有所归，而旱熯不为患，何至灾荒叠见，重费筹捐议赈之烦？一利也。南漕转运，十石而致一石，漂失侵盗，岁有所闻，海道烽烟，时虞梗阻，今数百万石之米，近在户庭，则缓急有资而戎心不启，二利也。民为官佃，岁获有秋，豆麦杂粮，余利丰富，且官田而外，皆将开渠种稻，效法南方，数千里郊原，顿成沃壤，三利也。营田水利，量须增官，而自漕督以下，一切官吏兵夫，均可裁节，国家岁省百余万金，四利也。畿辅岁增三百万石之米，以养兵民，所入何啻千万！南漕改折，及所省水脚之数，亦不下千万金，朝廷岁增二千万金，而顺直成富庶之邦，江浙免转输之累，五利也。

或有曲为之说者，谓运夫无业，虑启事端，南米不销，将忧红朽，独不思此时河运止存什一，滋事者何人？洋米浸灌海疆，为数也颇巨。游惰之夫，可以改业，而三江两湖之米，可以轮舶飞挽，接济粤闽。正圣王通变宜民之妙用也，而又何疑焉！

渠树

北五省之地，平坦沃衍，数倍东南。三代以前，物产之丰饶，人民之富庶，风俗之敦庞，天下无与为比。唐宋而后，户渐少，俗渐悍，性渐愚，乐岁无仓箱，而凶年有沟壑，神京廪给，悉仰南方，饥馑洊臻，朝不保夕者，何哉？水利废而河患增，地力瘠，树畜之道，阙然不讲，故耳。比岁以来，山西之赈二，河南之赈一，至于顺直、山东之赈，则至再至三。惟陕甘地处上游，渠工尚在，间遭旱潦，不甚为灾。此外各方，几于无岁不饥，无人不赈，宵旰劳于上，百官众庶劳于下。北省之民，亦蚩蚩然蹙蹙然延颈举踵，若婴儿之待哺。然者赈则生，否则死，赈则存，否则亡，不惟非三代之遗，抑亦汉宋之哲相英君所不及料也。

夫焦头烂额，固不如曲突徙薪也；亡羊补牢，究胜于临渴掘井也。井田不可复，而沟洫必可渐兴；补助不易行，而树艺必宜亟讲。开渠种树，《周官》治世之良规，实今日救时之要药也。自沟渠湮塞，百川灌河，伏汛巨流，怀襄昏垫，旱则千里赤地，滴水无余矣。自山泽禁弛，树木斩伐殆尽，重以捻回之乱，萌蘖无存，土膏既枯，泉流胥涸，郑工塞决，求一拱把之木不可得。万里中原，风沙茫茫，几同塞外。西人有种树致雨之说，地气通而天气降，理或然也。此二事者，患常相因而利常相辅。偶有建言及此，则相率而迂之笑之，徒嗷嗷然议蠲议赈，利人之死以博名高乎？

谓宜饬下北省督抚，查明各属沟渠若干，昔存而今废者若干；山泽若干，昔禁而今弛者若干；泉流若干，昔通而今塞者若干；林木若干，昔有而今无者若干。应修者修，应禁者禁，应浚者浚，应种者种。民力之不足，以官助之；民志之不一，以法齐之。虑经费之难筹，则移诸赈款；虑胥役之难恃，则倚诸善绅。以文告牖其先，以奖劝持其后，以勘验考其成。官吏之厉民者有诛，虚应故事者有罪，重赏严罚，督过劝功。

救灾于已然，不如防患于未然之为功大也；出民于水火，何如登民于衽席之为惠多也？课以耕桑，予以乐利，即以免其灾歉，救其死亡。十年之间，井里桑麻，水旱有备，虽给数勺之米，一杓之粥，有餍然其不受者。夫而后赈捐可省，河患可平，康乐和亲，兴养立教，即以复三代圣王之盛治而无难矣。

和籴

三代以前，吴楚荆蛮之地耳。北方物产殷富，壤土膏腴，家给而人足，无所为仰给东南也。迄商君变法，秦并天下，洊经丧乱，地力渐瘠，人庶渐贫。汉兴，漕山东之粟以给关中，然中原犹富庶也。自刘石构乱，历十六国，魏齐周隋，二百余载，中原文献，渡江而南，荆、扬、益三州，水利农田，转存古意。北省流离，兵火矷丧群生，圣哲遗规扫地几尽。唐乃始漕，江淮之粟以济关洛。宋亦浚汴渠漕，荆扬之米以赡开封。元明以还，海运河运，循生迭起，劳费糜弊，以迄于今，万里馈粮，婴儿待哺，海舶则忧漂失，河道则苦沙淤，设官数百员，役夫数十万，综计一石之米，费银十七八两，而始达京师。漕蠹仓匪，百弊丛集。及至给发俸饷，陈红朽腐，可食不可食者参半，售诸米肆，仅值一金。夫以国家费十七八金之物，而其用止一金，以一金可购之物，而仍株守旧法，不惮费十七八金，以艰苦垫隘而致之，劳孰过焉？拙孰甚焉？弊孰深焉？

自商局既开，轮舶通行，改为海运，虽有费失，每石不足十金，其胜于河运也，无待再计决矣。或者犹曲为之说，必欲使朝廷虚糜帑金，得不偿费，且长留此数十万运夫游手无业，以蠹中原，倒行逆施，是诚何意？以管见揆之，不惟河运万不必复，即海运亦可不必更行也。

夫元明之君臣，孜孜然汲汲然穷天下之力，建官设兵以更番督运者，岂好劳哉！徒以官府上下，仰给南漕，惟恐其偶有不达耳。今轮舟转运，绝迹飞行，山东抵津一日，奉天二日，江苏三日，浙四日，闽五日，粤六日，无分昼夜，不畏风涛，电信飞驰，刻期可达。时势迁变如此，而仍拘守元明旧制，安常习故，徒饱官吏而弊国家，甚无谓也。

根本至计，自当以畿东水利为要图。即使费巨工繁，不能骤举，可先将南漕轻赍等项统改折色，解赴京师，而综计每岁所需，平价在津采买，或亦以渐变之。每年改折二十万石，期以五载，尽减南漕。内而仓场，外而漕运，各官酌留一二员，自余一律裁撤，每岁所省，当亦不下千万金。偶有凶年，或值兵事，尽可先期电饬采买运京，消息灵通，必无羁阻。

至于粮食，店肆抬价居奇，在前日或间有之，于今海道通行，电音四达，但有锱铢之利，不五日而富商大贾云集津门矣，何必患寡患贫，窃窃然私忧过计乎？或又疑仓匪漕蠹，举系贫民，无可谋生，必将为乱。独不思咸同之际，停运殆将十年，此项匪徒，固亦帖然无事也。伊古以来，未有徇奸民一己之私图，而挠国家百年之大计者也。

蚕桑

蚕桑之利，惟中国为最广，亦惟中国为最先。《禹贡》九州，桑土居其七。古圣王山龙藻火，肇启冠裳，五色垂文，七襄制锦，君子之泽万世不可忘已。汉明帝时，佛入中国，天竺吉贝，与之偕来，柔软温和，亦称利用，然宜冬宜夏，纺织之利，只与麻枲同功。至于西戎北狄，毳幕毡裘，九夷八蛮，文身断发。大秦夙称殷富，亦仅以金绒火浣自夸。纂组之工，纵雾縠冰绡，曾何足以章身适体也？

通商而后，湖丝一物，遂与茶荈同为出口之大宗，综计每年值白金四千余万。西人素工心计，非不欲自行种植，暗收利权。而种桑之地方，必燥湿合度；养蚕之天气，必寒暖适中。不居温带之间，不足以蕃滋畅茂。故通商六十载，自意大利、东洋而外，出丝之地，罕有所闻，天若特留此利源，以保我中国亿万年之富庶也者。

今日万邦风气，渐启文明，不惟泰西各国达官富人附体之衣，非丝不服，即下至非、美、澳三洲，南洋万岛，巫来由各种族，亦各飞轻裾，曳长袖，争奇斗艳，彼此以华丽相高。丝绢之用日益多，蚕桑之利日益广，再阅数百载，将遍及于地球亿万万人。我三古圣人，显庸创制，衣被天下之心，至斯乃大慰也。

惟自中邦丧乱，桑株摧伐，养蚕之法，强半失传。必须广劝民间一律仿种，由官筹款，购给桑秧，屋隙田塍，遍行栽植。仍顾觅养蚕妇女，详教以浴蚕上箔之方。汇刊农桑各书，删繁撷要，散给乡间，俾识字之民转相劝导。闻意大利养蚕之法，考验尤精，蚕病测以窥筒，不致互相传染；缫丝代以机器，不使偶有弃遗。亦宜创译专书，兼筹巨款，民心未明者，牖而觉之；民力不足者，辅而行之。统饬牧令各官，列入养民要政，不得假手胥役，不得徒托空言，不得借口于土性之不宜，民情之不愿。盖植桑则山巅水澨，无往不宜；饲蚕则柞柘青刚，无施不可。小民难与图始，可与乐成，教之有难易，为之有迟速，断未有有其事而无其功者。末世富强之策，更仆难终，然或迂远而难成，或积久而生弊。

中邦作赋，首重农桑。伊古以来，国之大本而利为人所难夺，事为我所优为。以爱民利物之心，收怀远招携之益，所谓大用之而大效，小用之而小效者。伟矣！昌矣！非一孔之士所得详矣！

农政

区田之法，传于伊尹，分行布种，浇培粪壅，如种菜茹，一亩之获可三十倍，厥后仿而行之者，或效，或不甚效，或倍获，或数倍、十数倍不等。从可知地力之肥瘠，树获之多寡，统视人功之勤惰以为差。所谓上农夫食九人，其次食七人，最下食五人者。卤莽灭裂，断无倖获，蕴蓑致功，必有丰殷。此盘庚所以致戒于惰农，后稷所以开基于穑事也。

方今万里疆垂，幅员日广，劳农劝相久矣。不闻山泽瘠土之民，尚或课雨量晴，胼胝力作。至于平原沃土愚惰之农夫，每岁仲春，依时下种，不培不壅，不耕不耘，一任其自生自长，潦草而收之，水旱听于天，肥硗听于地，年丰则温饱奢侈，岁歉则转徙流亡，民无安土之心，人鲜有生之乐。向尝疑古人省耕省敛，兴发补助，何若是其纷纷然不惮烦也，得毋扰民实甚？今而知民性本愚，民情好逸，农功之惰，世道之忧，上下督督，日忧不足。由是而荒政兴焉，赈事起焉。扶伤救死，苟且补苴，饥寒垂毙之民，其得活者几何矣！

中国农政，自《齐民要术》外，罕有专书。乡曲老农，卜岁祈年，间有传习。泰西以商立国，而人稠地狭，农政亦所究心，农事有书，植物有学，近更化分土质，审别精粗，故能百产蕃昌，亩收十倍。所验各土质外，植物所断不可缺者有三：曰碱、曰磷、曰钙。碱则藁草积水酝酿而成。钙则中国之石灰是已，有取之于山者，有出之于地者，有骨角所成者，有螺蛤之壳所化者。磷则海岛鸟粪所含最多。中土致之匪易，然橐驼、羸马、人畜之矢溺，皮毛骨革及腐草败木之间，均含此质，所谓朽腐化为神奇也。中国之民知其事而不明其理，故深根厚壅，浸久而自失其传。同此人民，同此土地，而今之与古，腴瘠不同、贫富不同者，教不教之分耳。

谓宜荟萃中外农书，博采旁稽，详加论说，宜古亦宜今，宜西亦宜中，宜南亦宜北，不求难得之物，不为难晓之文，括以歌辞，征以事实，颁之乡塾，以教童蒙，俾蕞屋穷檐，转相告语，家人妇子，力穑劝功。而后加以董劝之章，导以积储之备，兴水利以防旱潦，勤纺织以殖货财，斯农政可兴，农功可立，民生日厚，而民气日强也。

"百姓足，君孰与不足？百姓不足，君孰与足？"古之人，君国子民，其为民谋，不若使民自为谋；而欲使民知自为谋，必先赖上之代民谋。视人如己，治国如家，无一日之安闲，而有百年之乐利者，自尧舜禹汤文武以来，胥是道也。

厘金

光绪十五年恩诏略曰：厘金一事，乃朝廷不得已之举，刻海防未撤，难遽议裁，他时物力稍丰，即当奏请停止云云。大哉王言！洞悉民艰，保全大局。而中外官吏安常习故，不能仰体圣慈，剜肉补疮，日甚一日，且增立比较之法，变本加厉，以至于今也。夫军兴之时，东南十省，兽骇鱼烂，赋税所入不足供度支。以崇本抑末之心，为筹饷练兵之策，权宜立法，取济一时，乃事端所开，有增无减，商情困苦，市肆萧条，承平四十年，而元气终不能复，厘金之弊，至斯极矣。

今之论者，辄谓于理宜裁，而于势万不可裁。或为调停两可之说，谓本朝宽大，永不加赋病民，酌增厘金，以济国用，宜若可为也。不知加厘之名，美于加赋，而病民之实，甚于加赋。不通商犹可不裁，通商而后，则断断乎其不可不裁也。何则？赋出于地，取之民者究有几何？且按亩加征，毋庸增设一官一役，民输一钱，朝廷即获一钱之用也。厘金则不然，百物滞销，四民俱困，天下设卡数百，置官数千，增役数万，猛如虎，贪如狼，磨牙而咀，择肥而噬，小民椎心饮泣，膏血已枯，国家所得，不能及半，自有比较之说，可增不可减，网罗四布，违额取盈，所谓病民甚于加赋者，此也。洋货入口，一税一半税之外，一无稽阻，西商偶到，趋媚不遑，所以待外人者如彼其厚；土货则口口而查之，节节而税之，恶声厉色，百计留难，甚则加以鞭朴，所以待己民者如此其薄。黠商乃赁其牌号，倚为护符，三联税单，充斥内地，厘局无如何也。倚洋人则生，否则死；冒洋人则安，否则危。丛雀渊鱼，不至尽驱为洋人不止。而且洋货日贱，土货日贵，川流海溢，识者寒心，所谓通商而后不可不急裁者，此也。

或虑厘金既裁，国用不足，亦未举全局而统筹之也。天下厘金，岁约二千万，除洋药并征八百万，实计千二百万金。承平之时，地丁四千万，综计可得九成。自有厘金，不过七成而止。可知天下之财，止有此数。此有所赢，彼有所拙，地丁暗减八百万，国家岁得四百万金之用耳。而纵虎噬人，使万民愁怨胡为者。

宜令自某年月日为始，天下厘金，统减一成，而烟、酒、洋油、洋布落地税，统加一成。刊刷誊黄，遍①行晓谕，分年递减，十载为期，撤卡裁丁，与民休息。其四项落地税，责成牧令征收，加至十年，适足与厘金相抵，国用不竭，国本不摇，而民气日纾，民心日固矣。

不此之务，徒鳃鳃然举各卡之吏役诰而诫之，约而束之，而比较之文书，日责以食人之事，日予以食人之权，而谆谆然命之曰："尔吸其脂膏，勿伤其性命也。"其可得乎？此国脉存亡之所系，人心向背之所

---

① "遍"，原作"偏"，误，校改。

关，一发千钧，不绝如线，公忠体国之君子，慎勿以为迂也。

学校

古之时，有家学，有乡学，有国学。夏曰校，殷曰序，周曰庠，学则三代共之，皆所以明人伦也。虽有世子庶子之贵，犹复下伍于齐民；虽以至愚极贱之人，亦得自达于天子。故学也者，非止范围天地，曲成万物，省刑罚，偃兵戎，亦所以联上下为一心，合君民为一体也。士非学，无以兴礼乐、立制度、开太平；农非学，无以辨菽麦、别肥硗、尽地力；工非学，无以区美恶、审良楛、制械用；商非学，无以察时变、精权算、殖货财，由是而游惰之民多矣。彼异端邪说，乃得乘虚而入，惑世诬民，甚则流为盗贼，暴桀恣睢，白昼横行，掠人于市。故今之幅员广于古，今之生齿繁于古，而其民则古智而今愚，其世则古治而今乱者，岂果今不古若哉！学不学之分耳。通商六十年矣，泰西各国之文物制度，厘然秩然，有先王遗意，奉使游历者，众口一辞。即以工商二事论之，工则彼巧而我拙，商则彼富而我贫，相校相形而优绌立见，岂果中不若西哉！亦学不学之分耳。

夫今不若古，犹可言也；中不若西，不可言也。近日各省学官，有名无实，惟书院一席，乐群敬业，成就较多，然所教时文、帖括而已。僻陋之州县，并书院而无之，欲求教化之兴，人才之众也，其可得乎？宜由督抚分饬所属，仿书院之意，广设学校。或集民捐，或提官款；其规制必整，其廪饩必丰，其生徒至少必逾百数。始于城邑，而后分及于四乡。至于商埠、海疆，人情浮动，尤宜急建书院，广储经籍，延聘师儒，以正人心，以维风俗。其同文、方言、水师、武备各馆，即可并入其中，并请洋师，兼攻西学。庶几体用兼备，蔚为有用之才，不至覆辙重寻，徒糜巨款矣。

其各省丛林道院，藏垢纳污，坐拥厚资，徒为济恶之具。有犯案者，宜将田宅一律查封，改为学校。僧道还俗，愿入学者，亦听之。一转移间，而正学兴，异端绌，宏治化，毓贤才，不必有沙汰禁革之文，而已收经正民兴之效。此根本之要图，治平之首务，即因宜制变，驭夷狄，朝万国之先声。不此之务，徒汲汲然购器练兵，欲以争雄海外，恐有器无人，将有一蹶而不可复振者，所谓逐末而忘其本也。

太学

古之太学，兴贤造士，人材之消长关焉，世运之兴衰系焉。诚以十年树木，百年树人，不有以养之于平时，而欲用之于临事，不可得也。

纵奇才硕彦，间世一生，未必俯首就经生之业。然世变日多，需才日广，自古丰功伟绩，未有不学无术而能相与有成者。

三代以后，学校之事，实废而名存，国子监一官，夷之闲曹，视同旒缀，资轻禄薄，生徒寥寥。比年捐例广开，资照费二金，官僚吏胥，借以糊口，辟雍圣庙，倾颓朽坏，鸡栖鸽粪，布满阶除，何以壮万国之观瞻，肃四方之观听哉！谓宜广筹款项，修举雍宫，务使壮丽乔皇，足以昭示四海。酌定岁修之费，俾规制整肃，勿稍凌夷。自祭酒以下各官，慎选贤员，优加廪给，详稽功过，以定迁除。所有各城官学，各省书院，各城乡学塾，统归国子监考核稽查，并博采《周礼》成规，由各乡学升之邑学，由郡达省，以升太学。科名蹭蹬者，校其学行，赏给举人，一体会试。愿就知县或教职者，亦听之。廪饩资装，皆由官给。至于大挑之制，取决临时，以貌取人，殊非核实，似宜统归太学，肄业一年，派员会同，试以政事，庶侥倖之途塞，而贤良之路开矣。惟旧有各斋褊小湫隘，宜购地推广，俾恢宏爽垲，莳花种树，以资游息，而便起居。太学课程，宜令旧学诸臣，会同监官，博采良规，通行遵守。另建书阁，罗致四海有用之书，四库百城，罔有遗滥。推广算学，创立格致一门。广译西书，延订西士，优其薪俸，宠以职衔。其各省武备、方言、水师，及总署、同文各馆，俱归国子监综核，勿使离经叛道，自矜异学，忘厥本来。

太学各官，亦宜博览兼通，毋得局守旧闻，自贻轻貌。盖依仁游艺，古人具有渊源；博学多能，至圣本由天纵；中学西学合同而化，人才辈出，足以上备干城矣。他日美富宫墙，规模聿备，则举行临雍巨典，圜桥观听，率天下于尊师重道之中。上书房皇子、贝勒、镇国公及王公大臣子弟，统令每月至学，以考学业，广见闻。愿留肄习者听，范一世于学，通各学为一。而后民兴经正，圣学大明，异端无接迹之期，万国识同文之义。然而风俗不厚，国势不尊，四夷不宾，八方不服者，统中外，横古今，达上下，未之前闻。

书院

论世之君子，观于郡邑之书院，而知复古之期不远矣。四时之运，夏不能骤变而为冬；一日之间，暮不能骤更而为早。世之衰也，其降必有渐也。秦汉魏晋日即凌夷，乱极于六朝五季之间，而生民之祸亟矣。世之盛也，其升亦必以渐。宋崇理学，明重节义，至本朝而昌明正学，俊彦云兴。盖世运之升降系乎人，人才之盛衰关乎学，而为学之道，莫善于群萃州处，敬业而乐群。

书院之兴，肇于宋之宫观奉祠，延历三朝，教思弥广。咸丰同治之际，中兴将相，什九湖湘。闻岳麓书院山长某公，自道光建元即以气节、经济、文章立教，瑰玮奇杰之士咸出门墙。一人善射，百夫决拾，气机之所感，运会所由开也。统直省计之，其书院经费充裕，山长得人，则人才多，成就众；无书院之郡县，则见闻孤陋，虽有才隽，振奋无由。此中之消息盈虚，如景随形，如桴应鼓。故书院虽非典制，不隶官司，而育才造士之功，至为宏大。惜院中传习仅以时文、帖括猎取科名，而经史之故籍无存也，圣贤之实学无与也。山长则瞻徇请托，不校其学行，惟第其科名，甚则贿赂苞苴，喧腾众口，人心以敝，士习以偷，地方有司置之膜外，有心人怒然忧之。

宜令礼部、国子监行知各省，分饬所属，广筹经费，建立书院。向未有者，设法兴修；有之而经费不敷者，增筹充裕。一律拓地增建书楼，官局所刊备文，咨取外间，坊刻石印，有用各书，广购兼储，必周必备。西书除教事外，亦宜博采无遗，以通时变。山长一席，坊表所资，宜慎选经明行修、博雅淹通之士，或科名未显，无妨起自诸生，即桑梓无人，大可求之异地疆吏，访求延请，礼敬有加。仍列具姓名，达之部监，责成学政每岁稽查，果其学问赅通，育才成德，奏闻奖励①，赏给俸金，年迈者宠以虚衔，欲仕者予以擢用。其或教诲无术，学行有亏，即由学政檄令易人，亦不加以罪责。生徒薪水，必优必丰，三年递升，入之太学，正途而外，与以出身。书院必慎择名区，必须不城不乡，山水清深，足供啸咏。

庶天地钟灵之气，国家养士之心，薄海英贤慕义向风之意，相感相发，相荡相摩，追三王化育之隆，开万古文明之治，斯作君作师之盛轨，宜今宜古之良规，天运之所以成始而成终，圣道之所以成人而成物也，懿欤盛已！

淫祀

天地之间，有阳必有阴，有明必有幽，有人必有鬼。古圣人知其然也，故导之以敬天尊祖，衷之以礼节乐和，使君民上下皆得自致其情文，然后心有所丽，鬼有所归，而淫祀可以不作。惟是天道远，人道迩，故夫子曰："敬鬼神而远之，非其鬼而祭之，谄也。"管子曰："思

---

① "励"，原作"厉"，误，校改。

之思之，鬼神通之，非鬼神之力也，精气之极也。"故人之形体成乎地而心之精气通乎天，鬼神之道生之心，附于物，而胪响之灵如闻如见焉。

三代而下，非天子不得祭天，风俗之厚者尚知。祠祖二氏，乘虚而入，妄立名称，淫祀之兴，遂遍天下，几于无地不有，无人不拜，不能究诘，不可限量，乃至僵石枯木，奉若神灵，问卜求医，决之签珓，游手无业之辈，因得假托附会，惑世诬民。北省稍稀①，而南方独盛，城邑犹少，而乡镇弥多，甚乃举国若狂，酿成巨案。欲持之以法，则诛不胜诛；欲晓之以言，则道其所道。废时失业，败俗伤风，无形之患，永无纪极。况国之大事在祀与戎，今日万国通商，观瞻所系，彼族转得以敬天傲我，以非祀讥我，视我与已亡之印度等，而我尚因而仍之，贻祸将来，见轻外国，有识之君子有隐忧焉。

谓宜弛拜天之禁，听斯民自致其诚，申敬祖之文，俾四海益兴于孝。而直省所有祠庙，除载在祀典外，一切无名不正之祀，概行毁撤，祠屋祭产，改为宣圣庙堂。春秋祭祀，乡官主之，并举行乡饮酒礼，宣讲训谕，敬老尊贤。自余或值岁时，或逢朔望，民间妇孺，礼拜祷祈，从俗从宜，勿庸禁革。盖幽明之理，本于人心，不正即邪，决不能虚悬而无薄。惟圣人开天明道，觉世牖民，推报本反始之心，于礼固宜，于情亦顺矣。或曰："若是，得毋亵乎?"而不然也。天下之人，同此耳目，同此官骸，皆天之所生，皆圣人之所教。自世俗言之，则有贫富焉，贵贱焉，智愚、贤不肖焉，而揆诸天意，反之圣心，则一而已矣。彼道家则宗老子，西教则奉耶稣，佛氏则释迦如来，天方则谟罕默德，开宗明义，饮水思源，必礼之敬之，皈依而崇奉之，而后人心始快也。

圣人之道，参天地，冠古今，而城邑有学宫，乡党无庙祀，尊之而适以疏之，敬之而适以远之，一若天下，惟贤智富贵者始得为圣人之徒，而愚贱之民无望焉。上既弃民，而民亦自弃，无惑乎? 世衰道晦，邪说横行，刑法滋纷，而盗贼接迹也。夫圣人之心，天之心也；圣人之道，天之道也。尊贤而容众，嘉善而矜不能，天下归仁，群生托命，不能不翠然高望于道一风同之世矣。

章服

贾生曰："奸邪生于俭不足，俭不足生于有余。"非不足也，亦非有

---

① "稀"，原作"希"，误，据慎记书庄本改。

余也，奢侈害之也。世之盛也，朝野上下，其风俗必勤且俭，勤则不匮，俭则有余，有余则善心生，民气日和，而民志日静。和与静者，治之本也。及其衰也，民日益惰，俗日益奢。惰且奢，则日形不足，不足则民心易动，而民性好争，争且动者，乱之机也。

本朝法制严明，章服之间，秩然有序，上行下效，俗美风清。逮道咸两朝，洊经寇乱，肃清而后，继以通商，捐例广开，尊卑淆杂。东南十省，奢侈惛淫，年复一年，变本加厉。通商各大埠及省会倡之，沾染涵濡，遍于内地。其始不过富商大贾及纨绔子弟，奇衺妇服，相率效尤，日用起居，越礼犯分，渐而闾阎阛阓，贫窭小民，衣必绫罗，色必诛丽，资用不足，质贷随之，责负难偿，骗窃继之，弱者死于饥寒，强者流为盗贼，人心之敝，习俗之偷，刑罚之所由不禁也。

谓宜申明旧制，详稽等级，将一切服物定立新章，由礼部奏明，颁行遵守。令下之日，一年为期，所有奇诡僭侈之文，概从禁革，一年而后，犯者罚锾，再犯者黥其手，三犯者黥其面，怙终不改，治以杖徒，或曰："得毋扰民实甚？"而非扰也。治其身，治其心，先教以言，后刑以法，使之畏罪而远过，即所以化莠而为良也。或又曰："滔滔皆是，其如诛不胜诛何？"而亦无足虑也。此其间，有上中下之等焉。下焉者，务为淫僻诡异，炫惑世人，甘心为恶者也；中焉者，随波逐流，可善可恶者也；上焉者，迫于俗尚，不得已而从之者也。禁令既申，上焉者可以立变，中焉者随之而变，下焉者畏罪怀刑，而亦不敢不变。城市既变，乡邑从之矣；海疆既变，内地继之矣。且人之习为奢僭者，以为观美耳，今不惟不美而已，指摘加之，诛罚继之，仇雠得因而挟制，路人得与以揶揄，人同此心，心同此理，又何苦浪掷资财，自贻伊戚乎？所谓不恶而严，不刑一人，而颓俗可以丕变者也。

惟是京师，四方之表也。沿海通商各埠，东南十省百弊之所由生也。令出惟行，法严自近，不因辇毂之下而曲予优容，不以租界之中而意存歧视。涓涓不绝，将成江河，萌蘖不蕲，将寻斧柯，荧荧不灭，炎炎奈何。此治乱之大原，富强之本计，是以君子谨之于微而慎之于始也。

三品

三品之名，肇于《禹贡》。论其物，则古少而今多；校其值①，则

---

①　"值"，原作"直"，误，校改。

古贱而今贵者，何也？由于生齿之蕃，道理之远，糜费之多也。古之时，粟布交易而止矣。圜①法兴而铜贵，地丁折而银贵。通商而后，人利轻赍，金钱银钱遍行宇内，而金银益贵。人以多而用广，物以罕而见珍，他日索值之昂，未知伊于胡底。

中国漏卮，川流海溢，每岁数千万金，非自收利权不足以保全大局。而自佛法流入中国，民间金箔盛行，一岁所糜，难以数计，既经锤炼，尽化灰烟，二千年来何止亿万！犹不若器饰之销亡尚寡也，此糜金之应禁者一也。

中国银矿无多，古人用银尚少。自明以后，官民赖以转输，银元畅行，取携尤便，渐至奢靡无度，服食器皿②，概用纯银，银箔之多，尤胜金箔。宜明定限制，示以等威，作箔之家，绳以重法，此糜银之应禁者二也。

至于铜政，关系钱法，禁铜之令，历代綦严。军兴以还，现钱日少，滇铜不旺，官铸久停，市肆商民，不敷周转，而天下广用铜器，及水烟管一项，积重难返，已见端倪，不可以其小而忽之也。此物滥觞于咸丰，盛行于同治。妄人作俑，四海从风，斗巧争奇，一人数事，尤可虑者，铜肆无铜可购，皆赍夜销钱为之，销官钱数百文，可成一器，值价数千，本微利丰，趋之若鹜，中国四万万人，用者过半，一物销钱五百，已销一万万缗。京外各炉鼓铸五十年，犹不足以弥缝其阙。况刮磨垢腻③，销蚀无形，未及数年，顿成弃物，惟此嗜痂之癖，已成蠹国之尤，安可侈语宽容，坐受其弊乎？此糜铜之应禁者三也。

夫微者，世之所忽，而渐者，人之所不及防也。至于积微而成著，积渐而难回，则愚者皆知之，虽智者无以善其后矣。论开源节流之要策，当合中外而兼权，散见他篇，兹不更赘。惟是民间习尚，流荡忘归，市侩奸商，作为无益，贤智之士，亦且安焉，愚贱之侪，焉知远大？不加禁革，终累闾阎。利用厚生，黜华崇实，天下之大，万民之众，盖有禁之而不能骤止者矣，未有不禁而能自止者也。然而上之所好，下必甚焉，表正景端，风行草偃，苟欲禁之而终不能禁者，盖亦未之有也。

河防

黄河之为患中国，古矣。虞廷分职，禹作司空，自后垂二千年，河

---

① "圜"，原作"圆"，误，校改。
② "皿"，原作"血"，误，校改。
③ "腻"，原作"赋"，误，据慎记书庄本改。

无大患。沟洫既废，阡陌乃开，水利就湮，河患以亟。汉时黄河屡徙，小民荡析离居，天子自筑宣房，继立河堤，使者以塞决口。嗣是屡朝递有河患，亦或设官经理，然事过即撤，未设专官也。

河道之有专官，实自明始，迄今五百载，河防最重，河患亦最多。其时百万南漕，统归河运，河决则运阻，河平则运通，其害如腹心，相联如指臂，京师仰食无如何也。及本朝嘉道之间，岁修至三四百万，不数年辄决，塞决之费，辄千余万金，穷天下之力以治河，而河益横溃四出而不可治，河官之有效无效，亦大略可睹矣。且不惟无效而已，不设官则河犹可治，设官则河必不可治也。何则？国家岁修之费，决不如塞口之丰，朝廷诏糈之颁，万不敌分肥之富也。一事也，一案也，河官有大利焉，河兵河夫有大利焉，河南之官绅与闻者有大利焉，沿河之百姓售刍藁者有大利焉，来往之绅商市易告贷者有大利焉，工部之官吏核报销者有大利焉。在河督，高爵崇阶，受恩深重，何忍以有限之帑藏，供无算之侵渔？然违众独行，稍变成法，则谣诼随之，纠弹继之。致决之事，既非一耳目所能防；塞决之功，亦非一手足所能任。上其赢者，道府则咎有可分；使之决者，兵夫则罪有所诿。决口褫革，合龙必开复，好官无恙，故我依然，而身肥家富矣。故每值口决，独宵旰焦劳于上，司农仰屋于中，亿万灾民愁苦于下，而在事之官绅吏役，皆欢欣踊跃于河干。欲求河之治也，犹抱薪而救火耳，其何裨乎？

宜一律裁省，改归地方官兼管，革岁修之费，免议处之章，决则塞之，否则已焉。盖治河之本在开渠，沟浍多则水有所容，而伏秋涨减；治河之标在种树，林箐密，则堤可长保，而霜汛澜安。此二者，皆非河官所能为也，地方官则优为之；亦非河官所肯为也，地方官之贤者则勇为之。有明之弊政，未有养痈贻患如河防一事者，而或者冀倖于岁修之稍减，张皇于漫口之堪虞，调停其间，因仍不改，怀私罔利者抑又甚焉，则何不取设官以后与未设官以前，较其患，孰多乎？取岁修之丰时与岁修之啬时，较其忧，孰大乎？利弊可否之数，将不辨而自明矣。

夫建此议于嘉道之间，则朝野上下必哗然逐之，不以为狂，即以为呓。今自铜瓦厢北决，而河患之稍纾者五十年，防费之既减者四十年，河运改为海运，正供之仍旧无缺者三十年。河入山东，而山东固未专设河官也。河南之河官如故，而郑工之决口夺溜南趋者亦如故也。天与以更新之会，复古之机，扫万口之肤词，除两朝之积弊，省国家百万金之浪费，免闾阎亿万姓之沈菑，以缵我神禹二千年之盛绩，其在斯乎？其在斯乎？

海口

黄河之水，浑浑然汩汩然，河水一石，其泥数斗。入海而后，湍流缓散，泥沙停蓄而下沈。海水深咸，含盐挟碱，朝潮夕汐，逆托而上升。沈沙愈积愈高，盐碱愈凝愈厚，风吹日曝，坚凝若金石，宽广若邱山。海口既高，河身亦随之而高，积沙益多，洪流日缓，两堤束水，喷郁不泄，虽欲不改道而不能矣。

数百年来，河由江南之徐州入海，云梯关外，坚石数百里，皆淤泥之所积，经海潮顶托，盐碱凝结而成者也。靳辅旧制混江龙、铁篦子，随流往来，大著成效。河督某惜费裁之，阅数十年而遽有铜瓦厢①之决，改道北向，以迄于今，将五十年矣。

西人所著《海道图说》，英国兵船探测山东海口，铁门关外数百里，均属淤泥，河水弥弥然，仅深数寸，淤泥日厚，海口日高，不及百年，将为云梯关之续耳。夫治河之书，汗牛充栋，然疏浚海口之说，未之前闻者。良由巨浸稽天，风涛莫测，望洋兴叹，人力难施也。

今日海舶往来，万里东瀛已同杯勺。挖泥机器，用力少而见功多，宜由东抚置备夹板船二艘，小轮船二艘，挖泥机船八艘，从海上施功，对准河身，溯流而上，疏浚中洪八十丈。夹板对泊，为工人食宿之区，机船斟酌情形，就浅就深，自行定造。取泥而上，倾之海中，逐渐疏通，愈移愈近，务使中洪之水常逾寻丈之深，聚水力以刷沙，借机轮以激水，终年疏浚，无间春秋。其海口以内之河身，则参用混江龙、铁篦子百艘，随流往来，因势利导。员役薪俸，必优必丰，每届五年，核其功过，加以升擢。疏河身，浚海口，治下游。下游既治，则全河通畅，水患自稀，万里中原永免其鱼之叹矣。

或曰："山东固尝购机器船矣，舟轻力小，挖泥无多，试之津沽已不合用，可奈何？"不知外国江河，除密士失毕河外，其长无过五千里者。黄河流长源远，计里八千，必须参酌中西，加增马力，浅者挖之，深者刷之，运以精心，持以定力，得寸则寸，得尺则尺，而后能日起有功也。

《书》曰："鲧堙洪水，九载绩用弗成。"《孟子》曰："禹疏九河，瀹济漯而注之海。"夫堙者，堤而塞之之谓也；疏者，浚而通之之谓也。

---

① "厢"，原作"镶"，误，校改。

今之论者，皆知抑鲧而扬禹，恶鲧而好禹，而所师者，鲧也。穷天下之力以从事者，堙也，无惑乎？日日治河，而河愈不可治也。撤河防，裁河费，省河官，以不治治之、疏之、瀹之，尽力沟洫，以杀其势，教民树艺，以清其源，而治河之能事毕矣。

内篇卷下

图籍

古人读书，左图右史。周礼，大司徒掌天下之图籍。地图一事，为学之首务，致治之本原，君臣上下珍之重之，讲明而切究之。边陲阨塞以慎防维，城邑川涂以敷治理。文所不能达者，以图明之；图所不能穷者，以论著之。一地也，一事也，一物也，有总图，有散图，有分图，远道阅之而无虞隔阂，异日按之而可免遗忘，千里关山，无殊目击，万方疾苦，悉得上闻，乃至名物象数之微，各有图说。师生授受，一览了然，学者展其图，知其名，详其法，事半功倍，得手应心，图之为用大矣哉！

今户部曹司，图籍无一存者，山经地志，首附图说，疏舛简陋，蹈袭因仍，无可依据，以古今声明文物之大国，而图籍缺如，彼海外小邦转得以所长傲我。西人之游历内地者，自携仪器，所至绘图。山川道里，高深远近，生长其地者，尚或茫然，而彼族转计里开方，了如指掌。隐忧深患，行道皆知，当轴诸君，犹漠然不以为意，何也？法之败于德也，德相毕思麻克先期微服至法，穷探极测，随地绘图，兵事既开，则某水某山某村某镇，法人所不悉者，德人皆知之，间道疾趋，掩其不备，法人一蹶不振，以至于今。粤捻乱生，流毒遍天下，诸立功将帅，无不精究地图。迩来沿海船政制造各局，一船一炮，咸有精图，诸学生亦多有精究测量兼通绘画者，此亦风气渐开之一证矣。

谓宜饬海疆督抚，保送熟精测绘之学生，汇齐考验，派员筹费，密赴沿边沿海，一仿西法分绘，精审地图，图所不及者，系之以说，关隘险要，必详必明。边海既竣，然后渐及于内地。有旧图者，摘其纰缪而改之；向未有者，另绘新图，皆附论说。地方官资给保护，亦不得生事扰民，督率之员必须深明大略，毋得苟简，毋许张皇。测绘有成，准照异常劳绩保奖。精图二分，一存户部，一贮枢垣。庶几敌国环窥，有备无患，战守进退，一望了然，即腹地方舆大川广谷，何弊应革，何利可兴，亦厘然井然，历历在目，其有益于边防治法者，非浅鲜也。至如现行各事章奏而外，并须绘具图说，附奏上闻，以其一分咨各部，枢部亦随时标记藏庋，以备检查，不可偶有遗失。披图而索，按籍以稽，精则无忘也，明则无暗也，密则无疏也，信诸耳闻，不如征之目见也。万殊一本，万绪一纲，万里一室，此持平核实治国平天下之要领，所谓五寸之矩，尽天下之方也。

额兵

国家承平之时，绿营额兵六十余万，岁饷二千余万两，居天下财赋之半。粤捻事起，溃散逃亡，战既不能，守亦不固，各统帅知其难恃，乃改为另募勇丁，湘军、淮军风发飙举，不十余载已奏荡平。胜负之机，优劣之数，不待智者而后知矣。事平后，各省额兵死亡略尽，或裁或减，或改练军，核计现存，不及其半，然兵饷仍需千五百万金，加以勇饷三千余万，综计岁需五千万金以上。民力竭矣，而兵力仍未可恃也；国计贫矣，而国势仍未必强也。

欲将勇丁遣撤，大半无家可归，既念前劳，将虞后患，且夙经战阵，究胜尪羸疲敝之绿营。若营兵则安家业长子孙，即尽裁之而不虞其生变也。光绪初，言路条陈，于是有裁兵之议。阎敬铭综户、兵两部，锐意举行，乃内而曹司，外而疆吏，皆借口于驻防之不足，塘汛之无人，文报之难达，往还驳诘，旷岁稽时，裁兵不及千人，节饷仅逾十万，良法美意仍托空言，事之不易举而弊之不易除也若是。夫今之营兵，皆知其无益矣，不知其有害也。一乡一邑，恣睢暴戾，鱼肉乡民，会城势聚，兵多则动辄挟刃寻仇，聚众滋事，私斗则勇，公战则怯，即补以精勇，不数年而仍属疲羸，即调为练兵，甫归标而又成怯弱，纵使不能为乱，不至厉民，使国家长养此数十万无赖之人，长糜此千余万无益之费，何为者也？

而欲裁竟不能裁者，则因军兴以来，有功将士皆补额缺，每营有扣饷，每事有陋规，书吏武员相将染指，瞻徇顾虑，锢习已成，故其不欲裁者，非为兵也，为将也，非为公也，为私也。欲裁营兵，必裁将领，而以勇营之统领改为提镇，营官改为副将，参游哨官改为都守千把，各缺奏请补授，扼要驻防，公费养廉，务从优厚。练军著有成效者，准作勇营，自余绿营额兵，克日按期概行裁撤，或缺额不补，逐渐删除，限以十年，必将减尽。塘汛文报，责成驿站差役，仍创设书信馆，以速邮传。定议坚持，勿为浮言所夺，阻挠者有罪，奉行不力者有诛。汰弱留强，循名责实，上纾国计，下益民生，免司农仰屋之嗟，绝异日纷争之患，所谓一举而数善备焉者也。

勇营

今各省所留之勇营，大抵当年之精卒，百战之余生也。然少者壮，壮者老，老者死，展转募补，游手无赖，羼杂其间，统率各员以缺额为故，常侵饷为能事，酬应奔竞，取悦当途，勇丁亦多有游惰，性成沾染，嗜好渐与营兵无异。自天津淮军、新疆湘军、长江水师三大枝外，各省零星数营，驻防边远，疆吏之耳目不及，将领之习气益深，器械朽窳，勇丁鲜少，甚或毫无纪律，酗酒渔色，散处民间，大吏偶有访闻，或将更调，则借端规避，百计弥缝，务遂其私而后已。识者谓不出三十载，勇营之弊，将有更甚于营兵者。

方今外患循生，内忧未已，厘金不减，捐纳不停，此项饷需，岁竭度支之半，民力尽矣，国计虚矣。各弁勇饔飧挥霍之资，皆四海穷民之泪珠膏血也。欲免此弊，必须兵农合一，远稽古制，近考泰西，参保甲团练之规，复轨里连乡之法，所有次第，附见他篇，惟是强敌在门，诸夷环伺，不能一日忘战，即不可一日无兵。额兵必宜尽裁，则营勇不可以不练，其大队屯驻之地，边防海警，日有所闻，统帅多忠勇之材，士卒有奋扬之气，互相比较，便于稽查，偶有风谣，事难掩饰，跳梁小丑，征调搜寻，械用必极精坚，兵马务期膘壮，尚可无庸过虑也。所虑者，奇零营队，分驻遐方，将士未必贤，人数未必实；所任者，搜捕弹压；所处者，暇豫宽闲；所与居游者，耕夫贾竖，筋弛骨惰，终岁嬉游，偶当操阅之期，雇觅市人，滥竽充数，始则一营作俑，而遍及于各营，继而一省效尤，而渐达于各省。故勇丁者，散之则弱，聚之则强，练之则勇，纵之则怯者也。

宜严敕疆臣，随时抽阅，毋徇情面，毋务宽容，诰诫于先，稽核于后，以期兵皆实用，饷不虚糜。至于疲弱之卒，涣散之营，可裁者裁，可撤者撤。仍通饬各营统将，随时宣讲圣谕，劝善要言，教忠教孝，及兵法各书。俾之有勇知方，咸明大义，无事则保民缉盗，随地可以相安；有变则敌忾同仇，随时可以赴难。养其气，调其心，劳其身，齐其力，练其技艺，简其才能，人人共矢公忠，日日如临大敌，坚如山岳，屹如长城，斯百战百胜之精军，即一德一心之卫士，以守则固，以战则强，王者之所以禁暴立威、有征而无战也。

边防

东三省，女真之故疆而国家之根本也。元起朔漠，任穆呼哩，间道趋临潢、高州，以取东京，掩其不备。金人腹心既溃，乃迁都汴梁，以避其锋，愈逼愈南，一蹶不振。

夫前事之不忘，后事之师也。俄起西方，包外兴安岭而东建黑龙江东海滨省，固已扼吭而俯背矣。所幸者，蒙古诸部，壮我屏藩，万里风沙，势难飞渡，然嗃经佞佛，久厌戎兵，太古天骄，已成积弱，可奈何？

圣祖仁皇帝，圣人也，振威黑龙江之役，分疆画界，声施至今。高宗纯皇帝，圣人也，当全盛之时，不惜糜数千万之金钱，以征西域，抚西藏，开屯列戍，镇以重兵。盖俄地如长蛇，其心如豺虎，一旦有事，即可由新疆出一旅之师攻阿穆尔斯科，以截其腰膂。苟无此举，则准夷之患显，俄人之患微；准夷之祸小，俄人之祸大。恐不待英法航海东来，而已恣睢逞志矣。我皇太后，圣人也，咸丰同治之间，逆回肆叛，阴结强邻，西北边陲，次第沦陷，维时中原未靖，或倡弃地之议，乃任左宗棠，力主恢复，由关内达关外，雷轰电掣，不数月而已报荡平，彼乃震慑张皇，交相骇愕。迄今廿载，海疆有事而陆路晏然，历年暴横于西而雍睦于东者，岂其爱我哉？形所格势所禁耳。西藏介英之印度、俄属寻思干基发之间，犄之角之，左提而右挈之，所谓举足便有轻重者也。乾隆时设官列屯，一用兵于廓尔喀，僧民詟服，烽燧销沈，据澜潞之上游，作川滇之外障。故新疆者，制俄之券也；西藏者，制英之枢也。虽时阅百年，地悬万里，皆所以维持东省，保卫中区，以永永无极者也。

今者俄修西伯利亚之铁路，以阴伺朝鲜；英开独吉岭之通商，以渐窥藏卫。其事则俄急而英缓，其谋则俄浅而英深。东省之练军，新疆之湘军，宜若可恃矣。惟西藏阙然，未经置镇，西人同恶誓死，坚忍耐劳，战不易摧，攻不易破，而况兵饷不足，转运艰难，千里馈粮，士有饥色，铁路既难猝办，增兵未易遽言，是宜募练民兵，添筑保寨，田庐所在，身命所关，就地可筹，随时可调；风气各别，何如袍泽同仇也。水土异宜，何如守望相助也。内地之脆弱，不若边民之劲勇也。民兵以守，客兵以战，战守具备，则窥伺奚由也。山之高也，江河之广也，关隘阨塞之所丛也，沙漠沮洳之所限也，边墙望台所联络也，碉房炮垒所防维也，有天之险，有地之险，有昔之险，有今之险，而非人不足以施而设之，规而措之，作而成之，可合可分，可进可退，可胜可败，可逸可劳，而后可战可和，可大可久，可长保此太平之局，以无负我神宗圣祖深思大略、长驾远驭之盛心也。

龙江

疆场之事，一彼一此，因宜制变，无旧例之可循也；就地取材，无成规之可守也。国家当全盛之世，边民乐业，强敌息心，谨守约章，罔敢越畔，问有恃强凌弱者乎？无有也。问有以众暴寡者乎？无有也。今日万国通商，彼乃乘隙而逞志，图们江东二千里之地，拱手而让之，蹂躏我门庭，窥伺我堂奥，无一事为先朝所有，而我独拘拘然谨守成宪，以限制华民，是犹狼虎在门，乃束缚家人之手足肢骸，以恣其吞噬也。譬家有美产良田，分授之于爱子，其后嗣不知垦种，日渐荒芜，他族虎视眈眈，垂涎于侧，为之祖父者，将使人经理，转授之同宗乎？抑忍听沦亡甘授之于异姓乎？此中得失之数，愚者知之矣。

黑龙江自兵燹以来，凋敝摧残，户不满万，老弱妇孺，喘息仅存，而呼兰通肯负山带河数百里腴疆，荒废榛芜，徒为马贼出没往来之地。漠河一区，金苗畅旺，古所称东金山也，兹幸金矿已开，宝藏日出，而呼兰开垦之事，屡经条奏，废格不行，前将军恭镗熟察情形，奏请举办，部议调停两可，惑于浮言，奏上之时，仍然封禁。能禁良民而不能禁马贼，能禁中国而不能禁外人。闻黑龙江旗民亦自知户少人稀，不能久有其地也，遂有宁与外人，不愿开垦之说。并心一志，阖户闭关，见外人则退避不遑，见汉民则拒绝日甚。在江省旗民，效忠屡世，原不忍夺其土地，乘人于危，然以旗民为主而佃以汉民，可也。视汉民如仇而甘弃之于外人马贼，不可也。仅弃一黑龙江犹之可也，黑龙江失而奉天、吉林亦唇亡齿寒，危如累卵，万一有失则大不可也。

宜请先几独断，招肯兴屯，先令黑龙江将军清丈稽查，何业何主，无主者作为官地，有主者岁补租金，广招闲民，一律垦种，征其岁入以实边储，设立屯官经理其事，择明练者为之长，三时务农，一时讲武，勒以军法，编之部伍，守以堡寨，教之技能，无事则资耕稼之丰，而部帑可以渐省，有事则任干城之寄，而敌国不敢相凌。即此日之老弱旗民，亦得食税衣租，优游卒岁，以渐复其元气而长保其故疆。

夫黑龙江者，东三省之上游，而奉、吉之藩篱门户也。根本至计，腹心隐忧，未有曲徇私情而听其贻误大局者。蝮蛇螫臂，壮士断腕，施薪若一火就燥也，平地若一水就湿也。是以君子谨之于微而辨之于早也。

奉吉

比年奉吉两省，改定章程，开屯练兵，建立郡县，榛芜垦辟，渐启文明，商旅往来，日臻富庶，边疆气象，迥不侔矣。惟是陪都糜给，悉仰南方，承平无事之时，转运艰难，已多劳费，又况经涉辽沈，山海阻深，设边衅偶开，敌以一旅舟师截之，关外则储胥隔绝，哗溃时虞，重地要区，何堪设想，所谓千里馈粮，士有饥色者也。尔日应募开垦，大率京东山左游手无业之民，愿受一廛，已成土著，然而性情桀骜，风俗浇漓，殷富者蔑视典章，贫窘者流为盗贼，教化未立，政令不齐，外患方滋，内忧已伏，异日边陲有警，何能执鞭弭、卫社稷、同仇敌忾以壮我干城哉？

夫依人不如自立，而善教可以得民。比闻吉省边陲，业已广开金矿，第立法或未尽善，利于私者不利于官，聚众易于为非，有大利者将有大害。况闻奉天各属，金苗显露，日光返照，黄色烂然，天运之所闻，地宝其能终蕴耶？彼敌人眈眈逐逐，游历之使，不绝于途，铁路既成，兵端将启，与其深藏以诲盗，何如尽出以予①民。明季云南波龙矿丁万人，遂足以捍御缅夷，屏蔽滇省，利之所在，人所必争，势之既成，寇不能往，其明效大验有如此者。

宜专派矿务大臣督理此事，自陵寝重地循例封禁外，其他各山各矿一律弛禁招商；严定章程，束以军法，所征岁课，拨济饷需，则司农无仰屋之嗟，边境有自然之利矣。两省增设郡县，大都新造之区，宜筹款募捐，广建书院。边民椎朴，向少藏书，并立书楼，博收典籍，院中膏火，务极丰饶，山长必须得人，规制宜加整肃，无论军民人等，咸务向学，以渐化其犷悍而大启其灵明。庶有勇知方，既富且教，奇才辈出而隐患潜销也。奉天、吉林既有端绪，然后变通推暨，渐及于黑龙江，务使就地生财，而百万帑金无待仰求于他省，尽人向学而三千髦士无难媲美于中区。国计充盈，民情纯固，无穷之泉府溢于有限之度支也，无形之金汤坚于有形之壁垒也。

夫乃厚德音以先之，明礼义以道之，致忠信以爱之，尚贤使能以次之，爵服庆赏以申之，时其事轻其任以调齐之、长养之，是强国之本也，功名之总也，古帝王之所以威天下而抚四夷也。区区敌人又何患焉？

朝鲜

今之世，一战国七雄并峙之世也。俄之国势兵力类于虎狼之秦，而

---

① "予"，原作"子"，误，据慎记书庄本改。

朝鲜、土耳其则东西两韩也。俄王彼得初兴，所向无敌，固尝囊括西伯利亚，窥黑龙江、尼布楚，以渐肆东封矣。我圣祖命将出师，震以兵威，责以书问，立石外兴安之岭而二百五十余载，强敌息心，俄人计绌力穷，乃反旆西行，灭波兰，吞瑞典，并兼坐大，复割土耳其以入黑海，攻丹马以出白洋。英人合法国，百计挠之，俄谋稍沮，乃为人弃我取之策，通里海之道，收葱岭以西塔什干①各回部，南连印度，东抵新疆，兼弱攻昧，取乱侮亡，英法不能争而中国不过问，其计狡矣，其虑深矣。

惟灭国数十，寒瘠荒芜，欲西并土耳其而英助之，法虽联好而德复承之。咸丰季年，乘中国之乱，据珲春以东之地，建东海滨省以逼朝鲜，近更糜亿万金钱，以修西伯利亚②之铁路。盖俄人通商用兵之道，西必灭土耳其以入地中海，东必灭朝鲜以出太平洋，二国之存亡，东西各国之安危所系也。虎兕出柙，鲸鲵入渊，得志于东，必并泰西，得志于西，亦必窥中国，自然之理，无可疑者。英人孳孳汲汲，西则联德奥以保土，东则欲联中日以保朝。朝鲜主暗国弱，地瘠民穷，狃于故常，昧于通变，有地不能自垦，有利不能自开，渐忘卵翼之恩，徒艳西人之富，恣情纵欲，国债如山，其乱其亡可翘足待。万一为他人所并，则仁川之兵舶，一夕可达天津；咸镜之陆师，长驱以入东省。畿疆重地，根本要区，何堪设想不加保护焉？

固藩篱，北洋所派商务委员望浅资轻，无能为役，宜派一二品大员，仿古人设监本朝驻藏之例，开府持节，长驻国都，专任武备、外交、垦荒、开矿之事，经费无出，拨款代筹，地利既兴，分年提缴，国中秕政，亦得与其王会议改更，明告以唇齿之义，代策富强，俟外患既销，即行裁撤。一切事权仪制，准今酌古，明定章程，派拨护兵一营，已足朝人感仰中国，且海军迅速，已足壮我声威也。

或曰，各国饶舌若之何？而无虑也。英、德、奥、意诸国，关怀大局，惟恐中国不保朝鲜。美倡自主之谋，法有媚俄之意，而皆属民主，不关商务，谁发难端？俄人铁路未成，未敢独为戎首，日本则与我同患；正可阴相联合，并力一心，彼之畏俄甚于中，彼之欲保朝鲜以为屏蔽，其蓄意亦迫于中也。速发祸小，迟发祸大，机难再失，事尚可为，

---

① “干”，原作“千”，误，校改。
② “亚”，原脱，校补。

畏首畏尾，身其余几，弱韩地尽，六国随亡，得失之机，间不容发，前车既覆，吁可危已。

东海

英吉利之筹度海军，可谓圣矣。以弹丸三岛，纵横四海，凌抗中朝，非悻也，数也。海天万里，风潮险恶，兵轮一叶，绝迹飞行，薪水煤粮，时须增益，不能经年累月漂泊海中也。英人遍历五洲，据险扼要如善奕者，间间布子，入一着而全局皆灵。微乎微乎！圣智复生，无以易之已，他埠相距遥远，得失无关，风中马牛，姑不具论。

香港，海中一岛耳，而万峰环合，一鉴渊澄，八面飓风，不能为害，宽深窈曲，可泊多船。中国边海之区，自金州、复州，袤延至钦廉雷琼之境，万有四千余里，欲求一万全之船埠，如香港者，穷山际海未之有也。利器假人，悔将何及，不得已而思其次。朝鲜之巨文岛，其庶几乎？法越事起，日本乘危构衅，竹添进一媒孽其间；俄人虎视眈眈，冀觊渔人之利；英人力争先着，急以兵船扼巨文岛，而强邻息喙，时局帖然。事后朝鲜索还此岛，英人持之逾年不归朝鲜而归中国，力言此岛为东洋门户，关大局安危，若界强俄，必贻深患，朝鲜贫弱，无能为役，必须中国设兵置镇为持久之计，以隐杜祸萌。会遣某公便道察勘，某公假道珲春，乘轮出海，距岛五十里，窥以远镜，贸贸然曰："海中拳石耳"，而置守之谋遂辍。

噫嘻，英人周历瀛海如掌上观纹，其所见顾出某公下哉？盖中国伊古以来，有海防无海战，稽天巨浸，不见水端，既畏责言，兼工趋避，毋宁置焉俟之后日也。闻此岛纵广数十里，民庶千余家，鼎立三山，形如品字，其中宽广可容千舶，峰峦回合，台飓无惊，总珲春出入之襟喉，绾渤澥往来之锁钥。当英人见归之日，苟以海军分戍，擘画经营，比及三年，已成重镇。惜机宜坐失，草昧未开，必高丽自守之而中国阴助之，而后可晏然无事也。

宜与朝鲜密议，就其地建立船坞，募练水军，守以坚台，通以电报，开设商埠，储备薪粮，通商用兵，进战退守。《诗》曰："迨天之未阴雨，彻彼桑土，绸缪牖户。今女①下民，或②敢侮予。"朝鲜系东海之安危，而此岛又系朝鲜之得失，无先几之智，不足以保彼岩疆也；无烛

---

① "今女"，原作"维民"，误，校改。

② "或"，原作"孰"，误，校改。

照之明，不足以防其侵轶也。谁秉国钧，慎毋令他人捷足于先，而英人窃议于后也。

屯田

内外蒙古各部落，为匈奴突厥之故疆，衽革寝兵四千年来，夙称强武，本朝世为臣仆，申以婚姻，宿卫年班，忠诚不二，屏藩北面，屹若长城矣。惟自元明以还，溺心黄教，太平日久，厌苦戎兵，偶有风鹤之惊则溃败逃亡，有甚于中原之百姓者。同治间，甘回构逆，以劲卒三百袭破乌里雅苏台，掠饷银二十万两，数万蒙兵，望风溃散。前岁热河土匪，揭竿起衅，数千乌合之众，沦城陷邑，所向摧靡，飘忽往来，如入无人之境，敖汉贝子殉焉。

自恰克图大开互市，西商车装驼载，络绎往来，万里边陲，驾轻就熟。他日偶有嫌隙，敌人长驱直入，以劲骑蹂之，东西各盟，百万蒙民，势散力分，弓弛刃缺，万一如康熙时噶尔丹犯喀尔喀之已事，旗靡辙乱，相率南奔，则中外震惊，后患何堪设想。即欲征兵援救，而沙漠悬隔，转运艰难，内地之民不习寒苦，前此逆回犯塞，议救乌科，调拨燕晋之兵，周章三年，竟无应者。博观前事，可为寒心者矣。

夫热河一地，密迩京师，政乱民顽，为畿辅逋逃之渊薮。然而地方广远，壤土膏腴，辽金各朝皆为重镇，本朝木兰狝狩，讲武会盟，户口殷繁，声威震叠。边民犷悍，嗜斗喜争，动辄挟刃寻仇，杀人掠货，结盟立会，缓则屯聚，急则远扬。此等不轨之民，纵而逸之，则草泽之雄也；收而用之，则干城之选也。宜改作屯田，束以部伍，选知兵大帅督理屯政，派拨劲旅训练教操，选立屯长以下各官为之董率，力田经武，寓兵于农，他年创办有成，或行幸园庭，亲加简阅，饷出于地，兵取于民，既实边储，潜销隐患，壮神京之外辅，为东省之后援。即敌人敢发难端，而驰赴库伦，朝发夕至，风土相习，声气素通，绝漠行师，安于衽席矣。

山西锡金、包头各区，古之河套，南临甘陕，西达新疆，塞上民情，率多刚勇，加以河流浸灌，沟洫纵横，经理无人，浸成湮废，亦仿此意改办屯田，积粟练兵，筑城置戍，兴复水利，且牧且耕，并峙东西，屹然后劲，进可救援乌库，退可屏蔽甘凉，使瀚海百旗立于不败之地，事有似缓而实急，似难而实易，似迂远而实切于事情者，此之谓也。

非然者，异姓宗亲，谊同休戚二百余载，君国子民，弃之不能，练之不易，其视中国也如天，中国之抚之也如子，而强邻密迩，蚕食鲸吞，事变之来，未知纪极，不有以维持保护，何以固我藩篱哉！

金山

阿尔泰山，绵亘数千里，为西北群山之大干、塞外各大江大河之所发源也。左则科布多，右则塔尔巴哈台。山麓之地，沃衍宽平，可耕可渔可牧，其上千峰万岫，盘薄深远，环拱中区。圣祖与俄人画界分疆，四体天章，照耀绝域。环山之哈萨克、乌梁海各部落，亦复屏藩世守，朝贡弗衰。诚哉，天地之奥区、中原之保障矣！

自逆回构乱以来，句结口外天方种族，阴借外兵，同时窃发，以致天山南北两路，沦陷无遗，边外哈萨克诸种人，遂为外人乘隙席卷，力分势弱，控诉无门，至今哈部旧酋，尚有念中朝而流涕者。当日戎马倥偬，万众披靡，转世剌麻棍噶札拉参，乃能纠集蒙哈，耕屯战守，南摧回逆，北抗强邻，乌科两城蒙古各王公，隐然倚以为重，回逆未能逾山而北，外人亦未敢越山而南者，未始非转世剌麻之力也。所建承化寺一区，水聚峰环，高平宽广，可容数万人，地据阿尔泰山之脊，山下蒙哈万落，牧畜耕耘，引水溉田，丰收倍获而折冲御侮，悉禀命于寺内之剌麻。外人畏之恶之，向总署哓哓，将棍噶札拉参撤归西藏，仍欲平毁其寺，遣散其人，而科布多参赞大臣借口乌梁海游牧故疆，力求规复，先后经伊犁将军、新疆巡抚熟察情形，坚持正议，以阿尔泰山一地，关西北全局安危，彼得之可以进攻，我守之可以自固，此项乌梁海种族，有事时逃溃无踪，虽复来归，其心叵测，万一引虎入室，阴结外人，即可由草地长驱直犯甘陕，新疆一省反被隔绝，声息不通，溃败之形，可以立见。乃科城主者争之不已，竟逐蒙哈而返之乌人，承化寺僧徒亦撤入塔城之内，输情媚敌，失重损威，校蛮触之争而昧邛山之祸，他日有事，此乌梁海人众果能同仇敌忾、无贰尔心乎？未可知已。

欲弭此患，宜于承化寺故地建立重镇，移驻劲兵，以科塔两城为后路，督率乌蒙哈三种部落，游牧耕屯，筑垒建城，整军经武，并将旧日封禁各矿，一律开采，官督商办，以给饷需。

夫边疆之事，欲进而退，犹可保我故疆；退而又退，必至无可驻足而后已。内无储偫，外有强邻，千金之堤，溃于蚁穴，往者不谏，来者可追，地宝所藏，天险所在，弱肉强食，有自来矣。此长沙贾生所为抚心而痛哭也。

新疆

新疆改设行省之议，创于龚自珍，而成于左宗棠、刘锦棠。比年以来，编户建城，规模粗具矣。惟天山南北，自遭兵燹，人民寥落，气象萧条，土壤荒芜，沟渠湮废。曩见新疆巡抚赍送版籍，诸郡邑多者千余户，少或数百数十名口，不敌内地之一乡。南路各城，强半回族，绝少汉民，狼子野心，纷然逼处，有游历其地者，或谓荒远寥落，仍与塞外无殊。土地、人民、政事，简略如此，徒恃此数百万金之款，转输劳弊，靡有已时，抚辑招徕，有名无实，何足以支拄强敌、巩固边防哉！

然则新疆其果不可用耶？而亦非也。元太祖既得伊犁，积粟练兵，遂以并兼西域。瓦剌准夷，先后窃据其地，均恃其强富，屡抗中朝。南八城水泽纷歧，自汉以来，夙称沃壤；北路伊犁、精河、乌鲁木齐、塔尔巴哈台等处，均膏腴衍沃，亩收十钟。承平之时，曾以旗民屯垦营田，水利故迹犹存，比户欢然，丰收倍获。旗民不习耕耨，收效已复如斯，使悉以汉人佃之，则不出数十年，井里桑麻，俨同内地矣。

国家休养生息，阅时二百余年，各直省人满为灾，游惰滋多，因生叛乱，迩日出洋谋食者，多至数百万人。苟量遣闲民以实兹边塞，则盈虚相剂，内外相均，既慎防维，潜销祸变，计孰便于此者？徒以地隔关山，间以沙漠，资装无措，声息罕通，贫民限于见闻，怵于寒苦，虽欲去此适彼，无由涉此长途也。附近之甘肃、陕西，向为腹地，自经变乱，户口亦复无多。宜募川、楚、晋、豫之贫民，渐移于陕甘；募陕甘之贫民，渐移之关外，助以资斧，领以官弁，拨与地亩，给以籽粮，保护矜全，勿加凌逼，先期示谕，咸使闻知，妇孺提携，乐郊共适，更为之经营庐舍，开浚川渠，耒耜耰锄，耕耘①树艺，开其利源者无不备，恤其生计者无弗周，使居者无反顾之心，至者有如归之乐。他如发遣各犯，亦准携眷偕行，安插其间，稍加区别，期以廿载，而谓新疆一隅有不日臻富庶者，其谁信之？

或曰，移民之费将安出乎？不知甘肃薪②饷，例扣湘平，核计赢余，岁将廿万，比年关内外裁兵节饷，岁省六十万金，一律储存甘省藩库，岁出其半以给经费，他日耕屯愈广，赋税渐充，万里边隅，蔚为重镇，足兵足食，无假外求，防勇可裁，协饷可省，所谓一树而百获者，幸毋惜小费而昧远图也。

河源

罗布淖尔一地，古所称星宿海也。居新疆东南，为汉世玉关之故

---

① "耘"，原作"芸"，误，据慎记书庄本改。
② "薪"，原作"新"，误，校改。

道，南连葱岭，北接吐鲁番，东达西宁、陕西，西抵莎车、哈密，周回二千余里，纵狭而衺长，中有大河二道，句联络贯，林木葱蒨，薮泽沮洳，天气温和，土膏沃衍，惜乎人民鲜少，沟洫未通，车马往来，驰驱不便，仅有回民百户，错处分居，猎兽捕鱼，不谙生业，宽深广远，遗利尚多，太古榛芜，竟成弃地，沙漠荒凉之外有此水泉饶沃之区，徒以规画无人，招徕乏术，中国视同瓯脱，土民不识耕耘，横亘区中，远同化外。而腹内各省，人稠地狭，生齿蕃庶，十倍汉唐，土地之所生，不足给求而养，欲一听其飘零海国，迫逐拘因，淡然漠然而不一为之所，政在养民之谓，何矣！

魏光焘权新疆巡抚，曾密遣员弁，赍裹糇粮，远测穷探，得其要领，所拟十则，措画精详。惟新疆绝少汉人，乃广募回民，以资垦种，无论东作之事，非所深谙。若辈阴鸷刁顽，恐他日生猰生貔，转益西陲之梗，千虑一失亦不得已而为之也。会魏光焘受代遽去，良法美意，继轨无人，遂使千里腴疆仍为蔓草荆榛荒芜翳荟之地。事机虽值，美利未兴，虽曰天意，岂非人事哉！

宜令陕甘总督，陕西、新疆巡抚，西宁办事大臣，各派干员查明四至，绘图立说，熟审情形，招募闲民，筹备经费，一律修建邑落，开浚沟渠，发给牛粮，制造舟楫，通力合作，经营缔构，毋分畛域，毋动浮言，旧日番回妥为位置，应如何设官经理，派兵弹压，分划疆界，兴筑堤防，土性何宜，天时何若，其中材木之植、矿产之饶、鸟兽之蕃、鱼盐之利，堪资日用，有益民生。博考详求，毋有遗阙，及事后应若何立学校、备官司、殖货财、通道路、籍户口、定科条、惠工商、筹转运，务令权衡中外，变通今古，因宜立制，会议上闻。

盖本朝幅员之宽，迈越千古，羌戎即叙，蕃汉同风。新疆既隶版图，藏卫亦归声教，维此河源万里，前代之视为荒远难稽者，穷原竟委，咸居覆帱之中。成周以前不可考矣。汉开绝域，仅属羁縻。元并吐蕃，未遑经画。天人交应，若有所待，而然不及此时经而营之，疆而理之，坐使梗遏穷边，声闻隔绝，转漕万里，耗竭中原，岂计之得者哉！

青海

本朝抚辑西藏，至于再，至于三，均由四川之打箭炉征兵入藏，虽调伊犁劲旅，间道会师，然和阗之南，限以葱岭，冰天雪海，道路崎岖，头痛身热之乡，未易引绳而度也。故今日入藏必道四川，而川藏之间，悬隔六七千里，阅数十驿而后达，层崖沓嶂，深谷大川，铁索为桥，皮船济渡，人难并辔，鸟不旋飞，险阻艰难，至斯而极。察木多巴塘里塘经涉土司之境，炎风冻雨，瘴日蛮烟，夹坝纵横，豺狼出没，夜煨榾柮，日食糌粑①，偶有蛮触之争，则累月经旬，行人断绝，险矣远矣，殆亦天之所以界中外与！

然而，五金各矿，照海腾渊，大利所藏，人思染指。泰西各国游历之使，日月无间，络绎往来。比年印度通商，开关延敌，隐忧方始，事变滋多，他日转饷征兵，劳费险艰，势难飞达，鞭长莫及，将若之何？青海入藏之途，经历番地，适在葱岭之东，为蒙古熬茶之故道，虽复荒远，尚利驰驱，亦阻沮洳，均能绕越。宽平广邈，山岭无多，较之川藏一途，何啻霄壤。闻西人游藏之使，均由此道往来，详纪物产土宜，设立鄂博，谓异日火车飞挽，铁路畅行，西道既通，即可联为一气，阴谋秘计，指掌了如，而我转漠然置之度外，可乎？

宜于此间另辟一途，为藏中之后路。青海蒙番各族，世笃忠贞，惟佞佛持斋，好生戒杀，劲悍之气，积久销磨，略与塞外各旗相等。宜选知兵大臣兼西宁办事之职，专任青海练兵事宜，募集劲骑数千，勤加训练，快枪小炮，相辅成军，其入藏道途，专派干员经营修整，安设驿站，芟刈草莱，坤者填之，潦者泄之，缺者补之，岖嵚者改为坦直，倾侧者易以荡平，务使车骑往还，刻期可达。设藏卫有警，则四川为正，青海为奇，旗队为前茅，蜀兵为后援，短长相救，迟速相均，犄角之势成而胜败之机决矣。此道贯穿南北，联络江河，宝气所钟，含金孕玉，历数千载。有美必彰，如能博察矿苗，集商开采，地利既出，人力以通，荒寒寂寞之区不及十年，即成富庶，何必忧贫患寡，虚中国以实边防哉！有人有土，有财有用，此圣王治国平天下之大道。高深广远，非迂儒一孔所能窥已。

西藏

北印度希马拉亚一山，比邻藏卫，出地二千余丈，英人谓即古之昆仑，以地望准之，实后藏所称冈底斯山者也。距山三百里有巨镇焉，英即以山名名之，曰希马拉。万峰拱抱，中辟平原，英人费亿万金钱，伐山通道，行以轮车铁轨，为印度达官巨贾伏秋避暑之区。廛市殷阗，楼台侈丽，百货具备，四序如春，车马络绎，晨夕飞驰，炮垒兵房，军精械足，虽曰西俗奢泰，重以多财，赤道炎歊，例须避热。然地距四千余

---

① "粑"，原作"巴"，误，校改。

里，时阅六十余年，何若是其纷纷然，不惮烦不惜费哉？彼其间有三策焉：阿富汗一隅，为印度安危之枢纽，俄人蓄意窥伺，时近百年，此地就近赴援，有备乃可无患，一也；中土茶叶，西人饮食所必需，北印度地近滇南，天气温和，土膏醲厚，督令仿种，可以渐收利权，二也；藏中山水，遍产五金，中国仅属羁縻，番民不知开采，他日势胁利诱，渐次进窥，有隙可乘，赴机迅速，三也。

英人造意蓄谋，深远如此，而我犹拘守成法，掩聪塞明，其何能淑，载胥及溺。边陲之隐患，恐非嗜经佞佛所能销耳。今阿富汗国势晏然，彼之边防固矣，每岁出茶二百万石，英人通国无复饮中国茶者，彼之美利收矣。惟窥藏一端，仅以通商发轫，十四年之事，藏番二万不敌印兵一千，深入穷追二百余里，驻藏遣员和解，始行立约罢兵。英谋之狡如彼，藏矿之丰如彼，番兵之弱如彼，印藏之壤地相接又如彼，必谓西人不贪土地，专务通商，谨守约章，决无意外，虽至愚者当不谓然。

宜于设关之始，托词护商，与达赖、班禅、第穆诸人熟思审处，酌调数千劲旅，教练藏番。无事之时，以万人为额，仍仿德国之制，分别战守，调练番休；设有不虞，可增十倍，饷则取之关税，不足者量赋于民，择地屯田，务农积谷，内外各矿一律招商开采，酌征税金，四者兼权，不敷盖寡，然后合青海川滇之力，密筹援应之方。兵则习练于平时，饷则预储于府库，一有警报，即可成行。苟驻藏得人，期以十年，当有成效，敌人虽悍，亦当望岫息心矣。

《传》曰："不备不虞，不可以师。"倘墨守当日之旧章，借口无凭之公法，苟安旦夕，涂饰太平，则泰山压卵之形，高屋建瓴之势，恐隐忧深患有即在眉睫之间者。蹙地丧师，损威失重，越南、缅甸其前车也。

三省

《传》有之曰："天子有道，守在四夷。"古诗曰："鸿鹄高飞，一举千里，羽翼已就，横绝四海。"故四夷者，中原之羽翼也。古帝王之所以居中驭外、思患预防、措一世于治平、奠八表于苞桑磐石者也。

乾隆中，用兵于噶尔喀者一，用兵于缅甸、越南者各二，转输劳费，旷阅岁时，几疑黩武穷兵，与古人重内轻外之常经相刺谬矣。今而知大圣人明见万里，实为子孙筹万世之安。后人忽视远猷，不能继武，遂使大盗毁垣坏壁，入而伺我于门庭，不得谓非失计也。道咸之季，外患旋生，俄并西番，英横东海，犹谓西南一面未撤藩篱。乃缅甸既灭于英，越南复夷于法，暹罗岌岌，偷息人间，事楚事齐，势难终日，而川滇粤西三省，遂均有强邻逼处之虞。夫蜀中物产殷繁，滇省矿苗盛旺，粤西虽非其比，然人民蕃庶，亦所以屏蔽中原也。善审敌情者，知彼之所攻，然后知我之所守，岩疆利薮，彼所必争，在我有以待之而已。

法则南关修道，蒙自通商，英则蛮暮行轮，锡金开市，而宜昌、重庆，复汲汲然建设租界，冀以贯通川藏，为席卷囊括之谋，履霜坚冰，狼贪虎视，彼族微意，概可知矣。

宜简知兵大臣总督川滇粤西三省，联络一气，专任边防，仍驻云南，居中调度，酌裁川督，以巡抚移驻成都，而广东、贵州自为一省。盖昔时之患在内地之顽苗，今日之忧在外来之强敌。权衡情势，本自不同，未可拘守前规，自贻后悔也。

所不可解者，滇南一省，水泽纷歧，金苗丰盛，务本则膏腴之上壤，逐末则富庶之名邦。蒙氏自唐以来，闾阎充实，士马精强，屡抗王师，夜郎自大，元明以后，隶版图者六七百年，而贫瘠至今，重赖东南之协济，异族窥伺，日夕垂涎，地属中朝，依然瘠土。意者人事未尽善，地利未尽开，难胜官吏之侵渔，致费公家之擘画，呼庚呼癸，何可长也。此三省者，均自有可耕之田，可兴之利，可凭之险，可用之兵，只须慎选边材，得人而理，宽其文法，重其事权，课其功能，严其赏罚，五章五服，以便宜酬不世之勋，一德一心，以和协壮诸军之气。庶藩屏虽撤，门户尚坚，所谓失之东隅，收之桑榆者，斯国奕救败之先机，即哲相筹边之伟略尔。

蒙古

蒙古诸部，自开国至今，垂三百载，不分内外，悉主悉臣，申以婚姻，盟之带砺，同心同德，无诈无虞，开辟以来未之有也。虽彼族崇信黄教，达喇嘛之教令，严于铁钺而尊若神明，戒杀好生，慈悲忏悔之文，有以洗心而革面，实由我祖宗威德，天覆地载，高厚难名，爱之不啻子孙，抚之直如父母，纵或中风狂走，偶有违言，则举族以为不祥，毕世以为大戮，所谓心悦诚服，杀之而不怨，利之而不庸，民日迁善而不知为者。较前代之金缯岁币，互市和亲，苟且一时，贻讥千古者，倜乎远矣！

内外各盟汗王贝勒，年班宿卫，袭爵会盟，交错纠纷，不能自理，乃特设理藩院以持其平，亘古天骄，质成归命，应如何清明整肃，以尊国体而顺人心。比闻日久弊生，上而曹司，下而吏役，均舞文觚法，欺其巽懦而鱼肉之，爵由世袭，任意亲疏，饷出公家，恣情婪索，蒙民诚朴，不识汉文，虽肆贪饕，无由发覆，甚至大廷之犒赐，阴易以朽窳，入觐之资装，明加以扣折。复有晋商，重利盘剥，牛羊驼马，抵算无余，万骑千群，长驱入塞，蒙人懵于书数，吞声忍辱，无可如何。休养生息数百年，而生计艰难，贫瘠日甚，况兹者强邻密迩，挟嫌成隙，虑启戎心，即云恭顺，有素未敢轻发难端，亦非国家所以爱养藩维、同休共戚之意矣。

前岁热河肇事，又因某旗贝子恃强倚势，凌虐平民，激成叛乱，事后仅加赠恤，未予追求召变殃民，此风亦何可长也。宜慎选清正大臣，任以典属，仍虑蒙人畏祸，虽受抑勒，未敢质言，责成宿卫王公稽查举发，务将相沿积弊一扫而空。仍蹈故辙者，重治其罪，禁约西商，毋得违禁渔利，衡情度理，明定章程，各旗王公亦不得将投下兵民恣行暴虐，并于库伦、科布多、乌里雅苏台、察哈尔各处，建立学校，教习汉文，已出痘者，入京就学，化以礼义，泽以诗书，大漠穷边，无殊内地矣。当日各部向化治之之道，从俗从宜，未及施以文教者，本欲资其劲勇，捍蔽疆陲耳，乃红黄二教，说果谈因，消耗其精神，困竭其财力，致令蒙人怯弱尤甚汉人，何如导之于至德要道之归，齐之以纬武经文之治。齐一变至于鲁，鲁一变至于道，彼祁连瀚海，间有贤人生焉。此心同，此理同也，乃亦有熊罴之士，不二心之臣，若超勇亲王、僧忠亲王者。聪明勇智，繄岂异人？养之教之，而人才出矣，若之何而不早为之所也。

暹罗

越南、缅甸，附庸中国垂数千年，迩来自取灭亡，终难恢复。已馁若敖之鬼，谁存赵氏之孤，禾黍西风，徒伤凭吊矣。暹罗一国，孑然孤立，摄乎两大之间，而数十年来尚能勉为支柱者，何哉？

其王本系华籍，将相而下，大率汉人。粤闽两省之民，多至数十余万，耕屯贸易，上下一心。近更广购兵轮、精枪、快炮，延聘德人教练，增筑西式炮台，地居澜沧、湄南二江之中，两岸稻田，肥腴沃衍，苗随水长，每岁丰收，千仓万箱，不烦人力。出口之米，贩售闽粤及南洋各岛者，岁至七八百万石之多。民气绥和，地利丰富，军容稍整，国势未衰。本年春夏之交，法人因真腊边界未清，狁焉思逞，相持数月，尚能勉强成和，不至如越缅之一蹶不振者。固虞英人之窃议其后，亦其国事之尚有可为耳。

第卵石不敌，强弱相悬，行成以来，既蹙边隅，复偿兵费，不有以扶植于后，恐鲸吞蚕食，终蹈危亡。暹境湄、澜两江，发源于滇南、西藏，沿边之土司夷猓，摧枯拉朽，弱小难支，他日苍山洱海间，益无安枕之日矣。中国鉴越南已事，深虑道途险远，兵衅遽开，噬脐贻悔。况属藩朝贡久矣，不列会同，尤虑西邻责言，师曲为老，徒成笑柄，无补时艰，此老成谋国之深心，固不得不计出万全，蓄力养威以徐图后举也。

惟《兵法》有所云："先声后实，不战而屈人之兵者"，"知己知彼，百战百胜"。不深识外人之情伪，不足筹肆应之机权。说者谓法珍越南、英吞缅甸，其为患中国同也。而究其情势之间，实有天渊之判。英人属地，遍于四海，持盈保泰，内外相安，其商务在东南洋，其国本在五印度，时虑俄人窥伺，不得不结援于中朝，未敢显然与我为难也。法思报德而力有不敌，因欲媚俄以收犄角之功，与中国失和无所顾忌，况英取缅甸以保印度。彼暹罗者，又缅甸之藩屏也，苟归法人，必为俄有，纵横海上，权利已分。而新加坡一隅，英国经营百年，为南海往来之管钥，暹为法熸，即可由湄南颈地另凿新河，锡力商途，将成虚设，不止暹京商务横被攘夺而已。

故暹罗一国，中国边防所系，亦英人大局所必争也。苟与密约保暹，英必喜而从我，暹地华民最众，妥筹保护，持之有故，出之有名，暹人知有二大国之援，益将奋发有为，屹然自立。此后如朝鲜诸国，亦不敢以屡弃藩部，轻藐中朝，既谨边陲，复张威重，吉凶同患，声援不孤，用力少而见功多，所费者小而所全者大，有志之士所为投袂而兴也。

台湾

四维之说有先后，而无重轻，然以上各条，一若略于东南而详于西北者，何也？良由数十年来海疆多事，殚江湖之物力，萃朝省之精神，筹饷练兵，购船造炮，业已穷思极虑，慎固封疆，江海防维，迥非昔比矣。

惟是台湾一地，东南七省之藩篱门户也。台湾安，则东南半壁举安。刻已开府建牙，改为省会，抚番编户，治以官司。而创始之初，其规制文为尚有可议者。《语》曰："前事之不忘，后事之师也。"前此法越失和，敌国兵轮纵横海上，船坚炮利，窥伺台疆，告急之章，迫如星火，而沿海各督抚均借口封疆重任，赴援者寥寥无人。非惟船械不精，抑亦町畦未化耳。

夫台湾犹之唇也，海疆犹之齿也。台湾果失，则沿海各省其能有一日之安乎？宜以台湾一省归南洋兼辖，并隶海军，为海军提督驻节之地。凡属海防要事，江、浙、闽、粤诸督抚均须咨会酌商，使各省之兵力饷需，了然于心目。平日之声闻不隔，当几之臂指相联，何至呼应不灵，仍虞坐困？此其应改者一也。

台疆形势环抱如屏，保障东南，大可应援各省。敌船虽悍，然跋胡疐尾，返顾不遑，安敢深入内河，自取聚歼之祸！英国海军大队，必驻于距京百里之立物埔，所以收夹击之效。而孤悬海上，亦兵法所谓"置之死地而后生"也。台湾气局规模，尤为广远。惟四面距海，非轮舶不能往来，非铁甲快船不足以应机摧敌。必须建立船厂，与福建船政、南洋粤东机器各局联为一气，自娴制造，自习驾驶，使海壖氓庶，衽席风涛。而后通商惠工，无事获转输之利；储材制器，战时收搏击之长。此其应改者二也。

台湾一省，袤长约二千里，自山抵海，宽者百里，狭者不及一里。十余州县，负海依山，草创规模，究嫌狭小。宜以沿海岛屿与内地悬隔者，如广东之琼崖，福建之金、厦，浙江之玉环、舟山，江苏之崇明等处，及附近零星小岛，一律割隶台湾，设立四镇，相为犄角。各岛土著编立渔团，可开垦者募民耕种，分别远近，治以厅巡，既免海盗之潜藏，复杜敌人之割据。在台湾则广其封域，在各省仅弃一瘠区，得失无关，缓急有备，水道不患其不熟，旷土不患其不开，顽民不患其不戢矣。此其应改者三也。

三者既定，而复能兴利除弊，辑民抚番，筹饷练兵，据险扼要，则东南一面屹若长城，万里疆陲，保可百年无事矣。故海军之设北洋、南洋而足矣，何必三枝并建，竭蹶经营，当饷需奇绌之时，为此迂阔难成之举哉！

八旗

国家承平，数百年矣。南北东西，无思不服，祖宗恩泽，浃髓沦肌，践土食毛，咸知爱戴，而况偏灾水旱，沟壑余生，发帑截漕，生死肉骨，天覆地载，深远难名。海内之人，苟非丧心病狂、顽嚚聋瞽者，其谁敢强分畛域、自弃明时哉！

夫胡越一家与舟中敌国，非异人也，亦非异地也，仁与不仁而已矣。我朝龙兴辽海，本肃慎氏之故疆，古所称东方君子之国也。汉武帝开置辽东，白山黑河，咸居封内。辽金元三代，设立郡县，分建都京，政事人民，俨同腹地。明时三卫，列戍分屯。我世祖皇帝，入主中华，时雨之师，救民水火，无论轩辕、颛顼，本属同宗，毕郢诸冯，原非异地，即此伊傅望散之佐，干城腹心之民，固天下人所尊之仰之、亲之爱之而不啻父母兄弟者也。

自隶以兵籍，编以旗队，任以驻防，养以有限之钱粮，束以无涯之生业，害则旗民受之，而利则与汉民同之，愚惰者渐即非彝，贤智者亦无由奋发，爱之而反以误之，亲之而适以疏之矣。每岁京饷七百万金，此项饷银什居八九，度支已竭，而庚癸频呼，生齿日蕃，而生机日绌，伊古以来，未有举家仰给于官而可以宿饱者。乾隆嘉庆之际，谋国者已鳃鳃然虑之，汲汲然图之，而卒未有良法美意以持其后。盖久则难变，习惯自然，月饷数金，有同鸡肋，骤使之改弦易辙，而事非素习，未必遽能养欲而给求也。

此时设法疏通，必持之以恒而守之以渐。宜将中外驻防旗民，拣选精锐，丰其廪饩，改作练军，其不任荷戈，愿出籍就四民之业者，准借给十年俸饷，欲农则拨以地，欲商则助以资。广开工艺之途，更辟科名之路，所在著籍，不必回旗，身家既可自谋，俸饷即行停给。官至三品以上，本身及子弟均停俸饷，四品以下停给本身，世袭人员循旧办理，明示以太平日久、中外一家之意。昔时禁令咸与开除，以免拘挛而广生计。出籍之后，倘有孤寡茕独困穷失所者，仍准所在呈报官司，查明收养，酌定款目，作正开销。庶于变通成法之中，仍寓眷念勋劳之意。他日熙熙皞皞，康乐和亲，国计日纾，而民生日富矣。

至于入官之途，旗籍汉民，听其自占。闲曹冗职，一律酌裁，至正至公，可大可久，措斯民于大顺，返斯世于大同，君子贤其贤而亲其亲，小人乐其乐而利其利，诉合无间，形迹两忘，斯万世无疆之业也。

三署

明之亡也，由于流寇遍天下，军情万变，事隶本兵，牵制稽延，动逾岁月，以致将士解体，一蹶不振，以迄于亡。本朝入关，庙算优长，鉴明覆辙。雍正间，特设军机处以捷文报，武功文德，震古烁今，自汉以后未之有也。

咸丰同治而后，泰西各国立约通商，交涉繁多，动虞开衅，因立总署以讲信修睦，通好联交，樽俎折冲，贤于十万师，远矣。光绪建元，法越事起，兵舶十数，狙击海疆，去则难追，来亦叵测，闽舶尽燔，台地将危，于是议建海军，以联络将士，保京津之门户，固江海之藩篱，因时制宜，惩前毖后，先几胜算。事有必至而理有固然，非一孔愚儒所得横生訾议者已。

惟当创始之际，均以为权宜立制，日后终当减裁，故草创规模，未遑深计，枢垣规制，屡经修改，精严整肃，积弊一清。惟额缺无多，不入京察章京传补，而后仍须本署兼行，夙夜在公，勤劳鲜暇，精力有限，意虑不专，恐非所以慎重枢务也。至于总署海军，虽由创设，然前有千古，后有万年。以轮舟、铁路、电信三事观之，从此万国通商，遂将一成不变，敦信明义，不能无使命之往来，建威销萌，岂可少师船之游驶。天意所极，人力所通，断难绝市闭关仍如前日，则暂立之制，将成永久之章，安可因陋就简，仍踵前规，致事患纷更，人怀侥幸乎？枢垣汉章京，自粤捻军兴，已增二缺，仍宜稍为增益，每班十人，俾军务殷繁，无虞竭蹶。章京额缺，略仿部曹卿寺，自三品至六品，分职正名，以次递升，勿兼本署。京察之岁拣选得力者二员，列为一等，内升外转，定立阶资。总署之名，宜称外部，刻堂官众多，意见参差，转滋丛脞，甚则互相诿卸，宜以三人或四人为额，简曾经出使者为之，慎选章京，编立额缺，亦加京察，以重考成。海署新章尤多迁就，并宜设立各缺人之京察，参用汉员，略仿枢垣总署章程办理。平时职掌，应以海图、防务、饷章、兵制为四大宗，建置专司，分门别类，若网在纲，有条不紊矣。

夫三署者，制敌之机械而自强之根本也。必须酌古准今，明定规制，而后官守有定，民听不疑，著一朝戡乱之经，开万世同文之治。《易》："穷则变，变则通，通则久。"《传》曰："用志不纷，乃凝于神。"《诗》曰："亹亹我王，纲纪四方。"又曰："有虔秉钺；如火烈烈，则莫我敢曷。"此之谓也。

胥役

自胥役盘踞要津，而天下之良民寡矣，不肖之民众矣；自要津重用胥役，而天下之良吏少，不职之吏多矣。凡事，利与害常相因，法与弊常相积。惟胥役者，则以法生弊，有百害而几无一利者也。显绝其向上之望，阴授其为恶之权，刻予以养赡之资，宽示以贪婪之路，虽有聪察，末由照暮夜之奸，纵极廉明，岂可阙爪牙之用。官司有更替，吏役无去来；官府各有责成，吏役隐相句结，锄而去之不能也，革而除之不得也，更而易之而如故也。附骨之疽，割之而再发；凭城之鼠，爇①之而

---

① "爇"，原作"爇"，误，校改。

即危。文法之弊，至斯极矣。

然则吏役其竟不可用乎？而亦非也。治之之法厥有三焉：

一曰严定限制。吏役如矢人，惟恐不伤人；豢吏役者，如养虎狼，惟恐其伤人者也。多则稽察难周，少则防维易密。今六部之散吏，每署至数千人，州县白役，大邑千余人，小邑亦数百人。此辈眈眈然，逐逐然日思致富，而无一艺可以周身，所取之财，非万姓之脂膏，即公家之帑藏也。宜申明旧制，酌定额数，奸胥蠹吏，立予删除，违者罪其本官，参处勿贷，则人数减而党类渐孤矣。

二曰优给工食。彼吏役亦人耳，饥欲食，寒欲衣，父母妻孥，仰事俯畜，而岁给工费，不足供数日之餐，不舞弊焉，乌在不冻馁而死也。峻法绳之，彼将借口。宜筹闲款，优给工食，务足以养其身家，而后严定新章，禁绝需索，续有犯者，处以极刑，则法令行而生命重矣。

三曰量予出身。旧制吏员，岁有考察，自捐例广开，仕途壅滞，而选补无期，宜令公正者得保乡官，酌量才能，授以散职。惟差役贱隶，人所不齿，故虐民最甚而积弊最深。宜择安分练事者，或赏给顶带荣身，或咨送勇营补给粮饷，著有劳绩，一律保升，则上进有途，而人思自奋矣。减其额，恤其家，重其赏，严其罚，彼吏役者，素知国法，亦具人心，而谓其恣肆冥顽，仍如今日之索贿营私，殃民害政，无是理也。

或曰，吏役者，官府之耳目爪牙也。减之而政务殷繁，虑多棼乱，民情刁健，将启抗违，可奈何？夫鸷鸟累百，不如一鹗。今之吏役，治事则不足，佽法则有余，诬良是其所长，缉暴是其所短，严稽慎选，兴事劝功。既已厚其薪工而加以拔擢矣，则十步之内，必有芳草灵泉。嘉木不择地而生，谁谓簿书徒隶之中，遂无卓荦英奇之士哉！

烟税

洋药之流毒中国也，天也。英国度支仰给烟税，欲印度不种而不能也。中华士庶，半癖烟霞，欲华民之不食而亦不得也。道光之季，盖尝严刑重法以禁之矣。使当日者，烟土不烧则兵端不启，兵端不启则商局不开。猛虎在山，藜藿不采，或者天心厌乱，隐忧深患，自此消弭，未可知也。乃彼之情伪不知，我之防维不密，形见势绌，受制外人，遂致海溢川流，其祸至今而愈烈，闭关绝市，终古无期，事变循生，追悔何及，故曰天也。

然而，天定胜人，人定亦胜天，先天而天弗违者。君相之所以斡旋，气运也。此时议烟禁者，有两说焉，皆是也而皆非也。比年以来，罂粟之田，遍于各省。泰西亦有善士设会禁烟，而英人以土药盛行，相率借口，我不自禁而欲他人之先禁，不可得已。持禁烟之议者，欲先以严法禁中国而后以公理责外洋，其论正矣，其虑长矣。而禁者如故，种者食者亦如故也。即使中国果能禁绝不种，而印度之能禁与否，尚未可知。徒使洋药畅销，岁增亿万金钱，掷之虚牝。近乃一切宽法省禁，听其自种自吸付之，不见不闻，土药之产日益多，洋药之来日益少，就目前而论，亦足以稍收利权矣。他日必至无地不种，无人不食，精膏暗竭，杼柚尽空，如水益深，如火益热，沈酣固结，不可终穷。故弛禁之说，可以取济一时，而不可以传之后世者也。

夫势之所积，患之所成，非一朝一夕之故，其所由来者渐矣。事由渐开，当以渐禁。渐禁之法，非重征其税不可。集成巨款，既可以筹措海防，逆计将来复可以消除隐患。厚敛之，而民不敢怨也；刻绳之，而法可必行也。富者不较锱铢，而贫者日思撙节，使天下人皆知烟之为累深焉久焉，厌之苦之，庶已食者可以戒，而未食者不欲食乎？

或曰，今洋药则厘税并征，重费唇舌，土药则按亩加税，徒扰闾阎，可奈何？夫烟之为物，或种自内地，或贩自外洋，市易销售，必有其地。宜议加落地之税，无论洋药土药，自某年月为始，一律倍征，期满五年，再加一倍，加之不已，以禁绝为期。隐匿者有诛，偷漏者有罚，坚持定见，勿动浮言，仍于其中酌提一成，设立戒烟之局，广筹医药，详立章程，以不禁禁之，至三十年则税加六倍，其贵与黄金等，庶人知趋避而烟害可永除矣。此大易之随所由，必继之以渐也。

仓储

水旱，天灾也；所以救之者，人事也。古之时，耕三余一，耕九余三，以三十年之通制国用。堤防沟洫，备之于先；储峙粮糒，恤之于后。是故发棠既请，氛祲潜销，岁有丰凶而民无流散者，诚有其道焉！

自汉以降，常平义仓、社仓之法，规制綦详，救灾恤邻，宛存古意，国家折衷今古，爱养黎元，整顿仓储，岁岁增益，而于北省尤所究心。良以水利久湮，转输非便，北人愚惰，不识盖藏，乐岁丰收，粒米狼戾，及偶逢饥馑则束手待毙，或流离转徙，散之四方，非备豫于平时，不足以恤灾御患也。

粤捻之变，沦城陷邑，所过荡然，旧日仓储，概遭焚劫。自晋豫大旱，以至山东顺直，叠次水灾，议赈议蠲，几成故事。上则截漕发帑，至再而三；下则查户劝捐，有加无已。惠则惠矣，然悬隔千里，转运艰难，已毙之民，宁能复活？使每邑有数万石之米，以立救饥民，则曲突徙薪，所全尤大，何至一省告歉，四海骚然哉！且天变无定期，而正供有常额，受者无实济，而施者有倦容，万一弩末难穿，鞭长莫及，则他日灾民百万，填渠溢壑，生理遂穷，言念及兹，何堪设想。论救荒于今日，铁路实为要图，而议论既已难调，财力亦苦不足，无已则规复常平社仓之遗制，以暂救目前乎？

夫北省之地力厚，厚则树获易丰也；北方之地气燥，燥则收储可久也。经理之核实，则官不如绅；散放之得宜，则银不如米。建仓之地，当视户口之多寡而酌予变通，告籴之资，可提赈款之赢余而量为补助。且鼠，微物也，犹知积粟以御冬；蜂，微虫也，尚识采花以酿蜜。岂斯人灵智反逊昆虫？并宜劝谕民间，思患预防，各谋蓄积，丰则虑歉，饱则虑饥，乐岁红陈，勿加狼籍，仓箱充实，牖户绸缪，使闾阎有三岁之储，则朝廷无一朝之患矣。

或曰，仓储之说，似正实迂，所谓老生常谈者，非耶？而不知方无古今，中病则验；射无巧拙，中鹄则神。比年筹赈募捐，艰矣瘁矣。水旱偏灾，事所恒有，不筹一善后之良法，则呼庚吁癸，长此安穷，济众博施，尧舜犹病矣。

以积储为经，而纬之以水利；以仓廪为主，而辅之以轮车。正本清源，哀多益寡，中原万里，虽终古无灾，可也。

保甲

天下大矣，人民众矣。古之圣者，视天下如一家，抚中国如一人，不灼知其户口之多寡、风气之刚柔、士农工商所执者何业、东西南朔所居者何方，伥伥然，扰扰然，若马之无辔、舟之无楫，何由御繁以简、举重若轻、运天下于掌上哉！

故保甲者，三古之遗规，百为之纲领而万化之权舆也。汉世黄老盛行，高言清净，折衡剖斗，赋役繁苛；比及唐时，改为两税；元明而降，统曰地丁。本朝豁免丁钱，蠲除徭役，厚生利用，生齿日繁。嘉庆时，天下户口之数已逾三万余万，大生广生之德，旷古所未闻也。军兴以后，伏莽未清，屡下臣工，力行保甲，以实稽民数而潜杜奸回，乃一纸空文，终年往复稽查督责，虚有其名，徒增供亿之烦，绝少奉行之实。其名城巨镇，耳目昭彰，间立门牌，以应故事。至于穷乡僻邑、江市山城，则阒寂萧条，从无过而问者。即使派员督办，下檄严催，亦不过遣役金差，徒滋扰累，致先王良法美意，转为里役衙蠹婪赃索贿之资，积弊深微，末由挽救，保甲其一端矣。此其故由于亲民之官，溺职孤恩，不能尽心民事也，固也；亦由各省牧令，辖境太宽而佐理无人，不得不授权于吏役，虽设丞尉，只解营私，亦有监司，徒增掣肘，重以三年任满，迁调频仍，别有升途，不关治行。情形不熟而政令不行，此所以内外孳孳然日思求治而天下愈不可治也。

惟乡官既设，则保甲可行，十家五家为保为伍，版籍之确数可一览而知，奸宄之潜踪可一索而获。至如兴养立教，成俗化民，均若网之在纲、丝之就绪，有条不紊，井然秩然。彼牧令者，总其事，仰其成而已。国家之阊泽，壅蔽而无从；官府之文书，奉行而愈速，恩施可以下逮，而疾苦得以上闻，何至廉远堂高，情暌势隔，上欲举一事而旷世难成，下欲诉一言而终身莫达哉！故尝谓今日之弊，民之望官也如天，属僚之望上司也如天，臣邻之望宫阙也如天。如病呃逆，胸膈不通，如患痿痹，气息仅属，以致外人肆逆，凌侮中朝，尊攘有心而挟持无具也。

君臣一德，宫府一体，上下一心，如身使臂，如臂使指，合中国四万万人之精神才力，共图一自强之策，虽并吞四海，无难也，而何畏乎英俄，何忧乎船炮，何惧乎阴谋秘计之协以图我哉！

名器

《传》曰："惟器与名，不可以假人。"帝王之所以奔走天下者，名器而已矣。

有侥幸之路，则朝廷为之不尊；无是非之公，则豪杰为之不奋。夫国之有赏罚，犹气之有寒暑，岁之有春秋，天之有风霆雨露也。极北恒寒之地，严霜积雪，百卉凋零，生气索然，迥非人境。赤道之下，四时恒燠，卉木盛茂，百产喷盈，然物脆而不坚，木华而不实，天时虽美而地道无成，其弊亦与恒寒等。故必威克厥爱而后能持温肃之平，必公尔忘私而后能振功名之路。

军兴而后，保举滋纷，一案多至数千人，一官升至三四级，犹曰杀敌致果，非是不足以劝首功也；渐而及于洋务矣，渐而及于河工矣，犹曰绝域往还，宣防劳苦，非是不足以致异士、奖劳臣也。至如赈捐累牍以邀功，海运频年而入告，事端至琐，联衔张大以陈词，奏案将成，四海奔驰而附景，庙堂以宽大为治，官吏以苟且为心，上下因循，不可救药。他日偶有军事，或议边防，恐恩胜则滴，名实相乱。通侯骑尉，不能开战士之心；爵命告身，未足壮戎行之气矣。

历观往古，当全盛之世，朝野上下，人才众多，其名器未有不慎者。及其衰也，人才鲜少，罚不必当罪，赏不必当功，其名器未有不滥者。慎与不慎之间，家国安危之所系，即古今治乱之所由开也。夫曲突徙薪无恩泽，焦头烂额为上客，自古已然，于今为烈，不有先几之智，何能以永保太平？不有烛照之神，何足以潜销隐患？

宜定为三等计劳绩之阶资，深识远猷，惩前毖后，关异日之治忽者，上也。宜密陈事实，以须不次之升，所谓千里之马，旷世一逢，宁阙毋滥者也。边事海防，制胜克敌，保见在之疆圉者，次也。宜力戒瞻徇，以绝虚冒之弊，所谓百金之士，忘身殉国，功绩著明者也。此外纷纷则皆寻常劳绩，宜限其数，严其格，峻其防，薪俸可优而班资不可乱，贤劳可录而爵赏不可干。昔日倖获之徒，并宜考察贤愚，示以区别，剔除积弊，务获真才，异数难邀，虚名乃重，持之二十载，而后万民安业，四海清澄，野无遗贤，朝无倖位，何至如今日之肩摩毂击、驰骛往来，扰扰然而争、憧憧然而乱哉！

夫莠稗不去，则嘉禾不生；纲纪不明，则贤才不出。文武之道，一张一弛，至今日而弛之极矣。非改而更张焉，何以奖不世之功，应非常之变也？公忠体国之君子，当不河汉斯言也。

外篇卷上

洋务

《传》曰："万里之外，王者宾而不臣。"何则？威有所不加，力有所不及，势有所不便，即令有所不行也。泰西各国相距七万里，叩关通市，攘攘者特为利来。我以宾礼待之，以敌国视之，情也，亦义也。西人文章制度，整肃可观，不若戎狄之颛蒙未启也；陆师海军，精强罕匹，不若苗猺之聚散无常也。伊古以来，诸夷猾夏有如是之声明文物，犁然井然者乎？无有也。而且悬隔数万里之遥，溟海风潮，累月始达，即使战必胜、攻必克，安能如汉武之犁庭扫穴，聚而歼之海中乎？有以知其必不能也。彼可以来，我不能往。我虽不往，仍不能禁彼之不来。然则今日之讲信修睦，通使联交，叛则击之，服则舍之。通商用兵，徐待其敝，理也，亦势也。皆所谓建诸天地而不悖，质诸鬼神而无疑，百世以俟圣人而不惑者也。

历观屡朝全盛之际，非无敌国外患也。然经猷宏远，四海周知，如日月之代明，天下莫不见也。及乎叔季之朝，偶有边防，务为讳饰，我闻有命，不敢告人，因而内政不修，外讧益甚，朝野上下，相蒙相遁，以迄于亡。谚曰："讳疾忌医，不死必殆。"横览古今，有如著蔡矣。此皆踵亡秦之故习，欲尽愚黔首，以取济一时，而岂知欲盖弥彰①，积微成著？事多疑似，转启戎心，用出机权，愈开变诈。民无信不立，师之克在和。彼勾践之尝胆卧薪，生聚教训，非举国臣民一心一德，何由兴越而沼吴哉！此言虽小，可以喻大。而况今日者，礼仪敦睦，聘问往还，虽有跋扈之形，尚少凌夷之渐，无叔侄表文之耻辱，无金缯岁币之要求。在近今，为创见之文；稽古昔，亦寻常之事。又况轮舟铁路，天意所必通；海错山珍，人情所乐用。重以电音飞达，日报畅行，朝发一言，暮周四海，乃犹闻雷掩耳，自以为讳莫如深乎？识者笑之矣。

谓宜一切示以大公，持以大信，明谕中外，咸使闻知。无事则慎守约章，坚持和议，其或无端凌侮，则同心戮力，与天下共击之。夫而后，是非众著而下少离心，视听不疑而事无掣肘也。至于操纵之方略，战守之机宜，先发制人，自应秘密，又岂仅洋务一端而已？改权宜之制，成久远之规，屏迁远之谈，定折衷之法，持平核实，力策富强，殖货务农，招携怀远，可使制梃以挞诸国之坚甲利兵矣。

西书

文字之兴，肇于中国，而展转流布，渐达于泰西。今埃及于尼禄河滨，掘出之古墓、古城，石碑、石塔所镌文字，大类中国古时虫鸟之篆，钟鼎之铭，会意象形，宛然可指。而意大利二千年上火山湮没之城垣，房屋街衢，率同华制，并有乐器，范铜为之，其声凄壮高清如中土之画角者。然泰西古名国如巴庇伦、马基顿、波斯、埃及、希腊之属，均在葱岭之西南。声教之讫，自东而西；诸国之递盛递衰，迭相雄长，亦自东而西。竟委穷原，了无疑义，惟古籍罕存，书缺有间。其踪迹之尚有可考者，若浑天之说，仿于周髀借根方，谓之东来法；火器之制，西人有仕于元者，携之而归，精益求精，遂称无敌。自余生电、印书诸法，均创于中国，而巧于泰西。若夫政令之严整，务农殖货，专重富强，轨里连乡，日图兼并，则管子之霸形也；教法之混同，传道拜天，自忘祖考，摩顶放踵，以饴途人，则墨氏之兼爱也。昆仑有黄帝之宫焉，度当日万国来同，本无中外。兼洪水之说，中西纪载略同，可知昏

---

① "彰"，原作"章"，误，校改。

垫怀襄，彼此人民遂相隔绝。迄秦政焚坑而后，必有名儒硕彦抱器而西，致海外诸邦，制度文为转存古意。礼失而求之野，久假焉，而不能不归也。

比年使命往来，见闻日广，中国聪明才智之士，亦知读书稽古，师夷制夷，然画革傍行，不识佉庐之字。京外同文各馆略习洋文者，又复暗于大体，忘厥本来。以故通商用兵，垂数十年，欲求一缓急可恃之才而竟不可得，皆由学问之士不达西文，浮薄之徒鄙夷中法，其兼通总贯如曾纪泽者，盖概乎其未之有闻也。

欲通外事，宜译西书，密谕使臣，广行翻译。夫泰西出使之任，曰修好，曰侦敌，曰护商，案牍滋多，职守綦重。中国自美、日、秘而外，欧洲各埠，本少华商。新设海军，威难及远。使馆节省经费，杜门谢客，声气不通，国政兵机，诸多隔膜，护商侦敌，无可言者。优游三载，坐待保升，滥竽尸位之讥，其能免乎？况使署翻译，兼备中西，彼国藏书，取携良便，苟以此事责成各使，督率参佐，专译有用之书，先期奏明，给予优叙，奋勉者奖，庸惰者除，既觇通才，亦免浮滥。

进呈而后，发各省官局，刊布颁行。彼亦有善本单行，藏之秘府，必须照会，始可搜求。西人高气矜心，既于彼国有光，复喜邦交日洽，当无不欣然相授者。分门别类，弃短取长，经费无须另筹，名器无由滥窃，开今古同文之治，养国家戡乱之才，所谓举一反三，事半而功倍者也。

游历

今之世，一维新之宇宙也。古之言天者，占星揆日，岁实岁差，不及百年，辄多乖舛。今有地球自转之说，始知行星百数，均绕太阳，而目所见之恒星，皆日也。于是古法尽废，千秋疑窦，一旦豁然，日至历元，不差累黍，此天文之新志也。古人望洋，向若辄云海与天通，方丈蓬莱，转相傅会。今则五洲鼎立，万岛星罗，轮舶往来，有如户闼，开方计里，了然掌上之纹，乃至南北冰洋，亘古人迹不到之区，亦能凿险缒幽，穷其究竟，此地理之新图也。古之时，搜神纪异，侈语仙灵，夸诞荒唐，本无足据。今则轮舟铁道，俨缩地之神方；电报气球，即补天之秘术。一灯如月，光照百城，二气转轮，力逾万马，以至快枪巨炮、铁舰鱼雷，无坚不摧，无远弗届，权侔造化，功夺鬼神，此人事之新法也。古人取五行百产，以利用宜民，以云天无弃材、地无遗利则未也。今则轻养炭气，考原质之所成，水土木金，悉化分之，何自耳目无偶遗之物，山川无不泄之藏，动植飞潜，察形声之变异，金石骨角，化朽腐为神奇，订山经地志之讹，开格物致知之学，此物产之新理也。

此外精思奇器，日异月新，覃覃深深，未知所极，迹其灵奇变化，疑于鬼斧神工。及徐而察之，则高以下基，洪由纤起，浅尝深造，均有阶级之可寻。极人巧代天工，广地利尽物性，此岂海外小夷所能为乎？然则孰为之？曰："天为之。"天欲辟一万国大通之局，而道里悠远，山川间之，非此不足以捷往来、资日用也。更新之气运，天实开之，而谓人能遏之哉！惟中国局守旧闻，坐受其敝，抚膺扼腕，徒托空言，即有明智之人，熟察情形，变通尽利，未几而群疑众谤，争集矢于其身。自怙前非，不惩后患，议论之淆杂，家国之安危系此矣。

谓宜明谕近支王公及中外大臣，有能比迹张骞，乘楂海外者，官给资斧，许其自陈，预由总署照会列邦送迎接待。回华后，阅历有得，量材器使，予以事权。其有壮志华年愿留学习者，亦助其费。至四品以下文武员弁，有欲出洋游历者，先由官长考验，如果学识通敏，亦准给予资装，惟须计日往还，略示限制。如愿留学习，并给半费，随时由使署稽察，以广裁成。

当日俄王微服至英，亲入海军，习业三载，回国而后，水师雄武，颉颃①泰西。日本，东瀛小国耳，通商五十年，而制器练兵，卓著富强之效者，岂其才智远过华人哉？由其国亲王大臣，游历各邦，具有心得，嗣后综绾枢要，并心一志，百废俱兴，是以西人敬之而华人畏之也。必嚣嚣然曰："我大国也，彼小国也。"既不能令，又不受命，刻舟胶柱，不思改图，他日必有先受其祸者。故公忠体国之君子，不可以不知天。

育才

天地之生才，而不能以自成也，必国家有以养之，而后人才不可胜用也。而惟今日之洋务，开古今之大变，为耳目所未经，欲闭关绝市而不能，方合纵连横之是惧，而且船坚炮利，国富兵强，发五行百产之精，罄墨守输攻之巧，即使穷年毕世，已苦于莫究莫殚矣。重以文字不同，语言不达，书须重译，理未易通，守旧闻者，固执而不移；学新法者，浅尝而自足，以故通商遣使，风气渐开，虽能稍习其情形，终未悉通其肯綮。彼粤闽市侩，略解西文，纳粟补官，列居津要，而若辈于中

---

① "颉"，原作"顽"，误，据慎记书庄本改。

学西学，均属茫然，折足覆竦之讥，其能免乎？而况乎其心未必可恃也，即使忠诚不贰，而已上辱国家也。矫其弊者，又深恶痛绝，欲一切屏而弃之，自以为秉公持正矣。然性情各别，嗜欲不同，操纵失宜，猜嫌即启，兴戎召衅，厥罪均也。

曾国藩有鉴于此，当同治之初，创出洋学生之议，领以卿贰之任，置之庄岳之间，以为事半功倍矣。然髫年稚齿，书数未谙，携以出洋，懵无知觉，虽涉西学，仅属皮毛，而先已厌薄中朝，沾染异俗，此非立法之不善，由所遣之未得其人耳。宜由各省学政，拣选聪颖诸生，年在二十岁以内，通古今，识大体，而气体充实，能任辛劳者，询其父母及其本身，厚给资装，咨送总署，使臣持节携带出洋。期以十年，分类学习，仍以半日温经读史。期满回国，考验有成，赏给官阶，速其升转，分拨总署、海军、商部及南北洋大臣，量材器使，予以事权，愿就科举或艺学科者，赏给举人，一体会试，此一途也。

中国海疆各埠，英文法文之馆，栉比星罗，仅习语言，未尝学问，以致习向汰侈，情性嚣张，成者可备舌人，败者流为匪类，中西之游手无业者羼杂其间，作奸犯科，无所不至，人心之蔽，风俗之忧也。宜于各埠一律增设书院，延聘中西宿儒主之，薪俸必极丰饶，规模必期阔壮，斋舍制度，参仿华洋，由海关道主持其事，所需经费，酌取之关税、房租，约捐百分之一，已能敷用。学业成后，咨送京师，考验录用，补官次出洋学生一等，愿应艺学科者，赏给生员，一体乡试，此又一途也。

盖今日万国通商，千古非常之变也。既有非常之变，必生非常之才，不有非常之才，不足以待非常之变。养之于平日，选之于清门，博其才能，端其志业，以清流品，以肃观瞻。辟此两途，持以廿载，则奇才硕彦，应运而生。万里中原，媲隆三古，我国家亿万载无疆之业肇于斯，即全地球大一统无外之规亦开于是矣。

艺科

科目之兴，一千有余岁矣。耳目之所熟习，心志之所专营，所得人才，斗量车载。其所以行之永久，屡废屡兴，终无善法以持其后者，盖深合于古人敷奏以言之义，此郡县之天下至当不易之良规也。

通商以后，时势变迁，论者忧国步之多艰，慨书生之无用，遂有欲废科目之议。无论乡举里选，古意久湮，骤而复之，易滋流弊。彼三品之第，专重门楣，则寒畯之出身无路矣；诸色之称，下及匠役，则选人之托业已卑矣。等量齐观，絜长较短，何如科目以诗书之气化鄙倍之心？即未必所举皆贤，犹可拔十而得五乎？故科目之制，变而通之，推而广之可也，因而废之不可也。

变通之法，考之乡评，试以政事，已见于乡官一议矣。欲推而广之，非增设艺学科不可。而欲增艺学科，非预有以教之养之不可。曩者法越失和，海防孔亟，中外束手，患于有器而无人。侍讲潘衍桐请开艺科，交阁部会议，然而试官无其人也，举子不及额也，统维全局，窒碍良多。礼部调停其间，改艺科为算科，以二十名中一名为额。行之数载，每岁大比数，皆不及廿人，文具空存，竟同旒缀。盖当事意存歧视，则闻者有戒心；他日用违其才，则行之无实效。而中西学术，本末相殊，不有以作育于平时，则欲学焉而既苦无师，欲往焉而又忧无力也。见卵而求时夜，见弹而求鸮炙，不可得已。

兹既遣幼慧诸生出洋学习矣，沿海各埠，见闻相习，聪俊子弟不乏其人，复增设大书院以教之矣。嗣后乡会届期，宜由礼部先期奏明，人数若干，请定中额，开科之始，以二名取中一名，稍宽其途，以资鼓舞。当总署录科之日，考核不妨稍严，俾通达者不致见遗，而摽窃者无由倖进。立科暂久，人数渐多，则中额随时酌增，约以五名取中一名为永式。所命题目，宜切艺学，别于诸生，考古证今，致诸实用，并严查夹带，以杜雷同剿袭之端。殿试亦然。另为一榜，翰林以备海关、出使，部属以分译署、海军。详定阶资，以垂久远，三十年后无弃才矣。

至今日，科场条例，整肃精严。然翻译则请试他题，满员则另行升转，正可援照此例，以待奇才。夫而后视听专，趋向壹，留情时务者不致以异学见疑，自诩科名者不敢以他途相诟。变通尽利，体用毕赅，综贯中西，权衡今古，斯久安长治之良模也。

商部

《语》曰："识时务者为俊杰。"今日之时务，洋务而已矣。然其间自有缓急先后之序焉，不可不察也。今之言洋务者，动曰讲求公法，整顿海防，制器练兵，购船造炮，自以为当务之急，而不知皆缓图也；自以为得气之先，而不知皆后著也。夫中外之局，和与战而已矣，通商与用兵而已矣，势如连鸡，莫敢先发。其战也，亦所以成和也；其用兵也，亦以为通商地也。

太古之世，粟帛交易，民或老死不相往来。迄乎《货殖》成书，日中为市，官山府海，齐擅富强，服贾牵车，卫隆孝养，以及《汉书》、

《盐铁》，周府泉刀，大官或算及锱铢，八政莫先于食货。唐开互市，边关茶马之征；明遣宝船，番舶珠犀之利。今日者，五洲万国，贸迁有无，风气大通，舟车四达，可知道里广远，货币往还。此端既开，断难再塞，前有千古，后有万年，从兹四海通商遂将一成不变也，审矣。惟是中国人情，自利自私，不谙商务，上下隔绝，声气暌孤。比年出入之间，岁绌数千余万，他日川流海溢，财尽民穷，虽有良平，无所借手，如越南、印度诸国，利权尽失，受制于人。殷鉴非遥，可胜太息。不有以整齐之，调护之，何由转移风会，宏济艰难哉！

谓宜仿泰西各国，增设商部，管以大臣，并立商律、商情、商平、商税四司，分任其事。商律者，保商之政也。以泰西商律，译出华文，情形不同者，量为删改，通行遵守，以杜奸欺。商情者，恤商之政也。时其丰歉，除其疾苦，剂其盈虚，勿使下情壅于上达。商平者，限商之政也。总挈中外，益寡哀多，使商有所赢而民不为病，略如《汉书》平准之意，笼万国物价而使之平，而国家之公司附焉。商税者，权商之政也。海关常关，厘金杂税之类，咸隶是司，比较成亏，权衡赢绌，上期足国，下不病商。而内地税厘，亦须照海关新例，查开货价，按结报明。渐撤西人税务司，增立内地商政局，主持稽核，如此货昔多而今少，昔有而今无，必须斥驳行查，考求其故。货之壅滞，商之折阅，维持补救，必审其方，参酌中西，务臻美善。

夫中国旧制，崇本抑末，重农而轻商。今日厘税两宗，数与地丁相埒，京协各饷，挹注所资，假使无商，何能有税？民力竭矣，国计随之。必执不言有无，不言多寡之词，苦相诘难，恐膏脂有限，悉入外洋，他日之患寡患贫，有出于寻常意计之外者。无财不可以为悦，徒法不能以自行，富国强兵，非商曷倚，不设专官以隶之，不足以挽回积习也。此救时之急务，制敌之先机。若之何其习焉？若忘忍而与此终古也。

税则

税则者，国家自主之权也，非他国所得把持而挽越者也。泰西诸国，虽弱小如瑞士、丹马、比利时，至弱至小如塞尔维亚、门的内哥之类，苟尚能守其社稷，则税则之或轻或重，无不由国君自主之。何项应增，何项应减，只须先期一年知照各国。各国之商于其地者，帖帖然无异辞也；各国使臣之驻其国都者，亦唯唯然无异议也。即或赋敛繁重，商旅裹足不前，惟有婉与商量，讽其更改，从无用兵相挟、下旗竟去之事。盖西例然也，既已商于其国，受其保护，分其利权，自应静候稽征，输纳税课，此人情天理，非可凭恃势力，强人以所难也。

中国当道光之间，勉强行成，情形隔膜，误将税则载入约章。夫条约所载者，两国之公权也。太阿倒持，授人以柄，九州之铁，铸错竟成，非惟中国所未闻，抑亦西人所不及料矣。日本与泰西立约，受弊略同。十五年春，日本换约，日使密商中国共议变更。曾纪泽闻而欣然，亟欲乘机改定，而总署昧于操纵，畏难苟安，拒而不纳，故《日英和约》仅增一则，曰："日本如有急需，可酌增进口税，惟不得逾值百抽三十之数。"彼改，而我仍不改也。

夫泰西各国，上下一心，保护商民，无微不至。而税则一事，隐操轻重之大权，其出口税必轻，轻则成本不贵，本国商人之获利者多也；其入口税必重，重则物价过昂，本国诸民人之爱异物者少也。至如印度之茶、花旗之布，税均免抽，以广销路。湖丝入美，值百两者，征税六十两，保富恤商，用意深远。中国不尔也，出口税重，此外犹百计诛求，进口税轻，他物仍百端规避，以致华商假人牌号，三联税票，充斥江河，国计民生，两受其弊。而犹因循顾畏，侈语怀柔，不至为渊驱①鱼，为丛驱②雀，尽驱③华人为洋人，其事不止。或曰："欲改税则，其如各国不从何？"而无足虑也。定议十年换约，本虑彼此有不便之端，今之三联单，入口税，不便于中国也深矣。既有换约之权，即有改章之力，此公理之可持者也。

中国商务，英人十居其七，各国共得其三，则至要者，英也。俄人窥伺朝鲜，祸机浸亟。英人联络中国，和好日敦，宜与密约相援，而显商改税。英从，而各国安有不从者？此私情之可浼者也。

善夫庖丁之解牛也，以无厚入有间，批郤④导窾，如土委地，而刀刃若新发于硎，其所以为之，必有其道矣。掩聪塞明，钳口结舌，而待他人之发其端焉，彼固大利之所存也，而肯自贻伊戚哉！

考工

工者，商之本也，生人利用之源也。中国自《冬官》既逸，考工之政阙然不修，荏苒二千余年，器用苦窳，规模简陋，百工居肆，夷诸贱隶，无一聪明才智之人。彼泰西诸邦，转得以奇技巧思，出而炫我。故

---

①②③ "驱"，原作"殴"，误，校改。
④ "郤"，原作"却"，误，校改。

外洋入口之货，皆工作所成，中国出口之货，皆土地所产，工拙相越，贵贱相悬，而中国之金银山崩川竭矣。今之学者，辄谓巧不若拙，智不如愚，欲塞师旷之聪，而蔽离娄之目。则是燧人之火食，不如上世之饮血茹毛也；黄帝之垂裳，不如太古之草衣卉服也；中国之上栋下宇，不如土番之穴处岩居也。此老庄之余沈，愤激之谰言，信如是也，天亦何必好为多事，笃生圣人，以开万古文明之化哉！

今日者，五洲万国，光气大通，中国之人多，而他洲之土满，尾闾之泄，消息盈虚，必使操一叶之舟，以浮沧海，竭一夫之力，以撼泰山，得毋惧与。适莽苍者，三飧而反，腹犹果然；适百里者，宿舂粮；适千里者，三月聚粮。无舟楫何以济川，无车马何以行远？天欲合九万里为一统，不假以精坚巧捷之器，何以宜民利用，使声教大同？故知气机工作之兴，断关天意，百年而后，新者皆旧，而变者皆常矣。中国五行百产，无假外求，当闭关绝市以前，我行我法焉，可也。通商而后，洋货充斥，既不能禁民之不用，又不能禁彼之不来，而工作不兴，商情日匮，坐待他日，民贫国蹙，仰息他人，如秦人视越人之肥瘠，然者可谓忠乎？可谓智乎？

谓宜通饬疆臣，设立商政局，凡华民喜用之洋货，一律纠股集资，购机仿造，以收利权。其中国所产，行销外洋者，亦加意讲求，务极精美。仍仿泰西规制，有能自出新意，制成一物有益民生者，准上之工商二部，赏给护照宝星，许其专利，以开风气，以复古初。出洋诸生学成归国，就其所习，分饬主持。

夫欧洲之英吉利，东瀛之日本，皆海中岛国，物产无多，徒以工艺繁兴，后先崛起。中国之壤地广矣，物类蕃矣，取之不禁，用之不竭，上有所好，下必甚焉，行之二十年，而国势不强，民生不富者，未之有也。否则如五印度者，亦海南之大国，君臣上下，蹈常袭故，弊不去而利不兴，英人越五万里之遥，蹊田夺牛，代为经理，幅员万里，拱手让人，身辱国亡，哆然为天下戮笑，悲夫！

商务

古之财利，或上聚于国屯，膏者也；或下散于民藏，富者也；或中饱于官吏，剥民蠹国者也。今也不然，不在上，不在下，不在中，而流溢于外。故古人理财之法，不足以尽时势之变迁。外强中干，已成痼疾，则商务之不振为之也。

善夫德相毕思马克之言曰："日本官民之至德者，日讲求工作商务，孳孳矻矻，学成而归。华人一入德国，则询何式之船最坚也，何厂之枪炮最精利也，考求订购，不惜重资。夫此时各国强弱相均，莫敢先发，即情势更改，亦须再阅数十年，所购船炮，不出十年，锈涩苔黏，半成弃物。况机器之制，日异月新，甫能择善而从，已复后来居上矣。日人求其本，华人骛其末；日本意在富国，中国意主强兵。无论工作日精，他日可以自制也。即兵端将肇，购之他国，亦无异取之宫中也。日本之兴，其未艾乎？"至哉斯言！于中国、日本得失之间，可云洞见症结矣。

比年以来，日本出口之货，岁增至一万三千余万。而中国出口，向以丝茶为大宗，今印度之茶，意大利、日本之丝，年盛一年，已夺华人之利，虽湖丝质地柔勒，华茶性味和平，天时土宜，非彼所及，然丝以机缫而色白，茶因税减而价廉。必须审受病之由，始得尽变通之利，此旧有之商务不可不保也。外洋入口之货，以洋药、洋布为大宗，今日土药盛行，漏卮渐塞矣。惟洋纱洋布，岁溢六千万金，必须设局购机，广开制造。至外洋食物，照约免征，即以洋酒一宗，每岁入口，已及千万，宜于十年换约，删去此条。洋货之入华者，设法以收利权；土货之出洋者，减税以轻成本，此将来之商务不可不开也。

盖中国贵粟重农，情形迥异，而泰西制用之法，亦与中国不同。中国租赋，取之农民，而关市亦税；泰西度支，出于商贾，而畎亩无征。国用出于农则重农，出于商则重商，理之固然，无足怪者。中国租庸调已改银钱，利害兼权，榷商为便。此后舟车四达，光气大开，非商何以捷往来，通转运？自今伊始，制国用者，必出于商，而商务之盛衰，必系国家之轻重，虽百世可知矣。

商部既开，商局乃定，商情既顺，商政乃兴。沧海横流，今已捉襟见肘矣。安得深明大略之君子，与之挽日下之江河也？

卅人

古之人，仰法天，俯察地，观象于天，取材于地。五金之产，三品之珍，天地之精英，所以济万民之日用也。故自首山采铜而后，开矿之政，历唐虞三代以迄宋元，有其举之，莫敢废也，有屡开焉，无终禁也。废之禁之，实自有明之中叶始矣。万历中，增设矿税，宦竖四出，不见臣工者，垂二十年。矿税其名也，搜括其实也，岂无忠言谠论，冀回天听而靖人心？而其私意别有所存，非口舌所能力挽。甫及再世，神器已移。后人借鉴覆车，因噎废食，自滇铜照常采办外，各省一律封禁，以至于今。

同治初元，通商伊始，当事建议开矿，纠集公司，然良莠杂糅，未久即相率闭匿，致商民百万资本，尽付东流。今日偶及开矿一端，已几几乎望影惊心，谈虎色变矣。守旧者胶执成见，谋新者任用非人，遂使古今以来良法美意，悬为厉禁，视若畏途，而山川无尽之藏，终无由一见于世，日皇皇然忧贫患寡，怀金玉而啼饥乎？兹者鉴商办之非策，于滇南设矿务大臣矣。经营屡年，反不若开平、漠河之卓著成效者，积重难返，成本过昂，所得之数，不敌所费。商办非，官办亦非也。

然则奈何？曰："考之于古，则增设壮人，参之于今，则官督商办，仿盐法之制，量地设官而已矣。"扼要之图，厥有四事：

一曰习矿师。开矿之法，识苗为先，当日公司所延矿师，半系外洋无赖，夸张诡诈，愚弄华人，糜薪俸数万金，事后则飘然竟去。滇南延诸日本，受弊亦同。必须令出洋学生专门学习，参以中法，精心考验，明试以功，斯即壮人之选也。

二曰集商本。近日集股之事，闻者咸有戒心，必须妥议章程，由户部、商部主持其事，苟有亏蚀，查究著偿。股票由商部印行，务使精美，不能作伪，乃能取信于民也。

三曰弭事端。众逾千人，派兵弹压，并矿丁团练，以防未然。秩之崇卑，视矿之大小，督抚兼辖，矿政如盐政之例，以一事权。矿中危险颇多，仍参仿西国章程办理。

四曰征税课。矿税不能定额，情形时有变迁，宜略仿泰西廿分抽一，信赏必罚，酌盈剂虚，因时制宜，随地立法。事之济否，首在得人矣。

夫大利之所存，必不能终闷于地，我终弃之，而能禁人之不取乎？英夷缅甸，法并越南，皆艳羡云南之矿；日伺朝鲜，俄开铁路，皆觊觎东省之金。及此时而自开之，得天之时，因地之利，天不爱道，地不爱宝。以固疆圉，则无形之甲兵也；以济度支，则不竭之府库也。此屡朝之成法，《周礼》之遗规，而今日切时之要策也。

圜法

国家何以铸钱？曰："以为民也，日用通行，非此不便也。"今日何以停铸？曰："以为国也，铜价过昂，所得不偿所费也。"然则有益无损，有利无弊，既可便民，又不病国者，莫自铸金银钱若矣。古之时，粟帛交易而止矣。自首山采铸，九府通行，炎汉五铢，轻重适当，泉刀货币之用，绵历四千余年。唐宋以还，疆土益广，至明而后，地丁税课，概用纹银，良由人利轻赍，事趋简便，三品之轻重，视九州之广狭以为差。然纹银折算畸零，权衡轻重，出入高下之际，吏胥弄法，市侩操奇；铜钱则笨重烦难，不能及远，运千缗以行万里，所得者几何矣！

今日万国通商，外国银钱遍行于东南各省，民情之所便，即天意之所开也。欧洲诸国，航海东来，因商旅畅通，道途日远，银钱犹有不便，乃一律行用金钱，自中国、印度外，货币交通，概以黄金为准，因时制变，虽圣王不能禁之矣。其显敝中国者，莫甚于洋债一宗，镑价参差，隐亏巨万。而民间货物，一出一入，低昂轻重，均以金镑为衡，暗剥潜销，利源外溢，国家所恃以宜民利用，奔走一世者，太阿之柄，甘授之于外人，薄海漏卮，永无底止，殆不得铺张涂饰，视若缓图矣。

谓宜统饬各省，设局购机，将三品之金一律铸钱行用，其金钱、银钱之轻重，及五分、一角四开诸式，略仿泰西，惟参酌情形，熟权子母，别定式样，详议章程，仍由户部侍郎主持其事。钱局薪俸及防弊诸端，均参仿中西，从其善者。矿政局开采所得，就近平价采买，以供鼓铸之需，仍与钞法局相为表里，互资挹注，外合内分，相系相维，立于不败。部库藩司收解之款，亦将银两折合金钱、银钱，三者并收，略照时价，年终奏定，由部颁行。各官廉俸既增，则火耗陋规均可酌量裁减。民生日厚，国用益饶，而天下吏胥衙蠹舞文乱法之端，已划削根株，不去而自去矣。

夫三品，《厥贡》、《夏书》两著其文。天生五材，以利民用。今日之贫匮，非食之不足，实用之不充也。中国金矿、铜矿之多，远非泰西所及，伐山开矿，就地铸钱，免西人垄断之虞，有四海流通之利。商务日振，工艺日兴，再历数十年，中国之豫大丰亨，有断非海外小邦所能及者。此自有之利，自主之权，乃怠惰因循，守株待兔，补苴掇拾，剜肉补疮，他日财尽民穷，偶有水旱偏灾，铤而走险，其事尚忍言哉！

"迨天之未阴雨，彻彼桑土，绸缪牖户。今女①下民，或②敢侮予？"《鸱鸮》之诗，人所为拊心而叹也。

交钞

钞法者，所以济金、银、铜三品之穷也。皮币之端，开于汉武，沿于唐、宋，盛于金、元，逾变逾轻，久而益敝。明两行之而敝，国朝一

---

① "今女"，原作"维此"，误，据《诗经·鸱鸮》改。
② "或"，原作"孰"，误，据《诗经·鸱鸮》改。

行之而亦敝者，岂钞法之果不可行哉！信则行，不信则不行；有钞本则可行，无钞本则决不可行也。元、明之末造，皆因府库空竭，欲以洛阳贵纸，尽笼海内之金钱，立意欺民，而欲民之信之也，得乎？

然则有国者，何为而必行钞法也？曰：无他，上下均便而已矣。以国计言之，岁入一千万之款，而造千万之钞，行之民间，钞本相均，无流弊也。而银钞两行，岁得二千万金之用，况交子、会子四海通行，转运烦费之端，可以尽免矣。以民生言之，交易往来，现钱已多不便，至携行远道，则水火盗贼，在在堪虞，何若一纸轻赍，取之如寄乎？今日民间未尝不行钞也。承平之世，晋商汇兑，独擅利权。自通商以来，银行遍设于海疆，钱票广行于内地，或函或票，与古人交钞何殊？惟国家自有之利权，下散于商民，渐移于外国耳。龚自珍曰："本朝行私钞而不行官钞，他日必有巨商亏闭，而四海为之摇动者。"阅数十载，此言验于阜康。夫使绝市闭关，仍如前日，度支充溢，岁有赢余，则钞法不行焉亦可也。使如元明之季，库藏已竭，钞本难筹，则虽欲行焉而有所不能也。

钞法之当行而可行者，此其时矣。行之之法奈何？宜于户部别立钞政府，专派侍郎主持其事，各省各埠，设钞政局，所有办法，参仿汇号、银行，与商政、圜法两局相为表里，此设官之法也。由户部综计入款，岁拨二百万，以五年为期，京协各饷，责成汇解，苟有挤轧库款，准其通融，随即划还，以清款目，此提本之法也。上下出入，统以银钞各半为衡，通行之钞，三品兼权，一圆至十圆为度，由钞政府制造颁发，参仿西法，作伪无从；汇兑之款，照依汇费，或函或票，事后缴销，此用钞之法也。现有之汇号、银行，原可并行不悖，公私缓急，亦可相通；惟分号分行，须①岁补钞政局费数百金，以示急公之义，此收权之法也。泰西银行章程，贫民蓄积数元，均可存放生利；商民挪借，必有抵押，取息甚轻；国家需用之时，可以代筹巨款，照收薄息，以示大公，此裕国便民之法也。

夫万国通商而后，其地广矣，其用宏矣。不立钞法以济其穷，必有扞格而不通，取携而不便者。此亦必然之理，必至之情矣。博考良规，择人而理，厚其薪俸，严其劝惩，至信至公，达于中西，通于上下，斯恤商恤民之本，足食足兵之原，商务之所由振兴，民生国计之所以维持于不敝也。圣人复起，不能易已。

---

① "须"，原作"滇"，误，据慎记书庄本改。

铁政

铁之为用大矣。伊古以来，釜锜以爨，钱镈以耕，深闺之刀剪无声，绝塞之戈矛如雪，以至百工椎凿，效伎程材，九陛钟镛，铭勋纪事，自公私上下，民生日用，无一不于铁乎是资。明时海疆将帅，虏获倭人，及奉诏放还，皆乞取锁镣，欢欣踊跃而去，以倭不产铁故也。盖铁之为用，实冠五金，中国铁矿繁多，故如取如携，了无足异。使天下一日无铁，斯民之不便何如？英吉利，海西三岛耳，当未得印度之先，徒以煤铁之富，贩运欧洲，纵横海外。

近日西士之精于天文、化学者，考察太阳本体，其色、其光、其热，与煅红之锰铁无殊，疑其质性相同，故光华相若。自书契至今五千岁，阳乌光热，未减毫芒。地体小于日轮三百万倍，日与地之吸力，如景随形，如磁引铁。同类则相感，同气则相求，因疑地与众行星，皆日中爆出之分体，故大地所产，惟铁独多，而外洋火山震裂之时，所涌出者，皆硫磺与铁汁也。意地心奇热，焚烧锰铁之精，与日轮光热俱同，故其气可以互摄。今日讲求格致，机器、铁路，取多用宏，然以理揣之，日轮，铁也，地球，亦铁也，则铁之效用于人者，今日尚其滥觞，而未得穷其究竟也。西士之言如此，虽六合之外，古圣人有所不言，然俯察仰观，不得谓毫①无所见矣。

通商而后，洋铁盛行，大关乎制造海防，小极于寻常日用，中国非无铁也，制炼不精，故大利尽为所夺。张之洞有见于此，在鄂奏开铁政一局，购机炼钢，以辟利源②。或乃掎摭流言，阻挠至计，若惟恐西人失利而中国富强③也者，井蛙夏虫之见，渊鱼丛雀之心，不自知其倒行逆施之至于此极也。惟局中工匠，举用西人，费巨工繁，难乎为继。

宜选聪俊子弟，随节出洋，于克虏伯及著名各厂，专门习学，然后博考旧法，参用中西，弃短取长，持平核实，其必用西法者，提官款以助其成，其兼用中法者，借人力以省其费。他若枯煤受煅，引气以燃④镫，铁洛所遗，入灰而成石，务使矿无遗利、厂无弃材，乃能细大不捐，精粗悉当。

中国煤铁之矿，十八行省无处无之。广收利权，致精械用，权衡今

---

① "毫"，原作"豪"，误，据慎记书庄本改。
② "源"，原作"原"，误，校改。
③ "强"，原作"疆"，误，据慎记书庄本改。
④ "燃"，原作"然"，误，据慎记书庄本改。

古，便益公私，他日兵事偶开，则精枪快炮，铁舰鱼雷，取之宫中而皆备，何必皇皇然窃窃然忧局外之刁难恫喝哉！

利源

屡阅海关出入货税册，而知通商一事，其蠹中国者至深，而为害于北方数省者为尤大也。每岁以出抵入，不足者三千万金，外洋食物所需照约免征，亦例不入册。近年洋酒一项，华洋同嗜，入口已千万有奇，综计一岁所亏，实不下五千余万，而海防之购船购炮者不与焉。再阅十载，即五万万金，中国之财力，几何能禁此无穷之罅漏乎？

东南十省腹地虽虚，而横览海疆，犹然富庶者，出口之土货略可相当，布帛通行，洋布之销场不旺也。天津一口，洋货之入者，将三千万，土货之出者仅二百万，不及十分之一。烟台一口，洋货之入者六七百万，土货之出者百余万，不及五分之一。惟营口一隅，出产稍广，然油豆各物，贩售苏浙之间，出洋者寥寥无几。直东草帽边一业，因奸商掺杂，销路日微，橐驼羊毛，不谙蒉剔，而洋布入口，年盛一年，综计已四千余万。北方瘠苦，有此绝大漏卮，僻远荒凉，不知若何景象矣。比年叠遭荒歉，筹捐济赈，仰给南方，虽亦天灾之流行，未始非人事之腹削也。故今日外患内忧，斯为最亟，而兴利之法，亦莫要于北方。

请以北土之所宜，而外洋之需用者言之：

一曰畜牧之利。西人酷嗜牛乳，为饮食所必需，贮以佳瓶，贻诸远道。美国北方之民，皆以殖草牧牛致富，因筋蹄骨角，无一弃材也。绵羊橐驼之毛，按时收剪，织为氍毹，华美温和，不惟四海通行，即华人亦喜购用。宜先提官款，或集公司，广购围场，以资牧放，养牛取乳，购机织毹，物美价廉，必可行销外国矣。

一曰葡萄之利。葡萄一种，本由西域而来，北地寒而多沙，植之无不蕃盛，累累结实，甘美殊常。洋酒品味虽繁，悉以葡萄为酿，法国土产三万万，独以酒为大宗，计数科征，收税独重，泉甘味厚，各国嗜焉。然以西山泰岱之名泉较之，彼犹瞠乎其后也。宜购地自种，而仿西法以酿之，即销售中国海疆，其利已逾千万矣。又况蚕桑之利，考诸《禹贡》，本在青、徐、幽、冀诸州，而德州之棉花，色白丝长，颉颃洋产，苟缫丝织布，自收利权，何至啼饥号寒，重费九重之宵旰哉！

惟北省之民，性朴而惰，不有以教导而倡率之，则疲薾之风气终难转移，流溢之金银永无底止。不歉而歉，不荒而荒，年复一年，官款民捐，难乎为继，当财殚力尽之时，将何以善其后也？事有必至，理有固然，曲突徙薪，宜早计矣。

虞衡

盖闻九官分职，益作朕虞，周道如砥，其直如矢。三代以上，沟洫桥梁、街衢道路之事，无不有官焉掌之，即所谓虞人者也。夫烝民之性，自利自私，仅顾目前，不知远计，非官为董率，其必不能整而齐之，经而理之也，审矣。

今日驿传水利，亦有兼官，然文具空存，未有能举其职者。以致京省内外，芜莱满目，埃尘蔽天，杠梁废弛，沟渠湮塞，丘墟芜杂，如旷古未经开辟者。然至若一哄之市，四达之衢，逼仄熏蒸，酿为疾疫，旱则风沙卷地，潦则泥淖载途，城邑类然，北方尤甚，非所以肃中邦之体制，壮万国之观瞻也。且夫虞政之修与不修，即商务之兴废所由，亦国势之盛衰所系矣。

泰西各国，街衢整洁，途径平夷，日月修治，罔敢废坠，宾如有归之乐，民无致疾之因，严肃清明，宛存古意。其旅于中国者，亦依其国制，设立工局，整理洁清，坦然秩然，荡荡翼翼。其旁之中国城镇，虽复肩摩毂击，人物殷阗，而广狭平陂，未免相形见绌者，古制沦亡，无专官以隶之故也。西人谓修路一事，于商情之向背，地面之兴衰，隐相维系，每于海滨广漠，自辟一途，未及数年，商旅纷来，自成邑落，而道旁之地亩骤贵至数千百金，林木蔚然，气象一变。乃知泰西今制，决为三古遗规不能守，后世因循苟且之风，坐令远人腾笑也。

宜稽往昔虞衡之职，兼考近时颓废之由，参酌中西，权衡今古，设官督理，就地筹捐，专派一工部侍郎主持其事。街道以京师为主，而后渐及于军州，途路以冲要为先，而后渐达于荒僻，区以支干，别以山原，审其重轻，权其缓急。而桥梁沟洫，堤防林木，一切便民之政，均得会同牧令处置而经营之。斯通商铁路之初基，即水利驿传之实效也。旧有之官款，半为当事侵渔，宜著落追偿，以为根本，有所不足，酌取于商民，涓滴归公，敷用为度，自时厥后，岁月增修。筑路之基，应以电报所行为准，纵横经纬，绘画测量，步章亥以无差，涉关河而不阻，则积习之颓靡胥变，而新猷之敷布非难矣。

或曰："道途险艰，以限戎马之足也，因而修之，患将愈亟，可奈何？"不知天子有道，守在四夷，当日粤捻横行，何尝以险远岖嵚①，

---

① "嵚"，原作"嵌"，误，校改。

稍阻往来之迹？窨己之门庭以御盗贼，愚者不为矣。民情之所不便，他日必有便之者，慎毋窘步迁行，予后人以口实也。

铁路

今之主开铁路者，则曰捷漕运也，利征调也，通货殖也，速戎机也，广荒政也，便行旅也。主停铁路者，则曰碍坟墓也，糜度支也，病民生也，启争讼也，贻后患也。故东三省定议兴建，岁拨帑金二百万，而腹地各省，仍阂遏而未行，聚讼纷纭，莫衷一是。始事之不易，非独中国为然也，即泰西创建之初，亦复众谤群疑，交相沮格，至今日而推行日广，翕然不复以为非者，利害之故，历久而始明，得失之机，有征而乃信，天意之所定，非人力之所能违也。

毕思马克之言曰："美国之铁路，以通商也；俄国之铁路，以用兵也；惟英国与德国，则通商与用兵并行不悖。"前有千古，后有万年，大地车书，终将一统，其必先同轨而后同文乎？俄人之并吞诸国也，先于境内造一铁路，鹰瞵虎视，直指邻疆，他人弗能禁也。铁路就，兵事开，而此国之亡，可翘足待。今西伯利亚之铁路，犹故智耳。吉林边外之珲春也，库伦边外之恰克图也，伊犁边外之七河也，则俄之铁路通矣。西藏边外之亚东也，云南边外之蛮暮也，则英之铁路至矣。广西边外之谅山、牧马也，则法之铁路来矣。中国万四千里之海疆，轮舶驶行，捷如风雨，环三面之陆路，所有铁路，计日皆成。他人越国鄙远，相距数万里之遥，往返程期，不逾十日，而我之征兵转饷，累重稽延，必数月而始达，试问沿边城镇将守之乎？抑弃之也？

如欲守之，则必四面屯巨饷、宿重兵，无须协济救援而后可。今日海防一面，天下之储蓄已空，他日将四面守之，中国有此财力乎？沿边之险要皆失，此中区数省独能自存乎？此必不可得之数，必不能免之事，必不容己之情，则中国铁路一端，亦即成必不得不开之势矣。此时安坐而议曰："夺小民之生计也，糜国家之帑金也。"皮之不存，毛将焉附？根本之将拨，而惜一枝一叶之凋残，傎矣！而况乎其未必然也。筑路之道，仍宜以京师达汉口为干，而分枝以入陕甘，则通商用兵，二者均便。

曩见法报之言矣，以为中国铁路，综计须三万万金，照约由法国承包，则地基木石之工，利归中国者，十之四；铁轨匠役之费，利入法国者，十之六。观于此，而知工作不可不习，铁政不可不开也。又尝稽北省厘金之册矣，山左右直隶、陕西，岁收各十余万，河南一省，每岁约十万金，以较南方，不及十分之一，豆麦而外，土产绝稀。观于此，而知地利不可不兴，商务不可不讲也。识大势，知先务，审缓急，剂盈虚，思患预防，因宜制变，而一切刻舟胶柱之论可以废矣。

赛会

西人之心计工矣，其维持商务也至矣。其始，莫亟于开博览之会，所以开其先也。其继也，莫要于减出口之征，所以持其后也。夫天下人之才力聪明，其不能不有差等也久矣。上焉者，独具智巧，自辟町畦，变化神奇，宜民利用，生而知之者也。中焉者，亦趋亦步，效法前人，规矩准绳，范围不过，学而知之者也。下焉者，则顽蠢无知，自安愚弱，贪饕慵惰，鹿豕与游，是人役也。今中国、泰西、日本，滔滔者大率多中人耳。彼南洋、印度、非洲诸种族，则下愚也。然上焉者，穷思极虑，其心劳矣。中焉者，继长增高，其事逸矣。博览云者，互证参观，以耳目代心思之用，是使民逸获之由也。况五洲之风土各别，万邦之物产攸殊。万宝五金，六谷百果，及草木鸟兽，羽毛齿革之属，丘陵川谷，蠕飞蠕动之伦，寒带、温带、热带之所宜，山人、泽人、海人之所得，旁搜博采，荟萃于一堂，因而审其良楛，别其美恶，时其弃取，决其从违。一物不知，儒者所耻，多能博学，遂以成名，使古圣人有知，当亦引为大快也。

今日万方和会，四海大同，以有易无，哀多益寡，罄山川之宝藏，天地不能闷其光；广亿兆之见闻，圣哲不得私其学。易世而后，新者皆故，变者皆常，窒者皆通，分者皆合。百姓日用焉，而不知举世习见焉，而不为怪矣。故曰天也。泰西博览之会，五载十载，辄一举行，商务振兴，不遗余力。日本亦仿立农桑、工艺诸会，讲明而切究之，国势日强，民生日富。中国丝茶之利，尽为他国攘夺以归，而罂粟之花遍于内地，海防制造，讲求五十载，仍须倚仗洋人，狼狈相依。若瞽之有相，不有以转移而变化之，恐知之匪艰，行之维艰。后之视今，亦犹今之视昔耳。

宜详考各国立会之制，先于沪、汉等埠，筹款试行农桑、矿务等会，以劝民间。俟东省铁路既成，则于天津购地造屋，综集中西，设一博览会，九重亲莅，以重其事。中外之金石、古玩、名画、法书，以及山海之珍奇，工作之器物，均可入会，购者议价，观者取资。立会之费，预筹专款。会散后，储为博物院，备后人考镜之资。嗣后逐渐推行，数岁一举，以开风气，以拓利源。至各省赛会迎神，虽亦乡傩遗意，然作为无益，动肇争端，何如以此易之，使斯民有取法之资，薄海无久遗之利也。

今之论者，动以奇技淫巧诋斥泰西，而朝野上下之间，所用者触目皆西人之物。不禁不作，仰给予人，力尽财殚，坐以待毙，堂堂大国，为日本所窃笑焉，抑独何哉！

税司

天下事，利之所在，即权之所在，不可轻以假人者也。乃有非我族类，久假不归，盘据要津，根深蒂固，海关厘税，岁入三千万，仰其鼻息，以为盈虚。引党类数百人，糜工资二百万，渐而阴持朝议，显绌邦交，偶或侵之，颠蹶立至。吨钞数及百万，本国家自有之利源，乃一意把持，据为己有；浮标灯塔，行海之耳目，亦习焉不察，举而授之。家资之富，可以敌国，以泰西廿四字母许数，每字百万，已及两周，皆诡寄他人，运归本国，阻挠税则，左袒西商。邓承修议增一人，则借他事以轧之；曾纪泽欲代其位，则造蜚语以倾之。貌类忠诚，心怀鬼蜮，英拟授以出使之任，而乞假回国，密请改授他人，诡计阴谋，莫窥其际。英君主授以男爵，功在彼国，其事可知。近于越南、西藏立约通商，扶植乃弟，冀稍效劳勋，身故之后，世袭其官。西人之入中国者，尊敬畏服，望若天人，视官吏蔑如也。

英人之据印度也，始亦于沿海通商，设一公班衙，代理税务，旋因细故，遽启兵端，即据其海关，以给军饷，相持十载，印人兵败乞和，而沿海膏腴尽为所有。今之总督署，即昔之公班衙也。盖印度壤土之广，略与中国相侔，英虽一战胜之，而兵力不敷分守，因择国人之桀黠者，阳为效用，阴缩利权，一旦失和，则昔日同舟，顿成敌国。英之转运不竭，而印之声气不通，束手归降，莫能枝拄。故公班衙者，灭印之枢也。今印度旧主，困守穷山，贫窭艰难，转为所役。英人岁给八千圆之俸，以养其家，身辱国亡，可为悲栗者矣。波斯、埃及、土耳其诸国，柄用西人，无不太阿倒持，日侵日削者。国家旧制，于臣工制驭綦严，乃独于一西人倚任多年，毫无疑虑，中外大臣皆尊而信之，无一深窥其隐者，仰独何也？

宜令使臣商其政府，总税务司之任，添派一清正之大臣，显予褒封，阴收其柄。各关税司扦手，选派华员之稳练而西文精熟者，共事其间，恩赏工俸三年，俾资教习，一年而后，概易华人。惟彼则颁给俸糈，宠以名爵，衡情据理，期在必成。此时英国畏忌强俄，尚不敢显然与我为难也。论者辄谓西人弊少，华人弊多，而华员之薪俸无一可比西人者。薪俸优，身家重，严查慎选，而谓华人必不若西人，无是理矣。论者又虑西商狡悍，不服盘查。不知税则提单均有定式，持平核实，彼自无辞转免。华商报关，横遭摧辱，日本之事，其明征也。

伊古以来，未有堂堂大国，利权所在，永畀诸异国之人者。不及此改弦而更张之，他日偶有责言，显蹈印度覆亡之辙。海疆万里，拱手让人，济济群公，何以自解于天下后世哉！

公司

《货殖传》曰："太上因之，其次利道之，其次教诲之，其次整齐之，最下者与之争。"今天下之民，纷纷然皆争利者也。争而不善用其争，以致大利之源，尽为外人所夺，则上之所为整齐、教诲而利道之者，未得其道耳。

泰西公司之法，托始于西班牙。四百载以前，其国人探索南北美洲，泛海西行，远逾万里，一人一家之力有所不足，君主资以兵力，助以帑金，通国之人亦各出私囊，同襄盛举，嗣开辟新地，务农殖货，利赖无穷。西班牙当日之富强，甲于天下。葡萄牙、英吉利踵之于后，乃遍开南洋万岛、非洲、澳洲，东达中华，西连印度。商途所及，兵舶随之，教会继之，兼弱攻昧，取乱侮亡，兵饷所资，率倚公司之力，而通商、用兵、传教三事，俨如环之无端。及印度并入于英，遂卓然为欧西之首国。盖疆界攸分，非通商不得入；道里过远，非公司不能行，而用兵、传教之余意，主于逆取而顺守。履霜坚冰至，木必先腐，而后虫生之。英之纵横四海也，非一朝一夕之故，其所由来者渐矣。风之积也不厚，则其负大翼也无力；水之积也不厚，则其负大舟也无力。长袖善舞，多财善贾，然则公司一事，乃富国强兵之实际，亦长驾远驭之宏规也。

中国局守旧闻，兢兢以言利为戒，沿海各埠，大权概授于西人。比来设立商轮、电报等公司，行之渐有成效，第规模狭小，未能远达重洋。商部既开，利权渐复，然后将丝茶及大宗货物，合官民之力，精心擘画，纠集公司，南洋、西洋，浸推浸广，出九州之物产，供万国之取求，收已去之金钱，保将来之商局。夫南洋者，西人之外府也，所以储材蓄势，凭陵上国之权舆也。我之商力，兵锋略及于南洋各岛，彼海外诸国将惴惴然顾畏不遑，不必埽穴禽渠，而已足招携怀远矣。苟因循颓废，漠不关心，小民自利自私，安知大局？排挤倾轧，损己益人。西人之公司，今已垄断于海疆，久且纵横于内地。彼之民日富，我之民日贫，彼之商益强，我之商益弱，恐不待兵刃既接，而胜负得失之数已有霄壤之相悬者。

通商以来，五十载矣。彼越南、缅甸、波斯、印度之民入中国者，皆役属西人，无一富商大贾。利权一失，生计遂穷，既误先机，徒贻后悔，国亡家破，犬马终身，然后知商务盛衰之枢，即邦国兴亡之券也。黍离麦秀，心折骨悲。彼中国乾隆以前，亦只沿海通商一埠耳，诸国之君臣，方庞然自大，拘守成法，鄙薄外人，又安知未及百年，遽有今日哉！噫！伤已。

巡捕

读《周官》一书，而知古圣人之为天下计者，至纤至悉也。泰西巡捕之设，虽略如古之虞衡、今之快役，而御灾捍患，意美法良，清洁街衢，逐捕盗贼，永朝永夕，植立途间。号令严明，规模整肃，风清弊绝，井然秩然。为之董率者，数西人，十数印度人耳。而华捕千人，皆循循然谨守范围，罔敢逾越，徒以事无瞻庇，俸有盈余，赏罚之法，行身家之念，重贪饕之性，悉化廉能。然则谓华人之果不如西人者，妄也。况租界虽曰夷场，本属天朝之土地，乃包探任穿西服，领事复理民情，国体浸以凌夷，华人屡遭屈辱。彼东洋小国，尚能自治其人，南台一隅，亦得独行其意，而沪汉通商诸大埠，顾因循苟且，久让外人窃踞其事权，魁柄倒持，观瞻所系，殆不得谓之细故矣。

至京都辇毂重地，万方起化之原，近乃劫掠横行，道途污秽，西人至登诸日报，谓天下之至不洁者，莫甚于中国之京城。即此一端，可为万邦之首，远人腾笑，辱国已深。然承平之时，步营街道，岁糜国帑数十万金。领以提督、总兵，管以御史、部属，重以府尹、京县、正副指挥诸官，棋布星罗，十羊九牧，其责不可谓不重，其虑不可谓不周。而百弊丛生，徒糜帑项，无一能举其职者，则事无专属，废弛已久，经理之不得其人也。同治初元，五城增募练勇，饷糈较厚，训练较严，捕盗精能，颇得其力，救火之事，尤奋往直前。政在得人，成效已彰彰若是，惜人数尚少，敷布难周耳。

改弦而更张之，请先自京师始，酌增练勇名数，参仿巡捕章程。番役之疲羸，急宜裁革；街道之费用，力杜侵渔。内城责之金吾，不可以他官兼摄；外城责之御史，不宜以一岁遽更。编立门牌，疏通渠道，街衢必洁，稽察必严。慎选贤能，务除冗滥，互相纠正，毋许瞻徇，偶有弊端，罪其主者。官款不足，量取民捐，涓滴归公，敷用而止。行之一岁，政令大行，然后详定规条，颁行天下。通商各埠，巡捕亦皆易用华人。迹其侦察非常，亦古者虞人之职，一在郊野之外，一居都邑之中也。迩来游勇、会匪遍于各省，往往聚众滋事，骚扰民间，偶或疏虞，动烦兵力。以保甲稽之，以虞衡备之，以巡捕守之，广工商之利以生之，兴教养之道以变化之，稔恶者无所容，民日迁善，而不知为之者，涤除旧染，丕焕新猷。彼海外诸邦，意存窥伺，有甫入国门而潜销默息者。《诗》曰："周虽旧邦，其命维新。"此之谓也。

轮船

轮舟、铁路、电信、火器、银行五事，孰为之？天为之也。天以是宏大一统之规，为四海会同之法物也。异日者，陆皆铁路，水皆轮舟，火器以诘兵戎，电信以通文报，银行以便旅人，而后山海失其阻深，道里忘其险远，城郭之高坚不足恃，疆界之畛域不必分。天下之人，顺天者存，逆天者亡，先天者兴，后天者废，而今而后，虽百世可知也。

中国蠡测管窥，不知通变，内江外海，既纵各国以行轮，而独于本国之民深闭固拒，禁其制造驶行。跬步之间，千里悬隔，风涛颠险，覆溺时闻，商货不通，生机将绝。而通商各埠，则行旅辐凑，便捷灵通。一彼一此之间，劳逸安危，迥殊霄壤。民间共知轮舶之利，屡请试行，而当事迂拘，屡加斥驳，断断然曰："畏敌国之效尤也，虑贫民之失利也。"夫物各有主，理之所在，西人不能强争。有旷土焉，我终弃而不耕，则客民至矣。今虑客民之侵占，预禁土著之耕耘，伊古以来，安有是理？夫轮船所达，则商务骤兴，贫民随事可以谋生，何必概操舟楫？况轮舶之侧，小舟如蚁，失业者何人？今内河固未行轮也，然而市肆萧条，帆樯寥落，禁止之有益于贫民者安在？至沿海各埠，则闽粤商贾暗制轮船，挂外国之章旗，纳他人之税钞，为丛驱雀，为渊驱鱼，若惟恐华人不贫而西人不富也者。

当法越有事之际，商局轮船虑法兵截劫，诡寄他人，华商例禁行轮，局外不能偏助，以致援台一举，支绌万分。若泰西各邦，偶有兵事，则商民轮舶理应报效国家，转饷征兵，一呼可集。我之支绌如彼，彼之利便如此。而无事之日，既阏阛阓之利源，有事之时，复误朝廷之大计，迂疏固执，徒苦吾民，此何为者也？

谓宜明谕天下，准中国商民自制轮舶，行驶内河以及外海。所在官吏，查系华民，给与凭单，量征船钞，经过关卡，静候稽查。偶有风鹤之惊，遵章报效国家，暂停贸易。至内河行轮，乃中国自有利权，嗣后无论何国，概不得借口游历，援例驶行，否则滋生事端，中国不能任保护之责。如此分别办理，既以广华民之利赖，即以杜异族之觊觎，江湖之险阻胥平，物产之流通无滞，上裨国计，下顺人心。即或外患内忧，致烦兵力，可随处拘集商舶，载兵飞达，刻日荡平，既收转运之功，复省养船之费，便孰便于此者，若之何？胶柱刻舟，因噎废食，显损大局，隐益西人，终蹈援台之覆辙也。

西法

今日之洋务，莫要于通商，而隐与商务相维系者，有数事焉：

一曰火政。西人救火之机至为精巧，水龙之会，出自商捐，昕夕防维，如临大敌，警钟一报，则风驰电掣，神速无伦，万瀑飞空，立时扑灭。刻京津各处，皆设立水会，火患日稀。惟内地尚未通行，回禄时闻肆虐，损伤物业，焚毙人民，每遭巨灾，辄伤元气。此火政不可不修也。

二曰保险。海天万里，巨舶飞行，风飓沙礁，间遭沉没，资本百万，尽付东流，一蹶之余，多难复振，于是有保水险者。通商大埠，地基昂贵，筑室如鱼鳞，通用煤油，易于引火，千门万户，一炬皆空，于是有保火险者。商民贫富不齐，孑然一身，关系綦重，或有死亡疾疫之事，素无蓄积，妻子不免饥寒，于是有保人寿险者。皆积年累月，所费无多，偶有不测之灾，即可赔偿巨款，通万姓之有无多寡，以抚恤被难之穷民，仁术仁心，惠而不费。惟中国知保险之利，不立保险之行，遂使绝大利权操之外国。此保险不可不讲也。

三曰自来水。通都大邑，烟户过稠，芜秽熏蒸，动成疾疠，间或燎原肇患，虽有救火之器，多苦于取水无从。西人于大泽深山创立自来水管，相距数十里，引入室中，水洁泉甘，取携至便，万一有吴回之变，即开水管，套以皮条，万道泉源，用之不竭。此自来水不可不行也。

四曰煤气、电气灯。烧煤积气，引以燃灯，彻夜光明，朗如白昼。电气灯者，以煤气发机，磨擦生电，晶莹似月，照映街衢，宵小无所容身，贸易因之生色，或置于工作大厂，则一日得两日之工，兼操纵由人，永无火患。此煤电灯不可不设也。

此数事者，略举其大，皆济人利物，意美法良，为他年万国大通、日用必需之物。华人少见多怪，疑沮百端，卒未有详考成规、心通其意者。

今之论者，动睨而视之曰："西人也，西法也。"而不知西法之善者可行也，西人之狡者可畏也。恶西人而兼摈西法，迂拘固陋，不知变通，坐井观天，终至自困者，愚也。喜西法而兼用西人，怠惰因循，不能振作，开门揖盗，受制于人者，谬也。惟兼采西法，而后古今之变局不能挠；惟专用华人，而后中国之利权不为夺。折衷以定之，分别以观之，奋迅以图之，审慎以出之，则中国之富强犹反掌也。

编审

今天下之大患，一游民而已矣。《书》曰："民惟邦本，本固邦宁。"《周礼》大司徒掌建邦土地之图与其人民之数，以佐王安扰邦国。古圣王之治天下也，必先知版图、户口之实数，以时其消息而剂其盈虚。斯教养之所由兴，亦贡赋之所自出，吾夫子所以式负版者，而后世编审之事起焉。三代而后，爱养斯民之政放失无存，赋役征徭，烦苛贪虐，而编审一法遂为积弊之所丛。

本朝意主恤民，并丁于地，司农版籍，日久就湮，于是无地之民大半皆惰民也，游民也，即皆弃民也。国家不复科征，官吏不加收恤，一听其自生自灭、自去自来，无复有过而问者。或死于疾疫，或转于沟渠，或鬻于僧尼，或流于盗贼，迨至积重难返，刑戮滋多，桀黠者乘之，而斩木揭竿之事起矣。然后大张挞伐，草薙而禽狝之，虽不旋踵而已报荡平，而伏尸百万、流血千里者，皆不教不养之穷民也。天道好生忍乎？不忍，乃肃清未久，而游民之熙来攘往，又复盈千累万，更仆难稽。散勇会匪，乘机构煽江湖伏莽，比及数十年，生齿愈蕃，其患有不堪设想者。即幸而弥缝无事，他日敌国伺衅，出百万金雇募而教练之，授以利兵，置之前敌，所向尚有坚城哉！内忧外患，可为寒心者矣。

防之之法，莫善于保甲，莫要于垦荒开矿、通商惠工、广设善堂、增建学校，而正本清源之至计，尤以编审户口为要图。必确知其受病之原，而后能筹施治之法也。

谓宜详考中西编审之制，权衡参酌，明定章程，与保甲并行，颁之天下。始于通商各埠，而渐及于内地诸城。将有业、无业之民，细为分晰，有业者所操何业？能否自赡身家？无业者年岁若干？家口若干？作何生理？有何技艺？该管官吏，每岁稽查，然后因地制宜，兴养立教，劝以工作，给以闲荒，隶之矿产之官，领以虞衡之长，就其所素习，用其所易能，董之以贤才，课之以事业。生之者众，食之者寡，为之者疾，用之者舒，斯《周官·王制》之精，亦治国平天下之宏纲巨旨也。

惟是民性本愚而民情好逸，堂廉之分隔而胥役之弊多，非合天下之大，行保甲，设乡官，聚而稽之，劝而导之，整之齐之，纲之纪之，经之理之，欲其范围而不过，曲成而不遗也，得乎？其为之也，非一手足之烈，其成之也，非一朝夕之功，当国家闲暇之时，作牖户绸缪之计，养痈贻患，佳兵不祥，爱人学道之君子，当有以防之于先而毖之于后也。

善堂

天下有穷民焉，老而无妻曰鳏，老而无夫曰寡，老而无子曰独，幼而无父曰孤。文王发政施仁，必先斯四者。此外聋瞽、废疾、痴骏、痿躄之民，待食于人，不能自养。天地之大，犹有所憾，非惟中国为然也，通古今，达内外，一而已矣。是王政之始也，圣功之终也，古帝王之所繇，为天地立心，为生民立命者也。自睦姻任恤之典废，而贫穷乏绝之患多，直省间有善堂，而杯水车薪，迄何以济？措施无具，董劝无方，三古遗规，澌灭尽矣。

彼泰西诸国之善举，法良意美，规制精详，有必应仿而行之者，厥有八事：一曰施医院。院中男女异室，衣衾、饮食、药饵皆备，更设图画、器玩，以娱乐之。病愈之时，舁送别室，调理安善，乃听其归。中堂罗列证治诸方，备学医者之考察。每院医人数百，病者数千，经费充盈，捐诸绅富。一曰育婴堂。男女自初生至七八岁，皆可留养。每房十六榻，二榻相并，一为乳媪，一卧婴儿，衣食起居，无不精洁。及四五岁，即使识字读书，教以技能，由粗而精，渐开智虑，既冠后量材授事，皆能自赡身家。其费半出民捐，半提官款，总管司事，体恤周详，多有富室婴孩亦托堂中教养者。一曰义学堂。贫民子弟自五岁以上，皆令入塾读书，并习工商之事，弃而不学者，罪其父母。或有旷废，则其师严督之，至再至三，改而后已。更有富人自制练船，招致贫民学习驾驶，设立监督，期限二年，分派商船充当水手。一曰养老院。英国京城，计千有三百所，分处男妇之穷老而无告者，衣履完善，饮馔适宜。或尚能工作缝纫，给以器物，制而售之，半界本人，半充院费。经费亦官民共任之。国君时一临观，以昭郑重。一曰老儒会。国有寒士宿儒，虑其就食为耻，地方官吏继粟继肉，致诸其居。一曰绣花局。世家妇女，家道中落，茕独无依，居以邃室深堂，课以织作纺绣，官为货之。男子擅入者，有厉禁。一曰养废疾院。房舍整洁，聚聋哑瘫痪者，读书其中，就其所能，教以工作。一曰养瞽堂。堂皆盲者，而习工艺，亦能读书，所得工资，均存备本人之用。以上数者，略举大凡。

中国之通邑大都，间存古意，以云爱人如己，忧国如家，规制精详，一无流弊，则概乎其未之有闻也。宜由出使诸臣，别类分门，详加翻译，然后参酌定制，一律颁行。牧令人之考成，经费筹诸本地，人之好善，谁不如我！上有好者，下必甚焉，此聪明睿知之圣人所以参天而赞地也。

报馆

天生民而立之君，君者，群也，所以为民也。然而分隔势暌，堂高廉远，古人于是有谏鼓谤木之制，有采风问俗之官。惟恐下情不得上闻，上泽不能下究，所以防壅蔽而恤恫瘝者，如此其汲汲也。

秦以武功吞并六国，变封建而为郡县，舞文法以驭臣民，燔弃《诗》、《书》，愚我黔首，偶语者弃市，腹诽者有诛，暴戾恣睢，及二世而土崩瓦解。后世人主沿袭余波，虽苛政渐除，而舆情终抑。唐宋以下，给谏侍御，言路亦有专官，然而风影传闻，结援树党，间阎之疾苦，安得遽登台省之章疏也？况乎忌讳猥多，刑戮不免，所谓言者无罪，闻者足戒，昔有其语，今无其事。盖暴秦之为祸烈矣。本朝圣神相继，爱民纳谏，不罪言官。顾廊庙虽高，不讳之风，草野尚有难通之隐，积重之势，未易遽回也。

泰西报馆之设，其国初亦禁之，后见其公是公非，实足达君民之隔阂，遂听其开设，以广见闻。迄今数十年，风气日开，功效日著。制一精器，登报以速流传，而工作兴矣；立一公司，入报以招贸易，而商途辟矣。与国之政令，朝夕可通，而敌情得矣；刑司之谳辞，纤毫必具，而公道彰矣。耳目所经，聪明益浚。至于探一新地，行一新政，见一新理，得一新闻，皆可与天下之人同参共证。所谓不出户庭而周知天下之事者，非报馆无由也。比年各省水旱偏灾，重赖日报风行，有以感发善心，集捐巨款。明效大验，已如斯矣。惟各国报馆虽多，均其国人自设。法国并派员查阅，以示限制。中国于己民则禁之，于他国则听之。偶肇兵端，难免不曲直混淆，荧惑视听，甚非所以尊国体而绝乱原也。

似宜晓谕民间，准其自设，资本不足，官助其成。偶值开衅之时，必派专员稽察。主笔者公明谅直，三年无过，地方官吏据实保荐，予以出身。其或颠倒是非，不知自爱，亦宜檄令易人，一切均仿泰西报馆章程办理。至西人报馆，宜与各使妥议，毋许再出华字报章，否则按月缴捐，仍须派人查阅。此事不载通商之约，本属中国自主之权，各国当亦无词以拒也。论者辄以前此日报鄙夷中国，痛绝其事，并深恶其人，而不知桀犬吠尧，各为其主。国之利器，不可假人。

今报纸之流行广矣，华人知日报之益者多矣。一转移间，则诸利皆兴，而诸弊皆去。集思益广，四民之智识宏开；殚见博闻，万里之形声不隔。高掌远跖，明目达聪，修益地之图，补职方之志。此亦大一统之先声嚆矢也，而顾可忽视乎哉！

外篇卷下

议院

泰西议院之法，本古人悬鞀建铎，闾师党正之遗意。合君民为一体，通上下为一心，即孟子所称"庶人在官"者。英美各邦所以强兵富国、纵横四海之根原也。

夫欧洲数百年之先，亦正多事矣。其君以暴戾恣睢为快，其民以犯上作乱为常，几无一国得安，亦无百年不乱。华盛顿以编户之细民，苦英人之虐政，风驰霆击，崛起美洲。既有国而不私于一身，遂立民主之制，定议院之规，可否从违，付诸公论。泰西各国靡然向风，民气日舒，君威亦日振。今各国有君主者，俄罗斯、土耳其是已；有民主者，美利坚、法兰西、瑞士诸国是已；有君民共主者，英吉利、德意志、义大利诸国及东洋之日本是已。所谓君主者，有上议院，无下议院，军国大事概掌于官，而民不得预闻焉者也；所谓民主者，有下议院而无上议院，朝章国政及岁需之款，概决于民，而君亦几同守府者也。惟君民共主之国，有上议院，国家爵命之官也；有下议院，绅民公举之员也。院之或开或散有定期，事之或行或止有定论，人之或贤或否有定评。国用有例支、有公积，例支以给岁费，公积以备不虞。必君民上下询谋佥同，始能动用，公积不足则各出私财以佐之。此所以举无过言、行无废事、如身使臂、如臂使指、一心一德、合众志以成城也。即敌国外患纷至沓来，力竭势孤，莫能支拄，而人心不死，国步难移。积土成山，积流成海，能胜而不能败，能败而不能亡。英人创之于前，德国踵之于后，所以威行海表、未艾方兴者，非倖也，数也。圣人复起，无以易之也。

前倡乡官之议，实与议院略同。必列荐绅方能入选，县选之达于府，府举之达于省，省保之达于朝。皆仿泰西投匦公举之法，以举主多者为准，设院以处之，给俸以养之。有大利弊，会议从违，此下议院之法也。阁部会议，本有旧章，惟语多模棱，事无专责，亦宜特建议院，以免依违，此上议院之法也。

或曰：若是，得毋挠国法乎？不知国家设官分职，本以为民，兼听则明，偏听则暗，事之行否，仍由在上者主之。暴秦二世而亡，而三代以前享国长久者，公私之别耳。今通邑大都，多有绅商董事，有事秉公理处，争讼日稀，惟力薄权轻，无由上达耳。未闻绅董之害政，而疑于议院之抗官乎？况今日万国通商，要求无厌，既立议院，即可以民情不顺，力拒坚持，合亿万人为一心，莫善于此。夫民心即天心也，下协民情，即上符天道。防民之口甚于防川，导之而使言，进之而使通，联之而使合，变通尽利，知几其神，此天之所以为天，而圣之所以为圣也。

民兵

国家岁出之数，莫大于兵饷，强兵与富国，其事两相妨也。《周官》司马之法，《管子》内政之篇，为寓兵于农之嚆矢。唐代府兵最为近古，而阅时未久，已复尪羸，后人召募纷纷，几竭度支之力。求其既不病国，亦可足兵，计日程功，历久而仍无弊者，其惟泰西之武备院乎？

当中国道光之初，法王拿波仑第一，以枭杰之姿，席盛强之势，善陈善战，虎视欧洲，普鲁士之君臣一战而皆为所虏，索偿兵费，割地成和，然限制普人养兵之数不得逾万。普王任贤相毕思马克，广设武备院，遍于国中，人尽为兵，兵皆入院，训练三载，方可即戎，十年为战兵，十年为守兵，老弱废疾孤子，例得优免，故普之胜法，征调至三百万人，法人国破王禽，一蹶几于不振，兵机将略，天下称之，戢法还师，遂成永制。未几而法人效之矣，未几而义、奥、俄、日效之矣。

法欲报普，义奥防法，而俄与日本亦复尤而效之者，其意皆在中国耳。彼之战事日益习，兵数日益增，而我尚掩聪塞明，不以为意，他日边陲有事，铁路随之，一则转饷征兵，源源不竭，一则左支右绌，岌岌可危，不待彼此交绥而胜败之机已决矣。况中国赋税所入逾万万金，养勇养兵，居其大半，民力已竭，兵备尚虚，江海防维仍无把握，虽所留者多百战劲卒，制伏莽则有余，再阅廿年而少者老、老者死，游手无赖羼杂其内，弊更甚于绿营，即外患不生，而天下之兵已疲苶而不堪复用，欲急加裁汰，外人之窥伺难防，欲虚与委蛇，内地之输将已困于此。

而筹一两全之策，莫如参用保甲屯田团练之意，仿泰西武备院而量为变通。盖中国生齿之蕃甲于天下，百人之内得一人为兵而已不可胜用也。宜详考德国规制，沿边沿海广立学堂，参酌中西，延聘教习，学成后编入兵籍，拨隶勇营，弁勇有缺，以次充补。仍将边海商民人等设立屯长，按时训练，军装器械出自公家，事毕缴官以防反侧，才能出众，奖以虚衔。有事时调集重操，给以俸饷，俾自为战守，统由地方牧令督率经理，一旦开衅，以勇队为战兵，练队为守兵，边省数多，腹地数少，优免之例不妨稍宽，俟规模大定之时，将绿营制兵概行遣撤，勇队之疲弱者亦可酌裁，国家岁省千万金，而兵数日增，饷数日减。无事之日仍可负耒耜以耕，有事之时不至驱市人而战，即他日精兵物故，宿将凋零，而继起有人，明习战阵，虽复强邻逼处，大敌环攻，亦复何患之有？措正施行，所操者约而所及者广，此之谓也。

炮台

有明一代之边防，东起榆林，西迄宁夏，首尾万余里，建碉设堡，转饷征兵，天下骚动。二百余载，君臣上下孜孜然矻矻然日不暇给者，皆所以防蒙古也。本朝入关以来，大漠南北各汗王宿卫，昏姻悉为臣仆，穷边绝塞，险阻皆夷，内外晏然，不见兵革。及道光咸丰而后，泰西各国叩关通市，师船络绎，窥伺东南，胁我以兵威，诱我以教人，蠹我以商务。疆臣鉴于覆辙，购船造炮，创立海军，广筑炮台，以图自守，规模略具，杼柚已空，自金复以抵琼崖，首尾亦万余里，边烽久息而海禁旋开，内患甫平而外忧方大，天下之患恒出于所备之外，非虚言也。

惟综观大势，旷览将来，恐中国之大患仍不在水而在陆，不在东南而在西北也。何以言之？西人初入中国，其意本重通商，海道往还，兵难久驻，苟非因利乘便则割据之，事究有所畏而不敢为，惟陆路壤土相连，转输既便，得寸则寸，得尺则尺，渐翦我羽翼，渐窥我腹心，蚕食鲸吞，胁以兵力，今俄罗斯属地与我毗连者，自黑龙江以迄西藏，袤延数万里。英人之印度，密迩川滇，法属之安南，接连桂粤，向之判如胡越，今则近在户庭矣，向也远隔关山，今则亲于唇齿矣。方且汲汲然伐山通道，行驶火车，以通商为名，以用兵为实，所谓项庄舞剑，其意皆在沛公者也。

宜令沿边各将军、都统、督抚大臣，亲历疆陲，相度险要，酌派勇队，增筑炮台，参用泰西之塞门德、中国之三合土，经营版筑，必精必坚，驻以选锋，守以洋炮，兵房药库，必慎防维，高垒深沟，必期联络。德国北境，地与俄邻，比年遍筑陆路炮台，高坚巩固。宜派员游历，测绘精图，互证参观，务求美善，然后择后路扼要之处，先修平路为营筑铁路之基，与武备院相辅而行，战守相资，缓急相救，开辟地利，教养边人，叠险重关，因时制变。

古之筹边者，不患寇敌之进窥也，在我有以应之而已；不以和好为可恃也，在我有以待之而已。先发制人，后发制于人。西伯利亚之铁路成，而东北西北之边防棘矣。彼俄人，虎狼也，于此地经营二百年，竭通国之资财以图一逞。其地东际大海，北枕冰洋，此项筑路之资，不取偿于中国、日本而何待乎？或尚轻信甘言，置之度外，朝菌不知晦朔，蟪蛄不知春秋，股掌之婴儿何足与谋大计哉？

公法

古有帝者，神灵首出，刑威庆赏，所以持天下之平也。自王迹既微，圣人不作，喜则玉帛，怒则兵戈，天下泯泯棼棼，日趋于乱。五霸乃始假托仁义，挟天子以令诸侯，仗义执言，四海亦阴受其福，此泰西公法之所由滥觞也。迄乎战国之时，上无王，下无霸，纵横捭阖，彼此以诈力相高，秦人蓄累世之威，席河山之险，鲸吞蚕食，远交近攻，连百万之师，战必胜，攻必取，六王俘虏并入咸阳，而天下之生民将尽矣。今之世，一七雄并峙之形也，力不足服人，何以屈万方之智勇，德不能冠世，莫能持四海之钧衡。德也，力也，相倚而成，亦相资为用者也。然而天下万国，众暴寡，小事大，弱役强，百年以来尚不至兽骇而鱼烂者，则公法之所保全为不少矣。

考公法初兴，肇于奥都维也纳之约，英吉利救邢存卫，俨然主牛耳之盟，嗣而法之巴黎继之，德之柏灵又继之。俄之贪鸷不减强秦，而英君臣之远虑深谋，迥异楚怀之愚暗，迩来泰西智士于公法讲明切究，渺有专书，总署同文馆教习丁韪良亦屡加翻译，惟比年有大交涉，西人辄谓奥都之约，中国未及与闻，则公法之行，中国亦不能援照，此訾言也，亦欺论也。美利坚、日本诸邦，皆未与此约者也。

夫理之所在，以势为衡。今天下之强国，惟俄罗斯；可以敌俄者，惟英吉利。然水师虽劲，陆兵尚单，其在欧西，昔交欢于法，今结援于德，俄人俯首息喙，乃改道而欲出珲春。日本地小民穷，欲致富强，尚需岁月。亚洲之可以拒俄者，惟中国耳。英与中、德之交不绝，则四海升平之局，虽再阅数百年可矣。知大局安危之所在，则盱衡时势可毋庸尊己而卑人；知中国关系之匪轻，则改易约章亦不必畏难而自阻。

宜将公法一学，设立专门，援古证今，折衷至当。盖中国道咸之际，当轴暗于外事，始也欺敌而败，终乃听客所为，太阿倒持，授人以柄，渊鱼丛雀，几兆已形，安可不据理援情力图补救耶？揣西人之隐衷，在当日则虑中国之过强，强则绝市闭关，将迫逐之不暇；在今日又虑中国之过弱，弱则强邻密迩，以肉饲虎，彼之祸害随之也。虽有智慧不如乘势，虽有镃基不如待时，伺间以批之，迎机以导之，盖有知之而未能遽行者矣，未有不知而能行者也。统维全局，洞悉外情，谁谓济济天朝不如区区日本乎？

使才

夫子曰："行己有耻，使于四方，不辱君命，可谓士矣。"又曰："诵诗三百，授之以政不达，使于四方不能，专对虽多，亦奚以为知。"行人一职，见重《周官》，必体用兼该，经权具备，有大过人之才识者，乃能胜任而愉快也。春秋之世，季札、晏婴、叔向诸君子，皆以风流文采照映当时，修好联盟，隐系国家之轻重。迨汉武议开西域，张骞凿空博望封侯，所从吏卒，皆争言外国奇怪利害以相夸耀，言大者予节，小者为副。外国浸厌薄，乃禁绝食物以困辱之，汉使乏绝，争言外国灾害兵弱易击，遂有乌孙大宛之师。使命之非才，边衅之所由启也。

唐宋以还，夷夏迭相强弱，金缯书表，亦国体所关。本朝出使泰西，肇于图理琛之役，然意主抚循藩部，轺车所指，仅及里海之滨，尚未至俄京彼得罗堡也。同治而后，五口通商，使命往还，遂成故事，周旋坛坫，岂曰无人？而等量而观，终觉彼之气盛而我之气衰，彼之势伸而我之势屈者，此其间有大弊焉，不可不察也。彼之使者，皆考察本末，慎选贤才，洞知彼此之情形，熟悉坤舆之大势，一事之从违可否，确然有见于中，一身之利害，死生漠然，不以为意，以保商务，以张国威，以侦敌情，以敦睦谊。而我所遣之使，或书生迂腐，不达外情，或新进浮夸，未谙政体，重以当道节省经费，参佐任用私人，非以寒俭开轻藐之端，即以浮薄启侵陵之渐，名实交丧，威重日摧。矫其弊者，乃避客杜门，一无事事，迁延三载，坐待保升，尸位素餐，徒縻巨款，苟责以不能举职，则诿于兵船之不至也，党类之太孤也，独不思彼国使臣亦何尝辄调兵轮、轻开战事乎？夫伊古以来，使事之难，莫此时若矣。而窃观出使诸臣河上逍遥，易莫易于此者，抑独何也？

宜令内外大臣，保举使才，必须兼采论著，发策考试，以验真才。参赞随员，关系亦重，预饬中外保举贤员，定期扃试，取录者总署记名，使臣按单拣员奏调，不得瞻徇亲故，任意滥竽。三载而还，核计功绩，随员可升参赞，参赞可放使臣，使臣可入总署，心力专注而以一考为之基。使臣职任，宜仿泰西，申举《周礼》小行人之职，辨物反命，广译西书，以周知天下之故，上尊国体，下养人才，及返国之时，皆宏济艰难之良佐矣。否则，因徇苟且，年复一年，徒开侥幸之门，孰任仔肩之寄，远人腾笑，强敌生心，求其熟察夷情、不辱君命如曾纪泽者，有几人哉！《兵法》曰："知己知彼，百战百胜。"《传》曰："兼听则明，偏听则暗。"老成谋国者，可以思矣。

驿传

天下之土地由狭而广也，邦国由分而合也，事变由少而多也。古之时，王畿千里，区以五服，别以九州，各子其民，各君其国，自为风气，不相往来。秦并诸侯，汉开边境，自是而后，土宇日辟，生齿日蕃，世变日纷，则驿传日重，置邮传命，达意通情，无君民上下，皆欲之，皆用之，皆需之，此自然之理也。

中国置驿设台，专递公文，不通私信，经费既巨，流弊孔多，道路稽延，人马瘐毙，及军情瞬息，警报纷纭，虽有官司，仍虞旷误。各省会及沿海要地，多增设文报局，以捷信音。商民远适他方，声闻暌隔，黠者创立信局，用便旅人。各口轮舶既通，推行日广，然办理一切，官不过问，故劫掠逃闭之事，时有所闻。且陆路收资为数过巨，国家岁费帑金百万，而膏泽不逮于民。分道扬镳，上下交病，已大非君民一体之盛心矣。况信局惟利是图，耳目见闻，有所不及，遂有土匪伏莽，逆书秘信任意飞传，而塘报迟延乃反瞠乎其后。疏虞之患，何可胜言！

今泰西诸邦，均设立书信馆，公文私信，一律通传，酌收微资，以资津帖，不惟设驿之费绰乎有余，而积少成多，遂为每岁大宗之入款。官私利便，消息灵通，既易稽查，永无遗误，利民利国，二者兼之矣。惟闻近日总税务司，有延订西人代为经理之说，无论民情疑怪，易滋事端，而履霜坚冰，尤不可不防其渐。盖天下之事，譬诸一身，土地犹肌肉也，财货犹膏血也，而驿传四达则脉络之所流行也。沿海税关既以相授，而声息之管钥复举而界诸异国之人，则天下大权咸归掌握，即英人不贪土地，设彼自为操莽，何以御之？此存亡祸福之机缄，必不可轻心以掉者也。

窃谓西人决不能用而西法必应仿行，责成出使诸臣，将各国书信馆章程详加翻译，参酌旧制，议立新章，以现在驿站塘汛为之基，而各省镇埠乡村均设分局，量收信费，酌派贤员，缕析条分，实心经理，稍有私弊，立予撤参。每岁所收专款报部，仍由各省臬司督办，现有信局饬令闭歇，仍将夫役人等收入官局，俾得驾轻就熟，且免失业为匪。民间寄信之资，统照信局酌减一半，刊刷凭纸，无论何处均可计日飞达，以便闾阎，仍与电报局联为一气。中国地大物博，商旅繁多，通一岁计之，所入当不下二三千万，而官报之往来愈捷，民财之节省已多，大憝句通，预筹防范，穷民奔走，益广生机，惟一二垄断之信局、商人稍失重利。然利多害少，取信商民，言筹饷于今，兹计无便于此者。独是国之利器，不可假人，苟以赫德为之，则其害亦反是。毫厘千里，移步换形，所望于彼己之间，熟思审处，毋倚其小忠小信而自贻后患于无穷也。

刑法

五刑之作，肇始蚩尤，自尧、舜、禹、汤、文、武以来，代有损益。《周礼》大司寇掌建邦之三典，以佐王刑邦国，诘四方，司刑掌五刑之法，以丽万民之罪。然五禁五戒，以防其犯，三刺五听，以察其冤，三宥三赦，八议以宽。其罚刑者，非先王之所得已也，然吕刑具在，荆宫墨劓，其罚三千，三族九族之诛，千锾百锾之罚。自汉而后，代加禁革，所存者斩绞军流而已。颇疑五刑五用，昔重今轻，律例相沿，不宜增减矣。

泰西古制，放火害人者，焚而毙之；夜获穿窬，格杀勿论；奴婢犯窃，投畀悬崖；一马一牛，均科死罪。今一切除去，即罪至叛逆，亦惟缢而死之。诚以断者不可复续，死者不可复生，以不忍人之心，行不忍人之政，无中外古今一也。惟彼此相衡，仍觉西轻而中重，每有交涉，动启纷争，泰西领事诸官，乃得操会审之权，不复以与国相待。日本，东瀛小国耳，而西人之商于其地者，俯首服罪而无辞，国体所关，非细事矣。

窃谓中西刑律，各有所长，允宜斟酌其间，变通尽利。盖刑罚过重，不足以禁暴除邪，徒绝人为善之路而已。西律有古意尚存者三事焉：

一曰监禁作工。《周礼》司寇以圜土聚教罢民，害人者，置之圜土而施职事焉，以明刑耻之。西制罪人入狱，必习一业，男执技艺，女督缝纫，工资半给本人，半充公用，出罪之日，则资本俱足，学业已成，所谓施职事以耻之者。今乃土室棘垣，暗无天日，赭衣黑索，惨受拘挛，禁卒甚于虎狼，秽气蒸为疬疫，此非人理，不可不禁者也。

一曰轻犯充役。《周礼》有罪者坐诸嘉石，役诸司空。重罪，旬有三日坐，期役；其次，九月、七月、五月、三月；使州里任之，则宥而舍之。泰西罪犯，皆督以营建、开垦诸工，趋役有期，不劳而集，而度支之节省已多矣。

一曰入锾赎罪。金作赎刑，著于《尧典》。自罚锾禁革，徒为贪官蠹役借端婪索之资，阳持之而阴纵之，大吏何由觉察也？泰西轻罚入锾，轻重有差，用以修理街衢，洁清道路，原情定罪，化私为公，此不可不法也。

中国有变本加厉而首应限制者，一事焉，曰笞杖。笞杖之制，仿于扑作，教刑立意，未尝不美，而相沿既久，酷吏借以杀人，多有小过非辜立毙杖下者。似应严加禁约，明定章程，勿使无知小民横遭冤酷也。今日刑曹之长，于重罪多主平反，而于轻罚未尝措意，鞭棰桎梏，与死为邻。夫天下之至可怜者，轻罪也，而天下之至易虐者，愚民也。刑禁不悬，司刺不举，惟明克允择善而从，是所望于视民如伤之君若相矣。

旅人

《传》曰："国以民为本，民以食为天。"我有民而不能自养之，而使之乞食他邦，羁身异域，已大非先王敬天爱民之本意矣。况今日出洋谋生之众，多至数百万人，其去也漫无稽查，其归也转加以禁锢，如秦越人之肥瘠，漠然不加喜戚于心，堕溷飘茵，莫知其极，是弃民也。弃民者，不仁孰甚焉？粤之前督有见于此，尝派员游历，议增设领事以慰安之，而美、日、秘之使臣，畏难苟安，不知大体，辄谓华人生长其地，已无内向之心，兼受制西人，虽有官司，将成虚设，自有此奏，而当日之良法美意举属空言矣。夫威令之不行，非一朝一夕之故矣。今日之事，如追放豚，既入其苙，又从而招之，招之而不至，民之罪也，逆亿其不至而竟置不招，则国家之过也。

比闻海外华民，伏腊婚丧，仍遵国制，入彼籍者寥寥无人，偶见汉官威仪，拍手欢迎，争先恐后。富人子弟，均读书应举，以一至京国为荣，及帖报泥金，则父母国人交相喜慰。迩来畿东水患，前后捐赈至数百万金，各省派员远道劝捐，争得头衔，以相夸耀。民情如此，而谓其食毛践土、已忘本朝焉，谁其信之？

夫财者，人之所惜，而习近忘远者，人之情也。敌之国势方张，我之海军不至，所设领事又未必皆忠信明决，足以取重远人，而议者辄先以就地筹款为词，欲剥彼之私囊以充公用，日后形格势禁，其能否保护，尚未可知，而目下之虚糜固已补疮而剜肉，夫亦何怪其然也。此其间有微权焉，先著焉，无他，稽其往，获其来，结以恩，孚以信而已矣。父母之于子也，家居者视若泛常耳，及其服贾四方，则远送于门，倚闾而望，戒其行李，慎以风霜，岂薄于彼而厚于此哉？出与处之不同也。今我之民，拐贩而去，既不能防护于先，挟资而归，或更且摧残于后，爱民如子之谓，何矣？

宜于香港、澳门及各商埠设立总局，稽查保护出洋商民，愿出谋生者，入局报名，官给船费，与所往之国订立合同，量扣工资，议定年限，如有疾病年老或久假思归，力难自脱，准随在具呈领事，知照各局，代整归装，其怀挟重资，欲归故里，入境后诣局报明，给以护照，令所在官吏加意扶持，有侵凌诈索者，重治其罪。庶远适异国，不忧资斧之艰；复归故乡，得享田园之乐。其现在各岛为工为商，亦宜考其生计之盈虚，察其风俗之美恶，审其户口，联其性情，禁其奢淫，除其疾苦，而后四海喁喁然向风慕义，官司可以增设，而政教可以渐行也。

南洋

今之筹海者，毋遽及西洋也，筹控制南洋而足矣。明成祖之明，能见万里之外矣。维时泰西商舶，甫得穷探印度，泛海而东，而中国之宝船，已震兵威于爪哇、渤泥诸岛。终明之世，二百余载，畏神服教，朝贡弗衰。迄中叶以还，始乞地澳门，窃据台湾，以为窟穴。西士之聪颖者，亦得以巧思奇器自达于京师，然疥癣之疾，虮虱之臣，毫不足为中国轻重。入者主之，出者奴之，亦当日赫濯之声灵有以摄之也。

本朝威武所加，偏于西北，而东南沿海，自台湾一岛外，均度外置之，各岛夷隔绝重溟，无所归命，西人迟之又久，乃渐肆鲸吞蚕食之心，倚其珠玑、材木、香椒、珍错之饶，以运售于中国。故南洋者，西人之外府也，中国弃之而后西人得而窃之者也。论者辄谓泰西各国相距七万里，限以重瀛，虽鞭之长不及马腹，而不知其精神命脉，均在南洋。苟能次第挽回，因海外之华民以渐收其权利，则因宜制变，此房已在掌中矣。控制之方，厥有四策：

一曰设官司。新加坡领事权轻望浅，往返禀命，动辄兼旬，而距粤东海程，不过三日，宜于其地专驻使臣，管理各岛华民交涉之事，各埠均设领事以隶之，经费所需，概由内地筹给。

二曰护商旅。商旅所萃，不可无官以理之，尤不可无兵以护之。南北洋海军，宜岁时游历，仍准各埠保举商董，捐置兵轮，以顺民情，以张国势。

三曰建学校。人必读书明理，而后聪颖特达，不甘受制于他人。西人于属地之民，咸加抑勒，亦遂无能自拔者。宜由国家于每埠拨给帑金数千，创建书院，广劝中外富商巨贾捐集膏火之资，教以中西之学，慎选山长，严定课程，即由领事各官主持经理。

四曰举贤才。生齿至数百万之众，茂材异等，岂曰无人？在上者无以劝之，斯湮没不出耳。书院肄业诸生，宜仿内地岁科两试，由使臣兼管学政，选补博士弟子员录送科场，官给资斧，愿就艺学科者听之，果于中西各学总贯淹通，使臣保送到京，破格擢用，则山陬海澨无弃材矣。

夫西人阅历既多，狡谲滋甚，华民之寄居其地者，固未易遽脱羁绊，就我范围。然各国生齿不蕃，势力相等，欲兴商埠，必用华人，所患者西人皆学而华人不学，故终为人役耳。岁费数万金，以罗海外之才，以待欧西之变，他日必有奇材硕彦应运而生，为海上之夫余以藩屏中国者。故海大水也，西人成梁者也，华人问渡者也，南洋者，东西之枢纽，而他年大一统之权舆也。

海图

海亦地所函也。伊古以来，有地图无海图，巨浸稽天，莫知其极。于是而十洲三岛，种种幻异荒唐之说起焉。泰西之智士，倚其舟楫之利，航海西行，既得亚美利加南北两洲而开辟之，复徙国人以实之矣。壮心未已，遵海而南，乃泛太平洋而西，历日本、中国，以达印度，始知坤舆全体浑浑而圆，山海高深，实相附丽，大气所摄，旋转天中，此万古圣人所未开之秘钥也。

近今百载，富商巨贾络绎往来，一苇可杭，几如户闼，复有精思绝诣，创造火轮、舟车，天马笮云不足喻其神速，从此海天万里，荡荡平平，环地球一周者，相续于道，虽博辨之士，不复能信古而疑今，即跛躄之夫，亦得以穷深而极远。比来泰西各国图经日夥，而中国明智之士，亦遂有《瀛环志略》、《海国图志》之刊，博矣！昌矣！美矣！备矣！吾人何幸而生当此际，乃得见古人之目所未见，闻古人之耳所未闻也。

惟是中外诸书，仅详其略，至于风潮之变易、沙线之迁移、岛屿之纷歧、程途之迂曲、斗极星躔之伏见、炎天冰海之往来，验以天文，征诸物产，偶有兵事，则电音飞达，瞥刻不逾，转饷征兵，风驰雾合，不有以考察于平日，何能应机立赴，履险如夷，合九万里之遥，了然若指诸其掌乎？故英法诸国创设海军，即以考察海图为首务，兵轮巡历，鱼贯蝉联，所至纪其见闻，量其度数，究其异同分合之所以然。当事者集思广益，聚而稽之，其或偶有变差，则遍谕军民，使知趋避，日省月试，岁课其成，稽之如此其详也，防之如此其密也，此其所以纵横四海、凌轹万邦之左券也。或者鳃鳃然仅于船坚炮利求之，抑亦末矣。中国于海道素未究心，不惟浩渺重洋莫测涯涘，即海疆附近十里百里之间，亦如瞽者，遵途罔知所向。彼明而我昧，彼智而我愚，彼触处皆通，我所如辄阻，何待两军相见，骨腾肉飞而后知卵石之不能相敌哉！

今已幡然变计，仿立海军，铁舰鱼雷，规模略备，惟考察海图之举，寂然未有所闻。宜由出使诸臣访订精图，详为翻译，仍令海军提督督率将佐，加意讲求，由粗及精，自近而远，勤奋者奖，怠慢者诛，仍仿设练船，稽其成效，他日推行浸广，测算益精，非惟成竹在胸，即人才亦当辈出矣；否则彼日进我日退，彼益强我益弱，巧拙相越，胜负相悬，虽再历数十年，数百年，正恐后之视今亦犹今之视昔也。谁非人子？谁非人臣？君父之疾深矣，革矣，乃犹矜心尚气，坐视危亡，诩诩然自以为忠且孝也，千载而下，其谓之何？

渔团

当法越肇衅之初，当事有劝办渔团之议，或乃铺张扬厉，一若师船不足深恃，惟此沿海渔人百万，狎习风涛，四面环攻，出其不意，足以为制胜克敌之方者。议论虽多，卒无端绪，迁延数月而和议成矣。续有悉外邦之事势、熟海上之情形者，谓溟渤风潮，雷轰霆击，人力至此而穷，西人巨炮坚船，以铁网鱼雷、快枪电灯相辅，昕夕严备，行驶如飞，智勇无所施，追击不能及，泰山压卵，当之则糜。《兵法》曰："置之死地而后生"，尚有可生之望耳。既已决不能生，又安能概责之以死也？故渔团一事，以备寻常海盗，或可收铅刀一割之功，而非所论于"今日之海军，泰西之强敌也"。之二说者，皆是也，而皆非也。

夫渔团者，当编查于平日，而不能取办于临时，当以防奸细、绝接济、禁登岸为功，而不能倚以为御侮攻坚之用。何以言之？彼渔人者，皆中国之民也，其畏死贪利之心，亦与常人等耳，平日置诸度外，一旦有事，遽欲编之卒伍，置之前敌，驱之于枪林弹雨之中，虽黄金满前，白刃在后，犹有畏避不遑者，岂区区一纸公文遂能作其忠义之气乎？然渔人虽贱，固犹中国之民也，乃任其流荡而罔归，漫散而无纪，存亡众寡，莫悉端倪，合天下万邦亦未有粗疏阔略如中国者，何怪其通匪济贼，惟利是趋，不知自爱也。

宜令沿海各省，略仿保甲，查办渔团，选立正人以为之长，妥筹经费，慎选贤员，购备枪刀，督率训练，阅操既毕，缴械于官。为首之人，给以月饷，海波帖妥，各自谋生，及兵事已开，则纠集壮丁驻守其地，仍拨帑恩恤以结其心，庶令下如流水之归，不至临事张皇，徒增惊扰矣。

泰西各国相距七万里，调一兵之费需数百金，恒以利饷贫民冲冒锋刃，无知赤子受其指嗾，自蹈死亡，今教练而稽查之，则诱胁之端可绝，以防奸宄，一也。海舶薪粮虽备，而新蔬淡水，必购诸陆地之居人，查禁既严，则取携非便，以绝接济，二也。中国百产具备，无假外求，故封禁口门，不足以困我，惟海疆万里，口岸繁多，处处设防，兵力有所不及，相持既久，彼将登岸攻城，渔团伺便焚船，以绝归路，跋前疐后，必有戒心，以禁登岸，三也。此三者，皆就彼之所能以补陆师海军之不足。若辈生长海滨日久，岂无杰出之才乘隙立功以取富贵者？

苟遽责以忘身殉国，冒险冲锋，则舟舰之大小悬殊，器械之良楛倍蓰，势力之强弱天渊，性命鸿毛，轻于一掷，即重赏之下，亦未必果有勇夫也。况持斗酒豚蹄而祝篝车之并满哉！故渔团者，可恃而不可恃，不可恃而可恃者也。不思利而思害，不以战而以守，不用短而用长，于器使因材之道，思过半矣。

天文

天文者，历法之根原也。緊昔五官分命，敬授人时，一统宏规，首颁正朔。《周礼》冯相保章之职，附隶春官，志日月星辰之变迁，以辨四时之叙，嗣是司天修历，代有专官，岁实日元，愈推愈密。元人先并西域，始入中原，故太史所司，参具回回之历。明因郭守敬之旧，日久迁变，疏舛已多。西士利玛窦诸人，乃举其奇器巧思，重译而献之中国。徐光启、李之藻辈，递相传习，亦能洞见本原。维时心学盛行，卒未能致诸实用。逮我圣祖皇帝，圣神天纵，博学多能，始作《考成》、《精蕴》诸篇，察璇玑玉衡以齐七政。而梅文鼎、王锡阐等，并以精思神悟，总贯中西，煌煌乎一统无外之规模，开于是矣。

自时厥后，寰海倾风，经师畴人，相续不绝，前有戴震之属，析理日精，近有李善兰之俦，译书愈广，西人叹服，谓彼国之人，多明数而不明理，知其当然而不知其所以然，惟华人理数兼赅，精粗一贯。借根代数，本东来法，传入泰西，今几何之书，复归中国，抱遗守缺，正自有人知此理之终存天壤也。惟窥筒测器，弥近弥精，四百年来，畸人辈出，知地球自转，绕日而行，则一切本轮均轮之说可废矣，知日与恒星亦有微动，则一切岁实岁差之故可明矣。五星及地球外，至远者尚有天王、海王二星，绕日之小行星多至一百二十有九，金、火、木、土诸星，均有一月或数月绕之。行星绕日及月绕本星之迟疾，各各不同。列宿皆系恒星，与日相类，光体摄力，大小迥殊，盖自有三率比例之方，显微回光之镜，皆能考其运行之度，衡其轻重之数，校其高庳远近之差，而日缠月离，遂以曲畅旁通，更无疑滞，至于潮汐之消长、彗孛之隐见、风霆之止作、群星列宿之交会伏留，古人所为六合之外存而不论者，均测以常理，得其常数，先知预测，合节同符，不可谓非千秋快事矣。惟中国钦天监寺，虽有专司，习故安常，绝无新得，偶有才俊之士，略窥门径，又苦于从师之无力，测器之不全，昧者不及知，知者不及学，天下之大，明习天文者寥寥无人焉，亦国家之深耻也。

谓宜慎选监正，增给俸廉，博征明算之人出洋学习，购备精器，岁课其成，有能自出心思测验新理者，给以岁俸，奖以虚衔，苟愿为官，授以监职，如有日食及五星过日诸事，仍先期筹款，派员分测，以验道里蒙气之差。夫占星揆日，治历明时，非直以为观美也。

比来泰西诸国，勇猛精进，新法日多，邦人之趋向无歧，海宇之聪明愈辟，民情国势兴也勃焉。土耳其、波斯、印度及诸岛夷，则四序昏蒙，罔知甲子，内讧外削，亡也忽焉。伊古以来，未有不知天不知人而可以开物成务者。慎毋怠慢因循，为海外远人所窃笑也。

电学

三百年来，泰西之智士致知格物，精究天人，窃我绪余，成其绝诣，遂有天学、地学、化学、重学、光学诸科，咸竟委穷原，因此达彼良工利器，益国便民，而四海之气象规模，焕然为之一变。各学源流授受，经纬分明，尽屏虚无，归诸实测，即深远难知之理，皆耳目之所共见而共闻，造极登峰已有止境矣。惟电学一事，虽已有电报、电灯、电筒、电车之制，宜民利用，巧夺天工，而电之气何自生，电之力何所极，彼国之老师宿学，皆不能悉其当然，更未能深明其所由然也。

夫电之为用，因雷霆下击，气类琉璜，故考验其间，愈推愈广。今日之所用，干电与湿电而已，磨荡之电与化分化合之电而已。电之效用于人者，生力生光二事而已。然电信则一丝飞递，不越须臾；电筒则万里传声，如亲謦欬；电灯之皎洁，星月不能掩其明；电车之飞驰，龙象不能齐其力。九天之上，九地之下，五洲万国，南北二极之间，气之所至而电即至焉，气之所不至而电亦至焉。万物皆有象，而电则出于虚空，万理皆有涯，而电则旷无边际。因疑地球绕日，即为日中之电力所持，月绕地球，实为地中之电力所摄，而五星绕日，与地球分道而行，圜则九重，永无凌犯，月不折入于地，地与众行星不折入于日，亦各有电力相维相制，以终古无穷。

维人亦然，人身之电力，必与空中之电力轻重相等，故起居坐作，得以自由。下至飞潜动植之伦，各有生机，即各函电力同生并育，适如其分量之所必须。故电也者，造化之端倪，上帝生天生地、成人成物之神机妙用也。虚而拟之，则道也，性也，生也；实而征之，则光也，热也，气也。皆未知其一而二也，二而一也，一与一为二，二与一为三也。是故巧思奇器，其力皆有所限，其量皆有所穷。电则疑鬼疑神，非真非幻，语大莫载，语小莫破，无远弗届，无坚弗摧。惜开辟五千年，未得用之之法耳。今用之未及百年，不过亿万分之一而已，耳目筋骸之尽废，且言思拟议之俱穷矣。

泰西各天文台，皆设暗房，察地下所升之电，阴晴风雨，如响应声，而于气之所生，力之所极，仍博求新理，汲汲不遑。谓宜荟萃群言，参仿规制，穷思力索，得其统宗，此亦他日师夷制夷之枢纽也。夫磁石引针，琥珀拾芥，物理相制，同气相求。火器始于元人，电学原于火器，仅泥粗迹，未底精深，固已霆击雷轰，杀人无算，杀机极而生机伏矣。美国力士失毕大江，瀑布千寻，所生之电足给一城机器之用。中国之瀑布多矣，长江大河深矣，远矣，人巧极而天工错，取精多而用物宏。今何时也？斯何世也？而尚断断然执管以窥天，胶柱而鼓瑟也，斯天下之大愚已。

格致

自《大学·格致》一篇亡于秦火，西汉黄老之学朝野盛行，东汉明帝夜梦金人，佛教亦乘虚而入中国，迄今二千载，中国贤知之士溺于高远，而清净寂灭之说，遂深中于人心。汉儒守缺抱残，穿凿附会，泥于礼文之迹，未窥制作之原。宋人析理虽精，而流弊之所归，亦苦于有体而无用，与二氏无以大远也。大抵束缚智勇，掩塞聪明，锢之于寻行数墨之中，闭之于见性明心之内，其盛也，可以消磨志气，忘机寡欲，使乱阶无自而生，其究也，手足拘挛，爪牙亏折，中原万里，旷若无人，而外患之来，遂横溃侧出而不可救药。

印度自汉以后，释教大兴，而一并于天方，再夷于蒙古，三灭于英吉利，合五部八千万之众，束手而受制他人。故二氏者，弱国之枢也，贫国之券也，即亡国之祸首罪魁也。中国自格致无传，典章散佚，高明沈潜之士，皆好为高论，而不知自蹈于虚无，遂使万古名邦，气象苶然，将为印度之续。天恻然悯之，皇然思所以救之，乃以泰西各国所窃中国古圣之绪余，精益求精，还之于中国。中国之人，遁天倍情，忘其所受，乃强分彼此，疑而却之，窃以为非计也。

夫泰西之天学，占星揆日，足资修历授时者，我圣祖皇帝既已采而用之矣。有地学焉，识五金之质，辨九土之宜，析山海以豪芒，得神奇于朽腐，而地无遗利矣；有化学焉，别五行之精气，审万类之性情，分之合以以尽神，参伍之错综之以尽变，而物无弃材矣；有植物学焉，判天时之寒热，考地力之肥硗，去其所害而性不伤，聚其所欲而生乃遂，则庶汇蕃矣；有工艺学焉，竭心思耳目之能，广水火木金之用，寓灵奇于规矩，穷变化于鬼神，则百货备矣；有重学焉，古法有所未备，人力有所必穷，动之静之而用殊，假之借之而事集，则无塞非通矣；有光学焉，导水以生火，积气以然灯，回光窥日月之精，照海绝风云之阻，则无微不显矣。此数者，只其大略，以外所得之新理，所创之新法，所成之新器，所著之新书，万族千名，更仆而未能悉数，而固非别有奇奥也。

其道至庸，易知易能，宜民而利用，而固非索之虚无也。其事至实，愚夫愚妇，习见而共闻，小叩小鸣，大用大效，变通尽利，因应无方，洵足窥《大学》之渊源，亦以补《冬官》之阙佚。视二氏之课虚叩寂，谈元说空，率天下之人入于幽暗昏蒙之域者，其贤不肖何如也？作者之谓圣，述者之谓明，此古人格致之真功，三代富强之实效。秦政燔书之后，迁转至于欧西，彼自以久假而归之，我疑为异学而摈之，嚣嚣然自命为圣人之徒，而不知其背古逆天，贻诮于天下后世也。于何辨之？辨之于有益无益、仁与不仁而已矣。

西医

中国之医学，导源于神农、黄帝、岐伯诸圣人，《本草》、《灵枢》、《素问》之编，精矣备矣。越人扁鹊，别著《难经》，脉络稍殊，指归则一，惜理法虽具而方剂无传。及后汉张机所述《伤寒》、《金匮》之书，始别类分门，灿然明备。考古者，因《汉志》未经著录，遂疑《内经》卷帙皆后人依托傅会之辞，而不知其精理名言有断非俗儒所能作伪者。唐、宋、元、明以后，采摭益杂，方术益歧，今人每见经方，辄生疑沮，于古人寿世保生之意，愈久而愈失其真。医理之不明，疾病夭札之所由接踵也。惟古人治病汤剂，特其一端，其针灸外治诸方，失传已久，《书》、《传》所载诸治验，虽或夸张失实，然汤散之不及，必有他法以佐之，无疑义也。今天下医日多，药日杂，病者不及择，死者不可稽，而泰西之医，乃盛行于中国。

考泰西医术，始于希布可拉弟司，当中国周贞定王时，著书六十余种。迩来精研化学，推阐日精，医者授于师，掌于官，器必求全，药皆自制，偶有不治，必考其由，与《周礼》所谓十全为上，失一次之，失二次之，失三次之，失四为下，死终，则各书其所以而达于医师者，用意适合。今之论者，或抑此而伸彼，或摈西而祖中，各尊所闻，莫能轩轾而要之，中国则漫无稽考，日退之机也，泰西则加意讲求，日进之势也。

窃尝取彼国医书而读之，固亦各有短长矣。西人病死则剖视之，故全体脉络，考验最详，然所见者，已死之筋骸藏府也。至于生气之流行，化机之运动，尚有非耳目所得见闻者。执朽腐以溯神奇，安必果能吻合，故西医常泥于实，而中医常失于虚，西人内证诸方，用金鸡那、阿芙蓉者，十居八九，摄邪入胃，而使之下行，苟中气素虚，恒以伏留致困。惟内证而兼外证者，则精粗咸备，取效如神，庶几古人割皮、解肌、剔筋、搦髓之遗意。故西医之法，参而用之，可也，舍而从之，不可也。

中国既自有太医院矣，谓宜略仿西制，优给俸糈，精选世医，考校充补，各省郡县分设医官，治验定方，岁稽得失，专门立学，总贯中西，毋许庸妄者流滥竽充数。其养生卫生之法，咸加搜采，汇为一书，庶本末兼该，源流合一，寿人觉世，总于斯矣。

夫医非小道也，自在上者等之于杂流方伎，而中国生齿之蕃庶，复甲于五洲。上下漠然，不甚爱惜，遂使伪药盈市，庸医塞途，横死夭亡，比比皆是。而彼此因循苟且，绝不一思补救之方，于古者尊生慎疾之心，育物仁民之意，盖两忘之而两失之也。可慨也夫！

妇学

《易》曰："乾道成男，坤道成女，各正性命，保合太和。"故古人立教，男女并重，未尝有所偏倚于其间也。我中国妇学之不讲也，久矣。古者女史、女祝，各有职业，略如男子之专艺而守官。至于妇德、妇言、妇容、妇功，所谓通方之学也。盖自编户之民，以上达于天子，莫不习于礼容，而冠婚丧祭诸仪，则后妃、夫人、内子、命妇皆有职事，非平日肄习，临事何以成文？是言、容二端，实兼诗礼。其妇功所职，如女红、中馈、蚕桑、纺织之类，所包尤广，三者具备，而德寓其中矣。

刘向言：古人生子，择于诸母之宽裕、慈惠、温良、恭敬、慎而寡言者，使为子师。夫阿保于女职最下，必臣妾以下始得为之，而以上所称，则世所推仁人有道之容也。古阿保之贤，乃至于此，岂生而然哉！其所以教之，必有道矣。是故《书》称"厘降"，《诗》首"关雎"，夏之兴也以涂山，商之兴也以有莘。作彼周京，侪诸十乱，太姜太任开其化，太姒邑姜嗣其徽。《周礼·内宰》以阴礼教六宫，以妇职教九御，自宫壸之间以至委巷之内，莫不受学，亦莫不有师。故在家为贤女，既嫁为贤妇，生子又为贤母，此三代以上所由大化翔洽，而贤哲笃生也。

后世妇学失传，其秀颖知文者，或转为女德之累，遂乃因噎废食，禁不令读书识字，浸至骄佚偏僻，任性妄为。自南宋以还，裹足之风遍于天下，及四五岁即加束缚，终身塞弱，有如废人。不及格者，父母国人引为深耻。苟推是心以为学，则四海皆才达之选也。泰西风俗，凡女子纺绣工作艺术，皆有女塾，与男子略同，法制井然，具存古意。故女子既嫁之后，皆能相夫佐子，以治国而齐家，是富国强兵之本计也。中国四万万人，妇女约居其半，安居饱食，无所用心。无论游惰之民充塞天下，即一家论之，而已半为弃民矣。而况弱龄失教，习与性成，始以淫贱妖蛊为长，终以暴戾奸贪为事，夫承其弊，子效其尤，人心日漓，风俗日坏，其害之中于深微隐暗之间者，永无底止也。

谓宜严禁缚足，治以象刑。令各省郡县之间，就近筹捐，广增女塾，分门别类，延聘女师。女子自四岁以上至十二岁为期，皆得就学。才而贤者，立法赐物，准终身佩服以旌之，贫者为择贤配以奖之。俾朝野上下间，蔚然蒸为风俗，此正本清源之要术，久安长治之初基。王道不外人情，《中庸》造端夫妇，幸勿疑其迂疏而寡效也。

合从

至哉林则徐之言曰："英法诸国不足虑也，终为中国之大患者，其俄罗斯乎？"文忠之言其殆圣矣！虽然，其事常相因，其害若相等，而其中自有缓急轻重之差焉，不可以不审也。

夫英法诸国之病中国也，其始也如蚊虻飞而噬人，扑之不能，搔之不可，其既也如痈疽创痏，吸人之膏血，而聚之一隅，久则尪削疲羸，饮食锐减。治之之法，当先扶元气而渐下刀砭，即日久失治焉，而致殆之原，亦当在精气销亡而后。故务农殖货通商惠工者，水谷之真源、元气之所由日复也。彼俄罗斯则虎狼也，食人无厌，并四肢百体而吞之，求缓死须臾而不可得。其于我又心腹之疾也，中于藏府，伏于膏肓，入之也深，而发之也骤，七日不汗不下而大命倾矣。惟是俄人中国二百余年，恭顺谦柔，异于他国，及五口通商之役，始阳为居间，阴便私图，后乘中国粤捻交讧，而始割珲春、据伊犁、煽高丽，终未显然抗我颜行者，岂俄人之情果殊英法哉？陆路悬隔，馈运艰难，力不及势不便耳。

彼泰西诸国，当道光以前，未有轮舶之日，乞恩互市，蜎伏澳门，亦安敢桀骜恣睢，如今日之动相要挟哉？故轮舟铁路者，缩地之神方，补天之秘术，翼虓虎而使之拼飞者也。俄人蚕食鲸吞，见利忘义，彼何爱于中国？独能善保初终。故西伯利亚铁路之工不成则已，成则必败前盟，必攻中国，断断然无可疑者。秦霸西戎，东面以临天下，俄背北海，南向以争中原，先后同揆，若合符节。故俄罗斯者，今日之强秦也。

德相毕思马克曰："俄地如长蛇，袤廷三万里，荒远寒瘠，他人所弃，而西界欧洲，东邻中国，皆富庶之名邦也。若权衡，然轻重相等，彼得中国，必灭欧洲，彼得欧洲，亦必并中国，惟东西合力，拒而塞之于内，始可永持大局之平。英国君臣深窥此意，舟师铁舰随所向而犄之，然陆兵无多，必结援他国。欧洲之近俄足以敌俄者，惟德国；亚洲之近俄足以敌俄者，惟中朝。故德之与中，相距七万里，而唇齿相援之局，天定之矣。德联奥意以保土，中联日本以保高。俄人用兵于西，则德合奥意御之，而中国议其后；俄人取道于东，则中合日本击之，而德国捣其虚，英以海军游击其间，水陆相资，首尾相应，则柙中虎兕，虽永不复出焉可也。"韪哉斯言！泰西之苏季子矣。惟德英奥意诸国，均已订立密约，有事相援；而日本中朝，仍相猜忌，不思御侮，惟虑阋墙。俄人倾一国之金资，汲汲然冀铁道之早成，以图一逞，非豫谋合从，何足以力摈强秦？形势所成，了如指掌，中西智士，所见略同。理有固然，事有必至，六国已矣，后人哀之，愿毋使后人而复哀后人也。

法美

愚哉法人也！当中国同治之季，其王拿波仑第三，挟屡胜之威，席全盛之势，以小嫌微衅凌侮德人，德王维廉第一及相臣毕思马克，君臣同德，上下一心，起倾国之师，合南北德意志三十六邦之众，三战而入其阻，覆其军，掳其王，围其都会，法国势孤力屈，馇然为城下之盟，所赔兵费至十五万万。迄今二十载，法人悉索敝赋，一意复仇，筹饷增兵，不遗余力，徒以奥意合从，南北联邦，一国之师，恐非其敌，并因前此坐视，深怨英人。环顾欧洲，非强俄不足以为己助，遂乃引虎自卫，曲意联欢，以为他日法攻其南，俄攻其北，俄长陆路，法擅水师，犄之角之，一战而胜之，遂可以为^①所欲为，纵横四海也。而不知德法唇齿也，俄之所以俯首息喙，不敢逞志欧洲者，以土为东屏，德为西蔽耳。德国果灭，则北方一面，袤延数千里，紧与俄邻，水陆交通，遂有防不胜防之势，固欧洲大局之忧，而亦岂法国之福也？千金之堤，溃于蚁穴，一朝之忿，忘身及亲，法可谓天下之大愚已！

黠哉美国也！自以别处一洲，国势安于磐石，君民倡自主之说，欲胥天下而与从之。公法两国相争，义无偏助，惟美国恒阴为接济，倚为罔利之谋，故泰西各国并力防俄，而美则运售军装以济其恶。朝鲜一国，东海之藩篱也，五百年隶属中朝，仰承庇荫，美独怂恿朝人自主，脱我挈维，俄使欣然，交相簸弄。夫朝鲜之不能自主也久矣，不属中必属俄，朝既入俄，必将开埠驻兵，以猎东南洋之利，则虎兕出柙，人有戒心，而美独利擅，渔人坐观鹬蚌。故美利坚者，天下之黠人也。

惟愚者自以为黠，而黠者亦未始非愚。七国之齐，距秦最远，方谓东帝西帝，脱然不与其忧，及燕赵皆亡，齐亦继灭，险远之不可恃也如此。俄苟并吞诸国，则东海西海，一水盈盈，轮舶往来，不逾旬日，彼亚墨利驾南北二洲，亦岂能事外萧然若桃源之避世哉？故法国愚人也，美自以为至黠，而究其实，亦愚人也。

惟是德法深仇已成莫解，欲其弃嫌修好，戮力同心，此际转圜，良非易易。美国晏安已久，习气渐深，党类纷纭，已有尾大不掉之势。法贫而美富，法强而美弱，法乐于战斗而美惮于兵戎，必谂知彼己之情形，乃能曲尽防维之窾要。服法以缓，驭美以急，制美以刚，胜法以柔，西结德英，东联日本，揽持全局而徐定其指挥，虽执牛耳以主四海之齐盟，可也。

今比而同之曰："洋务而已，西人而已。"虚实不知，情伪不悉，是

---

① "为"，原作"惟"，误，校改。

非倒置，轻重错糅，当群雄角立之时，事会之来，间不容发，顾以疲乘下驷与骁骥骏耳并驱中原，不数步而颓然颠且蹶耳，安能与之絜长而校短哉？

葱岭

葱岭者，天下之心也。盖地球形势，略如人身，亚墨利加洲居坤舆之背，落机山穿贯南北如脊骨，然东西两洋则腰膂也，中国如肝，欧洲如肺，印度如心包络，澳洲、非洲如两足，南洋万岛则肠胃、膀胱也。以今日大势论之，葱岭之南属英，西属俄，东北属中国。此三国者，皆地球最大最强之国，关天下全局之安危者也。

中国古籍所传，昆仑有黄帝之宫，当日朝会万国诸侯之所也。《山海经·穆天子传》所载灵奇幻异，不可胜穷，传闻异辞，固难尽信，度亦必有遗迹之可考，以致夸张傅会，愈久而愈失其真。《佛经》须弥山居天地之中，日月所自出入，山顶有池，曰阿耨达，东西南北四水出焉，是为四海。泰西《旧约》亚当之子孙淫泆无度，天降洪水，荡涤人民，有挪亚者好善，而天帝预示其期，乃方舟挈眷，避于希马拉雅山巅，故万国九州得留遗种。山在印度之北，天下群山未有高于此者。然则昆仑也，须弥也，希马拉雅也，皆葱岭之异名，而四海会同之灵枢秘纽也。自美澳二洲外，天下群山之脉络，由此而分，万水之源流，由兹而导。环山之部落以十数，皆劲勇好斗，负固称雄，惟其势断而不联、散而不聚耳。

葱岭之东北，则新疆南北各城也，其东则青海及牦牛、徼外诸番也，其东南则前后藏及哲孟雄、白布诸国也，皆中国屡朝不惮险远、以兵力得之者也。其南则五印度，西南则阿富汗，皆属于英。其西则克什弥尔，西北则塔什干、敖罕基发诸回部，皆属于俄。并峙连衡，如鼎三足。比来巴马一役，中国力与争持，俄人微露其机，欲假道以窥印度，然则西海南海，虽海舶可通，而陆路所必争进战退守之要区，必在葱岭一隅之地，无疑义矣。

谓宜由新疆、青海、四川、西藏各督抚大臣专派妥员探测，绘图贴说，务得真形，何处可以屯兵？何地便于转饷？何险应守？何利必兴？属部若何？招徕番民作何保护？皆筹拨专款，给予护兵，假以事权，宽以岁月，上之枢府，奖其成功，庶万里边陲，画沙聚米，制俄服英之券，皆可一览靡遗矣。

至西南西北之边防，有与此互相发明者，已具于前编之末。惟念葱岭居高临下，可以自守，可以攻人，失之毫厘，谬以千里，方寸之地，譬诸一身，天君泰然，百体从令，捷足先得，害亦从之，他日必有控扼昆仑，鞭棰四海，长驾远驭，继黄帝而开王会之图者。必执眉睫之目论，以为荒远寥廓，度外置之，窃恐举足之间，便有轻重，先机既误，后悔奚追，不止如河伯之见笑于海若也。

慎战

洋务无战法也，守而已矣，和而已矣。夫战之所欲者，土地耳，人民耳，否则财利耳。泰西各国相距七万里，即犁庭埽穴得之，而安能守之？则土地无可贪也。衣服、饮食、语言、嗜好，一切不同性质，刚强至难驯服，则人民无可掠也。练兵制器，糜费万千，纵制胜索偿，而所得不敌所失，则财利无可图也。惟俄与中国壤地毗连，然僻远荒寒，半系不毛之沙漠，胜无所得，苟有败衄，其害不可胜量。非有积忿深仇，何乐而必出于战也？

或曰：通商一事，实蠹中原，力战驱之，以渐复闭关绝市之旧焉，何为而不可也？不知此在道光以前犹可言也，今轮舟、铁道、电报通行，奇器巧思日新月异，我之虚实，四海周知，区区一国之兵安能当七八大国之环攻而迭进？故在咸丰同治而后，不可言也。且通商之局，彼固利矣，苟得其道而行之，我亦何必不利？海关之税二三千万，利于国者也。纱布杂货，日用所资，利于民者也。果能通商惠工，务农殖货，以其所有易其所无，使出入之间足以相抵，而贫民之素无生业者，并可倚为海外之尾闾，又何为而必出于战也？或又曰：战非中国所得已也。不能战即不能守，且不能和。故以战为守，以守为和，战非中国所得已也。不知战、守与和，名三而实一，今当事之讲求战备者详矣。南洋之海军已著于《治台》三策矣，陆路之守御亦散见于《炮台》、《铁路》诸篇矣。苟能次第举行，则猛虎在山，藜藿不采，彼不敢战，我不欲战，海宇承平之局，当尚不止百年耳。

惟虑一孔陋儒，少年新进，张皇轻率，好大喜功，以为海外小夷有何知识，我以奇谋秘术诱而纳之彀中，然后为①所欲为而无能枝拒也。不知泰西诸国，纵横四海，用心一而更事多，我惟感之以诚，应之以实，持之以精深坚确之气，守之以忠信明决之神，自立于不败之地，而后徐观其变焉可也。

---

① “为”，原作“惟”，误，校改。

不此之察，欲以私智小数，轻犯其锋，能发而不能收，能进而不能退，其不绝脰折足者几何？及举事一不当，遂使全躯保妻子之臣引为口实，畏葸如虎，避事如仇，一任他国之狃侮侵凌，莫敢出一言以相龃①龉，乃至必争之地，必拒之求，必不能从之事，皆先意承志，屈己而从之，忍辱包羞，势成坐困，隐与躁交误，操与纵皆非，罔己与徇人俱失者。何也？则掩聪塞明，不谙中外之情势者，决不足与筹交涉议边防也。此中经权常变之宜，缓急后先之次，千端万绪，移步换形，愿与天下有心人共证之尔！

养民

近今百载，泰西各国农工商旅百废具兴，上下孜孜然不遗余力。或疑诸国僻居海外，人户无多，故以机器代人工用，能日臻富庶。若中国则人满为患，土地之所产不足以养贫民，资生利用之源，专恃手足筋骸之力，故机器制造之法，在泰西则可，在中国则不可，在海疆则可，在内地则不可。此言似是而实非也。各国之属地及美国、巴西、秘鲁新造诸邦，腹地人民，良为鲜少。至如英伦三岛，大不越中国一省，而民数三千万有奇；比利时、瑞士二国，大不过中国二府，而民数各千数百万有奇，虽江浙湘鄂之间，未能比其繁庶。外如德法诸国，皆人稠地狭，恃工商之利，易米麦以养生。自机器大兴，而一人之工足给十人之食，富人出资立厂，而贫民之工作者辄数千人，富民之获利一二分而止，而贫民之工资增至倍蓰什佰②而未已焉。故机器之兴，专以为贫民计也。

夫中华为万国之首，则天人之钦瞩而保爱之者，亦异于列邦。变不虚生，功不虚立，其损我者，其益我者也，其祸我者，其福我者也。三代以前，利用厚生，法良意美，地力不足以自养，其祸实始于暴秦，户口加多而土地不加辟。西汉则有赤眉、铜马之祸，东汉则有黄巾、李郭之灾，晋之后有六朝，唐之末有五代，宋元明之季，流寇蔓延，本朝前有教匪，后有粤捻，皆伏尸百万，流血千里，即幸而精兵名将逐次荡平，而人命之伤残已不可胜计矣。夫贪生恶死者，人之情也。乃横览古今及数十年数百年而辄一乱者，岂民情之好乱哉？庶而不富，富而不教，民穷财尽，游惰充斥，救死不赡而乱端起矣。维我列圣深仁厚泽，大德曰生，版图生齿之蕃，开辟以来所未有。天乃恻然悯之，特辟二道

---

① "龃"，原作"觚"，误，校改。
② "佰"，原作"伯"，误，校改。

焉，以补君相图维之所不及，新旧金山、南洋各岛，什九皆旷土也，使行者出洋谋生而尾闾泄矣。九州万国，贸迁有无，制造所成，销售弥广，使居者入厂工作而食货饶矣。

今论者知出外佣工之有益，独于内地兴利诸事深闭固拒，若将浼焉，是知二五而不知十也。且禁华人之自制，而不禁洋货之来，万一他日事变所开，西人于内地广驶舟车，大兴制造，华人喜其物，艳其富，贪其工资之饶裕，将使贫民百万麇附他人，丛爵渊鱼，何堪设想！即能永远禁锢，而生机日窒，变故日纷，不为土崩，终为瓦解。及事端既兆，群归咎于气数之适然。夫为政而不能养民，民穷而至于为盗，谁司民牧，顾束手而不为之所乎？因利而利，虽休勿休，政贵因时，道宜通变，圣人复起不易斯言矣。

自立

迩来中国整顿海防，当道之用心亦可谓勤且挚矣。福建之船政创始于前，北洋之海军踵兴于后；各省机器制造之局，水师武备之堂，铁舰水雷，快枪巨炮，肇开船坞，广筑炮台，亦步亦趋，应有尽有，此强兵之实效也。近日使命往来，见闻愈拓，知工商二事，实泰西立国之本原。于是轮船商局，江海通行，电报公司，水陆联接，开煤炼铁，织布纺纱，部拨二百万金，为东省铁道岁需之费，此富国之初基也。

惟是官商各局，仿效西法，而综理一切，统用西人，绝不思教养华人，以渐收其权利。夫日本，东瀛小国耳，通商卅载，乃举西人之所能者而尽能之，举华人之所不能者而皆能之。堂堂中国有器无人，遂将蹈印度、波斯、土耳其之覆辙，异日之隐忧深患，正渺然未知所终也。今之论者，辄谓华人贪诈脆弱，不若西人之坚忍而有恒，上下翕然，诎此而伸彼。夫华人不可用，遂可长用西人乎？他日有事，彼西人者果能力保其无他乎？不可解已。今华人之喜谈洋务者，大率轻薄嗜利，忘厥本来，而读书明理之人，或夷然其不屑，以我之下驷，敌彼之上驷，其不及焉宜也。于此而遂谓中国竟无上驷焉，谬也。

宜于沿海诸埠，广设工艺学堂，选募聪颖纯正之生童，分门学习。其南北洋海军、招商、铁政、织布、纺纱及官商制造各局，均宜抽拨专款，自立学堂，教练人材，以储异日之用。至商务一事，西人工于心计，讲求整顿，已历多年，其防之也周，而虑之也密，惟壤地褊小，产物渐稀。中国百宝歆盈，闷而未泄，只须求其在我开矿、殖货、通商、惠工，出我什一之藏，已足给其求而养其欲，所谓自开其源者此也。洋货物美价廉，实利闾阎之日用，人情所便，虽神圣不能挽回。苟由内地官商购机自制，官为保护，减税以敌其来，则西人服用奢华，大利终为我夺，所谓自节其流者此也。

惟是国于天地，必有与立，通古今，达内外，无信不立，无义不行。今中国上下之间，相疑相遁，非一朝一夕之故，其所由来者渐矣。为民牧者自居于不信之地，而欲民之信我焉，不得也。彼此不相信而求事之有济焉，亦不可得也。是故好大喜功，无益也；钩深致远，无为也。教育英才，转移风会，疏通壅蔽，保护商民，则丰财和众之规为，即外治内安之枢纽，求之于大本大原之地，要之于至简至易之归，夫亦曰反求诸己而已矣。

审机

居今日而言洋务，其在我者，曰务本而已矣；其在人者，曰审机而已矣。如善奕者，有先着焉，争之则胜，否则败，得之则安，否则危。中国数十年来其失之也屡矣，而事变将成，辄有天幸，有天津一案而法主遭擒，有伊犁一役而俄王被刺，有马江一战而法将孤拔伤亡，事不相谋而机乃巧合，冥漠之内若有阴为主持者，不可谓非天之独厚于中国也。

惟是事会之来，讵有终极，人力不可不尽，天功不可屡贪。夫同利则相争，同害则相救者，情也。故公法者，言理而非以言势也，言公而非以言私也，言常而非以言变也。苟有可伺之隙、可乘之便，则仇敌固要重利，即友邦亦启戎心，如五国助土攻俄，其名甚美，而伯灵之约，俄割其北，英德奥意割其南，遂使土在欧洲无复寸土。法越事起，局外义无偏助，而英灭缅甸，日扰朝鲜，乘人于危，公义安在？所谓同利则相争者也。俄人蚕食鲸吞，贪饕无厌，傅之以法，翼虎而飞。英在南洋，屡让商埠以交欢于德，巨文岛、西藏之事，以兵力所已据而甘让之中朝者，彼环顾欧亚二洲，他日之大援，舍中德无能为役耳。此所谓同害则相救者也。

泰西之所长者政，中国之所长者教。道与器别，体与用殊，互相观摩，互资补救。窃意西人忠信明决，实为立国之原，而三纲不明，五伦攸斁，则他日乱机之所伏，即衰象之所由成也。夫君为臣纲，古有明训。西人倡自主之说，置君如奕棋，其贤者尚守前规，不肖者人思自取，若巴西诸国，彼此相攻，大乱方滋，隐忧未艾。此无君臣之伦者，不足以致太平也。《尧典》曰："克明峻德，以亲九族。"中国敬宗尊祖，永保云礽，西人父子兄弟之间不相收恤，故贸迁各埠者，数传而后不自知为谁氏之子孙，未及百年，已多淆杂。此无父子兄弟之伦者，不足以存种族也。《孟子》曰："不孝有三，无后为大。"乾坤定位，夫为妻纲，西人重女轻男，贫者不能婚娶，兼畏室家之累，绝不以无后萦怀，刻虽生齿蕃昌，日久终将衰歇。此无夫妇之伦者，不足以广似续也。

之二者，其事尚远，而自由之说，此倡彼和，流弊已深。独俄君屡濒于危，毅然不为所动，虑他日欧洲变乱，俄人乘隙并兼，则饷足兵精，既灭泰西，必窥中国，元太祖之已事可为寒心者矣。幸英德虑远思深，力屏此论，既开议院，稍戢民心，倡联邦合从之谋，为曲突徙薪之计。《兵法》曰："知己知彼，百战百胜。"智者见远于未萌，明者避危于无形，当群雄角立之秋，稍有短长，立分优绌，不有高世之才、绝人之识，用法而不泥于法，制人而不制于人，则刚柔轻重之间，必有毫①厘而千里者。茫茫天壤，同志何人？旷代人豪，于今有几？此鲁女杞人之忧所由扼腕忱心，而不能已已也。

教民

尝取西书，而遍读之矣。虽所见有浅深，所译有工拙，而均有至赜之数、至简之仪、至显之情、至微之理，其庸陋恶劣、一无可观者则教书而已矣。阅《旧约》、《新约》诸编，知西教源流，实根于《墨子》。摩西者，墨翟之转音也；出埃及者，避秦之事也。是知爱人如己，即尚同兼爱之心也；七日拜天，即天志法仪之论也；衣衾简略，即节用节葬之规也；壁垒精坚，即备突备梯之指也。《经说》上下，为光学、重学之宗；句读旁行，乃西语西文之祖。其"天堂"、"地狱"一说，本《非命》、《明鬼》诸篇，乃窃释氏诸余，以震惊流俗，而充其无父之量，不惮自弃其宗亲。盖墨氏见拒②于圣门，转徙迁流而入西域，其抱器长往者，遂挟中国之典章文物以俱行也。

比年法国借护教为名，乘隙以阴谋人国，如越南、马达加斯加者，举国皆教民，法人振臂一呼，乱者四起。其于欧洲及中国亦犹是耳。惟中国圣教昌明，流萤爝火之光，见太阳而自息，下乔木而入幽谷，稍有知识者所不为。彼所得者，皆顽钝无耻之徒，借以为逋逃之薮。其牧师神甫又复不问是非，曲为庇护，遂使朝野上下，闻声畏恶，望影讥弹。

---

① "毫"，原作"豪"，误，校改。
② "拒"，原作"距"，误，校改。

其党恶也益坚，其蓄怒也愈甚。而各省教堂之案，遂往往败溃决裂而不可胜穷。清斯濯缨，浊斯濯足矣，自取之也。故通商者，西人之智也，传教者，西人之愚也，欲假传教以蛊中国，则尤愚之愚也，彼教王亦知之矣。其言曰："中国教民未归法国保护之前，数溢百万，自法以护教之故，动以兵威相挟，致教民之数，骤减五十万人。"乃议何国教人，即归何国保护。法亦自以教事开衅德人，地蹙王禽，改为民主。各国悉教人之害，并严定限制，禁其滋事侵权，教王之都城，义大利乘机规复，防闲稽察，迹等拘囚，教焰之衰如此。而中国官吏犹以昔日之教民视之，是何异畏虎豹者，见其韡而神惊魄悚也？宜汇查诸国限制之法，斟酌情势，择善而从。约而举之，有四事焉：一，入教之民，应稽确数，教堂教产，何地何名；二，日后入教者，应先报所在官吏，以便保护；三，教堂之内，谣诼繁兴，应纵外人游观，并由官吏查察，则疑谤自息；四，遇有词讼之事，教民应与凡民一律，毋许擅用西礼，致为众怨所归。以上四端，杜渐防微，良有深意，而地方官吏确知其数，亦可思患预防，免致事变既成，办理诸形棘手，所谓击中则首尾俱应者也。

至于人心之向背，教务之兴衰，有莫之为而为，莫之致而致者。彼泰西诸国之君臣，固亦不能强制其民矣。而况中国神灵首出之邦，教化盛行之地，而能以威驱势迫，强不齐者而使之齐哉！横逆之来，理遣情谕，彼嚣张偾事与畏葸无能者，均未识因物因心之妙用尔。

圣道

《书》曰："天佑下民，作之君，作之师。"自开辟以来，神灵首出，而作之君者，黄帝是已，其持世约二千五百年。今中国四万万之民，皆高阳氏之苗裔也。厥后尧、舜、禹、汤、文、武，圣哲代兴，南朔东西，畏神服教，饮和食德。至于春秋之季，而诸侯力政相攻，天下泯泯棼棼，日趋于乱，天于其时生一孔子，以布衣而作之师，则古昔称先王，祖述宪章而垂为教法，与及门三千之士、七十子之徒，删《诗》、《书》，订《礼》、《乐》，系《易象》，修《春秋》，虽西狩获麟，厄穷终老，而大成至圣，天下宗之。

由孔子而来至于今，盖亦二千有余岁矣。然后地球万国，光气大通，象数西行，复归中国，群言淆乱，急待折衷，必将有圣人焉，合黄帝、孔子为一人，所为政教同源，君师合德者，巍巍翼翼，炳炳磷磷，其为期当亦不远也。

西医花之安者，德之耶稣教人也，居粤东四十年，于中国圣人之书熟读深思，确有心得，尝谓天下之最大者三教，天主、天方及儒教是已。其徒皆万万人，其行皆数万里，其意则皆劝人为善而已矣。然天主有旧教有新教，教内教外判若鸿沟，袒庇同人，抵排异己，争教而战，杀人盈城。天方教之用心，尤为狼戾。惟中国孔圣人之教，至大至公，不迎不拒①，有责备贤者之说，虽文章冠世，不能逃清议之严，愚夫愚妇，目不识丁，偶有一节之长，益将赞叹咏歌而不能自已，是教内教外无分也。夫立教以便人也，今不惟不便而已，逞一朝之忿，亡其身以及亲，上逆天心，下残人命，窃意五百年后，圣教将遍行于地球，而天主、天方终将歇绝衰微而不能自振也。

彼教人也，而其言如此。窃尝纵横宇宙上下古今而深思其故矣。中国之道教、印度之释教、日本之神道教，此亚洲之教也；阿剌伯之回教，泰西之火教、天主、耶稣、希腊各教，此欧洲之教也。皆有体而无用，或有己而无人，甚则倚势作威，权侔人主。如耶稣基督则祸及其身；谟罕默特则行不义、杀不辜、弑君而夺位；若老庄释氏之属，则又游心方外，使上弃其国，下弃其家，率天下于虚无寂灭之中，而人类或几乎熄矣。夫圣人之心，天心也；圣人之道，天道也。惟我孔圣人之教，与人无患，与世无争，奄有众长而不稍沦于空寂，得之则治，失之则乱，并包万善而不稍假夫威权，无始终无成毁，无边际无端倪，天而不欲，万国之民永生并育，长治久安，则亦已耳。苟天道好生，人心思治，则舍我中国之圣教无由也。

宜及此时，上下同心，修明学校，博采泰西制器尚象之理，强兵富国之原，使天下万世之人，不得议其迂疏而寡效，精粗一贯，本末同归，则我黄帝之子孙、孔门之弟子，将方行于四海，充塞于两间，成古今大一统之闳规，创亿万斯年同文同轨同伦之盛业也。懿与休哉！拭目而俟之矣。

---

① "拒"，原作"距"，误，校改。

续富国策*
（1896 年）

自叙

《续富国策》何为而作也？曰为救中国之贫弱而作也。

通商六十年矣，中外之不通如故，意见之不同如故，议论之不合如故，此中国贫弱之原也。此其故，由中国政教合一，泰西各国则政自政、教自教。彼思以教行中国，中国防其教，而因以并弃其政也。泰西之教不周不备，可以诱愚民、化野民，而决不足以惑俊民。所刻教书，无一通者，通人不译教书也。迩来彼之教士，亦言敬父母矣，睦兄弟矣，重伦常矣，不及数十年，将全为圣人之道所变。所谓"凡有血气莫不尊亲"者，而我之猜而防之也，何为也哉？

泰西之政，则近百年间上下一心，讲求而得，清明整肃，俨然官礼成法及三古遗规，安可以教例之也？而中外之格格然终不能相入者，则中国求之理，泰西求之数；中国形而上，泰西形而下；中国观以文，泰西观以象；中国明其体，泰西明其用；中国泥于精，泰西泥于粗；中国失诸约，泰西失诸博。一本一末，相背而驰，宜数十年来彼此互相抵制，互相挤排，而永不能融会贯通、合同而化也。

虽然，塞之者人也，限之者地也，通之者天也。中国自经秦火，《周礼》之《冬官》既逸，《大学》之《格致》无传，图籍就湮，持论多过高之弊，因循简陋，二氏承之，安常守经，不能达变，积贫积弱，其势遂成，迄于今亦二千有余岁矣。当日者，必有良工硕学抱器而西，故

---

* 以光绪丁酉豫宁余氏重校付刊本为底本，参照光绪丁酉仲夏慎记书庄石印本属于《西政丛书》第 30、31 册校订而成。

泰西、埃①及、罗马之石工，精奇罕匹。明季以后，畸人辈出，因旧迹，创新器，得新理，立新法，著新书，及水火二气之用成，而轮舟、轮车、火器、电报及各种机器之制出。由是推之于农，推之于矿，推之于工，推之于商，而民用丰饶，国亦大富。乃挟其新器新法，长驱以入中国，中国弗能禁也。中国生齿四万万人，为开辟以来所未有。土地之所出，人力之所成，不能自给，则刀兵、水火、瘟疫之劫生。得新法以养之，而后宽然有余裕也。又复载以轮舟，运以火车，通以电报，使分散于东南洋新辟之各洲各岛，而生事益饶。故西人之入中国也，天为之也。天特辟此二途，以养此中国溢郭阗城之百姓也。泰西诸国虽上下一心，然三纲不明，五伦攸斁，墨氏之教，无父无君，即强盛于一时，终不可以持久也。中国圣人之教，亲亲、仁民、爱物，各有差等，不能恬途人而语之。乃使彼之教士唇焦舌敝，日以彼教恬吾民，而彼国之民乃阴入于范围曲成之中，而不自觉。今天下车同轨、书同文、行同伦，必同文同轨而后乃可同伦也。此天心之妙也。

《易》："穷则变，变则通，通则久。"天无不久，惟通能久；天无不通，惟变故通；天无不变，惟穷始变。故《易》者，天心也，即天道也。惟明者而后能知天，惟贤者而后能顺天，惟圣人而后能先天，惟神人而后能配天。维天为大，圣人则之。大哉孔子，时乎时乎，中而已矣。成之者仁也，仁者人也。无古今，无中外，无华夷，无物我，人而已矣。其于政与教也，善者取之，不善者弃之，有益于民、有益于国者行之，否者斥之。无町畦，无畛域，无边际，无端倪，一而已矣。圣人不可见矣，民犹是民也，国犹是国也。积贫积弱，以受制于外人，使圣人而有知，当亦有所大不忍也。

昔者吾友尝言之矣，曰："三代后之言财用者，皆移之耳，或夺之耳，未有能生之者。"移之者何？除中饱是也；夺之者何？加赋税是也。然亦未有能移夺外国之财，以归中国者。若生财之道，则必地上本无是物，人间本无是财，而今忽有之。农也、矿也、工也、商也，为华民广一分生计，即为薄海塞一分漏卮；为闾阎开一分利源，即为国家多一分赋税；为中国增一分物业，即为外国减一分利权。此伊古圣王生众食寡、为疾用舒之大道也。天生民而立之君，百姓足，君孰与不足？天无私覆，地无私载，日月无私照。养民之道，富国之源，可百世以俟圣人

---

① "埃"，原作"竢"，误，据《西政丛书》本改。

而不惑矣。

嘉道间，英与法战，禽拿破仑，流诸海岛。虽自矜战胜，而本国之商务顿衰，政府复曲徇富民，创为保业之法，重征进口税以困行商，商情益窘。有贤士某著《富国策》，极论通商之理，谓商务衰多益寡，非通不兴。英人举国昭若发蒙，尽涤烦苛，以归简便，而近今八十载，商务之盛，遂冠全球。尝谓一日十二时中，地体浑圆，时时有日，英国旗号，亦时时可见日光。盖英之属地，遍于六洲。商船多至数万，无论为昼为夜，在陆在海，阳乌所照，必值英旗。此非夸词，乃纪实耳。英国区区三岛，户口三千五百万人，综计产业之丰，截长补短，人得三千六百镑，约合华银二万六千两有奇。其国势之盛，人民之富，商力之雄，天下无与为比。识者推原事始，归功于《富国策》一书。彼仅商务一端，而四海方行，遂成此亘古未有之盛事。

中国之膏腴最广，则农利当何如？中国之地产最丰，则矿利当何如？中国之人民最多最巧，则工作之利又当何如也？孔子之策卫也，庶加以富，富加以教。《大学》平天下之道，言絜矩，言理财。《中庸》归美至诚，遂推极于天覆地载，日月所照，霜露所队，舟车所至，人力所通。我时中位育之，圣心其前知之矣。

彼英人者，披榛辟莽，亦圣主之驱除矣。天地之理，日出而不穷；学问之功，日新而不已。惟此仁民爱物之一念，上与彼苍真宰息息相通，下与万古圣人心心相印，名以《续富国策》。明乎古今虽远，天壤虽宽，他日富甲环瀛，踔英而起者，非中国四百兆之人民莫与属也！此言虽小，可以喻大。谓即地球大一统之权舆焉，亦可也。

光绪丙申夏月瑶林馆主自叙

卷一 农书

水利富国说

初不解三代以上之民何以若是？其家给而人足也。三代以下之民何以若是？其患寡而患贫也。观于江浙两省而恍然矣。浙之杭嘉湖、苏之苏松常太各属，沟渠河道，经纬井然，每三家之村必有一浜可以通船者，井里桑麻，蓬茸荟蔚，黄云四野，亩收十钟。江南下湿之区，《禹贡》厥田下下，今何以忽居上上也？则水利之修举为之也。每当霪雨连旬，太湖之水其增不能以寸。盖湖水增一寸，则沿湖四面之河渠亦必增一寸。容水有地，泄水有方，水利既兴则水患自去，其理然也。

三代上，中原富庶于东南，一隅之地，仿佛遇之。而今日北方数省沃衍宽平，水则一望滔天，旱则千里赤地，黄河、永定河岁岁漫决，百姓流离转徙，无岁不灾，官赈商捐，永无了日，则沟浍不通之故。百川淫溢，悉注于河，天下有水灾无水利矣。虽商鞅创开阡陌，实为万古罪人，而屡朝颓废因循，以至于此极者，则官吏之不能尽心民事，殆亦不得辞其过矣。是以岁漕百万，仰给南方，发帑截粮，苟延残喘，上下嗷嗷然蹙蹙然，务为一切苟且补苴之术，从未闻有量移此款为本原之计、久远之图者。甚矣，其忍也！如是而求富国，犹缘木求鱼、补疮剜肉，却行而求及前人也，其可得乎？

泰西各国，百年以前亦犹今日之中国耳。法国有名人福禄特尔者，创兴种树之议，广开水利之源，未及三年，开河七百余道，各国相率仿效开浚河渠。英国区区三岛，亦开河一千八百余道。西班牙南境向多水患，自疏渠泄水，一望膏腴，百产歆盈，万民殷富，人徒艳西国工商之利，而不知法德奥意诸国，其国之大利皆在于农。

印度之恒河，其横溃四决，与黄河相若，中南印度岁遭沈灾，恒之云者，即无恒之谓也。英人于沿河两岸，广购民田，多植树木，不及十载，两岸各成一宽一里、长二千里之树堤，多辟沟渠以杀水势，树木根株盘结，水力不能溃之，而恒河始名称其实矣。然西北印度，固犹患旱也，英人于出泉之处，购地筑塘，建闸蓄水，而以时泄之，拣派贤员，司其启闭，农民之需水者，略收其资，以为修闸养兵之费。沟渠四达，硗瘠皆腴，物阜民殷，兵强国富，以较当日何啻天渊！故泰西之新法，乃窃我古圣之绪余，暗合三王之古法，断断然无可疑者。

惟水利之事弥近弥详，诚宜创译专书，博求良法，如滨临沧海，则多开港汊以通潮；逼近江湖则广浚沟渠以引水；泉源所在，则筑塘蓄泄，勿使一泻而无余；旷土太多，则凿井深通亦可汲之而不竭；高原苦旱，则翻以龙尾之联车；下隰多霖，则吸以鳞塍之碎石。（此法为西人所创，其地积水，泥泞不干，则四面开一深沟，满铺碎石，高若田塍，碎石自能吸水含水，使污泥干燥而土脉不枯，亦化学也。）若黄河、永定河淤垫多年，堤身高于两岸村庄，以寻丈计，不宜轻引河水致损民田，则购西国地平之仪，测量高下，因地制宜，广武山、龙门以上地势本高，亦可开渠引水，以资灌溉。其下游一带，则旁开沟洫，使脉络相贯、大小相通，容水有地，伏秋盛涨，不至尽入河身而水满各渠。士膏脉润，秋阳蒸暴，亦永无龟坼之虞。兴水利，除水患，一以贯之矣。夫河水之泥，肥泥也；河水所至之地，肥地也。暹罗之澜沧江、湄南河，越南之富良江，缅甸之潞江，印度之恒河、雅鲁藏布江，埃及之尼禄江，其水之浑浊，皆与黄河等，然所种稻粱黍稷，收获丰富，甲于寰区，越南、暹罗之米，且岁以数百万石接济闽粤，而黄河独有患无利，敝我中邦，有是理乎？夫小民可与乐成，难与图始，非官为经理，决不能相与有成。中国自按察使以迄同知、县丞诸官，虽有兼管水利之名，未有能尽心民事者。旧日河渠，听其湮废，而遑论新开。旧有经费，任意侵渔，而况乎筹备。盖官之漠视乎民，而民之疾苦终无由上诉也，亦已久矣。

朝廷如饬①在抱，岂不欲民安国富、媲美唐虞？如此官吏之有名无实，何哉？夫国以民为本，民以食为天，爱民之心，天心也，养民之道，天道也。富国莫要于养民，养民莫亟于水利，其事大用大效，小用小效，其功远者三年，近者一年。百姓足，君孰与不足？百姓不足，君孰与足？或犹以为迂，天下安有更切于是者；或犹以为迟，天下安有更速于是者。强兵富国，其用皆同王道霸功，其源则一，安得深心大略之君子，以补虚赢扶元气，救此饥寒垂毙之生民也。

种树富民说

古之帝王，名山大泽不以封。《孟》曰："五亩之宅，树墙下以桑，五②十者可以衣帛矣。"又曰："斧斤以时入山林，材木不可胜用也。"《传》曰："一年之计树谷，十年之计树木，百年之计树人。"三古遗规，山泽必禁，擅加戕贼，国有常刑，诚知其本矣。及秦政焚坑，而种树之书，尚逃劫火。六朝五季，武人秉政，乃始焚林薙草，濯濯童童，呜呼，惨矣！

今以一省计之，林木蕃昌，无不富者，其少者无不贫。以一地计之，一村一镇，林木蔚然，无不富者，否则贫甚矣。林木之为功于人者，至大且远也。法兰西一国，百年以前，四境萧条，林木稀少，居民困苦，劫掠为生。后有人请其国君，广行种树，设官经理，屋隙田间，遍行栽植，定戕伐树株之禁。比及十载，民之贫者忽富、莠者忽良，地

---

① "饬"，原作"伤"，误，校改。
② "五"，原作"七"，误，校改。

之瘠者忽腴、荒者忽熟。举国大富，莫知其所由然。乃以时入山林伐材木，运售各国，岁获数千万金。又渐伐其无利者，而改种葡萄等有利之树。以故法国之丰富遂冠欧洲。德人花之安所著《治国要务》，以种树为第一事，盖以此耳。

近日西国化学师详求要理，始知树木之本，能吸土膏，烂沙石，故细根入地，硗确可变膏腴；树木之枝，能收秽恶，化洁清，故绿荫宜人，贫病顿成殷富。且天气下降，地气上升，而万木之阴别饶润泽，长林之内，自致甘霖，水旱遍灾，不能为害。有益于人，有益于地，并有益于天。天壤之间，更无他物可以相比。其植物化学，详考动植二物，循环滋养，互为始终。动物之收入者，养气也；放出者，炭气也。植物之收入者，炭气也；放出者，养气也。地无植物，则人与万物俱不能生。又考察树身之皮肉、筋肤、脂膏、血膜，皆与人物相似，惟无知觉运动耳。故凡人无故戕伐树木，其罪与无故害物、无故杀人等。斩伐一方之树木，与戕杀一地之人民，无以异也。天道好生，皆上逆天心者也。故西人严定伤损树木之禁。于其本国，广植树林，所有属地及通商建埠之区，亦日孳孳然以种树为当务之急。以迓天和，以培地脉，以养人身，富甲六洲，比隆三古，有由然矣。

中国古时，山虞泽虞，各有官守。秦汉以后，浸至废弛。丰草长林，厄于兵火，无复过而问者。今日东南各省，尚知爱护栽培，西北诸方，任意戕贼，以致千里赤地，一望童山，旱潦为灾，风沙扑面。其地则泉源枯竭，硗确难耕；其民则菜色流离，饥寒垂毙。或归之于人事，或诿之于天灾，而不知地瘠民贫，其故皆由于无树也。今宜责成郡守牧令，总揽其成，而以同知、通判、县丞、主簿等闲官，专任其事，筹给经费，岁岁增种树株。自城而乡，自近而远，自郊而野，自薮而泽，自平地而高山，先就土性所宜，取其易活，然后增种有利之树，以辟利源。有主之地，民种之；无主之地，则官种之。擅伐一株者，责种两株。富者罚钱千文以充公用，丞倅诸官，劝种三十万株以上，点验得实，立予保升。故事奉行者，加以罢黜。地方官吏入之考成，以种树之多寡为殿最。如劝民广种有利之树，如果木桑茶之类，予以不次之升。循名核实，持以十年，而中国土地不肥、人民不富者，未之有也。

蜀之富也，以竹木药材；粤之富也，以果品香木；闽台之富也，以茶笋樟脑；江浙之富也，以蚕桑。考之中国则如此。法兰西之富也，以葡萄；意大利之富也，以蚕桑；美利坚之富也，以木棉；奥地利之富也，以材木。稽之外国又如彼。虽肇兴大利，各随土性所宜。然其始也，必有人焉劝而导之，经而理之，扩而充之，后之人乃能整而齐之，遵而守之，继长增高，享其成而食其福。横古今，达中外，无二理也。

苟不揣其本而齐其末，以烦苛为务，以聚敛为能，而于大利之源，民事之要，先王仁政之所先，转漠然置之，听其自生自灭，恐天下之财止有此数，横征暴敛，无补困穷，不能养民，何能富国？与古圣王生财之大道相去远矣。

种果宜人说

中国之果木繁矣。《上林赋》所称之"卢橘夏熟，黄甘橙楱，枇杷燃柿，亭奈厚朴；樗枣杨梅，樱桃蒲陶，隐夫薁棣，荅遝离支"，《南都赋》所称之"丹橘余甘，荔枝之林，槟榔无柯，椰叶无阴，龙眼橄榄，榑榴御霜"之类，皆侈语遐方异种，而耳目近接，如桃、李、梅、栗、苹果、石榴、樝梨、枣、杏之属，不与焉。百产蕃昌，可云富有。

西人考天下百果，无若中国之全者，亦无若中国之佳且美者。缘地居温带，寒暖适平，草木花实，生机畅遂。偏南则天气炎歊，花多实少；偏北则风霜凛冽，无实无花也。西国天文家以全地球分为树带，距赤道若干度为一带，十五度以上，果木始蕃。五十度以上，则绝无一花一果矣。中国自广东距赤道十七八度起，东北抵奉天，西北抵甘肃，皆在四十五六度之间。天启中原，为百花芳艳之园，万果骈罗之府，而乃薪蒸樵牧，兵火摧残，绝不一加宝惜，是何心哉？且即以土产言之，固亦非常之大利也。美国之苹果，欧西之葡萄，皆以轮舟铁路贩运五洲，获利如恒河沙数。中国广东之龙眼，闽省之荔枝，新会之橙，温州、福州之橘，洞庭之柑，江浙之枇杷、杨梅，山东之梨、枣，直隶之葡萄、苹果，每岁所获之利，皆以数十万百万计。苟能日月推广，闾阎之富实，何可胜言！惜乎愚夫妇既鲜知能，贤长官又不加劝导，土宜物产，消息盈虚，亦惟有听其自生自灭已耳。

近日西国医家，考求植物，惟百果之鲜汁，大益人身，谓人生由少而壮而老，其戕伐寿命者，皆土性盐类为之。此项盐类有从呼吸而入者，有从所饮之水而入者，有从日食之五谷鱼肉而入者。其弊能使人肌肤骨干、手足筋骸，皆变坚顽，不能灵活。盖周身血管之血，有土性盐类杂之，则血行不速，血管迴曲之处，尤易停淤，年复一年，管随闭塞，而种种痿痹瘫痪，半身不遂之证起矣。凡人饮食诸品，无不杂有土性盐类者，惟百果结于树杪，得天地之清气而成，无一毫土性盐质。有人于十日之内禁食他物，专餐水果，周身所化之血，清而不浊，淡而不浓，精神焕然，血行愈速，旧时淤塞之管一律疏通，耳目聪明，倍于平日。盖涤瑕荡秽，衰老变而少年，水果之全功大用有如此者。因考生人未有火食以前，其年寿皆数百岁，多及千岁，想巢居穴处，皆以果品疗饥，故能却病延年，多历寒暑；自人知熟食而得食弥易，得寿弥悭矣。比来化学肇兴，格物致知，多能补前人之缺憾。此后全地球如能广植果木，人皆节减食物，多进鲜果，培养人身，即不能希踪古人，或者渣滓去而清光来，不难使举世咸臻寿考乎！西医之言如此，亦可谓仁心仁术矣。

中国之地气天时，最宜果木，而珍木佳果为人间大利之所存，复能寿世寿人，使四海生民，食德饮和，咸登仁寿，然则利源虽广，物产虽多，盈天地间，恐无他物可以相拟。刻轮舟铁路遍达中区，瞬息千程，运载尤易，地方官吏不少循良，有能爱物仁民，思保我中邦亿万年之富庶者乎？只须劝谕民间，身先倡率，各随土性，植果成园。读郭橐驼种树之书，而已可以经营四海矣，长驾远驭胡为哉！

种桑育蚕说

光绪十四年，宁波税务司康发达条陈《请设蚕桑局考察防瘟事宜》，略曰：法国之里昂城，为蚕丝荟萃之区，植桑养蚕，冠于各国。前数十年，忽遭蚕瘟，蚕种竟绝，乃购中国、日本蚕子以归。嗣于此事加意考求，窥以显微之镜，乃知蚕病甚多，惟椒末瘟为害尤烈。一蚕有病，生子六百，子又生子，传染无穷。无病之蚕，相延而及，不至绝种不止。蚕虽受病，仍可作茧，不过食叶更少，丝细茧薄，无色无光，久则种类绝矣。法政府乃设立蚕桑局，考究防病之法，至精至详。日本仿之，出丝益美。康君推此意，详考浙省之蚕，有病者十居六七，深虑日久传染，将蹈法国覆车。呈由总税务司转请总署代奏，虽交江浙海关会议，而情形隔膜，迄未举行。康君一片血诚，付之流水矣。

向疑中国自有蚕桑垂五千载，虽天时人事偶有歉收，然从未有绝种之时，亦无转购他国蚕子之说。后访之江浙养蚕之户，始知中国自有火试、雪试、卤试三法，即所以防病蚕之子也。火试者，以蚕纸置之灶上极热之处烘之，蚕子之无病者不伤，有病者不复出矣；雪试者，置之雪中；卤试者，洒以盐水，皆以杀病蚕之子而留无病之蚕。然后知中国数千年来自有秘法流传，足以保兹美利。而西国防病之法，防之于受病之始，亦宜博采兼收，而不容稍有偏废者也。此养蚕之应考求者，一也。

中国出口之丝，每包百斤，仅值三百余金。上海西人所设缫丝各厂，购中国蚕茧，以机器缫之，每包值七百余金，高下悬殊，理不可解。后知中国手缫之丝，不匀不净，不合西人织机之用，伊购归里昂各埠，必以机器再缫，则以三百余金购之华人者，仍以七百余金售之西人。此四百余金者，约为再缫工本，而彼之获利无穷矣。中国湖丝出口二三百年，各口通商六七十年，上海西人设立机器缫丝厂亦一二十年，此项缫机，上海铁厂均能自制，管理机器华人亦已能之，女工人等一呼可集，而从未闻有人议购一机安设。江浙产丝最盛之区，以收此每包七百余金之利，中国尚可谓有人乎？抑官吏阻挠，积习难变，有以致之也。此缫丝之应整顿者，二也。

德人有精究蚕桑之学，在中国、日本数十年，刻尚主持上海缫丝厂务者，谈及中国所出蚕丝，光白柔韧，实胜于日本、意大利诸邦。惟中国毫不讲求，致大利渐为外人所夺耳。尝深究中国蚕桑所以胜于各国者，太湖一水，实为美利之真源。江浙产丝各区，近太湖者，桑叶无不沃若，蚕丝无不光柔；远者则否，若绍兴各府，则与意日诸邦等耳。盖湖水清澄，性肥而暖，百物停蓄则肥，日光久照则暖，故各种植物皆格外盛大。而桑性尤宜中国洪泽、巢湖、鄱阳、洞庭、金明、大明、滇池、昆明等湖，不翅数十，诚能推广此意，遍植蚕桑，以太湖例之，每岁丝绸之利，不下一万万金，每湖万万，即数十万万金。即云地利人工，势难齐一，得十分之一二，每岁亦数万万金，即此蚕桑一宗，已足为全地球第一大富之国。天下尚有穷民哉！此种桑之应推广者，三也。

西人考察全地球，人民约四千兆，衣布者，约十分之六；衣绸者，十人中不足一人。将来风气渐开，皆思用布，用布之后，又将改而用绸，西国女子，附体之衣，向皆细布，今则必须用绸，绸之细滑，实胜于布也。故绸布销路愈久愈宽。惜中国多用肥丝织成绸缎，西人不喜服用，购去者濮院为多，取其轻细耳。而彼自用机器织绸，行销日广，花样日新，沿海诸省之民，喜其新异，转以重价购之于彼，利源坐失，可为寒心。宜选中国织局中人年少有识者，往英法考验，购买机器，回华自行织造。西人于花样款式，厌故喜新，仍宜岁岁改更，务极中西之美备，投其所好，避其所恶，价廉物美，益广销售，而一切始无遗憾矣。此织绸之应仿效者，四也。

四者毕举，而蚕桑之利，衣被六洲，将与天地同其悠久。万变之原，权舆于此，仅仅兴利云乎哉！

葡萄制酒说

尝观海关出入货税册，而叹通商之弊。北方数省之受其害者为尤大也，何则？两言以蔽之：南方之土产多，北方之土产少而已矣。上海一口，为东南七省百货荟萃之区，每岁出口之货浮于入口。闽浙各口约略相抵。北方之烟台、天津、牛庄三口，则迥不同矣。牛庄一口以出抵入尚不甚相悬也，然油豆诸物，皆以洋舶运销江浙，出洋者寥寥。烟台入口之货岁及千万，出口之货二百余万，是岁耗八百万金矣。天津入口之货每岁约三千万，出口之货仅三百万，是岁耗二千七百万金矣。官民上下有限脂膏，安能禁此莫大漏卮，岁岁敲吸，欲其不穷不困也，得乎？

救之之法，须辟利源，惟葡萄制酒一端，足以挽既去之狂澜，而使之东转。而办理之法，非地方官吏尽心民事，维持劝导不为功。曩见法人游历奉天所著日记，谓奉天一省天时土性，皆宜葡萄，苟能广种葡萄，仿西法以酿酒，则奉天一省之利，可以敌法兰西一国。后访之出使法国者，乃知法国葡萄制酒之利，岁合华银六万万两，居全国出口货物十分之七。而法之国用，全资酒税，岁入约三万万两，亦居全国赋税十分之九。每酒值一元者，税亦一元，西人以酒能乱性，无益人身，故重税以困之也。然香冰红酒，价值虽贵，销路日增，近且行销中国海疆，浸淫内地，岁值华银千余万两，岁岁加多，方兴未艾，而海关以为西人饮食之品，照约免税免厘，亦可慨矣。

葡萄一物，来自西域，性宜沙土，尤喜天寒。泰西法德两邦，种植最盛，其气候皆与山左京东相若。盖葡萄结子之后，须渐渐红熟，始能变尽酸味，一律成甘。中国南方，亦有葡萄之种，而色味俱劣，远逊北方者，职此故也。日本自改行西法以来，亦尝自种葡萄，如式酿酒，然子小味薄，所造之酒，行二十里则香味全变，恶劣异常，此举因而中废。西人考求其故，乃知日本天气炎热，地少沙土，本与葡萄不宜，且果木之种最恶海潮，宜近接高山，吸山泉之清冽。酿酒之水，如略带海潮碱性，即不能经久不变，且不能转运长途。日本三岛孤悬，潮水不到之处甚少，故也。若中国直隶之西山、北山，山东泰山，山西太行，河南嵩山，陕西华山附近之区，土厚泉甘，含灵孕秀，如能开辟大利，广种葡萄，参用西国机器酿造名酒，允当冠绝人寰，风行海外。盖法国造酒之局，葡萄之园，皆附近比里牛斯各山在海潮不到之处耳。西人之言如此，而惜乎中国之民不知，中国之官不问，坐使北方数省岁受盘剥，无一土产可以出洋。苟能开此利源，中国断无泰西之重税，酒既增美，价又倍廉，海外诸邦，皆将购之于中国。各国酒税为国用所系，虽欲减税敌我而不能，此项利源岂有涯涘！奉天一省之广远亦略与山东等耳，而法人以为，广种葡萄，其利可敌法国一国，是岁有华银六万万两之进款也。又况北方五省同时振兴，其获利之丰盈，虽隶首不能计算矣。

西人尝谓，中国土地，寸寸皆金，惜华人掩聪塞明，不知取用。非虚言也。惟非常之原，黎民惧焉。创办之初，必以官绅为倡，宜令各省均筹闲款，购地一区，择其近山而多沙者，向外洋购觅佳种，如法栽培。闻法国所种葡萄，根老枝繁，与吴越之种桑相似，所结之子，糖多水少，出酒始佳。诚宜选觅聪颖学生，通达各国语言文字者十人，分赴英法德奥俄意六国，专考葡萄酿酒之事。六国均有葡萄，一国不能独秘也。一二年后学成而归，分派各省专任此事，比及三载，铁路亦成，运售海疆，利源辟矣。然后将成法颁布民间，广行栽种，分设局厂，造酒行销。利之所在，人所必趋，各省风行，捷于影响，即仅销中国海疆，已及一千余万矣，况其他哉？至烟台一隅，现亦造酒，且有专利廿年之议，闻办理不善，终恐无成。此事销路甚宽，关系甚巨，正宜速行推广，补救方来。安得徇一人之私情，挠天下之大计哉！

种竹造纸说

竹之为物，遍地球皆无之，惟中国独有。卓哉此君，虚心劲节，发生最速，寒暑不凋，秀绝楩楠，声出金石，乃至伶伦合乐，箫管同音，弧矢张威，东南尽美。兼资文武，妙解刚柔，气备四时，功在万世。五千年来，昆仑钟毓，灵光秀采，毕露于斯，白云黄竹之谣，若为我黄种真人写照也者。洵矣，夫天之生是，使独也。而尚有冠古奇勋，足与地球永永无极，则笔与纸之功用弥大弥长。

曩尝观中国造纸之作矣，箦筜万个，被阜连山，天事人工，致为精巧，春煮烘焙，阅日始成，微嫌锤炼未精，功力稍缓。然物质之美，无与比伦矣。又尝阅外洋机器造纸公司矣，其所用皆败纸碎布、草根树皮，自入池以至成纸，装箱不逾四刻，人巧之极，几夺天工，而惜乎体质之粗恶也。苟以中国之竹，参以外国之机，稍入菅麻，加其坚韧，则所成之纸必当冠绝人寰，何至洋纸风行，致大利尽为外人所夺乎？犹忆癸未以前，瑞金、石城两县，皆产纸之区，宁都州属固无有也。金精之谷，有竹万竿，魏菘园、李啸峰两友人读书其间，忽发奇想，遂往石城横江觅造纸工师二人，至谷中建棚造纸，仍于下隰之地课工种竹，三岁成林，造纸既成，自运省城售卖，迄今十载。每岁已出纸二十万金，而魏李二友均大富。竹则岁岁增种,纸则岁岁增多,利源亦岁岁增广,不独二友致富也。倚种竹造纸以为活,以安家业而长子孙者,岁已将及万人。州城本瘠区,岁得此二十万金之入款,工商士庶咸有生机,气象郁郁葱葱。然与十载以前迥异,甚矣。夫种树之利无穷,种竹之利更无穷也!彼以土法造纸而已能若是,况乎变通尽利,妙用一心,取美质于中邦,参新机于外国,流通四海,贩运五洲者,其获利之丰,可胜道哉!

夫五土燥湿,各有所宜,固不可畏难苟安,尤不必刻舟胶柱。中国地大物博,其大患在于不知所用,因以自弃其材,掩聪塞明,扣槃扪烛,不通中外之情势,动以方凿圆枘,自取龃龉,大固有之,小亦宜然,皆不学不思之过耳。况竹之一物,既为万国所无,其效用于人者,尤非一端所可尽。姑以种竹一议开其绪,造纸一事发其机,有能景仰前修,讲格物致知之学者乎?明阴洞阳,课虚责实,当不至如王文成之格之七日而不知其解也。

种樟熬脑说

曩知台湾樟脑之利,每岁出口值价五百万两,樟脑一税为台地大宗入款。闻日本樟脑出口亦值价五六百万元。古樟一株,出售与人,有估价四千元者。西人所制炸药,无论用何物配制,其涨力大至二千五百倍而止,后有化学师搀入樟脑,而涨力陡增至五千倍,故鱼雷、水雷、地雷等各炸药,非樟脑不为功,巨炮、快枪亦须酌配所谓黄火药者。是此樟脑销路所由日广也。

继闻各国所用象牙,岁岁增多,必杀活象。以英国一国计之,每年所用象牙器,已杀万九千余象。象怀孕乳哺,需三四年,十阅春秋,始能长大,每象生子一二,多或三四。用之如此其费,杀之如此其众,生之长之又如此其难,将来全地球之象,必将绝种。遂有人思得一法,以樟脑参化学,压成象牙,光白坚致,莫能分辨,精能之至,出神入天。制药之用无穷,制牙之用无穷,则他日樟脑之销路亦与之无穷矣。

西人将全地球分为树带,以赤道为中经,以南以北各若干度为一带,寒暖因之而异,每带应生何树,皆有定地,不可迁移。热带之树移之寒带,寒带之树移之热带,皆不得生,其大较也。如樟树一种,只生于距赤道廿七八度之间,偏北偏南皆难畅茂。台湾、日本、江西度数适合,而他处无之,其可珍可贵有如是者。故日本农桑会中,广劝国人,遍行种植,种之廿年,即可熬脑。而台湾既不知种,江西并不知熬,坐使大利之源壅山废弃,可悯孰甚焉?日本熬脑之法,未悉其详,度必有参西法而益臻美善者。若台湾之熬脑，则易莫易于斯矣。法于山坡斜坦之处，刨挖一灶，下开火门，其上列置广锅有盖者十二具，将樟树嫩枝叶剁碎，入水煎熬，覆之以盖，经一昼夜，盖上结白脂一层，刮下收存，即樟脑也。约计一灶，月可熬樟脑二三百斤，每百斤为一石，值洋五十元，柴薪取之本山，无须购买，三人管一灶，日夜替换，勿使熄火，惟其地逼近内山，生番时时出草，须养勇守隘，保护灶场，每石抽隘勇费八元，落地税八元，子口出口税六元，工食杂费约十二元，每石实赢洋十六七元不等。一区得数千灶，已是非常大利。持此以例，江西既无生番，不须隘勇，税收不重，工食又廉，售价五十元，当净得三十余元之利。况此物行销日广，价值日增，他省寒暖不时，土宜不合，永不能分我权利哉！

刻台湾既属他人，灶丁之失业逗留在沪者不少，当设法雇募数人，或延请倭人之熟习熬脑事宜者，择地试办，仍暂予减收税课，维持振兴，饬下各府州县，凡有樟树之处，均准设法开办，严禁无知小民，不得将樟树枝柯任意砍伐。其湖南、安徽、广西等省，度数相同，宜由各省提款购买樟子，择地撒秧，晓谕民间，广行栽植，以收二十年后之利。被山林以金玉，化朽腐为神奇，事为愚贱所优为，利为中国所独擅，十年之计，万世之休，美利大兴，馨香永报，懿与昌已！

种木成材说

古之时，山泽有禁，百年千年之木不夭斧斤，梁栋之材不可胜用。故"山无槎枿，林不麋胎"。动植飞潜，含生遂性，然而深山大谷，实薮龙蛇虎豹猿狄之所居，亦无敢轻于入犯者。自僧居道观，斩棘焚林，专以入山必深为乐，于是动物不能止，植物不得生，而天下之名山大川始无余蕴矣。汉唐以后，山泽禁弛，听民自占，贪利忘害，斩伐摧残，地无美材可资营构，始乃登山涉水，搜采川广江湘之木，结簰造筏，悬隔数千里，以艰苦垫隘而致之。使古人见之，应笑其坐昧远图，既劳且拙矣。然转运虽艰，固犹求之中国也。

至今日而洋木运入海疆，浸淫内地，公私上下，资其营建，岁费且千万金，岂洋木之果胜于华木乎？抑中华大国，纵横万里，竟无闲山隙地可以种此佳材乎？一旦洋木不来，我中国之官民上下，遂可以穴处岩居，无俟选良材以成大厦乎？而乃万山童然，听其荒瘠，南北诸省，大率类然。民不知种树之方，官不严伐树之禁，因循苟且，仰给外人，坐受困穷，不知变计。中国士大夫好高务远，谈元说空，有体无用，耳目所见，尚尔其他，又何论焉？

夫北省之榆槐，南方之松杉，各木虽属粗材，最易生长，不十年能任栋梁矣。至于杞梓梗楠枫檀栝柏之属，成材较晚，收其用亦不过数十年，与人家国者，固不当为数十年之计乎？且今兹不种，种类绝矣。我躬不阅，尚有子孙，同为中国之人，顾忍使神灵首出之名区，华实不毛、沦如化外乎？言之似过而极，其弊必至于斯。然则种一切果木之树，收效尚可刻期，而种木成材一端，尤为迫不容缓之事矣。

今宜查明各省官地，并购买沮洳荦确之区，筹给闲款，因地制宜，广植材木，仍选膏腴之地，划为官园，收子撤秧，听民领种，严申禁令，无论官私树木，妄加戕贼者有罚，数年后，树木长成，则择其可材者，以时采伐，售之民间，仍须按年补种，每一州县至少务足三十万株。种植有利之树，事亦如之，务使地无弃利、国有名材，闾阎日用所需，无俟远求于外，始得谓之家给人足。

内治有基，更能以渐扩充，水瀯山巅，遍植佳木，则前所云"种树富民之说"。泰西各国，具有成效之可征，美荫长林，丰饶衍沃，追踪三古，长养兆民，此圣王保邦富国之经，慎勿以琐屑讥之，以迂疏摈之，而日断断然，折狱催科，持三尺以与民从事也。

种橡制胶说

西国象皮，其用最广，所制之物，屈伸长短，惟意所为，掣之不绝，放之如故，光滑坚韧，非漆非胶，西人所谓有凹凸力者也。华人以为兽皮也，而非也。兽皮必有异味，此则有味而有香。或以为木皮也，而亦非也。木皮必有筋纹，此则无纹而有力，盖树胶所制。此项制胶之树，西人即名之曰胶树者也。

西人考察全地球中，惟欧洲之意大利、美国之旧金山、中国之云南三处有之。中国与英商划缅界时，误将迤西宝井及胶树之地划以归英，英人狂喜，以为一日之间，骤获二宝，则此树之珍贵可知矣。而不知象皮者，橡皮也。胶树即中国之橡树，杜少陵诗所谓"晓拾橡栗随狙公"者也。橡子小于栗，椭而微长，不甚可食。中国各省，处处有之，何止云南一省，西人亦就所知者言之耳。闻云南胶树之地，绵亘千里，或他省不如是之多耳。西人岁剥树皮，熬胶摊皮，以制器物。树皮虽剥，树固不死也。甫阅一年，长合如故，又可续剥，循环往复，其利无穷，可谓天下之奇树矣。西人考求其理，取胶成物，利益民生，亦可谓天下之奇制矣。

惟西人珍爱此木，天下出产甚稀，而中国处处有之，樵采薪蒸，贱如粪土。即西南各省，亦不过例以山中杂树，自有自无，从未有滋培而护惜之者，而何论于制胶成物哉！

今宜专收橡子，择地布秧，听民领种，十年内外即可剥胶。中国地脉之佳，天时之美，生此奇木，惠彼诸邦，十年之后，此项利权，将与嵩岱比崇，江河同永矣。且橡树特其一端耳。中国地居黄道，百产繁昌，天蕴珍奇，济人利物，为西人所不知者。何限为西人所知而华人尚不及知者！又何限利源既辟，声教随之！四海一家，中外提福，出我余蕴，获彼王侯。有疑此言之大而近夸者，请验诸三十年之后。

种茶制茗说

茶荈之利，萌芽于六朝，显于唐，兴于宋，而极盛于本朝。海内外含生负气之伦，自蒙古、哈萨克、西伯利亚诸部落，袤延西海，俄英德法诸邦，渡海而至，南北美洲新金山、日本、南洋万岛、越南、暹罗、缅甸、印度、波斯以迄阿非利加全洲，各国统白黄红黑诸种族，凡有心知血气，不复茹血饮毛，知有火食者，无不饮之。所谓天下之口有同嗜者，即一饮食之品。而五洲万岛，饮和食德，灵泉甘露，洋溢寰区，中国包举全球之量具于斯矣。妄人不察，方谓外洋以烟土鸩中国，中国亦以茶荈鸩外洋，而不知烟之入华，有百害而无一利也，显逆天心者也。茶之出洋，有百利而无一害也，隐合天心者也。天道好生，人心不死，则茶之行销将与地球永永无极。而烟土之种类，久必将自绝也，无待再计决矣。

西人之精化学者，考求茶质，大益人身，而人之不可须臾离者，实缘内有碱性。故饮食之后，甘酥肥腻，齿牙肺腑，胶粘不清，饮以名茶一钟，则百体爽然，精神焕发，良足以涤瑕荡秽，保生人寿命之源。前有千古，后有万年，既有地球，即有人类；既有人类，即有火食；既有火食，即有茶饮。此业之兴，当与天地同其悠久矣。日本知其然也，故于其国中刻意种茶，冀夺华利；英人知其然也，故于北印度之亚山地方，教民种茶，制以机器，不收口税，以与我争；俄人知其然也，故每岁游历江西、安徽、湖南、湖①北出茶之处，购觅茶种，雇募茶师，于黑海之南自行种植，然或天时未合，土脉不佳，所出之茶，色香味终逊华产。虽印度、日本逼近中华，近日出茶，与我相埒，已能夺我利权，

---

① "湖"，原文无，增补。

而西国良医，考求性质，终谓彼茶燥烈，而华产和平，恐亦非持久之道矣。况茶山深远，谷雨抽芽，天气宜晴而夜宜多雾，其时有大雾二三日，则天地氤氲之气，酝酿深醇，所出之茶，精美殊绝。黑海天气，略与山左相同，春阳虽温，浓雾殊少，亦地限之耳。

第中国官民，上下毫不讲求，掩聪塞明，坐受其弊，正税半税之外，困以厘捐，成本太昂，倍于山价，则官之弊；搀杂伪质，落价争售，割磅低盘，掣动全局，则商之弊；预领资本，抬价居奇，商本盈亏，不相顾惜，只图目下，安问来年，则山户之弊。日本、印度之民，于种茶一事，性命以之，土性所宜，岁岁添种，制茶时日，仅半月耳，时过则叶老，如天气阴雨则采焙均难。中国人工，断难一律，西人参用机器制焙，加倍精纯。中国种茶之地甚多而不知推广，制茶之法甚拙而不欲仿行，则民情政俗之弊。四弊者不去，中国之茶务危矣哉！虽然，中国之大弊，其故总由于不知人心之不齐，人事之所由日敝也。

诚能上下一心，变通整顿，则中国之天时可恃，地利可恃。但使出茶益广，制茶益精，茶本不昂，茶价不贵，则西人之口亦犹人耳。同兹运费，同兹价值，彼将购上等之佳茶乎？抑仍购次等之劣茶乎？何去何从，何通何塞，何绌何赢，亦可不烦言而自解矣。

种棉轧花说

洋布洋纱之入中国也，数十年于兹矣。自咸丰同治以前，每岁入口之数，不过千万而止，光绪以后，岁岁骤增，值银至六千余万，较洋药多三分之一，而土布之利，遂尽为所夺矣。中国商人亦欲购机仿造，第英人于纺织机器，讳莫如深，且机器所用，皆系木棉，色白丝长，与中国棉花迥异，遂有疑华棉之不合机制者。西人既以极廉之价，夺我土布之利矣。织布贩布，通计利息不过五厘，遂有疑华人仿之断难获利者。

厥后美国织业大兴，日本乃专用华棉纺纱织布，中国亦自设纺织各厂，所出纱布，海内风行，始知华棉色白丝长虽较洋棉稍逊，而坚厚温暖过之。华工性情驯谨，作工更勤，而每日工资仅及洋工十分之一，花价既贱，日用又廉，皆非英美诸国所能及。综计织布局之利，岁息二分，办理稍善，可及三分；纺纱局之利，岁息三分，办理稍善，可及四分。非惟华人喜出望外，抑亦海外诸邦所不及料也，于是欧亚各国始知华棉之美、华工之廉，洋棉每百斤需洋卅三元，印度棉花亦在卅元内外，而华棉每百斤仅需十二三元，多至十七八元而止。故近年洋船回国，多购中国棉花，压载出口，花价骤增，至二三千万两之多，纺织纱布以售销各国，此项利源有加无已。前年上海布局被毁，有谓织布已属暮气，而纺纱始为朝气者。而以棉花出口岁岁增多之数言之，则织布纺纱均属暮气，而种棉轧花始为朝气也。

中国棉花，推直隶德州第一，而江湖各省次之。丝长色白，媲美洋棉，而坚厚温和，更合华人之用，皆中国、日本各纺织局比较试验而确知其故者。此时设一织布局，需资本六十万金，至少四十万金；设一纺纱局，需资本四十万金，至少三十万金，否则所获之利与所费之工不能相抵。

总之，长袖善舞，多财善贾，资本愈足，利息愈丰，纺织两局，大概如此。曩与熟精此事之人，欲定造小号机器并厂屋，止需二三万金者，以便中国各省推广设立，而通盘计算，获利过微，不能举办。因自轧花纺纱，以至织成布匹，须经二十三器而成，料件繁多，工艰费巨，机器虽小而一件不能省，故也。惟轧花机器止须五件，资本多则数万金，少或数千金、数百金均可开办。南北各直省，旷土素多，若能劝民广种棉花，参用轧花机器，转运既便，一水可通，所出棉花兼擅中西之胜，此后花价日贵，销数日多，不惟衣被中倭，并可经纶欧美。西人谓，合地球人民以四千兆计，十人中穿布者，仅及十分之六，将来人思穿布，布必用棉，衣被人间，此利岂有涯涘哉！以轧花机器开其端，推广于纺纱织布，万家机杼，比户素封，中国二十行省无贫民矣。

种蔗制糖说

西人饮食之品，盐少糖多，适与华人相反。故中国丝茶而外，蔗糖一项亦为出口之大宗。英国糖肆规模与丝行、茶行宏丽相埒，尝取中国蔗种植之爱尔兰之南境矣。虽刻意讲求培壅，去病除虫，而天气太寒，土宜不合，一二年后瘠瘠无糖，今已绝种。法主拿波仑第一，雄才大略，思并欧洲，首与英国为敌。英人纠约各国，禁止商船，毋许一船入法国海口。法人饮食皆不得糖，举国大困。拿波仑第一悬数万金之赏，谕国人有能于甘蔗之外，另获新法制糖者，则予之。法人百计图维，凡六谷百果之属，无不煎熬取汁，或滋味太薄，或糜费过多，最后始以红萝卜制成。萝卜百斤，煎糖十斤，而萝卜之糖遂盛行于欧洲各国。

美国初建，全资中国蔗糖，后见其土人春日入山，杂坐枫林，以铁管吸取枫脂，味殊甘美，乃仿其意吸脂制糖，亦与红萝卜相埒。二者均味甘而淡，仍须参用蔗糖。天生甘蔗以惠中国，华人知而用之，西人食而甘，断非他物所能掠美也。惟甘蔗虽中国独有之利，而制糖之法，器具不精，提炼不纯，色味不洁。西人新创造糖机器，巧捷无伦，购买中国之糖，以水化开，参入洋糖，再加提炼，用力少而索价昂，较中国贵逾一倍。然糖质不纯，其味仍嫌太淡也。使以中国种蔗之区，制以机器，不须参入他糖，则质美值廉，必可尽夺其利，乃株守成法，出糖既少，费蔗又多，制法不精，售值更贱，因循不改，转使洋糖充斥内地，无可如何，我之大利反为彼夺，固由商民愚昧，积习难回，亦在上者不能因势利导之过也。

东南各省所植甘蔗，获利颇丰，自通商以来，洋舶所带洋糖，色泽莹白，人咸爱之。旧日之糖，销路日微，销数日绌，糖商折阅，无可挽回，欲求不贫且窭也，其可得乎？今宜向英国定造制糖机器，向种蔗之地设厂制造，务求色白味美，远过洋糖，而取值与之相等，非惟已失之利可以收回，即向未行销之处，亦当舍彼而趋此矣。至于种蔗应以何物培壅，若何防虫、防鸟、防病，西人查考益精，并宜悉心讲求，编作歌词，俾农民共晓。旧时夹蔗取汁之法，太粗太笨，弃蔗太甚，糜汁实多，亦宜改用新机，使一蔗获一蔗之用。山泽之内，枫树成林，弃作薪蒸，无人顾惜，亦以铁管取汁制糖参用。化朽腐为神奇，仍复岁岁添栽，俾千里霜林皆成钱树，则地无遗利，人无弃材，百产殷盈，千舻络绎，虽欲不殷且富也，亦不可得已。

种烟加非说

西医考饮食诸物，具有碱性者，茶荈之外，惟烟与加非。烟草生于吕宋，厥后浸推浸广，分秧布种，浸淫遍于五洲。西人初以为无益也，以重税绳之，而嗜者益众。当夫酒半茶余，既醉既饱，烟草之性味能涤秽浊而使之清，虽有严禁焉，不可止也。加非一物，始自非洲，西人分种于欧西，各国人咸嗜之，入以蔗糖，和以牛乳，饮膳既毕，人啜一钟，与饮茶相等。法国加非之馆，充溢闾巷，星罗棋布，如中国之茶寮。

种加非之田，获利尤厚，惟浇培粪壅，大费人工，一人之力，不能多种。烟草亦然。然贫人得田三五亩，以种烟草加非，则余利丰盈，八口之家，饱食暖衣，无忧冻馁矣。中国种烟颇能用意，惟未精究；培壅之法，亦未深知；收贮之方，又不能仿制。烟卷纸烟行销外国，转使东西两洋窃我权利。近日纸烟入口，约不下数百万金。英人、倭人均在上海设厂收储、制造，就地发卖，以矛陷盾，可为寒心。盖烟草培壅得法，则叶韧而柔，否则脆矣；收贮逾年，则味香而永，否则薄矣。此物虽微，华人嗜者过半，何可听其盘剥，蠹我中原，又为洋药洋油之续乎？

种加非之法，华人尚未及知。然欧美两洲皆视为饮食必需之品，海疆内地，华人亦多嗜之，其珍贵与红茶等。中国沿边沿海旷土素多，无业之民盈千累万，但得官司劝导，度地购种，与烟草同栽，工价廉售值贵，用力少见功多，自无不乐于从事者。惟中国农学废弛已久，官民隔膜，劝劳无闻，耕耘种植之功，一付诸卤莽灭裂之辈，则有名无实，一暴十寒，天下之惰农亦断未有能收其效者耳。体古圣养民之心，参欧西兴利之法，不以效法他人为耻，不以躬亲细事为嫌，则任举一二事，行之一二处，俟之一二年，而已可以养无算之闲民，广无涯之生计，收无穷之大利，塞无限之漏卮。必翘翘然自异曰：我官也，彼民也，我治民者也，彼奉上者也，我知收赋税顾考成而已，他何知焉？恐海内之财，止有此数，通商而后，川流海溢，每岁出洋数千万金。譬一池之鱼，唊喁嗫喋，上无活水，下有溢流，其始也，相呴相濡，相攻相夺，彼此犹不及觉耳。久则合池皆涸，处陆而枯，巨细千鳞，同归于尽，欲如前日之相忘于江湖也，岂可得哉？吾人之智，奚不若鱼而乃自利自私，目暗邱山而祸悬眉睫，不早决西江之水以自救乎？

以上所举种植各事，皆西人之所必需，创办有成，即可以行销海外者。至于民生之所用，土性之所宜，万汇千名更仆而未能悉数，惟在官民上下，痛痒相关，视民之事如己之事，除其疾苦，牖其愚蒙，助其工资，谋其乐利，一念之仁恕，万命之存亡系焉。较之施食于衢，救死于颈，善堂荒政，事过即停者，其功德之久暂、大小相去何如也。

讲求农学说

中国农事，自古讲求，耕耤三推，以劝天下。至国朝并丁于地，经制国用，举出于农，海内益精究务农之法。西人之游历中国者，见农人之勤苦、农具之精良、农功之美备，咸欣喜赞叹，称道弗衰。然有宜分别观之者，则南省之农事勤，而北省之农功惰也；兵燹以前之农事勤，通商以后之农功惰也。夫农人胼胝手足，三时作苦，以养他人，亦天下之至苦矣。北方水利湮废，肥硗听之地，水旱听之天，乐岁无仓箱，凶年有沟壑。而官吏于利民之事，废置而从不一修，民复何心，民亦何力，亦卤莽灭裂坐以待毙已耳。此北方农民之所以惰也。江海通商，食力之民趋之若鹜①，每月工资，至少数元，以养妻孥，绰有余裕。农民

---

① "鹜"，原作"鹜"，误，校改。

终年力作，催科峻急，不免饥寒，咸思舍末远游，几有万一之获。此通商以后，各省农民之所以惰也。

夫一年之计树谷，谷贱则伤农。古人调剂盈虚，具有良法。盖五谷之利，在各业中为至微，而耕作之功在各事中为至苦。然一日不耕，天下有饥者，农政之所关，又在各务中为至重。古圣王所以春省耕，秋省敛，补不足，助不给，劳农劝相，欢若一家者，诚知其故矣。故教之树畜，使桑麻机杼、狗彘鸡豚、五谷之外，余利充溢，即所以补之也；浚以沟渠，使畎浍距川、井泉塘堰，一夫之力，倍获丰收，即所以助之也。大约种谷之外，苟不树不畜，水利不兴，则其地之民必贫窭而不能自给也决矣。

英国百年之内，工作大兴，而农民益苦，其国君乃概免田赋以恤之，然犹不能自振也。幸英国用周制大宗之法，举国之田，概归宗子，余皆佃人，故多田之翁，拥膏腴动数百顷。乃讲求农学，耕耘、培壅、收获均参新法，用新机，瘠者皆腴，荒者皆熟。一人之力，足抵五十人之工；一亩之收，足抵五十亩之获。又广开水利，教民广植桑棉、葡萄、加非、烟叶等树，于是农民亦大富，足以与工商相敌，而农具之精良甲于天下矣。由其田主皆富人，故于农业之中，亦能推陈出新，收长袖善舞之效也。法国不然，人有田亩，则诸子均分，与中国同。故法人之多田者，不过六百亩，少或数亩、十数亩，无力购置机器。君民上下，专以兴水利、广种树为功。葡萄酿酒为国大利，国制，生子者必种葡萄两株，生女一株，违者有罚。人有葡萄三亩已足小康，五亩则中人以上之产矣。田少功勤，国亦大富。德意诸国，略与法同，国中聚集讲求，各有农学之会，则田主不富，不用新机，而亦可以自收大利者也。

中国于此，诚宜兼收并采，择善而从。如南北各省乡里之富人，有拥田数千亩、数万亩者，宜劝令考求培壅、收获新法，购买机器，俾用力少而见功多，如伊尹之区田，亩收数十倍，则富者益富矣。如农民只有数亩、数十亩之田，专植五谷，还清赋课，闭户啼饥，一有荒年，弃田逃徙，则宜仿法国之法，因地制宜，令各种有利之树，或畜牧之类，而又为之广开水道，多辟利源，则贫者亦富矣。惟天下农民大都愚拙，安常习故，不愿变通，又恐舍旧图新，利未形而害已见，此中外古今之通弊也。

宜将旧日农书，删繁就简，择其精要适用者，都为一卷。仍翻译各国农学，取其宜于中国凿凿可行者，亦汇为一编，颁布学宫，散给生童，转教农人之识字者。至于水利，必先筹费，种树必须购秧，诚宜设立专官，认真经理，乃能创兴大利，救我兆民。此王道之真功，圣贤之实效也，而又何疑焉？

畜牧养民说

北方畜牧之利，见于经籍史传者，古矣。牛羊驼马之群，量以川谷；鸡豚狗彘之畜，足于圈牢。自汉唐宋元以来，北方富人首言牧畜。本朝承平二百余载，孳生蕃息，益当盈溢。中原乃自咸丰同治间，粤捻横行，内外各边，踵以马贼。肃清以后，又复频年水旱，转徙流离，人不聊生，何有于物。泰西各国，每田百亩，必空数亩不耕不获，专殖青草，圈作牧场。中国旷土猥多，无须尔尔，但使得人经理，爱养蕃滋，则其利已不可胜计矣。

美国有三富人，其产业皆以数万万金计。其一曰铁国，乃铁路总商。美国铁路什八归其掌握，所谓富堪敌国者也。其二曰水国，乃太古洋行之旧主。轮船商舶运载遍于五洲，其富亦不可计量者也。其三曰土国，为纽约一埠之地主。富与相若，而发迹甚奇。年少之时，一无赖子耳，后忽发愤自立，积洋五元，尽买鸡雏，于旷地积秽生虫以饲之，和以腐渣，数月长大，向以洋五分购一雏，今每只售洋五角，于是五元资本化为五十元矣。改而畜豕，获利倍之，由是而牧羊，而牧牛，积资盈万。纽约一埠，三江会合，其时一荒野牧场也，某心计此，间日后将成商埠，乃以廉价购之，未及十年，各国商人麋集，果为美国第一大埠，人多地少，楼高五层，皆一人之业，日安坐而收亿万之租，所谓土国者是已。然某以牧牛之利，至广至丰，牛乳一宗，西人饮食必需之品，牛虽倒毙，筋皮骨角无一弃材，故于美国之西广辟牧场，畜牛百万，所制牛乳，封以铁瓶，行销五洲，精美冠天下。今日子孙犹然世业，致富之道至奇亦至庸矣。可知万国通商，人贵自立，只须能制一物，能成一艺，能执一业，能创一法，风行一世者，即可立致巨富，创业成名，无贵贱大小，一也。

北方畜牧之饶，夙有师法，惟无多资本，则不能广置围场，非有智慧聪明，则不能推陈出新，振兴大利。如牧牛取乳之法，蒙古虽有酥酪，未甚讲求，不有铁瓶，何能寄远！比来外洋牛乳，华人颇多嗜者，并西人所用，每岁入口值数百万金，皆在免税之列。诚能自设牧场，养牛取乳，即行销本国，获利亦甚丰矣。

天津出口之羊毛、骆驼绒，价廉物贱，因不谙收储罽剧而然。西人运归本国，织造毡绒，售我重价，岁销大呢、羽毛洋毡、法兰绒等项，不下二千万金。即如鸡毛一物，西人盈捆购归，制成露水洋花，以销中国。华人之发，西人购去编作巨绳，为兵船系锚之缆，每绳值价千金，盖铁甲船身过重，铁锚亦数万斤，海浪掀天，无论何物制绳，一掣皆断，惟发绳为人身精血所化，其坚韧无与比伦。西人格物之精，华人心计之拙，举一二端而可见矣。

左文襄前任甘督，亦尝购买机器，仿织呢绒，然牧场未立，风气未开，万里甘凉，艰于转运，资本太重，不利行销，因创办之时，本未通盘筹画，故耳。苟于辽沈、山海关、天津等近海之处，筹集股本，设立围场，驼绒、羊毛如法收罗，购机设厂，织造毡绒，务与俄英同其精美。中国食物既贱，人工更廉，又省数万里转运之费，较西洋货价必可减半销售，然后逐渐推行。兴造铁路，达于沿边、热河、口外、七厅、包头等处。蒙古素饶畜产，亦教以收罗之法，平价采买，以扩利源，此每岁溢出之二千万金，不数载而可以收复，所谓有人有土、有土有财者，此之谓也。

夫事无难易，得人则理，伊古已然。西国振兴工艺，至纺纱织布之机，人巧极而天工错，向亦谓中国断难兴办耳，乃不及十载，南省风行，收回利权，岁千余万，况天津出口骆驼羊毛为数不少。九边内外，旷土素多，织造毡绒之机，即由织布纺纱而变者，料件更简，管理非难，苟能因地制宜，创兴大利，一二年间有可操券而获者。若之何？畏难苟安，日守困穷，而不思变计也。

拓充渔务说

佃渔之利，中国开创最先。山谷之间，江湖鸷远，则筑塘建堰，蓄水养鱼，所畜鲭、鲤、鲢、鳙等鱼，饲以青草，叠石为岛，水宜宽广，便鱼游泳往来。自春徂冬，鱼大至三四斤、二三斤不等，一人之力，岁收鱼利约百千、数十千不等，略视人功之勤惰以为差，此养鱼之利也。下游之地，逼近江河，则或钓或罾或网或罟或鸬鹚、竹箭、铁叉之类，取法甚多，捕鱼之船，随波上下，因时逐利，亦足以养妻子而赡室家，此取鱼之利也。至于沿海居民，素无恒业，则结队出海，风帆坚舶，网取海鱼。鱼之去来，自有风汛，值巨鱼大至，则结寮海壖，夜以继日，百计搜捕，必使盈舟满载，始相率扬帆以归，此捕海鱼之利也。中国人民工于射利，固已凌波蹈险，不畏艰难矣。

而有尚宜拓充者，一事焉，则捕鲸之利是已。西人言四海之外，惟北海独多大鱼，其余则否。故庄子鲲鹏之喻，独数北冥，穷发天池，夸其修广者，此也。鲲即鲸也，海上之鱼，惟鲸最巨，周身骨肉皆蕴脂油，西人捕之熬炼为烛，精莹皎洁，百倍光明，即今洋烛是已。鱼油坚凝，无须用蜡，闻近日越南、暹罗之蜡树，摧伐罕存，故蜡价贵至五倍。然则洋烛者，亦以补白蜡之穷也。法国通国之人，皆用洋烛，无用洋油者，恶其气味且易肇火灾。自余欧美亚三洲，大小数十国，无不喜用洋烛，入中国者，岁亦千万，行销之广，罕与比伦。于是各国捕鲸之船，遍于北海。法以纯钢为钩，以烧豚为饵，以人发为绳，百人驾舟逍遥海上，投饵于水，鲸鱼吞之不敢掣也，缓棹其舟，回翔转折以引之，及岸则以绳绕大石或山峰，环之数匝，尽百人之力，辅以起重机器，并力掣之而鱼上矣。得一鱼而数万金在其掌握。鱼之小者，亦不下数千金。故冒险趋利之人，以数百万计，争端屡起，辄碍邦交，乃划分海界，百里之内不许他国捕鲸，始信龙伯丈人，古记良非夸诞也。

中国自渤海以至朝鲜、东三省沿海之区，皆鲸鱼所萃，而不能捕捉，坐使他人窃我利权，以一物之微，每岁千万金钱流溢海外，斯亦拙者之明效矣。宜仿其意，设立捕鲸公司，雇募英美之人指挥向导，先就渤海一带搜捕，渐达于朝鲜黄海之滨，援案订立约章，百里之间毋许他国鲸船阑入。设厂制烛，转运行销，利国利民，莫要于此，否则中国旧烛光明远逊，蜡价甚昂，洋烛行销日以增广，惟油与烛蠹我中原，每岁将以华银数千万计，欲不穷且敝也，得乎？

拘方之士，好为高谈，不知通变，则必有一物也足以代之而后可，或能严申禁令，永不使吾民购用也而后可。然舍贵趋贱，人之常情，恐酷罚严威不能止矣。中国捕鱼旧法，亦有过于蠢拙，用力多而见功少者，并宜参用新法以广利源，则渔村蟹舍间亦有陶朱、计然之术，何必万里行商哉！

卷二　矿书

维持矿政说

治天下之道二：曰富，曰教。富天下之政二：曰食，曰货。今天下之大患，非食不足也，货不足耳。闭关以前，货无所谓不足也。通商以后，始蹙蹙然，日忧不足耳。此其故有三焉，不可不察也。当日风俗勤俭，粟布交易，邻境不相往来，囊无一文，不忧冻馁，日得百钱，群相夸美矣。今人情浮动，政俗奢淫，生人日用之资，增至倍蓰什佰而未已。此不足之故一也。

西人自通商以来，获利无算，常谓中国之大与海相若。无论运货若干，至埠总可销售；无论运金银若干，出洋从无窘象。此四十年前之说也。然邻之厚，我之薄，彼之利，我之害，川流海溢，其枯与涸可立而待。今已捉襟见肘矣，他日之窘，又将若何？此不足之故二也。

天下之金三品，金必贵于银，银必贵于铜。中国行用铜钱垂五千载，银矿少而金铜矿多。当时本国转输铜钱已足，金不贵而银亦不贱也。今美国、墨西哥银矿大开，运入中国，易我黄金。中国之民贵银贱铜，虽有黄金不知宝惜，而外国通行以金为准。于是中国之铜贱银贱，而外国之金钱独贵。欲购洋货，非金不行，既不知自铸金钱，又不能不用洋货，此必困之道。所谓为渊驱^①鱼、为丛驱^②爵者也。其不足之故三也。

守此而不变，再阅十载，彼之货皆贵，我之货皆贱；彼举国皆富人，我举国皆穷人。试思穷人听命于富人乎？抑富人听命于穷人乎？将使权势举无所施，愚智皆为彼用，不蹈印度、缅甸、越南之覆辙，其事不止。他日中国四万万众神明之胄，颠连困苦，奴虏终身。济济群公，何以自解于天下万世哉！

欲救此弊，必广铸钱文，欲广铸钱文，必大兴矿务。然而开矿之说，既有年矣，或主官，或主商，其说亦至不一矣。开十矿而获其一二，不得谓之无利也。官则止能得利，不能失利，假浪掷资本，再试无成，即日奏停，因噎废食矣。商既集资，必得利乃已也，则商办宜矣。沪上奸商，借矿为名，集资以供浪费，大信既失，招股遂难，即股集矣，矿成矣，而工人麇集，动虞滋事，奸商垄断，难服群情，非临以清正之员，不能息争止竞，则商办而官督宜矣。

虽然，魏源尝言之矣。开矿一事，大吏欲之而小官不愿也。督责虽严，而彼以无矿报，大吏无如何也。至于不肖官吏，借查矿为名，日纵虎狼，需索骚扰而流弊益不堪问矣。欲除此弊，其法有四：

一曰一视听。滇铜岁采，圜法所关，各省矿产，一律封禁。今虽纵令开采，官民之意尚疑，疑扰民，疑受累，疑不能持久，疑无利可图，疑他人入室。积疑生畏，事必无成。或授意愚民，横相挠阻。彼民也，

---

① ② "驱"，原作"殴"，误，校改。

又安知大局者？宜请颁明诏，晓以利害，咸使闻知，则视听专而趋向壹矣。

二曰明赏罚。小官之不愿开矿者，虑受开矿之害也，虑开矿之利不敌其害也，虑受其害而因以失其本有之利也，虑开之未必有利而不开固亦无害也，皆私也。宜仿盐务缉私之例，明定赏罚。境内一矿有效，予以升阶；多矿见功，擢以不次。弃矿不开者，撤；借端扰累者，参，而后贤愚竞劝也。

三曰减税课。泰西之矿税二十而取一，中国旧制十分取二，较之赋税，特示严苛，意亦借以封禁耳。官吏不敢议开，半由于此。上等矿产尚可勉支，稍次之矿，商民无利则弃之耳。今既锐意开采，宜改为二十分而取一。而金、银、铜三项，必全数缴官，官照时价购之，以备铸钱之用。此亦西法也。

四曰设官司。矿有大效，必仿盐法，酌繁简以设官。创办之时，宜择矿苗最盛，如云南、四川、湖南、山西、东三省，各派大臣督办，拨给官本，自辟僚属，宽其衔勒，以责成功。以商为主，以官辅之，示以大公，持以大信，歆以大利，御以大权，而后利源可以尽辟也。此维持矿政之法也。一或不慎，艰阻随之矣。可不熟思而审处哉！

精究地学说

"沧海桑田之变易，高陵深谷之迁移"。此其说，华人创之，西人引而申之。泰西于是乎有地学。彼人开矿专倚矿师，较华人望气识苗，较有凭据。矿师之所学则地学耳。西人将地下土石各质，分为十三重，继改为九重，后又统以三重。三重者，近古、中古、太古是也。

地球土质，渐积渐高，掘地验之，确有层级。其所以积高之故，可分为水成石、火成石两门。盖地心奇热，乃烧化之流质，自古迄今未曾增减，掘地深十丈，以寒暑表验之，热增一度，愈深愈热，以至不可向迩，则地心之蕴火无疑也。考此火所从来，实出于日。日之体积，大于地球三百万倍，一团纯火，焚烧金铁之精，荡荡罡风，阳轮自转，爆出一星之火，游漾天空，则五星与地球也。月距地球最近，又地球之分体耳。地球甫成，其热与日相等，天风振荡，体质渐凉，则结薄膜一重，周于地面，此膜为至坚之石，无隙可乘，常因地震地动，陵谷变迁，间有升至地面者。各处火山之口，日喷流质，冷凝之后，皆铁与磺。可知地心皆含此质。彼以火成石分为三类：曰熔结石、火化石、火山石。所谓太古一重者，其时尚未有物也。地球结膜，热气骤凉，乃化为水，地面皆海，山阜无多，间有高出水面者，则生绿苔青草，其内则生螺蛳蚌蛤之属，是为地球有生物之始。纯阳蒸郁，盛大蕃昌，草皆成树，高数十丈。海则有巨鱼飞鼍，陆则有异禽大兽，今掘地得骨，皆不知名。久而低者忽升，高者忽下，山原河海，屡经变迁，绝大树林沈埋地下，压而成煤，故能燃烧不息。海底所积珊瑚之树、微虫螺蚌之壳，由埤而高，延历数十万年，地气渐凉，土质渐厚，海水渐少，山野渐多，而人始生焉。故地球中层石质，皆海水荡潏而成。所称中古一重者，其时尚未始有人也。人之初生即饶智慧，维时怪禽恶兽，高大粗猛，磨牙食人，人乃巢居穴处以避之，合群聚族以防之，断木砺石作为弓矢刀斧之器以杀之。故近古最下一重掘出器物，类皆坚石所制，西人名曰石期。

生人阅历益多，心思益巧，乃炼铜为兵器，而铸锡以焊之。铜兵既出，石兵不能敌，彼此攻夺，而杀运始开，掘出铜兵，即在石兵之上，知前人为其所逐也，西人名曰铜期。最上一重，已近地面，则皆系铁兵铁器。掘出各物，知当时殡葬宴会之礼与今日大同，人兽之骨亦与生者无异，西人名曰铁期，即所称近古一重者也。

考地球各质，惟煤铁为最多，其效用于人者，亦以煤铁为最要。他日器用必皆用铁，薪蒸必皆用煤，取之不穷，用之耐久。地上之物渐少，不得不取之地中耳。至于五金各质，本在太古火成石之内，为地心流质熔结而成，其蕴于地中，出于地上者，或因火山喷发，或因地震升腾，故同一地也不能处处皆有，即有矿金之处，亦复多寡不齐，厚薄不一，每见有熔结石、火化石、火山石之地，即知其必有矿金，因而觅之，十不失一。又将土石各质，分为金类、非金类两端。又于金类之中，分为轻金类、贵金类两种，皆以白金为小釜。用化学入釜化分，凡金银各矿，必有他质杂之，如是则本质分开，而杂质之有用者，亦丝毫不能耗费。珍奇入贡而巨细兼收，皆以地学一门括全体而成大用，而其端实自中国开之。

西人化学精深，亦仿于道家之炉鼎。黄芽白雪，彼征诸实，我丽于虚，我以欺人，彼以富国。不龟手之药一也，或以封，或不免于洴①澼絖，则所用之异也。所论地体之生成、地质之层累，其理皆古人已言之，西人心力精专，因得考求其实象。既兴矿务，当用矿师，欲识矿金，须明地学，慎毋强分轩轾，自窒利源，使宝气灵光终埋土壤，致他

---

① "洴"，原作"绁"，误，校改。

人先我而为之也。

开山伐石说

自共工氏头触不周，天柱折，地维缺，女娲氏炼五色石以补之。厥后神圣继生，文明大启，丰碑建绩，叠础承栾，螭陛雕阑，玉阶瑶砌，亭亭翁仲，矻矻桥梁，攻石之工，精美冠天下。末世洊经乱离，日趋简陋，重以深山邃谷，采运艰难，近者既已空，远者莫能致，惟以粗犷滥恶之质充数滥竽，事少坚贞，人怀苟且，识者慨然于以觇世运焉，而不知采石一事，西人列为矿务之大宗，以其济用于生民者为尤巨也。

西人考火成之石，熔结一片，无隙可寻，不能采也。此外各石，约分三类。海底污泥细土与石灰抟合而成，所谓平好阿石，又曰泥石者，即中国之青石是也。海内有微虫，其细如尘，白如粉，多如恒河沙，积厚至百丈。又有红白珊瑚者，本为化生微虫之窠，既速且多，不可计算，南洋万岛大半皆珊瑚所成，日积月高，遂出水面，此等微虫结而为石，莹白坚致，加以雕琢，精好殊常，彼之所谓花刚石，华人名曰汉白玉，即中国之白石是也。海中螺蚌之壳，堆积如山，得热化分，参合铁锈沙泥，变为粗石，盖螺蚌之壳即石灰耳，西人谓之僵石，即中国之红石是也。此皆上古造化所成，供人采凿。至于地中地上，泥土各质，内含石灰，得水得热得光，均能化合坚凝，变而为石。海陆造化无息无休，成石之多不可计极。

西人考耶稣降生前三百年，当中国秦汉之时，罗马初兴建一神庙，其神座之白石取之巴庇伦。日神庙中记述，巴庇伦建此庙时，迄罗马已历三千载。埃及之北境石碑、石阙、石墓、石塔尤多，所刻虫鸟之文略同中国。西人工于琢石，亦数千年于兹矣。欧洲之法国尤重石工，巨丽精坚，甲于诸国。自余英、俄、德、美、奥、意、西、比各大国，亦无不磨砻椎凿，人物花鸟，栩栩如生，虽复刻意求精，仍以坚朴耐久为主，不徒侈观，美夸后人也。盖诸国之文物声明，规模峻整，实于此见其大凡，而阀阅之崇闳，楼台之高耸，坚墙峻宇，皆以美石为基，历劫难、磨风霜不蚀，故礼拜堂之属，有矻然久历千年者。琢石既巨，用石益繁，其选石、采石、运石之方亦日加捷敏。西人考求作室之法，通风去湿，利益人生，他日全地球中皆将仿效，石之为用，弥大弥长。

西人考中国石矿之多、石质之美，全球各国皆逊一筹，苟能精选佳材，设立巨厂，制以良工大匠，运以铁路轮舟，如入山太深，则修木路以相联接，专采花刚石之类，行销各洋，获利之丰，更仆难数，重峦大鋆，皆化金银矣。至宝石一类，如金刚钻、碧霞犀、翡翠、白玉、水晶玛瑙及红绿蓝紫各宝石，凡有色有光者，西人既善搜求，华人亦勤采撷，然彼能见石辨质，认矿寻苗，华人不能也，是彼于识宝之中，兼寓采金之法，尤应精求其理者也。

分塙采煤说

中国石煤之用，其在隋唐之间，肇始于西南各省乎。泰西各国用煤，后于中国约数百年。然中国至今以为煤乃石之可燃者耳。西人专门立学，将各国白煤、红煤、烟煤、泥煤之属细意考求，始知煤皆木质。古有大林，阅历沧桑，沈霾地下数千万载，坚黑成煤，亦有黑而未坚如红煤、烟煤之属，与木炭相近，木心之纹理，木之枝叶花果，均可辨认。煤为木化，确凿无疑。泥煤则俨然黑泥，西人以为水草所化。从地面至地下，煤多者九层，少者三层，向下一层，必较上层坚结，阅时之久暂为之也。每一层塙厚者丈余，薄者数尺；宽者千里或数百里，狭者数十丈或数丈不等。西人确知此理，故采煤之路，随所向而觅之，百不失一。

尝谓全球各国，文明日启，生齿日蕃，樵牧薪蒸，地面之草木万不敷生人之日用，幸地下蕴藏煤产，阅时数十万年，多者九重，宽者千里，以供薪爨，永无匮竭之时。比来机器大兴，用煤日广，如白煤红煤合炼铁冶金之用，烟煤一项为火轮舟车及各种机器之需，煤泥提炼煤油，以供灯火，行销各国，为数尤多。英国蕞尔三岛，富甲寰瀛，其未得印度以前，徒倚煤铁二宗，纵横四海。人知金银之利，而不知煤之为物，为大地生人所必需者，其利益乃不可计算也。

西人之游历者，谓中国煤矿之富，地球万国无与比伦，湖南、山西，一省之煤，均可敌英国一国。英国煤利之富，每岁三万万金，以我偏隅，当彼全国，中国之富，讵可限量？惜乎觅矿之法不精，采煤之法又拙，道途险远，转运艰难，以致奇宝瓖材，永弃于地，窖藏金玉而日叹饥寒，中国之贫，天所赋耶？抑人谋之不尽臧也。

诚使雇募工师，修筑铁路，仿开平之法，参用中西，如京西南房山地方，比邻晋省，煤产之富，煤质之佳，均中外所艳羡，只须将津卢铁路展长一段，既备轮车之用，复开大利之源，然后逐渐拓充，将山西合省之煤悉行开采，此一事也。鄂省创开铁政，用煤日多，湘中悬隔洞庭，风潮稽阻，民舟往来不便，须以轮舶拖驶，转运始灵，亦宜遣矿师，按塙寻求，遍开美利，此又一事也。然特举煤矿最多之省言之也。

此外各省，何省无矿？何矿无煤？能筹转运之方，即有非常之利，惟在上下一心，官民合力，以辟此不竭之源耳。

英国煤矿章程最为美善，其防火、防病、防压、防闭、防水、防争诸法，皆各国所师。每一大煤矿，工人万数，搬移运载又数千人，不设立督理之官，严定防维之法，何以保全民命，隐杜祸萌？而国家税课之征，即于是乎出，虽廿分取一，已大益于度支。至于赡养穷民，尤以数百万计。居今日而言，生财之道，惟求之于人，度之于地，幸勿因循苟且，诿之于天，则庶乎其可矣。

石油石盐说

石油即煤油，西人谓之柏油，出于泥煤之内，美俄两国出产最多，状如浑浊之泉，与油不类，而内含硫碱，便于燃灯。美人取之复加提炼，盛以洋铁之匣，护以松木之箱，万舶千艘，行销海外。华人贪其价廉，争相购买，每岁入口千余万金。俄国煤油矿在黑海之东岸，质稍清洁，磺质尤多，俄人以铁管引之，盛以巨舶，运销各国，不用箱匣，故取值更廉，颇夺美洲之利。贩俄油者，多系德人。此近年各口所以广设洋油池栈也。俄美两国之油销入中国，不胫而走，各埠风行，遂于洋药、洋布之外，多一无穷之罅漏，民贫矣，国困矣，何以堪之！

中国台湾向出煤油之井，今则以川滇为最多，闻金沙江两岸，流泉滴沥，半系煤油，华人不知取用。四川盐井，熬盐所用之火井，即油井也。中国自有煤油，不知开采，而甘以白金二千万，岁畀诸异国之人，可谓智乎？

诚宜考求物产，纠集公司，测验何处油矿最多最佳，即行开采，此等油矿沸涌如泉，只有工资，并无成本。美油制造箱匣需洋一元，余则舟车转运之费而已。俄油载以巨舟，所费益寡，然自黑海运至中国，计程六万里而遥，彼均可以廉价要我重利。中国自有油矿，工资既廉，运脚又省，油价之贱，更当何如！此不可不急行设法，以塞漏卮而收权利者也。

抑犹有说者，俄美之油运售各国，销场盖寡，惟中国独多，岂各国皆自有煤油之矿哉？法国向用洋蜡，不喜煤油，自余英、德、奥、意诸邦以及俄、美本国，皆屏煤油不用，代以煤气、电气之灯，运油之舟，售油之肆，均设厉禁，不许多储，因煤油内含硫磺，易肇回禄，害多利少，人皆恶之也。煤气电灯，价较煤油更廉，且可永无火患。俄美出油之地，自犹不用，而独以恶物蠹我中华，有是理乎？此时骤禁不用，则俄美必有闲言，且价较他油便宜一半，民间习用，何能强以所难？惟有广行煤电之灯，乃能暗减煤油之害，此又釜底抽薪之法，各国行之而效者，不可不急思补救者也。

至盐井一业，川人已辟利源，只须保护维持，代筹转运流通之法，则天地自然之利，仍能日出不穷。课税所关，良非细故，闻川省改行官运，财匮民贫，不急思所以整顿之，恐此项利源亦将阏塞，则铁道火车之议不可更迟矣。盐井之旁，必有火井，火井即油井，古所谓石油者也。盐井即古所谓石盐者也。阴阳变化，利益民生，上天爱人，至于此极。西人于二者皆称为矿，因其相类，故并论之如此。

披沙拣金说

中国采金，托始黄帝，通地球万国，无如中国之古者，合地球万国金矿计之，亦无如中国之多者。故太古黄金，动以镒计，或以斤计。自象教入中国，布施塑象之金箔，糜费如恒河沙，皆灰灭烟消，不堪复用，而中国地上之黄金尽矣。

然地下之黄金故在也。计金矿最多之地，如山东、奉天、吉林、黑龙江、蒙古、阿尔泰山、新疆南北路、青海、西藏、四川、云南各省部，皆经中外详探博访，灼见真知，而漠河及阿尔泰山，西人所称为东西金山者也。西藏一隅，产金最旺，西人名曰金穴。俄英两国，南窥北伺，皆思捷足先登，而中国方掩聪塞明，不以为意。漠河甫经开采，每人每日可得坯金六元，因办理非人，营私舞弊，大利所在，又将废于半途。自余各省金矿金沙，比比皆是，徒以官民隔膜，封禁綦严，税课太苛，无人顾问，天珍地宝，终听沈埋，强敌生心，司农仰屋，吁可慨也。尤虑者，各国通用之钱，一切以金为准，中国自有黄金，不以铸币，每年出口金砖金叶，值银三千万两之多，国宝外流，真元内斫，奇赢贵贱，惟人所操，深患隐忧，未知何底矣。

宜通行天下，听民自开，所得之金，官以平价采买，而薄收其税，其金汇解藩司，铸钱行用。东西金山、西藏、四川、云南各处，则宜专派清正大员，督开金矿，参酌中外，明定章程，延订矿师，讲求地学。部定金钱式样，轻重与英镑同。自购机轮，与银钱一律开铸。十年之后，金矿全开，万万金钱，通行天下，乃可以藏富于国，藏富于民。盖今日之金叶金砖，虽有定价，犹之货也，非富人不能藏庋，时价略贵，则出而求售，西人因得低昂其间。广为收买，铸成钱币，则作工食力之辈，人可收藏一二文，中国之黄金始不致全流外国，而日后无穷之隐患，亦得以逐渐消弭。即如国债一端，金镑之低昂，为他日绝大关系，必采金自铸，则太阿之柄始不致永授他人。其补救于深微隐暗之中者，实非语言所罄也。

黄金之外，复有白金，较黄金贵至五倍，即古之所谓镠耳。西人考全地球中，惟俄美两国金矿有之，皆为结成之纯质，化学提炼，加热至五百度，则金石皆流，惟白金须加热至七百五十度，始成流质。故化学之釜，必以白金为之。近日电灯广行，灯头引电之丝，非白金不能受电火之销铄，需用日广，出产甚稀，价值所由日贵也。台湾金矿内有黑砂，熔之不流，击之不碎，华人以为弃物，倾置海中，西人取而验之，则白金是已。夫白金既为纯质，结成于金矿之中，则他省金矿情形与台湾相类者亦必不少，且精镠之名，流传邃古，古人固已知之，且取而用之矣。亦宜设立专门，考求矿产，毋使非常美质浪掷东流，为海外远人所窃笑也。

就银铸钱说

今日中国之银，何为而贱也？曰：以银多故。中国之银，何为而多也？曰：欧亚各国岁以银二千万两运入中国也。今日中国之金，何为而贵也？曰：以金少故。中国之金，何为而少也？曰：欧亚各国以银易金，运归其本国铸钱也。盖各国贸易通行，铸金为镑，淘金采金者不得私卖，均聚而售之于国家。其国家鼓铸有所不足，则由各银行收买他国金条、金叶、金砖之类以补之。美国、墨西哥所铸银钱，均运售于中国，岁约三千万元，所谓鹰洋是已。刻因金镑太昂，铸洋无利，而彼银产甚旺，不能不销，乃铸成百磅之银条，运入各口。

夫各国五金之矿，不能如中国之全，今既以金镑为衡，其本国金产无多，不得不买金以补铸，理固然也。美国、墨西哥银矿，开于有明嘉靖之时，产银之丰，天下第一，而用银之地，中国与印度为多，或银或洋，易我黄金，出入之间，隐操轻重，亦势所必然也。第今日中国，非无银之患、银少之患，有银而不铸钱，民不便用之患，且不自铸金钱以与银钱轻重相权之患。故当今日而铸金钱，则必广开金矿，总纳于官，而不许有抑勒偷漏之弊也。当今日而铸银钱，则宜就银铸钱，官商通计不足，则购之于银行，此入口之二千万两，先入之国家铸局，不用始售之于中国银号也。

夫中国之银矿，非不可开也。以目下情形论之，则中国之银矿，视他矿为独稀，而中国取银之法，又视他国为独拙，恐所得不偿所失，且必不敷铸钱，当银贱金贵之时，非策之上者也。盖银矿一也，有纯银矿，有夹铜银矿，即四川、云南所出雍乾以前铸钱之品，化分最难者也。有夹铅银矿，今贵州所出，铅多银少，不敌所费，只可舍银而取铅者也。此外，夹锡、夹锌、夹磺、夹汞、夹铁、夹锑等类银矿含银多寡，取银难易，皆有精理，偶或疏失，资本全空。盖中国所能采者，纯银之矿耳。然中国纯银之矿，今天下所已知者甚少，固远不如金矿之多也。

夫大地一矿藏也，中外古今一钱市也，如贸贸然开矿，昧昧然铸钱，而不能熟审东西货币之源流、中外矿金之利弊，得一矿则震而惊之曰：银也！银也！持以与墨西哥、美国较，不止如涓流之于河海、土壤之于泰山耳。铸钱之事权轻重而已，今日中国之铜钱，轻之极矣，然而不能废也。莫妙于以重权之，俾轻重之间，两相调剂，而后重不终重，轻不终轻，重者可轻，轻者可重。非深识五洲万国之情实者，不足以均中外之势，持天下之平也。圜法变通之故详见下篇。

开矿禁铜说

圜法之行，必有禁令，此中外古今之通义也。盖时势迁变，贵贱低昂，国之强弱关焉，政之兴衰系焉，民之贫富，治乱由之，其发端也甚微，其积重也难返，其究也，遂将一成而不可变。禁之者，防之也，所以防其微也。又持之也，所以持其变也。故用金则金有禁，用银则银有禁，用铜则铜有禁，三品俱用则三品俱禁。非厉民也，愚贱无知，有何远识？过而不觉，习焉若忘，久则上下四旁交受其弊。故钱法必有禁令者，所以持天下之平也。

中国用铜，请以铜论。乾嘉以前，滇矿极盛，而铜禁旋弛，始也富贵人用之，继也贫贱人效之，而铜器遂遍天下矣。道咸以后，用铜日多，而矿产渐竭，始也购铜以制器，继也毁钱以得铜，而私销私铸者又遍天下矣，未已也。云南之铜矿，西人名曰铜银矿，铜六而银四，相连极紧，熔之不脱，锤之不开，如天生地成，经百炼而依然莹白，惟以湿法分之，银与铜始离而为二。此其理，华人不知也，西人之精化学者知之，东洋中国人之学西法者知之。彼以洋一元，易中国铜钱千文，计六斤四两，合重一百两，提出铅二成，泥沙杂质一成，净存七十两，按银四铜六计之，可得净银廿八两，所余铜四十二两，铅廿两，仍可按时价出售也。合天下万国贸易校之，安有坐收五十倍之利如销化铜钱者？彼工于牟利者也。有如此非常大利，而欲禁钱之不毁，禁人之不贪，虽黄金满前，白刃在后，不可得已。所谓积重难返、一成而不可变者也。不有以讲明切究，变通而补救之，恐再阅二十载，中国之铜钱尽矣。

变通补救之法奈何？曰：广开铜矿，严申铜禁，合三品以兼权。今日滇铜矿苗将竭，新开各矿铜少砂多，而必欲责之于滇，是何异刻舟求剑也？闻四川会理州各属，毗连滇省，广有银铜之矿，督办唐炯乃暗遣商人展转采买，以供京运，是何异掩耳盗铃也？湖南、江西两省，银铜之矿遍于地中，间有石裂山崩，铜矿涌出，土人因而挖取，地方官闻之，诧为奇祸，立即派兵驱逐巡守，借口有明矿税，封禁綦严，是何异因噎废食也？去此三蔽，而移唐炯于四川，另简贤员督办江西、湖南铜矿，则大利开矣。

外人购钱销钱，必有奸商为之主，而奸商所萃，必以铜铺为之媒。今宜严饬地方官，限期一月，铜铺一律闭歇，铜器一律缴官，民间旧有之铜器，限期三月，亦一律缴官，官按时价收买，以供鼓铸，官民不用铜器，无所妨也。铜铺之人，收入钱局，以供执事，然后严挟铜之禁，清出口之源，则奸谋塞矣。

旧有之钱，不必论矣。此后所开之矿，自应用西法提出，纹银别供鼓铸，而以净铜铸钱，轻重以八分为率，中无可欲，外有所慑，不再销矣。然后用未分之银铜矿，以机器铸当五当十之钱，外有边，中无孔，龙文国号，大小如两角、五角之银钱，当五当十，准此折算。所铸银钱，大小、轻重、式样、花纹均依鄂粤之式，每枚定价，制钱一千文当五银；铜钱二百文当十银；铜钱一百文，其五角、二角、一角、五分之银钱，准此折算。所铸金钱，大小轻重略仿英镑，而花纹式样如银钱，每一金钱值银钱十枚、制钱十千，银钱自五角以下，银铜钱自当十以下，准此折算。轻重相制，上下通行，廓然大公，整齐画一，不逐洋盘为长落，不随市价为转移，三品兼权，我行我法，则邦本固矣。

夫中国百产蕃昌，五行具备，无须仰给外人也。自通商以来，彼专以金镑炫我，出其余货，易我黄金，致中国黄金贵至三倍，而金荒矣。以银易钱，展转贩鬻，制钱日少，钱价日贵，而钱荒矣。金荒之弊国受之，钱荒之弊民受之。惟纹银较前稍多，然不铸银钱，行使不便，价值高下，成色参差，民受其愚，国承其弊，所最便者，蠹吏奸胥之侵渔盘剥耳。三十年前，隐患虽深，祸端未见也。至今日而上下困穷，四海嗷嗷然患寡患贫，交受其病，或迂拘固执，侈谈周孔之书，或震慑张皇，竞进富强之术。而寻源探本，则圜法之弊，一言蔽之矣；对证用药，

则整顿圜法之弊，一方括之矣。起弱扶羸，批郤导窾，圣人复起，不易
斯言也。

大兴铁政说

西人之言天文者详矣。天学之不足，辅以地学；地学之不足，明以
化学；化学之不足，考以光学；光学之不足，证以重学；重学之不足，
通以电学。其言曰，日为纯火，所谓众阳之宗也。随日之行星，凡一百
二十有九，皆日中爆出之微点耳。其间金、木、水、火、土五星及地
球，天王、海王二星，凡八星为最大。水星最近日，而火星次之，金星
次之，地球又次之，木星、土星、天王、海王又次之。水星、火星小于
地球，金星之大与地球略等，而质体皆甚重。木星、土星、天王、海
王，皆较地球大至数倍、十数倍，而质体转轻于地球。此以重学参验而
得之者。惟日体较地球大至三百万倍，究为何质，莫可名言。后以光学
验之，日体之光色热度，与煅红之锰铁等，以他物拟之，皆不类也。因
知太阳真火，焚烧铁精，流汁飞旋，溅为分体，此百二十九行星之所由
来也。分体之后，仍为日之电力所摄，旋转天空，星之铁质多者，体重
而距日近，星之铁质少者，体轻而距日远。各星与地球，又自有电力互
相抵制，故能各成轨道，绕日而旋，不致摄入日中，以供烧料。电力
者，两铁相磨则生吸铁力，即电气是也。

至于月者，又地球之分体，距地仅七百万里。西人窥以远镜，月中
有火山三，喷吐不息，所含硫①磺铁汁甚多，故以附庸地球，长存万
古，缘距地太近，故电力益劲，而朝潮夕汐生焉。火星、金星各有一
月，木星则有四月。土星光环之外，另有八月，不为奇也。

西人既知日月五星地球皆为铁质，而以地学、化学、植物诸学，遍
考地球上下动植飞潜山海土石水火之质，几无一物不具有铁质，秉有铁
性，含有铁精，而铁之效用于人，万类千名，未能悉罄，乃至人与万
物，凡有血气者，中必含铁，血气不足，亦惟铁能补之。可知体用同
源，刚柔一贯。我明其理，彼识其名，昔丽于虚，今征诸实矣。故西人
以为今日制器，所有草木诸物，质体不坚，时需更制，他日生齿蕃庶，
需用日繁，地面所生，必将不给，惟地球既为铁质，凡宫室器用、生人
必需之物，必皆将以铁为之，而后可以坚固长存，与天地同其悠久。而
地上地下，无处无铁，无质非铁，亦足以供之矣。西土之言，虽多亿

---

① "硫"，原作"琉"，误，校改。

度，而近日工商竞利，机器盛行，铸炮至数十万斤，修路至数百万里，铁阑绕室，十层之楼阁高接云霄；铁甲镶船，万丈之风潮安如衽席。此外铁箱、铁篚、铁椅、铁床，盈天地之间，几触目而无非铁器。铁之为用亦大矣哉！

今中国铁矿之富甲于五洲，而采取未多，熔铸又拙，惟湖北铁政一局，规模宏远，人顾玩而忽之，偶有所需，事事求之外国，天下安有事事求人者而可以自立乎哉？言矿政者，当憬然悟矣。

广采群金说

泰西地学家，考金类之脉，皆热变所成。有因地震地动，地心之真火上腾而变者；有因火山喷发，所喷之流汁经过地面而成者。故各种金脉，多在裂缝之中，分塽分层，较然可辨。惟大地震动，火山涌流，古险而今夷，古多而今少，形势迁变，处处不同。然细意察之，遗迹宛存，自有一定之土石，先辨土石，以验矿金，如象罔求珠，百不失一，此泰西矿学所以精于中国也。

地产之金，共有四十余种，罕见者二十余种，余皆恒见而恒用之者。论其用，以铜锡为最先；论其产，以铁为最富；论其结成之候，以黄金白金为最迟。太古之人，砺石为兵，以御毒蛇猛兽。有智者出，采用铜锡，铸成利器，遂以称雄地上垂二千年，所谓蚩尤作五兵，圣帝明王因而用之，弗能废也。黄帝首山采铜制为钱币，太公九府广铸泉刀，嗣后五铢三铢、布货荚钱之类，沿用至今。银钱、铁钱、锡钱、贝钱、卢卑、菊花、骑马、王面之属，通行海外，而其法皆自黄帝开之允矣。中国万邦之首复哉！黄帝百王之首，千秋万古无异词焉。

锡之为器，虽亚银铜，而利用宜民，雕文镂采，陈之几席，亦堪媲美敦槃。则锡矿宜开铅以入药，和之铸钱。今市中白铜皆参铅，质体柔而韧，涨缩随心，故枪炮之弹，皆有铜子、钢子、铁子之不同，而内必含铅，刚柔相济，始不致挤裂炮管，爆炸伤人。铅固生人之物，亦杀人之具也，且其性柔善入，矿内常含贵金，而银为最富，则铅矿宜开。自余西人之所称为金类者，则汞也，锌也，铋也，锑也，钴也，镍也，锰也，铝也，钙也，钟也，或为照相之神方，或备医宗之妙药，或为制器尚象生长植物之要需，必有专家，乃窥秘钥。而铝之用为最广，其物为最奇，此物取之土中，大地之土，几无处无铝，美国化学家创得之，其色白，其质轻，华人呼为洋白铜者是已。金类之质，一经养气，剥蚀消磨，除金银外，皆含毒性，如铜则有绿也，铁则有锈也，铅锡则有屑与皮也，惟铝金不受消磨，不含毒质，饮食之器，镀铝一层，则积久收藏，毫无流弊，醒酼肥腻，入口如新，西人食器羹匙，大小轻重无不镀者。并有人推广此意，以镀枪子炮弹，能令伤人，入肉之后，不致溃烂成疮，取出铅丸，长合如故。其运售中国之马口铁皮，亦皆镀铝，故铁锈甚稀也；虽赝作镀银，亦借以售其欺诈，而养人利物，实有莫大之功。

盖纯土之精作，甘以济世于五金，而外别擅全能，不可不知取用者也。至西人之所称非金类，为中国所知者，如磺也，硝也，砒也，雄黄也，朱砂也，石膏也，石灰也，硼砂也，石钟乳也。此外中国不知其名而确有大用者，尚数十品，皆杂于各矿之中，华人视若泥沙，一律弃掷，西人熟精格致，审其质，辨其性，尝其味，察其形，化而分之，提而炼之，取而裁之，配而合之。或用以入药，延年却病，卓著奇功，或制为滋培植物、长养动物之良方，遂能改变肥硗，增添种类。

每觅一新物，得一新法，必求其有利于物，有益于人，上养天地之和，下弥阴阳之憾，所谓朽腐化为神奇者也。虽未知与古圣王仰观俯察裁成辅相之心同异若何，大小若何，而尽屏虚无，归诸实用。较诸释氏末流之弊，致印度全国之人念佛谈空，积贫积弱，甘以身饲毒蛇猛兽而不辞者，其智愚贤不肖何如也！西藏遍地金矿，土番侫佛斋，僧昏然悍然，不肯开采，今又将为印度续矣。可胜叹哉！

炼石陶砖说

西人所著有《炼石编》，即今塞门德土是已。旅顺船坞于海壖筑一堤，用塞门德土建造，费至百余万金。福建之船政局，湖北之铁政局，南北洋各省制造诸局，凡房屋高大求其任重而持久者，非铁房即塞门德土也。

此土初至中国，每桶值二三金，今涨至六七金而未已。夫铁房梁柱，细巧坚实，非绝大机器不能为，华人出重资以购之，犹可言也，若塞门德土，乃软韧泥土和以石灰铁洛匀拌而成，历六万里之舟车运来中国，彼此高下其手，皆获大利，一堤一屋之费，动报销数万、数十万金，而犹日久因循，不知变计，他日水陆各炮台、工艺各局厂，中国将陆续添设，将使泰西无用之泥土，皆化成有用之金钱，恐不待台局告成，而中国之官民已困矣。然则炮台局厂遂可不设乎？不可也。国家不能不设防，民间不能不买货，设台局以固疆圉，制货物其钱犹在中国也。然则塞门德土遂能不用乎？不能也。此土较花刚石，坚密过之，宽广随心，天衣无缝，以筑堤岸，入水而愈坚，以修炮台，受弹而不裂，如山矼立，如铁铸成，盖天下之至坚而至久者，莫过于斯也。然则奈何？曰：自造之、自用之而已矣。

西人之至中国者，知大利所在，相率愚我，谓此土惟泰西所独而中国无之，继又谓开平煤矿之旁产有此土，惜其不多，他处皆未见也。黠哉西人！愚哉华人！彼妄言之，而我乃妄听之矣。《炼石编》谓此土为海底细泥，性软而韧，沧桑变易，浮而上升，每土三成，入以石灰七成，铁渣一成，拌之极匀，磨之极细，风吹日炙，不易干也。入水而杂质化分，未久即干结如石。煌煌六卷，精要只此数言，余皆作法耳。夫此海底软韧之泥，谓泰西有之而中国独无，其谁信之？东海扬尘，水变为陆，泰西之与中国同也。区区此土，天何靳于中国而独厚于泰西？可不问而知其伪矣。

德人甫入中华，思夺英法之利，而工程作法，向推比国为最精。宜延比、德二国熟精此事之人，于中国沿海沿江考察此土，何地有土，即设立炼石之厂，购集物料，用最新之法抟制而成，无论公私各项工程，先以自造之塞门德土为之，不足始购之于外国。仍派人入厂学习，广设分厂，以给其求。此为泰西至粗之工、至贱之物，而夺我至大之利，操我至要之权，允宜即日仿行，不可以须臾或缓者也。西人造砖之法，参以机器，至简至速，一厂能兼十厂之事，一人能作廿人之工，资本无多，效法最易。惟外国所造皆系红砖，华人喜用青砖，略参中法，以水济之，亦非难事。

刻有德人在沪纠集公司，自运新机来华试办，他日工商各业，百废具兴，阛阓云连，急须营建。旧日烧砖之法，工费而价必昂。日本近在东瀛，牟利之心，无孔不入，万一抟泥运甓，夺我利权，或东西两洋，各运新机以入中国，就地取土，开厂造砖，以我之矛陷我之盾，此后中国物物皆资于外，事事仰给于人，虽倾东海以为钱，铸泰山以为币，有皇皇然日忧其不给者。当兹万国大通，时局一变，不筹一因应咸宜之法，而刻舟胶柱，困我中原，圣贤宜民利用之心，固如是乎！

取土制磁说

印度以西诸国，称中国曰支那，支那者，磁器之谓也。盖织丝成帛，陶土为磁，盈天下万国，未有先于中国者。有明之中叶，高丽国王李氏恭顺，中朝悯其贫窭，赐以景镇磁工百二十人，国王安置于松山，取土造磁，亦称精美。倭帅平秀吉入犯平壤，全虏以归，于是日本之磁业大兴，而高丽之磁工竟绝。此项制磁工人，有播越而至吕宋者，西班牙人得其指授，遂传之于泰西，英法继兴，精工殊绝。制磁之土西人名之曰高岭土，欧洲各国有之，坚好不如中国，其莹洁略同。惟亚美利驾南北二洲，皆无此土，其理有不可解者。故美国磁器入口，岁值三千万金，其精者，购之于欧洲，粗者，购之于日本。中国磁器之佳美者，亦贵重无伦。美国总统宴我使臣，所用杯盘二百余品，皆各国佳磁，而华磁尤夥，谓中国乃磁器祖国，惜雨过天青之色业已失传，他国仿之，亦无佳者。知彼国考求之不遗余力矣。美公使之驻北京者，出万金购一康熙御窑之大鱼缸，以献其国君，虽精采殊常，而边阑已损，其不惜重价如此。

尝谓磁器之美者，必须日久太平，朝野丰富，人肯出价，工匠乃精益求精，故中国之磁，以嘉庆、道光两朝为最美。自洊经兵燹，工人星散，乱后虽经复业，而老者已死，少者失传，又无人提拨经营，出资襄助，年复一年，有日趋陋劣已耳。

英法诸国，机器盛行，其制磁仿自中朝，仍非手工不办，惟舂土、筛土、漂土之法参以机器，工省而事精。其调黝和色，琢磨绘画之功，亦精研化学，以故匀圆周正，百倍鲜明。盖制黝之方，即彼国烧造玻璃之所本也；西人刻意讲求，其效如此。而中国因循简陋，无意求工，每岁出洋之磁，虽值一百余万，大抵彩画粗笨，物贱价低，无关轻重。而英法瓷器精好，销流海疆，日本仿造西磁，物多价廉，且浸淫以入我内地。利权日失，物产日窭，国运之所由日衰，风俗人情之所由日敝也。

而有尚可挽回者，各国制磁之土，实逊中朝，故色虽白而无光，热过度而必裂，失手堕地，则虚空粉碎，无一瓦全。华磁不论精粗，皆无此弊。苟得人提倡，多集资本，参以新法，运以精心，工匠失传则求之于外国，物料未细则碾之以机轮，务协今古之宜，而极中西之美，则利源虽竭，尚可重开耳。夫以区区一坯之土，而美洲全境无之，欧洲日本有之而仍不如中国。较其开辟之迟早，知中国神灵首出，化机鼓荡，酝酿深醇，断非海外小邦所能久夺权利。而惜乎迂拘锢蔽，自窒生机，天赋虽优，而人事终多未善也。盖一言制磁，而他业之类于磁者何限？他事之类于制磁者又何限？海内有心人所为拊膺而叹矣。

西人禀性畏寒，衣服不分冬夏，每交朔令则四面围炉，然炉座烟通，殊欠美观。近出新意，外护磁屏，陶器之用，日以增广。中国苟能细意熨帖，开拓利源，自立公司，行销海外，则以我无穷之泥土，易彼无算之金钱，天下安有更便于是者？必执不言多寡、不言有无之说，恐川流海溢，上下困穷，虽有圣贤，亦苦治生之无路矣。刻江西奏准仿办西磁，然定力精思，仍在得人而理。况中国制磁之高岭土无省无之，必须广探矿苗，派人至镇学习工艺，自制磁器，即不能尽夺西人之利，而已可稍遏洋货之流。西国化学家考此土为火造化所成，近于热变石，贵重与矿金相等，故沿边沿海泥沙斥卤之中，断无此土，惟腹地诸省，峻岳名峦，灵气郁蟠，必能钟孕。是又在中邦人士，讲求物产，随地留心，阐发幽光，肇兴美利，以保我圣域神区亿万年之富庶者也。此事应归工艺，因土质珍贵，西人列之矿金，故以殿《矿书》之末。

卷三　工书

劝工强国说

今之因循守旧者，深闭固拒，动称圣人，诚不解圣人之对哀公其《劝百工》一章，何以列于九经之内也？子夏曰："百工居肆以成其事，君子学以致其道。"子曰："工欲善其事，必先利其器。君子之居是邦也，事其大夫之贤者，友其士之仁者。"孟子曰："大匠不为拙工改废绳墨，羿不为拙射变其彀率。"圣贤立言，谆谆以百工与士大夫相提并论。知古人艺进乎道，志凝于神。学者进德修业之心，与工师制器尚象之意，功分体用，义判精粗，本末稍殊，源流则一。此治国平天下之实功。故曰："劝百工则财用足也。"

《司马法》[①]、《孙子兵法》，亦恒以节制与械用并举，诰诚而丁宁之。荀卿子之言兵曰："械用不精，是以卒予敌也。"古圣王治军治国，其视百工之重如此。故古器流传至今，精坚浑朴，度越人寰。度所谓日省月试，既禀称事所为激扬而鼓舞之者，必有躬亲目验之方。而既禀所颁，略如俸糈，而决不如今日之夷诸贱隶，虽臧获，亦得而诃责之也。

老子曰："形而上者谓之道，形而下者谓之器。"庄子扬波助焰，遂欲裂冠毁冕，剖斗折衡，盖因周末文胜之余，激为此说。秦倡君权，以愚黔首，焚书坑儒而外，销锋铸镰，化作金人，畏天下作为坚甲利兵以与之敌也。度其时，百工亦归禁锢，故陈涉等皆徒手执梃，并起而亡秦，天下之无工可知矣。汉兴，复师黄老，以清净为废弛，《西京赋》

---

① "法"，原作无，增补。

所艳称："工用高曾之规矩。"夫工艺之事与学术同，不进则退，不良则楛，断无中立。度《周礼·冬官》一册、《大学·格致》一篇，亦亡于秦汉之时，经传语焉不详。有其理无其法，而天下工师陋劣，器用朽窳，迁延颓废，以至于今。遂将俯首降心，终为外人所制。推原祸本，则工政之不修，工艺之失传，工匠之不能自给，实阶之厉也。

泰西诸国，百年以前亦与中国等耳。自法国王泰理曼创立一例，遍国中有能创一新法、得一新理、制一新器，实有益于国计民生者，准其进呈，考验得实，则给以文据，奖以金牌，准其专利若干年，不许他人仿效。于是蔀屋穷檐之士，日思夜作，心摹手追，倚此为致富之媒、成名之券。一时才贤辈出，法国之工艺遂冠欧洲。英、美、德、奥诸国，慕而效之。法王拿波仑第一，以枭杰之资，倚其士卒选练，器械精良，遂以胜德挫俄，纵横一世。各国知其不敌，故于劝工一事，尽力整顿，而欧洲之工艺骤兴。其时，德国有铜工克虏伯者，战后因事至法，见沙场伏尸，累累百万，皆德人也，旋拾一旧法之火绳枪，泣然曰："法人枪械，精利无敌，而我以此等窳钝之器敌之，哀哉！血肉之躯，轻试弹雨枪林之惨，死者有知，应亦同声称屈矣。"奋然诣法，投效于炮厂主人。主人喜其敏慧，引以见拿波仑。拿波仑深加礼遇，命与厂主另出新意，制一后门入子之枪，百计精思，迄不能就。而拿波仑自俄败还后，为英所禽，流锢于三厄那海岛矣。法国内乱，浩然而归。感于转蓬，豁然大悟，屡作屡毁，十载始成。于是入以后膛，十子连珠叠发，管内加来福之线，远度多至两倍，击力增至八分。献之德君，德君狂喜，礼之为上宾，锡以宝星，予以文凭，荣以子爵，拨给巨帑，招工广制。命推此意以造炮，益摧山裂石，所向无复坚城。蓄锐十年，以与法战，德军百万，皆用此枪，法人国破王禽，赔费至华银十五万万两，一蹶几于不振。虽师武臣力，而取威定霸、胜败存亡之券，则操之于区区一铜工。呜呼，伟矣！

今中国人士迂论高谈，动欲以弓矢刀矛为制胜杀敌之具，独不思此时后膛来福炮，重至十数万斤，击力能至三四十里以外，目力尚未及见，而我军百万，尸山血海，已化虫沙；排枪远击三里，连发不已，弹珠如雨，死者如麻，短箭长矛，如何抵敌？持此论者，以他人性命逞我意气，恣我谈锋，其不仁亦甚矣。莫妙于执持其人，使之挟矢操刀，驱当前敌，则死而无怨，免致贻害他人。此实哀词，非快论也。

西人自有给凭专利之制，非止兵械精工而百废具兴，遂以富甲寰瀛，方行海外。于是轮舟、轮车、电灯、电报，种种新法生焉。虽古法无传，然举通国之人，才力聪明之所萃，或无心暗合，或与古为新，鬼斧神工，不可思议，而其原皆自给凭专利一法开之。所谓重赏之下，必有勇夫耳。今通商诸国，无一国无此例，每年呈献新法给予文凭者，每国以三四千人计。穷思极巧，未艾方兴。而中国独掩聪塞明，自安简陋。即枪炮、轮机、电线之类，不能不用，亦购之于泰西。安步徐行，坐受外人之盘剥。天下之财力几何，恐虽周孔持筹，管商握算，亦断无倖全之理矣。

然转移而补救之，固亦匪难也。无他，劝工而已矣。劝工之法奈何？仿各国给凭专利而已矣。祸重于邱山，福成于反掌，天下之大，岂曰无人？一富一贫，一强一弱，一兴一废，一存一亡，而皆以劝工一言为旋乾转坤之枢纽。当国者于此宜何去而何从焉？

艺成于学说

中国之工艺，何以不如泰西也？曰学不学之分耳。中国之购机器开制造者有年矣，何以终不若泰西也？亦学不学之分耳。泰西之学，何所仿哉？仿于近百年来创行新法之人。创法之人，又何所仿哉？仿于五六强国喜新尚异、争名逐利之心。然而天下之人不以为非，且孜孜然慕而效之者，何哉？以其有益于国也，有益于民也。效之者，有大益；不效之者，即有大损也。

盖艺也，而进乎道矣，故曰天也。一舟也，行止听乎风；一车也，迟速凭之马，五千年来未之有改耳。有华氏者，缘茗壶之气冲盖有声，始悟热之有力，推之以击石，推之以运煤，推之以起重，而火轮新法，实始萌芽。父作之，子述之，不惮十反，以求其利弊，而轮舟之制遂成。献之英君，锡以世爵。然仅一小轮信船，借以远通音问也。既而设学以教之，立厂以造之，而数十丈之巨舟，数千匹之马力，海天万里，绝迹飞行。继之以快舰巡船、雷艇铁甲，每一时行二百里，而轮舟之用始神。然而水道虽通，陆路仍虞梗阻也。复有人推广此意，创造轮车，嵌以钢条，垫以木板，车行其上，神速无伦，每一时行三百里。于是水陆联接，视万里如户庭，几几乎缩地之神方，补天之秘钥矣。复悟金铁相摩生电之法，机轮磨荡，阴电阳电，生生不已，如环之无端，而电报作焉。其始也，迅寄一音，仅以妨轮车之撞击耳。至今日而电线三匝，环绕全球。铁筒沈浸于海中，铜竿森立于地上，环地球十万里，通信不逾一时。推之于照夜之灯，则卓立云霄，光明如皎月；推之于传音之器，则悬隔山海，声息犹比邻。疑鬼疑神，胡天胡帝，而推原本始，则皆由茗壶热力之一事开之由。是以火蒸水，以水化气，以气行轮，以轮生电，驯至天下万事万物，皆入于机，皆出于机。

物之细也入毫芒，力之大也摧山岳。上关国计，下益民生，四海风行，五洲响应。此岂泰西之智士所能为乎？然则孰为之？天为之也。天假手于西人，以成兹地球一统万国会同之法物也。环球十万里，大小数百国，非轮舟铁路，何以捷往来？非电线德律风，何以通文报？或卉衣木食，或穴处巢居，或饮血茹毛，或洼尊土鼓，将使冠裳栋宇，大启文明，非以一人作十人百人之工，何以给生民之日用也？

今各国呈奇效瑞，萃我中华。而中国二千年来工师失传已久，因循简陋，不思变通，转使海外小邦以器物之精良出而傲我。习远而忘近，骛虚而失实，得精而遗粗，皆不学之过也。天将以器归中国而以道行泰西，同轨同文，开万国同伦之大化。所谓凡有血气莫不尊亲者，此其时矣。取彼良工，同我郅治，昭以文物，获其王侯。孰重孰轻，为得为失，何去何从，必有能辨之者。

算学天学说

古之人，七岁学书数。非书何以记言？非数何以记事？秦汉以后，工师失职，书学羼杂而数学散亡，至有学贯天人而不辨马牛之多寡者。虽《周髀》、《九章》之属，遗文佚简，流传至今，而剩义单词，阙然不备。屡朝太初大统之历，窥天步日，亦有专家，世之人以其义蕴精深，望洋兴叹，才秀者不欲学，而畴人子弟未必皆颖特之人，袭谬承讹，浸多差失。元初乃参用回回之历，太史令郭守敬以中法范围之。有明中叶以还，西洋人利玛窦等挟仪器东来，精于推测，岁差日食，不爽毫芒，朝议纷纭，迄未施用，我朝列圣，窥天鉴地，乃不分畛域，采而行之，至今钦天监正仍用西洋新法，稍有歧误，应时改定，无复差讹。

我圣祖仁皇帝学贯天人，御制《历象考成》、《数理精蕴》诸书，综括中西，权量今古，周详该备。海内向风，遂有王锡阐、梅文鼎、戴震、李善兰诸君，绝学经师，后先辉映，亦已极一时之盛矣。然而智者自智，愚者自愚，二千年来上下相承，视此为一家之学，谓历数深微，莫殚莫究，除颁朔授时而外，于民生国计无关也。而不知天下万事万物，何一不根于数？历算推步，特数学之一隅耳。自泰西各国通商，所有各色新器，各种新理，灵奇变化，疑于鬼神，揆厥本来，又何一不出于数？所谓范围天地而不过，曲成万物而不遗者，惟数学足以当之。

而中国学塾之中，既无传习，穷乡僻壤有毕生未见算书者，或有老师宿儒，鄙九数九章为经商贸易之事，至于勾股、开方、三角、八线、几何、代数之理，则尤瞠目结舌，诧为奇文。既已不能解之，则诋为无用，斥为玩物丧志，投诸水火已耳，甚矣！数学之失传而圣人之大用晦矣！今天下深通历算之士，竭毕生之心力博通中外而总括古今，析理虽精，不能致用，皤皤白首，精气销亡，其上者尚能闭户著书，或授徒自给，礼敬不周于里巷，姓名不上于朝廷。以极深之功、极苦之力、极难之事，而其成也终归于无用而已，何怪天下才俊之人灰心而短气哉？

夫数学者，初学之功而非耄学之事也，为众学之体又必兼通众学以施诸用也。故西人布算，专求简便，不欲用心于无用之地，以耗其神明。近日天文家，既知地动迎日之说，以推恒星日月五星各有行度，即各有伏留交会之时，万古疑团，一时尽破，由是合之于人事，验之于地产，征之于物理，真知实测，各新学由此而生，古圣玑衡功效，乃大著于天下。而各国官私学塾，习书之外，必兼习数，自有至浅至近之图样，至简至易之法门，俾垂髫舞象之年，皆知天地万物之公理，持筹握笔，布算无讹，然后就其资性之所近者，各授一学，如天文、地舆、化学、重学、光学之类，俾之致用，以成其材。夫书者，所以通天下之理也，体也；数者，所以周天下之事也，用也。而皆宜习之于童稚之年，而不宜累之于既冠成人之后也。

今中国之学，有体而无用，何怪泰西各国出其精坚巧捷之器，炫我以不识，傲我以不能，动辄以巨炮坚船虚声恫喝哉！总署同文馆及外间武备、方言各馆，自有泰西蒙学课程，诚宜翻译华文，由中国通才详加考定，必详必明，使童蒙俱解。然后著为令甲，下之各省学政，颁诸学官，无论经馆蒙师，各给一本，岁科二试，文艺之外，必试算学一条，否者不取，则不及三载，天下风行，海澨山陬，咸通理数。然后推之于乡试会试，必于文武工商各学之中，专通一学，兼综中外，洞悉本原，而复以给凭专利之章，激发其志气，期以十年，中国人才，不飙举云兴突过泰西各国者，吾不信也。

苟见卵而求时夜，见弹而求鸮炙，不揣其本而齐其末[1]，不原其始而要其终，恐再阅百年仍如今日，东西洋五六强国，将逞其利兵精舰，羁坚辔附，易路蹊田而夺牛矣。呜呼，可不惧哉！

化学重学说

天下自有化学，而万物之效用于人者，其功力始至广而至神。有动

物化学焉，凡人身五官百体、脏腑筋骸之用，非气不生，非血不成，非磷不行，非脑不灵，非电不神，所由两地参天，配三才而立极，下至走兽飞禽、游鳞潜介、蜎蠕蠕动之属，含生负气，具有知觉，或竟无知觉而仅能运动者，皆审其性，考其生，别其气，究其理，定其名，博识参稽，致诸实用，始知无用有用，朽腐化为神奇。所谓动物化学者，源流医学，导生人性命之源，以咸臻寿考者也。

有植物化学焉，天下之百草、百木、百果、百蔬、百谷、百花、百药以至水萍、苔藓、寄生菌耳之类，凡地面之所有者，皆辨其种类，剖其质体，审其性味，表其功能，知其何以生，何以长，何以养，何以蕃。其效用于人者，孰短孰长，孰巨孰细，孰利孰害，孰宜孰不宜，温带、寒带、热带之殊方，在水、在山、在陆之异地。所谓植物化学者，综于医学、农学，切生人日用饮食起居之事，为古昔山虞泽虞之所掌者也。

有地产化学焉，凡水火之功用，雨露、雷电、冰霜、雾霰之所由来，地中所蕴沙石、煤土、金、银、铜、铁、锡、铅、镠、汞、铋、锑、铝、镍、钟、钙、硫黄、石膏、石灰、硼砂、砒霜、雄黄、朱砂、云母、钟乳，金类非金类各质，以及金刚、钻石、碧犀、翠玉、白玉、水晶、玛瑙、红蓝白绿紫黑各色宝石，无不识其矿，析其质，化其气，别其物，究其形，殊其称，异其用。所谓物产化学者，兼切于医学、农学、工学、商学，实则中国上古廿人之学而益加精备者也。

盖自有化学，而天地万物乃无遗性、无逸味、无隐情、无遁形矣。然而致用于人者，其得失仍参半也。何以言之？水所以载舟亦所以覆舟，火所以燔物亦所以毁物，不有以权衡而节制之，利未见而害已成矣。况今日铁路、轮舟、电线、火器之制，力摧山岳而重拟邱陵，非惟人力断不能胜，即龙象马牛亦艰转运。于是乎有重学焉。有静重学，有动重学。即以水之静重言之，压水之铁柜，起重至百万斤；浮海之铁船，载重至二万吨。以水之动重言之，推水碓风磨之意，借瀑以运机轮，广柳条龙尾之车，引泉以登楼阁。至于蒸水作汽，即以气运机，细极于钟表刀针，大至于桥梁炮垒，或以借力，或以传力，或以压力，或以托力，或以涨力，或以缩力，或以牵引之力，或以磨擦之力，必使所出之力与所需之力，所施之力与所受之力，轻重咸相等，而后坚固持久，永无倾欹缺折伤人失事之虞。此重学所以可贵也。

泰西工艺之精，根之于化学，及其成也，裁之于重学。其铢铢而校，寸寸而度，出门合辙，不爽毫厘，推行而尽利也，又要之于算学。中国不明理数，非惟制造无其法，即经理亦无其人，乃商局轮船通行卅载，管轮驾驶仍用洋人，西学源流并无秘密，得人指授，何有神奇？岂华人学之而不能哉！亦能之而不学耳，故一言工艺而叹。西国之因事设学，以教民而养民者，其意美，其法良，深合于古圣王劝工之大典也。

光学电学说

光学兴，而天下无难显之情；电学兴，而天下有难通之理。泰西之学，阐原于数而成艺于工。其弊也，常泥于实。惟实也，始可以救老氏之虚静、释氏之空无，补谈心说性之偏，成爱物仁民之用。自有光学，而天下万物之大莫能载、小莫能破者，举无所遁其形神，而虚者皆实矣。自有电学，而天下万事之目不能见、耳不能闻者，别有难名之造化，而实者皆虚矣。此天之所以为天也、圣之所以为圣也。大哉孔子！《中庸》一书，其前知之矣。

请言光学。西人之光学，出于玻璃。而玻璃之始作也，出于磁器之黝黝之质，即玻璃之质耳。西人既造玻璃，遂明折光之理而作近视老花之眼镜，因其光之凹凸而殊。万历时，随鼻烟以入中国，此西法之最古者，今已无人不用矣。嗣又明回光之理而远镜作焉，即今千里镜是也。远镜之大者，二丈有余，遂可窥见月中之火山、火星之云气、土星之光环。火星、金星各有一月，木星四月，土星八月，诸星距日之远近，质体之大小轻重不同，故各成轨道，同绕日轮。日亦自有轨道，七十余年而行一度，是生岁差。西人以远镜窥之，确知其所以然之故，而后千秋疑窦，一旦豁然，乃至山高海深，悬隔百十里之遥，宛如觌面，而天学、光学、重学之事成矣。嗣阐凸镜折光之理，而作显微镜。其至精者，视原物大至五千倍，尘埃野马大若车轮，遂能察水中血中之微虫、人身脏腑筋络之细管，天下动植飞潜之物，五行百产之精，离娄象罔所不能穷者，而尽人能见之。始知万物始生，皆起于至微之质点，无论何物，皆此微点攒簇而成，而医学、矿学、化学之用显矣。复阐凹镜折光之理，而作照相镜。于是天地有形有质之物，近而人身，远而星斗，大而山岳，细而微尘，数百十里之遥，鸟兽虫鱼草木人物之类，均可摄入一纸，真情实境，不爽毫芒。近更以电学参之，镜藏袖中，摄影揣形，不逾一瞬，纳须弥于芥子，雕棘刺[①]以狝猴，而地学及植物动物各学之

---

① "刺"，原作"刾"，误，校改。

全体具矣。盖自有光学，而天地有形之物，无论高庳远近、短长大小，了如指掌，遂以补生人目力之穷。种种奇器巧思，权舆于是。此工学之根原，所以范围天下之实物也。

西人之入中国者，见磁石引针，悟同类有相感之理。又在澳门因琥珀拾芥，知电气之所由生。嗣以醋与硫磺化合而生湿电，二物相击、金铁相摩而生干电。有阴电，有阳电，二电各有其极。电气之所到，万物不能阻之。五金之属，引电尤速，惟磁器、玻璃、丝棉可以隔电。于是就金铁引电、磁器隔电之意，而电报生焉。所用皆湿电，故电线用铜丝或铁丝，托线之瓶必以磁罐，而此感彼应，万里如比邻矣。因阴电阳电各有其极之意，而电灯作焉。所用皆干电，蒸水化汽以运机轮，铜片铁片两相磨荡，机轮转动之速率，每分钟时九百周，使所生之阴阳二电，欲即而离，间不容发，而因热生光，一灯抵万烛矣。复以耳之能听，因气感内膜凹凸而成，故声之入耳，自有迟速，乃作德律风、留声器。英、美隔海相距三万里，听乐人之曲调，抑扬抗坠，犹在一堂。留声器，则其音闭置数十年，开管聆之，如亲謦欬。近更以电放鱼雷矣，以电行火车矣，以电运机器矣。西人谓各学之成，均有涯涘，惟电之效用于人，今甫得亿万万分之一，而其力之广大，已不可名言。

夫凡人托体于地，受命于天，取精于日。日之光热，性与电同，是一是二，莫能分辨。以电与日之相关者言之，发电报时如天气晴明，则环地球一周不逾晷刻；或值阴雨，间有迟延，知日光之能助电力也。天文家详考日体，十二年必有黑斑，其冬必大雪，次岁必大熟。而各电学师所藏收电蓄电之器，湿电必霉烂，干电必散亡，知电力之专倚日光也。以指南针考之，所指南方终差一线，若近二极则盘针不定，不能再辨方隅，知南北二极即电极也。赤道浑圆，地球绕日而转，每日自转一度，而电气随之，若电过盘针，其针亦累时不定，知电亦有东西二极也。因思地球绕日，即为日中之电力所摄而行，月绕地球，众行星绕日，均为电力所持，而地球①与众行星又各自有电力以相抵制，故亿万星辰自成轨道，永无参差凌犯之虞。一人之身体中之电力，必与外电之轻重多寡相等，起居行动始得自由，稍有偏枯，即成病恙。推之万物，亦莫不然。

比来欧美各国老师宿儒，皆归宗于电学。出各学最精之器，罄各家

---

① 底本、参照本均无"球"，编者校补。

独得之奇，立学堂，开学会，刊学报，专考电与天地人物相关之理，思以卢牟六合，陶铸万伦，俾覆载生成，永无遗憾。与三古圣人参赞位育之道，遥遥旷世，息息相通。盖亦西人炼气归神、由博返约之一候矣。他日千力万气，求而得之，始恍然于中国圣人固已先我而知之、先我而言之也。万国来同，万灵归命，君师合一，此其时矣。

夫光学者，工师之所由入圣而超凡也；电学者，工艺之所以登峰而造极也。而揆厥源流，皆出于中国。断断然曰此西法也，此西人也，屏之弃之，惟恐不速，而独于眼镜鼻烟最古之西法，转心然喜之，淡焉忘之。以二物相衡，则眼镜有用者也，鼻烟无用而有用者也。西法之有用者何限？而深恶痛绝，若将浼焉，与古圣贤之则天象地、察迩言而师万物者，其度量之相越，岂不远哉？天将通之，人欲塞之；天将合之，人乃离之；天将福之，人自祸之；天将益之，人或损之。知新法之导源于古，知西法之归极于中，当亦可以废然返矣。

攻金之工说

乡曲细人，见泰西之机器，纤者入毫发，大者若邱山；缅铁成梁，任重及千万斤以上；揉铜作线，通电至百万里而遥；钢甲为墙，金船渡海；百吨巨炮，地裂山崩；十仞高楼，花雕月镂。入织布纺纱各厂，则九天之上、九地之下，神工鬼斧，变动灵奇，几疑偃师幻人别有换日偷天之秘术矣。效其法而不能，求其故而不得，则概以奇技淫巧讥之、斥之，而不知此皆古人所谓攻金之工耳。其用力少而见功多者，借水火二气之力耳。

夫奇淫之辨，辨之于物之有益无益，与用心之仁与不仁而已矣。西人验之天文，征诸地学，因地面陨星皆为铁质，试测日轮光热，与熔化之锰铁相同。大地浑圆，实日中爆出之分体；地心奇热，所然烧者皆铁精也。谓生人日用所需，他日皆将用铁，而铁之质性可熔为象，可铸为刀，可抽为丝，可轧为片，淬水则刚，退火则柔，入药为补血之方，制炮即伤人之具，其用至广而至神。此攻铁之工，一也。

白金出产至少，而化学必需。电灯广行，金丝尤贵，黄金性柔而质韧，不为养气侵蚀，坚贞耐久，宜于铸钱，然炼丝可抽千万丈之长，制器可历千百年之久，锤之成箔，每厚一寸，可薄至百万分之一分。万国通商，是为奇宝。此攻金之工，二也。

银不受蚀，与黄金同，惟质性过柔，必参之以铜始能锤炼。万历间，美国、墨西哥始开银矿，多如恒河沙数，取之不穷，举世之纹银遂贱，故于铸钱之外兼以制器，盘匜尊簋，厚薄随心，他日用之，将与铜等。此攻银之工，三也。

自黄帝采铜首山，铸为钱币，蚩尤五兵之制，易石而铜，迄今五千余年，刀改而钱不改，通商日久，笨重不灵，制器则养气所侵，易生铜绿，内含毒性，日久伤人。故欧西虽亦铸钱，仅行本国，若制饮食诸器，必以锡或铝、金镀之，使洁白如银，以免绿气化分之害，或以制粗重之物，与铁同功。中国之人，知其利而未知其弊。于铸钱铸器二事，皆须参用他金，始能子母相权，变通尽利，未可拘泥古制，自窒生机。此攻铜之工，四也。

至西人化学家所考求之金类、非金类两种，名目繁多：金类惟铝、汞、锡、铅为用最广；非金类则硫磺、石英、石灰、石膏、砒霜之类，或熔造玻璃，或范成偶像，或炼为坚石，或制作刀圭，各有专门，均收大利，切于民用，为数綦多。西人谓金石二宗是二实一，因金孕于石，石必含金，未可截然分界也。此攻杂金之工，五也。

西人考金刚钻石为最古煤层之坚木所成，烧而化之，均为炭质，中含五色，莹净光明，其坚为天下第一，故磨琢最难，工费最巨，而获利亦最丰。各国均设有专工，立有巨厂，大者以为宝饰，价值连城；小者可划玻璃，可钻瓷玉，可磨作显微镜，因其折光力大，且无晕差耳。此物中国西南各省均有之，因识者无人，弃同瓦砾。苟有专工采制，大利何可限量？此攻钻石之工，六也。

白玉、翠玉、碧霞琉、玛瑙、水晶及五色宝石之类，产于和阗、西藏、川、滇各省，循昆仑之四面皆有之。中国虽有玉工，然地学不精，搜采未广，人工所制，磨琢仍粗，大谷深山，古多封禁，地不爱宝，人顾私之，滇南宝井一区，复不察而畀诸异国。他日光辉积久，风气大开，宝气神光，腾天照海，中国究心工作，大利乃在掌中矣。此攻宝石之工，七也。

欧西古时，埃及、罗马等国多以花刚石制成梁柱，所刻字迹如古时虫鸟之文，至今三四千年，尚有巍然独存者，知太古良工传于中国也。以作桥梁、墙壁、街道等用，缜密坚牢。又有所称合子石者，入水益坚，历年久远。至于砺石、砚石、泥石、沙石、云石、纹石、桃花石、大理石、磨石、碑石、像石、浮石之属，亦复因宜施用，各有专工。铁路既通，便于转运，出我土石，易彼金银，使百万流民均有恒业，下全民命，上合天心。此攻石之工，八也。

以上八端，发凡起例，此外之可以考求物产、开辟利源，益民生而裨国计者，殆难悉数。

自后儒兢兢以言利为戒，阏塞耳目，付之不见不闻。夫财利之有无，实系斯人之生命，虽有神圣不能徒手而救饿夫。惟人竞利则争，争则乱。义也者，所以剂天下之平也。非既有义焉，而天下遂可以无利也，其别公私而已矣。利而私之于一身，则小人之无忌惮矣；利而公之于天下，则君子之中庸矣。此上天赏罚之权，斯世斯民生死之关，而人禽之界也。吾虑天下之口不言利者，其好利有甚于人也，且别有罔利之方，而举世所不及觉也。若然，则祸淫降殃之训，正为斯人矣。借曰不然，亦杨朱为我之心，佛氏舍身之说，乡党自好者之所为，而决不足以语于古圣人修己、亲亲、仁民、爱物之大道也。古圣人盖日日言利，以公诸天下之人，而决不避言利之名，使天下有一夫稍失其利也。世无孔子，存其说以俟后之圣人。

攻木之工说

自轩辕氏鉴飞蓬以作车，刳木为舟，剡木为楫，而舟车之利遂遍天下。天下于是有攻木之工，大者为栋梁，小者为栏楯，几席以听政，棺椁以饰终，生人日用之资，皆于木乎是赖。孟子曰："梓匠轮舆，能与人规矩，不能使人巧。"如世所传之木牛，能运木鸢，能飞棘刺狝猴云端，梦燎亦几几人巧极而天工错矣。而其巧之百出而不穷，百思而不到，百变而不离其宗者，则莫妙于轮。西人窃我绪余而益加精巧，至于今日，水则轮舟也，陆则轮车也，大而枪炮，小而刀针，巨而室庐，细而钟表，以至有形有名之物，生光生力之原，磨电引电之器，无一不出于轮机。故谓西人工艺之精，其源必出于中国者，此也。

特西人刻意考求，进而益上，一器一名一物，必深究其长短精粗利弊之所由然。所乘马车精坚巧捷，隐与《三礼图》所绘古人车制相同，毂有曲衡，不损衢路。而今中国北方所乘，皆属衣车，古妇人女子之车也。南方单轮之车，古谓之手车，亦曰人力车与舆轿。逾岭皆蛮夷，中道路崎岖，所用决非三古遗规。近日西人创行轮车，一车可牵三十车，每车六轮，容三十人，日行二千余里，规模宏敞，捷速如神，彼此相衡，瞠乎其后。此车制之应变通者，一也。

自虞政不修，坚木日少，船制笨重，脆弱不任风涛，洋船尖利如梭，力能破浪，中国仍用方头之式，运掉不灵，逆流则倚风帆，顺水则凭篙橹，稍有触撞，立付波臣。而西人大小轮舟，江河络绎，制以楷木，运以汽机，坚固灵通，瞬息千里，较其巧拙，何啻天渊！此舟制之应变通者，二也。

中国房屋，大半架木而成，偶有火灾，延烧动以千百户计。西人作室，砖石为多，梁柱栋桴，皆藏壁内，舍宇不相联接，火政又复修明，虽值吴回，不为大患。中国桥梁因石工过巨，皆以木为之，未及数年已多蠹朽。西人或铁或石，动支数百余年，偶造木桥亦必购集巨材，权量重力，使车马之驰驱无损、舟樯之来往如常，绵历多年，矻然如故。此室屋桥梁之应变通者，三也。

木之坚者必重，而其轻者必脆，此理之常也。有不任燥而刨裂者，有不任湿而霉烂者，何木何器，何器何宜，称物而施事乃适用。西人讲求植物学，于木身之坚脆，木体之轻重，木性之燥湿，木理之疏密，木质之刚柔，产于何方，宜于何物，皆有一定不移之理，然后施以斤斧，转以机轮，长短方圆，自成规矩，故坚致而浑朴，不能蠹败，不事华靡。华人雕琢虽工，而精坚远逊，工师不明其理，因仍窳陋，坐听外人夺我利权。此日用各器之应变通者，四也。

罗马者，泰西之名国也。其地今属意大利，有火山二，时时喷发磺精铁汁，烟雾弥漫，比于相距十里之地，掘获淹没之古城，人物宛然，历历可数，房屋器用，街衢道路，率与今日华制相同，街中石路一条，亦有单轮车辙。英国某山岩，人迹不到，有古船一，状如中国之船，约历千年，毫未伤损，知泰西古制取法中华，近百年来精益求精，变通尽利。而中国自秦汉以后不复留意考工，以致械用苦窳，尽亡古意耳。

夫道不变者也，器屡变者也。世人不察，动泥不变之道，以概屡变之器，嚣嚣然曰：何必西法，我自有尧舜禹汤文武周公孔子之道也。试问今之所用者，何一为尧舜禹汤文武周公孔子之器乎？是以贤智之士，权衡利害而校量重轻，与其因器以妨道，不若存道而参用其器。

织作之工说

尝见西人纺纱缫丝织布之机而叹观止矣。天工人巧至此，而穷世以奇技淫巧目之者，皆与于不仁之甚者也。天下必有此机，而九州万国之无衣者始得免号寒之惨也。噫，仁矣！当世惑于老庄之说，动曰有机事者必有机心。自黄帝垂裳，大启文明之治，蚕桑麻纻，何一不出于织机？使天下而无机，至今日犹草衣卉服耳。惟中国之机运于人，而西国之机动于气，以水火之力代手足之劳，出我之有余，补人之不足，彼此交易而利生焉。此人之情也，亦天之理也。

欧西织机，创于英国，略与轮舟、铁路同。时英人秘之不传，他国擅入织厂与私授他人者，均有厉禁，而英人遂独擅利权。盖英吉利区区三岛地耳，其始也以煤铁富，其继也以洋药富，其终也以洋布洋纱富，而黄金布地，利冠全球矣。惟本国棉花不敷织造，初购之于印度，续购之于美洲，卒也购之于中国。美国之巧匠暗窃其法，参以新意，亦为纺织新机，其工巧与英等。嗣而法效之矣，德效之矣，俄、日、奥、意、比、瑞均效之矣。英人知秘之无可秘也，乃推之以缫丝，推之以织绸织缎，推之以织呢，推之以织绒，织羽毛，织毡，织毯，织各色细布、花布、苎布、麻布、蕉布、葛布、半丝半棉之布、半麻半毡之布，故其利不减而且日增，四海风行，执万商之牛耳。惟运脚极贱，定价极廉，冀中国、日本、朝鲜、越、缅诸邦不能仿效。又专用印度、美洲之木棉，丝长色白，谓必此花乃能受织机之力，华棉色黄丝短，不能为布，不可成纱，以为如此则利分于欧洲，犹可坐收亚洲之大利也。

日本自购织机，初亦购棉于美国，运费过贵，取值过昂，行销不畅。其时上海亦购织机、开布局，彼此以中国之棉花试纺试织，机力不合，更改再三，所成之纱布乃一律精美，其光匀细密虽逊洋产，而温暖厚重过之。于是中国自纺自织，自用自销，而日本之布亦畅行于沿海各省。人工既贱，运脚无多，定价与彼同，而获利至二三分以上，视西国五厘之息几判天渊，彼乃悉华工之勤、华棉之美，欲自运机器至香港纺织行销，而先广购中国棉花运归本国，此亦中国商务一大转机矣。惟近日日本商约中有改造土货之说，若不急行设法，维持保护，自辟利源，正恐收利于桑榆者，又将失利于东隅，拒虎进狼，依然故我，岂计之得者哉！

中国之大，岂无明哲？利之所在，人所必趋。如南方之缫丝织绸，北方之织呢，织绒，织毡，织毯，织麻布、苎布、葛布各业，亦应一律振兴，借彼汽机，成吾文锦，不惟行销本国，并可贩运外洋，此水彀之真源、富强之上策，而衣被天下，覆帱苍生，其功德亦永无涯量矣。若夫衣襦冠履，中西服色不同，未必能裁制精工，恰合远人之用。然西人制造各物，皆考求体察，投我之所好而来。日本自开埠通商，讲求工艺，皆能精置西物，以廉价售与西人，我亦何妨反其道而行之，迎其机而导之，以隐收其利。

盖中国人工值廉费省，与西人同制一物，我之成本必贱，彼之成本必昂，此中国商务大兴之根本也。况今日裁缝机器沿海盛行，运以手工，巧捷无比。一日能作五日之事，一人能任五人之工，均可采而行之，以免费时旷日。直东草帽边一业，为西人夏日戴用之需，每岁出洋获银四百余万。天津、烟台两口，全恃此物稍抵洋货之来源。夫物至于草贱矣，以草编之为帽，其工亦至粗矣，徒以行销外洋，西人喜用，遂能岁入巨万，为北方土货出口之大宗，天下之草何限？天下之物类于草帽边者又何限？有志之士当奋然兴矣。

比闻区区微物，亦复作伪乱真，致招西人诟病。日本起而承其后，近年草帽出洋之数已与中国略同。沧海横流，人心不古，贪利忘害，自窒利源，不有清公精敏之才主持商务，以整齐而教导之，则他日之深患隐忧，正渺然未知何底矣。

饮食之工说

约载西人食用之物，照例免税，奇矣！天下之货，安有出于食与用之外者？初以为西人之所食所用，华人决不需之耳，又安知今日之华人专取西人之所嗜者而亦嗜之哉？请先言饮食之品：

一曰洋酒。中国之酿酒也，以粱秫。泰西之酿酒也，以苹果、葡萄。其酒有香冰、红酒、巴兰地、巴得酏皮酒各名目。华人初疑之，继而试之，终乃甘之，大餐酒馆遍于通商各埠，综计入口之酒，岁不下千万金。因西国酒税过昂，其价之贵无与为比，而华人不顾也。此洋酒之应自酿者，一也。

一曰洋糖。西人向用蔗糖，近乃制以萝卜，购中国蔗糖，恶其不净，以机提炼，重运来华，洁白晶莹，转夺华糖之利。然参入萝卜，味甘而淡矣，何如种蔗购机，力求精洁，以自辟利源。此洋糖之应自炼者，二也。

一曰牛乳。美国精制牛乳，盛以铁盒，不使通风，时历一年，途经万里，华人喜用，入口甚多。德奥诸国效之，获利不可计算。何地无牛？何牛无乳？自牧自收，如法装盒，价廉物美，即可杜彼来源。此牛乳之应自备者，三也。

一曰烟卷。烟叶之种，出于南洋，比来四海风行，无入不嗜，因内含碱性，足以涤秽清神也。西人初以吕宋烟卷入华，近则纸烟销行，更广鼻烟，售入中国，岁亦三百万金，总计之何翅千万？岂洋产之果胜于华哉？彼收烟叶，埋之地下，三年始出，制造销售，彼陈而我新，故觉彼优而此劣耳。此烟卷之应自造者，四也。

一曰鲜果。欧美两洲之果，种类无多，其鲜美远逊于华产。西人采摘，封以铁瓶，远道运售，非时可得，华人嗜食，销数日增。苟仿其道而行之，则华果之甘鲜必风行于万国。近惟广东荔枝间有仿造，其他则未闻也。此鲜果之应自贮者，五也。

一曰干鲊。西人嗜食野味，鸟如竹鸡、鹌鹑之属，兽如山羊、鹿肉之属，鳞介如鳖鱼、龙虾之属，每饭不忘，封以铁瓶，贻之远道，近日海疆市肆亦复甘之如饴。中国百产蕃昌，随所好而投之，何施不可？此干鲊之应自蓄者，六也。

一曰饼饵。西人饼饵，制造精洁，贮以铁盒或玻璃之瓶，华人嗜之，尤胜于彼，友朋投赠，视若珍奇，腹地通行，销售尤广，何妨自用机器碾面制糖，收彼洋瓶，敌以廉价。此饼饵之应自制者，七也。

加非一种，中国所无，质如红茶而味微苦，含碱较茶尤重，必入以白糖、牛乳，始觉和平。然茶性较寒而加非性暖，久服能增气力、长精神，西人嗜之与茶相等，华人嗜者又过于西人，再阅数十年，恐于洋药而外又多一无穷之罅漏。此物播种田中，每岁一获，中国土性适与相宜。法奥两国种之，遂为出口大宗之货物。此加非之应自种者，八也。

而中国饮食之品可以行销外洋者，除茶荈一物外，他无所闻，犹复采焙不精，捐税日重，西商抑勒，岁岁受亏。向值五千万金者，今通各省计之，止值一千余万。我之出口者如此，人之入口者如彼。凡此八节，就其大者言之，以外尚难枚举。综计每岁入口之数不下数千万金，载入约章，概经免税，每年海关总册，不列货价，不入税单，以为西商之所需，而不知皆华人之所嗜也。每岁入口出口，以货抵货，明短数千万金，此项之暗销中国者，又数千万金，岁以货价衡之，已亏至一万万金以外，而国家之借磅还磅，购船购炮者不与焉。嗟！我中邦不穷何待？既不能闭关绝市拒彼族以不来，又不能酷罚严刑禁吾民之不用，虽圣贤处此，除自造自用自收利权之外，亦将束手浩叹而无可如何，万不能忍与终古，坐待死亡，诿之于国运天心，谓可告无罪于天下后世也。噫！难矣。

器用之工说

自天清地黄，文明肇启，智慧日辟，嗜欲日多，而凡民之需用者日繁矣。天地万物之赜，五行百产之精，其芸芸焉，臻臻焉，总总焉，待用于人者，亦遂日以广矣。先王于此有开其源之法焉，如卝人虞人之所掌是也；有节其流之法焉，如山林泽梁之禁、尊卑等威之辨、天泽冠履之章是也。二者相权，遂以永永不敝，而所以成物而制用者，则莫亟于工。

中国通商以来，六十年矣。西人尝谓中国出口者皆系生货。生货者，材料土产是也。即以丝、茶、糖论之，丝则须重缲，茶则须加焙，糖则须改制，其他无论矣。西洋进口者皆系熟货。熟货者，货物是也。皆经工作所成，佳美精良，便于行用，不止纱布钟表诸大宗而已。凡日用所需各物，皆投吾所好，避吾所恶，或取携最便，或制造最精，或价值最廉，或外观最美，必使华人不能不用而后已。中国出口之生货，皆以箱计，以石计，以包计，以百斤、千斤、万斤计，取值至贱，获利至微，盈舟溢屋，捆载而去。西人入口之货则以件计，以匹计，以瓶计，以盒计，以尺寸铢两数目多寡计，一物之值，贵至万千，一船之载，总计至亿兆金钱而未已。以贱敌贵，以粗敌精，以拙敌巧，能乎？不能。此时能绝市闭关如前日乎？曰不能。内地通商，耳荧目炫，能禁民之不用洋货乎？曰不能。然则奈何？曰劝工而已矣。用物之名，盈千累万，略举数事，以概其余。

一曰玻璃。明之绿松为玻璃之滥觞，今日精益求精，遂成绝诣。其坚者如铁石，掷玻璃之盏，堕地无声；其大者若邱山，入玻璃之房，游鱼可数。中国人人喜用，行销已遍于寰区。粤东仿之，精粗迥别，而不知即制磁之黝所推而变者耳。诚宜自行设厂，精制出售，收回利权，何翅千万？此玻璃之工，一也。

二曰油蜡。俄美煤油广行中国，岁亦千余万金，近则参入鱼油制成洋蜡，价廉物美，光洁晶莹，取我之利又数百万。华人即不用蜡，亦皆用油，逐岁增多，有盈无绌。盐之为物，每人日食一钱，而积少成多，遂为国家岁入之巨款者，因天下无人不用耳。以此例之，可为深虑。诚宜广采煤油，购机制蜡，工廉费省，必能永杜来源。此油蜡之工，二也。

三曰自来火。民非水火不生活，古人钻燧取火，随四季而转移，后人火石腰镰，取其便耳。西人配制磷磺，蘸以松木，随时随地，一触即燃，每盒数文，便孰便于此者？日本初学西法，先造此物，贩售中邦，竟夺西人之利，通国有自来火厂数十家，每岁获利数百万，养男女穷民数十万人。今上海亦设厂数家，然所蘸磺磷仍须购之外国，虽经仿造，利息綦微。不知磺出土中，磷藏骨内，盈山遍壑，岂少松林？徒以化学不精，致使利权久踞，何如自行配制以收大利而养贫民？此自来火之工，三也。

四曰钟表。钟表为中国贵人达官所用，每岁入口二千万金。美国制以铜铁，镀以铝金，钟之贱者一元，表亦二三元而止，虽物窳易败，然无赖者趋之。此外寒暑、风雨、地平诸表，名目綦多，销行益广，此物仿造，固非易易，然堂堂上国，乃以不能不用者长仰给于外人乎？况今日钟表，皆制以机轮，规矩准绳，较然可睹，自应派人分赴各国学习制造，以济要需。此钟表之工，四也。

五曰胰皂。西人考物，含碱性惟水草为最多，故以腐草之汁，入以制蜡之油，稍加香药，制成洋皂，染以颜色，香艳无伦，万匣千箱，销售各省，中国旧日之胰皂几无过而问者，所谓朽腐化为神奇也。惟质性燥烈，皴剥皮肤，北省风高，尤非所便。中国皂角之树，外国所无，刮垢磨光，别饶润泽，宜参以水草之汁、皂荚之脂，如法制成，气香色艳，必可行销中外，自辟利源。牙粉为花刚石碎腐而成，比来洋制日精，入口益多，亦宜购机设厂，自制自售。此胰皂之工，五也。

六曰刀针。物至于刀针亦微甚矣，德国制之尤称精美。苏人有奚姓者，贫人也，有德商喜其朴诚，与立约为针，贩针至中国，由彼分销，未及五年，积资六七十万，知此人垄断之丰，即知此物销行之广矣。至各种洋刀、铁器、洋伞之类，悉数难终，入口贩售，皆无厘税，涓涓不塞，遂成江河，皆宜设法造销，以利①民用。此刀针之工，六也。

七曰磁漆。中国为磁器祖国，华磁应销外洋，乃上下因循，不求精进，转使英法日本之磁器运入海疆，席地设肆，累累者皆外国磁也。乱后，西南各省漆树戕伐无存，漆价大贵，英法于印度、越南、缅甸，而日本则于国中岁岁添栽漆树，采制有法，精美殊常，埋藏地中，三载用之，不燥不皴不裂，生人需用，二物实为大宗，不自制之、自种之，此后之漏厄未知所底矣。此磁漆之工，七也。

八曰药饵。西人考求医学，所制药水药散之类，或敷或服，皆注明治验，用药少而取效神。近日各国大药房风行内地，而中国药肆亦窃取其药，改用中国丸散名目，分运行销。此项药饵入口之时，西人谓之化学材料，照约免税，岁计亦不下千万金。诚宜精究西医，讲求化学，自行制运，免以仁民之术行其罔利之谋。至香水花露之属，蒸取百花之精，华人喜之，风行海内。彼国之花有香者少，中国地居温带，无花不香，诚仿蒸中国之花，以行之外国，则利源之巨何可胜言！此药饵之

---

① "利"，原作"前"，误，校改。

工，八也。

此八者，皆在洋药、洋布各大宗之外，与西人饮食之品，概免税厘，每岁入口所销，多至不可计算。苟能略征入口半税，所入何止千万金！故谓税司之忠于中国者，谬也。各口情形不同，其类于此者何限！甚至戏衣玩具，举用他人，西绿洋红，皆成巨款，笺纸签筒之文具，石印铅字之汽机，面粉、口脂、藤床、钢榻，种种洋物，触目皆然，中国虽强，安得不弱？中国虽富，安得不贫？天下有心人所为蒿目而忧、攘腕而起也。

军械之工说

泰西机器之兴，以军械为最后，而中国之仿而效之，又以军械为最先，其优劣难易之相悬也，倜乎远矣。盖自英人华试借水火二力创制新机，用以运煤，用以击石，用以起重，用以驶船，用以造轨行车，用以炼铁制器，而各种化学、重学、光学、热学、电学、天学、地学、植物、动物诸学相缘而并起，考求体察，逾近逾精。迨新式枪炮、鱼雷铁舰之兴，则物料充盈，一呼可集，汽机神捷，一击而成，聚千百厂之名材，制千万吨之利器。故自同治初元有南北花旗之战，而后有铁舰鱼雷；同治八年有普法之战，而后有后膛来福枪炮。而近日英国阿模士庄厂仍主前膛，讥克虏伯之后膛炮身太短，不能及远。上年中倭之役，北洋短炮过多，我之弹未及人，人之弹先及我，其利钝可见矣。

兵船之制，英人专主铁甲，德国专主快船。快则不能过坚，坚则不能过快，其大较也。上年大东沟之战，中国有铁舰，日本多快船，彼船来往如飞，我船转折太钝，幸船身坚固，尚能却敌还师，然而不能胜也。故西人近议铁舰如心为提督座船，主三军之进退，必须坚定不摇，无铁舰是无心也，乌乎可？快船如手足，所以捍卫心膂、制服敌人，胜则追而败则殿，无快船是无手足也，又乌乎可？中倭之战日本幸而不败者，以中国快船太少耳。故定一军之制，铁舰一而足矣，多则二舰，而快船必须八号或十号，始能胜敌，始可自全。又因中国铁舰炮弹已空，经倭船环攻二时，竟无大损，而威海夜泊之际，鱼雷一发而定远遂沈，自余广甲广乙诸船，均以一雷轰碎，因广制水雷船以为铁舰快船之辅，又广制灭水雷船以保铁舰，捉鱼雷，增马力，添速率，每钟可行三十海里，合华里一百廿里，而笨云天马行驶如风矣。故经一次战事，则广一番异闻，变一种新法。

而中国福建船政局所用者，法国之旧法也；江南制造局所用者，英国之旧法也；北洋船坞海军机器各局所用者，英德两国之旧法也。如法配镶，绝无新得，每用一物一料，皆须购自外洋。西匠未必贤能，华工不求精进，见闻孤陋，材料不全，欲整顿而无方，欲考求而无地，不明各学之理，不知各器之源，安得不永落他人之后哉？

湖北枪厂为比利时最新之式，上海制造局所制快利枪亦称利用，即可广筹经费，多募工匠，专造此两种之枪，天下军营统归一律，免致枪弹不合，再蹈前日覆车。至如铁舰、快船、电灯、雷艇，中国断难遽造，仍须购自外洋，旧日局厂之工，大可无须再制。盖西人于军械一事，亦复得鱼忘筌，见月忘指，每变一新法，则旧法弃若弁髦也。中国于西人工艺制造诸事，百无一能，乃欲成西国最难之工，希西人最精之诣，是犹行远而不自迩，登高而不自卑也。多见其不知量矣。

十五年前，德相毕思马克之言曰：华人之至德者，必询何式之船最坚也，何项之枪炮最精利也。日本不然，专考化、重、光、电诸学及工艺商务之本原，回国之后，皆自能制造。夫军械之变，日出不穷，未及十年已成弃物，否亦敝朽不堪复用，中国其衰矣！日本之兴其未艾乎？于中倭胜败之原，十载以前洞若观火，虽非圣者，亦明矣哉！虽然，天下之大局，理势而已矣，中国孱弱如斯，无势何以言理？海军陆军者，所以振国威而张国势也。精枪、利炮、铁舰、快船，又海陆二军之性命而制胜克敌之根原也。公法偶有战事，局外义无偏助，购之不可则自造之。当日左李诸公创兴船炮各局，亦不可谓非思深而虑远矣。所病者，中西学术本末迥殊，工艺源流高深难罄，遂以中人下驷敌彼骅骝，重以议论难调，度支屡绌，未能选上等英奇之质，窥西师制造之源，一片苦心付之流水矣。

然械用之成败利钝，亦非试验不明。海军之船，德主快而英主坚，相持十年，迄无定论。至中倭战后，乃悉坚之与快相倚而成，亦相因为用，而水雷、鱼雷之猛烈，无烟火药之精良，电灯之照夜逾明，长炮之及远有准，欧美各国既已确知其故，将各竭其心思才力以变通尽利，舍旧而图新。

中国当此之时，诚宜借鉴前车，力图后效，拣派清忠正直、熟习化学制造之员，游历各国，博访良法，订购新船。仍选学生之熟悉西文而通古今、识大体者，分赴各大学堂，分门学习，暇则游历各厂，考证见闻，博访西国著名工师，籍而记之，期以五年，学成归国，然后就铁政已成之局，聘泰西上等之工师[①]，分设船厂、炮厂、鱼雷、电灯各厂，

---

① "师"，原文缺，校补。

大兴制造，中西合力，精益求精。汉阳居天下之中，有事时无虞侵掠，每开一厂，必设一学堂，选天下聪颖诸生，中西并教，各厂各学特派大臣总理，日省月试，岁课其成，有能自出新意成一新法者，旌赏给凭，加以奖擢。以此为海陆诸军之根本，制造各器之会归，刻计十年，或当有济，即未必争雄各国，亦可聊固吾围矣。否则，有七年之病而不求三年之艾，或因噎而废食，或畏难而苟安，日月逝矣，时不我与，往者不谏，来者可追。夫谓华人之智不若西人，犹之可也，谓华人之明不如日本，岂理也哉！曷亦返其本矣。

制机之工说

洋货之来也，皆以机制，而后能夺我利权；则我之仿造洋货也，亦必以机制，而后能收回利权。若制以手工，决不能精美，不能捷速，不能整齐，欲持此以与机器争利，是犹驱跛者躄者竭蹶奔赴与骏马争先，其不绝膑折足也几希矣。惟物物皆须机制，而中国独不能制机，生利收利之机关转悬于他人之手，虽欧美两洲各国均能制造，虽欲自私自秘而不能，然偶有损伤，则修理无人也，偶有残缺，则添配无人也。即获利丰盈，欲加推广，又必函达外国先期制造，舟车七万里运载来华，速则半年，远须匝岁，此一半年之利，固已为他人所有矣。况贸易赢绌，朝暮不同，万一迟之又久，机器虽来而情形已变，向之必能获利者，今已无利可图，则亦不得不四顾踌躇，别思变计。毫厘千里，移步换形，是中国不能制机，中国之工商即永不能力争先着也。

西国大小机器，大抵以铜镶配，以铁制成，各厂制一新机，则铜皮铁皮有作也，铜板铁板有作也，铜丝铁丝有作也，铜柱铁柱有作也，铜座铁座有作也，螺丝钉有作也，锅炉有作也，大如梁栋、细如针芒之物无不有作也。尺寸衡量，咄嗟可集，何处价贱，何处物精，长短重轻，一无差失，而其本厂亦物料充牣，堆叠如山，巨细何宜，精粗何适，既无窳物，亦无弃材，一钱不致虚糜，一物不教短缺。中国各局厂既不能炼矿制物，一材一料皆须购自外洋，来货有稽延，需用有缓急，于是盈箱累捆，费千金万金以购之，而零星分散以用之，稍有不足则又急急增添，必使充溢有余而后已。此项铜铁之材料均畏潮湿，西人所谓养气者也，一为养气所蚀则铜生绿、铁生锈。收贮既已不慎，防卫又无其方，霉烂销亡，终成乌有。向也费千金万金以购之，收其用者不能及半，制物之价安得不什佰倍蓰于外洋？此其故。由于中国本无制机之厂，而机之不能自制，又由于中国本无制料之机，则一针一缕皆须仰给外人。故一言制机之机，而中西工艺之相悬，直不可以道里计也。

汉阳之铁政局其知之矣，自开矿，自运煤，自炼铁，自制物料，自辟利源，可谓知其本矣。然而经费不敷采办，则煤铁无来源；各省制造所用，仍专购于外洋，则材料无去路；所成之铁料，不就中国所急需之物镶造配合，制成机器，则商民上下无销场，虽费多金，终无大用，迁延日久，朽坏随之，可奈何？

虽然，无难也。今上海之制造局，已能自制缫丝机器矣。祥生、发昌诸铁厂，已能自制轮舟、轮车、机器及各种轧花、缝衣、造纸、印字之小机器矣。亦多有华人雇西人购机器，自设螺丝、铜皮、铁皮诸作矣。耳目渐熟，风气渐开，仿效渐易。

近年德国、比国之工师入中国谋生者渐众，其识矿、炼钢、制机之技与英法略同，而工价较廉，性情颇合志愿，不奢作，苦服劳，事有终始。诚能由国家提款，以铁政局为根本，而于其旁附设各小厂，专制各种物料，造各种汽机，延德比诸国上等之工师，分投经理，长于何事即制何机，遍告海内工商，需用机器者均至局中购买，所定价值，务较外洋便宜十分之二，发给护照，沿途关卡一律蠲免税厘，并用西例，派人随往各地装配齐全，偶有损伤，代为修理。中国自开煤铁，自造机器，自行保险，自收运脚，虽复减价售卖，亦当必有赢余，即使仅够开销，只敷成本，而制机配料，为中国开辟利源之关键，振兴工艺之权舆，国家亦何惜数百万金以成此利国利民之盛举哉！况此数百万金者，旋制旋售，旋收旋放。开矿运煤、炼铁制机诸工作，为天地养无算穷民，为闾阎①广无穷生业，为国家增无量税课，即为薄海内外塞无限漏卮。似创实因，似难实易，有利无害，日起有功，求己不求人，无用化有用，在一转移间而已矣。

治道之工说

泰西农学之兴也，始于种树开渠，而工商各业之兴也，始于治道。日本仿效西法，亦以修道路、设巡捕为百为万事之始基，其言曰，用人行政，非财不成，财用所需，必出于税，税出于商，商非道路坦平，百货不能通达，故修道者，殖财之本也，即国家制用之原也。吏役之弊，日本当日亦染华风，国家欲下一恩诏，举一事，发一言，兴一利，除一弊，国君主之，下于政府，政府下于疆吏，疆吏下于监司，监司下于牧

---

① "阎"，原作"间"，误，校改。

令，牧令下于吏役。一入吏役之手，则无论何等良法美意，无不借以为厉民生事、婪私索贿之端，其利万不能成，其害可立而待，是君民上下隔绝之故。以吏役一节为铜关铁纽，虽五丁神力，亘古难开，然而官之耳目在是焉，手足在是焉，不能去也，非去吏役而以巡捕代之，是上之泽终无由下逮于民，民之情亦终无由自达于上也。日本虽小国，然于亚洲积弊及所以变法之原，亦可谓肺腑通明，洞见症结矣。其强且富也，岂倖也哉？

今中国内外各省之道路莫不可行，京师首善之区，而街道之芜秽崎岖，遂为天下之最，霖雨十日，路绝行人，疾疫熏蒸，死者无算。各省会、府、厅、州、县亦莫不皆然。至于郊野川涂，益加颠险，覆车折轴，雪没水淹，盗贼纵横，行人裹足，尤习见习闻之事，官不过问，民不敢言，天下病之，四夷腾笑，不知内外品官数溢二万，有何要政日昃不遑，坐听商民之困苦颠连而熟视居然无睹也。则虞政之不修而巡捕之不设焉，故也。

泰西百年以前，亦略如今日之中国。自法国以种树开渠治道，各设专官，各国仿之，街衢道路，一律精整，而农工商三业兴也勃焉。是不啻以道路一端，为万国富强之根本也。西人治道亦有专工。法国郊原，初多土路，患泥潦之没胫没辙也，改用石路。然偶有破损，修改綦难，横亘区中，转为行旅之害，且以花刚石或科子石（即鹅卵石）砌筑街衢，入夜则车走雷声，惊人清梦，乃改用碎石筑路。以粗石击碎，大小如胡桃，日炙风吹，历一二载则石质益坚，取之垫路，其厚盈尺，铺以细土，压以重机，中高旁低，状如覆瓦，偶有霖雨，滂沱四隤，途路中间不能蓄水，碎石之性复能含吸水泉，故旱不扬尘而潦不留湿。两旁各有明沟，下有暗沟，虽大雨时行，而行人往来干洁如故。中为铁道，其外为车马奔驰之道，又其外为商旅步行之道，道侧则分行对植嘉树美木，清荫宜人，午日炎天，不知伏暑。复有洒水拾秽之车，时时汛扫飞尘，恶气涤荡无遗。巡捕植立道旁，预防水火盗贼、争竞斗殴、不测不虞之事，清明严整，遂至于斯。此岂海外小邦所能为乎？《诗》曰："周道如砥，其直如矢，君子所履，小人所视。"《书》曰："无偏无党，王道荡荡；无党无偏，王道平平；无反无侧，王道正直。"然后知彼人之新法，实中古之遗规，而决不可惜费惮劳，使圣神过化之名区，险阻崎嵚沦如化外也。

此项修路之费，无须另行筹措，皆取之房屋捐及往来车辆之捐，各处分设工务局以总其事。而敲石垫道之役，则专以轻罪之犯及无业之贫民任之，虽至愚极贱之人，亦能日得百文或数十文以糊其口，若稍有智慧得选充巡捕或洒扫之夫，则父母妻孥宽然俯仰，河润所被，及于亲邻。故泰西各国无一乞人，有乞人则拘以作工，此项道路之工，虽乞人亦优为之也。

中国水旱偏灾，流亡载道，即发赈施粥，亦视若圈牢之养物，苟延性命于一时，何如任以能任之工，以成此能成之事乎？如一旦幡然变计，先之以京省，而渐及于城镇乡村，创之以街衢，而推广于郊原，道路如法垫以碎石，经费取之民捐，置捕梭巡，设官经理，则无穷盗贼皆化良民，百万孤穷陡饶生路。然后铺以铁路，驶以火车，使地中之矿金、地上之物产，皆得流通转运，贩鬻外洋，则中国富强可立而待。古人远矣，古籍不可详矣，道路沟渠，决关治忽，山林川泽，自有官司，读同文同轨之章，不能不罩然高望于虞夏商周之盛世也。

工艺养民说

今之论者，辄谓泰西各国土旷人稀，故以机器代人力，中国人稠地狭，民间技艺专倚手工，若以机器为之，必夺贫民生业。又谓西人以机器制物，既速且多，行销中国，中国亦以机制物，何地可销？物贱价廉，终归无利。此井蛙夏虫之见，渊鱼丛爵之心，而贫中国、弱中国之大罪人也。持此论者，多士大夫，彼愚鲁之工人有何知识，以致通商六十载，坐听西人盘剥把持，工艺不兴，利源不辟，民生日蹙，国计日虚，驱他日之中国佣奴于洋人，驱今日之贫民俯而就饥冻死亡之地，皆此种之谬论谰言，阶之厉也。

窃尝仰体上天好生之心、古圣贤亲亲仁民爱物之意，留中国将来之人种，保朝廷未失之利权，不可以不办。英吉利区区三岛地耳，大不及中国一省，户口三千五百万有奇，英京伦敦，户口四百廿五万有奇，通商流寓他国他埠者均不在内，每方里有居民百廿人，通国地亩，每亩值华银二百两以上。法国之大如中国省半，户口四千万有奇。比利时之大如中国二府，居民二千六百万有奇。果人稀乎？抑地旷乎？彼国机器初兴，其手工之人亦欲竭手足之劳与之争利，心尽气绝，无可为生，乃改而入厂工作。其始也，月得工资三四元或五六元耳，入厂以后，技艺之高者，月得数十元、数百元，即至愚极钝者，亦可得七八元或十数元，向以数十数百人作工者，加至数千数万人而未止。骊之姬艾，封人之子也，晋国之始得之也，涕泣沾襟，及其与王同匡床食刍豢而后悔其泣也。以此例之，果失业乎？抑不失业乎？中国每年入口及免税之货，并计不下一万五千万金，皆西人机器之所成而华人之所用也。我而购机自造，即仅销中国，其利已不可胜穷。况中国工价既廉，费用又省，所成器物，价必倍贱于外洋。我之货而精于彼也，彼将喜而购之；我货之精与彼等也，彼亦必贪其价廉而购之。上海机器所缫之丝与法国里昂同价，货物未出，银款先来，专派人驻上海购之，惟恐不得。天下之货物患我之不能制造耳，患我所制之不合人用、不速不精耳。我不能禁吾民之用洋货，彼独能禁其民之用华货乎？以是言之，果有销路乎，抑无销路乎？若而人者深恶洋人，遂兼恶洋货，恶其以机器夺吾利，遂并机器而恶之，自以为中国之干城也，而不知倒行逆施，实暗保洋货之来源，暗绝华民之生路，不啻为泰西各国之人傅翼而使飞，扬汤而使沸也。噫！偾矣。

然往者不可谏，来者犹可追。中国之地大矣，其物博矣，无业之民多矣，苟一旦翻然变计，豁然大悟，以现在缫丝、炼钢、纺纱、织布诸局厂为之根，凡华洋所需各物，一律购机自制，或销本国，或运外洋，有业者改图，无业者有业。西国各镇埠工作大厂多至百家或数十家，每厂工作万人或数千人，少亦数百人。使中国各行省工厂大开，则千万穷民立可饱食暖衣，安室家而养妻子。向日之手工糊口者，亦各免艰难困苦、忧冻啼饥，咸得享豫大丰亨之福也。天下之功德，孰有如是之不可思议、不可限量者乎？

盖尝上下古今而深思其故矣。自黄帝以来，圣作明述，制器尚象，百业俱兴，以前民而利用亦越于今，盖五千有余岁矣。五百年而名世生，五千岁而大圣人出，然后六洲合一，万国大通，一手一足之劳，岂足以济四十万万众生民之日用？天乃假手西人，以阴阳水火之功能，发借力生光之妙理。人之目所不能见者，以机器见之；人之耳所不能闻者，以机器闻之；人之手所不能举者，以机器举之；人之足所不能及者，以机器及之；人之心思智慧千力万气所不能成者，以机器成之。所谓六合之外，圣人存而不论；六合之内，圣人论而不议。天地之大，虽圣人亦有所不知不能者，皆穷高极深，因端竟委，厘然井然，皓皓然凿凿然，确知其所由。然前圣人知其理而不明其数，后圣人通其数而并观其象，然后人与天地并立为三，参赞位育之功，至是而始毫无遗憾也。

彼西人者，深思好学，各明一义，自附于老聃郑子之伦，万灵风雨，聚精会神，合而成一，大圣人之圣德神功，以膺此上下五千年之景运者也。故论圣之所以为大也，则博厚配地，高明配天，悠久无疆，虽罄竹帛以书之，不能穷其万一也。而要其实，则天道好生而已矣，地道养民而已矣，人道利用而已矣。

中国万邦之首，而今日生齿四万万，为开辟以来所未闻，天下之穷民以十分之一计之，已四千万，虽尧舜亦穷于施济矣。长此而不变，则惟有水火、瘟疫、刀兵、盗贼、草剃而禽狝之，成亘古伤心之浩劫已耳，而天不忍也，而天乃皇皇然思所以救之也。救之之道二：曰居，曰行。非美澳三洲，东南洋万岛，旷古榛芜，使行者垦以为田，则万宝既成而万民不死矣。此启尾闾以泄之之法。天下穷民谋食之路，惟机器工作厂为最丰，亦惟机器工作厂为最易，使居者制以为器，则外财可入而内患潜消矣。此开天庾以赈之之法也。然而海不可渡也，器不可成也，天复载以轮舟，教以工作，勤勤恳恳，保抱提携，父母爱子之心亦无所不至矣。今出洋谋生，共知其益，独设厂工作一事，相率非之，是犹忤逆之儿不解父母顾复生成之意，而逞其小慧私智，攘臂以与之争，可乎？不可乎？人所决不能知者，天知之；人所决不能救者，天救之。而若人独不肯救人，哆口以与天敌，能乎？不能乎？

今日本已立约改造土货矣。我终不开，人将开之，人即不开，天将命之，万不能听此数千万穷民潦倒饥寒而死也。此天之心也，亦天之道也。知天之所以为天，即知圣之所以为圣也。

卷四　商书

创立商部说

英吉利立国，在蕞尔三岛间，四面际海，而鹰瞵虎视，屡执牛耳于欧洲，西并美利坚，南兼印度，东南括澳大利亚，属地之广方二千万里而遥，挟其利炮坚船，遂以纵横四海者，何哉？商之力耳。英之得美洲也以商会，后因加税激变，华盛顿率商会以叛英，相持八年，竟自立为国。英之得美也以商，美之拒英也亦以商。今美之北境巴拿大，犹然英土；美虽自立，然举国皆英商也。英之得印度也，亦以商会。初由商会派人代印度管海关，所谓公班衙者也。印度土王兄弟争国，残害英商，商会举团练之兵，踞海关之饷，三战而入其阻，覆其军，灭国禽王，摧枯拉朽，而印度八百万方里之地、八千万户口之民，俯首而托他人之宇下矣。澳大利亚之地，大与中国相若，内皆沙漠，惟沿海膏腴，商会据之不费吹毛之力。自余缅甸各国，非洲一洲，南洋各岛，莫不发蒙振落，席卷而囊括之。商力之雄如此，商会之能灭人国也又如此。

今日本继兴，自命为东方之英国。西人谓赤道之下，日光所照，有热水一条，每日散流于南北黄道，而朝潮夕汐生焉。大西洋则英国当之，英之北境距赤道五十三度，与中国黑龙江等，而天时温暖，四序如春，多雾多雨多风，国富民殷，百物蕃庶者，皆赤道之热水为之也。太平洋之热水经台湾一隔，不入渤海，而入东洋，而日本三岛当之，其热度亦胜于中国，比年仿效西法，农工商三业勃兴，遂乃割据台湾，凭陵上国，多置轮舶，广辟商途，骎骎乎国未可量已。

夫邻之厚，我之薄也。中国辟埠通商垂六十载，既自以情形隔膜，将利权所在，举而畀诸异国之人，频年海溢川流，岁出金钱万万，遂使廿一行省无一富商，内外穷民之失业无依者，尤如恒河之沙，不可计算。然西人悬隔重洋六七万里，在彼终有所不便，在我亦犹可自全也。日本则近在肘腋之间，急起而窥我心腹，其心计之精刻与西人同，其性格之阴柔与西人异，西人之所能为者，彼优为之，西人之所不肯为者，彼亦决为之。始也财力未雄，不及西人之长袖善舞耳。今一朝战胜，举国宽然，数万万之金钱取之如寄。又得台湾一岛，各国之所垂涎而目为宝山金穴者，助其商力，蠹我中邦，更有行轮造货之约章，夺我之矛，陷我之盾，纵横内地，盘踞利权。譬人有痼疾，元气久伤，复纵使外风流入筋络，敲骨吸髓，亡魂丧精，虽躯壳仅存，岂有幸哉！

当此之际，既不能慎之于始，又不能拒之于外，则惟有振兴商务以与彼争。商之本在农，农事兴则百物蕃，而利源可浚也；商之源在矿，矿务开则五金旺，而财用可丰也；商之体用在工，工艺盛则万货殷阗，而转运流通可以周行四海也。虽然，中国之商力衰矣，中国之商情屈矣，中国之商业无人矣。中国官吏之薄待乎商，商之不信其上而疾苦终无由上诉也，亦已久矣。今贸贸然曰整顿商务，商人私心窃计曰，是殆将鱼肉我也；皇皇然曰纠集公司，商人目笑存之曰，是固将诓骗我也；阳阳然号于众曰行驶轮舟、广设工厂，商人始而惊，继而疑，终而退，然自阻曰，我无资，我无力，且恐日后受累，毋宁让之外人也。盖商人习见官吏之袒媚洋商而摧折华商也，非一朝一夕之故，其所由来者渐矣。纵使再三敦勉，而有财者不能任事，能任事者未必有财，心志不齐，意见不合，互相猜忌，互相排挤，无识无才，自私自利，迟之又久，应者寥寥。遂有现任职官起而承其乏，则又把持垄断，专利侵权，虽便一己之私图，转绝众商之生路。噫！中国之情形，上下隔绝如此，欲一旦而言保商务、收利权，是犹进臧获之流，释囹圄之犯，突与之分庭抗礼，商榷朝章，其不颠倒失措也几何矣！盖官吏之积威，有以劫之也。

泰西各国皆设商部，另有商律专主护商，岂好为是纷纷然不惮烦哉？盖国用出于关税，关税出于商人，无商是无税也，无税是无国也。不立专官、定专律，则商情终抑而商务必不能兴。况中国积习相沿，好持崇本抑末之说，商之冤且不能白，商之气何以得扬？即如控欠一端，地方官以为钱债细故，置之不理已耳，若再三渎控，且将管押而罚其金。前此矿务诸公司亏闭卷逃，有股诸人控官不准，而此后招股一事，通国视为畏途，虽苦口婆心，无人肯应者，职此故耳。商律之法良意美，其他不必言，即以控欠不追、无罪受罚二事论之，中国商人之屈抑何如乎？

国家厘金、洋税、盐课三宗，岁入逾六千万，正供常额，大半出于各商。然则商之于国也，国之于商也，固已共戚同休，迥非昔比矣。不立商部，何以保商？不定商律，何以护商？不于各城各埠广设商务局、遍立商务学堂，何以激扬鼓舞、整齐教诲诸商？假使无商，何以有税？假使无税，何以济用？假使无用，何以为国？燃眉之急，切肤之灾，殆不得置之膜外矣。

刻总署议准各省设立商务局，选举商董，求通下情。然地方官吏大都一笑置之，即使实见施行，亦惟以一纸官文奉行故事，而于商人奚益也？而于商务奚裨也？盖中国之官商相去悬绝，不设专官以隶之，不设专律以防之，不定地方官吏之考成功罪以警之，而欲恤商情、振商务、保商权，是犹缘木求鱼，欲南辕而北其辙也，其必不可得已。

纠集公司说

商人之秘术二：一曰占先，二曰归总。所谓占先者，一埠焉，人未往我先往；一货焉，人未运我先运；一物焉，人未售我先售。前知亿中，合节同符，独争天下之先，不落他人之后，此泰西诸国所兢兢然心摹手追，而英人独称巨擘者也。归总者，公司也，总则制人，散则制于人，所谓长袖善舞、多财善贾者，二百年来英商之所以横行四海、独擅利权者也。西班牙、法兰西、德意志诸国亦尝出全力以与之争，然而不能胜也。公司一也，而有行有不行、有胜有不胜者，无他焉，公与不公而已矣。宁失信于天下，而决不能失信于同人；宁受亏于一身，而决不能亏及于同事。此英国商会之所以恢宏光大、冠绝万国之根原也。

中国道光以前，通商止粤东一口，茶叶之利已五千万金，而丝、糖、磁器各物不与焉。西人伏处澳门一埠，降心俯首，帖帖然听命于总商，所谓十三行者是已。厥后千金之堤溃于蚁穴，由是而五口而十三口，设关建埠，华商从散约解，势孤而力分，而彼国之公司其约束坚明，协以谋我者如故也。中国之商既散，而军兴以后，厘金关税复节节而稽之，铢铢而校之，天下设官数千，增司事巡丁数万，贪狼猛虎，砺齿磨牙，皆敲商之骨而吸商之髓者也。外国之商，资本丰富，而除入口一正税、一子口税之外，任意畅行，三联税单充斥内地，偶有西商过埠，则丁役围护，官吏趋迎，即验即行，惟恐稍拂其意。噫！丛爵渊鱼不自知其身之为鹯为獭已。持平之道，必使洋货一律征厘而后可，如无能为役，则必中国尽撤厘金而后可。然而皆不能也，此后中国之商人岂尚有生机去路乎哉！无已则创设公司，犹可维持补救于万一也。

请言内地公司之利。一物焉，运而售之于外，商之资本多者，除运脚食用外尚有赢余也，资本少则获利虽同，或所得不偿所费，何如选立商董、创设公司，则既省川资，以廉价而可收大利，此益于商者也。零星商贩，偷漏走私，故丁役多而设卡密。今合散为总，货物多则无从绕越，资本重则各顾身家，大可减卡裁丁，与民休息，而比较收数，视昔逾丰，此官之益也。

请言行销外国公司之利。今日丝茶二业受弊深矣，多由小商跌价争售，以致巨商受害，自有之货不能定价，转听命于外人，每岁受亏动数百万，我分而彼合，我散而彼整，我贫而彼富，我弱而彼强，虽他日工作遍地，物产塞途，仍将低首下心，默而听他人之把持抑勒已耳。诚能纠集资本，凡土产、矿金、制造诸物，各立公司，由商人公举明通公正之人主持其事，则贫者骤富，弱者骤强，不惟自擅利权，并可通行海国，华人之智力岂竟不若西人哉！

然而难矣，风气未开，积习未变，各牟其利，各怀其私。夫公司者，秉至公而司其事之谓也，其心其事，皆与此义相背而驰，我无以自信，亦不求见信于人，而欲天下人之信我焉，得乎？天下人之爱财一也，其自私自利同也。我取天下人之公财，以供我一人之自私自利焉，可乎？当日矿务公司聚数百万之金银，而以亏闭一言付之流水。今日电报轮船商局，每岁入资数百万，股商仅收官息八厘，公积则虚有其名，余利则不能过问，人人知有二三分之息而仅得八厘，是不啻取大众之悭囊，以饱一二人之私橐也。此习不变，此弊不除，而欲纠股集资，冀中国商务之能兴、公司之能立也，虽良马生角，黄河再清，不可得矣。

即习变矣，弊除矣，而不立商部，译商律，开商局，设商学，将英美各国公司章程择要删繁，通行刊布，使商人传诵揣摩，以明其理，官吏维持保护，以考其成，岁刊征信录、帐目单以昭示天下，则猜嫌终不能泯，壅蔽终不能除，虽需之益殷，而去之弥远。虽然，君子之德，风也，小人之德，草也，所愿天下有清公谅直之人，或为官而爱养商人，或为商而总持局务，不营私，不嗜利，不欺人，不欺天，而惟勤勤焉以保全大局为心，矻矻然以富庶中邦为务，则一人善射，百夫决拾，转移风会，如响应声。然后出我最富之藏，取彼至精之法，合亿万人之财力，收六十载之利权，只须发沿海数省之菁英，而已可以奔走诸洋、纵横一世矣，忧贫患寡胡为哉！

考察商途说

天下之耳闻者虚也，而目见者实也。中外各国之土产若何，矿质若何，工艺制造若何，何者因何者创，何者后、何者先，何路宜水，何路宜陆，道里之远近，山海之高深，价值之低昂，转运之难易，天时之寒暖，地利之险夷，人性之刚柔，物产之丰歉，应取何道而费可省，应用何法而利可兴，应作何整顿经营而贸易可旺，虽广搜图籍，遍访情形，终不若身亲阅历其间，然后灼见真知，绝无疑滞，此泰西游历之使所以不绝于中国之途也。人智而我愚，人明而我昧，人通而我塞，人密而我疏，而骤欲收利权、振商务，是犹聋者、瞽者、跛且癃者，与耳目聪明、手足矫捷之勇士并驱争先，甫经伛偻循墙，而彼已先登拔帜矣。

论各国通行之法，自应于设立商部而后，遣廉明清正、熟悉商务之员分赴各国考察，中国何物可以行销外洋，外国何物中国可以自制；税则之制或重或轻，何者可以保商并能富国；转运之法或水或陆，何者可以收利并可恤民；何方之货物最多，何国之措施最善，然后荟萃诸法，参合其间，奏定章程，通行天下，君臣上下，一心一力，扩将来之商利，塞当日之漏厄，期以十年，天下其有豸乎？

虽然中国之地大矣，物博矣，地上地下未开之利源，南方北方未兴之工艺，千品万汇，诡状异形，禹不能名，契不能记，而泰西各国游历之使，类能知之，能言之，成竹在胸，无施不可。而我独闭耳塞目，不见不闻，欲询之官吏，而官吏催科折狱，日畏考成，安有余暇以营此不急之务也？欲责之商民，而商民抱布贸丝，日谋升斗，安有余力以费此无益之功也？天下虽大，人民虽众，考察此事者旷无一人。

必须特设专官，仿各国游历人员之例，宽筹经费，假以岁时，督过劝功，深探博访，以日记征其事实，以图说绘其情形，以各种仪表详其气候，证诸古籍，以衷其是，询诸土人，以求其真，参酌中外情形，以几其合，然后何源可辟，何利可兴，何路可通，何法可用，一切亲闻亲见，凿然可见诸施行。然后劝以功名，加以奖擢，熟于何地者，即任以何地之事，就其所习，用其所长，耳目既专，心志自一，并力一向，众志成城，而后商业可兴、商途可辟也。

暗于外情者，辄疑商部既立、商务局既开，徒费薪粮，一无事事，而不知今日中国之大患在于不知。人之情不知也，己之情亦不能知；人之地不知也，己之地亦不及知；人之物不知也，己之物亦不欲知。彼此不知，乃生隔膜，各私其意，各私其财，各私其力，以致天下人人皆私，事事皆私，物物皆私，终为他人钳制鞭棰而后已。此项考察游历之使，即商部商务局之爪牙，化天下之大私，成天下之大公，而富中国、强中国之神机妙用也。天下一千五百州县分而任之，即须一千余人，即择要经营，亦须多人始供驱策。况出洋游历者尤为迫不容缓之要图哉！噫！情势迁变，今昔不同，地利人功，不可限制。

泰西各国，每举一事，必先派游历之使考察于数载、十数载以前，然后上下同心，据以为内治外交之券，随宜制变，合节应弦，不止商务一端而已。而其所用者，什九皆游历之员，以此为敷奏以言、明试以功之秘法，即拔十得五，人才已不可胜穷。天下事非熟悉情形者，决不足以济艰难而肩重远也。中国欲举一事，则上下束手浩叹于无才。夫人才不从天降，不从地涌，大都由学问而出，由阅历而成，不有以磨练而试验之不可得也。

今天下之人，半已知讲求商务矣。何如就此一事，广派贤员，以本国为经，出洋为纬，以本国为源，出洋为流，以本国为体，出洋为用，见闻可采，经费无多，统由商部大臣主持其事，则寰瀛一室，声息可闻，以辟商途，以兴地利，以养人才，外邦之虚实周知，内地之町畦渐化，一举而五善备焉矣。

急修铁路说

欲考天下万国之贫富，以铁路之多寡定之矣。英美二国铁路最多，国最富，商力最雄。德法俄奥次之。今中国之铁路，在天下各国为最少，中国之民生国计视天下各国为最贫，而中国北方数省舟楫不通之区，又较天下各国为最广。夫商务之要术，转运而已矣。有铁路则运道通而运费省，无铁路则运道塞而运费昂。一通一塞之间，商业之兴衰霄壤悬绝，束手待毙，自窒利源，甚矣！

夫当日之阻挠铁路如刘锡鸿者，皆阴祖西人，以锢我中国四万万商民之生路者也。自去岁中倭一役，成败利钝，较然可睹，廿载迂拘之议论渐化浮云，遂有商办卢汉铁路之议，而惜也中国之商情已阻也，中国之商力已衰也，中国疲敝之商人，未必能集此多资、和衷共济以修此二千五百里之长道也。时既迫不及待，事须速底于成，上无真知灼见之明，下无蹈厉发扬之气，正恐盈廷聚讼，筑室道谋，他日甫有规模，已有缓不及事之虑矣。

夫铁路一事，在中国为发轫之始，在泰西各国则通行已久，习见习闻，其利弊之所存，一比较而昭然若揭。尝合各国铁路而综计之，而知国中之干路官办为宜，如财力不足，或借款，或由外商承办，均无损于国家之大计也。英美多富商，铁路初兴，争先创造，英路之成最速，美路之线最长，什九商资，无烦论列。法国由巴赛至北境之干路，长二千余里，初招商股，应者无人，荏苒三年，复归官办。德国之干路，初由商人承办，国家觉有不便，出资购回。俄国铁路六万余里，官路五万余里，商路仅数千里耳。自余各国亦渐将干路购回，日本则干路全归官办。盖大利所存，理宜归国，且调兵运械，应变无方，商路究有不便也。此各国阅历而始知者。中国创行之始，商办难成，何如将干路各条一律官办，以免日后购回之多费周折也，则官办宜也。

泰西铁路，官息五厘，西人折息本廉至五厘，已为赢利也。而其旁之镇埠，商民大富，百业俱兴，获利之丰，不可计算。铁路之利在全局，不在一隅也。其官息止于五厘者，则始也购地，地亩之贵于中国也维倍；继也置料，物料之贵于中国也维倍；终也雇工，工价之贵于中国也又维倍。本巨费重，故收息较微，如织布纺纱，在西人亦五厘之息耳。中国仿之，获利至二三分以上，其明验矣。闻汇丰所借百兆投签购票者，至十倍之多。苟指铁路以借洋款，给以四厘之息，立可凑成巨款，以应急需，南北并工，刻期集事，则借款宜也。

奥国、意国、土国之干路，初由英美商人承办，定期二十载或三十载，一律交回，道路整齐，物料如故，商人既获大利，帖帖然无异词也。当彼承办之时，亦确守规条，并无溢取，稽查征税与本国商同，遇有大役大兵，运价仍须减半，外商经理得法，绰有盈余。或查明各国承办章程，招商办理，则南北干路计日可成。美国商人最为富，实于铁路一事计画最精，大可专任美人以成盛举，则由外商承办亦无不宜也。

要之，铁路为至急至要之图，而中国之修铁路又为至大至艰之事。向日因循坐误，迁延壅遏，以至于今，其发端愈迟，其成功当愈速，而其纠资集本乃愈难。苟不专任重臣，广借巨款，以五年之内先将干路造成，然后纵令四海商人开办枝路，俾南北各省消息灵通，以速戎机，以兴商利，恐工徒在室，寇敌在门，我甫猜防，人将攘夺矣。然一旦勃然发愤，鼓舞振兴，立商部以开利源，设铁路部以主持全局，疏节阔目以任之，细针密缕以稽之，人则参用华洋，事则兼权利弊，不挠众议，毋动浮言，则铁路即无形之甲兵、有形之壁垒，可以固国本于苞桑磐石者也。

遍驶轮舟说

天下之人鳃鳃然虑铁路轮舟夺小民之生业者，皆不知天者也。夫火轮、舟车、电报三事，天为之也。天假手于西人，以成此他日万国会同之法物也。顺天者存，逆天者亡，先天者兴，后天者废。天之智，奚不若人？天之仁，奚不若人？而能以好生之心为杀人之具乎？故小民之生业移而已矣，夺则未也。拘眉睫之见者，悄悄然疑之，皇皇然禁之，而吾民之生业乃真为他人所夺矣。且举中国四万万之人民物业，皆将见夺于他人矣。何则？彼富而我贫，彼强而我弱，故也。其所以一富一贫、一强一弱者，则轮舟铁路一行一不行焉，故也。拘儒目未见电报、铁路、轮舟，而肆口雌黄，逞其臆说。是何异目穷杯勺而疑渤澥之非真，日对培塿而斥泰山之不大也？其不为斥鷃鶢鶋所笑者几希矣。

今沿海商民渐知通变，而腹地各省闳塞如前，愚民听命于士大夫，而士大夫之排摈益甚。夫三事者，譬之弓矢刀矛，皆当日之利器耳，正用之则正，邪用之则邪，人得之则人胜，我得之则我胜，今恶敌人之胜我，遂并其弓矢刀矛而弃之，而徒手以与之搏，虽勇过育贲，岂有幸哉？蚩尤叛诸侯而所作五兵，历三代圣帝明王不能废者，职此故耳。

且即以商务言之，负戴而行与舟车而载者，获利孰多？则必曰舟车运载之获利多也。知舟车之胜于负戴，则知轮舟铁路之胜于舟车矣。徒步而走与乘马而驰者，孰速？则必曰乘马者速也。知乘马之胜于徒步，则知轮舟铁路之速于乘马矣。然犹曰，人之货不能来，则我之货亦不必往，塞向墐户，诚无用轮舟铁路为也。今洋货通行，充斥内地，民间市肆，财力已空，则必将出我之货以抵之，亦自然之理也。人之货细而精，我之货粗而重，苟不以轮舟铁路载之，则旷日稽时，车烦马殆，虽竭蹶抵埠而运脚已昂，能获几何之利也？然必又曰，中国之内地，固无货可销外洋也。斯言也，不知通商以后之情形，亦无庸深责者也。一草帽之贱，出洋至四百万金；一狗皮牛皮之贱，出洋至九百万金。凡一丝一缕之微，地上地下之物，华人之所用者，彼必需之，华人之所弃者，彼仍取之，如前所言，土产、矿金、工作三事，患我无货，不患不销，患我之不能运售，不患彼之不能收买，此则统筹中外、横览古今而可以确知其故者也。

今中国沿海及长江，轮舶之利已与各国共之矣。自余若江苏之太湖、吴淞江、苏州河，扬州之里下河，浙江之钱塘江、余姚江，安徽之淮河、巢湖、新安江，江西之鄱湖、赣江、邛江，湖南之洞庭、湘江、沅江，湖北之汉江，贵州之盘江、牂牁江，四川之岷江、大渡河，云南之澜沧江、潞江、滇池、洱海，广西之左江、右江，广东之东江、西江，福建之闽江，北方之黄河、白河，其可以行驶轮舟者何限？而商民不知购造，官吏不知变通，掩聪塞明，坐听他人之盘剥。通商开埠以来六十有余载矣，既不能闭关绝市，又不能发愤为雄，既不能禁洋货以不来，又不能禁华民之不用，如虎狼载道，门户洞开，徒束缚家人之手足筋骸，以恣其吞噬，中国尚可谓有人乎？

今日本商约中，已有内河行轮之说，嗣后泰西各国皆将群起效尤，帆影轮声，不十载将遍行于内地，吾不知持迂执之论者与华民何仇，而必欲百折千磨锢绝其生路也，与西人又何亲，而必欲千方百计让彼以先鞭也。噫！天生此辈，驱爵驱鱼，祸首罪魁，听之万世。

广通邮电说

商务之要术无他，通而已矣。销路之或畅或滞，货价之或低或昂，转运之或难或易，一知之，一不知之，则知者胜矣，不知者败矣，知者赢矣，不知者绌矣，知者安矣，不知者危矣。英人当未有轮电之前，先于遍国中广修平路，设立驰马之车，一昼夜驰六百里，随地换马，绝迹飞行，专用以递商人之信件，商民或有急事，亦出重值附载以去，行之未久而举国之商务骤兴，自以为至神至速矣。及火轮舟出，而河海可通之路均改用小轮以递之，所谓邮船者也。当林文忠督粤时，西人只有邮船，尚无大商轮、兵船、铁甲也，然日行千里，较之马车六百里，捷速已多矣。及火轮车出，则一日夜二千里，加足火力可三千里，而旧日之轮舟又瞠乎其后，且穷边大漠，无水之地，任意通行。于是递信之法，水则轮舟，陆则轮车，而四海周流，更无疑滞矣。

然轮车创设之时，初皆单轨，此来彼往，撞击堪虞，关系千人之生命，时已得电气通信之法，乃于铁路之侧竖立电线之竿，此处开车，先行电达，然仅用之于轮车也。嗣推而广之，遍通于本国，以铁筒贮线，沉之海底，以达于比、西、法、德诸邦，渡大西洋海而至美利坚，过地中海、苏彝士河、红海、南洋而抵印度以及乎中国、日本，已环绕地球一周矣。继而各国均知其利，争相仿效，遍其国中，以达境外。光绪廿年，各电局总计电线之长远已可以环绕地球一百周，而仍岁岁加增，未有止境。于是全球万国，上而国势、军情、政务、朝章之大，下而闾阎、日用、农工、艺术、交涉、贸易之微，一线飞传，五洲响应，环地球十万里，由此达彼不越二时。尚有德律风传声之机，由英之伦敦达美之纽约，相距三万里而遥，彼此倾谈，宛如觌面，噫！可谓神矣。

而其关系之至大至要而至繁者，则尤在商务。中国及各国各埠，一物之缺也，一货之多也，一金银市价之长落也，一舟车运载之通塞低昂也，本埠尚未周知，而密电风传，万商云集。中国之人，掩耳塞目，非惟不及知，亦不能知，非惟不能知，亦不欲知，成败盈亏，付之命运，不能尽人事而妄欲贪天功，遂致利权举授他人，贸易无不亏折，是犹明者瞽者，捷足争先，明者振臂长驱，瞽者不知趋避，有落坑堕堑已耳。此关不破而欲振工艺、兴商业、策富强，其必无望矣。

泰西各国，知电报邮政系商务之盛衰，国势之安危强弱也，又虑商人之自利自私，贪近利而忘远害也。创办之始，有官电，有商电，其邮政局有统于海关者，亦多有商人自设者，现均由其国家派员经理，陆续收回。商民有要事则由电传，而电报之收资，其价倍廉于昔也，商民有信函则粘帖凭纸，水由轮舟，陆由轮车，统归邮政局寄送，并由瑞士京城公议一最廉之价值，五洲万国无复参差，其所以便利商民者至周至备。而各国邮政电局之入款，乃仍岁岁增多，综计度支溢数千万。天下事固有价贵而销滞、价贱而收数转丰，谚所谓"多中取利"者，此也。

中国虽有电局，而本国尚未通行，报费所需，依然昂贵，虽以较外国尚觉稍廉，然中国日用所需皆廉于泰西十倍，则此价在泰西廉而在中国乃甚贵也。且繁盛之乡则商收其费，荒僻之处则官垫其资，众商并无大利，而一二人独专其利也。此何说也？邮政之设，甫有端倪，然不平不均，恐仍蹈电局之覆辙，天下之良法美意不得清公正直之人以行之，终归无济耳。虽然中国之大患在于不知，尤在于不行，行之而有弊，犹愈于不行也。弊虽中于隐微，而君民上下之显收其利者，已至大而至远也。由衰而盛，由塞而通，由昧而明，由散而聚，通商惠工之枢纽，塞漏卮、兴物产之本原，其必自广通邮电始。

大兴商埠说

自黄帝日中为市，首山铸铜，太公因之有九府圜法，管子立圜阓，作女闾府、海官山，以通天下之货。今之论者，以霸术斥之，若黄帝、太公独非王道乎？夫商务之兴衰，钱币之轻重，隐视万国九州之广狭以为差。

太古之时，居民浑浑噩噩，老死不相往来，偶有所需，粟布交易而止矣。三代以下，土地日广，生齿日蕃，民用日增，则货殖日重，陶朱、计然之术遍行于寰区。汉世桓宽《盐铁》之书，文学大夫诘难百端而不能相胜。人情之所便，天意之所通，万古圣王之所不可禁也。然西通波印，东抵倭韩，往日商途，际海而止。明永乐时，乃始遣宝船载瑰货出南海达西洋，以收番舶珠犀之利。自是而后，泰西巨贾络绎来华，而澳门，而台湾，而香港，而沿海沿江各口，华人之出洋经商、佣工谋食者，亦不下数百万人。

英人利擅六洲，多财善贾，君臣上下，并力一意，专以通商辟埠为要图，每于山陬海澨、荒凉寂寞之区创兴廛市，未及数月而街衢洞达，楼阁崇闳，百货骈阗，万商云集，重以电灯煤气，彻夜通明，电报轮车，终朝飞达，洁清整肃，如入化城，所谓天下之商贾皆欲藏于其市，天下之行旅皆欲出于其涂者也。而其旁之中国城镇转复崎岖，芜秽如沸如羹，盗贼横行，荆榛载路，税差衙役，冤辱平人，窭绌打降，欺压良懦。以此例彼，显判天渊。中人之家及富商大贾无不挈资携眷，适彼乐土，麇附他人。其留者，多困苦颠连、不能自给。相形见绌，奈之何哉！故西人商埠之制，整齐严肃，决为三古遗规，而不容执后世因循苟且之为强行轩轾也。

今中国果确知受病之所在，决计开物成务，通商而惠工，则此商埠者，固中国五行百产之菁英所出焉、藏焉。交易流通，以与天下万国之商民相见者也。苟其街道之垫隘如故，舍宇之坍陋如故，水泉之碱涩污秽如故，捕务之不修、盗贼之不禁也如故，游匪蠹役之敲诈讹索也如故，则货物阗溢而远人不来，虽欲通之乃反塞之矣。且中国动言圣道，以上种种积弊，岂圣王之盛治所宜有乎？简陋因仍，殆非所以昭示万国，欲申而禁之，廓而清之，亦不过一纸官文，奉行故事而已。其所以积渐颓靡以至于此极者，非伊朝夕矣。

惟有仿恰克图买卖圈及江海各埠租界之式，凡轮舟、铁路、电报所通之地，及中国土产、矿金、工艺所萃之区，一律由官提款购买民田，自辟市埠，开衢建屋，而岁课其租金，一切详细章程均仿西人工务局成法。现在各埠租界之侧，亦一律清厘隙地，兴造楼房，正其名曰"华市"，以便华商居止贸易，且免西人托名影射，占地益宽，如近日上海租界，地基蔓延至百里以外。彼以重值饸我愚民，流弊深微，未知所底。使皆由中国自辟商埠，则此疆彼界虽欲尺寸侵越而不能。今通商之地日益多，占地之谋日益甚，非自辟"华市"以清其限，则官司隔膜，无可稽查，以利诱民，何求不得？然此犹患之小者也。

中国自行建埠，而岁月取租，由内之商部、外之商政局经理其事，仿《周礼》司市之制，货物出入有数可稽，即可改征落地税银，而尽撤天下厘金以苏民困，按月按季所征之租课，除设捕修道诸费外，仍可成裘集腋，上济度支，东西两洋各国，岁需皆倚此为大宗之入款，则商贾通而民不为病，厘捐撤而国不患贫。复古时关市之征，改后世权宜之制，开渠垫道，养无算之闲民，殖货通财，辟无涯之利赖，此则益国便民之大者。有能揽持全局，爱养黎元，读三代以前之书，知四海以外之事者乎？愿得与之上下今古借箸而一筹之也。

仿设巡捕说

巡捕之制，实仿古之虞人、秦汉之游徼。晋宋以后，一变而为弓兵差役，又复吝其工资，宽其衔勒，贱其行业，绝其出身，凡亲民治事之官，皆倚为耳目爪牙之用。嘻！天下有蠹役，天下无好官矣；天下之干役多，天下之良民少矣。除暴则不足，扰民则有余；索贿则争先，逐贼则居后。盖自有差役，而末世之规为所以终不古若也。自官吏重用差役，而堂堂中国周回万里之疆土，四万万众之人民，所以见凌于海外小邦，俯而受他人之抑勒也。盖差役不去，则官民隔膜，上下之气永不能通。有臣亿万，惟亿万心，横览古今，安有全理？然骤去差役，则官府上下治事何人？若辈积习已深，即使予以出身，优以工食，警以刑诛，动以赏赐，而鸥鹙之性亦难遽化祥禽，且积威所加，民之畏之也甚矣，民之疑之也亦深矣。彼不索赇，民将予之，彼不生事，民终危之，以此求治不可得已。

惟先于通商建埠之处仿设巡捕，正其名曰"游巡"或曰"巡勇"。今中国通商各埠之巡捕，宁波、福建则全用华人，上海、汉口则什九华人，而管以数西人、数十印度人，行之数十年，毫无流弊，徒以工资优裕，法度详明，遂能事事认真，人人自爱，勤能奋勉，迥异寻常。然则谓良法之决不能行，华人之决不可用者，谬也。即如上海一埠，每一街口立一巡捕，车马繁盛之处酌量加增，一日夜分六班，每班管二时，许人携一角、一灯、一木棍，遇有盗贼，力不能制，角声一响，相率应援，巨盗凶匪，立时擒获。凡巡捕应办之事一百三十余条，巨细皆备，别有禁令，愈琐屑愈严明。必觅保人，方能充捕，入局之始，先将禁令章程读之烂熟，方准充当，否则摈之。充捕三年，谨密无过，则派充暗捕，不穿号衣，游行街巷之间，察访事件，虽小窃之案，无不获贼追赃，多有隔省凶徒自投罗网者。巡捕工资，每月八元，而暗捕、而捕头其工资有递升至数十元以上者。有功必赏，有罪必惩，无瞻徇，无容隐，无宽假，无稽留，故人乐为用。其工费虽极优裕，皆取于旅居租界之人车捐、房捐、轻罪之罚款，以本地之银，供本地之用，刊单登报，涓滴归公，无滥无私，敷用为度，故人乐输将。巡捕下班无事，则捕头率之以习武事，战阵之分合，步伐之止齐，枪炮之准头，刀兵之击刺，申明号令，以辅西商团练之兵。上海有巡捕四千余人，领以西商练队，俨有十营精锐，自成一军，足以保卫闾阎，销弭祸变矣。

故西人他种新法，或未能尽善，或中外情形不同，推而行之，尚须参酌，而惟巡捕一端，暗合古者虞人、游徼之制，可谓精详周密，毫发无疵，大用之则大效，小用之则小效。此英吉利所以东摧印度、西并美洲，属地遍于全球，威棱震于四海。欧美各国，一律仿行。日本初效西法，赞叹称扬，推为西国富强之第一策者也。

诚使创开商埠，仿设巡捕，只须译钞办法，调用华人，赏罚严明，始终一辙，所需经费，酌取房捐车捐已无不足。商埠既设，然后推行于内地各省、府、州、县，将旧日差役之弊一洗而空之。上欲举一事也，交巡捕以下于民，则利无不兴、弊无不去矣；下欲陈一言也，付巡捕以达于上，则泽无不究、情无不通矣。无事则安良治盗，居民无桴鼓之惊；有事则御侮同仇，海宇有金汤之固。且以上海而论，需巡捕四千人，则一城一镇之间各须壮健者千人以充此役，综计一省即数万人，而经费不出公家，贫窭均有生路。虽差役裁撤之后，果其束身自爱，亦堪改业承充，其利益之在国计民生者，实无涯量也。丰亨豫大，厥以商务为权舆；严肃清明，当以巡捕为嚆矢。世有深明大略之君子，当不河汉斯言矣。

修举火政说

夫子曰："民非水火不生活。"知水火之为用至切也。又曰："昏莫叩人之门户，求水火，无不与者。"知水火之为物至多也。又曰："水火，吾见蹈而死者矣。"知水火之为利至繁而为害亦至巨也。民之饮水，殆出性生。自燧人火食以来，二气之功能长留天壤，水则饮河凿井，无往不宜，火则春夏秋冬分取之榆柳各木，四时变化，意主更新。西域崇拜火神，各寺之长明灯有历数千百年而不灭者，则西域之火又以旧为奇，而要之习俗相沿，均无所谓新法也。

自英人华忒悟炼水化气、以气托物之理，而火轮之机器盛行。厥后化学肇兴，考求益密，于是因火井之理而悟煤气之可燃，各于镇埠之旁掘地燃煤，逼其气以入铁管，由总管达于分管，埋之地下，至燃灯处所，窍地而升罩，以玻璃分行列植，引以一星之火，则寒星万点，彻夜光明，闭其管则倏灭，凡街灯、壁灯、挂灯及一切定而不动之灯，均可以煤气燃之，害少于油而价廉于蜡。此煤气灯之利用一也。

然煤灯火色白而微黄，久燃之尚有烟煤气味也。嗣悟磨电生光之理，改而用电气之灯，磨电汽机，相距数里，以铁管引至其处，长竿高揭，明彻街衢，朗朗如月，其光力可抵四百枝烛光，然闪烁晶莹，宜于远而不宜于近也。嗣而接以分管，引以白金之丝，一点灵光，炯然朗照。由是煤灯、电灯相参并用，而繁星万点，如游不夜城矣。此电灯之利用者二也。

二法之妙，皆在价廉费省，且可永绝火灾。盖煤油性挟硝磺，大为各国之害，而取值最贱，任何种油蜡不能比之。惟煤气电气之灯，其价又较煤油更贱，而置之有定地，燃之有定时，所用者光，所通者气，碎玻璃之罩则气散光销，使大地通行，天下永无火患矣。故煤灯电灯之用，其利益实不可形容，天假手西人以救此煤油之大害也。

而电灯之利，则西人推之以照海口，其光力之大，可抵四千枝烛光，照见二百里之外，一星替月，使海船知趋避之方，而物业人民无虞覆溺矣。推之以照兵船，而凹镜回光闪闪，如电船有电灯二，无虞覆溺矣。推之以照兵船，而凹镜回光闪闪，如电船有电灯二，以分照两面，则十里之内，虽纤鳞跃水，飞鸟掠波，稍有风纹，纤悉皆现，因得预防水雷鱼雷之轰炸，从而捞以铁网，击以快炮，捉以灭雷之船，而当日凿沈偷劫诸方，更无敢轻于尝试矣，其妙有如此者。

至于防火之法，则水龙之制逾变逾精，其喷力之高可及三十丈，皮管数十副，取水之远可及十里之遥。水会之资，皆商人报效；救火之役，亦商人自愿承充。局中高筑望楼，四面俱见，日夜派人瞭望，毋间须臾，违者有重罚。有火鸣钟，南北东西辨以钟声之多寡，警钟一报，水会中人易衣易帽，驾水龙以出，不得逾八分钟，车到火场不得逾二刻，风驰电掣，辟易行人，不趋避者碾死勿论。救火之时，各司其事，执皮管者觅水，管机器者吸水，执龙头者喷水，飞空万瀑，若决江河，自余驾软梯者、持钩盾者、执斧凿者，需用之物必备必精，分投上房，拆断火路，故失火之处罕有延烧至数十家者。更有管救人者，持灭火之药水，穿耐火之衣襦，突焰冲烟，专救妇孺之惊迷而不能出者。每见救火之会，智仁勇义，四德俱全，严肃清明，万善胥备，未尝不叹西人之强盛有由也。

然而僻巷间街，取水太远，或水不足用，则其愿力犹有所穷也。西人因水平之理，悟引泉之法，相距数里或十数里，如有深谷高山、名泉洁水，则因岩就壑，砌池以蓄之，若有江河溪涧，则开渠以引之，或其地本无山泉，河水又复不洁，则掘地作井，汲水入池，滤以细砂，数池相续，而污者洁、浑者清矣。然后量以地平之仪，知蓄水之池与镇埠用水之地高下若何，其池低而镇埠高也，则造一水塔，高十余丈，汲水入塔，然后承以铁管，引入镇埠之间。其池高而镇埠低也，则引之而已矣。铁管埋之地中，引入城内，随意高下，皆与蓄水之池塔相平。水之性本平也，用之者或以塔，或以管，或以箱，随人收放，按月取资，较雇人挑水，价廉其半。亦可于街衢间置立小水塔，每月收资若干，包与水夫挑售取利。而合城合镇合埠，日食之水清洁无伦，上①自达官贵人、富商巨贾，下至贫苦食力之民，一律可以汲饮，旧日井泉咸涩，止供浣濯之需，所以却病清神，免夭伤而臻寿考者，其功德永无涯涘也。利益之大，尤在救火一端，无论用水若干，均不费钱文，不烦挑汲，大街小巷，各有水管，套以皮条，如万丈泉源，用之不竭，而火政之全体大用始全。

都中如太和门、祈年殿、户部各处，叠遭火灾，民间回禄之殃，指不胜屈，皆以救火无具，汲水无方，糜费金钱何止千万！重以路灯已废，井水不洁，秽恶不除，以致盗贼横行，瘟疫相续，各省府州县积弊尤深。诚于新开商埠之中仿行火政，然后因宜制变，渐及于都会各区，

---

① "上"，原文遗漏，增补。

则商务勃兴可立而待。此三古圣王恫瘝保抱，爱民如子之盛心，天假手西人以出之，一仁一不仁，如判黑白，而决不可以意见参之，横生訾议者已。

商改税则说

税则者，商务盛衰之根本也。均是物也，我之税重而人之税轻，则我之成本昂而人之成本贱矣。其价均也，则人之获利多而我之获利少矣；其价不均也，则人之货销路畅而我之货销路滞矣。此亦自然之理，必然之情，不得不然之势也。英国向有保业之法，虑他国之物夺本国商民之利，乃禁其入口，重税以困之，如中国丝、茶、白糖、瓷器四宗，皆值百抽百。本国出口之货，征税至轻，或有竟不征税者，如印度之烟土、茶叶，海关均不征税，欲畅其销路，俾本国商人之获利多也。嗣各国訾其不公，本国英伦三岛乃改为进出一律，惟烟酒不在此例。然此外之值百抽十、抽数十者仍累累也。印度之茶，日兴月盛，已较中国多至一半有余，而至今仍不征税也。美国进口之丝茶，值百而抽六十，出口棉花、洋布，税数甚微。自余俄、德、法、奥、日、意诸邦，均于本国出口之货，或轻税，或免税，以保利权，于他国入口之货，虽不禁之，而收税终较本国为重。如某货来自某国，入口过多，虑本国商民日久失利，则于一年前知照各国，谓本国于某货将加抽若干之税，出货之国不敢不从，即使所加过多，只能饬商人不运不售，不能阻其加税。盖收税一事，凡有国者自主之权，即使小若弹丸，弱为藩属，苟尚能保其位号，即不应听命他人，此万国人情天理之当然，即一国国计民生之所系，而决不容以势力横相侵夺者也。

惟天下万国，亦从未有以税则一事列入约章者。盖税则者，一国之私权也；约章则譬如合同，互议互商，各执一纸，两国之公权也。中国甫议通商，情形隔膜，误将税则载入约章，由是私化为公，能自主者不能自主，英人阴谋相劫，盛气相凌，太阿倒持六十余载，中国之受亏也深矣，英人之攘利也亦至巨矣。英人议论辄谓华人因循猜忌，不信外人，致通好多年而彼此邦交仍难浃洽。请即以税则一事论之，英人之欺天欺圣，以欺我中国四万万之人民也固已至矣，尽矣，蔑以加矣。天下事无平不陂、无往不复，英人既以洋药之毒鸩我华民，又以收税之章欺我中国，转将禁奴琐事，欲倡公义于人间，是犹持一钩之轻金赎万钧之重罪。上天无私，满者倾之，亏者益之，必将有以持天下之平而弥生民之憾也，无烦再计决矣。

日本通商后于中国，其约章受弊与中国同，近与英人续订约章，改为分别征税，税则之轻重始得自由。中国同系亚洲，大可援照办理，然后将出口丝茶各物，比年亏折太甚者，略减税厘，中国之商情，庶能渐有起色乎？至西人食用之品，照约免税，而洋酒各物遂成绝大漏卮，无税无厘，通行江海各埠，综计入口成数，每岁不下数千万金，物美价廉，尽夺华民之生计，尤宜择其害民最巨、销数最多者，仿洋药之例，重征其税，以杜来源。而入口出口之金银，亦当照各国章程通行征税。综计中国入口洋货，英居十分之七，各国共得其三，英从而各国安有不从者？英人自命与中国邦交最深，理宜共戚同休，保亚洲之大局，中国安而亚洲安、欧洲安、美洲安，英国之商务全局亦随之而安。否则，地主倾危，未有旅客尚能安居乐业者。况眈眈逐逐，疑之、嫉之、觭之、角之、思夺其臂而夺之者，固大有人在乎？

中国昏昏然六十余载，大梦未醒而国计已空，民生已蹙，今欲兴商务而不先改税则，是犹救溺者不援其手，治病者不究其源，虽心力交疲，终归无济耳。自有可改之会、可为之时，失此不图，后将奚及天下？盖有知之而不能行者矣，未有不知而能行者。此又夙夜抚膺，叩首默祷，天心牖我华人耳目聪明，勿仍如前日之无闻无见也。

博物开会说

太史公《货殖传》曰："太上任之，其次教诲之，其次整齐之，其次利导之。"盖商人牟利之心无孔不入，其操奇计赢，因利乘便，先知逆测之窔要，父且不能传之子，徒且不能受之师，无中外古今一也。苟官为经理，或加以限制，或侵其事权，必将掣肘多方，弊端百出，欲振兴商务而商务益衰。所谓太上任之者，诚千古之要言妙道也。

然泰西诸国商务大兴，其所以教诲整齐而利导之者，实有其法。盖恐商人愚暗，自私自利，受制他人，不能复规远大也。整齐之法，则公司而已矣，商律而已矣，商会而已矣。利导之法，则游历也，减税也，开埠也，行轮也，修道也，建官也，设兵也，给文凭也，助经费也，商力所不足者官辅之，商情所不愿者官通之，商之计虑所不能及者官成之，西国之性命于商也若此。至于教诲之法，则日报学堂而外，赛会一事，实扩充商务之本原，所以浚发心思，开明耳目，使商人之智慧日增，而商货之流通日广者，胥是道也。泰西各国，君民上下，皆逐逐焉视赛会为要图，筹集巨金购买隙地，大兴土木，广致珍奇，如英京伦敦、法京巴厘及西班牙、比利时、瑞士诸邦，均屡举不一。举经一次赛会，则其国工商技艺各业勃兴，若丝业、茶业、糖业、矿业尚有专会，皆所以考求物产，利便民生，鼓舞商情，裨益国计，其所见至远而用意至深。

惟美国百年大会，规模尤为闳远，中国亦以物入赛，且派员游历纪载，以扩见闻。惜拨款无多，备物过少，逼窄褊小，贻笑远人。而磁漆木器诸工，西人争相购买。维时日本通商各国仅十余年，器物既精，占地复广，西人称其工艺必将远胜中华。盖工业商业之盛衰，即以觇国势之强弱耳。光绪十九年，美国希加高城设立四百年博物大会，则已穷奢极丽，备宇宙之大观，集资一千万元，购地七千余亩，建房修道诸费三百余万元。综计十五院，一曰农务院，凡百谷、百草、饼饵、糖蜜、瓜芋、牛乳、鱼、肉、烟、茶、酒、浆、农器、粪田之物皆是也。二曰种植院，凡种树、种果、种花、种菜、种葡萄、种桑、种茶、种蔗诸法皆是也。三曰六畜院，凡牧畜、马牛、驴骡、绵羊、山羊、橐驼、犬豕、猫兔、家禽、野禽、野畜之类皆是也。四曰渔务院，凡咸水、淡水养鱼、捕鱼、钓鱼、腌鱼、贮鱼诸器皆是也。五曰矿产院，凡矿石、地学、煤、铁、金、银、铜、锡、铝、锌、镍、钴、锑、铋、钟、汞、颜料、各石、各宝石、分矿、炼矿诸器具皆是也。六曰机器院，凡发力、传力、灭火、纺织、印书、照相、木工、石工、泥工各机器皆是也。七曰运务院，凡铁路、街道、各车、各船、马驼、人力、运人运物之法皆是也。八曰工艺院，凡化学、药饵、油漆、器皿、玻璃、象牙、雕刻、佩饰、钟表、丝绸、衣服、彩绣、象皮、灯烛、刀锁诸物皆是也。九曰电务院，凡电气、吸铁、量电、发电、增电、通电、电灯、电报、电镀金银各器皆是也。十曰文艺院，凡文字、音乐、图画、刻石、模金各事皆是也。十一曰艺学院，凡卫生、医术、学校、书籍、测候、工程、商务皆是也。十二曰人事院，凡古今中外房屋、服饰、器物、神佛、军械、战具、猎器皆是也。十三曰女工院，凡各式花边、绣作、针黹等物皆是也。十四曰邮政院，凡各国日报、电音、传声、留声诸器皆是也。十五曰政治院，凡本国各国交涉、战争、工商、治法、民情、政俗皆是也。全地球中，天地所生动植飞潜及古今中外手工机器所成诸物，无不搜罗荟萃于一堂，因得而考其良窳，第其高下，别其精粗美恶，黏帖价目，合用者即购而归。游观者多至三千万人，皆知天下之大，万物之赜，各国人民风土物业之若何，因而扩其见闻，增其识力，益其技能，知本国之所出何者可以行销，他国之所成何者可以仿造。而所收游资多至二千万元，川资旅寓之费不与焉，本国利也，他国之以物往赛者亦利也，其益于天下万国之物产人工者，尤有无形之大利也。惟中国之物较前会尤稀，由美署派人往观，尤非慎重邦交之意，实不足以示四方而观万国也。

日本先于其国中举行丝茶、农桑、矿务各小会，十年以后亦拟举行大会，颉颃泰西，故其工艺商务之兴，如潮骤长，十年前出口之货仅值三千万元，今岁增至二万万元，而国帑充盈，百废具举，其收效有如此者。

中国举行大会，骤难集此巨金，况物产无多，未堪比赛，独不可如日本之举行织布、纺纱、开矿诸会，以立之基乎？今各省风俗，赛会迎神，糜费无艺，伤人肇事，时有所闻。赛会之名同而实则异。何如严禁神会，由官主持，开场造屋，饬沿江沿海各埠，各运货物比赛销售，则风气渐开，亦免陋俗相沿，作无益以害有益矣。中国此时工艺未兴，而土产各物万汇千名，可以行销外国者何限？诚能派人游历，设法仿行，则通商惠工，其富强可翘足待，斯即黄帝日中为市之意，有益于利用宜民、博物多识者，实非言思拟议，所穷不止，商羊萍实，共骇神奇，海赋山经，徒增炫丽而已。必执崇本抑末之言，苦相诘难，则必希风太古，老死不相往来，或尽屏远人，仍如前日之闭关绝市焉，斯可矣。

保险集资说

男子弧矢四方，远适异国，水则有覆溺风涛之险也，陆则有车翻马逸、盗贼劫掠之险也，然此就寻常行旅言之耳。至于巨贾富商，挟资运货，水则连樯接舻，陆则结驷联骑，稍有疏虞，一蹶多难复振，然此犹就昔日之水程陆道言之耳。至于今日，水则轮舟，陆则轮车，电掣风驰，日行千里，其速固不可思议，偶有蹉跌，其险亦不可限量，即有救生救命之圈，而资本千万金全归乌有，一商受亏，群商失色，于本国商务大有所妨。

遂有智者，纠集巨资创立保险行，以保轮船轮车之险。譬有万金之货，至行保险，按五厘计算，纳费五百金，无事则费此五百金已耳，万一有事，保险行须照偿万金，此商履险如夷，有此万金资本，仍可大张旗鼓，卷土重来。然遇险者一，而不遇险者固盈千累百也；偿者一，而不偿者千百，固仍坐收非常之大利也。始而附舟附车之货物保险也，既而客亦保险矣，载客之轮舟轮车亦保险矣。始而保道途之险也，既而各工作厂资本太重，工人千百，虑肇火灾，亦从而保险矣。既而市肆之殷商保险矣，既而居家之富户保险矣，既而官司之廨署保险矣，既而一器一物、一房一车、一马一犬之属，凡私心爱赏欲购而不易得者，皆估价而保险矣。保险之物日益繁，保险之利日益广，保险之公司亦日益多，而其保人寿险之法，尤有合于先王恤老济贫、哀此茕独之意，使之自相补助、自相扶持，其功德所保全为尤大也。泰西作苦食力之民，有年老者，有多疾者，有家累太重者，每日所得之工价，稍有赢余，亦烟酒流连，徒供浪费已耳，一遭死亡之惨，则囊无余积，妻子不免饥寒。乃有保险之行，使之按月五厘估值而保险，一有意外，照数赔偿，一二百金之资，取之宫中而皆备，不惟衣衾棺椁绰绰有余，而妻子亦得借其余资存放息金，或作小贸易以糊其口。此则法良意美，俨《周礼》睦姻任恤之遗风，不啻将众人之资代为存积，以恤此一人之忧患者也。然保险之时，年老多疾者必由医生诊视，三年之内可保无虞，方能投保。则又因资本所系，仍须有利可图，虽仁术仁心，亦必求其可继者也。其关系至巨者，则尤在水险、火险及货物道途之险。

中国商局轮船保险之费，岁需数十万金，刻已立仁济和保险公司，自保水险，以收溢利。惟各处纺纱、缫丝、织布诸局厂岁岁增多，资本各数十万金，工人以数百千计，欲不保险则人命物业跬步堪虞，且前此织布局灾，未经保险，事后之论，咸归咎于总理之非人。中国既无保险之行，而各工厂又亟需保险之事，于是每厂每岁数万金之保费唾手而让之外人。购数万包之棉花则需保险也，成数万包之纱布则又需保险也。百金成本，先耗五金，是不啻于海关而外预纳一西人出口之税矣。此时纱布定价綦昂，业此者皆有三二分之息，故相率因循，不能自觉耳。万一纱布陡落，而保费如常，其亏损何可胜道！且沿江沿海数十厂，每厂数万金，每年即数百万金，而必让西人以独专其利也，何为也哉？中国官商隔膜，商与商又隔膜，以致自相携贰，听命他人。故一言商务之赢亏，而不能痛恨太息于华人之不通外情、不顾大局者，此也。

诚由官设立商政局，选举公正绅董，纠资集股，自立保险公司，只收华人保险之费，每岁亦数千百万金，开诚布公，通力合作，保众人之物业，收各埠之利权，即此保险一端，而华商之大势成，中国之全局振矣。至外国保险多设分行，每行资本至多百万，所保者不过十万金，如一工作厂资本五十万，则五家分保之。虑掷巨资，致成孤注，且常派人至厂查察，偶有不慎及引火诸物，必再四丁宁诰诫，愿彼此永保平安。其居民铺户保险数千金数百金，亦必访查明确，仍与水会联络一气，以免延烧太广，受损过多。其精详缜密之规条，尤不可不考求仿办者也。

酌增领事说

各国领事之在中国者，威权无限，俨然治民治事之官也，实则护商之官耳。故其国商务少者，或以商人充之，或竟不设领事。惟法国领事职兼护教，动辄称兵要挟，机阱多端。中外刑律不同，交涉案情必须会审，领事之权利遂推广于治民，太阿倒持，实碍中朝体制。英复增派一副刑司驻沪，有罪者援情准律始定，爰书固缘，明慎用刑，亦虑领事之不谙法律耳。英人通商各国，其领事无兼辖民情者，惟属地如印度、巴拿大、澳大利亚之类，始派刑司，而香港、上海亦然，是俨然以属地视之矣。

日本初约与中国同，此次换约之时已经更正。中国向于日本设理事官，专管中倭词讼，而转不关商务，情形隔膜，一变而尽失其本来。今商约将成，此官亦撤，名实久丧，无庸更爱其羊矣。中国创立香港、西贡、新加坡领事，屡议始成，而香港一埠终无成说。因外国创设领事，皆先试办一年，某公必欲三年，故竟作罢论也。华人之在外埠者，统归西官管辖，虽设领事，亦苦事权不属，受制于人。然领事以护商为职，不理民词，此西国之通例也。护商之事，不在铢铢而校之、寸寸而度之也，在平日通达外事，联络商情，潜收中国之利权，隐系远人之观听，苟得明通公正之才，以久任此职，则上维国体，下顺民心，其补救于深微隐暗之中者，实非一二端所能罄也。

且华人之出洋者，其苦累也深矣，其拘囚屈辱也亦甚矣。始也，由于匪徒串通洋商，诓诱乡人之愚拙者，名曰"猪仔"，至澳门左近拘入洋船，载至南洋各埠，售之于垦地之西人，虑其私逃，羁以铁索，朝牵而出，暮牵而入，少惰则加以鞭挞，贱之如奴隶，役之如马牛，猫语犺声，食不果腹。其载运出洋也，数百人闭置一舱，昏闷而死者已三之一，抵埠以后，饥饿疾病鞭棰而死者又三之一，仅延残喘者不及一成。其稍有技能，作工勤奋，能得主人之欢心者，因而积渐致富，不过千百中之一二耳。然挟资而去，既忧异族之羁留，出险而归，复苦同乡之讹索，控诸地方官吏，复从而鱼肉之。当九死一生之际幸脱虎口而博蝇头，乃转棘地荆天，欲生无路，此可为寒心酸鼻者已。而其所以致此者，则因出口之际，既已不及稽查，抵埠之时，复苦无人管辖，以致进退不得，去住两难。而各埠情形不同，有巨贾殷商自设轮船行栈者，有仅有小康之户自食其力者，有全系工役仰食于人者。论者欲设领事，辄以就地筹款为辞，冀括彼私财以充公用，而兵船不至，威望不孚，华民受亏，毫无挽救，操守不谨，中外所轻。更有各省赈捐，敛财海外，比年常驻新架坡者，至有十三局之多，乞贷卑猥，益为远人所笑。嗟乎，天下事尚可言哉！

虽然，东南洋数百万华民，固中国之苍生赤子也。西人开埠，必招华民，华民既多，其埠之兴可立而待，否则荒凉寂寞，太古荆榛。如英美之新旧金山、墨西哥、巴西、秘鲁、古巴各埠，衮延至西贡、缅甸、印度、锡兰及西人新辟之非洲、南洋万岛，开辟之始，皆广招华民，华民工作勤、食用省、薪俸廉，百产蕃昌，陡成富庶，然后其本国及他国之工人从而嫉妒之、残害之、驱逐之。天下之不平，孰有过于是者？然而逐者自逐，新辟之埠仍不能不招也。

诚派熟习情形、深明大略之人，周历各埠，经营擘画，定立保护华商华工章程，派一大臣驻扎新架坡，主持其事，澳门、香港、汕头、厦门四处专设领事，华工出洋，将往何埠，与其国立约给凭，订立年限，仍声明日后去留自便，不得有擅行驱逐伤害等情，否则向其国家索赔巨款。华商出洋则给凭不立约，亦须照会各国保护维持，如西商在中国之例，均不得向本人擅索规费，则每年出洋之民可以确知其数，而其源清矣。东南洋各洲各岛，须查悉华民若干，或贫或富，为工为商，何国所属，有约无约，其埠之华民满万人以上者，一埠设一领事，否则数埠总设一领事，国家筹给薪俸，必优必丰，统归新架坡大臣管辖。平日职守专以抚字工商、保全人命物业为主，争竞斗殴琐事，不与外人争判断之权。新架坡须拨万金设立中西大学堂，以教聪颖子弟，各埠商民有家业子孙因而失学者，准领事禀明该管大臣，奏闻请款为倡，再由本地捐集经费，设立学堂，果有明达之才，由大学堂考验得实，保送来京，听候录用。因宜制变，除旧布新，恤其艰危，开其知识，则其流亦洁矣。

夫人才者，万事之根本也；学堂者，又人才之根本也。说者动谓中国之于南洋权势久失，虽糜巨款，无补时艰。不知南洋各岛在有明嘉靖以前，本朝贡之国耳，中叶以后，明人弃之，然后西人得而取之，蹊田夺牛，倚为外府，精神命脉，皆在此间。其取之者，人才也；其弃之者，无人才也。西人既驱策华民尽除榛莽，种植、开矿之利，擅绝寰区，乃转迫逐摧残，竟忘开创艰难之自。有其功者，不得食其报。华民之勤且愿也，人之所悲亦天之所悯也。

以设官开其始，以立学考其成，不争旦夕之功，不惜度支之费，而惟以潜移默化，收效将来，使数百万之华民智慧渐开，才能渐出，则有人有土，有土有财，吾知天之所以报之者，将必有在矣。否则自弃其地，自弃其民，有明之覆车未远矣。彼西人坚忍沈骛，无利不搜，独不可以待南洋者待中国乎？又岂不可以用南洋之华民者用中国之华民乎？此海内有心人所为怒然忧、悚然惧也。

多制兵船说

今能禁外国之人此后不通中国乎？不能也。今能禁中国之人此后不通外洋乎？不能也。所以行之者，轮船也；所以护之者，兵船也。行者譬之足也，护之者譬之手也。今外洋入中国之船，每岁数千百艘，而中国公私上下无一船行驶外洋，是人有手足我无手足也。或解之曰：中国百物具备，无庸仰给外人，不通商固无碍也，彼欲通商则听其来焉可矣，何必往？是大不然。彼欲通商，非必物物皆有所缺也，趋利而已矣。趋利则必争，以无手足者与有手足者争，彼胜乎？抑我胜乎？或又曰：我安坐而食之，固宽然有余也，何必争？正惟安坐而食宽然有余，而彼之争乃愈亟也，必将彼有余我无余，彼得食我不得食，而争仍未已也。况五六大国水陆沓至，皆以中国为鱼肉，群起而争，而我徒以不争应之，彼之争遂可以已乎？不可也。

虽然，手足定于天者也，而轮船兵船成于人者也。泰西各国百年以前皆用夹板船、帆船，行程一年，始达中国，虽有若无，付之荒忽，不足畏也。自机器行轮六七万里之遥，刻期一月，而我本国江湖之险，民船往返动阅数旬，人之利便如彼，我之淹滞如此，讵可以当日之天下阿蒙相待乎？彼嘉庆道光以前蟠伏澳门，帖帖听命，自有轮舶兵船以后，其飞扬跋扈何如哉！且彼之手足亦非与生俱来者，由通国之人上下一心，讲求格致，以臻兹巧捷者也。彼可成，我宁不可成；彼可有，我宁不可有。彼为其创，我为其因，彼之成之也难，我之成之也易。可购者不止一国，能造者不止一人，我之受累受亏者不止一事，而仍深闭固拒、尽人侵夺，转以无手无足自豪，此何说也？

往者不可追矣。此后而果欲阜民财、丰国用、振商务、收利权，则轮船固须广行，兵船亦必须多制也。今之论者，辄因中日交兵，海军失事，借口于兵船之无用、中国之无人。谓中国无人固也，谓兵船无用则非也。上年大东沟之役，两国调集兵轮，各出全力以相搏，雷轰电击，破坚沉舟，西人谓自英法海战以来，罕有如是之奋不顾身，将性命鸿毛轻于一掷者。若平日护商兵船散泊海中，借张声势，不常备战，安有危机？不过按期会操，练习枪炮，以壮己民之胆气，系外国之观瞻而已，可以隐杜侵陵、潜销事变矣。前此中国海军游驶新架坡，中国商民所由瞻望旌旗而欢声雷动者也。

惟海中道路沈礁暗线，艰险殊多，英国分驻各埠之兵轮自保护商民外，专以考察海图为要务，日省月试，岁课其成，皆以日记绘图考其殿最，万一有事，则全地球之海道，孰远孰近，孰险孰夷，通国之人一览了然，更无疑滞，实有益于行程之迟速、战事之短长、兵机之利钝。因商轮来往只行常道，万不能周回遍历，尽悉其浅深曲折之所由然也。

中国南北洋海军兴复万难再缓，内地通商各处，亦宜各驻兵轮，方免彼族动辄称兵，要求无厌，一通一塞受制于人。至护商兵轮，应先以南洋为主，每驻一领事，至少须驻一船，此项薪粮可由商人捐助。当日新架坡庇能各埠，本有捐置兵轮之说也，惟管轮驾驶必须得人，操演测量必有图说，此则各国所同者。英法俄美各国之兵轮与商轮无大区别，恒有平日运货载客，络绎往来，有事时改作兵轮，即为国家备战者。因轮船久泊，锈涩苔黏，转须修整，于暇时收取水脚，津帖弁兵，不惟熟悉海程，并可无须另给养船之费耳。中国事事隔膜，各省官轮或购或造，迨竣功以后，体制尊严，寄泊江海之间，除载送官绅，终岁不一开驶，而薪粮糜费动数千金，商轮则自擅利权，亦不上济国家之急，官自官，商自商，无益而有损矣。

嗣后守口巡阅兵轮，大可仿照各国章程办理，而国家稍加津贴，即可任意往来。闻南洋华商已自有轮舶多艘，行驶各埠，惟虑华官需索，转倚英人旗帜为护符。诚能开诚布公，酌补公费，发给军械，假以管带武弁各头衔，无事则海天转运，俨然商部之章旗，有事则舰队联翩，高列海军之位号，声威远震，与有荣施，必有愿为公家出力者。惟船非坚固，战时仍充运船，如被敌舰击沈，仍须查明，抚恤赔缴，此于济用之中，仍寓恤商之意者也。

创开银行说

商财不能积也，通而已矣。商人之资本太少也，则欲购何货，遵何道，趋何利，虽能亿中，力不从心，不得不让人以先着矣。商人之资本若太多也，则操奇计赢，长袖善舞，然或时会未至，或倚托无人，仍不得箧而藏之，以俟机遇，彼善权子母者，已觉虚费息金矣。

况天下事善贾者未必多财，多财者不皆善贾，不有周转流通之地，则两全无策，必至两妨。西商之银行，所以通其邮而握其要者也。中国自汉武时，以白璧为上币，黄金为中币，白鹿皮一，值钱四十万，实为钞票之滥觞。有宋南渡以还，与北朝通市，所用交子、会子与今之汇票何殊？元人遂专以宝钞通行天下，方其盛也，上下信实，适用反过于钱，末流作伪益多，钞价益贱，再变三变，始尽失其本来。自明迄今，悬为厉禁。然土地日广，生齿日蕃，而矿产不开，海内之金银万不敷生人之日用，故今日各省钱肆所出钱筹钱票流布民间，虽亏闭频闻，仍趋之若鹜也，钱少故耳。晋商汇号，海内风行，无论千金万金，一纸轻赍，取之如寄，而各省报解京协各饷运银之鞘，官司押运，兵役护送，犹时有水火盗贼、伤人失事之虞。比来东南海疆所解饷银，均陆续改为汇兑，地广人众，上下便之，故也。然此就中国言之也。

今日万国通商，水陆程途皆逾数万里，轮舟铁路，绝迹飞行，溟海风涛，艰险百倍，地益广，人益众，用益繁，则取携益不便。假使交易皆用现银，何能九万里往来厘然若指诸其掌乎？夫不兴商务则万方之文轨不同，不设银行则四海之舟车不便，道途艰阻，何如取之宫中？行李戒严，何如汇之他埠？万无一失，得手应心，天意之所开，人情之所欲，地势之所不得不然，有莫之为而为，莫之致而致者矣。

西人于通商各埠广开银行。银行之最要者六事，曰：钞票也，汇票也，股票也，存款也，押款也，借款也。所出钞票自五元至百元为度，另存钞本，随时取银，诚实无欺，以昭大信。钞由机制，款式精工，虽有神奸不能伪造。人皆不用银而用钞，不存银而存钞，而一千万金得二千万金之用矣，其便一也。挟巨资以行万里，轻蹈不测之渊，稍补微资，易为汇票，周历万国，不携一文，既可刻期，从无失事，其便二也。中国公司之不易集者，因无银行耳。有银行则股本之银皆存行，生息千万百万，如取如携，登高一呼，四方响应，其便三也。人有金银，无论多寡，可存银行生息，随时取用者月息三厘，存三月者四厘，存五月以上者五厘，乃至三元五元均可存放，有母必有子，既便富民，尤便贫民，是银行不啻为众人营运也，其便四也。人有产业，如房屋地亩之类，留之则无利，售之则无人，至银行估价押银，自作贸易获利，而后仍可赎回，略如中国之典肆，惟典肆所典者物，而银行所押者业耳，化板为活，化滞为灵，则败落之家均有谋生之路，而商务益兴矣，其便五也。国家有大工役大政事急须筹款，民间赋税无可再加，常年度支不能节省，则银行为之筹借国债，借票一出，购者纷来，不及浃旬，已溢其量，取之不禁，用之不竭，每举一事，弹指即成，其便六也。

中国既无银行，又不思急行创立，故上欲筹饷则人易我难，下欲经商则人通我塞。譬之一身，他人则百脉贯通，血脉周流，精神焕发，无论登高履险，无难色，无戚容，我则手足惰窳，筋络痿痹，血多之处，积而成痈疽，血少之方，枯而为瘫痪，不和不活，不均不平，如以病夫敌壮夫，岂能与之絜长而校短哉！故中国自问，此后而果能不与通商则亦已耳，通商而不设银行，是犹涉水而无梁，乘马而无辔，登山而无屐，遇飘风急雨而无寸椽片瓦以栖身，则断断乎其不可矣。

银行创于法兰西，始事之人亦过于铺张，以致亏倒。嗣后各国讲求整顿，章程益美善无疵，有官银行，有商银行，有有限者，有无限者。诚宜取长弃短，参酌中外情形，定立规条，得人而理，不可轻心大意，有始无终，致为远人所笑。提官款以开风气，辟矿产以裕本原，发钞票铸金钱以收权利，循名核实，体立用行，于通商惠工之真源、怀远招携之实效，思过半矣。

通用金镑说

裹粮以适千里，载十斛粟与十千钱孰便？则必曰钱便也。携铜钱十千与银钱十元孰便？则必曰银钱便也。携银钱十元与金钱一元孰便？则必曰银钱便、金钱尤便也。虽然，此犹千里、数千里之遥耳，若远而至万里、数万里，则舟车屡易，行李多虞，携银钱至数千元、数万元、数十万元、数百万元，其累重与铜钱等。水有风涛之险，火有回禄之殃，盗贼有掠货伤人之惨，金钱则以一值十，万一有事，银钱须十人担负而逃者，金钱则可以一人荷之而逸，其便利何如乎？

古之时，民情浑朴，九州画井，地限中原，粟布交易而已矣。屡朝拓地日广，民用日繁，乃采铜铸钱以通贸易，虽有黄金，仅贵者赠问之仪，不为币也。嗣后钱法世轻世重，黄金渐少，白金渐多。唐宋以来，遂开银冶。至有明嘉靖之世，西人探获美国、墨西哥银矿之旺，冠绝寰瀛，遂由粤海通市之区浸淫内地，维时中国之银二两易黄金一两，金不贵而银亦不贱也。而地丁钱粮改折银两上兑，中国之需银日多，外国之来银日广，彼以银易货，我以货得银，尚无所谓亏损也。

英人商务兴于国初，其本国出金素多，又得新旧金山两金穴，乃用金以笼天下之利，广铸金钱，名之曰"镑"。金钱一值小银钱二十，所谓先令者也。乾隆时，美人自立为国，然举国皆英人，其用金镑如故，而美、墨二国金渐少银益多。专用银者独中国，印度岁岁载银入口，易我之货与金，由是中国金日贵、物日贵，而银独日贱，旧有之铜钱亦随之而贱。

二贵二贱，是生四弊。黄金者，国之宝也。彼不惜购以重值，中国富商贵人争售之，以要目前之利，而举国无盖藏，设有不虞，何以备之？是贫中国之富人也，弊一。饮食日用各物，生人之所必需，今使之无一不贵，怀宝啼饥而万姓无安乐，铤而走险，何以御之？是贫中国之穷人也，弊二。内外各官之廉俸，自有明以迄本朝，本无所为不足，银贵故也。今使之陡贱至十余倍，而贵至将相封疆，贱而兵勇吏役，旧有之俸薪工食，皆不足以糊口而养身，上既不能议增，不得不取之于下，贪官蠹吏，接迹于时，虽有刑诛，不能复禁，是坏中国之吏治也，弊三。四裔诸国，向不铸钱，惟中国独有，得钱则珍如拱璧耳。今各国皆有钱，其金钱一文较铜钱贵至一万二千倍，华钱之太贱可知，钱既贱矣，而又太重，且内含银质，概目以铜，中国之私铸者因其重也，以一文化两文，犹倍利耳。外国之私销者因其有银也，以汞引之，每铜钱一千，可提银数两、十数两、廿余两不等，遂有数十倍之利，而安可以严法禁之？故中国之铜钱不尽不止，是绝中国之民生也，弊四。

中国此后果自问能闭关绝市，则不铸金钱我行我法焉亦可矣。如不能禁西商入口，又不能禁华货出洋，则彼之钱皆贵，我之钱皆贱，非彼富而我贫乎？彼之物皆贱，我之物皆贵，非彼通而我塞乎？彼富我贫，则日仰人之鼻息，而中国无富商矣。彼通我塞，则日予彼以奇赢，而中国且将无贫商矣。通商六七十载，轮舶飞行，而印度、越南、缅甸诸邦，无一商运货自通中国者，利权一授他人，则贫苦艰难、永作终身之奴隶耳。呜呼，可胜叹哉！

欲收利权，欲兴商务，非自铸金钱不可。金钱之轻重，非仿用英镑不可。英国出金最多，故欲以金钱为准。比来美国银矿大旺，故欲参用银准，而英尼之。何则？金多之国利用金，银多之国利用银，故也。英之尼之者，亦所以固守利权也。中国产金最多，产银最少，而自明以降，官民上下通用纹银，固已不识外情，受人盘剥矣。各省金银诸矿，相沿至今。一律封禁，又且不知内事，启彼觊觎矣。泰西各国咸谓金价太昂，金产太少，不敷全地球万国通商之用，惟中国金矿闭置未开，必须开中国之金，始足给生民之欲。故英之窥川藏也，金也；法之窥滇桂也，金也；俄之窥东省也，金也；日之窥高丽、台湾也，金也。蕴利生孽，有齿焚身，中国以此区区，将为众射之的，何如速开金矿，自铸金钱，使天下利权仍归于己乎？

宜购铸钱机器专铸金钱，饬各省矿金一律归官采买，鼓铸私售者，重治其罪。民间旧有金器，亦按时价收之。所铸之钱，款式用龙文，分两同英镑，金钱一抵银钱十，永著为例，各省关均颁一分，成色一律，而中国通行矣。各国均赠一分，并知照各金银之会，成色一律，而外国通行矣。如是，则四弊可除，乃兴四利。

金叶金砖，惟巨富者始得藏之耳。铸以为钱，则贫苦食力之民亦思人庋一二枚，以防意外，则国宝不流，而一弊除。彼之持我贵贱者以金镑耳，今我自有金镑，又能广辟利源，中西之货贵贱相等，则民用可足，而二弊除。京官之俸，以银一两折金钱一，外官之廉俸、旗绿兵勇之俸饷、吏役人等之工食，均以银二两折金钱一，裁额而加俸，则贪吏皆成廉吏，而三弊除。中国既自铸金钱，又复广铸银钱及当五、当十之银铜钱，以贵权贱，以大权小，以少权多，即使旧钱尽销，而已敷周转，则无钱忽变有钱，而四弊除。海关进出口税，皆以英镑金钱通用，中人西人买货卖货，亦以英镑金钱通用，皆免以镑折银，暗受亏损，利一。国家购船购炮，拨还洋款，或他日息借洋款，皆可以金钱抵英镑，免致买镑卖镑出入参差，利二。中国金钱轻重与英美之金镑同，中国银钱轻重与美墨之银圆同，则彼之金镑银圆均可通行于中国，中国大开地利以货易之，则彼钱皆我钱也，利三。中国产金之富，久为各国垂涎，今金矿自开，金钱自铸，权操于我，利溥于人，则边隙渐销，戎心渐息，民生日富，国势日强，利四。

此一事者，不止为商务言之，而其利益于商务固无穷也。且必自有金钱，而后可言商务也。使当十年以前，早明于中外权衡之故，出我之美利以利四海之人，则百废具兴，已成天下第一富国，而惜乎觉悟之已迟也。门户已开，藩篱皆撤，人将下手，我始留心，及今而为之，其难有十倍于当日者。然及今而不为之，则亦更无能为之日矣，印度、越南、朝鲜、缅甸，其前车也。

畅行日报说

泰西各国之兴，仅百年耳，其内治外交何遽能若是之严肃清明？君民一体也。应之者曰：合众人之心以为心，则理无不明；合众人之力以为力，则事无不举。且利无不兴，弊无不去也。其所以致此之由，则始于日报而成于议院。议院之制，各国不同。若日报，则万国风行，均视为宣上德、达下情、察地形、开民智、尽物理之第一事，而各国之君光荣安富，国用益饶，国势益振，而国体益尊，隐与古人建铎悬鼗、陈诗采风之意合，而益加精备，乃挟其火器、电报、火轮、舟车，遂以纵横六区、凭陵上国者、岂有他哉？上下一心故也。

然其关系之大者，则尤在商务。游历之使，所以辟商途也，一地图一日记，各报争先快睹，举国风行，心力目光毕注于是，前者死，后者继，虽千艰万苦，无一还心，天下有不可成之事哉？此日报之功一也。

条约之章，所以保商务也。约章登报，愚智了然，何者照约，何者违约，何者为约中之利，何者为约外之意，销何货，遵何道，工制之，商运之，亿中先知，寻声赴响，天下有不可收之利哉？此日报之功二也。

天下通商各埠，市情之长落，物价之低昂，五金百货之多寡利钝，或函或电，入之报中，操奇计赢，若辨黑白，以明者敌瞽者，天下有不可估之便宜哉？此日报之功三也。

探一新地也，得一新法也，成一新器也，制一新物也，著一新书也，不过潜德幽光，孤芳自赏耳。一登报而心得之精微流传四海，彼此互相印证，聪明智力，日进无疆，天下有不可通之学问哉？此日报之功四也。

此其大略也。日报之有益于国计民生者，更仆而难以悉数。中国沿海沿江各埠，虽有报馆，而推行未广，且多异国之人，不免桀犬吠尧，各为其主。然而赈捐则绘图帖说，使观者怦然动，而各省多义民，冤狱则据事直书，使阅者慒然惊，而地方少酷吏。各国之情伪，可以参稽互证，而耳目渐开；各埠之工商，可以弃短取长，而聪明渐浚。中国因循守旧，无见无闻，犹恃此报章一隙之明，以稍通症结，否则川流海溢，暗退潜消，使天下之人艰难困苦，无疾而终，不自知其何以奄然忽毙也。噫！天生西人以贫中国、弱中国，如蛊之蛀，如蚕之食，如鲸之吞，如蚊虻蟹虱之专嗜人血，而中国独宴然高卧，深入黑酣，呼之而不闻也，撼之而不觉也，惊之聒之而褒如充耳也，方且窃窃然疑之，憧憧然恶之，不以为爱我，而以为扰人，不以为有功，而以为有罪。中国之沈冥如此，昏惑如此，颠倒如此，奈之何哉！圣人之生不远矣。

虽然，泰西诸国之报，固亦各有主名也。有官报，有民报，有农报，有矿报，有工报，有商报，有政务报，有教务报，有学会报，有天文报，有地理报，有物产报，有海军报，有陆军报，有电务报，有商务报，又于商务之中，分立蚕桑、丝茶、钢铁、金银，价值各专报。有一日报，有三日报，有七日报，有月报，有季报，有岁报。其立报之始，皆后于中国之京报，日加推广，获益良多。

中国国故朝章，庶人不议，然既欲振兴商务，何妨准各省分立商报，以开耳目而收利权。其农功、矿务、工艺三端，又商务之本原，出我之物曲人官，以与海内外诸邦相抵制者也。国之所立者，政；政之所举者，用；用之所需者，财；财之所入者，税；税之所出者，商。今天下商税六千万金，不能保商，何以立国？以贫商敌富商，以小商敌大商，以愚商敌智商，不败何待？不贫何待？比年各省无一巨商，而小民之生机日以穷蹙者，职此故耳。商部商政局所以维持其源，而商报一端又所以导万商之智虑心思而日规深远者也。

今商力衰矣，民力竭矣，海内之精神命脉只有此数，虽官清吏洁，百计取盈，犹不能供漏卮塞沧海。况力除中饱，其大害仍中于民，非为天下开一线生机、广一分利赖，决不足以支持危局也。立商局以振之，开商报以通之，而后商务兴，商税旺，丰亨豫大，其大利仍归于国家，此天下所为祷祀以求，亦操券而可获者也。

分建学堂说

欧洲各国之人环历地球，区天下人种类为四：欧洲英、法、德、俄诸国，自命曰白人，以亚西亚洲之中国、日本、蒙古、朝鲜、越南、暹罗、缅甸诸国为黄人，以阿美利驾南北两洲之土番为红人，阿非利加洲、印度、南洋万岛巫来由种族为黑人。欧人探地而西，通商于南北美洲，而红人均为所逐矣，今美利坚、巴西、秘鲁等国皆欧人也，非美洲旧日之君长也。继也航海而东，通商于南洋万岛，而黑人均为所吞矣，如爪哇、渤尼、苏门答腊诸国，见于有明朝贡典录者，今已无一存焉。继也通商于亚西亚洲，英灭印度，法殄越南，英夷缅甸，今暹罗、朝鲜亦岌岌矣，仅存者中国、蒙古、日本耳。终也通商于阿非利加洲，五六年间将非洲国土十余分割净尽，无敢抗颜争者。始之诱之也以商，继之服之也则以兵，兵之所以必胜者，火器也，轮舟也，轮车也，电报也。

西人自谓其种出于印度，而印度之婆罗门种实出于中华。黄帝暮年，巡狩昆仑，弓剑桥山，留此神明之胄，即《山海经》之"白民"是已。婆罗门者，白民之转音也。则知黄种白种，中西本出一源，更无容同类相残，强分轩轾矣。如日本三岛，实即海外之三神山，秦始皇遣徐福率童男女三千人入海，遂据地而君之。倭者，徐福之切音也。今乃数典忘祖，自诧天生，抑知其始祖天皇皆在汉兴以后乎？

彼西人亦人耳，非有牛首蛇身之异表也，非有补天缩地之奇能也，而所过拉朽摧枯，鲸吞蚕食，自中国、日本、土耳其、波斯、阿富汗数国尚能自立外，自余苟非欧人种族，皆不能自守其宗社、自有其土地、自保其人民，麦秀禾油，家亡国破。呜呼，惨矣！

西人之治兵与商也，如腹背之相倚，兵以护商，商亦为兵，故其开疆拓土之初，大半由于商会。商会之所以能举大事者，一曰财，二曰人。其财力之富，萃于公司，数千万金，咄嗟立办，每举一事、辟一地，以必得为期，不得不已。其人才之众多则皆出于商学，灭印度之阿苏飞，乃商学中一少年司笔札者，而深明大略，文武兼资，遂能万众一心，禽其王而灭其国，拓数万里之土地，收八十兆之人民，谈笑指挥，不逾数月，可不谓巍伟绝特矣乎？而固无他谬巧也，亦非别有神奇也，一言以蔽之曰，学而已矣。

西人于通商辟埠之区皆安家业，长子孙，设商学。其学之浅者，本国语言文字、外国语言文字、算数会计而已矣；其深者则天文、地舆、测量、绘画、文事武备、光、重、化、电诸学，无不循序渐进，深思力索，务底于成，略视其天资之高下以为断，此总学也。至日后专习何业，则又分设学堂。如轮船公司，则有管轮学堂也、驾驶学堂也。必由管轮学堂考验给凭，而后汽机之利弊周知，始可以为大副矣；必由驾驶学堂考验给凭，而后海道之情形熟悉，始可以充船主矣。轮车则有铁路学堂也，电报则有电报学堂也，丝业则有蚕桑学堂也，制茶、制糖、制磁、制酒、制一切食用各物，无不有学堂。开煤、炼钢则有煤铁学堂也，纺纱、织布则有织作学堂也。每创一业必立学堂，是以造诣宏深，人才辈出，凡一材一艺之微，万事万物之赜，无不考求整顿，精益求精，遂能创开大利之源，尽夺华民之业。而外国轮舟、轮车、电报、火器以及机器制作之属，入中国者永须用西人管理，华人瞠目直视，束手而无可如何。轮船商局之开二十有余载矣，各船船主、大副仍用西人，岁费薪资六十余万，局中每岁赢利亦不过数十万金，是名曰收回利权，而此项利权实永与西人共之，而无日可以收复者也。欲径将西人辞退，改用华人，则全船数十万之金资，数百人之性命，又谁敢操刀学制，轻试波臣？西人驾之，固亦间有失事者，而华人之失事，则若早在意中，而不必期之意外者也。日本通商后于中国，仿行西法仅三十年，今其国兵轮商轮皆自行管驾，遍历五洲，无一西人羼杂，即此一事论之，其优劣巧拙之相去远矣。无他，一学一不学故也。

今中国商业资本数十万、数百万，或数千万金者，自宜各提公积，倡立学堂。如丝业则宜设蚕桑学堂，茶业则宜设制茶学堂，轮船江海通行，关系尤巨，宜分设管轮、驾驶两学堂。自余纺纱织布、炼钢开煤以及铁道、电报，中西制造各事，每创一业，开一厂，设一局，均应附设一学堂，或独力创兴，或数家合办。学成后，入船入厂习练有成，愚拙者为工人，聪颖者为总管。嗣后，无论扩充何事，推广何业，分布何地，制造何工，需用何人，取之宫中而皆备。华人工价，一切皆廉，即使上等英资，不甘小就，工值与西人相等，而所赢之利终在中华，免致守候稽延，且所订合同，动以十年五年相挟。天下事固未有不学而能者，亦即未有学而不能者。谓华人不若西人，妄也；谓华人不若倭人，则断无是理。不过人皆学而我独不学，因循颓废，听客所为耳。噫！中国之受害也深矣，华民之受困也亦剧矣。

古之时，财不在上则在下，否则饱于中，今则不在于内，而流溢于外。为节流之策者，徒欲以磨针削杵，搜括贪囊，实则血已腾、肉已飞，今亦仅存皮骨耳。无论散碎零星，无济于事，彼官吏亦人耳。又谁能枵腹从公，概责以毁家纾难者。大吏之耳目见闻，有所不及，敲骨吸髓，其害仍中于民。农也，矿也，工也，商也，皆取我地上地下本有之物，制之售之，以收外泄之利源，而还之中国者也。其事似难而实易，其效似迟而实速，其功似远而实近，其义似浅而实深，其法似杂取泰西，而皆我三古圣王因利而利，有德有人、有土有财之正道，而非举通国之人，讲求整顿，纳之于学，不为功夫，天下滔滔，大抵皆中人耳。惟有利而后能知义，亦惟有义而后可以获利。圣人立身行义，舍生取义，而治国平天下之经，不讳言利，且日亟亟焉谋所以利之者，圣人之仁也，即圣人之义也。

盖为天下之中人计也，公其利于天下，溥其利于万民，即以食其利于国家，享其利于百世。故天下之工于言利者，莫圣人若也。因益恶夫后世之贤人君子，不以中人望天下，而以上知责天下，使天下之人既不能为上知，又不敢为中人，乃日皇皇然趋利避害，狗苟蝇营，举世政敝俗偷，甘溺于下流之归而不自恤也。噫！世无圣人，斯言谁信？愿仰而质诸好生无上至诚不息之天心。

译

著

重译富国策[*]
（1896 年）

《重译富国策》叙

英人斯密德，著《富国策》一书，西国通人，珍之如拱璧。李提摩太译述《泰西新史》，推原英国富强之本，托始于是书。因忆十五年前，曾见总署同文馆所译《富国策》，词旨庸陋，平平焉无奇也。续因学堂议起，译钞欧美各国课程，由小学以入中学、大学，其条贯综汇之处，皆以《富国策》为归，犹总学也。此外，天学、地学、化重光电诸学，犹分学也。因思西人析理颇精，岂有五六大国，千万生徒，所心维口诵，勤勤然奉为指南者，而顾肤浅不足观若是。

适有友人自南方来，熟精西国语言文字，下榻寓邸。退食之暇，晨夕剧谈，因及泰西各学，友人言欧美各国，以富强为本，权利为归，其得力实在《富国策》一书，阐明其理，而以格致各学辅之，遂以纵横四海。《富国策》，淘天下奇文也。其言与李提摩太同。旋假得西人《富国策》原文，与同文馆所译华文，彼此参校，始知原文闳肆博辨，文品在管墨之间，而译者弃菁英、存糟粕，名言精理，百无一存。盖西士既不甚达华文，华人又不甚通西事。虽经觌面，如隔浓雾十重，以故破碎阒茸，以至于斯极也。盖译人之工拙，文笔之良窳，中外古今，关系甚巨。中国所传佛经三藏，义蕴精深，岂皆大慈氏原文哉？实六代隋唐以来，通人才士，假椽笔以张之耳。然说性谈空，何益于天地民物。今西方佛国，一殄于天方，再灭于蒙古，三并于英吉利。庄严七宝，千余年

---

* 《〈重译富国策〉叙》和卷一中的总论、三要、人功等内容录自《时务报》第 15 册，资本、分合录自第 16 册，多寡、损益录自第 19 册。卷二中的总论、角逐录自第 23 册，田限、工价录自第 25 册。

来，早属他人矣。

中国人士，初沦于清净，再惑于虚无，三古遗规，扫地几尽。《富国策》以公化私，以实救虚，以真破伪，真回生起死之良方也。三十年来，徒以译者不工，上智通才，弃如敝屣，又何效法之足云！中国伊古以来，圣作明述，政教所贻，尽美尽善，惟此寻常日用，保富生财之道，经秦火而尽失其传，虽有管墨诸书，具存规制，或又以霸术屏之，以兼爱疑之，圣道益高，圣心愈晦，此堂堂大国，所以日趋贫弱，受侮外人也。爰即原本，倩友口授，以笔写之，虽未必吻合原文，亦庶乎可供观览矣。

天下事知之匪艰，行之维艰。西人即知即行，勇猛精进，故能坐致富强。如以读佛经之法读之，以谈性理之法谈之，吾知其必不合也。然西人法制之善，虽多暗合古人，惜未有天生圣人，偕之大道，故保富之法，仍属偏而未备，驳而不纯，所谓知进而不知退，知存而不知亡，知得而不知丧者。先天而天弗违，后天而奉天时，知进退存亡，而不失其正者，其惟圣人乎？光绪丙申小阳月，通正斋生译述，叙次讫。

卷一　生财

一　总论

天下万事万物，莫不有理，浅者见浅，深者见深，浅人不可以语深，犹深人之不可以语浅也。富国之学，以美利利天下。欲天下人人能知之能行之，则必自浅者始矣。

斯密德者，英人也。首创是学，名之曰"邦国财用论"。言富国也，实言富民也。盖财用者，人生衣食之源，民苟无财，国安得用。故民财者，国用之本也。夫财在天地之间，其途亦至广矣。凡人之所食所用，有无多寡，盈虚缓急，或足或不足，彼此交易而退者，皆得谓之财。天空之气，生人呼吸之所需也，得之则生，不得则死，其可宝贵，孰大于是。然取之不禁，用之不竭，人非不足，我非有余。不可交易者，非财也。水之为物，无地无之，无人不用，宜水亦非财。然而通都大邑，地狭人稠，雨水不足以供用，则必借人力以运之，而水亦财矣。英国安威耳山，名泉所出，一渠之水，贱与天空气等，及运至伦敦，迁地十余里。而纽利佛自来水公司，遂倚为致富之源。故天下之财，无定者也，视天下之用与不用而已，视所用之有无多寡盈虚缓急而已。贫富之不齐，非独国与国然也，即一国之中，今与昔亦异。英人昔日之贫，与今之土番等，地犹是地，民犹是民，以今较昔，若判天渊者，何哉？英所倚以致富而保富者，煤铁也，纺织也，工艺物产也。昔有是财而不知用，不能用，故蹙蹙然千岁食贫耳。乃数十年间，风气大开，贫者骤富，则昔之英民愚，而今之英民智也。造物生财，不囿方隅，本无限量，而取财用财理财之道，则视其国之教养以为盛衰，无中外古今，一也。有富国，有贫国，有不贫不富之国。厥初生民，猎兽而食，一变而为游牧，再变而为耕稼，而教以兴，而政以立，声明文物，彪炳寰区，所谓富国者也。蛮夷之俗，佃渔为生，沙漠之民，游牧为业，或草衣木食，或毳幕毡裘，荒忽往来，自生自灭，所谓贫国者也。东方诸国，立长以治，聚族而居，遗俗流风，最为近古，特安常习故，不知变通，地产虽丰，人力未尽，所谓不贫不富之国者也。此其中各有其所以然之故焉，不可不察。天下事不进则退，富国求进不已，故能日臻富强，贫国日退者也，不贫不富之国，不求进亦不欲退，终亦归于日退而后已。

宇宙生成之物，固无久而不敝者。夫国亦犹是耳。钱币者，计数者也。校量物价之贵贱，以懋迁有无者也。而百年以前，觇国之贫富者，辄以金银之多寡为衡，谬矣。夫钱币可以笼万物，而万物亦可以制钱币。人见钱币之贵，遂谓万物莫贵于钱币。金银之外，无所谓财，乃至理财制用，内治外交，上下沾沾然日为积金之计，抑知财之所以生，与国之所以富者，在是而不在是也。苟务得之，乃反失之，此既聚之，彼或散之，将欲取之，必固与之，不有通人，安知道妙。此《富国策》一书所由不能不作也。

二 三要

生财之道三：曰天时，曰地利，曰人功。天事隐而难明也，请先言地利。

地上之利，则五谷百果鸟兽草木，及飞潜动植诸物是已。地中之利，则五金煤铁药石诸产是已。地上之生长者无穷，地中之蕴藏者无穷，而出以供天下人之取携者有限，此所谓自然之利，不竭之源也。然地利虽富，取材致用，则全恃乎人。如煤产于山，天生利薮，不有人力采而运之，其利将终弃于地，即采之运之，仅恃人力，而手足之力，必有所穷，则取者半而弃者亦半也。机器之用兴，而后山川之蕴出，其制虽巧，非铜铁不能成，则地利之与人功，交相需也，亦交相济也。

虽然，以物制物，物必有自来，以工作工，工不能无食，所以筹之于先，积之于素，固有在地利人功之外者，则资本其尤要矣。夫资本不从天降，不由地出，一言以蔽之曰：撙节之所余，非谓有所余，即有所得，有所节，即有所成也。地利之所生，或经数十百人，而始能供用；人功之所出，或阅数千百器，而始可观成。譬之农夫服田力穑，自耕芸播种，以至有秋，必经数月之久。此数月中，岂能枵腹而待新谷之登乎？所恃以延生养命者，固旧岁之所余。撙之节之，以济今年之用者也。农夫则然，推之于工，推之于商，亦何莫不然。然天下之人，往往明于农而暗于工与商者，则何也？夫地利者，生财之道也。人功者，取财之道也。而资本者，节财之道也。是之谓三要。

三　人功

一纱一布，物至微矣。然而种棉者，美国也；纺纱织布者，英国也；购而服之者，印度、中国、日本诸国也。计其道里，已环绕地球一周。其棉之在美国也，始而耕，继而种，终而获。而轧子，而打包，而舟车运载，由内地以至海口，美国人功之劳费，已不可胜计矣。其由美至英，隔三万里之海程，不能径渡，英人于是乎造舟以迎之。初用帆，后用轮，万舶千艘，连樯入口，又必有担负之人夫，堆积之行栈，舟车运载，由海口以达内地，入织布纺纱各厂，汽机一动，万轴玲珑。工徒千人，往来如蚁，经十五器而成纱，经廿四器而成布，而成包，而成捆。舟车运载，又由内地以出海滨，载以轮船，入地中海，穿苏彝士河，四万里而至印度，又二万里而至中国、日本。则英国人功之劳费，又当何如也。区区纱布之微，其功繁且巨如此，此外之百货百物可知矣。功虽至繁，费虽至巨，而上下孳孳然，并力一心，未尝厌倦者，则亿万生民度日谋生之所系也。

然而，人功之生财，有可见者，有不可见者，有相关者，有若不相关者。万物生于天，出于地，聚于人，成于众，人之不能生物，犹天地之不能聚物也。谷之与麦，天所生，地所出，种之获之，舂之磨之，炊之煮之，成饭成饼，以充饥而果腹者，人也。若农若工若商，此生财之显然可见者耳。钱镈以耕，釜甑以爨，农有所不能为，则助农以耕者，皆生财者也。饥必思食，寒必得衣，工有所不能致，则助工以作者，皆生财者也。道路往还，舟车转运，商有所不能兼，则助商以通者，皆生财者也。不宁惟是，彼修道之兵夫，巡街之捕役，听讼之官吏，守埠之兵船，乃至轮舟火车邮政电报银行之属，及各种格致化学重学光学电学地学之类，皆所以补农工商之不及，兴大利，除大害，以永保此农工商各业，以坐收大利于无穷也，此生财之功。若相关若不相关，若可见而若不可见者也。即如乡里之蒙师，不知者以为糜财实甚、妨工实甚。若谓蒙师亦生财者，其谁信之？及出而就农工商各业，则知书识字者，较之不知书识字者，所得之工价必较丰，则所生之财在人身矣；所成之物料必较精，其取价必较昂，则所生之财在器物矣。

今日通商万国，机器盛行，无论大贾巨商，皆须通达古今中外人情政俗之大凡，始能独操胜算。即下至小负贩，一材一艺，若非通晓书算，几于跬步不行，智慧聪明，非师不开，非学不出。然则劳力者生财之末节，而劳心者生财之本原也。且人之所以成大功立大业者，恃此精神意气耳。苟惟是潦倒颓唐，则万念俱灰，即万事瓦裂。西国七日安息，蹴踘放鹰，花草园林，供人游憩，隐以陶熔志气，涵养心神，使举国之人，俯仰宽然，皆得有生之乐，而后可以课其勤惰，责其功能，所谓劳之而不怨也。此事无端糜费，似有害于生财，而固亦生财之大本矣。独是糜费则同，而有益与无益不同。天下不能无游民，游民不能无浪费。如东方诸国，修筑寺观，赛会迎神，僧道之流，敛钱肥己，不耕而食，不织而衣，所费者皆农工商勤苦之所生，而不能自生一物，以裨世用，则于生财一道，有害无利，有过无功，实国与民之大蠹也。而作为有益之人，亦往往有无益之浪费，如一身之服物，戚友之应酬，婚丧则奢侈相高，玩好则珍奇是尚，校其究竟，无益于己，并无益于人。徒以习俗相沿，性情偏嗜，负累滋甚，欲罢不能，所谓久则难变耳。欲富国者，审之于劳力劳心之大小，辨之于有益无益之异同，于生财之大道，思过半矣。

四　资本

资本者，蓄积之谓也，而非金银钱币之谓。凡预储于平日，以为生财之具者，皆是也。执农人而问之曰："尔有资本若干？"则以若干金对，非必皆金银也。综其田产器物之属，都为此数耳。盖必如是而后可为良农也。新谷既登，今岁之所入，备明岁之所出，不能不售也。用之于有益，则资本矣；用之于无益，则非资本矣。

或曰，售谷易金以供耗费，此金不已为人之资本乎？不知好此无益者，耗费也，作此无益者，亦耗费也，皆非资本也。譬以千金制一服，百金设一筵，食尽则空，衣敝则弃，用者售者，均浪费耳。假移此千金百金者，出而就农工商各业，则朝夕孳生之财产，什伯倍蓰而不可胜穷，而所费之佣值，所役之工人，复有无算贫民，借奔走以谋衣食。是用者售者，均有大益也。故资本者，撙节之余，彼此均利之谓，非藏而不用，与用而不当之谓。能孳生者，谓之资本；不能孳生者，即不得谓之资本。其大较也。故用财之道有三：既能养民，又能生物，勤于农工商之本业者，上也；虽能养人，不能生物，用于筑亭凿沼土木诸工者，次也；既不能生物，又不能养人，费于衣食玩好之具者，下也。

或曰，国趋节俭，如财源壅滞何？毋宁示之以奢，使钱币流通，小民亦得各谋生计乎？夫所谓撙节者，非惜财聚财如守财虏也。乃用财于有用之地，则财产益增，流通益广，生计益宽，而贫贱之民，皆得以节其劳而纾其力，是故田器牲畜者，农之资本也；机器工食者，工之资本也；金银钱币者，商之资本也。皆通也，非塞也；皆蓄也，非藏也。资本有二：曰暂本，曰常本。暂本为目前计，消耗易，筹措易，孳生亦易，而收效则速而小。常本为持久计，消耗难，筹措难，孳生亦较难，而收效则大而长。如农之耕芸培壅，暂本也，开渠建堰，则常本也；工之廪饩，暂本也，机器则常本也；商之货物，暂本也，行栈舟车，则常本也。暂本之外，应有常本，以备意外之事、不时之需，异日推广拓充之用。而人知暂本，不知常本者，识力有大小，心计有浅深耳。夫暂本之改为常本也，莫大于手工之改为机器，舟楫之改为轮舟，车马之改为铁路矣。将改之时，咸虑工商失业，乃消耗虽巨，弥补益丰，富国富民，均倚此为生财之大本。而当其始也，则明智者犹窃窃然疑之，皇皇然虑之，然后知天地之理。

日出不穷，规规一隅，安知大局。一知一不知，一改一不改，其不敌也决矣。天下事知则真知，改则竟改，若如中国吴淞铁路，购赴台湾，听其霉烂。江河虽广，轮舟有准行有不准行。机器厂听人设立，而自不设立，则偏枯督乱，百弊丛生，不改固不能，改亦终无所利也。此之谓不知本。

五　分合

地利、人功、资本，生财之三要。然孳生之力，则有多寡大小之分。英国有数郡，物产至富。昔也沦为泽国，荡若邱墟，后以智巧转移硗田变为沃壤，此地利之因时而异者也。犹是刈稻粱也，英人一日之作，抵俄人者三；犹是造铁路也，英人一日之工，抵法人者二。体性之强弱，技艺之工拙系焉，此人功之因地而异者也。地利有所遏，以机器开之，人力有所穷，以机器济之，时日之多费，道里之险艰，以机器通之速之。此资本之分，因地因时而异者也。美洲密息比江滨，一片平原，产麦丰富，运欧售卖，费重利微。瑞士诸山，多产大杉，空谷朽株，无人过问，自轮舟铁路通行，而二物皆售重价矣。澳大里亚之草田，牧羊蕃息，皮贵而肉贱，犹弃物也，逮开矿工徒云集雾萃，而肉价顿昂，则地利因人而分也。

人功之善者，曰勤与巧，性情专壹，各国皆不如英。勤赋于天，而巧关于学。同一腴田美产，在苏葛兰之南鄙，较英吉利值价尤多者，因苏人好学故耳。农人读书识书，则智巧所出，耕获倍丰，田价之贵，贵由佃户。农犹如此，工商可知，则人功因学而分也。综计英国一岁所生之物，几冠地球，使非机器盛行，虽合倾国之力为之，不能及半。所用之器愈巧，所获之利愈丰，以我之有余，补人之不足，亦以人之有余，补我之不足，即以机器之有余，补地利人功之不足，则资本因器而分也。针之为物至微也，一针之工，凡历八十手而成器，铸钢以为线，截线以合度，锐其首，穿其鼻，利其锋，磨之砺之，整齐而束缚之，使以一身兼众役，虽至巧者，仅日成二十针。今分而任之，而每日每人可成五千针，加速至二百余倍，则加利亦二百余倍矣。此其故有三：用志不纷，熟则生巧，一也；不易器，不旷时，二也；各以私智创新机，事半功倍，三也。且工之精粗不等，则其工价亦不等，系针扎针之役，儿女子优为之，而钢线针锋，非良工不能制造。每日工价，自六钱递减，以至五分，使以一人为之，精粗并骛，即一人能抵十人之力，其针价犹当四倍于今。举一针而其他可知矣。此分职之妙也。

机器代人工作，而每一机器，必有专司之人，纺织棉花，经二十四器而成布。美国造船机器，铁工木工，分人司理，程工迅速，阅日而成。然则机器所长，在精与速，而所以能精能速者，则其用在分也。然能分之而不能合之，不可也。有同合，有异合。同业相济，以多人合作，如造一路、开一矿、建一桥，并力一心，众擎易举，所谓同合者也。异业相济，不相谋而适相成，如种棉纺纱织布制衣，经历多工，始堪服用，一事不备，功废半途，所谓异合者也。然则生财之理，备于分合，而能分能合之道，莫要于通商。英人遍游天下，垦荒辟土，一人之产，不给多田，尽地利也；修道浚渠，先开互市，通人功也；创立商埠，轮舟铁路，络绎纵横，厚资本也。每得一地，不数年而骤臻富庶者，职此故耳。新金山金矿大开，趋之若鹜，人疑矿利虽厚，垦业将衰，乃未几而百物殷阗，农事亦益加兴盛。散内地之金，以来天下之货。而维多利亚一郡，遂颉颃欧亚名都，其骤兴也若彼。印度，古之大国也，徒以民习游惰，道路不通，转运艰阻，此郡之米，不能救彼郡之饥。英人得之数十年，惟沿海之区，尚产棉花罂粟，其腹地荒凉芜秽，如亘古未经开辟者然，其难兴也若此。同为英属，同是英人，岂厚于澳而薄于印哉？抑拙于治印而工于治澳哉？三要不全而分合之势异也。（按：此书作于数十年前。今印度铁路四通，转运灵便，北印度茶利突过中华。中印度棉花颉颃美国，盖即用此书之说，竭力经营，臻兹繁盛。以今观之，岂澳洲所能及哉！甚矣，地利人功不可不求进步也！）

六　多寡

生财之法，有聚散，有大小，有迟速，而出财之多寡因之。机器者，宜聚而不宜散也，宜大而不宜小也，宜速而不宜迟也，宜多而不宜寡也。如纺织一业，昔用人工，散处群分，不相统一，自机器兴而散者聚、迟者速、寡者多，纱锭多则成纱愈速，织机速则出布愈多，纱布愈多则获利愈厚，较之昔日人功劳逸，天壤相悬。所虑者设局购机，资本大巨，非多财善贾者，不能相与有成耳。

或曰：设一局而置纱锭十万，织机千张，固需资本百万矣。今我以一局分作两局，则止需五十万金，以一局分作十局，则每局止需十万金，不亦轻而易举乎？不知一机之力，本可以制十万锭，御千机。今分两局以制之，则两机仅得一机之用，而购两机之价，必倍于一机，管两局之工，必浮于一局，自余转运诸费，因缘而增，所出之纱布，仅仅与一局相等，则设一局而可以获利者，设两局或反以失利，况分作十局，糜费愈大，利息愈微，亏折愈甚。故一自人力变而机器，则规划之道，移步换形，而散之不如聚，小之不如大，迟之不如速，寡之不如多也决矣。虽然，制造之多寡，又必视销售之畅滞以为衡。一物焉，限于时，限于地，限于人，制者多，售者寡，则货壅而工停，工食既已虚糜，机器复虞锈坏，较当日人工作厂，资本愈大，收拾将愈难。若而人者，亦可谓拙于用大矣。况法以新为贵，而物以罕见珍，心计能工，不关资本，每有寻常一业，多财者所不屑为，斯人或以少许微资，自出新意，争先扼要，亦能获利无穷者。若是乎小固可以敌大，而寡亦可以胜多乎？是固然矣，然是偶也，非常也，是奇也，非正也。

夫以机器代人工，天下古今之变局也。则散不如聚，小不如大，迟不如速，寡不如多，亦即天下古今之公理也。一国之内，巨富者能有几人？出多资以兴制造者，能有几局？资少则徒存奢望，无力经营，可奈何？则公司尚焉。公司者，合众人之资本以为资本者也。构群材以成大厦，全家荫庇，不忧风雨之漂摇。假人握一椽，则相将露处矣。聚巨石以造桥梁，举国往来，无复江河之艰阻。假人携一篦，则病涉徒嗟矣。故公司者，公其利之谓也。或曰，既立公司，则必有司其事者，如司公司之事者，难得其人何？为公不如其为私也，为人不如其为己也。浸至知有己而不知有人也，知有私而不知有公也。工不勤也，费不节也，谋不忠也，心不齐一也，数不清析也，皆公司用人之弊，可奈何？是必严定章程，以钳制之也；厚给薪俸，以鼓舞之也；责成保人，以维系之也；设立商部，以董劝之也；表章信义，以风示之也；刊刻帐单，以查核之也。此数事者，皆利于合而不利于分，宜于通而不宜于塞。上假国家之权力，下维商贾之利源，而后廓然大公，人知自爱，使其爱名之心重于爱利，能成其名即能享其利，苟不能自保其名，即亦不能自全其利。视人之事如己之事，视己之财犹人之财，此欧美各国之公司所以既富且强、纵横四海也。

工商类然，而农事之盈亏多寡，亦何莫不然。比来机器盛行，一农之所耕，多至二三千亩，使耕田过少，不能尽各机之力，则所费巨而收效转微。盖百器俱新，则百业因之俱变也。所幸轮舟铁路，万国通行，转运之程途，亦随之而俱变。互相挹注，如环无端。何货多而滞，将争购之，不崇朝而贵矣。何货缺而昂，将争赴之，不崇朝而贱矣。五行百产，不能皆备，此有所盈，彼有所绌。截长补短，以有易无，此际转移，有莫之为而为、莫之致而致者矣。故曰天也。

七　损益

生财三要，既各极其能事矣，其事遂可以已乎？未已也。农田无遗利，地利尽矣。然人数日增，不足以养欲给求也，则宜益其地。工作无遗力，人功勤矣。然出货有限，不足以操奇计赢也，则宜益其人。子母无遗策，资本丰矣。然财力未充，不足以任重致远也，则宜益其本。

以一国之地利计之，有已垦者，必有未垦者。硗确沮洳，耕不偿费，则弃之耳。英国挪佛一郡，荒瘠难耕，旋审其地所宜，广种萝卜，并植草牧羊，获利之丰，无异膏腴沃壤。则土宜不可不审也。撒里司白里平原，土性硗薄，肥以海岛鸟粪，而亩收十倍。岁卜有秋，则培壅不可不讲也。伊里岛田卑湿，后用开沟填石之法，土脉自干，其积潦过深者，复以机器竭其水，遂为举国上腴。此水利不可不修也。英国三岛，地狭人稠，属地如坎拿大、澳大里亚等处，皆系草田，尚多荒弃，乃移民以实其地，而人满土满二患皆除矣。地利之厚薄，地实限之。故近城市之腴田，其价必贵于乡僻，城市人多而谷少，乡僻人少而谷多也。夫物多则贱，少则贵。谷贱则有损于农，谷贵则有损于国。金之与谷，二者恒相胜，惟有道者，能哀多益寡，剂有余不足，而使之平。于是有积储之法，有转运之法。然积储之法，功拙而效微，惟转运一端，用力深而收效远。故泰西各国，于浚河修道，最所究心，车马帆樯，往来如织。近创兴轮舟铁路，益复风驰电骛，神速无伦。盖此有所盈，彼有所绌，前或患寡，后或患多，损己之有余，以益人之不足，即损人之有余，以益己之不足，有余者不以价贱而损，不足者亦不以价贵而损，是彼此均益也。

英国近年，生齿增多数百万人，而谷麦之价，反贱于前者，转运流通，外粮之入境者广耳。故英人广制轮舟铁路，不啻为本国骤增无数膏腴。出货以易金，出金以易谷，于本国有益无损也，此增益地利之说也。

人功之增益，有二道焉：一曰人数不增而功效增，一曰人数增而功效亦增。其一则机器之用，上章言之详矣。其二则加工加价是已。前二十年间，洋布销售骤广，英国各纺织局，增募多工，扩充此业，习织业者，固趋之若鹜，习他业者，亦舍旧图新。他埠英民，复归而谋食，利之所在，天下归之。此工人之数，所以骤益也。说者谓工人既增，则工价必贱，恐获利仍属无多。不知工增则出货速，所出之数，不足敌所销之数，则需工愈众，仍不能不加价招徕，而国中穷民，倚所获工资，皆得早成婚聚，乃至箕裘弓冶，妇人孺子，亦可以工作谋生。以英国近事论之，商业既兴，工业逾盛，宏开地利，益广人功，利息厚则资本丰，资本丰则工价长，工价长则食用广、生齿蕃，种地之农夫，亦坐享工商之大利，本国之谷麦，不足供用，轮舟海舶，挽运他邦之食物，以应其求。是一业兴而百业环收其益也。此增益人功之说也。

至于增益资本，必以节俭为先。节俭之说，亦有二：图匮于丰，蓄财以贻孙子，一也；积小高大，创业以致富强，二也。由前之说，斤斤自守者能之，诲盗厚亡，非良策矣。由后之说，则非国家之政教方新，民庶之聪明日益，不能使人知远虑。俗改奢淫，百年前南美洲有巴拉乖国，草昧初开，人无心计。耶稣教士，给以籽种，教之耕耘，其人乃怀其籽种，炊而食之，彼亦知种之数月，可以百倍丰收。而竟不能稍待者，愚且贪耳。然天下之人，或见浅，或见深，知其一不知其二，察于毫末而暗于邱山者，比比然矣。人笑巴人之贪也、愚也，而利害当前，其贪其愚，乃有更甚于巴人者。

夫微物如鸟，亦解营巢，微虫如蜂，能知酿蜜，岂儳然人面，反逊昆虫！而言之易，知之难、知之易、行之难，则政教之所关非小也。昔印度重征盐糖二税，周年统计所得，反少于前，盐税增则漏私者多，糖税增则嗜食者寡也。故国家欲富其资本，莫如以厚利予民。英国积本之丰，甲于天下，若俄若土若澳若美若南美洲诸国，莫不称贷于英。外如加那大之铁路，印度之浚河、屯田、筑路诸大工，悉借英本为之。美洲五金各矿，半皆英商承办。英人之资本，其迁流挹注于他国者，悉数难穷，每岁约居全地球十分之七，国家无论有何要需，数万万镑金钱，但一截留，咄嗟可得。英国区区三岛地，岂天雨金、地布金，人擅点金之术哉？国尚轻微，而人知节用，所为保业保富，以厚利予民，而增益其资本者，固自有其道也。是故国家之贫富，资本之多寡，决以利息之厚薄为权。法国地利人功，均与英埒，而资本之增益较少者，重税困之耳。印度人功地利有余，而资本不足，筹印度者，必先广借资本，以开地利、聚人功，此东方诸国大抵皆然，非独印度也。惟印度洊经寇乱，人难自保，得财者皆埋之地中，非日久太平，不敢出而营利。英属西印度群岛，则地利资本皆足，而所少者独系人功。因英国禁贩黑奴，欧人不耐炎热，华工不知其地故也。美国地利实胜于英，惟资本人功，视英略细。然其国例保业保富，以厚利予民者，较英殆有过之，数十年后，富甲全球者，其惟美国乎？此增益资本之说也。

夫此有所益，彼有所损，此有所损，彼有所益，天下之常理也。惟善用其道者，乃能使彼此均益，而彼此均无所损。故有始损而终益者，小损而大益者，显损而阴益者，是有公理，非天下之至明者不能洞悉本原，此富国所以有专学也。

卷二　用财

一　总论

盈天下皆生财之人，即盈天下皆用财之人，而盈天下用财之人，不必皆生财之人，其生财用财之差等，亦正难言矣。同一工也，工价何以有低昂？同一商也，利息何以有厚薄？同一农也，田租之多寡，何以随时随地而不同？非综揽前规，得其实据，不能贯天下消息盈虚之理，而曲剂其平。

　　夫用财之道无他,均而已矣,分而已矣。分之云者,必人己之分定,人乃得各保其产业,产业可以保,而后财用可以分。西律虽多,大半为保业保商而设,即分财富国之原也。然律例有因时而异者,如英人昔贩黑奴,今禁黑奴是也。有因地而异者,如英国田产皆归宗子,法国田产诸子均分,欧洲田产属于民,印度田产属于国,是也。是故生财之道,天定之,用财之道,则人定。盖未成之财,天生材物济以人功,美恶精粗,略随原质,人不能违天也;已成之财,法由人立,宽严缓急,家国之兴衰系焉,天,亦不能违人也。故分财保富之道,莫妙于听民自便。所谓太上任之者,惟英国准今酌古,毅然举行。此外,东西两洋,大小诸国,则各有相沿旧制,以束缚驰骤其民。收利之多寡既殊,受弊之浅深亦异,非博考而详说之,未易知其究竟也。

　　至均财一说,固天下之美名。然持此义者多矣。而古往今来,闻其语未见其人者,非分则决不能均耳。盖财之不均,由于人有私产,私产愈多,国家愈富,而民间之贫富,愈不能均,此天下古今之常理也。诚使英国勃然发愤,遍籍民间之财产,按户口而均分之,吾知不及数年,仍归于贫富悬殊而后已。盖人之聪明材力,各各不同,其强而明者,业广于精勤,其愚而柔者,家倾于怠逸,清斯濯缨,浊斯濯足矣,自取之也。

　　昔者英人温氏,尝创均富之说矣。其法令若干家联为一气,通力合作,扶持友助,如一家人,计利均分,更无厚薄,然不合而强合之,恐其弊有更甚于未合者,又安得人人如温氏者而均之也?法人傅氏,变通其意,以二千人为一邑,每邑受地方九里,制为恒产,世世相传,或劳心,或劳力,或供资本,如合股经商者然,所有财物,无分老弱,各给以衣食之需,其余利则由邑长与邑人公议,区为三等,以酬出资出力之人,同力而作,异室而居,各竭辛劳,各知撙节,此与英国济贫之法略同。然斯人生计所关,邑长岂能干预,既分三等,必肇争端,数年后生齿渐蕃,地力何以自给?是均财之法,终不可行,而贫富之不均,亦有国者之大患也。

　　故富国策则以分财为均富之法,使各保其私产,即可以分济贫人,则取为我者,不得诮其迂,主兼爱者,不得讥其忍,维持补救,以人力济天事之穷,而国计民生,交资其益,其所秉者尤公,所全者尤大,所见者尤远也。

　　二　角逐

　　分财之道,所谓太上任之者,无他焉,则角逐是已。夫角逐之义,事近分争，而《富国策》取之，转自诩为良法美意者，何哉？此其中有至理焉，不可以不辨。夫欲分天下之财者，必先知利之所由生、财之所从出。地利也，人功也，资本也，三也，而实一也。当生利之初，已具分财之义，而分财之义，不过适持生利之平，非移也，非夺也，无太过，无不及，不可以虚言为据，请以实事为征。如英国田租，分为三事，地主之所应得者，地租也；佃人之所应得者，工资也；租户之所应得者，利息也。所得之多寡，各无一定之限，则地有厚薄，工有勤惰，息有低昂故也。英国则地租贵而工价贱，澳大利亚则地租贱而工价昂，土满人满，移步换形，各随其地而变。况地租、工资、利息，截然判为三事者，惟英国为然，出地者不筹本也，出本者不作工也，出工者又无资与地也，则一判为三。若法义等国，则诸子均分，无多恒产，种田工本，皆出一人，则三合为一。印度田亩皆属于国，富民租田，而后另筹资本，转租于人，是三事又并为二。五方风气，不能强同，欲比而同之，则民间必有所不便，与太上任之之道，相去远矣。然此就地利言之耳。

至于天时之寒暑不同，人民之灵蠢不同，物产之多寡不同，时价之贵贱不同，年岁之丰歉不同，风俗人事之盛衰今昔不同，莫患乎为国理财，而为民分财者。不能顺民之所欲，去民之所恶，乃预定一格而强同之，或拘守一格而永同之，则四民日受拘挛，如坐图圄，如被桎梏。其始也，受害者尚复无多耳。自其外观之，亦似熙熙攘攘，尚有升平景象耳。而实则生计日艰，生机日蹙，局天蹐地，几几无一利可图，则不知生财之道，莫妙于听民角逐，而在上者无一善于分财之人故也。

至于角逐之道，实由好胜贪得之一念而生，必其国政日益修，民生日加勤敏，而后角逐之风乃愈甚，角逐之事乃愈多。英国之所以上下一心，方行四海者，此耳。无识之士，方以为此道贪私鄙吝，有害贫民，而不知相制相维，非惟无害，而且有大益也。盖市贩争售，则百物之价贱；公司争利，则佣工之俸优；国债争借，则取息愈轻；工厂争开，则制物益美；善堂争设，则举国无穷人；学校争兴，则一时多智士。略举数事以概之，其道之有益无益，亦可不烦言而解矣。第彼此角逐，实由于彼此相争，亦由于彼此贪利，而争胜之心，与嗜利之心，皆与生俱来、与年俱长者也。惟英人知此心之大可用也，因而任之，听其角逐，而智能竞奋，机巧竞新，物价竞廉，工作竞美，行销竞广，转运竞通，厂肆竞增，公司竞设，闾阎竞富，财币竞丰，乃至赛奇会开，与全地球万国六洲，互相角逐，而其盛皆自好胜之一念开之，亦皆由君相之善为分财者，听民角逐之一法成之。然而，欧洲诸国能之，而他国不能者，其蔽有二：一曰拘于法，一曰囿于俗。

三　田限

伊古兴王崛起，恒以土地分赐元勋。今英国犹有赐田，皆若人之祖宗，受诸维廉第一者也。故其地以力得之，即以力守之，军徒兴发，无所不供，而田租何论焉？自国法大定，痛抑豪强，举国之人，始得各有其产，而征租之事起焉。土脉有肥硗，租价有贵贱，转轮有远近，脚价有低昂，英人梨氏，定为田限，以比较之，而角逐之法生焉。

梨氏之言曰：田何以有限，以最下下则之田为限也。有地焉，土脉最硗，出路又僻，耕此田者，仅偿工本，所出之租，价必极微，所谓下下则也。准此以为限，以递推而上之，入息之多寡，即以判租价之低昂。息寡而租昂，则佃工将舍之而去；息多而租贱，则地主将另觅他人。盖人各有心，地各有利，不能过绌，不能过赢，畸重畸轻，即有绖其臂而夺之者，此即所谓角逐耳。然角逐之中，必有所限，使其田硗瘠，竟不可耕，乃至不敷工本，或工本之外，一无所余，虽有良农，安能耕此石田？更付租息，充类至尽，则弃之矣。故梨氏之说，角逐之根源，实天下至当不易之大道也。

或谓英国创兴农学，培壅有法，机械盛行，尝有下下则之田变为上则者，则梨氏之说非矣。而不知肥瘠可变，以下下则为田限之说不可变也。不特此也，地租之贵贱，或因银利之高下而分，或因粮价之低昂而异，或因工力之精粗而判，或因今昔户口之增多减少而殊，各有其所以然之故。纷纭错杂，莫有不齐。而于角逐之说无碍者，则田限一法，实已探其原而握其要耳。譬之地球绕日，轨道椭圆，实则大小行星，皆有摄力，牵撼地球，出入于椭圆道之内外。惟其差甚微，可以不计。天文家以椭圆立法推之，已能密合矣。此梨氏田限之说也。

四　工价

工价之贵贱，随资本为消长者也。人工少而资本多，则工价贵矣；人工多而资本少，则工价贱矣。顾天下之患，恒患于人工太多，资本太少，所求者众，所应者希。比户穷民，何以自活？则开辟地利之法，又所以分布人工，而增益资本者也。英国比年商务之盛，增至倍蓰什百千万而未穷，而工人之困苦，仍如前日，岂竟一无所增哉？百物俱昂，所入仍不敷所出者耳。

夫一机器之力，可以抵千百人之工，而一机器所成之功，犹不止抵千百人所出之货，向用手工需百人者，今用机器仅需一二人，则此一二人，已抵百人之工，即此一二人，应得百人之值。而顾不能者，手工之资本少，机器之资本多，此资本固日日有息，与时俱长者也。工可百倍，工价不能百倍，虽增至数倍或十数倍，而食物之贵于前者亦然，此工人之所由穷困也。是故工人之穷，由于食物之贵；食物之贵，由于生齿之蕃；生齿之蕃，由于婚嫁之早；婚嫁之早，由于谋生之易；谋生之易，由于工价之增。循环倚伏，互为始终，虽曰天数，岂非人事哉！

然生齿蕃庶，其在天者难知也，其在人者可知也。六洲之表，四海之滨，有旷土焉，亘古荒凉，未经开垦，地利未辟，人力未施，徙民以实之，以羡补不足。穷民数百万，皆得以耕种谋生，即以彼地之粮，转济国中之食，则移粟移民之事起，而土满人满之患除，粮价渐平，工价渐贵，广谋生之路，即以惠本国之民，则徙民出洋，实保国分财之大道矣。特是工价贵贱之故，万有不齐，约而举之，约有五类：

一曰托业有苦乐。挖煤之工，受价反优于巧匠，以其事甚劳，其地甚险，吐纳浊气，呼吸死生，使工价不优，谁肯为之者？木工之勤，过于煤矿，而工价较煤工大减者，苦乐相悬耳。

二曰学艺有难易。艺愈精巧，从学之费愈多，往往绵历岁年，不得工价。故收效愈缓，愿望愈奢。及学之既成，则声价自高，遂称专门绝技。如航海所用之时辰表，精准细密，皆系手工，环游地球一周，不差累黍。英国工匠，能制者，十人中不获一人。殆天授非人力，则定价以酬其巧者，亦不得寻常工艺例之矣。

三曰工作有久暂。砖工木工石工之属，风雨霜雪，不能作工，且一室已成，难乎为继，非若他工按日而作，即按日得钱。故砖木工价，亦当稍优，预为他日赋闲坐食之地耳。

四曰责任有重轻。金工、银工、珠宝钻石等工，所攻治者，皆贵重之品，其人不可托，则日夕监督，所费益多，求可托之人，即不能吝稍高之值矣。

五曰成功有可必不可必。屠龙之技，学成而无所用之。如医术刑名之类，致精者能有几人？果能剖析毫芒，保全人物，则所以酬其劳而养其体者，自当超越等伦矣。

此五事者，举一以概其余，而工价贵贱之故，或以劳心而异，或以托业而殊,其决不能一律也。理也,亦势也。特是同一工也,有在彼国甚贱,而在此国甚贵者;同一国也,有在此地甚贱,而在彼地甚贵者,劳逸既异,苦乐迥殊,或事蓄有余,或饥寒不免。如英国约克县佃工,每礼拜得小银钱十六七圆,威尔笃色县之佃工,每礼拜仅得小银钱十一二圆。同此力耕,悬殊至此,在国家分财保民之盛意,岂不欲使之均匀普遍,各得其平哉!即彼两邑之民,亦何不可迁徙往来,图此更高之工价哉?然而乡愚无识,远道难行,山川间之,资斧不给,则不均之患,皆由道途之艰阻而生。修理道路一端,亦分财之要术矣。西国先修平路,后修铁路,水有轮舶,陆有轮车,晨夕飞驰,商民皆便,转轮挹注,远近相均,以较当日,何啻霄壤!说者谓,道途修整,转运流通,独有益于商务耳。岂知有关系于工价均不均之故。所以爱养贫民者,固有如是之大且远哉!谋国者幸勿以细故而忽之也。

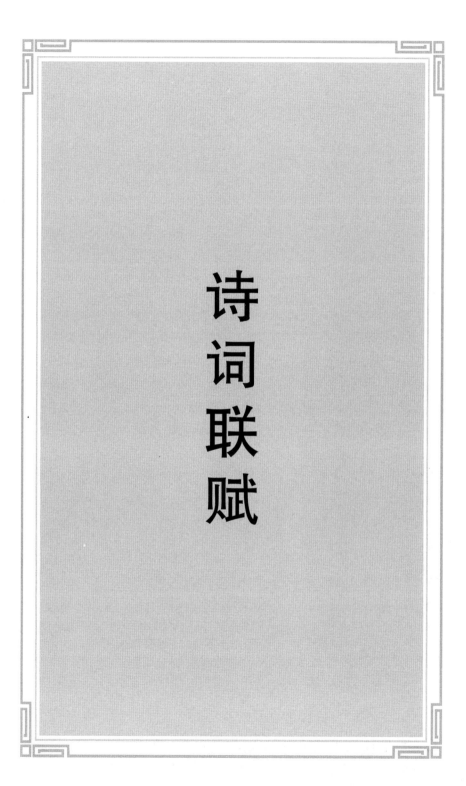

诗词联赋

襄春林屋诗[*]
（1881 年）

绍古辞

崇兰生幽谷，托荫嘉树林。弱植坐自惜，孤芳谁见寻。春阳正窈窕，微馨袭衣襟。虽蒙荐菲采，犹为萧艾侵。华年逝不再，俯仰从浮湛。中夜泛瑶瑟，所惜无知音。离析遂永久，幽独难处心。丝泪毁罗袂，浪浪安可任。

如何有所思，乃在大海北。遗之无明簪，感叹安终极。青蝇尔何求，营营间白黑。故人在泥滓，独处无颜色。迥照知何时，婉晚日将夕。高云不离山，凤皇不他食。感此旧意长，未忍新恩逼。上山见靡芜，道远长太息。

少小富文史，六艺资藻缋。弱冠读阴符，论议绝时辈。小丑昔跳梁，群龙起阛阓。杖策驱风尘，天骄坠云外。甘泉朝奏捷，承明夕封拜。卓荦天人姿，五鼎不为泰。亦或蹈危机，拔剑慷以慨。一死谢知己，大义炳千载。嗟我生不辰，未与功名会。抱膝且长吟，绤衣荔为带。

四顾忽不乐，驱马登高冈。浮云黦大野，寒日无晶光。黄鹄濡六翮，掩抑不得翔。亭亭山上竹，孤生一何长。烈风四面来，独立多忧伤。乾坤托大义，人生固有常。

恩义不可持，虚名果无益。离居曾几时，春草黯已碧。佳人不在

＊ 本诗集收入《四子诗录》（陶福祖辑，光绪辛巳年刻本），书封面题《江右四家诗》，属于提四印斋匣书之一。光绪辛巳年（1881 年）江西新建人陶福祖为该书作序。包括新建勒深之《阆三宝斋诗》、瑞金陈炽《襄春林屋诗》、丰城欧阳熙《荣雅堂诗》、新建陶福祝《远堂诗》各一卷。江西省图书馆藏《四子诗录》，表明光绪七年（1881 年）新建陶氏刻本。南京图书馆藏《四子诗录》，光绪壬午年（1882 年）京师刻本。编者进行对照录入。

兹，采此欲安适。中夜抚长剑，明镫耿虚壁。暗尘生清琴，余芳歇兰席。星河在天半，可望不可即。一为猛虎行，哀响凄心魄。

拟明远春日行

春气动，愁人心。花濯濯，影芳林。林中鸟，扬嘉音。酌清酒，弹素琴。理桂楫，凌烟浔。

微风起，波淫淫。折杨柳，歌汉阴。入清埤，褰翠帏。整衿带，待君归。君不归，妾何为？

冰溪行为徐烈妇作 (有序)

妇吴氏，浙人，遭寇乱，随父寓广信，以贫故，鬻诸富室。及长，主欲媵之，妇不可。胁之，愤投水，遇救免。主怒，贱值嫁于徐生。生贫，鬻画浙中，岁癸酉，客死嘉禾，赴至，从容托女夫弟，中夜自经死。越二载，张公少云令玉山为征诗，襮扬之，且闻诸大吏，请于朝，旌焉。

浮萍飘絮无根蒂，妾念家山君客死。天摧地折两鸳鸯，绝命君前斯已矣。但求醉饱多欢娱，悠悠当世人尽夫。尔独何为守穷贱，手皲足瘃伤肌肤？冰溪流水磷磷石，中有血痕千载碧。君归茹苦妾元甘，君死偷生妾何益？人生恶死无足奇，此身昔已尝冯夷。况妾有女亡男儿，觍然持户将奚为？吁嗟乎，妾行妾志名何有，谁以微躯博不朽？贤哉，令君意乃厚！

忆剡曲寄家兰舫

曾逐樵风入剡溪，四围山木子规啼。登临有约愁风雨，身世无端感雪泥。三载羁愁成契阔，兼旬离衷惜分携。薜萝在眼重回首，春树云多日又西。

如此溪山坐付人，赏心无几一伤神。天涯芳草经长别，老圃繁花不当春。比岁离忧心绪恶，故人风绩口碑新。戴公宅畔娥江水，可有扁舟未了因？

初别家作

欲别翻成喜，饥驱不自繇。朝寒留短鬓，春雪上征裘。远道应牵梦，清吟未抵愁。高飞鸿雁影，何处稻粱谋？

留别胡铁庚

离迷风雨仲春寒，重采靡芜恋故欢。并世隐怜知己少，见君真觉古人难。瑶琴有曲秋谁和，匣剑无声夜自看。惭愧华年流水去，天涯相忆路漫漫。

发赣州

离思不可极，江湖春水生。高云坐超忽，寒雨入平明。独客尚南去，双流方北行。梅花五岭远，辛苦越乡情。

微雨坐池上小亭

雨气倏无际，翛然生夕阴。春萍缘水碧，城树得烟深。偶会濠濮意，非无江海心。方舟何处所，愁绝坐难任。

留别郝七延龄

握手笑相视，君犹见古人。夜寒劳慰藉，别苦一逡巡。秋气来疏雨，蛮花惜老春。啼鹃尔何怨，凄断欲沾巾。

合乐调商吕，同声自昔难。天高鸿雁苦，秋至脊令寒。阅世怜青眼，论交重古欢。成连去不远，海上一寻看。

出虎门洋有感

岂有珊瑚贡，空余豺虎邻？开关自延敌，谋国彼何人？海气秋闻警，星芒夜不春。杞忧何太亟，天末有微臣。

江行

万里复归客，三年负此心。夜潮随月满，江水及秋深。慷慨成孤激，悲歌有短吟。头颅遂如许，莫使二毛侵。

建昌道中雨

零雨挟风急，凄其征路寒。烟芜浩不极，云气莽无端。飘泊怜江海，羁栖损凤鸾。相招是仙侣，行路莫嗟难。

偶作呈元侠

远忆将何益，孤飞病未能。诗心缘事减，酒过逐年增。未老已如此，长贫自可憎。生平知己泪，凄绝夜窗镫。

九日瓜步夜宿忆元侠

沧波南望海云凉，遥夜羁鸿又北翔。客路相思满江水，秋情今日是重阳。山川高啸容吾辈，琴剑分携怅异乡。惟有青天半轮月，孤辉能照两人床。

吴门秋感

寥落天涯尚滞淫，江湖谁识远游心。尺书岭海经年别，霜信吴趋一夜深。独雁随云渡胥水，万雅如叶扑秋林。夜寒白月清于水，忍听凄凄越客吟。

苏门留别蒋二公颇

秋色章门初，诵君直屡诗。凤皇扬清声，众鸟无容仪。一时数酒人，各有千古期。瞻望怅弗及，引领长相思。

相思不能忘，翻然下江水。寻古姑胥城，握手色乍喜。高歌时激越，华言互恢诡。时辈何足云，愿言眷予美。

予美倾城姿，抱璞世希识。超超冠古才，老作诸侯客。授我瑶华篇，秋气浩以积。俯仰私自怜，低回长太息。

太息将何为，君子贵待时。椟中径寸珠，光采常陆离。暗投亮非策，真赏终有期。歧路将素丝，恻恻同怀悲。

怀悲安可任，伤秋更伤别。浮云互相逾，一往不复接。相欢期未终，相望心逾咽。吴波日夜深，莫令音信绝。

别金公穉

之子生民秀，更资贤父兄。闲为郢中唱，时见骚人情。说剑意何限，弹棋心不平。吴门一为别，惆怅赋西征。

寄林若木

昔读直庐作，君如鹤在阴。阖闾城下路，岁晚一相寻。秀采时时露，清言款款深。剧怜风雨夜，三共对床吟。

酬欧阳元斋

长剑不得意，萧然归旧林。故人惠思我，见枉瑶华音。岁莫此为别，前期行可寻。西山夜雪满，独立知君心。

古意

入①世重知已，实与生命俱。春华耀姿首，自许秦罗敷。琅玕结杂佩，组绣飘华裾。耳后径寸珰，光采月不如。邂逅遘君子，愿托千金躯。拳拳鄙薄心，金石夫岂殊！千秋孤与孽，触事多忧虞。蛾眉妾敢矜，众女何区区。弱质终自惜，深爱亮不渝。混混长江水，万古天南隅。犹有受恩身，颜色方敷腴。永得充佩袆，以为他日需。

豫章与舍弟别

思劳之竹，生有骈枝；陇头流水，分离无时。昔俱垂髫，督尔勤惰；挞之不怨，曰兄爱我。雪屋深镫，伊吾对读；心魄相感，岂曰手足。

---

① "入"，光绪壬午年本作"人"。

鸿雁之影，乘春远飞；赖尔承志，亲颜悦怡。尔躯屡瘦，亦复多病；药饵稍间，益勤温清。同兹罔极，俾尔独劳；骨月衔感，宁唯漆胶。

长河之水，去家十里；游子出门，惆惆行李。尔之送我，必于河干；临歧相视，珍重加餐。冉冉停云，荒荒落月；每缘思尔，惆怅明发。章门握手，颜色如初；促坐深语，明镫照余。征驹在门，又分南北；江波无际，黯黯秋色。别尔远去，含情未申；祝尔康晏，长欢二人。

庚辰元日偶述

往者已不谏，来者仍可追。不缘今日是，焉识昨日非。伊余秉微尚，逐物乃迁移。轻薄好远游，遂为世网羁。秋蓬顺风去，飘转何时归。忧来失华发，愁至缁素衣。江湖多稻粱，鸣雁常苦饥。春阳照闱闼，故物皆光辉。惠风扇微寒，居子时有思。知命固不辱，乐天奚复疑。卓哉素位言，古人真我师。

代淮南王篇

淮南王，好神仙，出入高下凌紫烟。凌紫烟，掇瑶草，先天而生后天老。蓬莱方丈高切云，流云有情长忆君。长忆君，君不见，千年梦中识君面。东鸟西兔速飞电，愿得因之托方便。

拟补李尤九曲歌

年岁晚莫时既斜，安得力士翻日车。美人窈窕颜如花，欲往不往天路遐。腰间雄剑名莫耶，陆抟犀象水蛟鼍。持以赠君心匪佗，长愿四海无惊波。斥晏啾啾一何多，凤鸾饥疲虞网罗。昆仑瑶圃琪树华，仙夫诜诜隔流沙。西流之水东流河，一飞一鸣君谓何？

效遗山论诗绝句十首

骚雅流波世未陨，飘蓬采葛有余哀。应刘浪播当时誉，谁及陈思八斗才？
憔悴陈留避戈禽，穷涂恸哭此何心？咏怀婉约骚人意，屈宋千年有嗣音。

自诡韩亡掩贰臣，柴桑终始晋遗民。论诗一种开山手，几许残膏丐后人。

逸气高才近古难，莫凭片羽测修翰。参军奇服无人识，一席端宜位建安。

才笔青莲冠四唐，尚沿风格事齐梁。长歌自足空千古，大海回波紫电光。

诗圣千秋论不磨，朱弦唱叹感人多。真金毕竟披沙得，奈此村尨吠影何？

古意沦亡庆历中，苦抛心力事雕虫。平生不解尊元白，可怪扬波尚未穷。

嫫母先施骨总殊，捋撦千载笑侏儒。美人芳草三闾意，变格樊南绝代无。

狡狯神通骇世人，苏门真惜少功臣。横流沧海今谁挽，莫纵狂炎更益薪。

萧槭关河元左丞，宋州落日涕沾膺。绝胜头白西湖老，优孟孤忠学杜陵。

送钟莆生北上

携手城南隅，北风吹袂寒；未惜风吹寒，款我同心言。弱龄谬知爱，菲薄君所叹；中更申婚姻，相喻金石坚。苕亭双梧桐，并立龙门颠；交枝舞丹凤，接叶栖文鸾。和鸣中宫商，比翼相飞翻；愿得仪虞廷，谱入清庙弦。

寂处苦无悰，远游亦何乐；君有京华行，俯仰殊龙蠖。短翮困长风，差池不相薄；峨峨金马门，承明事如昨。当仁夜求衣，群贤竞腾跃；君其奋笔锋，一轸匡时略。清霜肃高天，四望何辽廓；仁为负弩驱，无忘衣绣诺。

逆旅竹数竿风韵璆然感而有作

作客年年岁莫情，闲身驰逐竟何名。修篁尽日西风里，半是清声半苦声。

红梅

十日新阳暖，临春亦自开；居然避风雪，忍使没蒿莱。艳色已知重，繁忧仍未裁；空山断来往，为尔重裴回。

感事

河①伯笑海若，小大固殊科。杂县眩钟鼓，雅音岂不和？性质阂闻见，俯仰成山河。深识迈当世，薄俗常见呵。遒哉怀古心，太息竟如何？

徙薪不及早，爝火能燎原。羝羊亦解触，乃自撤其藩。族类既以殊，祸害安忍言？饥蛟宅深浦，水族无安澜。猛虎在灌林，百兽多忧患。前谋已无及，后虑宁复论。当断不能断，揖盗徒开门。

食货生之源，易穷久乃变。金玉炫耳目，始觉菽粟贱。逐末竞锥刀，举世互相煽。海客多奇淫，大利遂私擅。桑孔术亦工，何由救瞑眩。节流岂无策，睫远谁能见？哀哉涸辙鱼，恻矣巢堂燕。

乾坤托大义，振古匪自今。谁欤戴发齿，而忍怀佗心。黄金尔何物，能使聪者喑。胡越殊风会，欢爱同裳衾。祸机伏肘腋，一发谁可禁？人心遂如面，咫尺成商参。好音伊可怀，亨鱼溉釜鬶。恻恻匪风诗，寄慨一何深？

壮志周八区，一身苦颠蹶。求荣或多涂，老大意转拙。鸿雁飞嗷嗷，无由解饥渴。出门竟何往，江湖莽辽阔。以凿投枘中，所遇动乖刺。独居转多思，清镜悲蓬发。忍令绝世姿，朱华坐消歇。生才果何意？造物非言说。惟有区区私，衰荣不能夺。

辛巳初春感事咏春草

野烧经年断，东风忽满林。采芳空有路，轻别尔何心？幽意孰堪谅，佳期难重寻。沅湘今咫尺，肠断碧波深。

湘江春望

麦风凄切子规声，僻县繁花眼暂明；留滞何缘识天意，飘零今已悔

---

① 光绪辛巳年和壬午年本皆为"何"，误，应为"河"，校改。

狂名。春寒十日仍披夹，夜雨双流半入城；谁踵嘉名旧湘水，芙蓉愁煞涉江情。

明唐藩刘妃墓（在汀州西门外）

潨棠枝下三更血，杜宇悲秋啼夜月；冬青无树表思陵，万古君臣死同穴。福王去后唐王来，崎岖岭海情更哀；将骄卒惰饷源竭，苍天只手知难回。

北兵飞骑如云疾，宫车夜半仓黄出；高天厚地孰相容，灵弦更断湘妃瑟。何处珠襦并玉棺，只余坏土掩荒寒；承平百载遗民尽，犹抚残碑一泫澜。

重见歌者芙窗有感即席书赠

四年前见如花貌，绿酒清尊奈晓何；今日相逢齐一哭，故人零落已无多。

无恙亭亭玉雪身，梅花香里记前尘；一杯合酹琴江水，赖汝轻舠送远人。

往邑城途次口占

沿溪窈窕千竹林，白沙如雪波深深；何人倚棹莫讴发，不是寻常山水音。

仰华山高如画图，山门阒寂无人呼；云中问讯旧鸡犬，佳处茅庵留得无。

溪流转处丛木青，瘦梅一树相伶俜；山人晓起忘朝莫，晴日满山门尚扃。

答李啸峰

春阳入虚林，闲窗蔚深绿。岁莫一携手，递判千里目。故人远相忆，风义抑何笃？遗我瑶华音，愿言过金玉。离居遂已久，芳草满山曲。

繁文虽闲陈，清言无与续。鬂发乱不理，岂曰无膏沐？飘飘西来风，亭亭孤生竹。庶几同岁寒，前修相为勖。

自邑中归里途次有作

寮历高云雁一声，孤行无邮暮秋情。新霜古木初飞叶，斜日寒花半出城。牢落生涯仍恋客，艰难天意未休兵。请缨尚轸终军志，肯信穷愁送此生。

八月十三夜旅宿见月*

素彩已堪掬，寒轮仍未圆。犹褰茕独意，自破沧浪天。欲折桂枝去，泪盈明镜前。君其畜光影，期予三五年。

极北**

极北烽烟动，传闻日日殊。盈廷谁执咎，轻敌亦堪虞。曲突嗟何及，和戎事可诛。峨峨吴岳秀，佳气未应无。

赠吴子静

季子能书画，句吴凤擅名。清贫应未减，薄宦竟难成。入世才何补，逢秋感易生。维扬旧游处，北望若为情。（子静有扬州一觉图，故调之。）

归舟漫与

穷冬草树惨无色，时有霁雪明前峰。冻云渺渺见鸿雁，寒波瑟瑟凋芙蓉。百忧纷集坐难遣，万里独归何所容？愁心欲赋忽已瞑，远林月上闻清钟。

喜周大简可魏二菘园至

霜林坠叶与云深，秋晚幽居肯见寻。一夕绸缪今古意，两年乖阔弟兄心。壮裹偶触还高啸，大业无多付短吟。北望浮云连广野，山川如此莫登临。

---

* 光绪辛巳年间刻本收有该诗，而光绪壬午年京师刻本则将此诗改成《极北》一诗。

** 录自光绪壬午年刻本《四子诗录》。

舟行即事示钟子乾

寒日忽西漏，轻风吹棹歌；岸长微见树，江浅不生波。霁景从堪惜，离忧亦未多；群飞沙际鸟，水宿意如何？

闻竹香丈南旋却寄

几日南来信，闻君拂袖归。何当苦京洛，应自恋庭闱。黄阁期先辟，青云莫倦飞。无因奉颜色，春思亦沾衣。

意气销难尽，愆尤积愈深。良知久寥落，短鬓忽侵寻。远志归仍在，幽忧近稍禁。明年下春水，能否待治任？

久雨新晴 *

积雨痗山容，凝寒郁春气。溜溜檐响繁，寂寂岩扃闷。久矣苦昏垫，何由慰屏弃。新阳生远林，江山割初霁。流云吐奇华，微风荡清吹。逍遥步林莽，豁达放心意。寡欲昔所希，幽栖今足慰。永念依方言，无隳日新志。

樊舞阳 **

越甲鸣吾君，车右甘一死。主辱安用臣，偷生士之耻。桓桓樊舞阳，意气一何伟。横磨十万剑，愿见王庭徙。功名虽未成，义烈照千祀。娄敬遂封侯，不如一狗屠。嗟嗟狗屠今则无。

林居

林居事幽屏，烦虑忽已蠲。披寻矧多暇，光景方流连。居侧饶隙地，缭以周迴垣。呼童莳杂木，差次无陌阡。春来一以长，蔼蔼西窗前。长蕉对萧洒，稚竹相便娟。辛夷将木兰，窈窕如比肩。侵晨微雨过，新翠披疏烟。凉风适何来，荡此高日暄。独往成久立，胜概谁与言？

遥山日清深，苍翠纷在目。落照翻夕岚，窅窅不可掬。鬖然默以

黑，如发试新沐。远烟非所期，荡漾与之宿。衡门镇相对，长林更迥属。盈盈心眼间，积此万重绿。巾袜恣萧散，尘墟谢羁束。延眺穷朝昏，寂历心自足。眷彼城市人，南风热方酷。

寄星田

闲门寂寂春草生，桃华开遍无人行。碧云日莫莽迥合，尺书不至天无情。前溪昨夜水新绿，双鲤迢迢入空曲。为语故人曷归来，山中桂树纷盈瞩。

闻李子佩秋将往豫章寄赠

尊酒高秋别，孤飞形影单。谁持一尺素，远慰平生欢。落木风初劲，繁霜岁正寒。思君不可见，清泪空阑干。

良知旷离索，久矣叹孤吟。独为郢中唱，翛然尘外音。苕苕一明月，落落双南金。琼玖已难报，况当离别心。

仙云一片影，来往白茅峰。美人在云际，窈窕多好容。明将下山去，江畔采芙蓉。羽翼怅乖隔，愧尔双飞龙。（闻偕周子鞠如同行，亦佳士也。）

石城道中

万叶脱已尽，一花开正然。娟娟净竹色，皎皎明霜天。暖日尚堪煦，孤云如自怜。相期保此意，毋为迟莫迁。

早行

旅宿苦长夜，披衣殊未涯。浓霜不可掬，高日如相期。天宇自清迥，仆夫方怨咨。行行勉努力，前路更无歧。

赠杨韵柳明经二首 *

竞作诗人老，寥寥正始音。水云心共活，源海学何深。锋剑看长敛，弦孤问素琴。先生千古在，讵必较升沉。

＊ 录自骆昌兰：《绵江历代诗词选》，见《瑞金文史资料》第 5 辑 147 页，内部发行，1992。该诗署名陈家瑶，应为 1882 年中举之前所作。

穷冬寒气懔，喜见鲁灵光。朔雪行人少，孤灯夜话长。传人多白屋，世业在青箱。莫漫伤迟暮，梅花有古香。

和李芋仙先生六五初度自寿诗元韵七律* （二首）

读《申报》所登芋仙先生六十五岁初度自寿之作，欢喜赞叹，依均属和，并邮奉吟坛削政。

其一

生才休叹不逢辰，海国长留太古春；天以斯文贻后起，谁教循吏作闲人；等身著述直追古，投老风怀莫厌贫；想见觥筹交错处，诗成击钵已三巡。

其二

岂有朝南暮北风，思公无尽更怜公；艰难时会天何意，寥落心情我亦同；骥足腾骧风影裡，狼烟迢递月华中；盈盈此水今盃勺，望断双鱼渤澥东。

（注：怀人诗余有和作，易五南归，携呈藻览，至今未得覆函，殆洪乔已付诸水滨耶？亦可怪也。）

题鲤** （四幅）

龙门初度未曾开，点额归来泪满腮；毕竟池中难久畜，伫看风雨一声雷。

* 录自瑞金旅台同乡会（筹）瑞金文献编辑委员会编印：《瑞金文献》创刊号（1974 年 12 月 25 日出版）。该诗有编者按："芋仙姓李，名士棻，光绪间名士。""右次公诗二首、序及原注，皆考选部周前政务次长庆公掌赣教时，抄自南昌某报，实存至今，命为刊布，用广流传云。"李芋仙（1821—1883），今查《申报》所登，知陈炽所作为 1885 年。从同治中后期到光绪六年之间，李芋仙先后在江西的彭泽、临川、南城、东乡做县令。
** 录自瑞金旅台同乡会（筹）瑞金文献编辑委员会编印：《瑞金文献》创刊号（1974 年 12 月 25 日出版）。

云籁词录[*]
（1885 年）

　　余于填词素不工，亦不欲学。偶一为之，提笔茫然。百端交集声音之道，其感人也深哉！忧能伤人，欲不可纵，多生结习雅好，为诗沈沈，此心不宜，复以词病之。行年三十矣，学道未能，哀乐弥盛，友朋牵率不能自坚，辄欲吮豪伸纸自抒，伊郁知我罪我听之而已。就其可忆者录之如左，乙酉惊蛰后一日瑞金陈炽次亮父并识。

百字令　登毓秀台有感

　　阑干拍遍，又郁葱佳气，亭台如故。劫火飞残浑似梦，已被西风吹去。寒树犹青，清霜正晓，独立聊容与。开天遗事，塔铃烟际能语。

　　重向石火光中，土花堆里，悄觅残碑础。满眼烟光人独醉，不见当时吟侣。绵水东回，钵山西峙，形胜原终古。夕阳如画，一声雁归何处。

浣溪沙

　　清夜霜钟阁梦寒，醉眼醒起总无端，披衣和影自盘桓。

　　淡白纸粘窗眼细，软红绫掩被池宽，更无新月肯团圞。

台城路（题郑伯庸大令重到金陵图）

　　六朝金粉飘零尽，重游曷禁三叹。白马青丝，朱旗赤帜，一霎雨飞

---

* 藏于国家图书馆。从序言中得知写于乙酉年即光绪十一年（1885 年）。

烟散。伤心惯见，算只有王家谢家春燕。欲赋芜城，莫潮萧槭镇肠断。

枣花帘子依旧，年时游骑过，春痕历乱。几辈通侯，几番小劫，剩与词人凄怨。沧桑满眼，有一带青苍，蒋山当面。更缀狂花，夕阳红似霰。

归舟一叶闲如许，卅年便同辽鹤。佛庇高门，天留醒眼，教看雨花风箨（大令有雾中人传奇备言，黄山遇贼，蒙佛佑得全事）。还乡自乐，且莫向风前，泪珠横落。几许人家，劫灰一例惨汤镬。

使君飞舄江右，喜登临不改，旧时腰脚。患难初平，创夷待补，尽费良工斟酌。胜游如昨，记一线秦淮，依稀城郭。何日从君，画船沽酒泊。

虞美人 （题画画鹦鹉鹳鹆各一极不伦戏咏）

故雄悄悄鳏双目，不共羁雌宿。冷烟荒月总凄迷，空有千年铜笛怨鸟栖。

东飞鹳鹆西鹦鹉，一样工言语。人间眷属本何常，便合双飞双死学鸳鸯。

簪笔集*
（1887 年）

丁亥　元旦　早朝恭纪

黄道开天肃上仪，好云春护九龙墀。懋勤学绍仁皇统（圣祖九龄践
阼，圣德巍巍，振今铄古。今上继统时仅五龄。近闻圣学日新，亿万年无疆之休基
于此矣），授受恩昭圣母慈（皇太后懿旨，俟上亲政后再训政数年。盖援嘉庆初
元故事）。玉斧画江销战事（长崎案结，滇粤勘界亦次第就竣），璿章蠲户慰
调饥（登极恩诏，去岁被灾省分租赋，分别蠲缓）。千官簇仗千花灿，一德明
良五百期。

正月八日入直枢廷恭纪

归里倏十载，还朝复五年。科名原定分，文字岂前缘。近属中书
令，还依尺五天。翱翔珠树鹤，排日彩云边。

正月望日，上亲大政，御太和殿
受万国及百官贺，是夜臣适宿直庐恭纪

万爆雷硠九陌春，圣持玑尺画临宸。早闻骄虏回三舍（长崎一案，倭
自转圜勘界之役，法使亦不敢如前崛强，皆亲政前数日事），恍见曾台列百神。
日午晴云光纠缦，夜深华月彩纷纶。小臣不寝听宫漏，悄倚瑶林望

＊ 藏于国家图书馆古籍部，清代光绪年间抄本。文中提到"丁亥元旦"，即 1887 年。又提
到光绪皇帝开始亲政一事。查光绪十三年（1887）正月十五日，光绪皇帝在太和殿举行大
典，开始亲政，颁诏天下。故推知该集应成于 1887 年之后。

北辰。

圜法

圜法前朝变，权宜事未均。相权空有母，作俑彼何人。改革烦明圣，承宣有重臣。似闻宽大诏，损上益吾民。

鸡陵关歌

鸡陵关外天如墨，鸡陵关内春无色。伏波铜柱今倘存，只见强邻夜窥阈。鸟鸢跕跕溪水波，区区瓯脱原无多。上游坐失建瓴势，当道空挥回日戈。白龙一角拖遥尾，口舌纷争何日已？苍茫歧路有亡羊，诛荡呈材少天骥。圣德怀柔及远人，项家以暴吾以仁。无须铁钺彰征伐，终见珊瑚入禁闉。

楼船

楼船新下水犀军，飞入东溟破海云。借问精严程不识，一时刁斗竟无闻。倭女蛮靴绛玉肤，长崎风物似句吴。谁怜睢眦群衷甲，如雪刀光跃酒胡。诸君草草捐躯命，大帅悠悠卷斾旌。十幅归帆风不泊，一齐回首析津城。荏苒驹光倏半年，往来口舌日纷然。更谁脱颖同毛遂，只合黄金铸鲁连。失机无罪竟何功，侥幸天恩狱未穷。太息男儿好身手，不随项羽返江东。

随扈只谒西陵出彰仪门道中作

忝附属车末，轻装出凤城。平芜酣碧色，疏柳郁黄情。圣治隆仁孝，臣心感盛明。春阳如送喜，山翠澹西横。

卢沟桥

无定今成永定河，一梁平压万重波。群狮态活危阑耸（金章宗建桥时，石工某于桥柱刻狮子数百，态状无一同者，一时以为绝艺，今尚存遗迹)，列

骑声喧小队过。夹道耆民扶杖喜，极天新麦得春多。翠华十二年如昨，
重献尧天击壤歌。

秋兰行宫恭纪

一灯才上万灯明，列幕森严拥御营。野旷微闻江淡荡，天空平碾月
晶莹。奇峰积雪晴如画，古木扯风夜有声（宫前古木十数章，大逾十围，皆
数百年物）。漏点稀闻人不寐，轮车宵驾更长征。

过易州后远望山势奇秀无匹，洵哉。仙灵之窟宅，伟矣。帝者之宫城也，流观竟日，以长古赋之

云寒凝不流，石瓃耸如削。雪景尚皑皑，山骨何荦荦。虎怒气郁
虓，龙翔势拿攫。戈矛灿光晶，彝鼎森斑驳。苔亭青松花，风吹乱飘
落。绵连无端倪，谲诡难凑泊。稍降忽平夷，圆泽无锋锷。径草萋以
纷，村树婉而弱。如彼奇杰人，一变成澹约。汤汤易水流，清激故如
昨。中有荆卿魂，来往逐辽廓。秦亡已千年，关陇亦销铄。天子在燕
京，六合声威扩。区区河与华，车辙日凌轹。知君壮士心，异代成欢
跃。园陵卜兹山，风雨会灵郭。云旗将翠蕤，百神趾相错。桓桓貔虎
姿，君合附裒鄂。西瞻日月山，苍秀高吴岳。天中佳气多，万古长安
乐。小臣滥齐竽，禄食縻轩鹤。愚拙相侵寻，遑论述与作。一湾流水
清，数亩山田确。欲留惭鸳鸾，欲去疑龙蠖。梦想故山春，老屋依林
薄。黄绮终可期，思觅千载乐。

梁格庄行宫恭纪

三山巀业气龙蟠，石镜前头秀远峦。秩秩连峰宫卫肃，溶溶新水带
围宽（行宫形势如此）。微黄万柳环桥细，重碧双松覆殿寒。不为春华洽
宸赏，神皋风扬画真难。

随扈道中即景四首敬次南皮相国元韵

依稀清漏报严更，问夜脂车事远征。村塔层层微见影，溪流活活静

闻声。繁星不动灯千树，喜雨才过月一营。帐幕比邻如隔舍，往来浑欲废将迎。

潇洒春衣日再更，宫门散直且长征。遥山雪霁青于洗，暖树风来绿有声。楚楚高花团野屋，萋萋芳草簇春营。居民不识何官府，一样扶携管送迎。

帖然市肆了无更，所过田租敕免征。万骑腾骧成瑞霭，六飞临莅畅欢声。无斁囊筆承明殿，绝胜垂橐大将营。得慰下臣瞻就意，随班鹄立道旁迎。

神明制作未须更，圣母威慈戒力征。元老桓桓襄大业，亲藩矗矗导休声。九朝仁孝心能绍，四海苍黎目所营。仰觐天颜如有喜，翠华行处好风迎。

易州怀古仍用前韵

人代沧桑几变更，滔滔易水尚南征。岩疆自昔多龙战，春塞于今有雁声。壮士衣冠虚慷慨，将军兵粟苦经营（公孙瓒筑易京时事，瓒善战，常骑白虏，号白马将军）。酒徒莫问荆高侣，村树依依野老迎。

纪孝女蒲爱妮事

谢娥报父捐身命，志节于今或见之。奇绝琅琅能奏对，天容亲为霁多时。罪人未得志难回，身困囹圄亦可哀。更有同心贤弱弟，八龄重叩九阍来。

驰道

驰道平如砥，森严跸卫陈。万灯清照夜，一水曲通津。币地蠲春赋，瞻天纵路人。欢心洽貔虎，挟纩诵皇仁（站道兵弁均赏银物，盖特恩也）。

即目

春满郊原卉木滋，森森新绿万花枝。画图一幅江南景，烟雨楼台小杜辞。

送长少白都统庚之伊犁

万里天山北，经营阅累朝。谁令重险失，近喜寇氛消。蚕食行将尽，豚亡或可招。大秦今接壤，毋谓海西遥（哈萨克三部全为俄人所有，勘界诸公之咎也。惟役繁赋重，哈人不能堪之，常有举家逸入内地者，俄亦不能究诘云）。西面论疆寄，新推定远侯。山川同聚米，烽火慎防秋（君往来伊塔三十年，指画山河形势甚悉）。廉蔺交应密（谓毅齐中丞），甘陈迹可求。玉关春草长，行矣迓鸣驺。

题钱子密年丈宝泉河观荷图

鸳鸯湖中烟雨香，高荷万柄摇新凉。棹歌唱入水云里，一奁镜影团花光。东湖亦有藕香阁，屡凭绮槛窥红妆。昏黄月上不知处，芳馨如雾飘轻裳。谒来京洛依青琐，觅水无从况游舸。有时泥潦盈道涂，苦厌风埃没车轭。神武门前十刹海，一角烟光聊帖妥。宝泉河水尤清沦，朋辈相要屡相左。先生洒洒人中仙，公余逸致何翩然。招携酒龙杂诗虎，一时宾主皆豪贤。更分险韵斗坡谷，淋漓长句争花鲜。制图传之万万祀，风裳水佩长便娟。十年幕府从鞭弭，手佐汾阳靖安史。莫愁湖畔万荷花，亲见名贤错綦履。内患初平外忧起，时事艰难未云已。巍巍鲁殿几灵光，君国多虞赖匡理。浙西山水公乡邻，豫章旧游萦梦魂。东山谢傅有高志，苍生未肯闲斯人。人生富贵贵行乐，我知此语公不嗔。太华峰头玉女井，藕花十丈香千春。

题子密年丈极乐寺观花图

春风入幽州，浓绿满郊陌。翩翩垂丝花，绝代仙标格。何年极乐寺，梵宇剥金碧。种花三十株，明霞照天赤。肃悒盈闺姝，朱镳引游客。题襟得良赏，摘艳霏瑶席。想见乾嘉时，文翰萃京国。诀宕风骚场，峥嵘多劲敌。诗人洪北江，一记存千百。此乐岂易寻，悽然念今昔。西山联眉翠，三度飞轻车。继声良所难，大嚼有与蔬。公独思古人，兴逸情有余。琢句俪琼玉，纪游成画图。遂令百代下，仿佛全盛

初。春芜接城闉，风日何清胦。年年花事繁，绿云团绛襦。朝野适安
谧，散直时未晡。清游亮堪续，雅咏聊相娱。子固本能诗，无俾花
受诬。

素未作海棠诗，意有未尽，辄步太仆元韵更赋二律

看花闲策小骊驹，白傅风怀与世殊。独占春光依紫陌，不随朝雨落
金铺。髯翁有恨疑谰语，杜老无诗果腐儒。自是神仙饶艳骨，碧衣如縠
裹红酥。

天半朱霞照晓妆，琼筵开处正飞觞。风来斜毡娟娟影，坐久微闻澹
澹香。四面阑干随梦绕，一春踪迹为花忙。软红十丈尘如海，犹有诗人
赋艳阳。

春思和友人韵

迢递渔阳蓟北天，思君如草割联绵。孤心朗朗依明月，百里沈沈锁
莫烟。冠古才华梁苑赋，入云歌曲锦城弦。红灯照夜青梅小，中酒心情
似去年。

寄郑晓涵大令章门

黄尘十丈侵衣袂，蓟门又逢秋晚。早桂吹寒，疏林挂月，无那秋情
难遣。天涯近远，尺素飘零，故人心眼。尚有雁群衔芦南去，识寒暖。

縠江风景依旧，碧桃花发处，愁思何限。两鸟吟残，双凫飞去，一
霎风流云散。诗简酒盏奈渐老，樊川病怀都懒，好寄梅花一枝，春
意暖。

寿伯元年伯六十

天葩艳阳林，古桂飘新香。称觥介眉寿，言跻君子堂。兹亭长白
山，鸭绿流汤汤。琼林间珠树，中有三凤凰。清音中菁笙，振羽齐飞
翔。文采不世出，见之天下昌。

张宅齐涯多文字缘

江波黯秋潮，挟以千里风。天涯得知己，倾盖相遭逢。欢言竟日夕，古谊谐和终。惶惶忧国心，添宝将勿□。浮云一为别，十载如飘蓬。良会固难及，羁心安可□。春风华联贯，振凄上京阙。元鬓日渐凋，纷芳未应歇。金友将玉昆，奇气互逾越。长君东道来，一笑陶嘉月。承家妙风矩，干国崇勋阀。不见苏眉山，安出轼与辙。西山夕气星，岚彩照眉绿。仙人王子乔，万岁颜如玉。奇情阅华嵩，峻节侔松竹。绮闻何深沈，光影熻华烛。敢为虚美辞，炯介在明淑。一啸海天秋，红云曜初旭。

无题 *

清时重英贤，乃使固科目。粗疏一卷文，踠郁千里足。几辈已雄飞，斯人尚雌伏。达哉庞士元，拂衣就微禄。关陇方苦兵，哀鸿满山谷。使君适何来，逖矣□年玉。西瞻太华旒，清渭波涟沦。栽花满河阳，十载勤斯民。离离原草碧，暖暖晨风春。落叶古长安，风俗清且醇。一从异族逼，乱气终难驯。潘林革鹗音，变化一何神。弦歌报政成，归来就松菊。卜筑近东华，红云曜初旭。三君年未衰，二仲报先卜。高阳荀氏儿，早岁腾芳淑。令誉腾乡邦，余光照宗族。风月供婆娑，人间备清福。弦歌报政成，归来效彭泽。卜筑邻东华，潇洒扬子宅。舆服炯且鲜，光荣照乡国。三君腾俊名，二仲闻瑶席。婉二八龙子，金闺早通籍。德曜更齐眉，贤声播羣翟。季方号敢谏，直节倾朝堂。承恩持荇节，千骑临东方。漕渠二千里，转粟输太仓。仲文稍晚皇。仲举非凡儿，袞然将相器。陪京形胜区，中外黯多事。卑盖朱两达，豸绣登南床。棱棱抗英气，志欲清万方。荆花相对荣，三载马堂幡，郑重边庭寄。羊祜伊何人，长途识龙骧。慈明国无双，图书掌中秘。超超冠古才，文采何英异。七业草一门，懿此熙朝瑜。沈沈璧月地，皎皎秋风天。林花郁初日，庭树含远烟。维公备清福，宾从皆豪贤。冠盖互往远，诗酒相流连。吹笙挟瑶瑟，乐舞工且妍。

---

* 原文无标题，编者暂以《无题》作为该诗标题。

实甫道兄将之太原，诗以送之，即尘和正 *

太行山色上眉端，匹马西风百八盘。诗过幽燕多慷慨，天临汾晋更高寒。因依五月怜蛮蛆，憔悴三霄损凤鸾。天门高处望风尘，莽荡有卑官碧云。天远梦思归跋疐，行藏计总非熟客。无端尚西笑征鸿，何幸竟南飞凄凉。南生事遥书断空，廖落清尊旧侣稀。期尔春来共乘兴，梅花消息莫相违。

和实甫道兄留别原韵，即乞哂正 **

一局新月玉钩斜，怨别嗟卑念总差。碧海难填历抱石，红尘如梦已怜花。天根鞅掌华香国，日下悲歌剧孟家。早岁名心中岁感，可应回音读南华。西望天门积翠盘，山川王头饱经看。秋风上党南人少，微雨中条比雁寒。万古并凉诗肯壮，一身霜雪剑锋彰。归期特瞬春冰合，锦瑟离心莫更弹。

---

* 录自程道德主编：《中国近现代文化名人遗墨》，上册，37 页，北京，中国方正出版社，2013。诗后有"癸未重九后弟陈炽次亮甫稿"之语，按清末癸未年为 1883 年。

** 北京德宝拍卖公司 2006 年 11 月艺术品拍卖会古籍文献专场"陈炽诗稿"。诗后有"同学友弟陈炽次亮甫稿"之语。

对　联

烟水亭

胜迹表宫亭，况恰当庐阜南横，大江东去；
平湖满烟月，谁补种四围杨柳，十里荷花。

九江烟水亭戏台

何处临风歌水调，
几人画壁擅诗名。

赣州十八滩头储君庙

扁舟七度，备感威慈，恰当春水初生，无复滩声惊梦寐。
小劫三年，重新庙貌，惟念人心更险，要凭神力靖波涛。

题浙江杭州黄龙洞鹤止亭

月上新亭，把酒待招玄鹤至。
风来古洞，倚松静听老龙吟。

  录自吴恭亨：《对联话》卷三《题署》，67 页，长沙，岳麓书社，2003。作者评价该联"出幅骨多于肉，对幅肉多于骨，然均佳"。

  录自解维汉编选：《中国戏台乐楼楹联精选》，123 页，西安，陕西人民出版社，2008。另见金实秋编：《古今戏曲楹联荟萃》，160 页，北京，中国戏剧出版社，1992。

  录自胡君复编：《古今联语汇选》第二册祠庙（四），252 页，上海，商务印书馆，1921。
  录自梁申威主编：《佳联2000》，55 页，太原，山西经济出版社，2000。表明为"陈克昌，江西瑞金人，清光绪学者"，克昌为陈炽字。

赋

新秋雁带来赋 * (以题为韵)

客有登楼忆远，薄暮怀人。正秋情之难遣，问秋气之何因。则见三点五点，山滨水滨；冲云有路，唳月无尘。不堪满地吟蛩，空闺怨起；如似一声归雁，高阁凉新。

时则宿雨初收，长烟欲留；月增皎洁，风助飕飗。雪染蘋花之渚，香生桂子之楼。曾记修竹池亭，千竿拂暑；也似梧桐庭院，一叶惊秋。

而乃嘹唳争来，参差相间；似诉飘零，如怜顾盼。冒金风玉露以俱归；知水宿云飞之已惯。滞天涯而岁晚，谁唱黄鸡？怜故国之寒生，仍歌白雁。

何处秋声，飞来天外？半度云衢，微开风籁。冲晓月而音高，落澄江而影大。似曾相识，谒来华岳三峰；岂不怀归，只在湖山一带。

是则秋光未老，秋信先回。雁非秋而不至，秋非雁而谁催？徒令归人魄动，游子心摧。怜他片影江湖，恋烟波而不去；谁遣一身毛羽，带霜雪以俱来？

无不极目凄凉，关山迟暮。感稻粱之既微，叹流光之迅度。对此渺渺长云，荒荒古渡，天长地阔。韩昌黎感鸿雁而为诗，欧阳子听秋声而作赋。

---

* 录自江西省瑞金市瑞林镇《启堂文社谱》。瑞金党史办曹春荣先生提供。

附

录

陈农部传*

赵柏岩

陈君名炽，字次亮，江西人也。以孝廉为户部郎，久植枢垣。留心天下利病，深研经济学。尝以学问之道非游历多、见闻广不足济大艰、任大事、兴革大利弊。乃仗剑游海疆，足迹满天下。归著《庸书》内外百篇，言综名实，故以《名实》篇托首。其于审官、牧民、兴学、理财、平律、治兵、筹边，反复于古今盛衰之故，中外名实之科，治乱之条贯备矣。而于风化治本，尤钦钦致意焉。

甲午以后，士大夫鉴辽东之战，稍稍谈振作，农部慨然曰："京师者，天下之首善也。移风易俗，必自根本起。"乃与元和江标，南皮张权，江右陈三立、文廷式、熊亦奇等数十人，立强学会于京中，购书籍，备仪器，将在研实学而开风气。寻为御史杨崇伊所劾，得旨封锢。翁常熟相国密奏曰："教育人才，自强之本，未可阻遏，使天下寒心。"而御史胡孚宸亦以书局有益人才，请诏总署议行。乃改强学会为官书局。京师之有官书局，此其起点也。

炽又以各国之强，皆原于富，著《富国策》，于物产、制造、商务，言之娓娓。后以世变日巨，郁郁不得志，酒前灯下，往往高歌痛哭，若痴若狂，归江西数年，卒。

赵炳麟曰：世之将治也，豪杰有志之士，率皆云兴霞起，敷赞嘉猷，求志达道，各遂其欲而去。及将乱也，豪杰志士，往往抑塞穷途，冤结郁轸，以至于老且死。呜呼！十余年来，吾同心同志若江标、陈炽之徒，或隐或死，或寒心远蹈，不知其几十百矣。神州陆沈，伊于何底？述其梗概，不胜惨然！

陈炽传**

陈焘

惟枳长子喜炽，原名家瑶，改名炽，字克昌，号次亮，又号用絜，

---

　　* 录自沈云龙主编：《赵柏岩集·柏岩文存》，近代中国史料丛刊正编第 31 辑，1529～1531 页，台北，台湾文海出版社，1968。

　　** 原文载《白溪陈氏十一修族谱》第 28 册，民国壬戌（1922 年）季秋族孙焘主修。现转录自赵树贵、曾丽雅编：《陈炽集》，386～387 页，北京，中华书局，1997。

优廪生。清同治癸酉科拔贡，甲戌朝考一等第四名，钦点七品小京官，签分户部山东清吏司。光绪壬午科举人，考取军机章京。次年正月传到军机处行走，补户部陕西清吏司主事，主北档案稿，升四川清吏司员外郎、户部捐纳房①、方略馆纂修、方略馆帮总纂，升福建清吏司郎中，方略馆保升，以道员补用。赏戴花翎加三级，诰授中宪大夫。复蒙恩奖得道员后，赏加二品衔。著有《庸书》、《续富国策》、《四子诗录》等书传世。清咸丰乙卯四月初七日吉时生，光绪庚子五月十三日午时殁于京都赣宁新馆。斯时拳匪扰乱京华，皇上、皇太后西奔，外国联军到京，途次异常阻塞。至癸卯年始行扶枢回籍，葬莲塘底塘尾底后龙丙丁山，癸向外未丑兼丁，地肖人形。娶廖氏，宁都同知衔达川公女，诰封宜人，晋封恭人，清咸丰甲寅吉月吉日吉时生，民国壬子七月三十日殁，葬白溪下山马宕头壬山，丙向兼亥巳。

子一，育殖，改名育城，承继胞弟喜焘六子为嗣。

女四，长适本邑同知衔张益臣次子，次适本邑盐大史钟光国之长子，三、四俱夭。

清代官员履历档案全编·陈炽*

陈炽，现年四十一岁，系江西瑞金县人。由癸酉科拔贡生应同治十三年朝考，取列一等，以七品小京官用签分户部。告假回籍。光绪八年中式壬午科本省乡试举人。九年销假。十二年考取军机章京，奉旨记名。十三年传补军机章京，十五年钦奉懿旨，著俟奏留后以本部主事即补。十六年补浙江司主事。是年军机处奏保以本部员外郎，无论题选咨留，遇缺即补。十七年补四川司员外郎。十八年正月丁父忧，回籍守制。二十年五月因纂辑《陕甘新疆回匪云南回匪方略》暨《贵州苗匪纪略》全书告成，保奏俟升郎中，截取知府后在任以道员用。二十一年四月起复到部，闰五月补江南司员外郎。二十二年正月补福建司郎中。捐免历俸期满截取，经本部堂官保送，堪胜繁缺知府。本月初四日吏部带领引见，

① 对于陈炽担任户部捐纳房一职，缪佑孙在给其兄缪荃孙的书信中曾云："陈次亮得捐纳房，从前并未记名，南皮与常熟硬派。若工部则钻风尤盛，反是礼部、吏部略好。高阳、东海二公比较，李又胜徐多矣。"（《艺风堂友朋书札》上，245页，上海，上海古籍出版社，1980）。

* 录自秦国经主编：《清代官员履历档案全编》，第6册，206页，上海，华东师范大学出版社，1997。

奉旨著照例用。

哭祭军机陈次亮郎中 *
康有为

悲风踔海波，骤雨掩平地。陈公天人姿，秋色忽凋弃。
吁嗟维新业，于何呼同志？君才寔鼎铉，天生清庙器。
深通中外学，纬画长政治。日夜忧中国，誓心拯衰敝。
京师承平久，千官多讳滞。清议恶变夷，守旧拘法制。
百鸟皆反舌，丹凤鸣锵哕。神采懔峻整，正直泻肝肺。
见我即解带，两谋若印契。时当割台和，士夫知忧喟。
共开强学会，烂然庆云蔚。写诚说常熟，十二策奇计。
惜哉沮兰尚，郁郁纫荃蕙。夺去凤凰池，佯狂真避世。
十年直中枢，津要颇得位。一朝泣枯鱼，长贫无归计。
及语君父间，大义声色厉。圣主方潜龙，外论颇诽诋。
公独慷慨言，圣德寔命世。中国必不亡，中兴此焉系！
宵旦忧吕武，谈之辄掩袂。戊戌津大阅，君闻早相谓。
当有房州变，殷忧惟屑涕。吾犹疑其讹，及信难为计。
贱子竟奔亡，圣上濒危废。恻恻念君言，天乎空洒涕。
京邑旋烽燧，蛇豕横燕蓟。黄屋已西巡，转侧围城际。
复辟①日有闻，哲人忽摧逝。昊天胡不吊，殄瘁寔可畏！
他日幸维新，大川乏梁济。陈荔奠椒浆，忧哀令人瘵。

清故候选教谕瑞金陈君墓志铭 **
陈三立

　　君讳某，字蔚堂，宁都瑞金人也。曾祖某，岁贡生，例赐举人，县令恽敬以文学屈一世，独从之游，称曰陶轩先生，著有诗文集若干卷。

　　* 录自《康南海先生诗集》，载蒋贵麟主编：《康南海先生遗著汇刊》之二十，81～83 页，台北，台湾宏业书局有限公司，1987.
　　① "辟"，原作无，据姜义华、张荣华编校《康有为全集》第 12 集增补。
　　** 录自陈三立：《散原精舍文集》卷四，53～54 页，沈阳，辽宁教育出版社，1998. 此为陈三立为陈炽父亲所作的墓志铭。

祖某，父某。君敏毅质强，覃精六籍，研披淳涵，英英挺振。始应有司
试，会构寇难，转徙崖谷，凡数岁，君手卷吟哦，不辍所学。寇平，入
县庠食饩，旋举癸酉乡试，以膳录案牵引，停礼部试三科后，计偕三上
仍不第，乃就教谕候选，自是罢归不复出。君廉公好义，善平纷难，县
故僻万山中，俗尚桀悍，仇杀械斗，日月有闻。独君所居乡，渐摩德
让，终君之世，无冤结巨狱，县人叹异，争归服焉。君学务大谊，旁通
医术。初父病风痹，久卧床箦，营权方剂，精枯魄挫，以是羸非人，医
亦锐进。晚岁退闲，闵物观化，四方造诊，盈接门闾，所起活无算。君
自言："穷老无所施于世，颇以自娱，脱吾汶汶之耻而已。"光绪十七年
某月日卒于里第，年六十几。配某恭人，子二人：炽，军机章京，户部
四川司员外郎，才雅达时变，有名当世；焘，候选知县。孙四人。明年
某月日葬君某里某山。

炽书来督铭，铭曰：山丛丛兮桂幽幽，天回地奥蛇龙游。奇灵结
盘光滂浮，偃蹇千祀纷萧萎。罗生酉出脱辈俦，异文智故旁雕镂。君
也闻颍托绸缪，教术炜烂张鲁邹。安耸逸步孰辐蹂，蹶而整架噍万
喉。埃泥枢牖回精眸，纳摩一世心则孤。鞭驱才子双骅骝，开阖九寓
穿神州。赤电烧海飙云愁，取从君怀蜚光猷。隆谟伟业道所收，以声
玄石符来休。

赠陈次亮户部[*]
欧阳熙

巍巍翠微峰，荼灵闳奇气。潆潆绵溪流，汪浍涵古意。仲弓实挺
此，宁独青云器。千岁宝鹿璃，六月息鹏翅。耻同赝鼎售，奚恤伧父
忌。艾组非梯荣，兰膳足真味。相思动经岁，相逢快嘉会。旧学益邃
密，一荡汉宋累。丽日悬晶光，清风扇纯懿。前踪易堂在，愿更拓
高谊。

《四子诗录》序[**]
陶福祖

余性简憺，里闬之间，罕交接独。与勒子元侠、从弟稚箕年趣相

---

　　* 录自欧阳熙：《荣雅堂诗》，见《四子诗录》光绪辛巳年刻本。
　　** 录自光绪壬午年（1882 年）京师刻本。

若，称亲善焉。岁甲戌应礼部试走京师，识瑞金陈户部次亮，数为文酒之会。乙亥次亮乞假南旋，复与君交丰城欧阳元斋。之四人者，操尚稍殊，而类能抗心希古，矫然自振于流俗。顾元侠随宦在闽，稚箕就婚浙中，次亮频岁里居，皆不可数数。见辛巳馆会垣外家程氏与元斋邻，过从较密。而元侠、稚箕自闽越归，次亮亦以事至省，乃得尽究所学，相与谈艺商榷者数阅月，爰先取四子诗就余心所忻惬者，最录成帙而叙之，曰今天下之言诗者，或主性灵，或矜格律，几几家李杜而户曹刘矣。夫二者譬犹筋骨血气之相附丽，有所偏废焉，则将夭阏而不灵，支离曼衍而无所统纪也。其失也均矣，四子之诗其服古也甚挚，道情甚真，百炼之金镕而为剑为镜为尊彝之属，其锋森然，其光黝然烨然，使人咨嗟爱赏宝重不能自已，而终不可狎而玩也。

江西诗自宋吕居仁祖祧山谷别为宗派，推尊江西者甚至。然余谓江西山水雄深朴厚之气磅礴郁积，畸人硕士不间世而生，必悬一格以求之，适以形其所见之不广耳。四君年始及壮，锐于为学，作诗特其一事，即以诗论，虽未必突过前贤，亦庶几无失温柔敦厚之旨，异于世儿之自命风雅者矣。福祖既与诸子同志间有所著，亦欲出以问世，因以是为先路之导，付诸剞劂，海内有目者庶共鉴而征吾言。若乃嗤为夸饰，比诸标榜，则固无惜焉尔。辛巳仲冬新建陶福祖刚伯父叙。

《四子诗录》再版记*
陶福同

同邑勒元侠，丰城欧阳元斋，余戚党也。瑞金陈次亮则于余为同年生之。三君者，天资既高，又皆溺苦于学。舍弟稚箕尽与之交，每角艺会城，辄相番信，宿寓斋纵酒赋诗以为乐。余亦时时预之，自供职仪曹，南北契阔，里闬交游。岁时以一书存问，文酒之欢，渺不复得矣。今夏旅居无事，偶检敝箧，得旧所录诸君诗，发而读之，蟫迹欹斜，颇有阙蚀。盖余与诸君离索之日久矣。追念畴昔，益为之怅然。因命儿子棠笙掇拾补录，以付手民，邮寄诸君。俾知今日相思之心如此，诸君著诗甚富，兹就吾所有刻之。所刻殆不及什一，次山箧中集，实创此例。故三君后并以稚箕殿之。光绪壬午六月新建陶福同记。

---

*　录自光绪壬午年（1882 年）京师刻本《四子诗录》。标题为编者所加。

刘坤一复陈炽书一*
(1891 年 8 月 31 日)

芜湖及各属焚折教堂之案，虽经次第议结，然办匪之外，索赔重款，赔款之后，复索地基，似此节外生枝，莫不勉强迁就，若稍与之争论，彼即向译署哓哓，语多挟制。至于善后章程，前经张香帅与赵道台在粤在扬会商该领事及教士，酌拟数条，极为妥善；乃在京各使犹复翻异，他尚何言，从此交涉事宜，益形掣肘矣。

南洋兵轮只可节省薪粮，冀积巨款，以为购制之计，未便一概撤停入坞，以致江海空虚。张朗帅所陈亦是一偏之见。中国海防在守而不在战，若与炮台联络，木壳兵轮亦可折冲御侮。倘与西人角逐重洋，即铁甲兵轮未必能操胜算；并虑驾驭不得其人，转以资敌。添办一号，便须二百万金钱，此等糜费，不得不审顾踌躇。卓见以为何如？

以后密电，谨照台指，推上九码，以期慎重。

刘坤一复陈炽书二**
(1891 年 12 月 12 日)

承示水师人才，实为当务之急。江南设立学堂，分为管轮、驾驶两项工课，甫及一年之久，造诣未必有成，尚须讲求有胆气、有血性之人，辅之以技艺，加之以历练，庶可为将来缓急之需。各兵轮裁兵节费，原为另行制购碰快各船及鱼雷艇之须；第需款甚巨，规画极难。李傅相以廿余年之力，始能成军，南洋急切安能企及也。

教案虽经一律议结，惩前毖后，必须妥定章程。现就鄙见所及，酌拟数条，函请译署与各国使臣，并电出使大臣与各国外部婉商，未知能就范围否？

---

* 写于光绪十七年七月二十七日（1891 年 8 月 31 日），录自《刘坤一遗集》，第 5 册，书牍卷之十七，2527 页，北京，中华书局，1959。

** 写于光绪十七年十一月十二日（1891 年 12 月 12 日），录自《刘坤一遗集》，第 4 册，书牍卷之九，1994 页，北京，中华书局，1959。

刘坤一复陈炽书三 *
(1893 年 10 月 7 日)

来示所议自铸银钱，免使洋人独擅其利，即以济圜法之穷，自为确当不移切中时弊之论。惟钱虽洋式，既经中国自铸，即为中国币政所关，以国家泉府之权，授之于绅商，以制其出入盈虚，殊失政体。部省所用炉房、银号，代官熔宝，与工匠等一切收放，由官主持，似未便相提并论。且此项银钱，既为圜法而设，仍应铸"光绪元宝"字样，更未便出之绅商。近年中国参仿西法，如轮船、电报、开矿、织布等事，皆为收回利权，半系商人集股。独于此事，屡经商人禀请开办，历任均经批驳者，非不知漏卮可塞，实以钱刀货布，金部专司，非民间所可干预。广东开铸钱局，仍由官办，殆亦有鉴于此。现在铜斤日少，私铸日多，欲求补救之方，诚非自铸银圆不可。兹承台教，备荷指陈，拟与院司熟商，或宁或沪，设立官局，仿照粤省章程举办，略为变通，以挽时艰而存国体，仰副维持大局之至意。

执事赤壁游躅，何日遄归？明春惠然肯来，谨当扫榻以待。

刘坤一复陈炽书四 **
(1894 年 10 月 18 日)

此间沿江滨海，门户重重，转眴冰寒，北军既难进攻，南溟倍形吃紧，就目下情形而言，自以厚集兵力为第一要义。然增兵之难约有数端：

一曰招募。自发逆平靖后，已历二十余年，从前遣撤之兵，今则易壮而老。新募营勇，率皆乡农游民，未经战阵，若不操练精熟，遽望制敌，无异驱市人而使之战。一也。

一曰选将。各军心志不齐，必得大将以统驭之。如绍臣，如肯堂，虽皆百战之余，一时之选，然论其威望，亦只能各顾一隅。善臣本系告养人员，此次弟强之使行，总统之名，终不任受。若增募多营，不能联

＊　写于光绪十九年八月二十八日（1893 年 10 月 7 日），录自《刘坤一遗集》，第 5 册，书牍卷之十，2060～2061 页，北京，中华书局，1959。

＊＊　写于光绪二十年九月二十日（1894 年 10 月 18 日），录自《刘坤一遗集》，第 5 册，书牍卷之十一，2119～2120 页，北京，中华书局，1959。

络，终归散漫，难收指擘之效。二也。

一曰筹饷。司局各库，支绌异常，本有入不敷出之势；今若骤增多营，需款浩繁，从何调发？兴利之道，如筹借商款，预征盐厘，农部已次第议行，然须听候部拨，不能留为本省之用。此外无术点金，饷源不济，哗溃堪虞。三也。

一曰购械。宁、沪两机器局，限于经费，规模未能扩充。所出军火无多，难期源源接济，不得不取资外洋。而各国守局外之例，均不肯售；设法密购，其价昂于寻常数倍。若添募多营，无军械以应之，安能为折冲之用？四也。

一曰转运。各军需用军火既多，必须随时应付。外洋密购率皆运送香港，包运至沪者甚属寥寥。倭舰游弋，海道难通，由港至粤，或水或陆，设法运解，节节不易，深恐军前有缺乏之虞，五也。

有此五难，故明知增兵为上，而苦于无可如何，只能就题布置。现又勉饬添募两营，为防护沪局之用，与台指尚属相符。计该处已驻扎五千人，果能认真防御，当不致有疏失；倘猝然有警，亦惟鼓励现在各军，并力相持而已。

至北军守江，不易进取，洵如来示所云。第目下谣说纷纭，朝廷趣召援师，急如星火，曷感冒昧上渎？前于李道光久一军遵旨北上电奏内略陈梗概，此后或不致再有征调。

俄人行径，居心叵测，强邻环伺，曷胜隐忧。唯盼执事早日趋朝，共维时局，不胜翘企之至。

刘坤一复陈炽书五[*]
（1896 年 4 月）

珂乡河湖行小轮船及蚕桑、瓷器三事，俟接准部议，即饬地方官绅妥筹办理，以副谆嘱。

苏属商务亦经举行，惟绅商各持意见，其中不无借公济私之人。此间惟有核实持平，无所偏倚耳。

书局一项，遵照原议，筹解五千金，以后无从掘罗，不敢轻诺。盖江南财赋以盐务为大宗，盐务盈余实在仪栈，从前酌提数成以充公用，

---

　　* 写于光绪二十二年三月（1896 年 4 月），录自《刘坤一遗集》，第 5 册，书牍卷之十二，2173～2174 页，北京，中华书局，1959。

历历有案可稽；惟其归入外销，有时可以挹注。兹经香帅指款奏明拨归陆军学堂，自此按年报部请销，便难挪移别用。

徐绍祖等禀批略如尊指，唯以有服叔侄，伦纪攸关，不可不分别训饬耳。

刘坤一复陈炽书六[*]
(1896 年 7 月 4 日)

开矿、铸钱虽议举办，经费既形支绌，经理又难得人，未卜有无成效。珂乡赣州既有可开之矿，盍由绅民具呈敝署及巡抚衙门，以资考核。必须矿产确有把握，又必须人品端正、家道富实者，方可承充认办；否则集款自肥，迹同骗局，数十年来似此固非一次矣，

上海商务，容与公度筹之。此君现议苏州开埠章程，目前恐难兼顾。苏州商务，陆凤石极力支持，而附和者少，指摘者多，股本仅六十余万金，恐无以善其后。

刘坤一复陈炽书七[**]
(1896 年 12 月 26 日)

贵省行小轮船，初议归德中丞主政，敝处未便与闻。钦奉谕旨交查，亦唯咨行院司，持平办理。另函嘱将原定章程量行删改，以期彼此相安，此外无能为役也。

铁路一节，久无成规。嗣经香帅、襄帅奏派盛京卿为总公司，一切条款亦经奏准施行，声明苏沪一路归其一手经理。第以事体重大，独力为难，若有绅富分任其劳，当亦盛京卿所愿也。虽人情难测，不能必无把持，而就事理言之，未便另树一帜。即使敝处径行具奏，亦必奉旨交盛京卿，未能共尽异同，徒失和衷之道，盖原议必声明不另设公司也。且苏沪铁路，展帅始终不以为然，若自弟强为，恐亦难期成效。左右谅之。

---

　*　写于光绪二十二年五月二十四日（1896 年 7 月 4 日），录自《刘坤一遗集》，第 5 册，书牍卷之十二，2176~2177 页，北京，中华书局，1959。

　**　写于光绪二十二年十一月二十二日（1896 年 12 月 26 日），录自《刘坤一遗集》，第 5 册，书牍卷之十二，2183 页，北京，中华书局，1959。

盛宣怀致陈炽节略一 *
(1896 年 11 月 16 日)

致陈侍御。（杨侍御同用此稿，杨函："前复寸笺，亮尘，眄察，皆敬惟……"）

仲云仁兄大人阁下：春明小住，快奉清尘，近局招邀，常承教益，醉饱稠谊感戢为劳。比日敬惟谟猷辰吉，献替宣勤，宫廷虚席以问治安，台阁生风而避骢马，海内人士瞻仰清峻，诚不啻景星庆云也。

弟出都之后，先至津门，句当一切，冬月初始达沪上，铁道、银行兼营并举，一俟粗有廪眉，即须驰赴鄂中筹商布置，材轻任重，深虞展布为难，尚冀时锡南针，俾免颠陨，则感幸尤殷矣。专肃鸣谢，只请台安，诸希亮察不倜。世愚弟顿首。

另篇。

敬再启者：现有奉商之事，已令京电局员冯敩高代为面陈。晋谒时，望裁示之为幸。再颂台候。弟又顿首。

盛宣怀致陈炽节略二 **
(1896 年 11 月 16 日)

前在都下奏陈银行一事，专主商办，本系下采商情，慎之于始，意在积小高大，不敢恢张。近正招延商董，集股定章。适俄商道胜银行，以现已领得中国官股五百万改为中俄银行来告，其意在阻止中国自设银行，而侵夺我内部及各省关汇拨存发饷项官款之利权，以制中国商民之命。华行全属商股，彼转得持太阿之柄以相钤制，无以副收回利权之谕。当与众商密切筹议，非请国家拨入官股，不足以杜阴谋，而防后患。惟商办之议，发于不才，仰蒙谕旨饬办，此时再请官股，虽缘事势变迁，异于出尔反尔，特恐外人饶舌之隙，将由此而起。惟由言路奏请

＊ 写于光绪二十二年十月十二日（1896 年 11 月 16 日），录自陈旭麓、顾廷龙、汪熙主编：《中国通商银行》（盛宣怀档案资料选辑之五），12～13 页，上海，上海人民出版社，2000。

＊＊ 写于光绪二十二年十月十二日（1896 年 11 月 16 日），录自陈旭麓、顾廷龙、汪熙主编：《中国通商银行》（盛宣怀档案资料选辑之五），13 页，上海，上海人民出版社，2000。

饬议，则言顺事成，不着迹象。台端关心大局，当不惜昌言以维要政，谨拟疏稿密呈，仰恳采择上闻，国家幸甚！商民幸甚！

梁启超致陈炽书一*
（1897 年 1 月）

次亮先生有道，昨言日报馆之事，归思其条理，略得数端，谨条上：

一报纸宜每日出三张：一专记新政兼译西报，篇首有论，其名曰新政报；一专录上谕奏折、江浙辕门抄、上海官场杂事、租界案牍，其名曰官报；一专登商务杂闻，杜撰小说，仿阅微草堂之体，随处指点变法自强、保全中国之意，并附货价行情、船轮出口日期等。可以全购，可以零买，全购之值不过与申沪各报等，零购则廉不及半。如此则人必从其廉者，又加以体例之善，议论之通，其畅行必突过各报，现上海诸报合计所销将及三万，此报一出必可夺其三分之一矣。

一报之式样宜稍精雅，月前此间所出之《时事日报》其式尚可采用。

一新政报中所译西报，如能自译最善，若力未逮，则制造局所译之西国近事及官书局汇报皆可暂行采用。

一日报以告白为立根之基。今宜定例，凡登告白者，仅登一张，皆值若干；三张全登，其值若干，则所得更不少。报若风行，则告白不招而自来矣。

一报必借西人招牌，以免生事。

一启超每月在报中所□文不过万言左右，其余撰述编排各事，约尚须用三四人。又超亦不能驻馆办理一切，仍须别觅一人为总理。

以上诸条略举一二，容俟谨订。敬请道安。超顿首。

梁启超致陈炽书二**
（1897 年 1—2 月）

次亮先生有道：

---

　*　录自马忠文：《戊戌时期李盛铎与康、梁关系补正——梁启超未刊书札释读》，载《江汉论坛》，2009（10）。作者指出光绪二十二年十二月初七（1897 年 1 月 9 日），梁启超已回到上海。同年十二月十五日（1 月 17 日），梁启超曾到武昌拜谒张之洞，张欲留其入幕，梁辞不就。梁启超回沪后便与陈炽有信函谈及办报之事。
　**　录自马忠文：《戊戌时期李盛铎与康、梁关系补正——梁启超未刊书札释读》，载《江汉论坛》，2009（10）。作者考订此信应写于光绪二十二年十二月，不会迟于次年正月。

日报事既定，当速觅人分司文字之役。然后出报可以克期。超当举三人：其一桂人龙君积之，其二粤人韩君树园、梁子肖岩。龙去年曾在此间强学会，韩现在澳门报馆，梁则超之弟子也，其人其文皆可信。惟韩、梁为粤人，言语不通耳，亦无害也。若事可必定，超当速函招致诸君，龙君前已电招来主《时务报》，以期迅速，如何？乞与木斋商定示知，至盼！敬请道安，启超顿首。即刻。

梁启超致陈炽、李盛铎书 *
(1897 年 2 月)

次亮、木斋先生：

顷因贱眷将来沪，须往粤接取。今夕即往，速则十日，缓则廿日，必当返沪。日报馆事已函招龙、韩两君，其到沪之期亦当与超近也。请先定房屋、机器等事。二月初度即可出报。龙象蹴踏，虽谓中国，□有日报可也。匆匆。奉告。

只请道安。启超顿首。即刻大著两篇录副竟，先缴上。

郑观应与陈炽书一 **
(1895 年)

沪上强学会，南洋士大夫多列名助款，惜办事者无条理，不允选举商董协力维持。昨江督闻京师书局被封，即嘱停办。今世风日下，假公济私，不顾大局者多。宜开日报馆，设藏书楼，并选译东西洋有用之书。弟近译《英国报律》一书，俟译成拟请当道酌定出奏。择日报主笔，公正者奖之，奸邪者罚之。毋虑一言，不慎辄为当道封禁，亦不致任主笔乱说也。

---

* 录自马忠文：《戊戌时期李盛铎与康、梁关系补正——梁启超未刊书札释读》，载《江汉论坛》，2009（10）。作者根据宋恕《送梁卓如暂返岭南》（光绪二十三年正月初四）一诗，断定梁启超系正月初四日或稍后赴广东接眷属。

** 录自郑观应：《盛世危言后编》（一），521～523 页，台北，台湾大通书局，1968。信中谈及强学会停办一事，应为光绪二十一年底，强学会因御史弹劾而被封禁。信中又提及"中日和后，半年来毫无振作"，查中日议和在光绪二十一年二月左右，故推知该信写于光绪二十一年（1895 年底）。

慨自中日和后，半年来毫无振作，而内讧外侮，不谈革命则说瓜
分。时事日亟，我国创办一事犹聚议盈廷，议论多而成功少。当轴诸公
以为老成持重，由渐而进，粉饰因循，恐河清难俟。岌岌不可终日之
势，逼不及待矣。

鄙见朝庭宜简懿亲重臣素有识见者，借贺俄皇加冕为词，顺道周游
列国，物色人才，访各国退位之总统、归田之宰相，凡素有声望品行端
方者，勿论其廉俸之重，每部聘请一人回华以为顾问，讲究政治之本
原，通世界之大势，识国民之原理。若开国会，立宪法，不致上下相
蒙。扩养国民实力，置其国于威德完盛，即向各国借款数百兆，百废俱
举，除故习，去私意，化畛域！凡学校、开矿、铁路、制造、枪炮厂、
船坞，不拘各省，均准中外人合力为之，必使遵守我国规矩，中股多而
外股少，大权不至旁落。如是，则群雄虎视之心可以稍息，我国富强指
日可卜，而人材亦日出矣。

或虑用夏变夷，不知我变者乃富强之术，非孔孟三纲五常之道
也。或云：权自外操。独不思各海关总归总税司经理，其大权不已重
乎？既人材出，兵力强，凡事须请旨。所谓红匪虽平，元气未复，党
患迭起，同室操戈，满汉到处不和，时闻冲突，乡愚动辄械斗，不知
合群，罔顾公益，只顾私利，怯于公敌，勇于私斗，可见教化未敷，
绝无爱国思想。所谓物腐而后虫生，家必自侮而后人侮之，国必自伐
而后人伐之是也。印度、缅甸、朝鲜亡国均坐此病，若去此病，非效
法德、日维新变政不可。然变政首在教育。外人讥我华人无教育、无
赏罚，家有百万尽传其不肖子孙，只知有家，不知有国，所以国家贫
弱也。

郑观应与陈炽书二 [*]
（1896 年 8 月）

迭接手函并《地球各国新政考》，敬悉种切，佩服无任。《泰西新史
揽要》一书，弟本拟集资重印，惟照西例，当问之著书之人方可付梓。
昨询李提摩太，覆书不允许别人代印，只须由美华书馆排刊，价定小本

* 录自郑观应：《盛世危言后编》（一），533～534 页，台北，台湾大通书局，1969。

每部洋银两元，大本每部洋三元。若弟购以赠人，价作八扣。因公学会藏书楼译报馆集股无多，事遂中止。

昔拟藏书楼议，费巨难成，不如公报之可大可小，或日报、或旬报、或月报，均无不可。转移风俗，联络同志，以通各省风气，达上下之情，莫善于此。惟须公议章程，禀请南北洋奏准朝廷，方敢开办。昨与杭州汪穰卿，上海张经甫、经莲珊等商酌，大意已于《日报论·下篇》略言之矣。《中西纪闻》，即江南制造局所刊之《西国近事汇编》，可缄致该局，每月寄数百册，分送当道可也。

弟等译有泰西刑律、学校、官制、兵制、国用诸书，虽译者费资巨万，不愿轻以示人，弟拟择其要者汇寄斧政，或即付梓，或进呈御览，饬总署排印，悉听卓裁。李提摩太、林乐知皆有职事，不遑他顾，且非厚资不能聘也。《盛世危言》现将续集附入，分八本，已铸铅板，板费六百元，纸工在外，较刊板稍廉，约中秋节后可成，容当多寄以副雅望。

弟生平自誓洁己从公，未敢责人重而自责轻，曾于神前上表：如有所获，除仰事俯畜外，当尽充善举。故年来舍己芸人，已招好名之诮。承示与紫诠、瀚涛将外洋有用之书，次第译刊。两君之才诚足当此任，且亦素有此志，无如皆系寒士，若专方丹铅，译人之费、钞胥之资与两君薪水，非月得三四百金不能敷用。译书之难有心无力，未易成事。弟年来备尝艰辛，不敢再经手银钱事务，故入商局即与督办声明，以免后累。自愧才拙，资格未深，何敢望出使之缺。与其徒非同志之心，不如守分安命，或者淡泊足以明志也。老子有云："不求可非之行，不憎人之非己，修足誉之德，不求人之誉己。"窃以此自勉而已。

郑观应与陈炽书三[*]
(1897 年 1 月)

孙尚书寄来书局劝捐册，弟已分送各友。所收之数，除付仪器价

---

[*] 录自郑观应：《盛世危言后编》（一），534～536 页，台北，台湾大通书局，1969。原函为《致京都文学士道希陈部郎次亮书》。

外，已尽数交百川通票号汇上，想孙尚书已照收矣。

沪上强学会，南省士大夫多列名捐款相助。惜办事者未允选举沪上殷商为董事，所举者多政界中人，故《强学报》未能畅销①也。昨江督闻京都书局被封，即嘱强学会停办矣。京都书局因何被封尚未详悉，然弟不禁窃有感矣。

尝闻泰西保国之道在国强，国强之方不尽在兵力，犹要教育；教育之道不尽在学校，犹要立会。故泰西各国有道学会，有农学会，有商学会，有工学会，凡百事业无不有会研究。老子有云：乘众人之智者即无不任也，用人之力者即无不胜也。处二十世纪竞争之舞台，合群立会顾不重哉！独是世之所谓群者植党营私，甚而党同伐异，入室操戈，只知有利，不知有义，种种弊端，诚如鸠鹊争巢，不知大厦之将倾也。彼不通中西政治及粗谙西语而无历练者，辄矜矜自诩，日惟从事于钻营，迨膺重任，斧柯得假，强不知以为知，与外人交涉之案于是无不受亏。而且假公济私，不求工商之发达、实业之振兴，以致国计民生日就贫弱。所以鄙人所著《盛世危言》一书大声疾呼，使政界中人猛省知爱国保民之道也。

查日本自明治维新而后，设学堂、办银行、重商务、兴实业，外国需我国之货自行贩运，我国需外国之货自行制造，且对于兴办各种商务与及实业，国家非惟保护，又有补助法，日新月盛，无微不至，所以举国男女老幼无不具有国家思想。虽致此不一其途，而教化有方，保护有法，赏罚严明，实有以致此。我国有保护之名，无保护之实，甚至从中勒索，求饱私囊，不顾公益，无是非、无赏罚，而清廉者困穷，桀黠者得志，小人道长，君子道消，是以游民日多，而戏馆、酒馆、茶馆日盛，上下无耻，泄泄沓沓，如燕之巢幕，偷安旦夕，事事与日本相反。宜乎西人谓中国为无教之国，又谓支那人心如散沙。故谓中国如图强，莫如仿照日本，准民间士农工商合群立会，研究学术，求所以保种保国之道，使人人有爱国思想而去其自私自利之心。虽不能骤至于富强，而富强之基在是矣。

国家安危，匹夫有责。公素怀干济，必有挽狂澜于既倒者，尚祈示悉，以慰杞忧为荷。

---

① "销"，原作"消"，误，校改。

新政策 *

上天无亲，中西万国一视同仁。顺天者存，逆天者亡，此万古不易之道也。自通商以来五十余年矣，中西各国往往因细故失和。其失和之故，由于彼此语言文字不同，遂生隔阂。一言以蔽之曰：不通而已矣。既不通，则无心失礼；既失礼，则惹干戈。于今万国既有往来，则彼此之情理应互达。其中如有一国止知本国之事，不知外国之事，止读本国之书，不读外国之书，则交涉往来遂不得不受亏损，此必然之理也。窃考中西各国治国之法，中国有四纲领焉，皆应亟行改革者：一曰教民之法，二曰养民之法，三曰安民之法，四曰新民之法。请得而备言之。

一、教民之法

今日中西交涉，隐受巨亏。必须使中国朝野能通中西各国之情，并通本国上下之情，事势方无隔膜，办理一切乃能适得其平。欲通中西，有四条目焉。中国皇上，深居简出，万国之情伪，安得周知？中国大员，究属臣下，天威咫尺，不敢直言。必有人焉，将各国政教之大凡，剀切敷陈，上达宸听，一也。宗室近支王公，日后皆须柄政，必须选派十人分往各国游学，二也。京师各大员及十八省督抚之子弟，应各遣派出洋，读书数年，周知外事，三也。中国京外正途人员，如翰林等官，应派通古今识大体者百人，出洋分门学习，四也。

欲通上下，亦有四条目焉。一曰立报馆。欲强国，必须富民；欲富民，必须变法。中国苟行新政，可以立致富强。而欲使中国官民皆知新政之益，非广行日报不为功。非得通达时务之人主持报事以开耳目，则行之者一，泥之者百矣。其何以速济？则报馆其首务也。二曰译西书。中国旧学阅数千年，决不可废，今既与万国来往，则各国通行之新学，亦不可不知。增之，则有大益；不增，则有大损。譬如单轮之车，未尝

---

　* 录自《万国公报》第 87 卷，光绪二十二年丙申三月（1896 年 4 月），15936～15946 页，台北，台湾华文书局，1968。英国的苏慧廉在所著《李提摩太在中国》（206 页，桂林，广西师范大学出版社，2007）中说"来自江西的陈炽，李提摩太呈送给总理大臣翁同龢的改革方案就是由他誊抄的"。赵树贵认为《新政策》可能为陈炽笔述（《陈炽集》附录《新政策》题注）。《亲历晚清四十五年：李提摩太在华回忆录》（235、243 页，天津，天津人民出版社，2005）提到陈炽曾为李提摩太"修订、誊清了献给翁同龢的改革方案"，"修改、写定献给翁同龢的改革草案"。

不可以行远，然改为双轮，牵以骏马，不尤稳而尤速乎？各国新学，均有专书，应先设局筹款，延聘通人，将西学由浅而深，由约而博，由粗而精，广为翻译，俾不识西文者，亦可深通西学，则译书其要图也。三曰建书院。泰西之新学，非一国之学，亦非一人之力也。此国有新法焉，彼国从而效之，合万国之通人，以臻兹美备，惟期有益于国，有益于民而已。宜于各省各府，及通商大埠，建立书院，延聘各国专门之通儒，分类以华文教习，或参用西文。四曰增科目。中国科目，意美法良，不可废也。惟题目不广，只讲本国之事，不知各国治平之法。考西国读书，于可以为官外，兼为有益于各业而设，每十人中能作字者率有七八人，中国仅一二人。学者既少，人才益稀。盖由三年一科，取士太寡，专讲一门，其道太隘。若不立新法以广荣途，终瞠乎在人之后。应请明发谕旨，增设中西一科，每年每府，取进中西学秀才约百人；每年每省，中式中西学举人约百人；每年，中式中西学进士约百人；每年，殿试钦点中西学翰林十人。学费有限，济济多才，方驾大地矣。此四事者，皆教民之善法，可以通上下之情，备中西之益。应请国家增立广学部，将报馆译书书院科目四者，皆由学部总揽其成，庶若纲在纲，有条不紊矣。

二、养民之法

中国各省生齿蕃庶，就现在情形而论，每年饥冻而死者至三四百万人之多。其苟延残喘，宛转于沟壑中者尤指不胜屈。岂惟民哉，即京外各官除数要津外，自余所得薪俸多半不能自给，其候补人员，艰窘尤难名状。士之未达者就幕与馆，岁入仅百数十金，犹非捷足不能得，舍此则更无生计。似此艰窘之情状，实为天下万国所无。夫中国本大富之邦，而使民困苦颠连至于此极者，何哉？皆未得养民之善法耳。

养民之法，厥有十条目。一曰通道路。铁路、马路，遍国通行，则货物流通，岁省无穷之运费，居者行者，皆获大益，买者卖者，无一偏枯矣。二曰捷信音。通国设立邮政局，国家岁省驿费数百万，岁增信费数百万，而官民上下皆便。三曰开矿产。既有铁路转运灵通，各省矿产均可开采，地中无用之泥土，皆变为地上有用之金银矣。四曰垦荒田。东三省及西北各省，均有闲荒，徒以道路不通，悉成弃地。既有铁路，移民开垦，以无主之地养无业之民，何致困苦颠连，流为盗贼哉。五曰劝工作。一手一足之工，仅糊其口。今用机器则一人可作十人之事，一日能成十日之工，获利既多，家给人足。六曰造机器。西国机器初兴，亦虑夺贫民生业，不知非夺业乃改业增业也。及机器日广，而生计转增。缘工作所成，货物充牣，发售外国，不特漏卮无忧，而本国分利之人日少，生利之人日多，此生众食寡，又大学理财之善经也。七曰开银行。中国之患贫，由于地荒人众，而现银日少。既开银行，可行钞票，以万金之资，行万金之钞，钞本相抵，永无弊端。而一万金之资，已得二万金之用。八曰铸银圆。各国钱法皆国家自铸，实操轻重之权，皆有金银铜三品。惟中国仅铸铜钱，而金银阙如，故必借钱庄乃能流通。然衣食此间者数百万人，皆分利之人也。一家有数闲人，其家必贫，况一国有数百万分利之人，而国安得不蠹乎？九曰保商贾。商贾流通货物，隐为国家调剂盈虚。必使长保利权，乃可多征税课；必使交受其益，乃能量取其盈。各国享通商之利，而中国独受通商之害者，不知恤商故也。十曰刻报单。泰西各国之君臣上下，每行一政，每举一事，事前事后，规条帐目，均有报单，列之通衢，登诸日报，谋皆预定，故办理无游移，事可周知，故内外绝欺蔽，耳目既一，心思自专，廓然大公，利皆兴而弊皆去。此又举行新政，防贪去诈之根源，中国所亟应仿办者也。

三、安民之法

中国百姓之所以不安者，其故有二：曰外患，曰内忧。此二事者皆危险之极，如不思患预防，妥筹善法，无论内忧外患，均可以立致危亡，非细故也。欲安民有二法焉：一曰和外，二曰保内。和外之道有三条目。一曰通好，立和约、遣使臣，通好之迹也，而此之所论者其心。夫中西之合，譬如阴阳，阴阳既和，而后天地能生万物。有所偏废，则造化之生机绝矣。各国遣使来华，实为修好，不为防患，必须确知此意，推诚相与，无诈无虞，乃能彼此相安，嫌疑不起。二曰万国太平会（亦曰弭兵会），有国有家者各为其私，人之情也。一二国之私交，自必以威权相压。若付诸众大国之公论，则维情与理，可以服人，如西国维也纳之约是已。中国应相助各国，维持大局，共保太平，始得与于公会公法之列。三曰联交。今日事势岌岌可危，请付公论，尚恐缓不及事，必应暗联有大权大德思保大局之国，以为己助。中国此时，定何主见，非外人所能知，即亦非外人所敢议，譬治病者，必深知受病之源，乃能下药也。惟今春有一良法，上之南北洋两大臣，如能照办，不致有今日之危。刻下情形，又多更变，前法未必可行，且非与讲求交涉通达时务之宏才，另筹他计，断无万全之良策。惟就此时而论，如不与外国商一数年和睦之法，恐此后事机日迫，虽欲整顿内治，而永无闲暇之时矣。故和，则大安也，大利也；不和，则大危也，大害也。中国于此，宜何去而何从哉？

保内之法无他，惟使斯民各遂其生，士农工商各安其业而已。其道有四条目。一曰化偏私。中国之学者有汉学，有宋学，有清学，有金石考据词章之学，又有专言中学者，兼通西学者，各行其是，各适其宜。如大匠之取材，无分巨细；如良医之选药，不问温凉。惟其合宜中病，有益于人而已，偏重则皆非也。二曰筹款项。中国此时，内治外交，需用甚巨，旧法筹款，无济于事，且流弊甚多。必须得各国筹款最善之法，用各国筹款最精之人，始能计日刻期，立解燃眉之急。中国地广人众，数年之后，百废俱兴矣。三曰修武备。兵者，所以卫民也。中国败衄之余，尤应亟行整饬，必须改用西法，延订西国之精通战阵者，会同中国良将训练海陆各军，然后纪律精严，不致为人所侮。苟非及早经营，至有事之时，始行召募，譬人饥馁难堪，始行播种，其庸有及乎？四曰劝新法。德之胜奥，因德人创造一后膛新枪，遂获全胜。中国事事步人后尘，何能出人头地？如有人创一新法，造一新器，实有益于保民之事者，国家应筹拨款项，密助其成，他日始可收其用。中国之大，能者岂曰无人？无以劝之，又不能助之，谁复忧国忘家，甘心效力乎？且在华之西人，亦有能创新法以救国者，岂可弃之而为他国所用乎？要之，保内之法尚多，此四者至为切要，不可以一日稽延者也。

四、新民之法

中国各省官绅士庶，仁贤甚多，极深钦佩。惟惜大半深恨外人，不思各国犹各省也。中国秦汉以前，一省亦一国耳。此深恨外人之心，显与天心相背。故言合者，天道也；言分者，非天道也。上天仁爱，欲永免乎战争，必将使中外一家，一合而不再分也，决矣。原夫深恨外人之故，由于不通外国之情。譬之售麦者，设肆于市，忽见有售米者来，遂深恶之，痛诋之，谓米有毒，可以杀人。有是理乎？五谷皆养身之物，天下各教皆养心之法，愿从何教，听其自然。今守此教而痛诋他教，犹之售麦者痛诋售米者之有毒害人也，明理之人当不如是。印度、日本初用新法，多得教士之力，自此以后，水乳交融，永无教案，而国势之兴也浡焉。中国最重五常，唯仁为首，与西教之爱人如己同出一源。各国好善之人见遍地球，各国养兵之费每日需银六七百万两，恻然悯之。所愿与中西善人，劝化万国永息干戈，不以权力治天下，而以道德治天下，无论何国，欢若一家。此性命之大原，而中西各教之宗旨也。

中国五十年来，屡有失地赔银之事，非谋国者之不忠也，亦非当事者一人之过也，由于遍国皆未得善法，且未得行法之人耳。今中西万国往来，若但知本国之事，而不知外国之事，犹听讼者只听一面之词，万不能秉公判断，必致事事有误。欲得善法，必先通外情，而中国所恃以通外情者，有六条目焉。

（一）多见西人。素谙洋务之员，西人来则必见，见则必谈，故见闻较广。第所见皆杂色一隅之见，非专门博学之士，故不能普行西国诸善法。

（二）阅已译之西书。西书之已译者，不及万分之一；所译之要书，不及千分之一。欲以尽明西事，能乎不能。

（三）阅日报。中国报馆主笔人，无一洞达泰西之大事奥理者。主笔人既不洞达，阅报者又安能洞达乎？

（四）派学生出洋。此法固善，惜成材止数人，余皆半途而废，以任大事，力所难胜。

（五）派使臣。使臣分驻各国，既不通外国语言文字，为期亦仅三年，焉能通达？各使臣所著日记，言西国之事，颇有合者。然疏舛讹误之处实多。倘国家轻信其言，岂不转误大计？

（六）京师同文馆。设馆之始，意美法良。第人数无多，所学太浅。中西并骛，绝少专精。即使有成，亦犹一杯之水，欲救车薪之火，岂可能乎？

以上六事，皆中国所恃以通外情、考新学者，而不知皆皮毛也，糟粕也，外行也，挂一而漏十也。噫，难矣！惟事势如斯，已成迫不及待，可奈何？无已，则有俄罗斯、日本之成法在。借用他国之人，而派本国大臣，与之合办，行之十余年，华人一切熟谙，然后自行经理，非惟俄罗斯、日本然也，即德、法两国初行铁路时，亦莫不然。非惟泰西诸国然也，中国圣祖仁皇帝于钦天监，亦曾参用西人，皆有大益，而无小损。惟中国合办之大臣，必须素通西学，年在四十岁内外者，精力方可有余，办理方无隔膜。其年高有功于国者，可按西法，归家养老，仍有俸禄。

论中国目下应办之事，有九条目：

（一）宜延聘可信之西人二位，筹一良法，速与天下大国立约联交，保十年太平之局，始可及兹暇日，重订新章。

（二）宜立新政部，以八人总管，半用华官，半用西人，其当用英美两国者，因英美早经立约，虽复失和，公请他国调处，绝不开战。此两国皆无忮心，皆不好战，最宜襄助中朝耳。若某某者，英人之杰也；某某者，美人之英也。得此数人，总管新政，与中国大臣合办，如木之有根、水之有源也。其新政应办各事，选订各国专门名家之人分任其责，均派中国大臣合办，如水之有支流、木之有枝叶也。

（三）中国地大物博，铁路实富强之本源。刻下创议兴办，至总署条陈包揽者甚多，既不深知，何能别择？应调西人某某，到京考校，仍电请西国办理铁路第一有名之人，年约四十岁者，与之商办。因中国通国铁路，非二十年不能成，必须年力富强，方能始终其事。派并中国二大臣，与之合办。

（四）某力强年富，心计最工，在新政部应总管筹款借款各事，以中国管理财赋之大臣合办。

（五）中国应暂请英人某某、美人某某，随时入见皇上，以西国各事详细奏陈。

（六）国家日报，关系安危，应请英人某某、美人某某，总管报事。派中国熟悉中西情势之人，为之主笔。

（七）学部为人才根本，应请德人某某、美人某某。总之，此二人名望甚高，才德具备，可与中国大臣合办。

（八）战阵之事，素未深谙。应请专精此事之人，保荐人材，以备任使。

（九）以上各事，应请明发谕旨。将新政有益于国，有益于民，不得不行，不可不行之处，剀切宣示，令天下读书明理之士，乐于从事，方能日起有功。

以上四纲领，认真办理，期以二十年，内外之机牴可以平，中西之形迹可以化，天下万国至精至良已行已验之善法，均可传之中国，每日至少之数可增款一百万金，每年至少之数可增入款三万六千万金。百姓足，君孰与不足。再者，英国国家每岁入银二百兆镑，合中国银一千余兆两，五分之合二百兆两，中国得之，亦当不难矣。君臣士农工商皆富，何必患贫患寡，无米难炊，忧赔费之不易偿，虑借款之不能归楚哉？譬之农夫种地之时，只须借银购买籽种，秋成而后，百倍丰收。除还所借之资，仍获无穷之利。若无力购种，而不敢借银，自甘饿死，智者不为也。此事在中国二十年前早应举办，延至今日事机已迫，受害已深，果能迅速举行，中国尚有得半之望。倘再迁延贻误，恐燎原之火，立见焦糜，滔天之流，即时昏垫，无穷大祸，近在目前，虽上有尧舜之君，下有周孔之臣，亦断不能起此不能起之沉疴，延此不能延之生命矣。盖中国之病，始也痿痹不仁而已，今则中风矣，血瘀入脑矣，惟此一方，可以回生起死。当此死生呼吸之际，乃尚有人刻意阻挠，则是误国庸臣，与庸医杀人何异？且所误杀者，固其君也，其父也，其子也。中国素谈忠孝慈爱，万不能忍心害理，甘心亡国，无奈不通万国之大局，故不觉偏见，而反见失礼而失信，惹祸无穷，惜哉！痛哉！苟愿奋发图存，务于十日之内，电召此总管新政之四人入京，其余诸人亦宜封冻以前一律赶到。盖稍迟一日，至少必自弃百万两，而丧师失地之忧，更有非意料所及者。外有俄、法、日本等国，亦不乏能人，皆可随时延请，襄助中国，以保各国长远太平之象。

李提摩太往来中国二十有五年，践土食毛，弥感皇太后、皇上深恩之浩荡，辱承明问，不忍不披沥上陈。伏惟鉴纳，奏请速见施行，中国幸甚，大局幸甚。至于中国事势之危急，办理之不可再迟，除此法外更无他法，则天下万国及中外明智者之公言，非一人之私言也。光绪二十一年九月二十五日。

陈炽年谱简编

咸丰五年　乙卯　1855 年　一岁

四月初七日（5 月 22 日），陈炽生于江西瑞金县瑞林乡禾塘村。乳名瑶林子，原名家瑶、喜炽，后改为炽，字克昌，号次亮，又号用絜，称襄中居士、瑶林馆主、通正斋生。其中改号次亮，意在表明对南宋抗金志士陈亮的敬慕之心，兼明志在以民族兴亡为己任。

曾祖某，岁贡生，例赐举人，世称陶轩先生，曾有诗文若干卷问世。当时瑞金县令恽敬与其关系密切。祖父，陈泰骧，国学生。父陈惟楫，名斌，字蔚堂，清同治癸酉科举人，曾官瑞金候选教谕。陈三立曾为其写墓志铭，称其"敏毅质强，覃精六籍，研披渟涵，英英挺振"，"廉公好义，善平纷难"。母某，为宁都黄村（今黄石镇）文学生郭馥廷之女，晋赠恭人。

咸丰十年　庚申　1860 年　六岁

陈炽始到私塾受业，以聪敏享誉乡里。

英法联军进犯京津，纵火焚烧圆明园，咸丰帝逃往热河，最终被迫与列强签订《北京条约》。发生在这一年的系列事件被当时中国士人称以"庚申之变"。陈炽对此印象颇深，他在《庸书·自叙》中说："炽束发授书，留心当世之务，自髫龀至于弱冠，闻长老述庚申之变，亦常流涕太息，深恶而痛绝之。"

咸丰十一年　辛酉　1861 年　七岁

陈炽继续在私塾读孔孟经书。

同治元年　壬戌　1862 年　八岁

郑观应撰成《救世揭要》（后改名《盛世危言》）。三十年后，陈炽曾为郑观应参订该书并为其撰写序言。

同治六年　丁卯　1867 年　十三岁

陈炽赴宁都州参加院试，得中秀才。

七月，陈炽家乡宁都州内白溪陈廷书纠集同宗，开始修建陈氏祠堂。

同治十二年　癸酉　1873 年　十九岁

陈炽参加省试合格，为江西学政选作拔贡。

同治十三年　甲戌　1874 年　二十岁

陈炽赴京朝考获得一等第四名，钦点七品小京官，签分户部山东清吏司见习。当年有六十一人考取，皆著以七品小京官，分部学习。当时在皇帝下发的上谕中，陈炽名为"陈家瑶"。

陈炽在京师结识江西新建人陶福祖。当时陶福祖到京师参加礼部考试，与陈炽相识，两人数为文酒之会。

光绪元年　乙亥　1875 年　二十一岁

陈炽乞假南旋。与陶福祖一起结交江西丰城诗人欧阳元斋。

为萍乡文韫山题写条屏："吴匏庵《赤壁诗》云：'西飞孤鹤记河洋，有客吹箫扬世昌。当日赋成谁与注，数行石刻意曾藏。'世昌，绵州道士，与东坡同游赤壁口。谓客有吹箫者即其人也。"

光绪四年　戊寅　1878 年　二十四岁

陈炽休假在家。为里坑族人陈氏四修族谱撰写序文。

光绪五年　己卯　1879 年　二十五岁

陈炽仍在家休假。

光绪六年　庚辰　1880 年　二十六岁

陈炽在家休假。作《庚辰元日偶述》诗一首。

汪凤藻译成《富国策》由京师同文馆出版。陈炽曾读之，认为其"词旨庸陋，平平焉无奇"，而在 1896 年与友人重译《富国策》。

光绪七年　辛巳　1881 年　二十七岁

春，陈炽作诗《辛巳初春感事咏春草》一首。

五月，陈炽为乾隆年间瑞金先贤罗有高《尊闻居士集》撰跋。

夏，陈炽为济助应考生员秀才，与邑人钟小溪、杨云樵等人筹款倡设宾兴会。

是年，陈炽因事到省城，与江西新建人勒深之、陶福祝一起开办诗会。陈炽将所写之诗辑于《褒春林屋诗》，与勒深之的《阐三宝斋诗》、欧阳熙的《荣雅堂诗》、陶福祝的《远堂诗》合在一起，以《四子诗录》之名于本年刊行于世。徐世昌在所编《晚晴簃诗汇》中收录陈炽《微雨坐池上小亭》《偶作呈元侠》《感事》《湘江春望》等 4 首诗，并评价其诗"托意绵邈，骨秀韵清"。《国风报》（1910 年第 1 卷第 7 期）载有"江介隽访谈：陈次亮诗"，称陈炽的《褒春林屋诗》集"专宗唐贤，清复可诵"，并录其《发赣州》《红梅》《归舟漫与》《林居》等诗。

光绪八年　壬午　1882 年　二十八岁

六月，朝鲜京城发生兵变。清军赴朝平叛，将大院君禁于保定三年之久。陈炽在 1885 年上李鸿章书中曾提及此事。

同月，陶福同在《四子诗录》时再版时，提到陈炽与勒深之、欧阳熙等三人天资既高，又皆溺苦于学。

八月，陈炽往南昌参加壬午科江西省乡试，中举。陈炽作《三江既入义》卷。此年，江西乡试正主考官为江西学政陈宝琛，副考官是翰林院编修黄彝年。全省中举的一共 104 名。本年全国中举的还有陈三立、文廷式、皮锡瑞、刘镐仲、汪凤藻、刘光第、郑孝胥、陈衍、林纾、高凤岐、宋育仁、徐世昌等。《三江既入义》后收入《新政应试必读》卷六（顾厚焜鉴定，光绪壬寅 1902 年秋求己斋石印本）。

是年，陈炽写《请开艺学科说》文。

是年，《四子诗录》京师刻本梓行。其中包括陈炽的《褒春林屋诗》。

光绪九年　癸未　1883 年　二十九岁

正月，陈炽担任军机处行走。

七月，陈炽好友易顺鼎因其姐在太原病逝，返回太原。陈炽作诗《实甫道兄将之太原诗以送之，即尘和正》一首送之。

十一月，中法战争爆发。

秋，陈炽与易顺鼎、许贡宸等人，沿通惠河乘船到位于京师郊区的二闸游玩。易顺鼎作诗《初秋偕陈次亮许贡宸泛舟二闸》记之。

光绪十年　甲申　1884 年　三十岁

三月初一日，李鸿章在给张佩伦的信中提到，蔡锡勇长于翻译，未知有何奇技。陈炽建言，姑将原件寄振轩访查酌办。

闰五月十六日，陈炽上奏《请锡刘永福以重衔片》。建议清廷赐给刘永福稍重之衔，使其在边外练勇屯田，为国家御侮，西可助暹罗之声势，东可固滇粤之藩篱。

闰五月二十四日，《申报》登载李芋仙刺史的《卧游诗》，其中谈到陈炽，有"情深亦使花能笑，兴在惟余酒不空；可惜此才无地用，命官磨蝎与予同"等语。

八月二十六日，户部代奏七品京官陈炽奏片，建议将大凌河西岸牧场"移往蒙古草地"，以便在此开展"屯田，以为东三省及朝鲜援应"等。

九月初五日，户部代递陈炽所奏敬陈管见折，陈炽建议清政府整顿西藏事务，提出在西藏通商、惠工、开矿、劝学等措施。

十一月，朝鲜的亲日派在驻朝日本公使竹田进一支持下发动"甲申政变"。陈炽在《庸书》中曾记载："法越事起，日本乘危构衅，竹添进一媒孽其间"。

是年，易顺鼎作诗《寄怀陈次亮户部，即和其赠别诗韵》："当代陈同父，轩然日下来。荒荒燕市酒，衮衮汉廷才。海上氛方恶，人间事可哀。江湖双倦眼，犹拟为君开。"

是年，陈炽之友王某、徐某来京城领饷。二人曾随吴长庆驻扎朝鲜，告知陈炽朝鲜内乱之事。

光绪十一年　乙酉　1885 年　三十一岁

正月，陈炽上书李鸿章，谈论朝鲜内乱问题，分析内乱产生原因并提出善后措施。

二月，清廷下停战诏令，并与法国签订条约。中法战争胜利后，陈炽参与部分清军将领、朝廷官员、文人雅士等在陶然亭的庆祝活动。

六月初十日，大学士管理户部事务，额勒和布代奏陈炽敬陈东三省情形管见事，主要论及东三省练兵之议。同日，户部代递七品小京官陈炽奉奏一件。

七月二十三日，陈炽推荐同年挚友李龙石为左宗棠写挽联。后者在光绪六年因状告怀德县令失职而被捕。陈炽曾据理为之辩护，使李龙石冤案得申，罪名得免。两人经常一起谈论时事，李龙石曾有《一日与陈次亮谈及时事有感》诗一首。

八月十七日，陈炽拜访邓承修。时邓承修承担中越勘界之任，陈炽有意跟随邓承修去勘定中越边界，邓承修遂发电申请奏调之。

八月十八日，邓承修请人在上海给总署发电，表明因此行期逼道长，修拟忝带一员，以备分遣，适有户部小京官陈炽，素知其人，遇事留心，长于议论，因此拟请带其随去。

八月二十三日，张之洞派人将总署的回电送给邓承修，电奏中称"添带随员陈炽，奉旨著不准行"。

十二月初七日，陈炽在京与文廷式、陈三立、张謇、郑孝胥等人在义胜居聚会。

是年，陈炽在京与文廷式、盛昱、张孝谦、杨锐、袁昶、沈曾植兄弟交游。时江西京官中，陈炽与李盛铎（江西德化人）、文廷式（江西萍乡人）气味相投，在京城士人中有"江西三子"之称。

是年，陈炽《云篆词录》出版。

光绪十二年　丙戌　1886 年　三十二岁

六月初一日，陈炽参加军机章京考试，名列八人首位。

六月二十四日，皇帝下旨，陈炽等人俱著记名以军机章京补用。同日谕令陈炽补户部额外主事。

夏，陈炽邀请王伯恭到京师游玩。王伯恭在《蜷庐随笔》中记载："光绪丙戌之夏，余居秋樵天津寓舍，陈次亮招作帝京之游，因循未往，次亮复专车相迓。乃入都，居其贾家胡同之瑶林馆，日偕次亮与盛伯羲、刘镐仲、程雒庵、勒省旃诸君征歌选胜，游宴极谐。次亮言，当时许星叔枢密素好士，劝我以所作诗古文词投谒。固知许与叔父壬子同年，初未闻其好士，懒未应也。而次亮怂恿不已，且责吾上有老亲，须营菽水，乌得以寒俭鸣高。不得已，如其说，以两册投之，乃三四往，迄不得一见。七月既望，余将返津，因诣许索还原稿。"

冬，陈炽任户部额外司员。

光绪十三年　丁亥　1887 年　三十三岁

元旦，陈炽在军机处值班，作《早朝恭纪》诗一首。

正月初八日，陈炽在军机处值班，作《正月八日入直枢廷恭纪》诗一首。

正月十五日，光绪皇帝举行亲政大典，在御太和殿接受祝贺，中外百官皆加一级。当晚，陈炽值班，作《正月望日，上亲大政御太和殿，受万国及百官贺，是夜臣适宿直庐恭纪》诗一首。

二月十七日，《申报》载："在前之户部额外主事陈炽在额外行走，谨奉知道了，钦此。"

二月，陈三立在给江苏布政使许振祎的书信中评价陈炽与文廷式、毛实君、刘镐仲等人"同为乡国后起之秀，乃皆以饥驱无所就，可念也"。

八月初五日，《申报》载："礼亲王等奏请以户部主事陈炽充补军机章京，奉朱批知道了，钦此。""查军机章京刑部修补郎中谢元麟现在病故，所遗章京一缺，应以户部额外主事陈炽充补。"

八月十四日，黄河从郑州决口，改道入淮，灾及三省，朝野震惊。陈炽作议河说帖，呈给阎敬铭。阎敬铭在是年九月初七日致函翁同龢，并附带陈炽的议河说帖。翁同龢阅后认为"此士不凡"，后将陈炽说帖存于北档房。

九月十八日，总理衙门章京杨宜治参加陈炽的招饮。

是年，宋育仁《时务论》初稿发表，受到许多有进步思想的朝官和士林所重视称赏。翁同龢称赞宋育仁的《时务论》，认为他是"奇杰"；陈炽读了《时务论》也写信称赞他"管子天下才，诸葛真王佐"。陈炽还曾评价宋育仁"谈新政最早，治经术最深，著作等身，名满天下"。

光绪十四年　戊子　1888 年　三十四岁

二月，陈炽上翁同龢《务农恤商劝工说帖八条》。

宁波税务司、英国人康发达上条陈《请设蚕桑局考察防瘟事宜》，指出法国政府设立蚕桑局，考究防病之法。后来陈炽在《续富国策》中谈及种桑育蚕时，曾引用该条陈。

光绪十五年　己丑　1889 年　三十五岁

正月十八日，慈禧太后"归政"，光绪帝"亲政"，慈禧太后下懿旨指出奖擢有劳人员，其中军机章京缮写谕旨，妥速详慎，不无微劳足录，"额外主事吴鲁、陈炽，拟请俟留以后以本部主事即补"。

陈炽在京师结识黄遵宪。黄遵宪将其所著《日本国志》稿本送给陈炽等人传阅。

十月十六日，翁同龢曾去看望陈炽，未见。

是年，陈炽作《为庐陈直省及沿边险要地形宜绘制分总舆图等各条款事禀文》。

光绪十六年　庚寅　1890 年　三十六岁

正月十七日，那桐去拜访陈炽。

三月初三日，郑孝胥与文廷式曾拜访陈炽，"不遇"。

八月初五日，郑孝胥在方略馆晤见陈炽，两人交谈中曾涉及王伯恭、王寿芝皆已出京之事。

十一月，陈炽补授户部浙江司主事。

十一月，陈炽送别陈宝箴南下之官。

十一月十五日，毛庆藩致信陈宝箴，指出"承示领袖捐封一事，次亮已属黄君英才。黄君方见询，今奉手谕，佺即当照办，都下士大夫又以为天下为已治已安矣"。

十二月十四日，文廷式致电陈炽，嘱先为销假，将于正月上浣北。

十二月十五日，陈炽就铁路、朝鲜问题上书陈宝箴，管陈己见。

是年，陈炽在京与毛实君、陈竹香、刘镐仲、文廷式诸友交游。

是年，黄遵宪作《怀陈次亮》绝句诗："天竺新茶日本丝，中原争利渐难支；相期共炼补天石，一借丸泥塞漏卮。"

是年，端木埰在《碧瀣词》中有词《喜迁莺——题陈次亮驾部新居》。

光绪十七年　辛卯　1891 年　三十七岁

正月二十三日，《申报》载："臣世铎等跪奏为循例保奏旨奖励……户部主事陈炽请以本部员外郎，无论题选咨留，遇缺即补。"

二月初七日，因下雪天较寒冷，翁同龢下台阶时因滑跌致伤而卧床休息。陈炽于次日曾送翁同龢跌打药方。

三月初九日，陈炽就筹饷之事致翁同龢说帖。翁同龢阅后，认为言绝大，恐难行。

四月，安徽芜湖等地发生教案。陈炽非常关心事态发展，于当年秋上书刘坤一询问教案后事。刘坤一于八月回复陈炽并说明对教案的处理以及对中国海防的建议，并询问陈炽："卓见以为何如?"同时告知陈炽以后发密电时，应该谨照台指，推上九码，以期慎重。

六月二十二日，陈炽致函李盛铎，祝贺其担任江南乡试考官，并将自己家人传升推荐给李盛铎。

秋，陈炽任职户部四川司员外郎，兼值军机章京汉头班。诰授中宪大夫。

十一月，陈炽再次上书刘坤一，谈论中国南洋海防，建议重视水师人才的培养。刘坤一在十一月十二日给陈炽回信中赞同其所提水师人才之议，"实为当务之急"，但也表明面临人才、船械的困难。

冬，陈炽因父亲病逝，请假回到原籍。

是年，奭召南致函陈炽，谓东省千里平原，隘口歧出，实非铁路不能守。

是年底，陈炽致函李盛铎，感谢其为陈炽之父所发唁电，同时希望李盛铎推荐精懂风水之人，以为其父选择葬地。

是年，陈炽撰写《古今工程异同说》和《出洋游历人员应行采访事宜》文。

光绪十八年　壬辰　1892 年　三十八岁

正月二十三日，毛庆藩在给陈宝箴的信中称，"次亮云云，侄与茂夔向亦谓为当然。……次亮读公书，甚慌厌。侄语之，乃安。尊者俯从其说而高以正义，亦其近年所不易闻，乃知我公陶冶后进之盛心为不可及也。次亮正初得其太公之讣，二月内南归，其于朋友之事颇觉多情，亦甚难得。"

春，陈炽为郑观应参订《盛世危言》一书。

二月初三日，翁同龢"出城吊陈次亮炽丁外艰"。

二月初四日，《申报》载："军机处汉头班军机章京户部员外郎陈炽现在丁父忧。所遗汉头班军机章京一缺，经礼邸等公商议，应以汉军机章京额外行走之内阁中书即补。"

六月十四日，《申报》载，《江西官报》中有"户部员外郎军机处章京陈炽由京回瑞金原籍"等语。

夏，陈炽为宁都州城内白溪陈氏俊卿祠堂撰记，为瑞金合邑宾兴谱撰序。

秋，陈炽在籍为父营葬，曾致书陈三立为其父撰墓志铭。

陈炽参与筹建瑞林禾塘宗祠，并为之题写"天马山庄"匾额。

冬，陈炽为其父友陈为理撰写墓志铭。

光绪十九年　癸巳　1893 年　三十九岁

七月，陈炽为郑观应《盛世危言》撰序。同时开始撰写《庸书》。

秋，陈炽上书刘坤一，谈论自铸银钱，免使洋人独擅其利，即以济圜法之穷。刘坤一在回信中称陈炽所言"自为确当不移切中时弊之论"，"兹承台教，备荷指陈，拟与院司熟商，或宁或沪，设立官局，仿照粤省章程举办，略为变通，以挽时艰而存国体，仰副维持大局之至意"。同时询问陈炽"赤壁游躅，何日遄归？明春惠然肯来，谨当扫榻以待"。

光绪二十年　甲午　1894 年　四十岁

二月，陈炽与好友陈三立游览庐山，并相约卜筑偕隐一事。

五月初十日，《申报》刊载"户部员外郎陈炽著俟升郎中，截取知府后在任以道员御史"。

秋，陈炽上书刘坤一，陈言军国大计，云当增兵上海，上海工业繁盛，当厚集兵力，北军守江为要、不宜进取等。刘坤一在同年九月回信中称，"自以厚集兵力为第一要义"，但是增兵面临"招募""选将""筹饷""购械""转运"等困难，因此只能就题布置；同时告知陈炽"现又勉饬添募两营，为防护沪局之用，与台指尚属相符"，至于"北军守江，不易进取，洵如来示所云"，只是目前谣说纷纭，朝廷趋招援师，急如星火，曷敢冒昧上渎？希望陈炽"早日趋朝，共维时局，不胜翘企之至"。

是年，陈炽为九江烟水亭题写"胜迹表宫亭，况恰当庐阜南横，大江东去；平湖满烟月，谁补种四围杨柳，十里荷花"的联语。为九江烟水亭的戏台题写："何处临风歌水调，几人画壁擅诗名。"

光绪二十一年　乙未　1895 年　四十一岁

元旦，郑观应作诗《乙未元旦作》，感怀时事，其中有"忠贞怀邓、左（邓世昌、左宝贵血战阵亡），豪气羞吴、陈（吴剑华、陈次亮）"之语。

正月十三日，陈炽在上海发给翁同龢论时事电，翁氏阅后称其"通才"。

三月二十三日，在马关谈判的关键之时，翁同龢将陈炽的《庸书》

和汤震的《危言》同时呈送光绪帝御览。

四月八日，康有为、梁启超鼓动广东、福建等省举人上书拒和，反对与日本签订《马关条约》，发起"公车上书"运动。都察院以清政府已在《马关条约》上签字，无法挽回为由，拒绝接受。康有为在《公车上书》不达以后，有些心灰意冷，陈炽、沈曾植"皆以时有可为，非仅讲学著书之时，力为挽留"，康有为于是再为逗留一段时间。

四月十二日，陈炽拜访署理直隶总督兼北洋大臣王文韶。

四月十八日，陈炽上呈翁同龢封事八条，为翁氏所称赞，认为皆善后当办者，文亦雄。

四月二十七日，陈炽致函盛宣怀，告知已回京。并恳请盛氏给一张自己同乡家眷乘轮船回籍的护照。

四月二十九日，陈炽以服阕返京销假，军机大臣于是日递有《章京陈炽服阕仍在额外行走折》，陈炽复官，仍供职户部兼任军机章京。

五月初，陈炽被编为汉军机章京头班入直。

五月初六日，军机大臣将陈炽《中倭苟且行成，后忧方大，敬陈管见呈》（又称《上清帝万言书》），直接上呈光绪皇帝。军机处《随手档》表明"章京陈炽呈一件（条陈，见面带上）"。陈炽在其中提出"下诏求言""阜财裕国""分途育才""改制防边""教民习战""筑路通商""变法宜民"等七项善后措施。

五月十七日，《申报》刊载："恭亲王等片，查原在军机章京上行走之户部员外郎陈炽现在服阕，臣等公同商酌仍令该员在额外行走。谨奏奉旨知道了，钦此。"

五月三十日，陈炽拜访翁同龢。翁同龢非常欣赏陈炽的才华，以"国士"待之，两人"倾吐无遗"，但翁同龢又认为陈炽其实是纵横家。

五月，受甲午战争失败的刺激，翁同龢倾向于变法，令其僚属陈炽起草十二条新政措施，准备交光绪皇帝批准陆续颁布施行。但这些变法举措遭到奕䜣的反对。康有为因翁氏对变法逡巡未有所应而屡函促责时，陈炽奉翁氏之命拜访康有为，代致歉意。

闰五月二十七日，光绪皇帝发布上谕，倡导改革，并将广西按察使胡燏棻、工部主事康有为、军机章京陈炽等9人所上奏折片，发给各省督抚议复。

六月初七日，翁同龢在《随手记》中记载："代递章京陈炽条陈一件，片二件：普借国债，公保朝鲜。"

六月，为扩大维新宣传的影响和争取官僚士大夫之间的团结，康有为就"日以开会之义号之于同志"。陈炽建议康有为："办事有先后，当以报先通其耳目，而后可举会。"同时，陈炽还指出："京师者，天下之首善也。移风易俗，必自根本起。"康有为接受陈炽的建议，在设会之初，先在京城创办《万国公报》（后改为《中外纪闻》），遍送"士夫贵人"，使之"渐知新法之益"，并"告以开会之故"。

七月，陈炽与康有为等频集通才，游宴鼓励，谋开新会。因三举不成，康有为有些灰心，但沈曾植、陈炽皆力赞此举，并赞助康有为创办《万国公报》。不久，陈炽与康有为、文廷式、麦孟华、沈曾植、杨锐等人集会，议立成立强学会，被举为提调。

七月二十一日，陈炽曾致函翁同龢，责其因循，言辞痛切。翁同龢接信后，认为陈炽有识力，特不醇耳，然醇则儒缓矣。

七月二十五日，《申报》载："恭亲王等片，查军机章京记名御史户部郎中王颂蔚现在病故，所遗章京一缺，应以服满在额外行走之户部员外郎陈炽充补，谨奏，奉朱批知道了，钦此。"

八月初一日晚，陈炽与康有为、丁叔衡、沈曾植、张巽之、徐世昌等在嵩云草堂开会，讨论开设书局之事。

八月初二日，梁启超在给夏曾佑的信中谓："弟在此新交陈君次亮炽，此君由西学入，气魄绝伦，甚聪明，与之言，无不悬解，洵异才也。"

八月初七日，刘坤一在《遵旨议复折》时针对皇帝下发9人奏折进行了分析。其中对于陈炽所上的《上清帝万言书》中的内容多有采纳，指出陈炽所奏分途防边之说，将来察看情形，别筹方略；西学诸书应照陈炽所请广为翻译，颁发各省书院，掌教于诸生经义外，不令学习八股、试帖、词赋，而令其各就资性所近，兼习西学。

八月十二日，郑孝胥在日记中言："南皮言，常熟闻王枝青之卒，诣哭极哀，已而曰：'天丧予！'传者靡不绝倒。余曰：'若陈次亮炽死，则必曰：'天祝予！'盛杏荪宣怀死，则必曰：'吾道穷矣。'南皮捧腹大笑。"

八月十五日，中秋节，盛宣怀馈赠陈炽礼金二十两。

八月二十四日，吴樵在致汪康年函中谈到，李鸿章欲以"三千金入股"强学会，但为陈炽"含怒""屏之"。

八月下旬，因强学会和报纸议论引起守旧者诽谤，谣传将有弹劾康有为之举,陈炽与沈曾植皆来告诉康有为,让其离京暂避,余事由梁启超办理。

八月二十四日,因康有为即将南归,陈炽协同强学会会员沈曾植、文廷式等公栈唱戏,演十二金牌召还岳飞一事,举座皆欷歔。次日,康有为出京南返,陈炽为之送行,并赠其盘缠。康有为留言:"君维持旧国,吾开辟新国。"同时,康有为写诗纪念与陈炽等人成立强学会一事:"山河已割国抢攘,忧国诸公欲自强。复设东林开大会,甘陵北都预飞章。鸿飞冥冥天将黑,龙战沉沉血又黄。一曲欷歔挥涕别,金牌招岳最堪伤。"

九月,陈炽为英国传教士李提摩太修订《新政策》。

九月二十四日,汪大燮在致汪康年书中提到京中同人近立有强学会,亦称译书局,次月开局,并说会中陈炽、沈曾植、丁立钧皆有"正董"之名。

十月初三日,汪大燮在致汪康年书中称,强学书局章程和招股票等事,原以陈炽、丁立钧、沈曾植、张巽之四人为总董,而张巽之意见重,气焰大,群恐此坏事,现在大致皆张主持,未能十分周妥。

十月初,京师强学书局开局,陈炽以"总董""正董"总摄局务,多次赴书局集众议事。

十月十一日,张弼余来拜见郑孝胥,言翁同龢曾对陈炽说,郑孝胥"通达非常"。

十月,郑孝胥两次与陈炽交往碰面,其中一次是十月十三日应陈炽所邀请到粤东馆聚餐,沈曾植、张孝谦、文廷式、徐寿朋等同座。

秋,王伯恭、康有为先后到到陈炽的西珠市口寓所造访。王伯恭先到,坐未定康有为也至。陈炽手摩其首说"头痛"。康有为慨叹"时事不可为矣,先生何必自苦乃尔"。陈炽也咨嗟不已。两人接着纵论时事并泛论当世人物,尤其是言及适合两江总督一缺之人。陈炽认为"刘岘庄似可,且曾督两江,固当不至蹉跌"。康有为抚掌称善。陈炽遂说"便可决计,无用游移"。王伯恭认为"两人问答如此,直忘其一为员外而章京,一为新进之主事,乃妄人耳",于是亟掩耳而去;不久两江一席果属刘公,王伯恭认为陈炽"可谓善于揣摩者"。

十月二十四日,陈炽致函王秉恩、沈曾植、文廷式等,告知强学会购买仪器一事。

十月,郑观应致函陈炽,表示对陈炽寄给他书信及《地球各国新政考》一书，"佩服无任"；同时把自己与别人合译"不愿轻以示人"的有关泰西刑律、学校、官制、兵制等方面之书，"拟择其要者汇寄"陈炽斧正，并告诉陈炽，他准备将续集附加在《盛世危言》中，待完成后，"容当多寄以副雅望"。

十一月初四日，叶昌炽赴强学书局时，晤见陈炽，以及徐仁铸、杨宜治、汪大燮等人。

十一月中旬，陈炽连日致函翁同龢。翁同龢阅后认为此君诚奇士，然阅其书令人不怿。

十一月二十五日，陈炽将所撰《茶务条陈》呈请翁同龢代递上达。翁同龢原计划第二天代递，但因所司未备封套，又奏折与原呈一大一小，不合式，只得撤下。

十一月二十九日，《茶务条陈》由户部奏上，户部尚书敬信等代呈时表明："臣等公同阅看该员外郎所陈系为振兴茶务收回利权起见，不敢壅于上闻，理合将原件上陈御览。为此恭折代奏，伏乞皇上圣鉴。"不久，得旨下户部奏议。

十二月，陈炽与李盛铎等人参与清廷对外借款事宜。翁同龢、荣禄等人商讨后，根据李盛铎所建议，联名发电给他"悉照所请"，"交陈次亮发"。不久陈炽复信翁同龢，"论年限须宽，及本息不可并算"，翁氏阅后"愦愦不能省"。

十二月十五日，翁同龢从总署回家后收到陈炽来函，责其以复绝英、德，词极厉。

十二月二十二日，春节临近，翁同龢偕南斋诸公诣懋勤殿，跪进春帖子词，不少章京拟写了帖子词，翁同龢选择陈炽所拟之词，甘大璋写，小黄摺，六人连书。

十二月二十七日，汪大燮致书汪康年，指明强学会内部矛盾甚多，开始是张巽之与丁立钧有闹矛盾，当张巽之与陈炽闹矛盾时，丁"乃右张，为之调停，于是丁、张合"，即丁又站到了张一边。

十二月，因御史杨崇伊具疏弹劾，强学会遭封禁。

光绪二十二年　丙申　1896年　四十二岁

正月十四日，翁同龢在日记中称："饭后到总署商法款事。归后致书樵野，以法多要挟，拟照会复绝之，答以为然也。陈次亮又以英商奥都满行来说，烦懑不可当。"

正月十七日，翁同龢在《遵旨复议茶务折》中认为陈炽的《茶务条陈》可谓深切著明，所拟办法亦多可采。

正月十九日，翁同龢在日记中称："陈次亮书来，撮合奥都满款，作书复绝之。"

二月初四日，户部谨奏，江南司员外郎陈炽明干有为，趋公勤慎，拟正贵州司员外郎。

二月初五日，吴樵在致汪康年的信中称："申局代京购杨仁山仪器，此层极为累赘。顷与钝丈商妥，目下京局皆张巽之孝谦、陈炽次亮用事，而诸人于沪上交涉，为郑陶斋。公可不与闻其事。"

二月初七日，《申报》登载"司农奏牍"中指出："户部员外郎陈炽条陈茶政一折，均经军机大臣面奉谕旨，著户部议奏"，陈炽屡陈茶务积弊，可谓深切著明，所拟办法亦多可采。

二月十六日，御史杨崇伊上折弹劾翰林院侍读学士文廷式。其折中提到称文廷式现在请假回籍，而久居上海，与军机章京陈炽电报往来，希图经手洋债，以肥私橐。二人生同乡贯，互相标榜，梯荣干进，遇事生风。常于松筠庵广集同类，议论时政，联名执奏，博忠直之美名，济党援之私见。该二员去秋在沪声言，本不欲出山，由军机大臣电催北上，借口招摇，若使身列要津，更不知若何贪纵。应请旨速予罢斥，以儆官邪而端士习。

二月十七日，慈禧太后逼迫光绪皇帝颁布上谕，将文廷式著即革职，永不叙用，并驱逐回籍，不准在京逗留。这道上谕只是惩处文氏，对陈炽及李盛铎并无提及处理。以至四天后，吴樵致函汪康年时，还告知此事："闻劾芸阁折中，尚有李木斋、陈次亮，均未究。"

二月十九日，汪大燮在致汪康年的信中称："尊函言杨仁山仪器事，陈次亮言请不必管，自有原经手人，听其自白。"

二月二十一日，京师强学书局因御史杨崇伊弹劾而遭封禁，经翁同龢、胡孚宸等力争，强学书局改为官书局，由孙家鼐负责管理。孙氏于此日上奏开办官书局的章程并辅单在书局任事之人，其中包括陈炽。

同日，吴樵致信汪康年称："杨仁山之钱，仍以郑陶斋电次亮，或长素上书孙寿州索之为妥。"

同日，吴樵致汪康年书中称，京师强学会成立之初，发起人是杨锐、张权、康有为、沈曾植、沈曾桐、陈炽诸人，后稍集有资，于是丁叔衡、张巽之、熊余波相继加入。

二月二十七日，陈炽致函文廷式，谈论时局，并告知江西绅民要求在本省兴办蚕桑等新政，不久将付诸实行。

三月，陈炽上刘坤一书，询问江西省河湖行小轮船及蚕桑、瓷器三事以及为书局捐款之事。刘坤一回信称，河湖行小轮船及蚕桑、瓷器三事，俟接准部议，即饬地方官绅妥筹办理，以副谆嘱；书局一项，遵照原议，筹解五千金，以后无从掘罗，不敢轻诺。

五月二十四日，黄遵宪在给汪康年、梁启超的信中指出，梁鼎芬曾称其为"绎云在霄，舒卷自如"，但黄遵宪认为"彼等小人穿窃之盗，亦枉自作小人而已"，同时指出"此人熟次亮，当系陈言，将此告穰卿，属其宽怀，并属穰卿告节庵可也"。

同日，刘坤一复信陈炽，称陈炽所提开矿、铸钱诸事，虽议举办，但经费既形支绌，经理又难得人，未卜有无成效；珂乡赣州既有可开之矿，盖由绅民具呈敝署及巡抚衙门，以资考核。

夏，陈炽升迁户部福建司郎中，仍兼任军机章京。

七月初一日，《时务报》在沪创刊，由梁启超任主笔，汪康年任总经理。

七月初三日，翁同龢早晨入总署时与陈炽交谈李盛铎发来之要电。

七月二十一日，《时务报》第3册公布了"各处代收捐款诸君名氏住所"，其中"京城"为"陈次亮部郎炽，西珠市口"，"李孟符主政岳瑞，麻线胡同"，即陈炽与李岳瑞同为该报京城代收捐款者。此后陈炽成了《时务报》的读者和作者。

八月初一日，《时务报》第4册公布了各处代收捐款者姓名及住所，京城包括陈炽（西珠市口）。

八月初四日，汪大燮在致函汪康年时称陈炽曾为孙家鼐草拟大学堂章程，但张仲炘、褚成博"素不喜其人，必且意见在前，是非在后也"。

八月初八日，军机档中称："吏部为知照事，光绪二十二年八月初四日，本部将俸满截取据户部保送堪胜烦缺知府之郎中陈炽一员带领引见，奉旨著照例用，钦此，相应知照可也。须至知照者计开。（陈炽，江西拔贡，年肆拾壹岁，由户部福建司郎中捐免历俸截取。据户部保送，该员才华精锐，器识通达，堪胜烦缺知府。）"

八月十一日，《时务报》第5册既在公布的各处代收捐款者名氏及住所中提到陈炽及西珠市口，又在"助收诸君名氏"中提到"陈次亮部郎助银二百元"。

八月十二日，郑观应致电盛宣怀，告知托陈炽将所著《盛世危言》增订版十本送交盛宣怀，俾转赠人。同时，郑观应委托陈炽转送孙家鼐一部新增订的《盛世危言》及《时事急务条陈》《日本教育法规类钞》等。

八月十三日，《申报》载"光绪二十二年八月初二日京报全录……查光绪十年户部代奏小京官陈炽奏请大凌河牧厂改设屯协，奉旨饬交前任将军庆裕府尹裕长查明"。

八月十四日，《申报》登载"上谕恭录"中指出，截取户部郎中陈炽在夏俱照例用俸。同日，《申报》载"光绪二十二年八月初六日京报全录……截取知府陈炽预备召见……召见军机邵世恩、陈炽"。

八月二十一日，《时务报》第6册再次公布了陈炽作为京城该报代收捐款者的姓名及住所，又表明陈炽为该报曾捐款二百元。

同日，管理官书局大臣孙家鼐上奏《议复陈遵筹京师建立学堂情形折》，提出办理大学堂计划。陈炽为大学堂章程的主要起草人。

八月二十四日，陈宝箴在给其子陈三立的信中指出，他在《敬陈管见折》中曾议行容闳的铁路条陈，因恐所闻不尽确实，已另录折稿函询陈炽。

九月初一日，《时务报》第7册公布陈炽为京城该报代收捐款者之一，同时在"各处派报处所"时增加"京城西珠市口赣宁馆"。前几册《时务报》只是指出陈炽的住所为"京城西珠市口"，这次更点明为"赣宁馆"。

九月初七日，邹代钧在给汪康年的信中指出："已代心海、次亮都各购百亩，将来天下豪杰都入我湖则妙矣。……京信或不确，幸甚，否则国亡于铁路矣，伤哉！次亮致右丈亦如是言。"

九月初十日，汪大燮在给梁启超的信中指出："陈次亮前有改外截取之议，今意欲请省亲假，暂时离京，但尚未定见耳。"

同日，汪大燮在致函汪康年时称：关于设立大学堂一事，"由张、褚执议，甚谬，后次亮条陈寿州，大致成一局面"。

九月十八日，因母患肿病，陈炽向总署请假回籍探视。

九月十九日，陈炽因母病拟南下省亲，并向翁同龢处辞行，甚抑郁。翁氏认为陈炽有志富强，惟持论太高。

九月下旬，梁启超自香江寄信陈炽，托当时正在上海的汪大燮代为转邮。

十月初一日，陈炽以"瑶林馆主"之名在《时务报》上发表《中日之战六国皆失算论》文，指出日、英、德、法、美五国在甲午战争期间外交失策，致使俄国独大，反致不利，指摘各国不裁制日本之非，及战争对于各国关系的影响。钱恂曾在给汪康年的信中询问该文是何人所作。

十月初四日，陈炽致函盛宣怀，谈及设学堂、建铁路、开银行的重要性。

十月初七日，陈炽再次致函盛宣怀，建议先开银行，再修铁路，但银行宜专利，铁路不宜专利。

十月初十日，湖南湘乡人张通典在给汪康年的信中说："次亮如尚在上海，亦望属其进言，渠是乡人，更易取信。"

十月十一日，陈炽致函盛宣怀，提出关于设立官银行的十二条办法。

十月十二日，盛宣怀从上海致函陈炽称："春明小住，快奉清尘，近局招邀，常承教益，醉饱稠谊感戢为劳。"同时表明自己于冬月初始达上海，对于铁道、银行应该兼营并举，一俟粗有麋眉，即须驰赴鄂中筹商布置，并指出"现有奉商之事，已令京电局员冯敦高代为面陈。晋谒时，望裁示之为幸"。

同日，盛宣怀致函陈炽指出，中国设立银行应专主商办，意在积小高大，但目前俄商道胜银行已领得中国官股五百万，意在阻止中国自设银行，而侵夺之利权，以制中国商民之命，因此若华行全属商股，彼转得持太阿之柄以相钤制，无以副收回利权之谕，当与众商密切筹议，非请国家拨入官股，不足以杜阴谋，而防后患。同时表示"台端关心大局，当不惜昌言以维要政，谨拟疏稿密呈，仰恳采择上闻，国家幸甚！商民幸甚！"

十月十六日，《申报》刊载"沪上官场"："户部郎中陈次亮正郎炽，因公莅申赴道辕谒见，与观察茗谈良久始出。"

十月二十一日，陈炽以"京师来稿"之名在《时务报》第12册发表《铸银条陈》。

十月二十四日，陈炽撰《关于银行招商宜入官股折》，建议中国设立银行宜由户部拨款作为官股。

是月，陈炽曾三次与汪康年通信，谈论《时务报》篇首论说、重译《富国策》问题及京师官僚体制状况，并打算与之相晤亦未有果。

是月，因母亲之肿病已经痊愈，陈炽拟不等假满即日北行，并谓"明岁无论如何，乞一郡以给甘旨"。

是月，陈炽开始分任《时务报》在京之发行工作，间或帮助组稿等。

十一月初四日，梁启超在澳门舟中致汪康年的信中云："次亮尚在沪否？请为我慰之，并道我淹留之由，金陵密迩，相见殊易，独惜我辈在京师断一右臂耳。"梁启超可能知道陈炽将离开上海去京师之事。

十一月十一日，《时务报》第14册刊载"各处派报处所"，其中京城包括电报局、玻璃厂中西大药房、西珠市口赣宁馆等，而不再提各处代收捐款者的名氏，但"西珠市口赣宁馆"应还是陈炽住所。

十一月十三日，吴樵在汪康年的信中称，陈次亮曾与数遘，其人盖所谓叔孙通之流，毫无真实本领。

十一月十六日，因为湖南矿局延聘技术人才，邹代钧在给汪康年的信中称，希望其与陈炽、容闳等人商议，并博访通人，代谋一专精化矿者，同时告诉汪康年，陈宝箴也另有专信"缄托"陈炽、容闳二人，自己再委托汪康年与陈、容二人商讨，会更加"从容卓力"。

十一月二十一日，陈炽与友人合译的《重译富国策》，以"通正斋生"之名在《时务报》第15册首次刊载。后在《时务报》16、19、23、25册连续刊载。

是月，顾印愚在阅读《时务报》第15册时发现第二页均系陈炽《重译富国策》，遂在给汪康年的信中询问"第二页重见何也？"

是月，梁启超写信给在澳门办《知新报》的康广仁、徐勤，提议集合同志捐金，分馈台官，请连上奏折以变科举，准备委托陈炽明春入京时办理此事，并告知陈炽此次乃请假，非改官也。

是月，陈炽上书刘坤一，希望刘坤一关注江西省行小轮船及修建苏沪铁路，且应将原定章程量行删改，以期彼此相安等。刘坤一在回信中称"贵省行小轮船，初议归德中丞主政，敝处未便与闻"，至于苏沪铁路，张之洞、王文韶奉派盛宣怀一手经理，自己未便另树一帜，"若自弟强为，恐亦难期成效"。

十二月初一日，《时务报》刊载陈炽译述《重译富国策》中的"资本""分合"内容。

十二月十四日，陈炽致函盛宣怀，谈论修筑苏沪铁路之事。

十二月十五日，《申报》载"十二月初一日……户部郎中陈炽，会候补道刘恩训，见谢"。

同日，陈炽致函盛宣怀，建议干路借款宜同时借定，分借英美两国。

十二月中旬，郑观应致函文廷式、陈炽，对清政府封禁强学会表示不满，并说明其维新运动的支持态度。信中最后表示："公素怀干济，必有挽狂澜于既倒者，尚祈示息，以慰杞忧为荷。"

十二月二十一日，《时务报》第 17 册刊登告白，称前数期报后所印之陈炽《重译富国策》，因现未译毕，须待来年续印。

十二月二十四日，文廷式给采兄的信中提及"陈次亮请假出京，闻于枢署有未洽，未知信否?"

是年，陈炽所著《庸书》和《续富国策》分别梓行。《庸书》百篇，分内篇、外篇，全面阐述其治内攘外、挽救危亡的主张。《续富国策》分农、矿、工、商 4 卷，凡 60 篇，较系统地阐述其振兴经济的思想及方略。梁启超在本年编印的《读西学书法》中指出中国人所著言西事之书，所见者如陈次亮之《庸书》《续富国策》，皆佳者也。陈炽著成《庸书》，宋育仁为之作序，以贾谊、王符比陈炽。

光绪二十三年　丁酉　1897 年　四十三岁

正月十二日，邹代钧在给汪康年的信中询问："容纯甫、陈次亮都欲来湘，然否?"因在上年末，曾有风传容闳、陈炽入湘的消息，故邹氏有此疑问。

正月二十一日，陈炽以"瑶林馆主"之名在《时务报》第 18 册上发表《俄人国势酷类强秦论》，认为俄国因在西方受阻于英法，遂向东扩展，致使东方局势危险，表现出拒俄的思想，希望英日两国阻挡俄势。同一期还发表《贵私贵虚论》文，批评封建君主的私天下。

正月二十三日，孙宝瑄在午饭后阅读《时务报》第 18 册中陈炽所写《俄人国势酷类强秦论》，认为其前后比证颇确。

春，陈炽帮助陈季同等创设公司，开办铁路，曾将此事告知张之洞，说及借洋款以及苏宁路的修建之事。

二月初一日，《时务报》第 19 册继续刊载陈炽译述的《重译富国策》中"多寡""损益"内容。

三月十一日，《时务报》第 23 册继续刊载陈炽译述《重译富国策》中的"用财""角逐"。

三月十六日，盛宣怀致函王文韶，告以户部郎中陈炽散布谣言破坏卢汉路的修建，说陈炽"与不正派之洋人商同分造苏沪铁路，串出林崐等出名具禀，略同许应锵等故技，各处散布谣言，谓官款必不发，洋债必不借，卢汉生意不好，自应先造苏沪，可获厚利"，但盛宣怀表示他的信心不变，必须领官款、借洋债以造此路。同时将陈炽抄件寄给王文韶。

三月十七日，汪大燮致函汪康年称："《时务报》前由次亮经手发行，渠归后四洋无处可交，其中欠十一、十四、十五三册，亦无处可索。并询次亮有无来京意。"

三月十九日，盛宣怀致电王文韶指出："无论比英必俟署中首肯，宁可失机，断不孟浪。陈次亮电香帅及敝处言，俄谋秘而急欲包造中国全路，不准借别国款。此君喜造谣言，似不足据。"

三月二十日，盛宣怀致电李鸿章，告以陈炽散布俄国人在筑铁路上与盛宣怀作对的谣言，并指出："香帅徇所言确否？此人遍散谣言，乞赐电复，以释群疑。"次日，李鸿章回电盛宣怀，指出陈炽"混说洋情，惯听谣言"，否认俄国阻挠中国修路的流言蜚语。

三月二十二日，张之洞致电陈炽，告知苏宁路似应同江南两帅商量，自己不便插手，同时说铁路修建最好不要有洋股，以免将来受累。

三月二十四日，谭嗣同在与汪康年的信中询问去年《时务报》所刊载《铸银条陈》，亦未署名，语气颇似宋育仁。谭嗣同不知《铸银条陈》为陈炽所作，故有此问。

三月三十日，洪述祖阅及《时务报》所载梁启超《试办不缠足会简明章程》，以为此事与其入会，不如奏请朝廷颁行明禁，效验更速，因此有函致陈炽，谓此事宜入封章。

三月，陈炽在上海与李盛铎劝说梁启超在《时务报》之外，再开日报，曰《公论报》，且已租订房屋、机器等事，让梁启超专主其事。同时对报纸的式样、内容等提出建议。旋北上。梁启超在从武昌回到上海后有致陈炽信函提到办报涉及人员安排之事。

四月初一日，《时务报》第 25 册刊载《重译富国策》的"田限""工价"，余下内容不知何故而停刊。

四月初二日，陈炽抵达京师。

四月初四日，陈炽致函翁同龢告知中国总银行即将开办之信息。

四月上旬，因对汪康年不满，故陈炽至京之日，尝有毁汪之语。张元济闻之遂作函以告汪氏，并说"此人素不相识，后有所闻，必为力辨"。

四月十三日，张元济致函汪康年称："来谕云卓与陈、李开《公论报》，弟揣其名似已不妥。时尚未至，恐损多益少也。"

四月十六日，盛宣怀致电王文韶，指出："比使及陈次亮谓俄欲揽中权，似无其事，傅相谓英德交斗，众议未定是确，政府于宜慎者忽之，宜断者疑之，大局奈何。"

四月二十八日，翰林院编修蔡元培对陈炽《庸书》《续富国策》两书进行评价，指出《庸书》"其语皆世俗所知也，而喋喋不休"，该书限百篇，每篇限八九百字，"意有余截之，不足演之，故多复沓语，多游移语，无切实中衷要语，乃文场射策陋习，不足言著书也"；《续富国策》较《庸书》为切实。

四月二十九日，《申报》刊载光绪二十三日四月十七日京报全录，指出："军机处章京户部郎中陈炽上年九月间告假省亲，现在回，臣等公同商酌仍令该章京在额外行走，谨奏奉旨知道了，钦此"。

五月初一日，《美德宜力保大局说》文在《知新报》第 20 册上刊出，主张美国与德国应在国际事务上发挥作用，不要坐视诸强国日肆并吞。

五月十六日，张元济致函汪康年，云陈炽与李盛铎曾劝梁启超开办《公论报》，但迄今未见该报刊行，是否他们已放弃此议；并告知汪康年，他一直未能与陈炽晤面，但听说陈炽最近没有诋毁汪氏之语。

五月二十日，汪大燮在致汪康年书中提到陈炽前译《重译富国策》大致皆其粗迹，其精深有理致之语，概从删削。

六月初一日，《英日宜竭力保中说》文在《知新报》第 23 册上刊出。称俄与法联，英与日联，英日与俄法在东方将有大战；主张英日共同维持中国，以维护东方大局。

六月初二日，马建忠拜见翁同龢时曾举扬"通西法者"，其中有陈炽之名。

六月十四日，陈炽以折示翁同龢，翁氏认为"全是风话"，并对折内涉翁氏名者"以墨笔捺出"，将此折还给陈炽，认为"不如此不能断此妖也。"可见翁、陈关系之不睦。

六月二十一日，《湘学新报》第 10 册中的《商学书目提要》评价了陈炽的《重译富国策》并节选该书序言。同时作按语，认为："斯密德所著《富国策》与同文馆译本为法思德所著者，迥不相同，乃合为一人，又合为一书，而谓取原本重译，其谁信之。且篇第名目议论，均与法思德所著相同，其为取同文馆本重加删润无疑。不独斯密原书未见，即法思德原本亦未见也。惟文笔浩肆，正可与原译本参观。其中亦大有申明原书，议论繁简得当之处，未可废也。又如论资本一章云，若如中国吴淞铁路，购赴台湾，听其霉烂等语，不独斯美不知，即法思德亦未知其事。"

七月初一日，《时务报》第34册刊《不缠足会董事姓氏》，内有陈炽之名。

同日，《湘学新报》在《商学书目提要》中简介了陈炽的《续富国策》。

七月十八日，陈炽因参与纂修《平定陕甘新疆回匪方略》《平定贵州苗匪纪略》《平定云南回匪方略》等书有功受褒奖。是日上谕云："户部候补郎中陈炽均著俟得知府后，以道员在任候补，得道员后加二品衔记名御史。"

八月上旬，陈炽《论农会书》文在《农学报》第9册上刊出，提出当时农学应办的八条建议。

八月二十四日，皮锡瑞在《师伏堂未刊日记》中谓："阅《庸书》《富国策》，多可行者，然统筹全局，权其先后缓急之序，一一如指诸掌，终以南海之四上书为最。"即皮锡瑞认为陈炽的《庸书》《续富国策》中内容，不如康有为四次上皇帝书具有可行性。

八月二十七日，陈炽得心疾，奉其母来又迫其母去，颠倒昏愦，不久旋即奉讳。翁同龢本拟赙助，但当天只送陈炽十金。

八月二十九日，《时务报》第39册《本馆告白》中针对有读者询问《贵私贵虚论》等文的作者，表明这几篇文章"寄来时既无姓名，本馆亦无从奉覆，此后定例，凡惠赐来稿，请必写明邑里、姓名，俾待照登此布"。

九月初八日，张元济有函致汪康年，询问陈炽所译之《重译富国策》"何以卒然中止？此事甚要，此书尤佳。公其促成之"等等。

九月，黄遵宪奉旨入京，即讲民权，陈炽曾规劝其少谈民权，而以为黄氏"大约不能从耳"。

冬，杨锐曾致函陈炽催请清理《时务报》款，不复。

十二月上旬，陈炽在沪。

十二月初八日，陈炽得康有为函。当时康有为由沪来京，而在给陈炽的信中绝口不提回沪之说。

十二月初九日，因《时务报》馆拟将《重译富国策》单刊出版，陈炽曾致函汪康年可将书名改为《重订富国策》，署名可从"襄中居士"或"通正斋生"两者择其一。

十二月十四日，汪立元在致汪康年书中指出："陈次亮部郎《续富国策》有《种樟熬脑说》，甚善。江西樟树最多，现颇有人思开厂熬脑，惟未详其法，陈说亦多未尽，未知能赐教否？"

是年，《重译富国策》有《时务报》单刊本广告。

是年冬，康有为的《日本书目志》由上海大同译书局出版。康有为在书中指明现在必要的首先是设小学而不是大学，即是受陈炽的影响。陈炽曾告康有为，小学无基，无以为大学之才也，何不编小学之书，康有为乃为编幼学一书。

是年，陈炽的《庸书》有文瑞楼铅印本、豫宁余氏重校付刊本、上海书局石印本、时务学堂校刊本等版本梓行。《续富国策》有豫宁余氏校刊本、上海慎记书庄石印本、桂垣书局重刊本、上海明记书庄石印本等版本刊行。

是年，高凤谦致汪康年信中称："《富国策》甚好，何人所译？示之。如已成书，请源源刊印。"李智俦致汪康年信中也说："贵报所印《富国策》甚佳，早日印完，先读为快！"表明陈炽所译《重译富国策》受到高、李等人的称赞。

光绪二十四年　戊戌　1898 年　四十四岁

翁同龢在本所写春联为：南图卷云水，北极捧星辰。年初，陈炽拜访翁同龢时，适逢吏部尚书孙家鼐也在。翁曾让孙解读春联之意，陈炽在场。

二月二十五日，杨锐致信汪康年称："陈次亮户部不日当来沪。"

三月初五日，《集成报》第 29 册载《陈枢曹炽请代奏金银钱币疏》，即陈炽的《铸银条陈》。

闰三月，汪大燮至函汪康年，称陈炽将有出京之行。

四月二十日，《申报》刊载《兴种植宜土性讲培壅说》指出，陈炽《续富国策》一书内详载种树富民、种桑养蚕、葡萄造酒、栽竹造纸、树樟熬脑、植木成材、种橡制胶、种茶制茗、种棉纺花、种蔗制糖、种烟加非，以供食用各说，业由坊间刊行。

四月二十三日，光绪帝下"定国是诏"，宣布变法，百日维新开始。

四月，大学堂议起，以总教习主之。时管学大臣孙家鼐曾请康有为为大学堂总教习，陈炽为总办。康面辞之，陈炽等曾劝其就任。

五月，陈炽曾以《庸书》上之当道。"勿售，遂中狂病，几死；至是渐有求其书者。天下好奇之士，莫不攘臂奋兴，思出其言若艺，以应天子之求。"

春夏之际，陈炽尝晤康有为，告之曰："皇上实英明通达，过于群臣。"康氏答曰："此真军机颂圣之言，吾不信也。"

七月二十六日，户部四川司郎中谢启华所上条陈时并附片推荐陈炽的《续富国策》。认为《续富国策》"各缀论说十数条，详审中国土宜，参附泰西成效，语质易解，法简易行，可否饬令管理官书局事务大臣进呈御览。如有可采之处，即由该书局刷行若干部，先行颁发各省分局，以备参考，而扩见闻"。

八月初一日，李大钊曾抄录陈炽在《时务报》上《重译富国策》序言及卷一、卷二部分内容。

八月初六日，戊戌政变发生，谭嗣同等"六君子"遇难，支持变法的不少官吏或被革职、被遣戍、被监禁。陈炽虽然没有遭到追究，但是深感痛苦，酒前灯下，往往高歌痛哭，若痴若狂。

是年，《庸书》有成都志古堂刻本、湖南时务学堂刻本、大雅书局刻本、上海书局石印本、知今斋石印本等梓行。《续富国策》有中江鸂鹩室刻本、上海飞鸿书庄石印本等。

是年，陈炽与江标、赵炳麟等交游。"标至京，会变法议大行。标尝与江右陈炽、洮阳赵炳麟宴于江亭，酒阑巡行阶除，看西山巧老莽海青漪，风冷冷然自东南来。炽笑曰：'如此好江山，使之奠如磐石者，谁也？'标问曰：'新政大行，二公以成败何如？'炳麟曰：'天下之事难与图始，非常之举，久而后效，今民利未兴而谣诼四起，不久即败耳。'标、炽合赞曰：'然欤，所见略同也。'"

是年，唐才常在《论中日通商条约》文中多次引用《续富国策》中《商改税则说》的内容。

光绪二十五年　己亥　1899 年　四十五岁

二月，陈惟彦在所编《幼学分年课程》中提到"课分三级，以年为限"，其中第三级的"应习书"，包括陈炽的《续富国策》、张之洞的《劝学篇》、李提摩太的《泰西新史揽要》等。

五月，刘坤一在复陈笠潭观察的信中指出："巡捕一事，陈次亮正郎以为暗合古时虞人、游徼之制度，足以保卫闾阎，消弭祸变，日本亦推为西国富强之第一策。黄廉访保卫局仿行此法，似亦未可厚非，惟应实力奉行耳。"

七月初一日，《申报》刊载《利源广开》指出："顾大令排印《劝学篇》暨陈次亮枢所著《续富国策》中农书，取其深切易行，名曰《富国农书》，分送士子，以开风气。"

是年，《富国农书》一卷，有清光绪二十五年江西萍乡县署刻本。

光绪二十六年　庚子　1900 年　四十六岁

五月十三日，陈炽卒于京都赣宁新馆。关于陈炽的死因，曹春荣先生根据其族人说，言陈炽受到戊戌变法夭折，谭嗣同等六君子被诛之刺激，或醉酒高歌，或抑郁寡言，状若疯痴。慈禧太后怀疑他因是康梁同党而兔死狐悲，遂阴使荣禄用毒药暗害于他。此事据传系当年去北京扶陈炽灵柩归葬的主事人陈育勋在京听来的。

陈炽卒后次年，其好友陈三立作《陈次亮户部以去岁五月卒于京师追哭一首》诗："亘古伤心剩不归，谁怜此士死长饥？罪言杜牧伴狂废，遗行东方世俗非。下榻琴尊来旧梦，买山徒侣泣先几。料难瞑目烽烟外，定有羁魂逐六飞。"康有为有《哭祭军机陈次亮郎中》诗一首，流露出这种伤悲与对志同道合者的深深思念之情。赵柏岩为陈炽作传并指出："十余年来，吾同心同志若江标、陈炽之徒，或隐或死，或寒心远蹈，不知其几十百矣。神州陆沈，伊于何底？述其梗概，不胜惨然！"1904 年文廷式去世后，陈三立在《文芸阁学士同年挽词六首》中写道："陈（次亮）刘（镜仲）恨俱逝，汝亦蜕江山。乡国数群彦，缁尘悬旧颜。仰天成叹嗜，托世化戎蛮。衰疾吾安适，含凄只闭关。"徐世昌与陈炽是壬午科同年，在其所编《晚晴簃诗汇》中称陈炽入值枢曹，喜谈时务，惜未中年而殒。《国风报》（1910 年第 1 卷第 7 期）指出陈炽"宦游京师，俶傥不羁。甲午后感触时事，多所陈述，遂见憎于权贵。沈滞下僚，郁郁不称意，庚子五月病卒京邸。陈伯严考功与有雅故。以诗挽之云'罪言杜牧伴狂废，遗行东方世俗非'。盖伤其不遇也"。

陈炽生前娶宁都同知衔廖达川女儿为妻，廖氏生于清咸丰甲寅

（1854年），民国壬子（1912年）七月三十日殁。诰封宜人，晋封恭人。有女四：长女嫁给瑞金县城同知衔张益臣次子，次女嫁给瑞金县盐大史钟光国长子，三、四女俱夭折。无子。承继胞弟喜焘幼子育殖为嗣，并改其名为育城。

光绪二十九年（1903年），陈炽灵柩才由族人护送回乡，葬于瑞金县莲塘底塘尾。

后　记

.

　　1998 年，编者在济南市致远书店看到《陈炽集》（中华书局 1997 年版），遂征得导师孙占元教授的意见后，以硕士论文对陈炽做了初步研究。2000 年 9 月编者考入北京师范大学历史系，师从龚书铎先生攻读博士学位时，先生认为学界对陈炽的研究较为薄弱，建议编者可以继续研究。在读博的三年中，编者对陈炽留下的论著进行深入分析，并撰成博士论文，顺利完成学业。此后编者继续关注学界对于陈炽的研究，同时也写了几篇关于陈炽的文章。2005 年，关于陈炽研究的博士论文由齐鲁书社出版后，编者的学术兴趣有所转移，但仍没有忘记从各种渠道继续搜集有关陈炽的资料。2013 年 5 月接到中国人民大学出版社委托的编校《中国近代思想家文库·陈炽卷》任务后，编者不敢懈怠，全力进行收集考释。遗憾的是，虽编者努力搜寻，但还是有些资料只有线索，而无法获得完整的内容。如陈炽给翁同龢的说帖书信、陈炽给刘坤一的七封信、陈炽的部分奏片等，仍然无缘见到。同时，在编校过程中，编者搜集到不少陈炽的手稿内容，字体较难辨认，难免有误解之处。另赵树贵、曾丽雅合编的《陈炽集》，为编者提供了很多线索，同时有些族谱资料还是以该书为依据的。

　　在编校资料过程中，编者得到不少友人的热情帮助。如江西省瑞金市党史办曹春荣、辽宁大学历史学院焦润明、暨南大学文学院曾光光、北京师范大学历史学院常书红、国家图书馆孟化、国家大剧院鲍家树、中国药科大学于静、北京 101 中学孙淑松、浙江大学王丛丛、北京大学张德明、华东师范大学刘本森以及编者指导的部分研究生等。特别是曹春荣先生两次来信，将手中所藏的珍贵资料汇寄给编者。年近 80 岁的研究书法的专家，山东师范大学文学院李继曾先生，帮助编者辨认核实了部分书法体资料。在此一并感谢。

编者还要特别感谢中国人民大学出版社，尤其是编辑王琬莹女士，给编者提供一个重新关注陈炽的机会。本来以为对陈炽的研究可能很难突破了，但是通过搜集到这么多先前未能利用的资料，加之对资料的仔细阅读，使自己又产生研究陈炽的冲动。当然，学术乃天下之公器。编者希望更多的人利用本卷资料，关注陈炽，参加到研究陈炽的队伍中来。

张登德

2014 年 5 月 26 日于济南

中国近代思想家文库

雷海宗、林同济卷　　　　　　　　江沛、刘忠良　编
贺麟卷　　　　　　　　　　　　　　　高全喜　编
陈序经卷　　　　　　　　　　　　　　　田彤　编
徐复观卷　　　　　　　　　　　　　　干春松　编
巨赞卷　　　　　　　　　　　　　　　黄夏年　编
唐君毅卷　　　　　　　　　　　　　　　单波　编
牟宗三卷　　　　　　　　　　　　　　王兴国　编
费孝通卷　　　　　　　　　　　　　　吕文浩　编

图书在版编目（CIP）数据

中国近代思想家文库. 陈炽卷/张登德编. —北京：中国人民大学出版社，2015.1
ISBN 978-7-300-20744-5

Ⅰ.①中⋯ Ⅱ.①张⋯ Ⅲ.①思想史-研究-中国-近代②陈炽（1855～1900）-思想评论 Ⅳ.①B250.5

中国版本图书馆 CIP 数据核字（2015）第 024048 号

中国近代思想家文库
陈炽卷
张登德 编
Chen Chi Juan

出版发行	中国人民大学出版社				
社　　址	北京中关村大街 31 号		邮政编码	100080	
电　　话	010－62511242（总编室）		010－62511770（质管部）		
	010－82501766（邮购部）		010－62514148（门市部）		
	010－62515195（发行公司）		010－62515275（盗版举报）		
网　　址	http://www.crup.com.cn				
经　　销	新华书店				
印　　刷	涿州市星河印刷有限公司				
开　　本	720 mm×1000 mm　1/16		版　　次	2015 年 5 月第 1 版	
印　　张	28.75 插页 1		印　　次	2025 年 1 月第 2 次印刷	
字　　数	452 000		定　　价	104.00 元